Manual de Propriedade Intelectual

Manual de Propriedade Intelectual

2023

Luiz Claudio Garé
Manoel Joaquim Pereira dos Santos
Alberto Luís Camelier da Silva
Gabriel Francisco Leonardos
Lilian de Melo Silveira
Coordenadores

"Obra produzida pela Comissão de Propriedade Intelectual da OAB/SP, Gestão 2022/2024"

MANUAL DE PROPRIEDADE INTELECTUAL
© Almedina, 2023
COORDENADORES: Luiz Claudio Garé; Manoel Joaquim Pereira dos Santos; Alberto Luís Camelier da Silva; Gabriel Francisco Leonardos; Lilian de Melo Silveira

DIRETOR ALMEDINA BRASIL: Rodrigo Mentz
EDITORA-CHEFE: Manuella Santos de Castro
EDITOR PLENO: Aurélio Cesar Nogueira
ASSISTENTES EDITORIAIS: Letícia Gabriella Batista e Tacila da Silva Souza
ESTAGIÁRIA DE PRODUÇÃO: Natasha Oliveira

DIAGRAMAÇÃO: Almedina
DESIGN DE CAPA: FBA

ISBN: 9786556279657
Dezembro, 2023

Dados Internacionais de Catalogação na Publicação (CIP)
(Câmara Brasileira do Livro, SP, Brasil)

> Manual de propriedade intelectual / coordenação Manoel Joaquim Pereira dos Santos...[et al.].
> – São Paulo : Almedina, 2023.
>
> Vários autores.
> Outros coordenadores: Alberto Luís Camelier da Silva, Gabriel Francisco Leonardos, Lilian de Melo Silveira.
> ISBN 978-65-5627-965-7
>
> 1. Contratos (Direito) – Brasil 2. Direito – Estudo e ensino 3. Direito da concorrência – Legislação – Brasil 4. Propriedade intelectual 5. Propriedade intelectual – Leis e legislação – Brasil I. Santos, Manoel Joaquim Pereira dos. II. Silva, Alberto Luís Camelier da. III, Leonardos, Gabriel Francisco. IV. Silveira, Lilian de Melo.
>
> 23-169378   CDU-347.78(81)

Índices para catálogo sistemático:

1. Brasil : Propriedade intelectual : Direito
347.78(81)

Eliane de Freitas Leite – Bibliotecária – CRB 8/8415

Este livro segue as regras do novo Acordo Ortográfico da Língua Portuguesa (1990).

Todos os direitos reservados. Nenhuma parte deste livro, protegido por copyright, pode ser reproduzida, armazenada ou transmitida de alguma forma ou por algum meio, seja eletrônico ou mecânico, inclusive fotocópia, gravação ou qualquer sistema de armazenagem de informações, sem a permissão expressa e por escrito da editora.

EDITORA: Almedina Brasil
Rua José Maria Lisboa, 860, Conj.131 e 132, Jardim Paulista | 01423-001 São Paulo | Brasil
editora@almedina.com.br
www.almedina.com.br

SOBRE OS COORDENADORES

LUIZ CLAUDIO GARÉ
Advogado formado pela Faculdade de Direito de São Bernardo do Campo. Sócio fundador de Garé Advogados, atuante na área de Propriedade Intelectual desde 1990. Membro do Conselho Nacional de Combate à Pirataria e Outros Delitos contra a Propriedade Intelectual. Consultor Jurídico do Grupo de Proteção à Marca-BPG. Presidente da Comissão Especial de Propriedade Intelectual da OAB-SP, triênio 2022/2024.

MANOEL JOAQUIM PEREIRA DOS SANTOS
Professor do curso de Propriedade Intelectual e Direito de Inovação do Programa de Pós-Graduação Lato Sensu da FGV/SP e do Curso de Especialização em Direito e Tecnologia da Informação da Escola Politécnica da USP. Mestre e Doutor em Direito pela Faculdade de Direito da USP. Mestre em Direito pela *New York University*. Autor de obras e artigos sobre Propriedade Intelectual. mjpsantos@santoslaw.com.br

ALBERTO LUÍS CAMELIER DA SILVA
Advogado, Bacharel, Mestre e Doutor em Direito pela Faculdade de Direito da USP, Ex-Presidente da ASPI – Associação Paulista da Propriedade Intelectual (2001-2005), Membro de Honra Vitalício da ABPI – Associação Brasileira da Propriedade Intelectual, Membro do Comitê de Ensino Jurídico e Relações com Faculdades do CESA – Centro de Estudos das Sociedades de Advogados, Membro da Comissão de Propriedade Intelectual da OAB/SP.

GABRIEL FRANCISCO LEONARDOS
Graduado pela UERJ; LLM pela Universidade Ludwig-Maximilian de Munique. Mestre em Direito pela USP. MBA pela FGV. Advogado. Presidente da ABPI - Associação Brasileira da Propriedade Intelectual (desde 2022).

LILIAN DE MELO SILVEIRA
Advogada e Agente da Propriedade Industrial, graduação e pós-graduação pela Faculdade de Direito da Universidade de São Paulo, especialista em propriedade intelectual com escritório em São Paulo, ex-presidente da ABAPI em dois mandatos e atualmente em seu Conselho de Honra; pertence ao Conselho de Honra Vitalício e ao Conselho Editorial da ABPI; membro consultor da Comissão Especial de Propriedade Intelectual da OAB/SP na atual gestão e participou de todas as Comissões anteriores desde 2005; membro da FIA – Federação Interamericana de Advogados e AIPPI – Associação Internacional de Proteção à Propriedade Intelectual.

SOBRE OS AUTORES

ANDRÉ LUIZ LAMIN RIBEIRO DE QUEIROZ
Mestre em Direito pela Universidade de São Paulo (USP) com ênfase em Direito Comercial. Especialista em Direito Empresarial formado pelo Centro Universitário Curitiba (UNICURITIBA). Graduado em Direito pela Universidade Federal de Juiz de Fora (UFJF). Graduado em Administração pela Universidade Federal Rural do Rio de Janeiro (UFRRJ). Membro efetivo da Comissão Especial de Direito da Moda e da Comissão Especial de Propriedade Intelectual da OAB/SP. Atuação no contencioso cível estratégico ligado à proteção de marcas e combate à concorrência desleal.

ALBERTO LUÍS CAMELIER DA SILVA
Advogado, Bacharel, Mestre e Doutor em Direito pela Faculdade de Direito da USP, Ex-Presidente da ASPI – Associação Paulista da Propriedade Intelectual (2001-2005), Membro de Honra Vitalício da ABPI – Associação Brasileira da Propriedade Intelectual, Membro do Comitê de Ensino Jurídico e Relações com Faculdades do CESA – Centro de Estudos das Sociedades de Advogados, Membro da Comissão de Propriedade Intelectual da OAB/SP.

ALEXANDRE YAMASHITA
Engenheiro Mecatrônico, Advogado e Agente da Propriedade Industrial, com mais de 20 anos de experiência em propriedade intelectual, sócio do escritório Aoki, Ferreira, Mattioli & Yamashita. Cursou o JPO/IPR Training Course for Practitioners Specializing in Patents promovido pelo Japan Patent Office. Coordenador e Professor de cursos realizados pela Associação Brasileira de Agentes da Propriedade Industrial – ABAPI. Atua na área de propriedade intelectual como perito e assistente técnico em ações envolvendo desenhos industriais e patentes na área de mecânica, mecatrônica e telecomunicações. Premiado pela The World's Leading Patent Practitioners, da IAM – Intellectual Asset Management na área de patentes.

CARLOS EDSON STRASBURG JÚNIOR
Advogado Sênior na área de Propriedade Intelectual no escritório Pinheiro Neto Advogados. Graduado na Faculdade de Direito da USP – 2005. Mestre em Direito Civil pela USP – 2013. LL.M pela UC Berkeley, California/USA – 2016. Especialização em Direito e Tecnologia pela UC Berkeley, California/USA – 2016.

DANIEL ADENSOHN DE SOUZA
Advogado especializado em propriedade intelectual e Agente da Propriedade Industrial; Sócio de Ricci Advogados Associados; Mestre em Direito Comercial pela Faculdade de Direito da Universidade de São Paulo (USP); Especialista em Direito Processual Civil pela Escola Superior de Advocacia da OAB-SP; Presidente da Associação Paulista da Propriedade Intelectual – ASPI; Conselheiro e Ex-Diretor de Estudos da Associação Brasileira dos Agentes da Propriedade Industrial – ABAPI; Membro efetivo da Comissão de Propriedade Intelectual da OAB/SP; Especialista da Câmara de Solução de Disputas Relativas a Nomes de Domínio (CASD-ND) da ABPI; Perito Judicial; Palestrante, professor convidado e autor de livro e diversos artigos sobre direito empresarial, processo civil e propriedade intelectual.

EDUARDO CARNEIRO
Especialista em Direito da Propriedade Intelectual pela PUC-Rio. Servidor da ANCINE desde 2005. Membro Consultor da Comissão Especial de Propriedade Intelectual da OAB-SP. Membro do Conselho de Combate ao Mercado Ilegal da Fecomércio-RJ.

EDUARDO RIBEIRO AUGUSTO
Advogado formado pela Universidade Paulista (UNIP); completou Curso de Extensão e Especialização em Propriedade Industrial pela Fundação Getúlio Vargas (FGV); Master of Laws em Propriedade Intelectual (LLM) em Franklin Pierce Law Center (University of New Hampshire, USA). Ex-Presidente da Comissão Especial de Combate à Pirataria da Ordem dos Advogados do Brasil Seção de São Paulo. Currículo Lattes: http://lattes.cnpq.br/8698460151699846

ELIANE YACHOUH ABRÃO
Advogada especializada, formada e pós-graduada pela Faculdade de Direito da Universidade de São Paulo; sócia do Escritório de mesmo nome especializado

em Propriedade Imaterial (Direitos Autorais, Propriedade Industrial, e Bens e Direitos da Personalidade); sócia do IBRAPPI – Instituto Brasileiro de Árbitros e Peritos em Propriedade Intelectual.

ELISSON GARÉ

Advogado formado pelas Faculdades Metropolitanas Unidas, FMU em 2010, com especialização em Tecnologia e Inovação: Estratégias de Proteção e Contratos pela FGV e LLM em Information and Communication Technology Law pela Universidade de Oslo; Sócio de Garé Advogados e Membro da Comissão de Propriedade Intelectual da OAB-SP.

GABRIEL FRANCISCO LEONARDOS

Sócio de Kasznar Leonardos Advogados. Graduado pela UERJ; LLM pela Universidade Ludwig-Maximilian de Munique; Mestre em Direito pela USP; MBA pela FGV. Ex-Vice-Presidente e Grande Colaborador da ABAPI – Associação Brasileira dos Agentes da Propriedade Industrial. Ex-Conselheiro Seccional da OAB/RJ (2007-2018), Ex-Conselheiro Federal da OAB (2019-2021). Atual Presidente da ABPI – Associação Brasileira da Propriedade Intelectual (desde 2022).

GUSTAVO FREITAS DE MORAIS

Sócio do Escritório Dannemann Siemsen. Engenheiro elétrico e advogado, com especialização em Propriedade Intelectual no Franklin Pierce Law Center (EUA) e em Artificial Intelligence: Implication for Business Strategy no MIT Sloan School of Management.

IVANA CÓ CRIVELLI

Advogada sócia de Có Crivelli Advogados. Mestre e Doutora em Direito Civil pela Faculdade de Direito da Universidade de São Paulo ("FDUSP"). Especialista em Direito de Autor e Direitos Conexos pela Universidad de Buenos Aires ("UBA"). Assistente técnica e parecerista em conflitos de Direito de Autor e Direitos Conexos.

JOSÉ MAURO DECOUSSAU MACHADO

Sócio do escritório Pinheiro Neto Advogados nas áreas de Propriedade Intelectual e Tecnologia. Mestre em Law Science & Technology (LL.M.) pela Stanford Law School (2009) e em Direito Processual Civil pela PUC/SP. Professor no curso de pós-graduação da Escola Superior da Advocacia – ESA.

JULIA PAZOS
Bacharel em Direito pelo Instituto Brasileiro de Mercado de Capitais (IBMEC RIO) em 2007. Pós-graduada em Propriedade Intelectual pela PUC Rio em 2012 e em Propriedade Intelectual com ênfase em inteligência tecnológica pela Universidade Estadual de Campinas – UNICAMP em 2017. Se dedica, há mais de 17 anos, às áreas de Propriedade Intelectual, Inovação e Tecnologia, Esportes e Entretenimento e Privacidade. Membro da Associação Brasileira da Propriedade Intelectual ("ABPI"), da Associação Paulista da Propriedade Intelectual ("ASPI"), da Trademark Association ("INTA") e de diversas associações da área.

KONE PRIETO FURTUNATO CESÁRIO
Professora de direito empresarial e propriedade intelectual da Faculdade Nacional de Direito/UFRJ e do programa de pós-graduação, mestrado e doutorado do Instituto Nacional da Propriedade Industrial (INPI). Doutora e Mestre pela PUC/SP; Pesquisadora visitante na Universidade de St. Gallen, Suíça. Perita, Parecerista e Autora de livros e artigos na área.

LILIAN DE MELO SILVEIRA
Advogada e Agente da Propriedade Industrial, graduação e pós-graduação pela Faculdade de Direito da Universidade de São Paulo, especialista em propriedade intelectual com escritório em São Paulo, ex-presidente da ABAPI em dois mandatos e atualmente em seu Conselho de Honra; pertence ao Conselho de Honra Vitalício e ao Conselho Editorial da ABPI; membro consultor da Comissão Especial de Propriedade Intelectual da OAB/SP na atual gestão e participou de todas as Comissões anteriores desde 2005; membro da FIA – Federação Interamericana de Advogados e AIPPI – Associação Internacional de Proteção à Propriedade Intelectual.

LUCIANA VIDALI BALIEIRO
Bacharel em Direito pela Instituição Toledo de Ensino de Bauru e em Desenho Industrial pela Universidade Estadual Paulista (UNESP); Pós-graduada em Direito Empresarial pela Instituição Toledo de Ensino de Bauru; Especialista em Propriedade Intelectual pela Escola Superior de Advocacia da OAB/SP (ESA); Perita judicial em Propriedade Intelectual, certificada pela Associação Brasileira de Agentes da Propriedade Intelectual (ABAPI); Advogada, atuante na área de Propriedade Intelectual e do Direito da Moda.

LUIZ AUGUSTO LOPES PAULINO
Sócio do Escritório Dannemann Siemsen. Advogado. Graduado e pós-graduado em Direito pela Pontifícia Universidade Católica de São Paulo.

LUIZ RICARDO MARINELLO
Mestre em Direito Comercial pela Pontifícia Universidade Católica de São Paulo; Professor e Titular da disciplina Direito ao Desenvolvimento Científico e Novas Tecnologias em Saúde na Faculdade de Ciências da Saúde (FASIG/IGESP); Professor na Especialização de Propriedade Intelectual na Escola Superior de Advocacia de São Paulo; Árbitro na CNA – Câmara Nacional de Arbitragem e Mediação na Comunicação; Coordenador do Comitê de Indicações Geográficas da ABPI (Associação Brasileira da Propriedade Intelectual). Sócio de Marinello Advogados.

MANOEL JOAQUIM PEREIRA DOS SANTOS
Professor do curso de Propriedade Intelectual e Direito da Inovação do Programa de Pós-Graduação Lato Sensu da FGV/SP e do Curso de Especialização em Direito e Tecnologia da Informação da Escola Politécnica da USP. Mestre e Doutor em Direito pela Faculdade de Direito da USP. Mestre em Direito pela *New York University*. Autor de obras e artigos sobre Propriedade Intelectual. mjpsantos@santoslaw.com.br

MÁRCIO COSTA DE MENEZES E GONÇALVES
Sócio-fundador de Márcio Gonçalves Advogados – MG Advogados. Especialista em Propriedade Intelectual, Tecnologia e Direito Digital. Presidente do ICI – Instituto do Capital Intelectual. Diretor Jurídico da ABRAL – Associação Brasileira de Licenciamento de Marcas e Personagens. Diretor de Defesa Comercial do SICETEL/ABIMETAL. Integrante das Comissões de Propriedade Intelectual e de Mídia e Entretenimento da OAB/SP.

MÁRCIO JUNQUEIRA LEITE
Doutorando em Direito Comercial pela PUC-SP. Mestre em Direito Comercial pela USP. Consultor do escritório Pinheiro Neto em São Paulo.

MARIA FERNANDA ALVES PALLEROSI
Graduada em Direito pela Pontifícia Universidade Católica de São Paulo (PUC--SP). Advogada da área de Direitos Autorais e Propriedade Industrial. Sócia da

Maria Fernanda A. Pallerosi Sociedade de de Advocacia. Membro efetivo da Comissão Especial de Propriedade Intelectual da OAB/SP na atual gestão e participou de todas as Comissões Especiais de PI anteriores desde 2005.

MARIA ISABEL GIACCHETTI DE MORAES

Pós-graduação em Direito de Processo Civil pela Pontifícia Universidade Católica (PUC). Graduação em Direito pela Universidade Mackenzie. Mentora de jovens dentro e fora da empresa e Conselheira pelo Instituto Brasileiro de Governança Corporativa (IBGC).

NANCY CAIGAWA

Especialista em Direito Empresarial pela Pontifícia Universidade Católica de São Paulo – PUC/SP, e MBA em Gestão do Conhecimento, Tecnologia e Inovação pela FIA – Fundação Instituto de Administração; Advogada, Gradução em Direito pela Faculdade de Direito da Universidade de São Paulo, sócia do escritório Kasznar Leonardos. Vice-Presidente da Comissão Especial de Propriedade Intelectual da OAB-SP, triênio 2022/2024.

PAULA LUCIANA DE MENEZES

Mestre em Direito Civil pela Faculdade de Direito da Universidade de São Paulo. Graduação em Direito na mesma Universidade. Especialista em Direito do Entretenimento e da Comunicação Social pela ESA-SP/OAB. Advogada na área do Entretenimento. Membro efetivo da Comissão Especial de Propriedade Intelectual da OAB/SP.

PATRICIA CARVALHO DA ROCHA PORTO

Coordenadora Acadêmica do Instituto Dannemann Siemsen. Advogada. Doutora em Políticas Públicas Estratégias e Desenvolvimento pela UFRJ e Mestre em Propriedade Intelectual e Inovação pelo INPI.

SORAYA IMBASSAHY DE MELLO

Mestranda em Propriedade Intelectual e Inovação pela Academia do INPI. Graduada em administração e direito. Vice-Presidente da Associação Paulista da Propriedade Intelectual – ASPI. Presidente da Comissão de Propriedade Intelectual da OAB SP Subseção Guarujá e idealizadora da Liga Nacional da Propriedade Intelectual. Advogada, Agente da Propriedade Industrial e Sócia de David do Nascimento Advogados Associados.

TAIS CAPITO
Advogada, presidente da Comissão de Propriedade Intelectual da OAB/SP – Subseção Jabaquara/Saúde. Especialista em Direito Empresarial pela PUC SP. Mestranda em Propriedade Intelectual pelo Instituto Nacional da Propriedade Industrial (INPI). Membro efetivo da Comissão de Propriedade Intelectual da OAB/SP.

YGOR VALERIO
Graduado em Direito pela USP e pós-graduado em Direito da Propriedade Intelectual pela FGV/SP. Advogado da área de Direitos Autorais e Tecnologia. Secretário Adjunto da Comissão de Direitos Autorais do Conselho Federal da OAB. Sócio do Cesnik, Quintino, Salinas, Fittipaldi e Valerio Advogados (CQS/FV).

APRESENTAÇÃO

Para a implementação deste Manual de Propriedade Intelectual a Comissão de Propriedade Intelectual da OAB/SP constituiu um Núcleo Editorial composto de membros voluntários que se reuniram com o objetivo de estruturar a obra e organizar sua elaboração pelos membros da Comissão.

O primeiro passo foi a preparação do Sumário, tendo como referência os temas básicos da Propriedade Intelectual, a partir dos conceitos introdutórios e das noções gerais sobre a proteção internacional e as bases constitucionais deste ramo do Direito. A proposta foi, inicialmente, analisar os elementos fundamentais (objeto, atributos e beneficiários) do regime protetivo dos diferentes institutos da Propriedade Intelectual e, para isso, considerou-se a sua classificação tradicional, começando com a análise daqueles enquadrados na Propriedade Industrial, ou sejam, os Signos Distintivos, as Criações Técnicas e a Concorrência Desleal, e completando com os Direitos Autorais. Nesse tópico foram incluídos também os institutos que se inserem na chamada Proteção Sui Generis, segundo sua afinidade com as categorias tradicionais de direitos de Propriedade Intelectual.

A seguir, a análise recai sobre o que se poderia denominar de dinâmica da Propriedade intelectual. Esta parte começa com os Contratos de Propriedade Intelectual, que é um dos ângulos mais relevantes da atividade profissional, e se completa com a Tutela dos Direitos de Propriedade Intelectual, outra vertente igualmente importante na práxis da advocacia. Com efeito, a Propriedade Intelectual se concretiza efetivamente na realização dos diversos negócios jurídicos para a exploração econômica dos bens intelectuais bem como na repressão das infrações e na solução dos litígios entre usuários e titulares.

Por se tratar de um Manual de Propriedade Intelectual, a orientação metodológica adotada foi o enfoque didático da matéria, visando a produção de um livro voltado à prática profissional. Assim sendo, a obra não é composta por artigos que se proponham a examinar com profundidade cada tema, a partir de sua evolução histórica e incluindo seus fundamentos e propostas de reformulação legislativa. Cada texto foi concebido no formato de comentários, com tamanho predefinido objetivando a uniformidade do conteúdo, de maneira a facilitar a compreensão do que é indispensável relativamente aos diversos aspectos da matéria pelo profissional que se depara com uma consulta ou com outro tipo de caso prático. Mesmo assim, os textos aplicam rigor técnico para assegurar a qualidade do material e sua apresentação em formato científico.

A cada texto são acrescentadas referências bibliográficas básicas com o objetivo de permitir que o leitor aprofunde o conhecimento ou esclareça eventuais dúvidas de cada tema uma vez que o enfoque dos comentários é sempre abrangente, mas não exauriente da matéria. A obra é complementada com uma compilação das Referências Bibliográficas e das Referências Digitais contidas nos textos, consolidadas em ordem alfabética de autor de modo a facilitar sua consulta pelo leitor.

A elaboração do Manual foi aberta exclusivamente aos membros da Comissão de Propriedade Intelectual da OAB/SP que se dispuseram a escrever sobre os temas em que a obra foi dividida, de acordo com as diretrizes de produção de textos elaboradas pelo Núcleo Editorial. Como os membros da Comissão são advogados atuantes e especialistas em Propriedade Intelectual, a obra resultante deste trabalho conjunto constitui uma importante fonte de referência para todos aqueles que procurem conhecimentos básicos sobre a Propriedade Intelectual, como, por exemplo, estudantes de Direito ou de ciências afins e mesmo empresários ou gestores, ainda que não orientados por exigências imediatas da atividade profissional.

Uma menção derradeira deve ser feita à prestimosa colaboração da Dra. Juliana Castelo Branco, Secretária da Comissão de Propriedade Intelectual da OAB/SP, que cuidou da preparação dos originais do Manual, incluindo a consolidação das Referências contidas ao final.

MANOEL JOAQUIM PEREIRA DOS SANTOS
ALBERTO LUÍS CAMELIER DA SILVA
GABRIEL FRANCISCO LEONARDOS
LILIAN DE MELO SILVEIRA

PREFÁCIO

É com grande satisfação que apresentamos o Manual de Propriedade Intelectual da OAB SP. Este livro é fruto de um esforço coletivo e voluntário de profissionais renomados e experientes que compõem a Comissão de Propriedade Intelectual da nossa entidade, com o propósito de estimular o conhecimento, a qualificação e o aperfeiçoamento dos profissionais do Direito.

Em um mundo cada vez mais globalizado e conectado, no qual a inovação e a criatividade são essenciais para o desenvolvimento econômico e social, é imprescindível compreender as nuances e os desafios que envolvem a proteção dos direitos intelectuais.

O Manual de Propriedade Intelectual da OAB SP é uma obra que visa capacitar advogadas e advogados a lidarem de forma eficiente com as demandas desafiadoras do mercado. Aqui, encontrarão um valioso conjunto de conhecimentos, exemplos práticos e reflexões que certamente enriquecerão seu repertório e ampliarão suas perspectivas.

A OAB SP tem o compromisso de fomentar o conhecimento jurídico e contribuir para o aprimoramento da advocacia, e este manual é mais uma iniciativa nesse sentido. A Comissão de Propriedade Intelectual tem desempenhado um papel fundamental na promoção do estudo e da discussão acerca dessa área tão relevante e dinâmica do Direito.

Agradecemos aos membros da Comissão de Propriedade Intelectual da OAB SP por seu empenho e dedicação na produção deste trabalho, que certamente contribuirá para o desenvolvimento e aprimoramento da Advocacia paulista, e esperamos que os leitores aproveitem ao máximo os conhecimentos aqui compartilhados.

Que este Manual de Propriedade Intelectual da OAB SP seja uma ferramenta indispensável na jornada dos profissionais e estudantes que desejam aprofundar-se nesse fascinante e cada vez mais relevante campo do Direito.

PATRICIA VANZOLINI
Presidente da OAB SP

INTRODUÇÃO

A Propriedade Intelectual se define, de modo geral, nas criações da mente humana, para as quais há um reconhecimento de autoria e de propriedade, que asseguram aos criadores a titularidade de direitos que são protegidos por lei. De modo mais específico, a Propriedade Intelectual compreende direitos de Propriedade Industrial, que são as marcas, patentes, desenhos industriais, indicações geográficas, segredos industriais e repressão à concorrência desleal; os Direitos Autorais, que são os direitos do autor, direitos conexos e programas de computador; e a Proteção Sui Generis, que são os cultivares, topografia de circuito integrado e conhecimento tradicional.

Ao olharmos tudo o que a sociedade tem disponível para o seu consumo, sejam produtos industrializados e de tecnologia que facilitam a vida de todos, sejam músicas e filmes para o entretenimento das pessoas, observaremos inovações e obras resultantes da criatividade do intelecto humano, que fazem parte da Propriedade Intelectual. Ou seja, o consumo de bens materiais ou imateriais, protegidos pela Propriedade Intelectual, faz parte do mundo dos negócios e do dia a dia de todas as pessoas, no mundo todo.

Neste contexto, o profissional do Direito poderá ser demandado a qualquer tempo pelos seus clientes, com uma situação do cotidiano, que exigirá ao menos um conhecimento básico sobre os institutos que fazem parte da Propriedade Intelectual.

O início de uma atividade comercial, industrial ou de prestação de serviços, mesmo que de pequeno porte, deverá ser identificada por um nome empresarial ou por uma marca que distinguirá a empresa no mercado e para tanto, o empreendedor precisará da orientação de um advogado, não só para saber como garantir proteção ao seu negócio, como também para evitar a violação de direitos de terceiros.

A organização de um evento com música, assim como a reprodução de imagem ou uso de obras audiovisuais poderá exigir orientação de um advogado sobre a observação dos direitos autorais ou elaboração de um contrato de cessão de uso.

Estes são apenas dois exemplos singelos, de como um advogado poderá ser consultado para orientar um cliente em situações que fazem parte do cotidiano no mundo das pessoas e dos negócios, para as quais é recomendável que o profissional tenha um conhecimento sobre Propriedade Intelectual, cuja disciplina pode não ter sido parte de seu curso de graduação.

Em atendimento a essa recomendação e em cumprimento ao objetivo de estimular o conhecimento, a qualificação e o aprimoramento profissional dos advogados, a Comissão de Propriedade Intelectual da OAB/SP idealizou este Manual, para oferecer ao profissional do Direito um meio objetivo, prático e compreensivo, de se inteirar sobre todos os temas relacionados à Propriedade Intelectual.

Para consecução desta obra, a Comissão contou com a valiosa colaboração de seus membros, que são profissionais especialistas em Propriedade Intelectual com ampla experiência nos temas aos quais se dedicaram a escrever. O resultado foi um trabalho abrangente, que compreende não só as definições de cada instituto da Propriedade Intelectual, como também as bases constitucionais, noções de contratos e o exercício da tutela dos direitos relacionados a cada instituto.

Muito mais do que simplesmente oferecer um conhecimento básico de Propriedade Intelectual, este Manual é uma ferramenta útil de conhecimento sobre a matéria, mesmo aos profissionais que já militam na área, que terão à mão um guia completo, de fácil consulta e com ótimas referências bibliográficas que permitirão a todos o aprofundamento no assunto.

A Propriedade Intelectual é um dos ramos do Direito que mais tem crescido e a razão disso é que vivemos em uma sociedade ávida por inovações, que se transforma e se desenvolve a cada dia, em consequência de novos conhecimentos e tecnologias que impulsionam o crescimento da atividade comercial e industrial. Nesse contexto, os ativos intelectuais são cada vez mais valorizados e disputados, razão pela qual os profissionais do Direito têm uma excelente oportunidade de ampliar ou aprimorar a sua atuação na área da Propriedade Intelectual.

Ao editar este Manual, a Comissão de Propriedade Intelectual cumpre com uma de suas missões perante a Ordem dos Advogados do Brasil, Seção São Paulo, sob a gestão presidente Patrícia Vanzolini e Vice-Presidente Leonardo Sica, que é estimular o conhecimento e a qualificação dos advogados.

LUIZ CLAUDIO GARÉ
Presidente da Comissão de Propriedade Intelectual da OAB-SP.

SUMÁRIO

Apresentação 15
Prefácio 17

INTRODUÇÃO 19
Luiz Claudio Garé

PARTE I – A PROPRIEDADE INTELECTUAL

1. O que é Propriedade Intelectual e seus institutos 31
   Daniel Adensohn de Souza

2. A Propriedade Intelectual no direito internacional 51
   Elisson Garé

3. Bases constitucionais da Propriedade Intelectual 67
   Eliane Yachouh Abrão

4. OMPI – Organização Mundial da Propriedade Intelectual 83
   Maria Isabel Giacchetti de Moraes

5. INPI – Instituto Nacional da Propriedade Industrial 89
   Maria Isabel Giacchetti de Moraes

PARTE II – SIGNOS DISTINTIVOS

6. Marcas 99
   Soraya Imbassahy de Mello

7. Indicações geográficas 117
   Luiz Ricardo Marinello

8. Nome empresarial 129
   Tais Capito

9. Títulos de estabelecimento e insígnias 141
   Daniel Adensohn de Souza

10. Nomes de domínio... 149
    Taís Capito

11. *Trade dress* 157
    Kone Prieto Furtunato Cesário

12. Expressões e sinais de propaganda 165
    Carlos Edson Strasburg Júnior

PARTE III – CRIAÇÕES TÉCNICAS E PROTEÇÃO *SUI GENERIS*

13. Patentes de invenção e de modelos de utilidade 173
    Gustavo de Freitas Morais

14. Desenho industrial 191
    Luciana Vidali Balieiro

15. *Know-How* e segredo empresarial 203
    Marcio Junqueira Leite

16. Cultivares... 219
    Nancy Caigawa

17. Topografia de circuitos integrados 239
    Alexandre Yamashita

18. Conhecimentos Tradicionais 251
    Luiz Ricardo Marinello

19. Dados sigilosos para registro de produtos 263
    Gabriel Leonardos

PARTE IV – CONCORRÊNCIA DESLEAL

20. Atos de concorrência desleal típicos 273
    Alberto Camelier

21. Concorrência desleal genérica 287
    Eduardo Ribeiro Augusto

22. Parasitismo 297
    André Luiz Lamin Ribeiro de Queiroz

PARTE V – DIREITOS AUTORAIS

23. Obras intelectuais 317
    Maria Fernanda Alves Pallerosi

24. Programas de computador 347
    Manoel J. Pereira dos Santos

25. Direitos dos artistas intérpretes e executantes, dos produtores
    fonográficos e das empresas de radiodifusão 363
    Paula Luciana de Menezes

26. Expressões culturais tradicionais 375
    Lilian de Melo Silveira

27. A gestão coletiva de direitos autorais no Brasil 391
    Ygor Valerio

PARTE VI – CONTRATOS DE PROPRIEDADE INTELECTUAL

28. Contratos de direitos de Propriedade Industrial 403
    José Mauro Decoussau Machado

29. Contratos de *Know-How* e contratos de serviços de assistência técnica e científica 419
    Julia Davet Pazos

30. Acordos de sigilo 427
    Julia Davet Pazos

31. Contratos de direitos de autor 433
    Lilian de Melo Silveira

32. Contratos de entretenimento 447
    Ivana Có Crivelli

33. Contratos de *software* 469
    Manoel J. Pereira dos Santos

PARTE VII – TUTELA DOS DIREITOS DE PROPRIEDADE INTELECTUAL

34. Tutela civil dos direitos de Propriedade Industrial 489
    Carlos Edson Strasburg Júnior

35. Tutela criminal dos direitos de Propriedade Industrial 503
    Luiz Claudio Garé

36. Tutela civil dos Direitos Autorais 527
    Paula Luciana de Menezes

37. Tutela Penal dos Direitos Autorais 539
    Ygor Valerio

38. Propriedade Intelectual e ADRs 561
    Nancy Caigawa

39. Conselho Nacional de Combate à Pirataria e aos Delitos contra
    a Propriedade Intelectual 573
    Márcio Costa de Menezes e Gonçalves, Eduardo Carneiro

Referências Bibliográficas 589
Referências Digitais 603

PARTE 1

A PROPRIEDADE INTELECTUAL

1.
O QUE É PROPRIEDADE INTELECTUAL E SEUS INSTITUTOS

Daniel Adensohn de Souza

Introdução

O ser humano é eminentemente criativo, possuindo criatividade e inventividade inatas, que são manifestadas por diversas formas. A exteriorização da criação humana tem por força motriz a percepção e sensibilidade do homem para com seu meio ambiente, intensificando-se com as relações intersubjetivas advindas da vida em coletividade. As obras do espírito humano acompanham, portanto, a evolução do homem ao longo de sua existência, e dela fazem parte, pois há evidente liame entre o avanço cultural e tecnológico e sua evolução.

As criações da mente ou do espírito humano podem surgir para atender ao mero deleite ou a um sentimento estético, ou podem estar relacionadas às ciências, à técnica industrial ou à atividade empresarial, indo desde obras de artes (como pinturas e esculturas), até invenções complexas envolvendo programas de computador, biotecnologia, mecânica quântica etc.

Um simples desenho esboçado em um papel ou um complexo algoritmo de inteligência artificial são resultado da criação humana e fazem parte da esfera de direitos de seu criador.

O reconhecimento da necessidade de proteção das obras artísticas, literárias e científicas e, posteriormente, das criações industriais e sinais distintivos, levou ao surgimento da Propriedade Intelectual.

Propriedade Intelectual visa, portanto, a proteção legal e o reconhecimento da autoria e propriedade das criações resultantes do trabalho intelectual de seus autores, assegurando aos seus titulares direitos sobre certos bens incorpóreos, intangíveis ou imateriais.

Desta forma, o sistema de proteção à propriedade intelectual tem por finalidade estimular a criação humana, fomentar a inovação e impulsionar o desenvolvimento cultural, científico e tecnológico, fornecendo, para tanto, ferramentas para proteção do trabalho intelectual, tutelando o criador, inventor ou detentor dos direitos patrimoniais, e, também, os consumidores, buscando um equilíbrio entre os diferentes direitos e interesses.

Tamanha é a importância da propriedade intelectual que a própria Constituição Federal do Brasil em seu art. 5º, incisos XXVII a XXIX erigiu à garantia constitucional a proteção aos direitos autorais e conexos, bem como às criações industriais, à propriedade das marcas, aos nomes de empresas e a outros signos distintivos, tendo em vista o interesse social e o desenvolvimento tecnológico e econômico do País.

Vivemos, nas palavras do professor Peter F. Drucker[1], em uma *"economia do conhecimento"*, na qual a aplicação do conhecimento (*capital humano*) é o principal estímulo ao desenvolvimento econômico. Tanto é que, nos países mais desenvolvidos, ciência, tecnologia e inovação se tornaram fatores-chave para o crescimento econômico, e, já nos idos de 2001, correspondiam a mais de 50% do PIB, conforme demonstram estudos da Organização para a Cooperação e Desenvolvimento Econômico (OCDE)[2].

Assim, a Propriedade Intelectual desempenha o papel relevantíssimo de proteger o conhecimento e impulsionar o desenvolvimento cultural e tecnológico, podendo ser conceituada como *"um conjunto de leis e regulamentos que protegem a criação intelectual, como ideias, invenções, obras literárias e artísticas, desenhos industriais, marcas comerciais, entre outros. Essa proteção concede ao titular o direito exclusivo de usar e explorar economicamente sua cria-*

---

[1] DRUCKER, Peter. *The Age of Discontinuity; Guidelines to Our Changing Society*. Nova Iorque, Harper and Row, 1969
[2] *China and the knowledge Economy – Seizing the 21st Century*, Carl J. Dahlman, Jean-Eric Aubert – diponível em https://elibrary.worldbank.org/doi/abs/10.1596/0-8213-5005-6

ção por um período determinado. *A Propriedade Intelectual é fundamental para incentivar a inovação e a criatividade, garantindo que os criadores possam ser reconhecidos e recompensados pelo trabalho"*[3].

Pois bem, a Propriedade Intelectual é, didaticamente, dividida em duas diferentes categorias: *Direitos Autorais* e *Propriedade Industrial*.

Os direitos autorais e os direitos conexos de autor protegem obras literárias, artísticas e científicas, incluindo interpretações ou execuções e radiodifusões, ao passo que, em linhas gerais, a Propriedade Industrial é o ramo do Direito que tutela as *criações industriais*, nelas compreendidas as patentes e desenhos industriais, e os *sinais distintivos* usados no exercício da empresa, tais como: marcas, nome comercial, título de estabelecimento, insígnia, expressões de propaganda e indicações geográficas.

Direitos autorais

Os Direitos Autorais compreendem os direitos de autor propriamente ditos que protegem as criações ou obras intelectuais, materializadas por qualquer meio, notadamente as obras literárias, artísticas e científicas dotadas de originalidade e dentro do período de proteção fixado por lei[4]-[5].

---

[3] Esta conceituação de propriedade intelectual foi elaborada pelo ChatGPT (que é um protótipo de chatbot com algoritmo de inteligência artificial desenvolvido pela OpenAI, L.L.C. e especializado em diálogo, que se utilizada de sistemas de busca e *machine learning* para elaborar respostas complexas) que bem demonstra o uso concreto de novas tecnologias e os impactos que podem gerar na sociedade e, por conseguinte, na economia. O uso de inteligências artificiais gera reflexos interessantes no tocante à propriedade intelectual, como, por exemplo, relacionados à autoria dos textos gerados.

[4] O Brasil é signatário da Convenção de Berna para a Proteção de Obras Literárias e Artísticas (datada de 1886 e atualizada em 1971) promulgada através do Decreto nº 75.699/1975, que prevê patamares mínimos de proteção aos direitos autorais (escritores, músicos, pintores, escultores etc.) entre os Estados membros, sendo que, atualmente, a maior parte dos países no mundo são signatários deste tratado, permitindo que as obras gozem de proteção fora do país de origem.

[5] O Brasil, na qualidade de membro da Organização Mundial do Comércio - OMC, assumiu a obrigação de assegurar proteção aos direitos autorais, de acordo com os patamares mínimos de proteção estabelecidos no TRIPS (*Trade Related Aspects of Intellectual Property Rights*), internalizado pelo Decreto nº 1.355/1994.

São consideradas obras intelectuais protegidas as criações do espírito, expressas por qualquer meio ou fixadas em qualquer suporte, tangível ou intangível, conhecido ou que se invente no futuro, como: os textos de obras literárias, artísticas ou científicas; as composições musicais, as obras audiovisuais, as obras fotográficas; as obras de desenho, pintura, gravura, escultura, litografia e arte cinética, os programas de computador, entre outros

Compreendem, ainda, os direitos conexos aos direitos de autor que são aqueles assegurados aos artistas intérpretes ou executantes, aos produtores fonográficos e às empresas de rádio e teledifusão[6].

Por outro lado, não são protegidas por direito autoral as ideias, procedimentos normativos, sistemas, métodos, projetos ou conceitos matemáticos como tais; os esquemas, planos ou regras para realizar atos mentais, jogos ou negócios; os formulários em branco para serem preenchidos por qualquer tipo de informação, científica ou não, e suas instruções; os textos de tratados ou convenções, leis, decretos, regulamentos, decisões judiciais e demais atos oficiais; as informações de uso comum tais como calendários, agendas, cadastros ou legendas; os nomes e títulos isolados; o aproveitamento industrial ou comercial das ideias contidas nas obras.

A proteção de Direitos Autorais independe de registro específico e surge com a criação da obra. Contudo, conforme a natureza da obra, o registro poderá ser efetuado, facultativamente, na Biblioteca Nacional, na Escola de Música, na Escola de Belas Artes da Universidade Federal do Rio de Janeiro, no Instituto Nacional do Cinema, ou no Conselho Federal de Engenharia, Arquitetura e Agronomia e no INPI, no caso de programa de computador.

A Lei nº 9.610/98 estabelece que o autor é a pessoa física criadora da obra literária, artística ou científica e a proteção concedida ao autor poderá aplicar-se às pessoas jurídicas, através da cessão de direitos autorais.

Dispõem, ainda, que o Autor é o detentor dos direitos morais e dos direitos patrimoniais da obra protegida, e somente os direitos patrimo-

---

[6] Vale mencionar a Convenção de Roma para a Proteção de Intérpretes, Produtores de Fonogramas e Organismos de Radiodifusão (datada de 1961), que foi o primeiro tratado internacional a assegurar proteção aos direitos conexos.

niais para sua exploração comercial poderão ser transferidos a terceiros, inclusive às pessoas jurídicas, pois os direitos morais do autor são considerados inalienáveis, irrenunciáveis e imprescritíveis.

São direitos morais do Autor: o de reivindicar, a qualquer tempo, a autoria da obra; de ter seu nome indicado ou anunciado, como sendo o do autor, na utilização de sua obra; de assegurar a integridade da obra, opondo-se a quaisquer modificações ou à prática de atos que, de qualquer forma, possam prejudicá-la ou atingi-lo, como autor, em sua reputação ou honra; entre outros.

Cabe ao Autor o direito exclusivo de utilizar, fruir e dispor da obra literária, artística ou científica e depende de sua autorização, prévia e expressa, a utilização da obra, por quaisquer modalidades.

Os direitos patrimoniais de Autor poderão ser total ou parcialmente transferidos a terceiros, por ele ou por seus sucessores, a título universal ou singular, por meio de licenciamento, concessão, cessão ou por outros meios admitidos em Direito. Na hipótese de não haver estipulação contratual sobre o prazo de duração, o prazo máximo será de cinco anos. A cessão total e definitiva dos direitos patrimoniais do Autor deverá ser efetuada através de estipulação contratual escrita.

Os direitos patrimoniais do autor perduram por setenta anos contados de 1° de janeiro do ano subsequente ao de seu falecimento, obedecida a ordem sucessória da lei civil, que também se aplicam às obras póstumas. Para obras audiovisuais e fotográficas, o prazo de proteção aos direitos patrimoniais será de setenta anos, a contar de 1° de janeiro do ano subsequente ao de sua divulgação.

Propriedade industrial
Como visto, o fundamento da proteção das criações industriais é o estímulo a novas criações, por meio da concessão, pelo Estado, de um monopólio temporário, ao passo que o fundamento da proteção aos sinais distintivos é reprimir a concorrência desleal

Em um contexto econômico e mercadológico em que a concorrência é cada vez maior, as empresas devem buscar soluções técnicas inovadoras e formas de diferenciar seus produtos/serviços para atrair novos clientes e para manter sua já conquistada clientela. Investimentos em inovação, seja para desenvolvimento de novos produtos, seja para a melhoria de processos de fabricação ou ainda para criação de estratégias de marketing, são essenciais para esta finalidade.

Consequentemente, os direitos de propriedade industrial têm assumido posição de destaque neste cenário, na medida em que oferecem ferramentas para proteção adequadas e eficientes da inovação, do conhecimento e dos sinais distintivos.

Assim, a propriedade industrial tem por objeto as patentes de invenção, os modelos de utilidade, os desenhos ou modelos industriais, as marcas de serviço, o nome comercial e as indicações de procedência ou denominações de origem, bem como a repressão da concorrência desleal[7].

Patentes

A patente é um monopólio temporário (direito de exclusividade) sobre uma invenção ou modelo de utilidade, conferido pelo Estado ao inventor[8], em contrapartida à revelação à sociedade do conteúdo técnico da criação.

É patenteável a invenção que atenda aos requisitos de novidade, atividade inventiva e aplicação industrial. É patenteável como modelo

---

[7] Conforme artigo 1º da Convenção da União de Paris para Proteção da Propriedade Industrial, revisão de Estocolmo, internalizada pelo Decreto nº 75.572/1975

[8] Vale destacar a recente discussão sobre a possibilidade de uma inteligência artificial ser inventora de uma patente, decorrente dos pedidos de patente depositados por Stephen Thaler, em diversos países do mundo indicando o sistema de inteligência artificial DABUS como inventor (DABUS é um acrônimo de *Device for the Autonomous Bootstrapping of Unified Sentience*, que consiste em um sistema de inteligência artificial criado pelo Dr. Stephen L. Thaler, CEO da Imagination Engines, Inc., e inventor do Creativity Machine - US Patent 5,659,666 e US Patent 7,454,388).

Esta questão chegou, finalmente, ao Brasil, com a entrada na fase nacional do PCT/IB2019/057809 (que reivindica a prioridade das patentes EP 18275163 and EP 18275174) sob o número BR 112021008931-4. Em 06 de setembro de 2022, foi publicada decisão rejeitando a tramitação do pedido de patente (despacho "Pedido Retirado"), baseada no Parecer nº 00024/2022/CGPI/PFE-INPI/PGF/AGU, datado de 08 de agosto de 2022, no qual, em resumo, a Procuradoria Federal concluiu que não seria possível a indicação ou a nomeação de inteligência artificial como inventora de um pedido de patente no Brasil, na esteira do entendimento que vem sendo adotado na maioria dos países em que se discutiu a possibilidade de DABUS ser ou não indicado como inventor.

de utilidade o objeto de uso prático, ou parte deste, suscetível de aplicação industrial, que apresente nova forma ou disposição, envolvendo ato inventivo, que resulte em melhoria funcional no seu uso ou em sua fabricação

A invenção e o modelo de utilidade são considerados novos quando não compreendidos no estado da técnica e sua proteção como patente abrange as mais diversas áreas de atuação, tais como: mecânica, eletrônica, física, química, médica, biotecnologia etc.

A Lei de Propriedade Industrial estabelece algumas restrições quanto ao objeto passível de proteção como patente, não sendo patenteáveis, por exemplo, as descobertas, teorias científicas, métodos matemáticos, métodos comerciais, contábeis, financeiros, educativos, publicitários, concepções puramente abstratas, programas de computador em si, o todo ou parte dos seres vivos, exceto os micro-organismos transgênicos que atendam aos requisitos de novidade, atividade inventiva e aplicação industrial.

O pedido de patente, requerido perante o INPI, deverá ser acompanhado de um relatório descritivo, quadro reivindicatório, resumo e figuras, se houver. O pedido de patente ficará em sigilo pelo prazo de 18 meses, contados da data de depósito ou da prioridade mais antiga, para pedidos provenientes do exterior. O pedido de exame da patente deverá ser solicitado pelo depositante ou por qualquer interessado em até 36 meses da data de depósito. Em alguns casos específicos, é possível acelerar a análise do pedido, através do exame prioritário da patente como, por exemplo, caso o inventor tenha acima de 65 anos, no caso de litígio envolvendo a patente ou nos pedidos de patentes verdes (tecnologias voltadas para o meio ambiente).

A patente de invenção vigorará pelo prazo de 20 (vinte) anos e a de modelo de utilidade pelo prazo 15 (quinze) anos contados da data de depósito. Após o término do prazo, o objeto da proteção cai em domínio público.

A extensão da proteção conferida pela patente será determinada pelo teor do quadro reivindicatório (reivindicações), interpretado com base no relatório descritivo e nos desenhos. A patente confere ao seu titular o direito de impedir um terceiro, sem o seu consentimento, de produzir, usar, colocar à venda, vender ou importar com estes propósitos: produto objeto de patente; ou processo ou produto obtido diretamente por processo patenteado.

Ao titular da patente é assegurado o direito de requerer indenização perante os Tribunais brasileiros pela exploração indevida de seu objeto, inclusive em relação à exploração ocorrida entre a data da publicação do pedido e a da concessão da patente. O pedido fica, em regra, em sigilo apenas 18 meses. A publicação torna-o público e, por esta razão, ninguém poderá alegar o desconhecimento

A patente que for concedida contrariando as disposições legais (por exemplo: que não atenda aos requisitos de patenteabilidade; que tenha por objeto matéria que não pode ser considerada invenção nem modelo de utilidade, conforme disposto no art. 10 da Lei da Propriedade Industrial; que verse sobre matéria não patenteável nos termos do art. 18 da Lei da Propriedade Industrial, v.g. o que for contrário à moral, aos bons costumes, à segurança, à ordem e à saúde públicas etc.) pode ser objeto de processo administrativo de nulidade, instaurado de ofício ou mediante requerimento de qualquer pessoa com legítimo interesse diretamente no INPI, no prazo de seis meses contados da publicação de sua concessão.

Desenhos industriais
Considera-se desenho industrial a forma plástica ornamental de um objeto ou o conjunto ornamental de linhas e cores que possa ser aplicado a um produto, proporcionando resultado visual novo e original na sua configuração externa e que possa servir de tipo de fabricação industrial.

Extraem-se desta definição os três requisitos básicos de registrabilidade dos desenhos industriais: novidade, originalidade e aplicação industrial. O desenho industrial é considerado novo quando não compreendido no estado da técnica, ou seja, trata-se de novidade objetiva e absoluta. É considerado original, quando dele resulte uma configuração visual distintiva, em relação a outros objetos anteriores, sendo que o resultado visual original poderá ser decorrente da combinação de elementos conhecidos.

Dentre os objetos expressamente excluídos de proteção, a atual Lei da Propriedade Industrial não considera desenho industrial qualquer obra de caráter puramente artístico, cuja proteção será aquela conferida pela Lei de Direitos Autorais.

Ainda, não se considera registrável como desenho industrial o que for contrário à moral e aos bons costumes ou que ofenda a honra ou imagem de pessoas, ou atente contra liberdade de consciência, crença, culto religioso ou ideia e sentimentos dignos de respeito e veneração; assim como a forma necessária comum ou vulgar do objeto ou, ainda, aquela determinada essencialmente por considerações técnicas ou funcionais, o que, neste último caso, será objeto de patente de modelo de utilidade.

Portanto, o desenho industrial protege a forma externa e estética do objeto ou padrão ornamental, e não sua função prática.

A propriedade do desenho industrial registrado outorga o direito de impedir terceiro, sem o seu consentimento, de produzir, usar, colocar à venda, vender ou importar com estes propósitos seu produto objeto de desenho industrial.

O prazo de proteção do desenho industrial é de 10 anos, podendo ser prorrogado por mais 03 períodos de 05 anos, totalizando 25 anos de proteção, findos os quais entrará em domínio público.

Topografia de circuitos integrados
Topografia de circuitos integrados significa uma série de imagens relacionadas, construídas ou codificadas sob qualquer meio ou forma, que represente a configuração tridimensional das camadas que compõem um circuito integrado, e na qual cada imagem represente, no todo ou em parte, a disposição geométrica ou arranjos da superfície do circuito integrado em qualquer estágio de sua concepção ou manufatura.

Segundo a legislação brasileira, somente será protegida, através de registro no INPI, a topografia que seja original, no sentido de que resulte do esforço intelectual do seu criador ou criadores e que não seja comum ou vulgar para técnicos, especialistas ou fabricantes de circuitos integrados, no momento de sua criação. Entretanto, uma topografia que resulte de uma combinação de elementos e interconexões comuns ou que incorpore, com a devida autorização, topografias protegidas de terceiros, poderá ser protegida se como um todo.

O registro, que confere ao seu titular o direito ao uso exclusivo de explorar topografia de circuito integrado, vigorará pelo prazo de dez anos, contado da data do depósito ou da data da primeira exploração comercial da topografia do circuito integrado, o que tiver ocorrido primeiro, não podendo ser prorrogado.

Cultivares
Entende-se por cultivar a variedade de qualquer gênero ou espécie vegetal superior que seja claramente distinguível de outras cultivares conhecidas por margem mínima de descritores, por sua denominação própria, que seja homogênea e estável quanto aos descritores através de gerações sucessivas e seja de espécie passível de uso pelo complexo agroflorestal, descrita em publicação especializada disponível e acessível ao público, bem como a linhagem componente de híbridos.

De acordo com TRIPs (*Agreement on Trade-Related Aspects of Intellectual Property Rights*), os países-membros da OMC (Organização Mundial do Comércio) devem proteger as variedades vegetais, podendo optar por um sistema de patentes, um modelo sui generis ou uma combinação de ambos.

O Brasil optou pela proteção das cultivares através de um registro próprio, sendo, portanto, vedada sua proteção de patentes, nos termos dos artigos 10 e 18 da Lei da Propriedade Industrial.

A proteção das cultivares dá-se mediante a concessão do Certificado de Proteção de Cultivar pelo Serviço Nacional de Proteção de Cultivares - SNPC, criado pela Lei nº 9.456/1997, no âmbito do Ministério da Agricultura, Pecuária e Abastecimento.

Em suma, a proteção de cultivar recairá sobre o material de reprodução ou de multiplicação vegetativa da planta inteira, ou seja, sobre a semente e cultivar precisa atender aos seguintes requisitos: ser produto de melhoramento genético; ser de uma espécie passível de proteção no Brasil; não haver sido comercializada no exterior há mais de 4 anos, ou há mais de 6 anos, no caso de videiras ou árvores; não haver sido comercializada no Brasil há mais de doze meses; ser distinta; ser homogênea; e ser estável.

Os três últimos requisitos (distinguibilidade, homogeneidade e estabilidade) devem ser comprovados através de experimentos específicos reunidos, denominados de Testes de DHE (distinguibilidade, homogeneidade e estabilidade). Segundo a legislação brasileira, esses testes são de responsabilidade do requerente da proteção e devem ser entregues na apresentação do pedido de proteção.

A proteção da cultivar vigorará, a partir da data da concessão do Certificado Provisório de Proteção, pelo prazo de 15 (quinze) anos, excetuadas as videiras, as árvores frutíferas, as árvores florestais e as árvores ornamentais, inclusive, em cada caso, o seu porta-enxerto, para as quais a duração será de 18 (dezoito) anos, caindo, após, em domínio público.

Com a publicação do pedido e emissão do Certificado Provisório de Proteção abre-se prazo de 90 (noventa) dias para impugnação. No caso de não haver impugnação ou se, em havendo, a impugnação for rejeitada, é emitido o Certificado de Proteção da Cultivar.

A denominação de cultivar será obrigatória para sua identificação e destinar-se-á a ser sua denominação genérica, devendo ser única, não podendo ser expressa apenas na forma numérica; ser diferente de denominação de cultivar preexistente; e não induzir a erro quanto às características intrínsecas ou quanto à procedência da cultivar

Sinais distintivos

São considerados sinais distintivos quaisquer combinações de palavras e/ou figuras utilizadas no exercício da atividade empresarial para identificar o próprio empresário ou sociedade empresária (nomes de empresa), o estabelecimento empresarial (títulos de estabelecimento e insígnias ou *signum tabernae*), os produtos e serviços (marcas), a propaganda (sinais ou expressões de propaganda) e os endereços na Internet (nomes de domínio), permitindo ao público reconhecer sua origem/proveniência.

Cada um dos sinais distintivos usados pelo empresário no exercício da empresa possui proteção própria e específica, decorrente da função individualizadora exercida em uma situação de concorrência[9].

Contudo, a proteção conferida a cada um destes instrumentos de identificação do empresário é interdependente, tendo o objetivo fundamental de elidir confusão no mercado. Em outras palavras, os sinais distintivos estão interligados, de modo que, v.g., uma expressão usada como elemento característico de um nome de empresa não pode ser adotada

---

[9] Cf. SILVEIRA, Newton. Licença de uso de marca e outros sinais distintivos, São Paulo: Saraiva, 1984, p. 15

como marca ou título de estabelecimento de outrem e vice-versa[10-11], evitando-se, dessarte, a concorrência desleal.

Veremos, brevemente, as diferentes espécies de sinais distintivos, que ao longo desta obra, serão detalhadamente tratados.

Marcas

Dentre as espécies de sinais distintivos, temos a marca, que consiste em um sinal, visualmente perceptível ou não[12], que tem por finalidade identificar, distinguir e certificar produtos e serviços de outros produtos e serviços de origem diversa em um mesmo ramo de atividade.

No Brasil, define-se como marca o sinal distintivo visualmente perceptível que não esteja compreendido nas proibições legais, de modo que sinais olfativos, gustativos, sonoros e outros não tradicionais não podem ser protegidos como marca, podendo ser tutelados, de outro lado, de acordo com as regras gerais que envolvem a concorrência desleal.

A aferição da distintividade da marca ocorre, primeiramente, quando o INPI analisa, administrativamente, se o sinal é intrinsecamente capaz de distinguir os produtos ou serviços, mediante a interpretação do grau

---

[10] No dizer de Luiz LEONARDOS: "é irrelevante que a marca tenha por fim assinalar mercadorias ou produtos, que o título de estabelecimento distinga o próprio estabelecimento comercial e que o nome comercial identifique o comerciante, porquanto a utilização de elemento caracterizador comum trará inevitável confusão" (*in* Apreciação do conflito entre marcas e nomes comerciais, Revista da ABPI, São Paulo: vol. 41, jul./ago. 1999, p. 37). Vide também: PINHEIRO, Waldemar. Do conflito entre nome comercial e marca. Revista da ABPI, São Paulo, vol. 31, nov./dez. 1997, p.24; e SCHMIDT, Lélio Denicoli. Princípios aplicáveis aos sinais distintivos, *in* Propriedade Intelectual: sinais distintivos e tutela judicial e administrativa, Coord. Wilson Pinheiro Jabur e Manoel J. Pereira dos Santos. São Paulo: Saraiva, 2007, p. 42/43

[11] "Assim sendo", diz Newton SILVEIRA, "como elementos identificadores da atividade 'aziendal', todos os sinais usados pelo empresário devem receber a mesma tutela contra a concorrência desleal, independentemente de sua especialização em signos do empresário, do estabelecimento ou do produto ou serviço" (*in* Licença do uso da marca e outros sinais distintivos, cit., p. 15)

[12] Observe-se que a Lei da Propriedade Industrial exigiu, como condição para registro de marca, que os sinais sejam visualmente perceptíveis (art. 122), exercendo a faculdade prevista no art. 15, nº 1, *in fine*, do TRIPs.

de relação existente entre o sinal e o produto ou serviço que ela visa identificar.

A aferição da distintividade poderá ocorrer, também, posteriormente, especialmente pelo Poder Judiciário, como, por exemplo, ao aplicar o artigo 6º *quinquies*, C.1, da Convenção da União de Paris, reconhecendo que sinais inicialmente despedidos de distintividade, por possuir relação com o produto ou serviço que identificam, são capazes de angariar distintividade pelo uso reiterado e em função de investimentos do titular (fenômeno do "*secondary meaning*").

Vale destacar que, em sintonia com a maioria das legislações estrangeiras e de acordo com tratados internacionais, o Brasil também confere proteção especial e diferenciada às marcas famosas, conhecidas como marcas de alto-renome.

Às marcas de alto renome, é assegurada proteção especial em todos os segmentos de atividade, em relação a todos os produtos e serviços. Embora decorra de uma situação de fato, verificada no mercado, atualmente, para lograr esta proteção especial é necessário um procedimento administrativo específico junto ao INPI e a comprovação de que determinados requisitos estão presentes, especialmente: (a) o reconhecimento da marca por ampla parcela do público em geral; (b) a qualidade, reputação e prestígio que o público associa à marca e aos produtos ou serviços por ela assinalados; e (c) os investimentos realizados pelo titular na divulgação da marca e em pesquisa e desenvolvimento.

Além das marcas de produtos e de serviços, a legislação brasileira também protege a marca coletiva, que é aquela utilizada para identificar produtos ou serviços advindos dos membros de uma certa entidade, e a marca de certificação, que é aquela utilizada para atestar que um produto ou serviço está em conformidade com um conjunto de regras relacionadas a qualidade, natureza etc.

Por outro lado, a legislação brasileira prevê que não são registráveis como marca expressões que representem monumentos ou nomes de órgãos públicos; que induzam a falsa indicação de procedência; que reproduzam ou imitem nomes ou símbolos de eventos esportivos, artísticos etc.; que reproduzam ou imitem nomes civis, nomes de família, nomes artísticos, imagem ou apelidos conhecidos de terceiros; que sejam palavras ou termos técnicos, comuns, necessários ou genéricos; que apenas sejam usadas como propaganda; e, evidentemente, que violem direitos de terceiros.

O registro de marca terá validade por 10 (dez) anos, contados da data de sua concessão, podendo ser prorrogado indefinida e sucessivamente por seu titular, sendo que a prorrogação deverá ser requerida durante o último ano de vigência do registro.

Após a concessão do registro, ainda haverá uma possibilidade de anulação no orbe administrativo, através de Processo Administrativo de Nulidade, que deverá ser requerida por um terceiro interessado no prazo de 180 dias contados da concessão do registro.

Ainda, o registro poderá ser anulado através de ação judicial de competência privativa da Justiça Federal, em ação em que o INPI deverá participar, no prazo de 05 (cinco) anos após a sua concessão.

Títulos de estabelecimento e insígnias

O título de estabelecimento é sinal nominativo que identifica o estabelecimento empresarial[13], ao passo que insígnia, ou *signum tabernae,* é o dístico que identifica o estabelecimento empresarial. Ou seja, tratam-se de sinais distintivos utilizados, basicamente, na fachada do estabelecimento e que não se confundem com os nomes empresariais e com as marcas.

Expressões de propaganda

A expressão de propaganda, também conhecida como slogan, é a legenda, anúncio, reclame, palavra, combinação de palavras, original e característica, que se destina ao emprego como meio de recomendar quaisquer atividades lícitas, realçar qualidade de produtos, mercadorias ou serviços, ou a atrair a atenção dos consumidores ou usuários.

Os slogans ou expressões de propaganda visam realçar a qualidade de produtos, mercadorias ou serviços, ou a atrair a atenção dos consu-

---

[13] O registro dos títulos de estabelecimento foi extinto pelo art. 119, da Lei nº 5.772/1971, sendo protegido, atualmente, pelas normas de repressão à concorrência desleal. Para proteção do título de estabelecimento, com supedâneo na regra cardinal de repressão à concorrência desleal, deverão ser levadas em consideração as circunstâncias de fato, de modo que sua previsão no contrato social é interessante meio de prova de uso, mas não constitui direito ou proteção per si.

midores ou usuários, e são protegidos no Brasil, basicamente, através da repressão à concorrência desleal, nos termos da Lei da Propriedade Industrial nº 9279/96, uma vez que não existe registro.

Por outro lado, o slogan ou expressão de propaganda que possuir originalidade e estiver diretamente associada a uma campanha publicitária pode ser protegido pela Lei de Direitos Autorais como parte da obra audiovisual de um filme publicitário. As expressões de propaganda meramente descritivas ou consistentes em expressões de uso comercial corrente não possuem proteção.

Nomes de domínio
Nome de domínio é um sinal que identifica o empresário ou o estabelecimento em ambiente virtual[14]. Nessa era da sociedade da informação, o nome de domínio é, certamente, um dos sinais distintivos mais importantes do empresário, na medida em que a Internet é um dos principais instrumentos de divulgação e, ao mesmo tempo, a principal fonte de pesquisa da maioria dos consumidores.

O Núcleo de Informação e Coordenação do Ponto BR – NIC.br é a entidade responsável pela implementação, promoção, execução e regulamentação do registro de nomes de domínio no Brasil.

Em linhas gerais, o registro para nomes de domínio obedece ao princípio do *first come, first serve*, ou seja, é assegurado o direito de registrar aquele que primeiro levou a registro o sinal pretendido perante o órgão competente.

---

[14] Há discussão na doutrina e jurisprudência quanto ser o nome de domínio sinal distintivo autônomo ou mera projeção da marca, título de estabelecimento ou nome de empresa na Internet. Vide: SILVEIRA, Newton. A propriedade intelectual na Internet e a questão dos nomes de domínio, Revista de Direito Mercantil, São Paulo: Revista dos Tribunais, ano 29, nº 119, p.26-33, jul./set. 2000, p. 26-33; TINOCO SOARES, José Carlos. Abuso de direito pelo uso de nomes de domínio na Internet, Revista dos Tribunais, nº 786, p. 68-76, abr. 2001, p. 68-76; LABRUNIE, Jacques. Conflitos entre nomes de domínio e outros sinais distintivos, Direito & Internet: aspectos jurídicos relevantes, Bauru: Edipro, 2000, p. 239-256; JABUR, Wilson Pinheiro. Nome de Domínio: Novo Sinal Distintivo?, *in* Propriedade Intelectual: sinais distintivos e tutela judicial e administrativa, Coord. Wilson Pinheiro Jabur e Manoel J. Pereira dos Santos. São Paulo: Saraiva, 2007, p. 267-309; ESTEVES, Luciana Batista. A ICANN e a regulamentação dos nomes de domínio. Revista da ABPI, nº 79, nov./dez. 2005

Entretanto, o nome de domínio não pode conter sinal distintivo de terceiro (tais como: marca, título de estabelecimento, nome de empresa etc.), que induza o público a erro ou confusão. Desta forma, o registro de marca no INPI, assim como a adoção anterior de título de estabelecimento e/ou de nome de empresa, são considerados preponderantes sobre o registro de domínio na internet, como amplamente reconhecido por nossos tribunais.

Além da possibilidade de buscar judicialmente a cessação do uso e o cancelamento ou transferência de nome de domínio que viole sinal distintivo, pode o titular do direito violado valer-se do Sistema Administrativo de Conflitos de Internet relativos a nomes de domínio sob o ".br" (SACI-Adm), implementado em outubro de 2010 pelo NIC.br como meio alternativo de solução de controvérsias envolvendo nomes de domínio ".br".

O SACI-Adm foi inspirado no Uniform Domain Name Dispute Resolution Process (UDPR) do Centro de Arbitragem e Mediação da OMPI (que oferece serviços de resolução de disputas relativas a nomes de domínio de segundo nível, tais como: .com, .net, .org., etc.) mas contém algumas diferenças relevantes, como no caso de elementos de caracterização da má-fé.

Por se tratar de um procedimento relativamente rápido, que leva cerca de 90 dias, e barato, especialmente se comparado a uma ação judicial, é cada vez maior o número de casos submetidos ao Sistema de Solução de Disputas Relativas a Nomes de Domínio.

Nome de empresa

O nome de empresa pode ser entendido como a firma ou a denominação adotada pelo empresário, pessoa física ou jurídica, para sua identificação no exercício de sua atividade, podendo ser usado como elemento individualizador da empresa em âmbito concorrencial, servindo de instrumento de união entre o empresário e a clientela.

Assim, constata-se que o nome de empresa exerce duas importantes funções: (i) designa o sujeito de direitos e obrigações dentro da generalidade dos atos inerentes à atividade do empresário (função subjetiva ou identificadora); e (ii) caracteriza, individualiza e distingue seu titular, pessoa física ou jurídica, no campo da concorrência (função objetiva ou econômico-concorrencial).

Isso significa que o empresário ou sociedade empresária está obrigado a adotar um nome de empresa como pré-requisito à sua lícita e efetiva atuação no mercado (obrigatoriedade), podendo, ao seu talante, usar este mesmo nome como elemento diferenciador em um ambiente concorrencial (faculdade), exercendo, assim, função distintiva similar às marcas e/ou título de estabelecimento.

Cada uma destas funções é regida por diferentes diplomas legais, podendo-se afirmar que enquanto a função econômico-concorrencial é tutelada pela Constituição Federal de 1988, pela Lei da Propriedade Industrial e pela Convenção da União de Paris, a função identificadora é disciplinada pela Lei de Registro Público de Empresas Mercantis e pelo Código Civil.

Esta pluralidade de leis tratando do nome de empresa gera, inexoravelmente, certa confusão ou, no mínimo, interpretações antagônicas em diversos aspectos.,

A jurisprudência atualmente majoritária entende que a proteção ao nome de empresa está limitada ao território do Estado em que foi feito o arquivamento dos atos constitutivos, sendo possível estender a proteção a outros Estados através de requerimento específico ou abertura de filiais.

Quanto à defesa do nome de empresa em juízo, especialmente, quando há conflito com outros sinais distintivos, os tribunais brasileiros, normalmente, aplicam os princípios de proteção às marcas. O primeiro deles diz respeito à anterioridade, ou seja, prevalece, em regra, o mais antigo, desde que haja possibilidade de confusão ou associação indevida no mercado.

Assim, a proteção ao nome de empresa impede o uso e o registro posterior, por terceiro, de nome de domínio ou marca que reproduza ou imite expressão característica do nome. Da mesma forma, uma vez registrada a marca não pode ela ser utilizada, ainda que parcialmente, na composição de nome de empresa, em havendo similitude de atividades

Indicações geográficas

TRIPs (*Agreement on Trade-Related Aspects of Intellectual Property Rights*), define as indicações geográficas como sendo "indicações que identifiquem um produto como originário do território de um Membro, ou região ou localidade deste território, quando determinada qualidade, reputação ou outra característica do produto seja essencialmente atribuída à sua origem geográfica".

A Lei nº 9.279/96 reservou um título específico acerca das indicações geográficas, subdividiu-as em dois institutos distintos: indicação de procedência e denominação de origem.

Entende-se por indicação de procedência o nome geográfico de país, cidade, região ou localidade de seu território, que se tenha tornado conhecido como centro de extração, produção ou fabricação de determinado produto ou de prestação de determinado serviço.

Já a denominação de origem refere-se ao nome geográfico de país, cidade, região ou localidade de seu território, que designe produto ou serviço cujas qualidades ou características se devam exclusiva ou essencialmente ao meio geográfico, incluídos fatores naturais e humanos (know-how ou savoir-faire).

Podem requerer registro de indicações geográficas as associações, os institutos e as pessoas jurídicas representativas da coletividade legitimada ao uso exclusivo do nome geográfico estabelecidas no respectivo território.

Em se tratando de nome geográfico estrangeiro já reconhecido como Indicação Geográfica no seu país de origem ou reconhecido por entidades ou organismos internacionais competentes, o registro deverá ser requerido pelo titular do direito sobre a Indicação Geográfica.

Prevê a lei, ainda, que a proteção estender-se-á à representação gráfica ou figurativa da indicação geográfica, bem como à representação geográfica de país, cidade, região ou localidade de seu território cujo nome seja indicação geográfica.

As expressões "cachaça" e "cachaça do Brasil", por exemplo, são indicações geográficas referentes à tradicional bebida à base de aguardente de cana produzida no Brasil, sendo seu uso restrito aos produtores estabelecidos no país.

Referências

DAHLMAN, Carl J. e AUBERT, Jean-Eric. *China and the knowledge Economy – Seizing the 21st Century*, diponível em https://elibrary.worldbank.org/doi/abs/10.1596/0-8213-5005-6

DRUCKER, Peter. *The Age of Discontinuity; Guidelines to Our Changing Society*. Nova Iorque, Harper and Row, 1969

ESTEVES, Luciana Batista. A ICANN e a regulamentação dos nomes de domínio. Revista da ABPI, nº 79, nov./dez. 2005

JABUR, Wilson Pinheiro. Nome de Domínio: Novo Sinal Distintivo?, *in* Propriedade Intelectual: sinais distintivos e tutela judicial e administrativa, Coord. Wilson Pinheiro Jabur e Manoel J. Pereira dos Santos. São Paulo: Saraiva, 2007

LABRUNIE, Jacques. Conflitos entre nomes de domínio e outros sinais distintivos, Direito & Internet: aspectos jurídicos relevantes, Bauru: Edipro, 2000

LEONARDOS, Luiz. Apreciação do conflito entre marcas e nomes comerciais, Revista da ABPI, São Paulo: vol. 41, jul./ago. 1999

PINHEIRO, Waldemar. Do conflito entre nome comercial e marca. Revista da ABPI, São Paulo, vol. 31, nov./dez. 1997

SCHMIDT, Lélio Denicoli. Princípios aplicáveis aos sinais distintivos, *in* Propriedade Intelectual: sinais distintivos e tutela judicial e administrativa, Coord. Wilson Pinheiro Jabur e Manoel J. Pereira dos Santos. São Paulo: Saraiva, 2007

SILVEIRA, Newton. A propriedade intelectual na Internet e a questão dos nomes de domínio, Revista de Direito Mercantil, São Paulo: Revista dos Tribunais, ano 29, nº 119, jul./set. 2000

SILVEIRA, Newton. Licença de uso de marca e outros sinais distintivos, São Paulo: Saraiva, 1984

SOARES, José Carlos Tinoco. Abuso de direito pelo uso de nomes de domínio na Internet, Revista dos Tribunais, nº 786, abr. 2001

SOARES, José Carlos Tinoco. Novo Código Civil: pessoas jurídicas, empresário, sociedade, estabelecimento, nome comercial e/ou empresarial, perdas e danos e prescrição. Revista da ABPI, nº 58, mai./jun. 2.002

2.
A PROPRIEDADE INTELECTUAL NO DIREITO INTERNACIONAL

Elisson Garé

Propriedade Intelectual e Direito Internacional são matérias diversas do direito, mas que estão diretamente relacionadas, em especial diante de uma *vinculação histórica do direito da propriedade intelectual ao direito internacional*[1].

Embora hoje o Brasil possua um estruturado conjunto de normas versando sobre a proteção aos direitos de propriedade intelectual, incluindo Constituição Federal, Lei de Direito do Autor e Lei de Propriedade Industrial, o Direito Internacional teve papel fundamental na estruturação da legislação brasileira, por meio de tratados internacionais até hoje vigentes no ordenamento jurídico.

Os primeiros instrumentos internacionais versando sobre proteção aos direitos de propriedade intelectual remetem à década de 1880 e a dois tratados de suma relevância, a Convenção da União de Paris e a Convenção de União de Berna.

Convenção da União de Paris
A Convenção de Paris foi o primeiro acordo internacional relativo à Propriedade Intelectual, assinado em 1883 na cidade de Paris. Foi a primeira

---

[1] Basso, Maristela; A proteção da propriedade intelectual e o direito internacional; Revista de Informação Legislativa, Brasília a. 41 n 162 abr / jun. 2004, pag. 287

tentativa de se estabelecer um sistema internacional de propriedade industrial e harmonizar as regras de proteção dos Estados-Membros. O acordo passou por revisões em Bruxelas, 1900, Washington, 1911, Haia 1925, Londres 1934, Lisboa 1958 e Estocolmo em 1967.

O acordo continua vigente no Brasil, por força do Decreto nº. 75.572 de 8 de abril de 1975. Trata especificamente da área de propriedade industrial, ou seja, não aborda o direito autoral, mas sim as marcas, patentes, desenhos industriais, nome empresarial, indicações geográficas e a repressão à concorrência desleal.

No que diz respeito ao seu conteúdo, a Convenção de Paris *não tenta uniformizar as leis nacionais, mas sim um tratamento de paridade*[2]. Dentre os princípios mais importantes previstos na Convenção estão o tratamento nacional, o direito à prioridade e regras gerais a serem seguidas pelos Estados Membros.

Tratamento nacional

O princípio do tratamento nacional está previsto no artigo 2º da Convenção, e prevê que *os nacionais de cada um dos países da União gozarão em todos os outros países da União, no que se refere à proteção da propriedade industrial, das vantagens que as leis respectivas concedem atualmente ou venham a conceder no futuro aos nacionais, sem prejuízo dos direitos especialmente previstos na presente Convenção.*

Em resumo, esse princípio prevê que os Estados-Membros devem assegurar aos nacionais de outros países o mesmo grau de proteção garantido aos nacionais do seu país. De acordo com o parágrafo segundo do artigo 2º da Convenção, não há nenhuma condição de domicílio ou estabelecimento no país que se pretende a proteção, para a ela fazer jus.

Direito à prioridade

O direito à prioridade, também chamado de prioridade unionista, está previsto no artigo 4º da Convenção e tem um papel fundamental na proteção de direitos de patentes, desenhos industriais e marcas no âmbito internacional.

---

[2] BARBOSA; Denis Borges; Uma Introdução à Propriedade Intelectual, Lumens Juris, Rio de Janeiro, 2003; pág. 183

Pelo direito à prioridade, aquele que depositar um pedido de patente, desenho industrial ou marca em determinado país de origem, gozará do direito de prioridade no depósito do mesmo título em um país membro da convenção. Esse prazo é de 1 (um) ano para as patentes de invenção e os modelos de utilidade e 6 (seis) meses para os desenhos industriais e as marcas.

Em termos práticos, imaginemos a seguinte situação: uma empresa deposita um pedido de patente no Brasil, no dia 05/10/2022. Ela poderá depositar essa patente em outros países membros até o dia 05/10/2023, assegurado o direito de prioridade com a data de depósito no Brasil. Portanto, caso um concorrente deposite pedido de patente semelhante nesse período, estará assegurado seu direito de prioridade. Esse princípio assegura uma grande vantagem aos depositantes, na medida em que lhe confere um prazo razoável para decidir em quais países buscará proteção.

Independência de patentes
Por esse princípio, a proteção de uma patente é conferida a título nacional, independentemente de sua concessão ou não em outros países. Portanto, a concessão, rejeição ou nulidade de uma patente em um país membro não interfere nas decisões de outros países membros.

Prevenção ao abuso de direito
Este princípio determina que os países membros prevejam a possibilidade de licenças compulsórias, visando evitar abusos de direitos resultantes do direito de exclusividade conferido ao titular da patente. Esse mecanismo é mais relevante aos países em desenvolvimento, para que se evite que a patente tenha por finalidade assegurar margem de lucro ao seu titular, em detrimento ao desenvolvimento econômico e aos benefícios sociais relacionados à invenção.

Marcas
No que diz respeito às marcas, a Convenção não prevê condições para os pedidos de registro, que devem ser estabelecidas por legislação nacional. Assim como nos casos das patentes, prevalece o princípio da independência das marcas, evitando que a decisão de um país-membro afete a decisão a ser tomadas por outros signatários.

A Convenção prevê a necessidade de uso da marca, sob pena de caducidade, mas observa que deve ser concedido prazo razoável para que se inicie o uso da marca no território. Prevê as hipóteses em que marcas devem ser rejeitadas, tais como imitação ou reprodução de marcas de terceiros, proibição de registro de marcas que atentem contra a moral e bons costumes, brasões de Estados, bandeiras, abreviações, entre outras hipóteses.

Tópico de bastante relevância em relação às marcas diz respeito às marcas notoriamente conhecidas, que serão abordadas mais adiante.

Convenção da União de Berna

Assinada em 1886, a Convenção da União de Berna é fruto dos trabalhos que resultou na criação da Associação Literária e Artística Internacional[3] e tem no seu escopo a proteção às obras literárias, artísticas e de caráter científico.

A Convenção da União de Berna estabelece princípios fundamentais e comuns, os mais relevantes deles, tratamento igualitário nos regimes de proteção às obras intelectuais, obrigações de reciprocidade entre países e ausência de formalidades para o exercício de Direitos de Autor.

Tratamento igualitário

O princípio previsto na Convenção de Berna é semelhante ao previsto na Convenção da União de Paris, ou seja, o tratamento do unionista compatível ao tratamento dado ao nacional. Está previsto no artigo 5º e dispõe que *os autores gozam, no que concerne às obras quanto às quais são protegidos por força da presente Convenção, nos países da União, exceto o de origem da obra, dos direitos que as respectivas leis concedem atualmente ou venham a conceder no futuro aos nacionais, assim como dos direitos especialmente concedidos pela presente Convenção".*

Assim, ao trabalho originário de Autor de um país membro, deve ser garantido o mesmo grau de proteção em cada um dos países contratantes.

---

[3] BARBOSA, Denis Borges, op. citada, pág. 190/191

Ausência de formalidade para a proteção ao direito de autor

Uma diferença significativa entre os direitos de propriedade industrial e o direito de Autor está relacionada à necessidade de um registro para que se conceda proteção. Enquanto os direitos de exclusividade sobre marcas, patentes e desenhos industriais decorrem da concessão de um registro pela autoridade competente, o Direito de Autor prescinde de registro para sua proteção. Essa ausência de formalidade para proteção de uma obra é prevista expressamente como um dos princípios da Convenção de Berna.

Embora países possam prever a possibilidade de um registro de uma obra, como é o caso do Brasil, esse registro é apenas facultativo e não condicionante à proteção. Criada a obra, nasce o direito à sua exclusividade.

Direitos suscetíveis de proteção

A Convenção prevê alguns parâmetros mínimos de proteção, relacionados aos tipos de obra protegidas, sua duração, entre outros.

Por força do artigo 6º da Convenção, são protegidos os direitos patrimoniais e morais do Autor, incluindo o direito da paternidade da obra (direito de ser nomeado) e o direito à integridade da obra.

No que tange ao prazo de proteção dos direitos de autor, a convenção prevê regra de que a obra deve ser protegida por 50 (cinquenta) anos após a morte do autor, com algumas exceções. No Brasil, a Lei de Direito Autoral prevê prazo superior, de 70 (setenta) anos.

Entre os direitos de exclusividade previstos na convenção, estão os direitos de autorizar a tradução, permitir a reprodução, permitir a adaptação ou modificação da obra, o direito de comunicação ao público, entre outros. Elemento essencial previsto na Convenção de Berna é de que a proteção deve recair sobre a forma, não às ideias. Importante considerar que a lista de obras suscetíveis de proteção prevista na convenção é exemplificativa, não taxativa.

Acordo TRIPS e a OMC

O Acordo sobre os Aspectos dos Direitos de Propriedade Intelectual Relacionados ao Comércio, conhecido como TRIPS, é provavelmente o instrumento mais importante relacionado a direitos de propriedade intelectual no âmbito internacional. Tem caráter multiforme e visa a proteção ao comércio internacional, *através de regras, princípios, padrões, meios, procedimentos e disciplinas, para reduzir tensões comerciais*[4].

A compreensão da relevância do Acordo TRIPS passa por acontecimentos históricos, em especial pós-2ª Guerra Mundial. Até então, prevaleciam os dois tratados abordados acima, Convenção de Paris e Convenção de Berna, ambos administrados pelos chamados BIRPI – Bureax Internationaux Réunis Pour la Protection de La Proprieté Intelectuelle.

O final da 2ª Guerra marcou o início de negociações comerciais multilaterais e integração econômica entre os países. Em 1947, um grupo de 23 países, incluindo o Brasil, passou a discutir a criação de um órgão internacional, levando ao surgimento de uma compilação de regras e normas sobre redução tarifária, o Acordo Geral sobre Tarifas Aduaneiras e Comércio (GATT)[5], assinado em 30 de Outubro de 1947 em Genebra.

O GATT tinha como principal função regular as importações e exportações e incentivar o crescimento econômico. Passou por diversas rodadas, Genebra 1947, Annecy 1949, Torquay 1950, Genebra 1955, Dillon 1960, Kennedy 1964 e Tóquio 1973. A mais relevante de suas rodadas, no entanto, foi a do Uruguai em 1986.

As negociações da rodada do Uruguai foram iniciadas em 1986 e sua Ata final foi tida como maior acordo comercial da história, concluída em 1994. Ao final da rodada de negociações do GATT em 1994, compilou-se todos os acordos concluídos desde 1947 e os resultados completos da recém-concluída rodada[6]. O final da Rodada Uruguai também marcou a criação da Organização Mundial do Comércio – OMC, sucessora do GATT.

Dentre o conjunto de acordos que encerrou a Rodada Uruguai, está a adesão ao Acordo TRIPS, que tinha como principal finalidade vincular a proteção aos direitos de propriedade intelectual com o comércio internacional.

---

[4] Mattos, Adherbal Meira, Propriedade Intelectual, Estudos em Homenagem à Professora Maristela Basso, Coodenadora Patríca Luciane de Carvalho, Editora Juruá, Curitiba, 2009, pag. 110

[5] Amaral, Antônio Carlos Rodrigues do; Direito do Comércio Internacional: Aspectos Fundamentais; Lex Editora; São Paulo, 2004; pag 70

[6] Lampreia, Luiz Felipe Palmeira;, Resultados da Rodada Uruguai: uma tentativa de síntese; 21 de Novembro de 2005. https://www.scielo.br/j/ea/a/qHYyRtYTgWGDGBb hP6Ycn6k/?lang=pt

A Acordo TRIPS prevê parâmetros mínimos de proteção a direitos de propriedade intelectual e obriga os membros da OMC ao seu cumprimento. A ratificação ao TRIPS é obrigatória à filiação à Organização Mundial do Comércio, de forma que as nações que pretendam se valer dos benefícios relativos às relações comerciais internacionais, terão que prever os parâmetros de proteção previstos no Tratado. Sua inobservância pode levar à abertura de processos disciplinares no âmbito da OMC.

No Brasil, o Acordo Trips foi promulgado pelo Decreto nº. 1.355 de 30 de dezembro de 1994. O diploma constitui um detalhado conjunto de normas, dividido em 07 partes:

A primeira parte, *disposições gerais e princípios básicos*, versa sobre natureza e abrangência das obrigações, as convenções existentes sobre propriedade intelectual, princípios do tratamento nacional e da nação mais favorecida, exaustão dos direitos de propriedade intelectual, entre outros.

A parte dois, *normas relativas à existência, abrangência e exercício dos direitos de propriedade intelectual*, se divide em seções sobre Direito do Autor e Direitos Conexos, Marcas, Indicações Geográficas, Desenhos Industriais, Patentes, Topografias de Circuitos Integrados, Proteção de Informação Confidencial e Controle de Práticas de Concorrência Desleal, cada qual prevendo disposições sobre requisitos para proteção, objeto da proteção, prazos, entre outros.

A terceira parte dispõe sobre *aplicação de normas de proteção dos direitos de propriedade intelectual*. Nessa parte, estão previstos os remédios civis, administrativos, penais, incluindo medidas cautelares, direito à indenização, medidas de fronteira e provas.

A parte quatro versa sobre *aquisição e manutenção de direitos de propriedade intelectual e procedimentos inter-partes conexos*, enquanto a parte cinco versa sobre *prevenção e solução de controvérsias*.

Por fim, a parte seis prevê as *disposições transitórias* e a parte sete as *disposições institucionais e finais*.

As disposições do Acordo TRIPS tiveram importante papel na adoção da Lei de Propriedade Industrial e da Lei de Direitos Autorais, ambas prevendo os parâmetros de proteção previstos no Acordo.

As circunstâncias envolvendo a assinatura do TRIPS são até hoje alvo de controvérsia, em especial diante de polêmicas envolvendo uma pressão dos países desenvolvidos para imposição de normas menos vantajosas aos países em desenvolvimento. Países com indústria em desenvolvimento, como Estados Unidos, Japão e membros da União Europeia, buscavam maior proteção aos direitos de propriedade intelectual, enquanto países em desenvolvimento, com ampla participação do Brasil, buscavam flexibilização nas normas. Mesmo após a conclusão do TRIPS, países desenvolvidos buscaram acordos bilaterais e multilaterais prevendo parâmetros de proteção superiores ao TRIPS, o que ficou conhecido como TRIPS-Plus.

Por outro lado, a Declaração de Doha sobre o acordo TRIPS e a Saúde Pública previu elementos importantes na defesa do interesse dos países em desenvolvimento, ao vincular temas de propriedade intelectual à saúde pública e prever a necessidade de serem observados os interesses e necessidades de países subdesenvolvidos na proteção à propriedade intelectual. O tema foi alvo de debate em recentíssima decisão do Poder Judiciário, que fez referência expressa à Rodada de Doha, para sopesar os direitos fundamentais em um caso concreto envolvendo patentes de medicamentos:

> *Acordo sobre Aspectos dos Direitos de Propriedade Intelectual Relacionados ao Comércio (TRIPS) e Lei nº 9.279/96 que versam que a proteção à propriedade intelectual não se faz de forma automática, mas deve respeitar os valores da CF/88 TRIPS adotado no contexto da criação da OMC em 1994, dando origem à Lei nº 9.279/96 Propriedade intelectual não deve apenas servir aos interesses dos países desenvolvidos, devendo reconhecer as necessidades de saúde dos países subdesenvolvidos*
>
> *(...)*
>
> **o próprio TRIPS (Aspectos dos Direitos de Propriedade Intelectual Relacionados ao Comércio - Agreement on Trade-Related Aspects of Intellectual Property Rights), em seu artigo 7º, versa que as normas de propriedade intelectual devem contribuir para o bem-estar social econômico e a um equilíbrio entre os direitos e obrigações Rodada Doha da OMC que erigiu como objetivo o tema do acesso justo ao mercado de medicamentos** *Novamente, necessidade de instrução probatória para se permitir ao Poder Judiciário sopesar os direitos fundamentais em choque no caso concreto[7].*

---

[7] TJ/SP, Agravo de Instrumento nº 2030441-61.2022.8.26.0000, 1ª Câmara Reservada de Direito Empresarial do Tribunal de Justiça de São Paulo, Relatora Desembargadora Jane Franco Martins, J. em 26/10/2022

A OMPI – Organização Mundial de Propriedade Industrial

A Organização da Propriedade Intelectual – OMPI, é uma entidade internacional, sediada em Genebra, na Suiça, e vinculada à Organização das Nações Unidas. Sua constituição se deu pela Convenção estabelecendo a Organização da Propriedade Intelectual, assinada na cidade de Estocolmo em 14 de Julho de 1967. Atualmente conta com 193 membros.

Os objetivos da organização estão previstos no artigo 3º da Convenção e são: i) promover a proteção da propriedade intelectual no mundo, pela cooperação entre Estados e, quando possível, em colaboração com outras organizações internacionais e; ii) garantir cooperação administrativa entre os Países.

Na prática, são várias as atribuições da entidade. A OMPI administra 24 tratados, incluindo a Convenção de Berna e a Convenção de Paris. Administra acordos de classificações de marcas, patentes e desenhos industriais, como Acordo de Nice, de Estrasburgo, Viena e Locarno. E, de suma relevância a proteção de direitos a nível internacional, administra tratados como o PCT – Tratado de Cooperação de Patente, o Protocolo de Madrid e o Acordo de Haia.

O PCT – Tratado de Cooperação de Patentes

O Patent Cooperation Treaty, ou Tratado de Cooperação de Patentes, é um tratado internacional que prevê um procedimento unificado para apresentação de pedidos de patentes. O seu principal objetivo é simplificar e tornar mais econômica a proteção de patentes em múltiplos países.

Concluído em 1970, o Tratado criou a possibilidade de se realizar um pedido internacional, ao invés de vários pedidos individuais em cada país. O tratado também prevê uma busca internacional, em que será pesquisado o estado da técnica em nível mundial, seguido de um Exame Preliminar Internacional.

O Tratado é administrado pela Organização Mundial da Propriedade Industrial e, no Brasil, vigora por força do Decreto nº. 81.742 de 31 de maio de 1978. O INPI figura como repartição receptora de países e possui o ato normativo nº. 128, que dispõe sobre a aplicação do Tratado de Cooperação em Matéria de Patentes.

O Protocolo de Madrid

A exemplo do PCT, o Protocolo de Madrid é um tratado internacional que facilita o depósito de pedidos em vários países. Enquanto o PCT se aplica às patentes, o Protocolo de Madrid é aplicável às marcas. Adotado no ano de 1989, o Protocolo de Madrid demorou para ser adotado pelo Brasil e foi aderido apenas em 25 de junho de 2019, passando a entrar em vigor 3 (três) meses depois.

Por meio do Protocolo de Madrid, o Brasil passa a enviar e receber pedidos internacionais de registro de marca, ao lado de mais 120 países. A vantagem de usar o Protocolo de Madri está na possibilidade de se requerer registro para vários países, ao mesmo tempo, em um único processo e em uma única língua. A possibilidade de se concentrar o pagamento em uma moeda única e a dispensa de obrigatoriedade de constituir procurador em todos os países onde se pretende realizar o registro, pode reduzir substancialmente os custos nos processos de registro.

Acordo de Haia

Semelhante ao PCT e o Protocolo de Madrid, o Acordo de Haia é um sistema de registro que oferece a possibilidade de se proteger direitos em múltiplos países, mas aplicável aos registros de desenhos industriais.

O Brasil depositou o protocolo de adesão ao Acordo na OMPI na última semana do ano de 2022. Atualmente o acordo encontra-se em fase de promulgação.

Temas polêmicos e jurisprudência

São vários os casos práticos envolvendo propriedade intelectual e o direito internacional. Temas relacionados à aplicação da Convenção de Paris e do Acordo TRIPS, bem como envolvendo contratos internacionais já foram alvo de relevantes debates no Poder Judiciário.

Dentre esses temas, dois deles possuem especial relevância e já ganharam a atenção dos Tribunais em várias oportunidades:

Marcas notoriamente conhecidas

Fenômeno que se tornou comum em um mundo globalizado, foi a apropriação de marcas famosas em determinados países, antes de serem introduzidas no território nacional. Tomava-se conhecimento da existência de uma marca que tinha fama em países como Estados Unidos ou membros da União Europeia, e registrava-se no Brasil antes de o titular daquela marca ingressar no território nacional e realizar o pedido de registro junto ao INPI.

A normativa para coibir essa prática está prevista no artigo 6 bis da Convenção da União de Paris, que prevê que os Países da União devem se comprometer a recusar ou invalidar o registro de marcas que constituam reprodução ou imitação de marcas consideradas notoriamente conhecidas, como sendo já marca de uma pessoa amparada pela Convenção, e utilizada para produtos idênticos ou similares.

Para conferir efetividade ao dispositivo, o artigo também prevê a imprescritibilidade para requerimento para invalidar marca registrada de má-fé, enquanto o prazo ordinário para pedido de invalidação de um registro é de 05 (cinco) anos.

Vários foram os casos levados ao Poder Judiciário, até que a questão chegasse ao Superior Tribunal de Justiça, que teve importantes paradigmas:

> PROPRIEDADE INDUSTRIAL. CANCELAMENTO DE REGISTRO DA MARCA "MEGAMASS". RECONHECIMENTO DA NOTORIEDADE DA MARCA ESTRANGEIRA "MEGA MASS". EXCEÇÃO AO PRINCÍPIO DA TERRITORIALIDADE. ART. 6º BIS, 1, DA CUP. ART. 126 DA LEI N. 9.279/96.
>
> 1. O art. 6º bis, 1, da Convenção da União de Paris, que foi ratificado pelo Decreto n. 75.572/75 e cujo teor foi confirmado pelo art. 126 da Lei n. 9.279/96, confere proteção internacional às marcas notoriamente conhecidas, independentemente de formalização de registro no Brasil, e vedam o registro ou autorizam seu cancelamento, conforme o caso, das marcas que configurem reprodução, imitação ou tradução suscetível de estabelecer confusão entre os consumidores com aquela dotada de notoriedade.
>
> 2. Referida proteção não fica restrita aos produtos que sejam registráveis na mesma classe, exigindo-se apenas que sejam integrantes do mesmo ramo de atividade.
>
> 3. As marcas notoriamente conhecidas, que gozam da proteção do art. 6º bis, 1, da CUP, constituem exceção ao princípio da territorialidade, isto

é, mesmo não registradas no país, impedem o registro de outra marca que a reproduzam em seu ramo de atividade.

Além disso, não se confundem com a marca de alto renome, que, fazendo exceção ao princípio da especificidade, impõe o prévio registro e a declaração do INPI de notoriedade e goza de proteção em todos os ramos de atividade, tal como previsto no art. 125 da Lei n. 9.279/96.

4. Quando as instâncias ordinárias, com amplo exame do conjunto fático-probatório, cuja revisão está obstada pela incidência da Súmula n. 7/STJ, concluem que determinada marca estrangeira possui notoriedade reconhecida no ramo de suplementos alimentares em diversos países, não havendo dúvida acerca da possibilidade de provocar confusão nos consumidores, deve, portanto, ser mantido o cancelamento do registro da marca nacional de nome semelhante.

5. Recurso especial conhecido e desprovido[8].

PROPRIEDADE INDUSTRIAL. RECURSO ESPECIAL. MARCA. NOTORIAMENTE CONHECIDA. DECLARAÇÃO. PROCEDIMENTO. CONTROLE PELO PODER JUDICIÁRIO. LIMITES. CONVENÇÃO DA UNIÃO DE PARIS. NOME COMERCIAL.

(...)

8. A Convenção da União de Paris, de 1883, deu origem ao sistema internacional de propriedade industrial com o objetivo de harmonizar o sistema protetivo relativo ao tema nos países signatários, dos quais fazem parte Brasil e Reino Unido (). O Tribunal de origem, ao asseverar que, após a criação da Harrods Buenos Aires, houve acordo, em 1916, para que Harrods Limited atuasse como agente de compras daquela, deixa claro que, na verdade, a pretensão da Harrods Buenos Aires incide na vedação inserta no art. 6º septies da Convenção da União de Paris.

(...)

10. O INPI, na decisão que declarou nulos os registros n. 812.227.786 e 812.227.751 em nome da recorrente, asseverou que a marca HARRODS é notoriamente conhecida, além de nome comercial da recorrida, estabelecendo, deste modo, a proteção dos arts. 6º bis e 8º da Convenção de Paris. O objetivo de tais dispositivos é, justamente, reprimir o benefício indireto que

---

[8] STJ, REsp 1447352 / RJ, 3ª Turma, Relator Ministro João Otáveio de Noronha, DJe 16/06/2016

ocorreria para um dos concorrentes, quando consumidores associassem os sinais deste com a marca notoriamente conhecida atuante no mesmo segmento mercadológico, como é o caso dos autos. Constitui, assim, exceção ao princípio da territorialidade, gozando a marca de proteção extraterritorial nos países signatários da Convenção da União de Paris.

11. Mesmo que não fosse a marca de Harrods Limited admitida pelo INPI como notoriamente conhecida, esbarraria a pretensão da recorrente na proibição do art. 124, inc. XXIII, segundo o qual não é registrável o sinal que reproduza ou imite marca que o depositante evidentemente não poderia desconhecer, especialmente em razão de sua atividade, desde que o titular desta seja domiciliado em país com o qual o Brasil mantenha acordo ou assegure reciprocidade de tratamento.

(...)

13. A confusão e o aproveitamento econômico, no caso, parecem inevitáveis, se admitida a coexistência das marcas HARRODS da recorrente e da recorrida no Brasil, tanto mais quando se observa que estas sociedades, embora hoje estejam completamente desvinculadas, já apareceram no passado ora como filial ora como agente de compras uma da outra, atuando no mesmo segmento mercadológico.

14. Recurso especial não provido[9].

Importante notar que, embora o conceito de marca notoriamente conhecida tenha sido introduzido na legislação brasileira, a previsão da Convenção da União de Paris foi essencial na tomada das decisões acima, o que demonstra a relevância dos tratados internacionais nos litígios envolvendo proteção de direitos de propriedade intelectual.

Importação paralela e exaustão de direitos
Outro tema bastante relevante ao direito internacional na propriedade intelectual, está relacionado à exaustão de direitos e a chamada importação paralela.

A Lei de Propriedade Industrial prevê, em seu artigo 132, III, a exaustão de direitos a nível nacional, ao prever que *o titular da marca não poderá*

---

[9] Superior Tribunal de Justiça. Recurso Especial nº. 1190341 / RJ, 4ª Turma, Relator Ministro Luis Felipe Salomão, DJe 28/02/2014

impedir a livre circulação de produto colocado no mercado interno, por si ou por outrem com seu consentimento, ressalvado o disposto nos §§ 3º e 4º do art. 68.

Muito se discutiu sobre a aplicação do aludido artigo, que ainda é alvo de debates no Poder Judiciário. A tese mais aceita pelo Superior Tribunal de Justiça é de que a *"importação paralela" de produtos originais, sem consentimento do titular da marca ou de quem autorizado a concedê-la, é, em regra, proibida*[10]. Ou seja, o ingresso da mercadoria original no território nacional demanda consentimento do titular da marca, o que leva a interpretação de que contrato de distribuição exclusiva, entre o titular do registro e empresa terceira, deve ser respeitado mesmo por terceiros que não são parte do contrato.

Logo, é conferido o direito ao titular do registro de uma marca de impedir que seja feita a importação de produtos originais em desrespeito à cadeia de produção escolhida pelo titular. No entanto, a questão encontra debate na jurisprudência, inclusive acerca do consentimento.

Conclusões

O direito internacional está deveras presente no direito da propriedade intelectual. Até hoje importantes tratados internacionais estão em vigor no Brasil e guardam substancial relevância nas relações jurídicas envolvendo proteção de direitos intelectuais em território nacional. Exemplo disso são várias decisões dos Tribunais Brasileiros que têm como fundamento não só a legislação brasileira, mas também os dispositivos de tratados como a Convenção de Paris, a Convenção de Berna e o Acordo TRIPS.

Igualmente, vem aumentado a relevância de tratados que facilitam registros de títulos como marcas e patentes em vários países, tais como PCT e Protocolo de Madrid. Instituições de direito internacional, como a OMPI, acabam por ter papel fundamental no exercício de direitos de empresas brasileiras, ou de empresas estrangeiras que buscam proteção no território brasileiro.

---

[10] Superior Tribunal de Justiça. Recurso Especial nº. 1200677/ RJ, 3ª Turma, Relator Ministro Sidnei Benetti, DJe 12/03/2013

Portanto, a compreensão do direito internacional é indissociável ao exercício de direitos de propriedade intelectual e imprescindível ao operador do direito atuante nessa área.

Referências

OMPI. Convenção da União de Paris para Proteção da Propriedade Industrial. 20 de Março de 1993, Revista em em Bruxelas em 14 de Dezembro de 1900, em Washington em 2 de Junho de 1911, na Haia em 6 de Novembro de 1925, em Londres em 2 de Junho de 1934, em Lisboa em 31 de Outubro de 1958, e em Estocolmo em 14 de Julho de 1967, e modificada em 2 de Outubro de 1979;

BRASIL. Decreto nº. 75.572 de 08 de abril de 1975.

OMPI. Convenção que institui a Organização Mundial da Propriedade Intelectual. Assinada em Estocolmo em 14 de julho de 1967, e modificada em 28 de setembro de 1979

BRASIL. Decreto nº. 75.699 de 06 de maio de 1975.

BRASIL. Decreto Nº. 1.355 de 30 de dezembro de 1994.

OMPI. PCT – The International Patent System.

BRASIL. Decreto nº. 81.742 de 31 de maio de 1978.

INPI. Protocolo de Madrid.

BRASIL. Lei n. 9.279, de 14 de maio de 1996. Regula direitos e obrigações relativos à propriedade industrial. Diário Oficial da União, Brasília, DF, 14 maio 1996.:

BASSO, Maristela; A proteção da propriedade intelectual e o direito internacional; Revista de Informação Legislativa, Brasília a. 41 n 162 abr / jun. 2004

BARBOSA; Denis Borges; Uma Introdução à Propriedade Intelectual, Lumens Juris, Rio de Janeiro, 2003

MATTOS, Adherbal Meira, Propriedade Intelectual, Estudos em Homenagem à Professora Maristela Basso, Coodenadora Patríca Luciane de Carvalho, Editora Juruá, Curitiba, 2009

AMARAL, Antônio Carlos Rodrigues do; Direito do Comércio Internacional: Aspectos Fundamentais; Lex Editora; São Paulo, 2004;

LAMPREIA, Luiz Felipe Palmeira;, Resultados da Rodada Uruguai: uma tentativa de síntese; 21 de Novembro de 2005.

Superior Tribunal de Justiça. Rercurso Especial nº. 1447352 / RJ, 3ª Turma, Relator Ministro João Otávio de Noronha, DJe 16/06/2016

Superior Tribunal de Justiça. Rercurso Especial nº. 1190341 / RJ, 4ª Turma, Relator Ministro Luis Felipe Salomão, DJe 28/02/2014

Superior Tribunal de Justiça. Recurso Especial nº. 1200677/ RJ, 3ª Turma, Relator Ministro Sidnei Benedti, DJe 12/03/2013

TJ/SP, Agravo de Instrumento nº 2030441-61.2022.8.26.0000, 1ª Câmara Reservada de Direito Empresarial do Tribunal de Justiça de São Paulo, Relatora Desembargadora Jane Franco Martins, J. em 26/10/2022

3.
BASES CONSTITUCIONAIS DA PROPRIEDADE INTELECTUAL

Eliane Y. Abrão

1. Bases históricas

A Constituição do Império, de 1824, primeiro diploma constitucional de nossa história, não contemplou, entre os seus postulados, os direitos dos criadores de obra literária, artística e cientifica. Porém, a ausência de garantias aos direitos autorais não se repete em relação à proteção da propriedade industrial, que remonta a uma Conferência Diplomática realizada em Paris no ano de 1880, e posteriormente à uma Convenção datada de 1883. Os inventores foram nela contemplados, com a garantia a seus direitos, nos termos do disposto no art. 179:

> XXVI. *Os inventores terão a propriedade das suas descobertas, ou das suas producções. A Lei lhes assegurará um privilegio exclusivo temporario, ou lhes remunerará em resarcimento da perda, que hajam de soffrer pela vulgarisação.*

Talvez o fato de a Constituição do Império ter sido promulgada anteriormente à pioneira Convenção Internacional para a Proteção das Obras Literárias e Artísticas convalidada em Berna (Suíça), aos 09/09/1886 justifique a ausência. A chamada Convenção da União de Berna, foi o primeiro instrumento normativo internacional a tratar da proteção das obras literárias e artísticas, influenciou todas as constituições e legislações dos países do mundo ocidental a partir de então.

A primeira das Constituições brasileiras a garantir proteção aos direitos autorais foi a Constituição da República dos Estados Unidos do Brasil de 24/02/1891, a primeira da República, e resultado da convocação de uma Assembleia Constituinte, que assim os apresentou no artigo 72, da Seção (II) dedicada à Declaração de Direitos:

> §26. *Aos autores de obras literárias e artísticas é garantido o direito exclusivo de reproduzil-as pela imprensa ou por qualquer outro processo mecanico. Os herdeiros dos autores gosarão desse direito pelo tempo que a lei determinar.*

Tal disposição veio a perfilar os direitos autorais em todas as Constituições posteriores. Encontram-se nela fincadas os três principais fundamentos dos direitos autorais: (i) o conceito de obra associado ao de reprodução mecânica; (ii) a garantia da exclusividade desse direito ao autor; (iii) a transmissibilidade do direito.

Observe-se que, paralelamente, a mesma Carta garantiu a livre manifestação de pensamento pela imprensa ou pela tribuna, sem dependência de censura (art.72, §12), e o livre exercício de qualquer profissão moral, intelectual e industrial (art.72, §24), o que denota que as liberdades públicas e os direitos de autor, apesar do perfil privatístico destes, caminharam lado a lado, desde o início, como institutos afins e complementares.

No que se refere à propriedade industrial, a Constituição de 1891 declarou os direitos dos inventores no art. 72:

> § 25. *Os inventos industriaes pertencerão aos seus autores, aos quaes ficará garantido por lei um privilegio temporario, ou será concedido pelo Congresso um premio razoavel, quando haja conveniencia de vulgarisar o invento.*

Nota-se aí o embrião do instituto da licença compulsória de patentes, fato que revela, expressamente, desde o nascedouro, o interesse público como contraponto ao privilégio no sistema legal de proteção da propriedade intelectual.

As liberdades fundamentais contidas no art. 72 da Constituição de 1891, com a redação dada pela Emenda Constitucional de 03/09/1926, mantiveram-se intactas até a Emenda Constitucional de 1969. Nesta, são os seguintes os termos da disposição garantidora dos direitos de propriedade intelectual:

> § 25. *Os inventos industriaes pertencerão aos seus autores, aos quaes ficará garantido por lei um privilegio temporário ou será concedido pelo Congresso um premio razoavel, quando haja conveniência de vulgarizar o invento.*

E, no inciso seguinte, declara a Carta os direitos reservados aos autores de obras literárias, artísticas e científicas:

> § 26. *Aos autores de obras litterarias e artisticas é garantido o direito exclusivo de reproduzil-as pela imprensa ou por qualquer outro processo mecanico. Os herdeiros dos autores gosarão desse direito pelo tempo que a lei determinar.*

Foi durante a vigência da Constituição de 1891 que se deu a publicação da primeira lei brasileira sobre direitos de autor, a Lei nº 496 de 1º/08/1898, única a defini-los:

> Art. 1º *Os direitos de autor de qualquer obra litteraria, scientifica ou artistica consistem na faculdade, que só elle tem, de reproduzir ou autorizar a reproducção do seu trabalho pela publicação, traducção, representação, execução ou de qualquer outro modo. A lei garante estes direitos aos nacionaes e aos estrangeiros residentes no Brazil, nos termos do art. 72 da Constituição, si os autores preencherem as condições do art. 13.*

Referido marco legal, de modo mais razoável até que nas leis atuais, considerando que as técnicas de reprodução da época não se comparam à velocidade na disseminação das obras proporcionadas pelo acesso às tecnologias atuais, previam o prazo de cinquenta anos de proteção à obras contados *"do dia 1 de janeiro do ano em que se fizer a publicação"*, mantendo o foco na obra, não na pessoa do autor. Além disso, seu art. 4º pioneiramente dispôs que *"os direitos de autor são moveis, cessíveis e transmissíveis no todo ou em parte e passam aos herdeiros, segundo as regras de direito."* Porém, contrariamente ao disposto na atual Lei 9.610/98, a LDA, o legislador especial de então (Medeiros de Albuquerque) entendia que tais direitos deveriam subordinar-se a uma formalidade essencial para serem reconhecidos, pois do art. 13 constava ser *"formalidade indispensável para entrar no goso dos direitos de autor o registro da Biblioteca Nacional, dentro do prazo máximo de dois anos, a terminar no dia 31 de dezembro do seguinte àquele em que deve começar a contagem do prazo de que trata o art. 3º....."* (prazo de proteção da obra).

No que tange à propriedade industrial, foi também sob a égide da Constituição de 1891 que ocorreu a primeira consolidação normativa da propriedade industrial, com o Decreto 16.264 de 19/12/1923, do governo Arthur Bernardes, cujo objetivo precípuo foi a criação da Diretoria Geral da Propriedade Industrial, vinculada ao Ministério da Agricultura, Industria e Comercio.

A primeira Constituição pós-guerra, a de 16 de julho de 1934, foi reflexo de grandes transformações sociais em todo o Ocidente, e também resultou da convocação de uma Assembleia Constituinte. A automação do mundo e o processo de industrialização crescente reafirmaram a importância dos direitos de propriedade intelectual. A exclusividade dos autores sobre a reprodução de suas obras intelectuais, permaneceu tal como enunciada na Carta anterior, na previsão do Art. 113:

> *"20) Aos autores de obras literárias, artísticas e científicas é assegurado o direito exclusivo de reproduzí-las. Esse direito transmitir-se-á aos seus herdeiros pelo tempo que a lei determinar."*

Os artigos 649 a 673 do Código Civil Brasileiro (Lei nº 3.725 de 15/01/1919) regeram a matéria infra-constitucionalmente, mesmo durante a vigência da Lei nº 5.988 de 14/12/1973, e até o advento da Lei nº 9.610/98 – já sob a égide da Constituição atual – que expressamente os revogou.

Igualmente, os direitos de propriedade industrial foram contemplados na Carta de 1934 – e em dois incisos do referido art. 113 – ampliando essa proteção às marcas e ao nome comercial, cujas garantias, pela primeira vez, foram asseguradas no capítulo dos direitos e garantias individuais:

> *"18) Os inventos industriais pertencerão aos seus autores, aos quais a lei garantirá privilégio temporário ou concederá justo prêmio, quando a sua vulgarização convenha à coletividade.*

19) É assegurada a propriedade das marcas de indústria e comércio e a exclusividade do uso do nome comercial."

Na história das Constituições brasileiras, avulta a completa omissão da propriedade intelectual na Carta de 10 de novembro de 1937. A instauração do Estado Novo, autoritário e censor, cerceou a liberdade de manifestação do pensamento *"por escrito, impresso ou por imagens"* (item 15, do art. 122), e instaurou, a pretexto de garantir a paz, a ordem e a segurança pública, *"a censura prévia da imprensa, do teatro, do cinematógrafo, da radiodifusão, facultando à autoridade competente proibir a circulação, a difusão ou a representação"* (art. 122, 15, a). No entanto o art. 123 dispôs, de modo ambíguo, que *"a especificação das garantias e direitos acima enumerados não exclui outras garantias e direitos, resultantes da forma de governo e dos princípios consignados na Constituição. O uso desses direitos e garantias terá por limite o bem público, as necessidades da defesa, do bem-estar, da paz e da ordem coletiva, bem como as exigências da segurança da Nação e do Estado em nome dela constituído e organizado nesta Constituição."* A propriedade intelectual não ficou ao desamparo porque contemplada e regida por leis infraconstitucionais, mas, não mais como garantias individuais. O primeiro Código de Propriedade Industrial brasileiro, o Decreto lei 7.903, de 27/08/1945, sob Vargas, foi editado ainda sob a égide do referido diploma constitucional, mas, praticamente às vésperas do advento da nova Constituição da República.

Foi a Carta Magna de 18 de setembro de 1946 que recolocou as coisas em seus devidos lugares, isto é, voltando a garantir o direito exclusivo dos autores nas reproduções das obras literárias, artísticas e científicas como um direito próprio e fundamental da pessoa humana, no art. 141, § 19 (*"aos autores de obras literárias artísticas ou científicas pertence o direito exclusivo de reproduzi-las. Os herdeiros dos autores gozarão desse direito pelo tempo que a lei fixar.*), no que concerne aos direitos autorais. No que diz respeito à propriedade industrial, igualmente dentro do capítulo dos direitos e garantias individuais, assim declarava o § 17 do mesmo artigo 141: *"os inventos industriais pertencem aos seus autores, aos quais a lei garantirá privilégio temporário ou, se a vulgarização convier à coletividade, concederá justo prêmio."*

Enquanto isso, no plano internacional, no dia 10/12/1948, a Organização das Nações Unidas – ONU proclamava a Declaração Universal dos

Direitos do Homem, que, no artigo XXVII, fixou o princípio universalmente assente, de que:

"1. Todo ser humano tem o direito de participar livremente da vida cultural da comunidade, de fruir as artes e de participar do progresso científico e de seus benefícios.

2. Todo ser humano tem direito à proteção dos interesses morais e materiais decorrentes de qualquer produção científica literária ou artística da qual seja autor."

A Carta das Nações Unidas não contempla propriedade industrial como direito fundamental.

A Constituição de 17 de outubro de 1967, com a redação dada pela Emenda Constitucional nº 1, de 17 de outubro de 1969, não significou um retrocesso na questão do direito autoral como o foi em outros campos do direito e das liberdades. Com relação a esse direito, manteve intacto o conteúdo do texto anterior, garantindo aos autores de obras literárias, artísticas e cientificas o direito exclusivo de utilizá-las, e a sua transmissibilidade regulada por lei especial (art. 153, § 25). Mas promoveu a concentração de direitos em relação à propriedade industrial, no mesmo artigo 153, retirando as referências ao interesse comum, ao interesse da coletividade, em relação aos privilégios que declarava e que constaram das Constituições anteriores e posteriores:

§ 24 – A lei garantirá aos autores de inventos Industriais privilégio temporário para sua utilização e assegurará a propriedade das marcas de indústria e comércio, bem como a exclusividade do nome comercial.

Com a atual Constituição da República, de 1988, a proteção aos autores e inventores foi consolidada entre os incisos do art. 5º (*Todos são iguais perante a lei, sem distinção de qualquer natureza, garantindo-se aos brasileiros e aos estrangeiros residentes no País a inviolabilidade do direito a vida, à liberdade, à igualdade, à segurança e à propriedade, nos termos seguintes:*), reservados aos direitos de autor e conexos, estes (os direitos conexos), pela primeira vez reconhecidos, em nível constitucional, nas seguintes disposições dos incisos.

XXVII – aos autores pertence o direito exclusivo de utilização, publicação ou reprodução de suas obras, transmissível aos herdeiros pelo tempo que a lei fixar;

*XXVIII – são assegurados, nos termos da lei: **a)** a proteção às participações individuais em obras coletivas e à reprodução da imagem e voz humanas, inclusive nas atividades desportivas; **b)** o direito de fiscalização do aproveitamento econômico das obras que criarem que participarem aos criadores, aos intérpretes e às respectivas representações sindicais e associativas.*

Do mesmo modo, ficaram reservados aos direitos de propriedade industrial as disposições do inciso

XXIX – a lei assegurará aos autores de inventos industriais privilégio temporário para sua utilização, bem como proteção às criações industriais, à propriedade das marcas, aos nomes de empresas e a outros signos distintivos, tendo em vista o interesse social e o desenvolvimento tecnológico e econômico do País;

2. Bases na constituição da república de 1988

(i) o inciso XXVII do art. 5º

A redação do inciso XXVII do artigo 5º mistura e repete os conceitos de utilização, reprodução e publicidade, três expressões que poderiam ser substituídas simplesmente por "utilização pública por qualquer meio ou processo". Deixou de registrar, pela primeira vez uma Constituição Brasileira, a expressão literária, artística e científica adotada desde o início da República, preferindo o legislador o termo genérico *obras* para definir amplamente o objeto da propriedade intelectual.

Obra é o resultado pronto e acabado da criação imaterial expressada em suporte material, tangível ou intangível, e disponível para utilização pública. É a coisa móvel a que se refere o art. 3º da LDA, sujeita a reprodução e fiscalização de seus exemplares, ou a qualquer outra forma de utilização pública, com o consentimento de seus titulares.

A retirada da expressão literária, artística e científica do texto Constitucional significa que obras estéticas representam, hoje, apenas uma das categorias das obras intelectuais protegidas. A razão da supressão da expressão na Carta Magna seguiu a tendência globalizante internacional que culminou no Acordo sobre os Aspectos dos Direitos da Propriedade Intelectual Relacionados ao Comércio (sigla ADPIC em espanhol, e TRIPS em inglês), de 1994, o qual absorveu e reconheceu como obras intelectuais protegidas os programas de computador e as bases de dados, equiparados aqueles (os programas de computador) expressa e artificialmente a obras literárias pelo Art 10, 1. de TRIPS.

Em síntese, na interpretação dos incisos XVII e XVIII da atual Carta Magna, examinadas sua literalidade e alcance, encontram-se referências a:

a) Pessoalidade da autoria

O texto, tal como se encontra redigido na atual Carta, reforça a pessoa do autor, na qualidade de sujeito de direito da relação jurídica autoral. O legislador preferiu a expressão autor, com conotação pessoal, à expressão titular do direito autoral (titularidade pressupõe ato de transmissão de direitos do criador da obra a outra pessoa física ou jurídica). A proteção constitucional está, pois, nitidamente voltada ao criador da obra, enquanto pessoa humana, dotada de personalidade. Reflexo desse mandamento encontra-se no artigo 11 da lei de 1998 que, inovando em relação às normas anteriores, define autor como sendo a *pessoa física* criadora de obra literária, artística ou científica.

b) Uso Exclusivo

O princípio da exclusividade, assegurado desde a Constituição de 1891, por influência de Berna, é expressão única dentre todas as demais disposições constitucionais. Essa exclusividade traduz-se pela necessidade de obter prévia autorização do criador da obra para utilizá-la publicamente. O direito ao exclusivo estende-se, por exemplo, tanto à parte que adquire os direitos de reprodução para oferta pública de comercialização, quanto a quaisquer terceiros que desejem fruir da obra. A exclusividade tem o sentido de defender o autor das facilidades tecnológicas crescentes de reprodução e difusão das obras.

c) Garantia individual de tutela contra abusos

Quando o legislador constitucional confere aos autores o direito exclusivo de utilização de suas obras, está também impondo limites a esse direito. O que o legislador garante ao autor é o direito e a exclusividade na exploração daquela determinada obra que ele criou, produziu e fixou em suporte, tangível ou intangível, e em relação à qual só ele pode autorizar reproduções. Garante-se constitucionalmente ao autor não só direitos ao exemplar zero, ao piloto de sua criação, mas a todas as cópias que forem feitas a partir da matriz original, e a todas as emissões, transmissões, retransmissões e reutilizações dela ou de suas cópias na sua apresentação ao público. Qualquer outra obra que não seja cópia extraída desse exemplar originário de uma obra, ou obra derivada desta, trata-se de *outra* obra criada por *outro* autor, a quem o legislador constitucional e o infraconstitucional conferem os mesmos direitos de exclusividade de reprodução, comercialização e distribuição. Esse direito concedido a um autor de uma obra, portanto, não se irradia a obras criadas por outros autores porque: a) a personalidade de cada autor é única e a obra criada encontra-se amalgamada a esse direito personalíssimo de cada ser humano; b) a capacidade criadora da mente humana vai até o limite do direito e da capacidade criadora de outros seres humanos.

d) Temporariedade

A proteção aos direitos de propriedade intelectual constituem um privilégio, não um monopólio. Diferentemente da propriedade em geral, ilimitada no tempo, a obra autoral tem um tempo certo de uso e gozo por parte do próprio criador ou de seus herdeiros por um motivo tão simples quanto verdadeiro: o autor é fruto de seu meio e de seu tempo, e a obra resulta de tudo que lhe penetrou os sentidos. Contou, portanto, com a colaboração, direta ou indireta, da coletividade em seu processo criativo, e a esta se devolve a fruição esgotado o prazo de proteção. O autor devolverá, então, ao domínio público, ao domínio comum da humanidade, o uso e gozo de sua obra, uma vez que dela retirou, durante sua existência, os elementos com que a criou e confeccionou.

e) Utilização *pública*

O legislador constitucional garante e vincula a percepção dos direitos morais e patrimoniais de autoria sobre a determinada obra que criou em todos os modos e formas de uso público, tais como, reprodução, transmissão, representação ou a execução pública dela, todas variantes da utilização pública. O fato de o legislador constituinte ter se valido da expressão "pública" na utilização das obras, remete ao fato de reconhecer que só existe autor onde houver obra, mas obra pronta e acabada, perceptível aos sentidos, passível de ser reproduzida, representada, e não mero esboço ou inéditos dela. Garante a lei interna direito ao inédito, mas como um direito subjetivo, de ordem moral, porque obra é o objeto pronto, acabado e autorizado pelo autor a ser publicamente utilizado.

f) Transmissibilidade a termo da fruição

A transmissibilidade de alguns dos direitos de ordem moral e de todos os direitos de ordem patrimonial dos direitos autorais, é limitada aos herdeiros e sucessores do autor, em caso de falecimento deste. Em vida, a transmissão dá-se por contrato ou pacto antenupcial, sujeitos aos prazos de proteção das obras, cujo decurso as coloca em domínio público, fato que descarta os óbices à fruição.

A transmissibilidade *post mortem*, que o dispositivo constitucional deixou a cargo da lei interna disciplinar, a partir de 1998, passa a seguir a ordem sucessória estabelecida na lei civil vigente por ocasião do falecimento do autor (do herdeiro necessário ao último colateral), mas, de 1988 até 1998 estava sujeita a outras regras (filhos, pais e cônjuges nesse período gozavam vitaliciamente dos direitos deixados pelo autor da obra).

(ii) o inciso XXVIII do art. 5º

No exame do inciso XXVIII, letra "a", do art. 5º da Constituição da República, observa-se que o legislador constitucional assegura, nos termos da lei, a proteção às participações individuais em obras coletivas e à reprodução da imagem e voz humanas, inclusive nas atividades desportivas. A norma contempla tanto aquelas obras organizadas por uma pessoa física ou jurídica, resultado de diversas fusões ou associações de obras individualizadas, como as obras dos artistas e intérpretes, titulares dos chamados direitos vizinhos, ou, conexos aos de autor. O intérprete é, pela primeira vez, brindado com uma referência constitucional ao seu direito conexo ao de autor. É, talvez, o início do resgate do artista à sua verdadeira condição, nem a de autor nos moldes tradicionais, nem a de coadjuvante a que foi relegado pelas normas infraconstitucionais.

A letra b) do mesmo inciso XXVIII assegura, nos termos da lei, o direito de fiscalização do aproveitamento econômico das obras que criarem ou de que participarem os criadores, e os intérpretes às respectivas representações sindicais e associativas.

Declarando o legislador constitucional o direito de as representações sindicais fiscalizarem o aproveitamento econômico das obras criadas por seus associados, acaba por comprometer o esforço da doutrina pátria na tentativa de desvincular a atividade criativa da atividade laboral. Não que às entidades sindicais, como representantes de categoria de trabalhadores, não se possa atribuir tal direito, mas a vinculação de institutos tão distintos em um mesmo texto constitucional pode ensejar confusão quanto às atribuições específicas de associações de titulares de direitos e de gestão coletiva, daquelas próprias dessa categoria especial de trabalhadores, que são os artistas intérpretes.

A atividade laboral, isto é, a energia física do criador disponibilizada ao empregador para criar e confeccionar a obra, existe e se perfaz durante o processo de confecção dela. Completada esta, extingue-se a relação laboral (que pode ser autônoma ou comportar prestação de serviço com ou sem vínculo de emprego) e inicia-se a relação autoral ou conexa. Os salários, remuneração ou honorários, passam a ser substituídos por rendimentos (*royalties*) decorrentes de cada utilização pública (reprodução, representação, transmissão, execução, exibição) da obra.

Toda obra, seja autoral ou conexa, é uma *res*, resultado independente e tangível da personalidade de seu criador. Esse direito é exercido *erga omnes* em virtude do inalienável vínculo que junge criador à criatura.

O papel dos sindicatos, reitere-se, esgota-se na proteção à pessoa física do trabalhador artista ou intelectual durante a confecção do trabalho. Findo este, e só a partir de então, as sociedades de autores de gestão coletiva iniciam o seu trabalho, afastando a legitimidade do sindicato ou das associações de caráter trabalhista, posto que seu papel é, exclusivamente, o de fiscalizar e cobrar os rendimentos da obra interpretada resultante da relação laboral, fixada em suporte mecânico. O suporte ganha vida própria e pode percorrer tempos e espaços impossíveis de serem atingidos pelo trabalho físico, presencial.

Tanto as representações sindicais como as associativas podem, por delegação legal, não por cessão dos autores, exercer essa fiscalização em nome e à conta destes.

(iii) o inciso XXIX do art. 5º

De pronto é preciso notar que a disposição constitucional de proteção à propriedade industrial, diferentemente do que ocorre com os incisos precedentes sobre direitos autorais, deixa expressa a limitação dos direitos de autores e titulares dessa exclusiva em benefício da coletividade, do fim social a que se destina bem como ao desenvolvimento tecnológico e econômico do país. Muito embora também os direitos autorais sejam privilégios temporários, e a razão essa limitação no tempo resida justamente na possibilidade de fruição posterior da obra por toda e qualquer pessoa física ou jurídica, indistintamente, preservada unicamente a integridade dela, o legislador constituinte não teve o mesmo cuidado de expressar o interesse social no inciso XXVII, deixando aos cuidados da lei especial os prazos de proteção, cujo esgotamento torna a obra apta a cair no domínio público. Outras exceções, sempre parciais, ao princípio da autorização prévia admitida pela norma de regência infraconstitucional, estão nos art. 46 a 48 da LDA, as quais comportam, cada vez mais interpretações restritivas ao capítulo das limitações (*fair use*).

O legislador constituinte concede garantias ao *autor/inventor* na exploração de seus inventos do mesmo modo que o faz em relação aos autores de obras intelectuais: usando a pessoalidade como condição de garantia do inventor, o que não ocorre com os demais institutos da propriedade industrial como as criações industriais, as marcas ou os nomes de empresas.

Durante a vigência do prazo da proteção aos direitos autorais, que só caduca setenta anos contados de primeiro de janeiro do ano subsequente ao da morte do autor ou do último colaborador, e prescindindo de qualquer formalidade (título ou certificado) para gozo da exclusividade, inexiste possibilidade de subtração da reserva, isto é de utilização legítima da integralidade da obra sem a autorização prévia de autor ou do titular, seja por pessoa/entidade comum, seja por entidade/autoridade pública. Como toda a propriedade, a obra intelectual também pode ser objeto de desapropriação, observada sempre a justificada relevância do interesse público da medida extrema, de acordo com procedimentos previstos nas normas infraconstitucionais.

Já os certificados de propriedade de uma patente, durante seu período de vigência, constatado o interesse social relevante ou o interesse público relevante para o desenvolvimento tecnológico e/ou econômico do país, podem ser objeto de licença compulsória, a uma derrogação dos direitos do titular, embora sujeita ao atendimento dos requisitos exigidos pelas normas infra legais (art. 71, Lei 9.279/96 – LPI). Licença compulsória não equivale a uma espécie de desapropriação da patente pelo titular, portanto imprópria a expressão "quebra de patentes", senão a uma espécie de suspensão dos direitos do titular, que não só a retoma em sua plenitude caso a suspensão ocorra dentro do período de validade, como tem direito a rendimentos patrimoniais (*royalties*) enquanto perdurar a excepcionalidade.

Em síntese, na interpretação do inciso XXIX da atual Carta Magna, examinadas sua literalidade e alcance, encontram-se referências a:

g) Remissão à lei infraconstitucional das garantias fundamentais

Sempre entendendo que o legislador constitucional é rigorosamente preciso nas expressões empregadas na Carta, é curioso observar que em relação à propriedade industrial o texto constitucional não se refere à necessidade de *formalização* desses direitos, via depósito/registro ou arquivamento (no caso do nome comercial), nem menciona expressamente "exclusividade" ou direitos exclusivos de uso. Como o legislador constitucional deixa ao infraconstitucional a declaração (e regulação) desses direitos, no art. 42 da LPI surge a expressão "*direito de impedir terceiro ....de produzir, usar, colocar à venda, vender ou importar*" produtos ou processos obtidos pela patente válida e vigente, importando a titulação em direitos *erga omnes*, sinônimos de exclusivos.

h) Pessoalidade na autoria de inventos

Contrariamente ao reconhecimento indiscriminado da pessoa dos autores *versus* obras, o texto do inciso XXIX, relegando à lei infraconstitucional toda a regulação da propriedade industrial, expressamente, assegura à pessoa do inventor privilégio não extensivo a outros criadores de bens imateriais de aplicação e finalidade industrial, ou de nome comercial.

No caso dos inventores, acumula-se autoria e titularidade na pessoa do inventor, o que equivale dizer que este pode exercer diretamente seus direitos ou autorizar terceiros por meio de licença ou cessão, tornando-

-os, portanto, titulares derivados dos mesmos direitos assegurados à sua pessoa.

i) Temporariedade restrita e uso contínuo

Reitere-se que direitos de propriedade intelectual constituem privilégio e não monopólio. Diferentemente da propriedade em geral, ilimitada no tempo, os bens (de propriedade) industriais detêm um tempo determinado de uso e gozo reservados ao próprio inventor ou a seus sucessores, e ao titular do desenho industrial, este não mencionado expressamente pelo legislador constituinte, mas autorizado por este quando remete à lei interna a regulação dos direitos de propriedade industrial. De acordo com a LPI, inventores de patentes ou modelos industriais, e criadores de desenho industrial, estão sujeitos à temporariedade dos privilégios pelo mesmo princípio que rege a temporariedade do direito autoral: para avançar no seu invento ou no seu desenho, os criadores partiram do que já existia no estado da técnica e atendem às expectativas da coletividade, que de alguma forma colabora ou abre portas para o seu invento/criação.

Essa colaboração então é reconhecida pelo sistema que devolve ao domínio comum da humanidade, o uso e gozo de sua criação, uma vez que dela retirou minimamente a oportunidade e a inspiração. Além disso, é preciso comprimir o direito *erga omnes* no tempo para que outros inventores possam utilizar-se livremente dos inventos já absorvidos pelo meio, contribuindo com o desenvolvimento tecnológico e econômico para todos. Marcas, outrossim, são direitos garantidos com exclusividade a cada período de dez anos, os quais, obedecidos os trâmites para renovação ditados pela lei infraconstitucional, e interesse do titular, acaba por perpetuá-los. O mesmo ocorre com o nome comercial, o que faz com que, à exceção dos inventos e do desenho industrial, as demais criações industriais escapem ao princípio da temporariedade. Cumprindo o ditame da temporariedade do privilégio, a lei infraconstitucional, a LPI, assegura o uso público *erga omnes* de títulos/certificados de propriedade industrial desde que esse uso se dê de forma regular e contínua, isto é, que seja exercido de modo não abusivo e sem interrupção, sob pena de caducidade de alguns desses direitos.

j) Derrogação em benefício do crescimento nacional

O legislador constituinte sujeita o privilégio concedido aos titulares de bens e direitos de propriedade industrial, enquanto vigentes, a licenças compulsórias, ou seja, à respectiva suspensão ordenada pelo poder público, quando obstem o interesse social ou o desenvolvimento econômico do país. Esse procedimento está sujeito às regras previstas na lei infraconstitucional, e não ocorre com os direitos autorais.

Referências

ABRÃO, Eliane Y. *"Direitos de Autor e Direitos Conexos"*, São Paulo: Editora do Brasil, 2002.

BARBOSA, Denis Borges. *"Uma Introdução à Propriedade Intelectual"*. Rio de Janeiro: Lumen Juris, 2003.

BASSO, Maristela. *"O Direito Internacional da Propriedade Intelectual"*, Porto Alegre: Livraria do Advogado, 2000.

VIEGAS, Juliana. Considerações sobre Licenças Compulsórias. *"Propriedade Imaterial: Direitos Autorais, Propriedade Industrial e Bens de Personalidade"*. ABRÃO, Eliane Y.(organizadora), São Paulo: SENAC/OAB-SP, 2006

4.
OMPI – ORGANIZAÇÃO MUNDIAL DA PROPRIEDADE INTELECTUAL

Maria Isabel Giacchetti de Moraes

A OMPI – Organização Mundial da Propriedade Intelectual (World Intellectual Property Organization, WIPO) é uma organização internacional fundada em 1967, com sede em Genebra, Suíça. Em sua própria definição, "A WIPO é um fórum global para serviços, políticas, informações e cooperação de propriedade intelectual (PI)"[1].

Ela é um órgão ligado à ONU (Organização das Nações Unidas), que tem como sua função principal a promoção e proteção da Propriedade Intelectual a nível mundial, através da cooperação entre Estados e pela administração dos vários Tratados e Acordos multilaterais ligados aos aspectos jurídicos e administrativos da Propriedade Intelectual.

Atualmente ela conta com 193 países membros, sendo o Brasil um deles, que aprovam as diretrizes e prioridades traçadas pela Organização através de assembleias anuais.

A OMPI não foi, no entanto, a primeira organização a regular a propriedade intelectual. Na realidade, ela sucedeu a United International Bureaus for the Protection of Intellectual Property (BIRPI), uma organização internacional criada em 1893 para administrar a Convenção de Paris (primeiro acordo internacional relativo à propriedade intelectual, assinado em 1883) e a Convenção de Berna relativa à proteção das obras

---

[1] https://www.wipo.int/about-wipo/en/

literárias e artísticas (tratado que reconheceu o direito de autor entre nações soberanas, em 1893).

Nota-se assim, pela história das organizações, um aumento consistente da prioridade dada pelos países à gestão de sua propriedade intelectual, com o acréscimo de países signatários dos Tratados referentes ao tema bem como com o aumento de nações membros da OMPI no decorrer das décadas.

Qual sua função?
Além de promover e fortalecer o sistema de propriedade intelectual ao redor do mundo, a OMPI oferece uma variedade de serviços para incentivar, facilitar a gestão e proteger a propriedade intelectual (PI), além de buscar a resolução de disputas referentes à PI de uma forma não contenciosa.

Em um mundo globalizado como o nosso, as empresas e os titulares de quaisquer tipos de propriedade intelectual precisam de alternativas simples e econômicas para proteger suas invenções, suas marcas e seus designs em vários países.

Desta forma, a OMPI gerencia diversos Tratados que garantem uma maior facilidade para o usuário de sistema de PI, tanto do ponto de vista de depósito e gerenciamento dos direitos de PI, bem como na resolução de conflitos entre usuários.

Tratados
Como dito acima, a OMPI gerencia diversos tratados referentes a diversos direitos de PI, tais como o PCT (Patent Cooperation Treaty), relativo ao sistema de depósito e gestão de patentes e o Protocolo de Madrid, referente ao registro de marcas, entre outros.

O sistema PCT fornece um processo econômico para buscar proteção da inovação em diversos países e tem inúmeros benefícios para os titulares do direito. Com apenas um pedido de patente depositado pelo sistema PCT, você pode solicitar a proteção em mais de 150 países signatários do sistema, ao invés de depositar um pedido separado diretamente em cada país.

É importante ressaltar que o próprio sistema PCT não concede patentes e que não há que se falar em "patente internacional"; a concessão de patentes continua sob responsabilidade de cada escritório de patente local, que as concede ou não de acordo com suas próprias legislações ou diretrizes.

No entanto, no dia a dia do gerenciamento de um portfólio de patentes, o PCT é muito conveniente pois oferece ferramentas ao titular da patente que facilitam desde o depósito do pedido de patente, quanto a decisão sobre a lista de países em que o pedido será designado, o pagamento das taxas referentes à ele, o gerenciamento dos prazos, etc. Em suma, a gestão de um pedido de patente via PCT é muito menos complexa do que um depósito feito país a país.

Já o Protocolo de Madrid é o tratado que versa sobre o registro de marcas. Assim com o PCT para patentes, o Protocolo de Madrid também prevê facilidades no registro e gerenciamento das marcas em diversos países ao usuário do sistema, e tal qual o Tratado acima, permite uma gestão mais eficiente de tempo e recursos para o titular de uma marca.

Vale mencionar que o Brasil aderiu tanto ao PCT quanto – mais recentemente – ao Protocolo de Madri, o que facilitou imensamente a vida do titular de uma invenção ou detentor de uma marca nacional.

Além dos Tratados acima mencionados, a OMPI gerencia ainda o Acordo de Haia, referente ao registo internacional dos desenhos e modelos industriais, e o Sistema de Lisboa, referente ao registro de denominação de origem ou indicação geográfica. Os pressupostos de ambos são semelhantes ao PCT e Protocolo de Madri: facilidade ao usuário do sistema de PI tanto no aspecto de gestão como no aspecto financeiro.

Para um conhecimento mais aprofundado de cada Tratado, o website da OMPI disponibiliza um Guia com seus principais serviços, que traz detalhes de cada tratado, suas vantagens, prazos e procedimentos para o usuário. [2]

Mas não são somente os tratados relativos aos direitos de propriedade industrial administrados pela OMPI. Na sua totalidade, ela administra 26 acordos internacionais, incluindo os tratados referentes à direitos de autor e direitos correlatos, alguns abaixo detalhados[3].

---

[2] https://www.wipo.int/edocs/pubdocs/en/wipo-pub-1020-2022-en-a-guide-to-the-main-wipo-services.pdf
[3] https://www.wipo.int/treaties/en/index.html

A Convenção de Berna relativa à proteção das obras literárias e artísticas, ou simplesmente Convenção de Berna (CUF), adotada em 1883 em Berna, Suíça, e reconheceu o direito de autor entre as nações signatárias. Antes de ser criada eram comuns os casos de trabalhos publicados em um país estarem protegidos neste mesmo país, mas reproduzidos livremente em outras jurisdições. Com a CUF, os autores passaram a ser respeitados como autores locais e terem suas obras protegidas automaticamente nos países signatários. A CUF alcança obras literárias e artísticas, incluindo publicações de caráter científico, em qualquer que seja seu modo de expressão: livros, artigos, esculturas, produções multimidia etc. Assim, autores, músicos, poetas, pintores, etc., podem controlar como sua produção artística é utilizada, por quem e como.

Outros exemplos de tratados geridos pela OMPI são o Tratado de Beijing, que regula o direito de propriedade intelectual no campo audiovisual, a Convenção de Bruxelas referente a distribuição de sinais portadores de programas transmitidos por satélite, o Tratado de Marrakesh, que facilita o acesso de obras publicadas para pessoas cegas ou com dificuldade visual, e o Tratado de Budapeste que regula o depósito de micro-organismos dentro do processo de patentes, dentre outros.

Mediação de Controvérsias

Outro objetivo prioritário da OMPI é atuar como foro alternativo de resolução de conflitos envolvendo direitos de PI, através de seu Centro de Arbitragem e Mediação.

O Centro oferece serviços tais como mediação, arbitragem e nomeação de *experts*, permitindo que partes resolvam suas disputas comerciais domésticas ou internacionais, evitando a complexidade e custo de um litígio muitas vezes além-fronteiras.

O Centro da OMPI é reconhecido como um Centro especializado em disputas de PI e tecnologia, além de ser líder global na prestação de serviços de resolução de disputas de nomes de domínio.

A OMPI no Brasil

A OMPI tem diversos escritórios espalhados pelo mundo, sendo um deles no Rio de Janeiro.

O escritório brasileiro foi aberto em 2009 e – através de um trabalho conjunto com instituições privadas e públicas locais – apoia a valorização da propriedade intelectual brasileira e outros países em desenvolvimento, com ações junto à governos estaduais, universidades e outros parceiros.

Cursos e Treinamentos
Uma parte importante do trabalho da OMPI é aumentar o conhecimento geral sobre propriedade intelectual, essencial para a inovação. Para atender a esse objetivo, em 1998 foi fundada a Academia da OMPI, braço da organização que promove diversos cursos e treinamentos.

Um de seus cursos mais conhecidos é o Summer School on Intelectual Property, realizado em diversos países, sendo o Brasil um deles.

O Curso de Verão de duas semanas de duração é oferecido conjuntamente pelo Escritório da OMPI no Brasil, o Instituto Nacional da Propriedade Industrial (INPI) e a Associação Brasileira da Propriedade Intelectual (ABPI). Na própria definição da OMPI, "o curso oferece uma oportunidade para estudantes de graduação e pós-graduação, funcionários de governo e jovens profissionais de aprofundarem seus conhecimentos sobre PI, para entender a PI como uma ferramenta para o desenvolvimento econômico, social, cultural e tecnológico, assim como compreenderem a função que a OMPI exerce na administração mundial da PI."[4]

O programa traz palestras de especialistas renomados na área de PI, bem como estudos de caso e discussões em grupo sobre tópicos selecionados de PI e pode ser cursado por estudantes do mundo todo, online.

---

[4] https://welc.wipo.int/acc/index.jsf?page=wssCatalog.xhtml&lang=pt

5.
INPI – INSTITUTO NACIONAL DE PROPRIEDADE INDUSTRIAL

Maria Isabel Giacchetti de Moraes

O Instituto Nacional da Propriedade Industrial (INPI) é uma autarquia federal brasileira, vinculada ao Ministério do Desenvolvimento, Indústria e Comércio Exterior (MDIC). Criada em 1970 e com sede no Rio de Janeiro, sua missão "é estimular a inovação e a competitividade a serviço do desenvolvimento tecnológico e econômico do Brasil, por meio da proteção eficiente da propriedade industrial."[1]

Em outras palavras, o INPI tem como finalidade principal executar, no âmbito nacional, as normas que regulam a Propriedade Industrial, segundo a Lei 9.279/96, garantindo os direitos sobre uma invenção tecnológica, uma marca ou modelo industrial, entre outros.

A História do INPI e sua finalidade
O INPI não foi a primeiro órgão governamental a regular a propriedade industrial no Brasil. Na realidade, ele nasceu em substituição ao Departamento Nacional de Propriedade Industrial (DNPI), órgão integrante do antigo Ministério do Trabalho, Indústria e Comércio brasileiro, criado em 1946.

A Lei n.º 5.648, de 11 de dezembro de 1970, instituiu o INPI em forma de autarquia federal, vinculada ao Ministério da Indústria e do Comércio. Sua finalidade principal foi elencada no art. 2º, que dispôs, originalmente:

---

[1] https://www.gov.br/inpi/pt-br

Art 2º O Instituto tem por finalidade principal executar, no âmbito nacional, as normas que regulam a propriedade industrial tendo em vista a sua função social, econômica, jurídica e técnica.

Parágrafo único. Sem prejuízo de outras atribuições que lhe forem cometidas, o Instituto adotará, com vistas ao desenvolvimento econômico do País, medidas capazes de acelerar e regular a transferência de técnologia e de estabelecer melhores condições de negociação e utilização de patentes, cabendo-lhe ainda pronunciar-se quanto à conveniência da assinatura ratificação ou denúncia de convenções, tratados, convênio e acôrdos sôbre propriedade industrial.

Posteriormente, o Art. 2º foi alterado pelo art. 240 da Lei nº 9.279, de 14 de Maio de 1996, que traz a definição atual da finalidade do órgão, abaixo:

"Art. 240. O art. 2º da Lei nº 5.648, de 11 de dezembro de 1970, passa a ter a seguinte redação:

"Art. 2º O INPI tem por finalidade principal executar, no âmbito nacional, as normas que regulam a propriedade industrial, tendo em vista a sua função social, econômica, jurídica e técnica, bem como pronunciar-se quanto à conveniência de assinatura, ratificação e denúncia de convenções, tratados, convênios e acordos sobre propriedade industrial.""

Ainda dentro das atribuições do INPI está assinar, ratificar ou denunciar convenções, tratados, convênios e acordos internacionais sobre propriedade industrial, de acordo com a conveniência nacional. Desta forma, é o INPI quem opera, no Brasil, tratados internacionais já mencionados neste Manual, como, por exemplo, o PCT e o Protocolo de Madri.

Vale ressaltar que o INPI não é o órgão responsável por proteger direitos autorais. O responsável por proteger autorias, como personagens, histórias, músicas e obras intelectuais no geral é a Biblioteca Nacional.

Tipos de serviços prestados pelo INPI
A lista de serviços prestados pelo INPI é extensa e pode ser encontrada no próprio site do Instituto.[2]

---

[2] https://www.gov.br/inpi/pt-br/servicos

Entre outros, o INPI é responsável pela proteção das:

- Marcas[3];
- Patentes[4];
- Desenhos Industriais[5];
- Indicações Geográficas[6];
- Programas de Computador[7];
- Topografias de Circuito[8];
- Contratos de Transferência de Tecnologia[9]

No decorrer desta Manual serão abordados todos os direitos de PI mencionados acima, como os requisitos legais para obtenção do direito bem como os benefícios por eles conferidos.

Comente-se, neste ponto, que sobre os Contratos de Transferência de Tecnologia, houve amplo debate acerca da supressão do parágrafo único do artigo 2º. da Lei nº 5.648, acima descrita, ser uma tentativa de limitar a ingerência do INPI sobre tais contratos, uma vez que retirou expressamente do rol de competências do órgão a de *"adotar, com vistas ao desenvolvimento econômico do País, medidas capazes de acelerar e regular a transferência de tecnologia e de estabelecer melhores condições de negociação e utilização de patentes."*

Levada a discussão aos Tribunais, este não foi o entendimento do Superior Tribunal de Justiça, que, em caso julgado em 16 de fevereiro de 2017, entendeu que a possibilidade de intervenção do INPI no âmbito negocial de transferência de tecnologia não extrapola às suas atribuições, conforme se vê:

---

[3] https://www.gov.br/inpi/pt-br/servicos/marcas
[4] https://www.gov.br/inpi/pt-br/servicos/patentes
[5] https://www.gov.br/inpi/pt-br/servicos/desenhos-industriais
[6] https://www.gov.br/inpi/pt-br/servicos/indicacoes-geograficas
[7] https://www.gov.br/inpi/pt-br/servicos/programas-de-computador
[8] https://www.gov.br/inpi/pt-br/servicos/topografias-de-circuitos-integrados
[9] https://www.gov.br/inpi/pt-br/servicos/contratos-de-tecnologia-e-de-franquia

RECURSO ESPECIAL Nº 1.200.528 – RJ (2010/0122089-1)
RELATOR : MINISTRO FRANCISCO FALCÃO
(...)
EMENTA
ADMINISTRATIVO. MANDADO DE SEGURANÇA. INPI.
CONTRATO DE TRANSFERÊNCIA DE TECNOLOGIA. AVERBAÇÃO.
ALTERAÇÃO DE CLÁUSULA POR PARTE DA AUTARQUIA.
DESCABIMENTO. LEI N. 4.131/62. MATÉRIA NÃO PREQUESTIONADA.
ART. 50 DA LEI N. 8.383/91. ROYALTIES. DEDUÇÃO E PAGAMENTO.
QUESTÃO DE FUNDO. ATUAÇÃO DO INPI. ARTIGO 240 DA LEI 9.279/96. INTERPRETAÇÃO ADEQUADA. VALORAÇÃO DA CLÁUSULA GERAL DE ATENDIMENTO DAS FUNÇÕES SOCIAL, ECONÔMICA, JURÍDICA E TÉCNICA. FINALIDADES PÚBLICAS PRESERVADAS. PRECEDENTES. DENEGAÇÃO DA ORDEM. RECURSO
PARCIALMENTE CONHECIDO E NEGADO PROVIMENTO.
I – Ação mandamental impetrada na origem, na qual empresas voltaram-se contra ato administrativo praticado pelo INPI que, ao averbar contratos de transferência de tecnologia por elas celebrados, alterou cláusulas, de forma unilateral, fazendo-os passar de onerosos para gratuitos.
(...)
IV – A supressão operada na redação originária do art. 2º da Lei n. 5.648/70, em razão do advento do artigo 240 da Lei 9.279/96, não implica, por si só, em uma conclusão mecânica restritiva da capacidade de intervenção do INPI.
Imprescindibilidade de conformação das atividades da autarquia federal com a cláusula geral de resguardo das funções social, econômica, jurídica e técnica.
V – Possibilidade do INPI intervir no âmbito negocial de transferência de tecnologia, diante de sua missão constitucional e infraconstitucional de regulamentação das atividades atinentes à propriedade industrial. Inexistência de extrapolação de atribuições.
VI – Recurso especial parcialmente conhecido e, nessa parte, negado provimento.

Assim, ainda que o legislador tenha aparentemente tentado limitar a possibilidade do INPI de interferir nos contratos averbados pelo órgão, a jurisprudência assim não o entendeu e a autarquia segue tendo a possibilidade de intervir no âmbito negocial de transferência de tecnologia, conforme originalmente previsto.

O órgão acompanhou a evolução da tecnologia, e a partir dos anos 2000, o INPI passou a disponibilizar as consultas e os pedidos de registro pela internet. Assim, atualmente, a maioria de seus serviços pode ser requerida e prestada online.

Todo o detalhamento do procedimento de como requerer quaisquer dos direitos de PI está descrito no site do INPI, como, por exemplo, depositar uma patente, fazer uma busca de anterioridade sobre a tecnologia em questão, o registro de uma marca, ou como realizar o pagamento das taxas devidas, dentre outros serviços prestados pelo órgão.

O site conta também com a tabela das taxas devidas ao órgão pela prestação de serviços que ele realiza. Note-se que as taxas variam de acordo com o tipo de serviço a ser executado pelo órgão e são pagas diretamente a ele.

Desta forma, o sistema se presta a atender tanto uma grande empresa de tecnologia quanto um pequeno inventor, que pode e deve se valer do INPI diretamente, sem necessidade de um interlocutor, para ter protegidas as suas inovações.

O INPI dá visibilidade de suas decisões através da publicação semanal da Revista do INPI, que marca contagem de prazos e torna formal os atos tomados por seus examinadores.

Quando o eventual titular do direito discorda de um parecer ou decisão de um dos Examinadores do INPI, ele pode peticionar ou recorrer administrativamente daquela decisão. Terceiros interessados também têm a possibilidade de requerer a nulidade de direitos já concedidos, desde que sejam capazes de demonstrar o equívoco do órgão.

Neste ponto, um comentário acerca do orçamento do INPI. Ainda que o usuário do sistema realize o pagamento das taxas diretamente ao órgão, o INPI não tem autonomia sobre a totalidade de sua arrecadação. Para se ter uma ideia, dos mais de R$500 milhões arrecadados em 2019, o Governo Federal só autorizou a utilização de menos de R$100 milhões pelo próprio órgão, tendo havido o repasse dos demais R$400 milhões ao Ministério da Economia.

A falta de autonomia sobre seu orçamento traz diversas consequências ao INPI – já que sem a integralidade de sua arrecadação, há constantemente falta de recursos para investimento em modernização e contratação de funcionários, prejudicando diretamente o titular de quaisquer direitos de PI, que enfrenta uma demora desnecessária na prestação do serviço pleiteado.

O debate é tão grande que há inclusive uma Ação Direta de Inconstitucionalidade em andamento (ADIN 3.863), movida pela Associação Brasileira de Propriedade Intelectual (ABPI), requerendo que o Governo Federal passe a destinar a totalidade da arrecadação dos recursos ao INPI, ainda sem decisão de mérito.[10]

Academia

Além de toda a gestão e concessão dos direitos de PI, o INPI também tem entre seus principais serviços a disseminação do conhecimento sobre propriedade industrial através de sua Academia[11], que reúne diversos cursos de pós-graduação e extensão para diversos públicos.

O INPI entende que "a ampliação da capacitação em PI é imprescindível para a construção de um país cujos agentes econômicos estejam aptos a explorar de forma estratégica os ativos intangíveis nos diferentes setores

---

[10] Sobre isso, escreveu Gabriel Leonardos na Revista da ABPI nº 164, de Jan/Fev 2020:
Logo, a cobrança de um preço público em valor substancialmente superior ao custo para a Administração Pública, ao longo de várias décadas, implica em descumprimento da decisão do STF na ADI 3.863, pois significa utilizar um preço público para uma finalidade típica dos impostos. É o que ocorre com as retribuições do INPI, que geram uma arrecadação anual superior a R$ 500 milhões e o Governo Federal autoriza a utilização, pela autarquia, de menos de R$ 100 milhões ao ano (valores aproximados e estimados para 2019), em uma situação que já perdura há mais de 30 anos.
Ou seja, a retribuição paga ao INPI pelos usuários do sistema de propriedade intelectual é, a rigor, um tributo disfarçado, cobrado apenas das empresas inovadoras (que são as que pleiteiam proteção para novas marcas, patentes e topografias de circuitos integrados). É, na prática, um tributo perverso, que cria custos adicionais o desenvolvimento tecnológico do país. Ou o Governo Federal passa a destinar ao INPI a totalidade de sua arrecadação (conforme estabelece o art. 239 da Lei de Propriedade Industrial – Lei n 9.279, de 14.05.1996, e há tempos demanda a ABPI – Associação Brasileira da Propriedade Intelectual), ou impõe-se a redução substancial dos valores da tabela de retribuições da autarquia."
[11] https://www.gov.br/inpi/pt-br/servicos/a-academia

da economia, visando ao desenvolvimento sustentável e de longo prazo"[12] e oferece programas de desenvolvimento profissional e cursos avançados aos operadores do sistema de PI. Oferece ainda graduações mais robustas como Mestrado, Doutorado, Grupos de Pesquisa, entre outros.

Vários tipos de eventos também são promovidos pela Academia buscando ampliar o conhecimento de diversos setores da sociedade, inclusive o Judiciário, sobre diversos aspectos de PI, visando sempre o fortalecimento do sistema de inovação no país.

Projetos Estratégicos
Como o órgão responsável por examinar e conceder os direitos de propriedade industrial – direitos estes diretamente ligados a inovação – o INPI tem entre seus deveres uma rápida resposta à sociedade no que se refere aos seus prazos internos de concessão, e para tanto, conta com projetos estratégicos que visam a celeridade necessária.

Há em andamento projetos para superar o backlog em patentes, como o Plano de Combate ao Backlog, e para acelerar o exame de pedidos já concedidos em outros países (PPHs – Patent Prosecution Highway), utilizando o conhecimento prévio de outros escritórios de patentes parceiros. Sobre os PPHs, já foram firmados mais de vinte e cinco acordos com outros escritórios, incluindo o escritório europeu e o escritório americano, num claro exemplo de como tal projeto pode ser considerado um sucesso.

Outros exemplos de projetos estratégicos são o INPI Negócios, que tem como objetivo aumentar a proteção e a comercialização de ativos de propriedade industrial por residentes no Brasil e o Programa de Combate à Falsificação de Marcas, que visa combater o uso indevido de marcas registradas como a comercialização de produtos falsificados.

---

[12] https://www.gov.br/inpi/pt-br/servicos/a-academia/cursos-de-extensao

PARTE 2
SIGNOS DISTINTIVOS

6.
MARCAS

SORAYA IMBASSAHY DE MELLO

1. Conceito

Segundo o saudoso Prof. Newton Silveira, *"todo nome ou sinal hábil para ser aposto a uma mercadoria ou um produto, ou para indicar determinada prestação de serviço e estabelecer a identificação entre o consumidor ou usuário e a mercadoria, produto ou serviço, constitui marca"* (1998).

O ilustríssimo doutrinador Gama Cerqueira, ainda afirmava:

A função primordial da marca de indicar a procedência dos produtos, distinguindo-os, sob este aspecto, de outros similares de procedência diversa, desviou-se no sentido de identificar os próprios produtos e artigos, principalmente depois da generalização do uso das denominações de fantasia, que constituem como que um segundo nome do produto, substituindo-se, muitas vezes, ao seu nome vulgar. Há inúmeros produtos e artigos que se tornam conhecidos exclusivamente pela marca que trazem, ignorando-se o próprio nome do fabricante ou do vendedor. O consumidor sabe que o produto tal é o que tem as qualidades que prefere, é diferente dos outros similares, pouco importando conhecer-lhe a origem. Se encontra, em outros produtos do mesmo gênero, marca que conhece, prefere-se aos demais. A marca e o produto já conhecidos recomendam os novos artigos. São casos comuns, em que não se pode dizer, rigorosamente, que as marcas indicam a procedência do objeto para distingui-lo de outros similares de origem diversa: elas individualizam e como que qualificam o produto. As marcas assumem, assim, toda a sua força de expressão: marcam, efetivamente, o produto, que passa a ser um produto diferente, na multidão dos produtos congêneres. A marca individualiza o produto, identifica-o, distingue-o dos outros similares, não pela sua origem, mas pelo próprio emblema ou pela denominação que a constitui. (CERQUEIRA, 1982)

Assim, temos que as marcas constituem instituto essencial para o exercício do princípio constitucional da livre concorrência.

Do contrário, caso não existissem marcas, o empresário não teria qualquer incentivo para investir. Seus produtos não seriam distinguidos dos produtos de menor qualidade e, consequentemente, seriam preteridos em detrimento daqueles, que ostentam menor preço. Tal situação traria sérias consequências ao bom funcionamento do sistema. (CNI, 2013)

No aspecto do marketing, as marcas também exercem papel fundamental na escolha de produtos e serviços pelos consumidores:

> As marcas auxiliam os compradores de muitas maneiras. Elas fornecem informações sobre a qualidade do produto. Os compradores que sempre compram a mesma marca sabem que obterão a mesma qualidade todas as vezes que compram.
> Marcas também aumentam a eficiência das pessoas que fazem compras em supermercados. Imagine um comprador que fosse ao supermercado e encontrasse milhares de produtos sem rótulos. Finalmente, as marcas ajudam a chamar a atenção do consumidor para novos produtos que podem beneficiá-lo – a marca torna-se a base sobre a qual toda uma história sobre as qualidades especiais do novo produto pode ser construída. (KOTLER; ARMSTRONG, 1993)

As marcas integram o Título III da Lei nº. 9.279/96, e segundo o conceito adotado pelo artigo 122, consistem em "sinais distintivos visualmente perceptíveis". Deste trecho, podemos destacar o termo "distintivo", afinal, para ser registrado como marca, um sinal não pode ser idêntico ou similar a outro existente dentro de seu ramo de atividade.

O registro de marca destina-se à proteção de produtos e serviços. A marca, para ser registrada, precisa ser distintiva, isto é, ser diferente o suficiente para ser capaz de identificar – sem ambiguidades – produtos ou serviços de outros semelhantes. (CNI, 2013)

Ademais, do mesmo conceito legal, podemos observar que há alguns sinais distintivos que não são passíveis de registro como marca no Brasil, tais como marcas sonoras, gustativas, tácteis e olfativas, ao passo que a lei limita a apenas sinais visualmente perceptíveis.

Assim, as marcas podem adotar as seguintes formas de apresentação:

- Nominativa – nos casos em que a marca é composta unicamente por letras ou números, sem qualquer estilização ou associação a qualquer figura;
- Figurativa – quando composta por imagens, desenhos, figuras, símbolos, ideogramas etc.;
- Mista – caso em que a marca adota elementos nominativos e figurativos e/ou estilização de letras e/ou números;
- Tridimensional – forma plástica em três dimensões, capaz de distinguir um produto ou serviço de outro, desde que esta forma não exerça nenhuma função além a de distinguir;
- De posição – recém-adotada pelo Brasil, consiste em conferir exclusividade a uma marca aposta em um determinado local de um produto ou serviço, impedindo assim, que terceiros apostem marcas naquela mesma posição. Anote-se que esta posição não pode exercer qualquer função, a não ser a de distinguir um produto ou serviço.

Estes sinais, independente da forma escolhida, têm como função determinar a origem e distinguir produtos e/ou serviços de outros já existentes. Além disso, há ainda marcas de certificação e as marcas coletivas, sendo as primeiras, marcas que atestam *"a conformidade de um produto ou serviço com determinadas normas ou especificações técnicas, notadamente quanto à qualidade, natureza, material utilizado e metodologia empregada"* e as segundas, utilizadas *"para identificar produtos ou serviços provindos de membros de uma determinada entidade"*[1].

---

[1] BRASIL, Lei da Propriedade Industrial (1996), Art, 123. Disponível em: https://www.planalto.gov.br/ccivil_03/leis/l9279.htm. Acesso em: 21 de dez. de 2022.

Nesse passo, no momento do pedido de registro da marca, o depositante deve verificar a natureza desta, se trata de uma marca de produto/serviço, marca coletiva ou marca de certificação. Posteriormente, enquadrar o sinal distintivo em uma ou mais classes do classificador internacional de NICE. Atualmente, o classificador conta com 45 classes, sendo 34 classes de produtos e 11 classes de serviços.

Poderá ser titular de um registro marcário qualquer pessoa ou empresa de direito privado que exerça atividade compatível com os produtos e/ou serviços assinalados no pedido de registro, nos termos do artigo 128, parágrafo 1º da LPI.

Desde novembro de 2020, é possível o requerimento de marcas em cotitularidade, ou seja, com mais de um titular, desde que todos exerçam atividade compatível, conforme mencionado no parágrafo anterior.

Anote-se, ainda, que é possível a obtenção de registro de marca por menores de 18 anos, sendo que, menores de 16 anos deverão ser representados e maiores de 16 e menores de 18, deverão ser assistidos.

2. Princípios e suas exceções

As marcas são regidas por três princípios:

2.1. Princípio da especialidade

As marcas possuem proteção dentro de seu ramo de atividade e em atividades similares ou correlatas, tendo como objetivo evitar o desvio de clientela por confusão ou associação pelos consumidores. Assim, uma marca XPTO1 para designar veículo automotivo pode inviabilizar o registro de uma marca XPTO2 para designar peças para veículos, pois, a despeito de estarem em classes distintas, as atividades a serem desempenhadas sob estes signos são correlatas, o que poderia acarretar um desvio de clientela. Todavia, caso a marca XPTO2 fosse para designar serviços de restaurante, as marcas poderiam conviver pacificamente, ao passo que há limitação a proteção marcária.

> O campo da especialidade é definido pelo espaço da concorrência. No caso das marcas registradas, por efeito do princípio da especialidade, a análise da concorrência é sempre e em todos casos indispensável. A confundibilidade das marcas como símbolo só é pertinente na proporção em que o consumi-

dor passe a adquirir um produto de terceiro pensando que é do titular, ou pelo menos induzido pela memória genérica da marca deste. Ou seja, a especialidade da marca é elemento central do direito exclusivo.

Abandonada a idéia de que a marca registrada se exerce numa classe a definição do direito passa assim pela análise da efetiva concorrência, em especial pela noção de substituibilidade de produtos e de serviços. (BARBOSA, 2002)

A única exceção a este princípio é a marca de alto renome, prevista no artigo 125 da LPI, em que, confere proteção especial, em todos os ramos de atividade, à marca que tenha atingido um determinado grau de fama e prestígio perante os brasileiros.

As marcas de alto renome são sinais que exercem magnetismo próprio, sobrevoando todas as categorias de produtos ou serviços e conservando o poder de distinção ainda que desvinculada de sua função originária.(DANNEMANN, 2005)

Para que uma marca adquira esta condição, é necessária a solicitação do reconhecimento do alto renome pelo INPI por de petição autônoma e devendo comprovar os três quesitos previstos no artigo 65, da Portaria nº 08/2022 do Instituto, que prevê:

Art. 65. A comprovação da alegada condição de alto renome deverá estar vinculada a três quesitos fundamentais:
I – reconhecimento da marca por ampla parcela do público brasileiro em geral;
II – qualidade, reputação e prestígio que o público brasileiro em geral associa à marca aos produtos ou serviços por ela assinalados; e
III – grau de distintividade e exclusividade do sinal marcário em questão.

Restando comprovado, o INPI reconhecerá o alto renome e terceiros serão impedidos de solicitarem novos pedidos de registro de marca compostos por signos idênticos ou similares à marca afamada, mesmo que para ramo de atividade completamente distinto. Esta proteção especial tem o prazo de 10 anos – exceto no caso de a marca perder a sua vigência

–, prorrogáveis por mais 10 anos, por quantas vezes o titular solicitar esse reconhecimento, desde que em cada prorrogação, comprove que a fama e reconhecimento ainda é mantido.

2.2. Princípio da territorialidade
Uma marca registrada no Brasil possui proteção em todo território nacional. Todavia, como o princípio anterior, comporta exceção.

As marcas notoriamente conhecidas estão previstas no artigo 126 da Lei da Propriedade Industrial e conferem proteção especial a marcas registradas em países signatários da Convenção da União de Paris – como o Brasil – e que tenham alcançado certa notoriedade dentro de seu ramo de atividade, fazendo com que essa marca impeça o registro de outra idêntica ou similar em território nacional, mesmo não tendo nenhum pedido ou registro de marca prévio em nosso país.

> a notoriedade não se adquire através do registro e muito menos, ainda, através do cumprimento de determinados requisitos. O grau de notoriedade de uma marca é alcançado pela valorização do público; é o consumidor e/ou usuário quem determina, por sua aceitação, o valor da marca, posto que esta é um sinal que tem por objeto reunir a clientela, sem a qual nada significa. (SOARES, 2010)

Diferentemente das marcas de alto renome, não é necessário solicitar este status ao INPI, basta o titular comprovar esta notoriedade em sede de Oposição ou Processo Administrativo de Nulidade. Ademais, o INPI poderá, de ofício, indeferir marca de terceiros que imitem ou reproduzam marcas notoriamente conhecidas, ainda que o titular da marca afamada não se manifeste.

2.3. Princípio da anterioridade
Diferentemente de outros países, como os Estados Unidos, em que o registro apenas declara um direito já existente, o Brasil adota o sistema atributivo, assim, só é titular de uma marca e detém o direito ao uso exclusivo daquele signo dentro de seu ramo de atividade e em todo território nacional, quem obtém um registro de marca perante o INPI.

Em regra, o registro de marca será concedido ao primeiro depositante que preencha os requisitos de registrabilidade (novidade, veracidade, licitude e distintividade), pelo Instituto Nacional de Propriedade Industrial – INPI, com base na Lei 9.279/96 (Lei da Propriedade Industrial – LPI). (ALMEIDA, 2009)

A exceção é o usuário anterior de boa-fé, previsto no artigo 129, parágrafo 1º da LPI, que confere preferência ao registro àquele que utilizava a marca de boa-fé a pelo menos 6 meses no país.

A alegação de usuário de boa-fé, no âmbito administrativo, poderá ser feita em sede de Oposição e/ou de Processo Administrativo de Nulidade

3. Processo administrativo

Para iniciar o processo de obtenção do registro marcário, o depositante deverá se cadastrar no site do INPI e emitir uma guia de pedido de registro de marca. Após isso, irá preencher o formulário constante no E-marcas com todos os dados marca, tais como forma de apresentação e classe, conforme anteriormente explanado.

Após o protocolo do formulário, o INPI fará uma análise formal, verificando se houve o preenchimento correto deste, caso esteja tudo de acordo, a marca será publicada na Revista da Propriedade Industrial – RPI[2]. Caso contrário, será formulada exigência para cumprimento em até 5 dias, sob pena de ser considerado inexistente.

Com o pedido publicado na RPI, inicia-se o prazo de 60 dias para que terceiros que se sintam prejudicados apresentem Oposição, nos termos do art. 158 da LPI. E este será o mesmo prazo que o titular do pedido de registro de marca se manifeste, contados da publicação da Oposição.

Posteriormente, o INPI irá realizar uma análise de mérito, verificando se a marca atende aos requisitos legais – em caso negativo, será formulada exigência para cumprimento no prazo de 60 dias – e se esta enquadra-se em alguma das vedações dos 23 sinais contidos no art. 124 da LPI. Caso o examinador do INPI identifique o enquadramento em um dos incisos,

---

[2] A Revista da Propriedade Industrial – RPI é publicada todas as terças-feiras e torna público todos os atos do INPI, como um Diário Oficial.

a marca será indeferida. Dentre eles, merecem destaque os incisos V, VI, VII e XIX, que mais fundamentam indeferimentos.

O inciso V veda o registro como marca de signos que imitem ou reproduzam nomes empresariais e/ou títulos de estabelecimento, isso porque, pode causar uma confusão ou associação pelo consumidor quanto a origem do produto e/ou serviço.

> Marca contra nome empresarial, vale o alcance limitado que a marca tem. Não poderá o titular do registro impedir que outro constitua nome empresarial que inclua sua marca, se for para operar em ramo distinto. Não poderá o detentor de nome empresarial assim constituído agir no ramo coberto pela marca, sob pena de infringir os direitos decorrentes da marca registrada. (SILVEIRA, 2014)

Já o inciso VI, proíbe o registro como marca de:

> (...) sinal de caráter genérico, necessário, comum, vulgar ou simplesmente descritivo, quando tiver relação com o produto ou serviço a distinguir, ou aquele empregado comumente para designar uma característica do produto ou serviço, quanto à natureza, nacionalidade, peso, valor, qualidade e época de produção ou de prestação do serviço, salvo quando revestidos de suficiente forma distintiva.[3]

Essa vedação ocorre, pois, a utilização destes sinais não atende à principal função de uma marca, qual seja, distinguir produtos e serviços. Há de se anotar que a vedação é limitada a sinais que não possuem distintividade, assim, uma marca pode ser composta por uma expressão de uso comum, desde que também seja composta por outros elementos que a tornem distintiva, tais como um logotipo diferenciador ou uma expressão diferenciadora.

Cumpre ainda esclarecer, que a lei não veda o registro de uma expressão dicionarizada como marca, termos comuns são passíveis de registro,

---

[3] BRASIL, Lei da Propriedade Industrial (1996), Art, 124, VI. Disponível em: https://www.planalto.gov.br/ccivil_03/leis/l9279.htm. Acesso em: 21 de dez. de 2022.

desde que não tenham uma relação direta com o produto ou serviço a ser designado.

Lélio Denicoli Schmidt elucida:

> A Lei da Propriedade Industrial (art. 124, VI, da Lei n. 9.279/96) veda o registro da marca LIVRO para identificar livros, pois tal palavra deve permanecer livre para ser usada por todos dentro da acepção semântica que possui no idioma. Nada impede, porém, que um vocábulo comum seja registrado como marca, desde que para um objeto diverso daquele designado por seu significado semântico. A marca ESTRELA identifica brinquedos e não astros celestes. (SCHMIDT, 2013)

O inciso VII veda o registro de marca composta por expressão ou sinal empregado apenas como meio de propaganda, os chamados slogans, como ocorreu com a marca LOJAS MARABRAS PREÇO MENOR NINGUÉM FAZ, processo nº. 820198617. Não é pacífico o posicionamento doutrinário e jurisprudencial sobre este tema, ao passo que há uma linha muito tênue entre o que é marca e o que é sinal empregado apenas como meio de propaganda.

> a Lei 9.279/96, ao eliminar a proteção exclusiva das expressões e sinais de propaganda, existentes nas leis anteriores, não extinguiu no entanto a sua tutela, o que se faz abundantemente, com remissões nos art. 124, VII (proibindo registro do que seja apenas utilizável como propaganda); no art. 131 (indicando que a marca pode ser usada também em propaganda); nos art. 193, 194 e 195, inciso IV e VII – neste caso precisando que é um elemento da concorrência desleal o uso não autorizado de expressão ou sinal de propaganda. (BARBOSA, 2010)

Atualmente, para documentar a anterioridade de um slogan, muitos profissionais têm adotado o registro deste na Biblioteca Nacional, cartórios e na rede blockchain.

De todas as proibições do artigo 124, o inciso que mais fundamenta o indeferimento de pedidos de registro de marca é o XIX, que proíbe o registro como marca, sinal que reproduza ou imite, no todo ou em parte, ainda que com acréscimo, *"marca alheia registrada, para distinguir ou certifi-*

car produto ou serviço idêntico, semelhante ou afim, suscetível de causar confusão ou associação com marca alheia"[4].

Uma marca não precisa ser idêntica para causar confusão ou associação com outra. Quando as marcas são idênticas, estamos diante de uma reprodução, que pode ser total, parcial ou com acréscimo. Todavia, caso tenha alguma modificação na marca, tal como a alteração de uma letra ou de algum elemento, mas mantendo o seu elemento principal, estaremos diante de uma imitação.

> A imitação, de uma forma geral induz fatalmente à semelhança. Esta semelhança é projetada na marca, quase sempre de forma ardilosa, eis que o fim precípuo e visado é a confusão. Exatamente pela confusão gerada no espírito do consumidor e/ou usuário é que o concorrente vê coroado de êxito o seu fim ilícito. Na figura da imitação há um encadeamento de ideias que norteiam a engenhosa mente humana. Estas ideias são concatenadas de forma tal que impossível seria uma definição precisa das várias, inúmeras e infindáveis maneiras pelas quais a figura da imitação se realiza. Embora tenha despertado sobremaneira a atenção de conceituados doutrinadores, não se chegou ainda a estabelecer critérios lógicos para a sua exata compreensão. (SOARES, 1988)

Entre as inúmeras maneiras de se imitar uma marca, como bem disse o Dr. José Carlos Tinoco Soares, além de pequenas alterações em uma marca existente, há, ainda, a figura da imitação ideológica, que consiste em reproduzir a mesma ideia de uma marca já registrada, seja pela substituição das palavras por sinônimos ou pela tradução para outro idioma.

Caso a marca solicitada esbarre em algum dos incisos do artigo 124, ou a marca reproduza ou imite marca de alto renome ou notoriamente conhecida – artigos 125 e 126 da LPI –, o INPI irá indeferir o pedido de registro da marca. Desta decisão, é possível recorrer à presidência do Instituto para revisão do ato administrativo, caso fique demonstrado que marca atendida a todos os requisitos legais, tais como suficiente distintividade, diluição do termo pretendido, possuir alteração para registro do

---

[4] BRASIL, Lei da Propriedade Industrial (1996), Art, 124, XIX. Disponível em: https://www.planalto.gov.br/ccivil_03/leis/l9279.htm. Acesso em: 21 de dez. de 2022.

nome civil como marca etc. Se a presidência concordar com os argumentos apresentados, o ato será revisto e marca será deferida.

Outra decisão que o examinador poderá proferir é a de sobrestamento do pedido de registro da marca, caso que ocorre quando há outro pedido de registro de marca similar anterior e que ainda não obteve a decisão final. Nesse passo, o depositante deverá aguardar a decisão do processo anterior ou, caso entenda que as marcas não são similares, apresentar uma petição demonstrando a distintividade existente e solicitando a análise de seu pedido de registro.

Não tendo pedidos de registro anteriores similares pendentes de análise, nem tendo o pedido de registro esbarrado nos impeditivos legais ou sendo o indeferimento revertido, após o pagamento da taxa final no prazo, o registro será concedido, conferindo ao seu titular o direito ao uso exclusivo da marca, em todo território nacional, dentro de seu ramo de atividade pelo período de 10 anos, prorrogáveis por quantas vezes desejar, a partir do 9º ano de vigência.

Contados da concessão, inicia-se o prazo de 180 dias para que terceiros que se sintam prejudicados apresentem um Processo Administrativo de Nulidade, nos termos do art. 168 e seguintes da LPI. Se as alegações forem aceitas, o ato que concedera o registro será declarado nulo e o registro será extinto.

Posteriormente a este prazo, uma marca ainda poderá ter a sua nulidade declarada mediante decisão judicial, como esclarece o saudoso Prof. Denis Borges Barbosa:

> Administrativamente, a nulidade será declarável (inclusive ex officio) em 180 dias da concessão do registro, suprimido o recurso ao Ministro previsto no CPI/71. Judicialmente, prescreve a ação em 5 anos da mesma data. Para evitar as dúvidas freqüentes até agora, a Lei 9.279/96 precisa que a ação de nulidade do registro será ajuizada no foro da Justiça Federal e o INPI, quando não for autor, intervirá no feito; o prazo para resposta do réu titular do registro será de 60 (sessenta) dias. (BARBOSA, 2010)

4. Dos direitos do titular

Além do direito ao uso exclusivo de sua marca em todo o território nacional, o titular de pedido ou de registro de marca poderá, nos termos do artigo 130, ceder ou licenciar seu pedido ou registro de marca, bem como zelar por sua reputação.

Com a cessão, há a transferência de titularidade do registro da marca, diferentemente da licença, em que é o licenciado poderá usar a marca por determinado período, mas a titularidade é mantida, podendo o referido contrato de licença ser averbado no INPI para produzir efeito perante terceiros.

No entanto, assim como a propriedade das marcas em nosso sistema nasce do registro, assim também a transferência de titularidade implica em ato registral derivado. Detalha o clássico Gama Cerqueira, em obra diversa:

"Três momentos distintos se nos apresentam para a transferência de uma marca de indústria, de comércio ou de serviço, quais sejam: primeiro, a assinatura do documento de cessão e transferência; segundo o requerimento do pedido de averbação da transferência perante o Instituto Nacional da Propriedade Industrial e terceiro, a averbação feita pelo INPI, mercê da publicação do deferimento da anotação na Revista da Propriedade Industrial, sendo que a devolução do Certificado de Registro com a respectiva averbação é conseqüência desta última.

"Se considerarmos, agora, o disposto no art. 104, do CPI que consigna: "os atos, despachos e decisões nos processos administrativos referentes à propriedade industrial só produzirão efeito a partir de sua publicação no Órgão Oficial", e também o que prescreve o § 1.º do art. 88, que acentua: "a transferência só produzirá efeito em relação a terceiros depois de publicado o deferimento da respectiva anotação", publicações essas feitas na Revista da Propriedade Industrial, temos que, este último momento (data) para todos os efeitos legais é que deve prevalecer. Dentro destas mesmas condições versadas sobre a cessão e transferência de marca, podem ser enquadradas as outras formas de aquisição de direitos quer sejam através da incorporação, da fusão, da absorção, da encampação, da junção, etc., de empresas (..)" (BARBOSA, 2007)

Noutro diapasão, cumpre anotar que o titular de um registro marcário não tem direitos ilimitados, ao passo que, o art. 132 elenca situações em que o titular não poderá impedir o uso da marca por terceiros, quais sejam:

I – impedir que comerciantes ou distribuidores utilizem sinais distintivos que lhes são próprios, juntamente com a marca do produto, na sua promoção e comercialização;
II – impedir que fabricantes de acessórios utilizem a marca para indicar a destinação do produto, desde que obedecidas as práticas leais de concorrência;
III – impedir a livre circulação de produto colocado no mercado interno, por si ou por outrem com seu consentimento, ressalvado o disposto nos §§ 3º e 4º do art. 68; e
IV – impedir a citação da marca em discurso, obra científica ou literária ou qualquer outra publicação, desde que sem conotação comercial e sem prejuízo para seu caráter distintivo.[5]

5. Da perda dos direitos

Outrossim, o titular do registro de marca poderá perder seus direitos, nos termos do artigo 142, nas seguintes situações:

5.1. Expiração do prazo de vigência:

Conforme anteriormente mencionado, um registro marcário possui 10 anos de vigência, contados da data de sua concessão. Todavia, este prazo poderá ser prorrogado, por igual período, por quantas vezes o titular desejar. O período para solicitar a prorrogação inicia-se no 9º ano de vigência e finda-se quando se completa o 10º ano. Caso a solicitação de prorrogação não realizada na data do 10º ano de vigência, a lei ainda garante ao titular um prazo extraordinário de 6 meses para requerer a prorrogação de seu registro. Caso não haja esta solicitação nos prazos mencionados, o registro será extinto e o titular perderá todos os seus direitos.

5.2. Renúncia:

O titular do registro marcário poderá renunciar, total ou parcialmente, ao seu registro. Quando há a renúncia total, o registro é extinto e há a perda total dos direitos do proprietário da marca. Na renúncia parcial, o titular solicita a retira de alguns produtos ou serviços contidos na especificação de seu registro, assim, há a perda do direito de uso exclusivo da

---

[5] BRASIL, Lei da Propriedade Industrial (1996), Art, 132. Disponível em: https://www.planalto.gov.br/ccivil_03/leis/l9279.htm. Acesso em: 21 de dez. de 2022.

marca sobre os produtos ou serviços retirados, mas é mantido sobre os produtos e serviços remanescentes.

5.3. Caducidade:

Após 05 anos da concessão do registro marcário, terceiros que tenham legítimo interesse na marca, poderão solicitar a caducidade do registro, peticionando ao INPI para que este solicite ao titular da marca a comprovação efetiva de uso nos últimos 05 anos.

> Necessário, portanto, se torna que o interessado ao requerer o pedido de caducidade do registro de uma marca tenha a obrigação de comprovar o seu legítimo interesse. Este poderá ser alicerçado pelo requerimento de pedido de registro de marca igual ou semelhante, para os mesmos produtos, mercadorias ou serviços e bem assim para os pertencentes a gênero de atividade afim. Em assim procedendo e objetivando a caducidade do registro que lhe é anterior e conflitante, terá a possibilidade de obter o de sua pretendida marca. (SOARES, 1988)

Será declarada a caducidade caso o titular não tenha iniciado o uso da marca no Brasil; o uso tenha sido interrompido, sem justificativa legítima, por mais de 05 anos ou; a marca não esteja sendo utilizada como fora concedida, em que há uma relevante alteração em seu caráter distintivo (logotipo diverso, termos diversos, posição diversa e/ou forma plástica diversa).

O titular do registro terá o prazo de 60 dias, contados da publicação do pedido de caducidade, para comprovar o uso efetivo da marca para todos os produtos/serviços assinalados no registro. A comprovação ocorrerá pode meio de documentos datados e legíveis em que conste a marca conforme contida no certificado, tais como notas fiscais, contratos de licença, material publicitário e qualquer outro documento hábil a comprovar o uso da marca nos últimos 05 anos.

Caso a comprovação seja de apenas alguns produtos/serviços, será declarada a caducidade parcial do registro e a consequente exclusão dos itens que não tiveram seu uso comprovado.

Comprovando o uso da marca para todos os produtos/serviços, o registro será mantido, assim como os direitos do titular.

5.4. Titular estrangeiro sem procurador constituído no Brasil:
Não é obrigatória a constituição de procurador perante o INPI, ao passo que o próprio titular pode solicitar a sua marca, todavia, esta regra difere para pessoas e empresas estrangeiras.

Pessoas e empresas domiciliadas no exterior deverão ter e manter procurador constituído no Brasil para que seu pedido de registro siga o trâmite e seu registro marcário seja mantido, nos termos do artigo 217.

6. Protocolo de Madri
No dia 25 de junho de 2019, o Brasil tornou-se signatário do Protocolo de Madri, que consiste em um tratado internacional cujo objetivo é facilitar o registro de marcas em vários países.

Desde 02 de outubro de 2019, nosso país pode atuar como Administração de Origem e como Parte Contratante designada, ou seja, é possível solicitar pedidos ao INPI designando outros países signatários do Protocolo ou estrangeiros solicitarem a marca no exterior e designarem o Brasil como um dos países em que também deseja proteção.

Assim, é possível com o preenchimento de um único formulário, solicitar o registro de uma mesma marca em até 120 países, tendo uma gestão centralizada de todos os pedidos.

Com a assinatura do Protocolo de Madri, o Brasil passou a adotar o sistema multiclasses, que permite que um único pedido de registro seja solicitado em duas ou mais classes. Anote-se que, até o momento, o sistema multiclasses está disponível apenas para pedidos de registro solicitados no exterior e que tenham o Brasil como país designado, não sendo (por enquanto) possível o pedido de registro nacional neste sistema.

Os pedidos internacionais serão analisados por cada Parte Contratante como se tivessem sido originados em seu país. Nesse passo, cada país poderá fazer exigências, indeferimentos, deferimentos parciais ou totais conforme as suas leis. Cumpre ressaltar que o Protocolo confere um prazo de 18 meses para que a Parte Contratante apresente uma recusa ao pedido internacional, sob pena de o pedido ser tacitamente concedido.

Apesar desta autonomia na análise, os processos são vinculados à inscrição internacional originária, que caso venha a ser cancelada pela Administração de Origem, cancelará os demais processos em trâmite em outras Partes Contratantes. Todavia, é possível transformar uma inscrição internacional em um pedido nacional, fazendo um requerimento para a Parte Contratante que desejar, no prazo de 3 meses, a contar do cancelamento da inscrição internacional originária. Caso não seja realizada essa solicitação, será arquivada ou extinta a designação.

Referências

ALMEIDA, Custódio Armando Lito de. **Direito de Precedência no Registro de Marcas (*)**. Jornal do Comércio do Rio Grande do Sul, 31/03/2009. Disponível em: http://www.abapi.org.br/abapi2014/artigofinal.asp?ativo=Sim&secao=Not%EDcias&subsecao=Artigos&noticia=5 . Acesso em: 12/01/2023

BARBOSA, Denis Borges. **Do direito de marca:** *Uma perspectiva semiológica*, 2007. Disponível em: https://www.dbba.com.br/wp-content/uploads/do-direito-das-marcas.pdf Acesso em: 09/01/2023

BARBOSA, Denis Borges. **A especialidade das marcas**, 2002. Disponível em: https://www.dbba.com.br/wp-content/uploads/a-especialidade-das-marcas-2002.pdf . Acesso em: 09/01/2023

BARBOSA, Denis Borges. **Uma introdução à Propriedade Intelectual**, 2010. Disponível em: https://www.dbba.com.br/wp-content/uploads/introducao_pi.pdf . Acesso em: 09/01/2023

BRASIL, **Lei da Propriedade Industrial** (1996), Disponível em: https://www.planalto.gov.br/ccivil_03/leis/l9279.htm. Acesso em: 21 de dez. de 2022.

CERQUEIRA, João da Gama. **Tratado da Propriedade Industrial**. 2. ed. São Paulo: Revista dos Tribunais, 1982.

CONFEDERAÇÃO NACIONAL DA INDUSTRIA – CNI. **Propriedade Industrial Aplicada: Reflexões para o magistrado**. Brasília: 2013.

DANNEMAN, Siemensen Bigler & Ipanema Moreira. **Comentários à lei de propriedade industrial e correlatos**. Rio de Janeiro, São Paulo:Renovar, 2005

INSTITUTO NACIONAL DA PROPRIEDADE INDUSTRIAL – INPI. **Manual de Marcas**. Brasil: 3ª edição (out/2019), 5ª revisão (fev/2022)

KOTLER, Philip; ARMSTRONG, Gary. **Princípios de marketing**. 5. ed. Rio de Janeiro: Prentice-Hall, 1993

SILVEIRA, Newton. **A Propriedade Intelectual e as novas leis autorais**. São Paulo: Editora Saraiva, 1998.

SILVEIRA, Newton. **Propriedade Intelectual:** *Propriedade Industrial, Direito de Autor, Software, Cultivares, Nome Empresarial, Abuso de Patentes*. São Paulo: Editora Saraiva, 2014

SCHMIDT, Lélio Denicoli. **A distintividade das marcas:** *Secondary Meaning, vulgarização e teoria da distância*. São Paulo: Editora Saraiva, 2013.

SOARES, José Carlos Tinoco. **Tratado da Propriedade Industrial**. São Paulo: Editora Resenha Tributária, 1988, Vol. I e III.

SOARES, José Carlos Tinoco. **Marcas Notoriamente Conhecidas – Marcas de Alto Renome vs. Diluição**. Rio de Janeiro: Ed. Lumen Juris. 2010.

7.
INDICAÇÕES GEOGRÁFICAS

Luiz Ricardo Marinello

Introdução
A Indicação Geográfica – IG é um direito de propriedade industrial, ainda não consolidado no Brasil.

Este fato possui uma série de implicações negativas, mas, a maior delas, parece ser o desperdício de mercado (e oportunidades) para as diversas regiões que já se consagraram, no país, por desenvolverem produtos (ou serviços) de altíssima qualidade – seja pelas condições de extração, produção ou fabricação dos produtos (ou serviços) ou ainda pelos fatores naturais e humanos daquele determinado território.

O presente ensaio busca apontar um breve histórico da IG, seu desenvolvimento e sua importância para o mercado global, o conceito de IG (tanto pela legislação brasileira, como pelos tratados que disciplinam a matéria), as peculiaridades para a concessão de uma IG – enfatizando os requisitos necessários para o "caderno de especificações técnicas" e, finalmente, a situação das IGs no Brasil.

1. Histórico e importância das IGs.
A origem da Indicação Geográfica remonta ao século XVIII, quando surgiram as primeiras IGs na Europa, como a de Champagne, na França. Essas denominações de origem foram criadas para proteger os produtores de vinhos da região de Champagne, que é famosa por seus vinhos espumantes produzidos exclusivamente com uvas cultivadas na região.

Esta IG foi reconhecida como denominação de origem em 1936 e continua sendo uma das mais rigorosas do mundo, com o objetivo de impedir que produtores de outras regiões usem o nome "Champagne" em seus vinhos.

Com o tempo, a ideia de proteger a origem geográfica de outros produtos foi se expandindo e se tornando uma prática comum em diversos países da Europa, como Itália, Espanha e Portugal.

Alguns exemplos:

a) Porto foi reconhecida como IG em 1756, para proteger o vinho do Porto, que é produzido na região do Douro, em Portugal;
b) Roquefort foi reconhecida como IG em 1925, para proteger os produtores do queijo Roquefort, que é produzido na região de Aveyron, na França, com leite de ovelhas da raça Lacaune;
c) Parma foi reconhecida como IG em 1996, com vistas a proteger a região de Parma, que é conhecida pela produção de presunto de Parma, que é curado naturalmente e possui um sabor único;

Em 1992, a União Europeia criou o sistema de Indicação Geográfica Protegida (IGP) e de Denominação de Origem Protegida (DOP), que são os principais tipos de IGs utilizadas atualmente.

As Indicações Geográficas (IGs) são importantes para os mercados porque protegem a identidade e qualidade de produtos regionais, promovem a cultura e tradições locais e também contribuem para a preservação da biodiversidade e dos conhecimentos tradicionais. Os consumidores também se beneficiam das IGs, pois têm a garantia de estar comprando um produto autêntico e de qualidade.

O impacto econômico, com a concessão de IGs é de natureza dúplice. Pode aumentar, significativamente o valor agregado do produto em determinado mercado, ou impactar diretamente no resultado daquele determinado país. Em relação ao impacto local, **Ankita Sabharwal** aponta alguns exemplos locais indianos de uma IG, que após a sua concessão, aumentaram em até cinco vezes o seu valor no mercado:

"The economic impact of GI protection is evident by the virtue of the fact that since is grant, Darjeeling tea has seen its domestic price rise five-fold.

Moreover, basmati rice and Thanjavur paitings´price have doubled. Importantly, Jobs based on them have increased. The number of farmers cultivating Nagpur "oranges" has, for instance, doubled in the last five years."[1]

Em relação a importância das IGs para a economia, de forma mais ampla, existem diversos exemplos de como este reconhecimento pode impactar o próprio PIB (Produto Interno Bruto) de determinadas regiões ou países.

O queijo Parmigiano Reggiano na Itália, por exemplo, que possui reconhecimento como IG desde 1950, segundo o Consórcio para a Proteção do Parmigiano Reggiano, atinge uma cifra aproximada anual de mais de 2 (dois) bilhões de euros, gerando aproximadamente 20 (vinte) mil empregos diretos e indiretos, na região[2].

A famosa tequila mexicana, que foi o primeiro produto a obter reconhecimento por IG naquele país, segundo o Conselho Regulatório da Tequila, atingiu uma exportação aproximada de 3, 6 bilhões de dólares em 2022.[3]

A Champagne francesa, já citada aqui, pela sua importância histórica, continua representando um produto de destaque, tanto para a região, como para o resto da França. Segundo o Champagne Bureau, o setor atingiu o valor aproximado de 6 bilhões de euros, em 2022.[4]

2. Conceito e legislação.

A Convenção da União de Paris – CUP inaugurou a previsão legal de IGs, como tratado internacional, através de seu artigo 1 (2) da CUP, no mesmo grau hierárquico de outros direitos de propriedade industrial, vejamos:

---

[1] SBharwal, Ankita – The economics of Geographical Indications, publicado na Revista Eletrônica Lexology.com em 13 de junho de 2022.
[2] https://www.parmigianoreggiano.com/news/parmigiano-reggiano-all-time-high-revenue-exports-soar/
[3] https://vinepair.com/booze-news/mexico-tequila-record-2022/#:~:text=According%20to%20The%20Ministry%20of,jump%20year%2Dover%2Dyear.
[4] https://www.bnnbloomberg.ca/french-champagne-sales-rise-to-record-6-billion-as-exports-surge-1.1871906

> *"A proteção da propriedade industrial tem por objeto as patentes de invenção, os modelos de utilidade, os desenhos ou modelos industriais, as marcas de serviço, o nome comercial e as indicações de procedência ou denominações de origem, bem como a repressão da concorrência desleal."*

A despeito do Acordo de Madri (1891) e do Acordo de Lisboa (1958), o TRIPs, em razão de sua importância estratégica (por se constituir no contexto da Organização Mundial do Comércio) é que conferiu uma base legislativa mais concreta (permanecendo assim até o presente momento) para os mais diversos países.

De acordo com o artigo 22 do Acordo TRIPS, podem ser consideradas como Indicações Geográficas:

> *"indicações que identifiquem um produto como originário do território de um Membro, ou região ou localidade deste território, quando determinada qualidade, reputação ou outra característica do produto seja essencialmente atribuída à sua origem geográfica".*

Em obediência ao TRIPs, o Brasil dedicou um capítulo ao tema de Indicações Geográficas na sua Lei da Propriedade Industrial (Lei 9.279/96).

Além da legislação, o Instituto Nacional da Propriedade Industrial, tem elaborado normas infralegais, no sentido de complementar as regras gerais relacionadas a IG no país, principalmente a Portaria 04 de 12 de Janeiro de 2022, que estabelece as condições para o registro das Indicações Geográficas e dispõe sobre a recepção e o processamento de pedidos e petições, além do Manual de Indicações Geográficas.

O legislador entendeu por bem, criar duas figuras distintas de Indicações Geográficas, a Indicação de Procedência (IP) e a Denominação de Origem (DO)[6].

A IP é o nome geográfico de país, cidade, região ou localidade de seu território, que se tenha tornado conhecido como centro de extração, pro-

---

[5] Artigo 176 da Lei 9.279/96
[6] Cabe ao usuário optar pela modalidade de IG, no momento de seu pleito junto a Autarquia Federal (INPI), observando, contudo, se cumpre os requisitos de cada um deles.

dução ou fabricação de determinado produto ou de prestação de determinado serviço.[7]

Segundo o §4º do art. 9º da Portaria INPI nº 4/22, para que a IP seja concedida, deve ser comprovado, por diversas fontes, que o nome geográfico se tornou conhecido como centro de extração, produção ou fabricação de produto ou de prestação de serviço. O mesmo dispositivo legal abordou os seguintes conceitos:

a) ***Centro de extração*** *– a área geográfica de onde se extrai ou se retira um determinado produto em sua forma original. São atividades de extração aquelas relacionadas à coleta de produtos naturais de origem animal, vegetal ou mineral. Processos mecanizados ou industriais de extração também se enquadram nesse tipo de atividade. Exemplos: extração de látex de seringueira, pesca extrativista de crustáceos e extração de ouro.*

b) ***Centro de produção ou fabricação*** *– a área geográfica onde se produz ou fabrica um determinado produto. Refere-se a qualquer tipo de atividade destinada à produção, fabricação, transformação e beneficiamento de produtos, incluindo processos manufatureiros e artesanais. Também pode estar relacionada à criação de animais e ao cultivo de plantas. Exemplos: produção de mamão, fabricação de bolsas de couro e criação de suínos.*

c) ***Centro de prestação de serviço*** *– a área geográfica onde se presta um determinado serviço. Nesse caso, o local se tornou conhecido pelo serviço prestado, e não pelo produto eventualmente relacionado a esse serviço.*

Já a DO é o nome geográfico de país, cidade, região ou localidade de seu território, que designe produto ou serviço, cujas qualidades ou características se devam exclusiva ou essencialmente ao meio geográfico, incluídos fatores naturais e humanos.[8]

Para o registro de uma DO, é necessário que as qualidades ou características do produto ou serviço se devam, exclusiva ou essencialmente, às peculiaridades do meio geográfico, incluídos os fatores naturais e humanos. Estão previstas no §5º do art. 9º da Portaria INPI nº 4/22, os seguintes conceitos:

---

[7] Artigo 177 da Lei 9.279/96
[8] Artigo 178 da Lei 9.279/96

a) **Fatores naturais** – *elementos do meio geográfico relacionados ao meio ambiente, como solo, relevo, clima, flora, fauna, entre outros, que influenciam as qualidades ou características de produtos ou serviços de uma determinada área geográfica, diferenciando-os de outros oriundos de área geográfica distinta.*

b) **Fatores humanos** – *elementos característicos da comunidade produtora ou prestadora do serviço, como o saber-fazer local, incluindo o desenvolvimento, a adaptação ou o aperfeiçoamento de técnicas próprias atreladas à cultura e à tradição da localidade. É o modo de fazer único dos produtores e prestadores de serviço que se encontram no território, isto é, o conhecimento acumulado pela população local, passado de geração em geração.*

c) **Qualidades** – *atributos tecnicamente comprováveis e mensuráveis do produto ou serviço, ou de sua cadeia de produção ou de prestação de serviços.*

d) **Características** – *atributos físicos, particulares e típicos, vinculados aos traços ou propriedades inerentes do produto ou serviço, podendo ainda ser advindos do modo como o produto é extraído, produzido ou fabricado, ou do modo como o serviço é prestado.*

3. Dos requisitos para a concessão de uma IG.

A Indicação Geográfica – IG possui natureza declaratória[9], ou seja, é necessária a comprovação do reconhecimento fático, para que o INPI conceda o registro.

Outra situação peculiar, frente a outras de Propriedade Industrial[10], é que a IG pode ser um direito concedido indefinidamente e não retorna ao domínio público.

São legítimos para pleitear a IG[11]:

a) *Substituto processual.*

O substituto processual é a entidade que representa a coletividade que, naquele ato, encontra-se legitimada a requerer o registro de IG. O substituto processual não será o titular do registro, mas o intermediário entre o INPI e os produtores ou prestadores de serviço.

---

[9] Artigo 8º da Portaria INPI 4/22
[10] Patentes, por exemplo.
[11] Artigo 14 da Portaria INPI nº 4/22

Podem funcionar como substitutos processuais as associações, sindicatos, federações, confederações e qualquer outra entidade representativa da coletividade, que comprove a sua legitimidade, através de instrumento jurídico que instituiu a entidade.

Além de estar estabelecido no território definido pela IG, o quadro social do substituto processual deve ser formado por participantes da cadeia produtiva do produto ou serviço relacionado ao registro pleiteado, pois, apenas desta forma serão garantidos os interesses do titular da IG.

b) *Único produtor ou prestador de serviço.*

Como exceção, é possível que o único produtor ou prestador de serviço (que poderá ser pessoa física ou jurídica), comprovando esta condição, possa pleitear a IG[12]. Caso haja alteração da situação e outro produtor venha a compor o mesmo território e cumpra com os requisitos definidos no Caderno de Especificações Técnicas, as partes deverão constituir uma nova entidade representativa, para que seja titular da IG já concedida.

c) *Requerente estrangeiro*

O registro de IG que já foi reconhecida no seu país de origem pode ser pleiteado por aquele que for legitimado[13]. Nesta situação há uma peculiaridade, pois deve ser observado se o país de origem possui acordo de reciprocidade com o Brasil, pois, se houver, o requerente do pedido não necessitará preencher os requisitos exigidos às entidades brasileiras.

Em relação ao usuário do registro, a legislação[14] deixou claro que poderá fazer uso da IG aquele que for produtor ou prestador de serviço estabelecido na área geográfica demarcada e obedecer ao Caderno de Especificações Técnicas.

Assim, por consequência, aquele que produz um bem ou presta um serviço idêntico ao da IG, mas não encontra-se na área delimitada, não poderá fazer uso do sinal. Da mesma forma, não é o suficiente que o produtor esteja estabelecido na área delimitada – é fundamental que ele cumpra com os requisitos previstos no Caderno de Especificações Técnicas.

---

[12] §3º do Artigo 14 da Portaria INPI nº 4/22
[13] §4º do Artigo 14 da Portaria INPI nº 4/22
[14] Artigo 182 da Lei 9279/96 e Artigo 15 da Portaria 4/22 do INPI.

Importante destacar que um dos documentos fundamentais, para que o pleito de IG seja apreciado e concedido pelo INPI é o Caderno de Especificações Técnicas[15]. Deve constar no Caderno o nome geográfico[16], a descrição do produto ou serviço objeto da Indicação Geográfica, a delimitação da área geográfica, o pedido de Indicação de Procedência (se este for a modalidade pleiteada), a descrição do processo de extração, produção ou fabricação do produto ou de prestação do serviço, pelo qual o nome geográfico se tornou conhecido, o pedido de Denominação de Origem (se esta for a modalidade pleiteada) e a descrição das qualidades ou características do produto ou serviço que se devam exclusiva ou essencialmente ao meio geográfico, incluindo os fatores naturais e humanos, e seu processo de obtenção ou prestação, a descrição do mecanismo de controle sobre os produtores ou prestadores de serviços que tenham o direito ao uso da IG e a especificação do produto ou serviço por ela pleiteado, as condições e proibições de uso da IG, e eventuais sanções aplicáveis à infringência das condições de uso.

Além dos requisitos constantes do Caderno de Especificações Técnicas, o legislador deixou expresso que não são registráveis como IG[17] os termos suscetíveis de causar confusão, que reproduzam, imitem ou se constituam por:

a) nome geográfico ou seu gentílico, que houver se tornado de uso comum, designando produto ou serviço;
b) nome de variedade vegetal, cultivada ou não, que esteja registrada como cultivar, ou que seja de uso corrente ou existente no território brasileiro na data do pedido;
c) nome de raça animal que seja de uso corrente ou existente no território brasileiro na data do pedido;
d) homônimo à Indicação Geográfica já registrada no Brasil para assinalar produto ou serviço idêntico ou afim, salvo quando houver diferenciação substancial no signo distintivo.

---

[15] Portaria 4/22 do INPI
[16] §3º do art. 9º da Portaria 4/22 do INPI
[17] Artigo 180 da Lei 9279/96 e Artigo 13 da Portaria 4/22 do INPI

4. Da evolução das IGs no Brasil.

O Brasil comemorou, recentemente, duas conquistas relevantes no cenário de Indicações Geográficas.

Vinte anos após o primeiro registro concedido pelo INPI, o país alcançou sua centésima IG, ou seja, em 06 de dezembro de 2022 foi concedido o registro para o barreado do Litoral do Paraná. Por outro lado, e não menos importante, o Brasil concedeu a sua primeira Denominação de Origem para espumantes, em 29 de novembro de 2022, para a Associação dos Produtores de Vinho de Pinto Bandeira (Asprovinho).

Estes indicadores demonstram que o país vem se desenvolvendo na atmosfera de IGs, mas ainda há uma enorme jornada, para que possa alcançar a União Européia, que possui indicadores muito mais acentuados, que possui mais de 3.500 IGs concedidas.[18]

As cem IGs concedidas no Brasil, em quase sua maioria, são constituídas por produtos agrícolas, como cafés, vinhos, queijos, frutas e cachaças. A proteção da IG desses produtos é importante para garantir a sua qualidade e autenticidade, bem como promover a cultura e tradições locais e aumentar a competitividade dos produtores brasileiros no mercado internacional.

A primeira indicação geográfica foi concedida em 2002 à região do Vale dos Vinhedos, no Rio Grande do Sul, reconhecendo a qualidade dos vinhos produzidos naquela região. Desde então, várias outras regiões produtoras de vinho, como a Serra Gaúcha, Altos Montes e Pinto Bandeira obtiveram a concessão de IGs.

Além do vinho, outros produtos agrícolas brasileiros também receberam a indicação geográfica, como o café da região do Cerrado Mineiro, a cachaça de Paraty, o queijo Canastra, o mel do Pantanal, a cajuína do Piauí, o queijo coalho de Alagoas, o queijo do Marajó e o guaraná da Amazônia.

Essas são apenas algumas das IGs concedidas no Brasil, todavia existem muitas outras regiões e produtos protegidos por essa prática em todo o país.

---

[18] https://www.wita.org/blogs/geographical-indications/#:~:text=Where%20the%20names%20come%20from,rest%20of%20the%20world%20%3D%201%2C747

Conclusões

As IGs ajudam a valorizar e proteger a cultura e a produção regional, além de contribuir para a economia local e o desenvolvimento sustentável.

Há uma expansão no Brasil, mas as regiões ainda dependem de um maior incentivo, tanto para os produtores locais, mas também para o consumidor, uma vez que com uma maior divulgação do que representa uma IG, haverá um aumento no consumo daquele produto ou serviço, resultando num aumento do mercado.

Como exposto, há um regulatório complexo, porém necessário para que as regiões que possuam um diferencial (seja na modalidade de Indicação de Procedência ou Denominação de Origem) possam pleitear, junto ao INPI, sua IG.

Existem indicadores claros de relação de crescimento das regiões com a concessão da IG e, em alguns casos, a IG até se torna a maior fonte de receita, pela distribuição dos produtos ou serviços a ele atrelados (como a região de Champagne na França).

O Brasil possui produtos, serviços e principalmente vocação para, não apenas desenvolver, mas ser um dos maiores detentores de IGs[19], em razão das suas regiões e produtos de qualidade a ela atrelados.

Referências

SBharwal, Ankita – The economics of Geographical Indications, publicado na Revista Eletrônica Lexology.com em 13 de junho de 2022.

https://www.parmigianoreggiano.com/news/parmigiano-reggiano-all-time-high-revenue-exports-soar/

https://vinepair.com/booze-news/mexico-tequila-record- 2022/#:~:text=According%20to%20The%20Ministry%20of,jump%20year%2Dover%2Dyear.

https://www.bnnbloomberg.ca/french-champagne-sales-rise-to-record-6-billion--as-exports-surge-1.1871906

https://www.wita.org/blogs/geographical-indications/#:~:text=Where%20the%20names%20come%20from,rest%20of%20the%20world%20%3D%201%2C747

---

[19] podendo até representar uma alternativa para os detentores de conhecimentos tradicionais, em aumentar o grau de proteção dos seus direitos, em razão da aproximação da natureza dos direitos (prazo indefinido e estímulo, proteção do conhecimento geracional e localidade definida – quando assim for).

Portaria INPI 4/22

Manual de Indicações Geográficas do INPI – http://manualdemarcas.inpi.gov.br/projects/manual-de-indicacoes-geograficas/wiki

Manual de Indicações Geográficas do MAPA (Caderno de Indicações Geográficas) – https://www.gov.br/agricultura/pt-br/assuntos/sustentabilidade/indicacao-geografica/arquivos-publicacoes-ig/guia-das-igs-caderno-de-especificacoes-tecnicas

8.
NOME EMPRESARIAL

Tais Capito

1. Conceito

Os nomes empresariais têm como objetivo identificar os empresários e sociedades empresárias.

Daniel Adensohn, em sua obra "Proteção do nome de empresa no Brasil", esclarece:

> às pessoas jurídicas é reconhecido o direito ao nome, como um atributo de sua personalidade jurídica, ou seja, a partir de seu nascimento, que se dá com a inscrição do ato constitutivo no respectivo registro, precedida, quando necessário, de autorização ou aprovação do Poder Executivo, a pessoa jurídica tem direito ao uso exclusivo de seu nome empresarial (2013)

Os nomes empresariais podem ser firmas ou denominações, a depender do tipo societário.

As firmas são compostas pelo nome civil, completo ou abreviado, do empresário ou sócio, sendo obrigatória a sua adoção por empresários individuais e sociedades de responsabilidade ilimitada, nos termos dos artigos 1.156 e 1.157 do Código Civil[1].

---

[1] Art. 1.156. O empresário opera sob firma constituída por seu nome, completo ou abreviado, aditando-lhe, se quiser, designação mais precisa da sua pessoa ou do gênero de atividade.

Já as denominações, poderão ser constituídas por expressões fantasiosas e/ou expressões dicionarizadas, bem como pelo objeto/ramo de atividade que a empresa atuará, sendo obrigatória a sua adoção para sociedades anônimas e cooperativas.

Há de se anotar que a Sociedade Limitada (Ltda) e Sociedade Limitada Unipessoal (SLA) – antiga EIRELI – podem optar tanto por firma como por denominação.

2. Legislação:

Os nomes empresariais possuem capítulo próprio no Código Civil, a partir do artigo 1.155, bem como tem sua proteção regulada pela Instrução Normativa nº. 81/2020, do Departamento Nacional de Registro Empresarial e Integração (DREI).

Ademais, sua proteção também é garantida pela Constituição Federal, que em seu artigo 5º, inciso XXIX, prevê:

> XXIX – a lei assegurará aos autores de inventos industriais privilégio temporário para sua utilização, bem como proteção às criações industriais, à propriedade das marcas, aos nomes de empresas e a outros signos distintivos, tendo em vista o interesse social e o desenvolvimento tecnológico e econômico do País;

Ainda nesse aspecto, cumpre anotar que o Brasil é signatário da Convenção da União de Paris (CUP), que também confere proteção aos nomes empresariais em seu artigo 1º:

> Art. 1º A proteção da propriedade industrial tem por objeto as patentes de invenção, os modelos de utilidade, os desenhos ou modelos industriais, as marcas de serviço, o nome comercial e as indicações de procedência ou denominações de origem, bem como a repressão da concorrência desleal.

Art. 1.157. A sociedade em que houver sócios de responsabilidade ilimitada operará sob firma, na qual somente os nomes daqueles poderão figurar, bastando para formá-la aditar ao nome de um deles a expressão "e companhia" ou sua abreviatura.

3. Formação:

Os nomes empresariais seguem algumas regras para a sua formação, previstas na IN nº. 81/2020 e pelo Código Civil. O Manual da Junta Comercial do Estado de São Paulo (JUCESP) elenca as 5 regras para a sua formação: Veracidade, Novidade, Identificação do tipo, Proteção à moral e Vedação a siglas e denominações de órgãos públicos.

3.1. Veracidade:

Uma firma deve ser constituída pelo nome do empresário ou pelo nome de um dos sócios, não podendo ser formada por nome civil de terceiros. Já a denominação, não pode ser composta por expressões que induzam ao erro, por exemplo, caso o objeto social da empresa seja o comércio de cosméticos, não pode ser utilizado SONHOS COMÉRCIO DE ALIMENTOS LTDA., pois isso não corresponde à atividade desempenhada. Esta vedação é muito similar com a das marcas, previsto no inciso X, do artigo 124 da Lei da Propriedade Industrial, que veda o registro de marcas que *"induza a falsa indicação quanto à origem, procedência, natureza, qualidade ou utilidade do produto ou serviço a que a marca se destina"*;

3.2. Novidade:

Os nomes empresariais possuem, a princípio, proteção estadual – abordaremos esse tema posteriormente-. Nesse passo, o nome empresarial deve ser novo para evitar confusão ou associação com nomes empresariais de terceiros dentro do âmbito estadual, conforme dispõe o artigo 1.163, parágrafo único do Código Civil:

> Art. 1.163. O nome de empresário deve distinguir-se de qualquer outro já inscrito no mesmo registro.
> Parágrafo único. Se o empresário tiver nome idêntico ao de outros já inscritos, deverá acrescentar designação que o distinga.

Anote-se que essa novidade é relativa, já que, se houver o acréscimo de expressões distintivas, será possível o arquivamento, mas a análise de colidência de firmas é distinta da análise de denominações.

Diante da similaridade de firmas, a análise é mais "flexível" quando comparada com a análise de marcas, conforme podemos observar do trecho abaixo transcrito do manual da JUCESP:

1. Everton Comércio de Calçados Ltda.
2. Everton Comércio de Calçados Ltda.
Existe colidência em função da identidade de nomes (homógrafos).
1. Everton Comércio de Calçados Ltda.
2. Hewerton Comércio de Calçados Ltda.
Existe colidência em função da semelhança entre as palavras (homófonos)
1. Everton Comércio de Calçados Ltda.
2. Everton Comércio de Sapatos e Tênis Ltda.
Não ocorre colidência. Consideram-se os nomes por inteiro, observando que a grafia das palavras não é coincidente no conjunto.

Observa-se que, o núcleo do nome empresarial é o mesmo e a atividade desempenhada é idêntica, todavia, por estar escrito de forma diversa, é o suficiente para que a Junta Comercial do Estado de São Paulo arquive (registre) o nome empresarial posterior, o que não ocorreria se estivéssemos diante de uma análise de marcas, ao passo que a expressão "COMÉRCIO DE SAPATOS E TÊNIS" seria considerada elemento secundário da marca e descritivo da atividade, não sendo considerado suficientemente distintivo.

Quando diante de denominações, a análise é mais rígida e exige maior criatividade do empresário, vejamos:

1. Coliden Calçados Ltda.
2. Coliden Indústria Química Ltda.
Existe colidência em função da identidade da expressão de fantasia incomum – homografia ("Coliden"). Apesar das atividades distintas.
1. Coliden Calçados Ltda.
2. Kolidem Indústria Química Ltda.
Existe colidência em função da semelhança das expressões de fantasia incomuns – homófonas ("Coliden" e "Kolidem"). Apesar das atividades distintas.

Veja que, apesar de atuarem em ramos de atividade sem qualquer relação, por terem um núcleo similar e incomum, a JUCESP não aceita o convívio entre estes nomes empresariais.

3.3. Identificação de tipo:
Os nomes empresariais devem conter o tipo jurídico, se sociedade anônima, deverá ter a sigla S/A, Sociedade Anônima ou Companhia; se limitada, LTDA e assim por diante.

3.4. Proteção à moral:
Assim como as marcas – vide artigo 124, III, da LPI –, é vedada a utilização de expressões que violem a moral e aos bons costumes, tais como palavras ofensivas e de baixo calão.

3.5. Vedação a siglas e denominações de órgãos públicos:
As siglas e denominações de órgãos públicos são exclusivas dos entes da administração direta ou indireta e de órgãos e entidades, por essa razão, é vedado seu uso por terceiros como nome empresarial. Inclusive, é proibido o registro também como marca, nos termos do artigo 124, inciso IV, da LPI.

4. Proteção territorial:
A princípio, o nome empresarial tem proteção em âmbito estadual, podendo ser estendida para todo o território nacional, nos termos do artigo 1.166, parágrafo único do Código Civil:

> Art. 1.166. A inscrição do empresário, ou dos atos constitutivos das pessoas jurídicas, ou as respectivas averbações, no registro próprio, asseguram o uso exclusivo do nome nos limites do respectivo Estado.
>
> Parágrafo único. O uso previsto neste artigo estender-se-á a todo o território nacional, se registrado na forma da lei especial.

E do artigo 25 da IN nº. 81/2020:

> Art. 25. A proteção ao nome empresarial decorre, automaticamente, do ato de registro e circunscreve-se à unidade federativa da jurisdição da Junta Comercial que o tiver procedido.

Todavia, o artigo 5º, inciso XXIX, anteriormente mencionado, equipara os nomes empresariais às marcas, o que dá a entender que a proteção do nome empresarial seria a mesma das marcas, ou seja, nacional.

Já o artigo 8º da CUP, vai ainda mais longe, garantindo a proteção internacional do nome empresarial, vejamos:

> O nome comercial será protegido em todos os países da União sem obrigações de depósito ou de registro, quer faça ou não parte de uma marca de fábrica ou de comércio.

Essas informações controvertidas acarretam discussões sobre a proteção, conforme esclarece Daniel Adensohn:

> Todavia, a proteção ao nome de empresa é problema crônico no Brasil, sendo, desde o século XIX, objeto de intensos e insolúveis debates. Muito se discutiu quanto à natureza, função, extensão e âmbito territorial de proteção ao nome comercial, especialmente no tocante ao conflito com nomes empresariais idênticos ou similares, ou ainda, com outros sinais distintivos (como marcas, insígnias e títulos de estabelecimento). (2012)

Para Daniel Adensohn:

> Considerado o nome comercial, em sua função econômico-concorrencial, a limitação territorial preestabelecida definitivamente não se lhe aplica, já que tutelado por normas diversas: Constituição Federal, CUP, LPI e CDC. Nesta função, o nome comercial adentra ao campo da propriedade industrial, passando a ser tutelado sob o princípio basilar de repressão à concorrência desleal, como todos os demais direitos de propriedade industrial. Logo, a proteção não será, a priori, internacional, nacional, estadual ou municipal. Não há um limite territorial preestabelecido. O que determinará o âmbito geográfico de proteção é a relação efetiva de concorrência, variando com a distintividade do nome e o grau de conhecimento deste pelo público consumidor. (2012)

Entendimento similar ao do saudoso Prof. Dr. Newton Silveira:

representa (o nome empresarial) também um direito exclusivo, como as marcas, mas esta proteção não é adstrita ao ramo de atividade, pois envolve a própria identificação do comerciante ou industrial em suas relações comerciais e de crédito, não se limitando ao aspecto concorrencial (1996).

Mas diferente do posicionamento do doutrinador Tinoco Soares, citado por Daniel Adenshon em sua obra:

> a 'proteção ao nome empresarial' em face da lei e de seu regulamento é 'limitada à unidade da federação', logo, não se poderá entender como em nível nacional, em face de algumas decisões esparsas

Por essa razão, não é incomum observamos discussões sobre este tema, tanto na doutrina, como pudemos ver, assim como no Poder Judiciário.

Atualmente, o Superior Tribunal de Justiça (STJ) tem se manifestado no seguinte sentido:

> PROPRIEDADE INDUSTRIAL. RECURSO ESPECIAL. AÇÃO DECLARATÓRIA DE NULIDADE DE ATOS ADMINISTRATIVOS PRATICADOS, DE ABSTENÇÃO DE USO DE MARCA E DE REPARAÇÃO DE PERDAS E DANOS. REGISTRO DE MARCA. REPRODUÇÃO DE PARTE DO NOME DE EMPRESA REGISTRADO ANTERIORMENTE. LIMITAÇÃO GEOGRÁFICA À PROTEÇÃO DO NOME EMPRESARIAL.
>
> **1. Atualmente, a proteção ao nome comercial se circunscreve à unidade federativa de jurisdição da Junta Comercial em que registrados os atos constitutivos da empresa, podendo ser estendida a todo território nacional se for feito pedido complementar de arquivamento nas demais Juntas Comerciais. Precedentes.**
>
> 2. Recurso especial provido
>
> (REsp n. 1.359.666/RJ, relatora Ministra Nancy Andrighi, Terceira Turma, julgado em 28/5/2013, DJe de 10/6/2013).

Observamos da referida decisão que, o Poder Judiciário pauta seu entendimento no Código Civil e na Instrução Normativa DREI nº. 81/2020, limitando o âmbito de proteção à unidade federativa em que ocorrera o arquivamento do nome empresarial.

Acerca da proteção disposta na CUP, a mesma corte manifestou-se da seguinte forma:

> EMBARGOS DE DECLARAÇÃO – OMISSÃO – CARACTERIZAÇÃO – EFEITOS MODIFICATIVOS – POSSIBILIDADE – PRIMEIROS ACLARATÓRIOS – OMISSÃO E CONTRADIÇÃO EM ARESTO DESLINDADOR DE AGRAVO REGIMENTAL NO RECURSO ESPECIAL – CONFIGURAÇÃO – SOCIEDADES COMERCIAIS – DENOMINAÇÕES SOCIAIS – EXCLUSIVIDADE – LIMITAÇÃO GEOGRÁFICA – MARCAS – PATRONÍMICO DOS FUNDADORES DE AMBAS AS LITIGANTES – PRINCÍPIO DA ESPECIFICIDADE – APLICAÇÃO – CONFUSÃO AO CONSUMIDOR AFASTADA PELAS INSTÂNCIAS ORDINÁRIAS – REEXAME DE PROVAS – VALIDADE DO REGISTRO DAS MARCAS DA EMBARGANTE – DECLARATÓRIOS ACOLHIDOS – RECURSO ESPECIAL DESPROVIDO.
>
> (...)
>
> 5. **Não se há falar em extensão da proteção legal conferida às denominações de sociedades empresárias nacionais a todo o território pátrio, com fulcro na Convenção da União de Paris, porquanto, conforme interpretação sistemática, nos moldes da lei nacional, mesmo a tutela do nome comercial estrangeiro somente ocorre em âmbito nacional mediante registro complementar nas Juntas Comerciais de todos os Estados-membros.**
>
> (EDcl nos EDcl no AgRg no REsp n. 653.609/RJ, relator Ministro Jorge Scartezzini, Quarta Turma, julgado em 19/5/2005, DJ de 27/6/2005, p. 408.)

Por conta destas divergências legais e doutrinárias, não é raro observarmos diversas demandas judiciais e administrativas referentes a conflitos entre marcas – que pela legislação federal tem proteção nacional – e nomes empresariais – em que as normas conferem proteções distintas.

5. Conflito entre marcas e nomes empresariais

Uma marca não pode compor nome empresarial de terceiro para designar os mesmos serviços. Caso a empresa tenha como objeto social atividade idêntica ou semelhante com a de uma marca registrada, é possível impedir o arquivamento com fundamento nas normas de concorrência desleal contidas na LPI.

Cumpre anotar que, o art. 24 da Instrução Normativa do DREI nº 81/2020, dispõe que:

> Art. 24. Não cabe às Juntas Comerciais verificar a existência ou não de colidência entre nome empresarial e marca registrada ou entre nome empresarial e denominações registradas em outros órgãos de registro.

Assim, qualquer questionamento acerca da colidência entre nomes empresariais e marcas devem ser feitos por Notificações Judiciais ou Extrajudiciais ou por ação de abstenção de uso de marca na Justiça Estadual.

No mesmo diapasão, a LPI veda o registro de marcas que imitem ou reproduzam nomes empresariais, conforme dispõe o artigo 124, inciso V:

> Art. 124. Não são registráveis como marca:
> V – reprodução ou imitação de elemento característico ou diferenciador de título de estabelecimento ou nome de empresa de terceiros, suscetível de causar confusão ou associação com estes sinais distintivos;

Diferentemente das Juntas Comerciais, o Instituto Nacional da Propriedade Industrial – INPI realiza esta análise e indefere marcas compostas por nomes empresariais e títulos de estabelecimento de terceiros.

Anote-se que, caso as titulares das marcas tenham o mesmo nome empresarial, prevalecerá o registro marcário de quem primeiro o solicitou, como determina o Manual de Marcas do INPI:

> Nos casos em que o sinal marcário em disputa estiver presente no nome empresarial de ambas as sociedades, o direito sobre o registro e uso da marca pertence àquele que primeiro depositar o pedido junto ao INPI, independentemente da data de constituição da pessoa jurídica. Todavia, caso o pedido ou registro anterior da oponente se encontrar arquivado ou extinto, as alegações baseadas no inciso V do art. 124 da LPI serão consideradas improcedentes, uma vez que não resta consolidado o direito reivindicado junto ao INPI.

Para esta análise de conflito, o INPI utiliza os seguintes critérios:

Conforme estabelecido no Parecer Normativo AGU/PGF/PFE/INPI/COOPI nº 05/2012, quando do exame da possibilidade de confusão ou associação entre sinal marcário e nome empresarial, serão observados os seguintes aspectos:
a) Se o elemento integrante do título de estabelecimento ou de nome de empresa é distintivo;
b) Se o sinal sob análise atende às condições de distintividade, liceidade e veracidade;
c) Se a semelhança entre os conjuntos em questão é capaz de gerar confusão ou associação indevida;
d) Se as atividades exercidas pela empresa impugnante possuem afinidade mercadológica com os produtos ou serviços que o sinal marcário visa assinalar; e
e) Se o registro do nome empresarial é anterior ao depósito/registro da marca.

Acerca do conflito entre marcas e nomes empresariais, o saudoso professor Newton Silveira, esclareceu:

"Marca contra nome empresarial, vale o alcance limitado que a marca tem. Não poderá o titular do registro impedir que outro constitua nome empresarial que inclua sua marca, se for para operar em ramo distinto. Não poderá o detentor de nome empresarial assim constituído agir no ramo coberto pela marca, sob pena de infringir os direitos decorrentes da marca registrada."

Assim, além da análise da anterioridade, é necessário analisar se há relação entre as atividades designadas pela marca e pelo nome empresarial. Outrossim, o STJ determina que seja analisada também a proteção territorial do nome empresarial, conforme podemos observar a seguir:

RECURSO ESPECIAL. PROPRIEDADE INDUSTRIAL. NOME COMERCIAL. MARCAS MISTAS. PRINCÍPIOS DA TERRITORIALIDADE E ESPECIFICIDADE/ESPECIALIDADE. CONVENÇÃO DA UNIÃO DE PARIS – CUP.

(...)

5. No caso concreto, equivoca-se o Tribunal de origem ao afirmar que deve ser dada prioridade ao nome empresarial em detrimento da marca, se o arquivamento na junta comercial ocorreu antes do depósito desta no INPI. **Para que a reprodução ou imitação de nome empresarial de terceiro constitua óbice a registro de marca, à luz do princípio da territorialidade, faz-se necessário que a proteção ao nome empresarial não goze de tutela restrita a um Estado, mas detenha a exclusividade sobre o uso em todo o território nacional.** Porém, é incontroverso da moldura fática que o registro dos atos constitutivos da autora foi feito apenas na Junta Comercial de Blumenau/SC.

6. A Convenção da União de Paris de 1883 – CUP deu origem ao sistema internacional de propriedade industrial com o objetivo de harmonizar o sistema protetivo relativo ao tema nos países signatários, do qual faz parte o Brasil (). É verdade que o art. 8º da dita Convenção estabelece que "O nome comercial será protegido em todos os países da União, sem obrigação de depósito ou de registro, quer faça ou não parte de uma marca de fábrica ou de comércio." **Não obstante, o escopo desse dispositivo é assegurar a proteção do nome empresarial de determinada sociedade em país diverso do de sua origem, que seja signatário da CUP, e não em seu país natal, onde deve-se atentar às leis locais.**

7. O artigo 124, XIX, da Lei da Propriedade Industrial veda o registro de marca que reproduza outra preexistente, ainda que em parte e com acréscimo "suscetível de causar confusão ou associação com marca alheia". Sob o enfoque pelo ângulo do direito marcário, a possibilidade de confusão e/ou associação entre as marcas é notória, por possuírem identidade fonética e escrita quanto ao elemento nominativo e ambas se destinarem ao segmento mercadológico médico. Assim, é inviável admitir a coexistência de tais marcas.

Assim, verificamos que é complexa a análise da colidência entre nomes empresariais e marcas, pois devem ser analisados diversos aspectos para que reste configurada uma eventual concorrência desleal, principalmente no que tange o âmbito de proteção territorial, ao passo que é tema controvertido e possui fundamento legal para qualquer que seja o posicionamento do demandante.

Referências

INSTITUTO NACIONAL DA PROPRIEDADE INDUSTRIAL – INPI. **Manual de Marcas**. Brasil: 3ª edição (out/2019), 5ª revisão (fev/2022). Disponível em: http://manualdemarcas.inpi.gov.br/ . Acesso em: 25/01/2023.

JUNTA COMERCIAL DO ESTADO DE SÃO PAULO – JUCESP. **Formação do Nome Empresarial: Manual básico.** 2018. Disponível em: http://www.institucional.jucesp.sp.gov.br/downloads/manual_jucesp_orienta.pdf . Acesso em 20/01/2023.

SILVEIRA, Newton. **A propriedade intelectual e a nova lei de propriedade industrial.** São Paulo: Saraiva, 1996.

SOUZA, Daniel Adensohn. **A proteção jurídica do nome de empresa no Brasil**. São Paulo: Saraiva, 2013.

9.
TÍTULOS DE ESTABELECIMENTO E INSÍGNIAS

Daniel Adensohn de Souza

Enquanto o nome de empresa identifica o próprio empresário, ou sociedade empresária, no exercício de sua atividade empresarial[1], o título de estabelecimento e a insígnia são sinais de *identificação do próprio estabelecimento* empresarial ou industrial, ou seja, tratam-se de sinais distintivos utilizados, basicamente, na fachada do estabelecimento físico.

Assim, o nome de empresa faz parte do *aviamento*[2] *subjetivo* do empresário, pois ligado à sua pessoa, ao passo que o título de estabelecimento e a insígnia, assim como as marcas, expressões de propaganda e nomes de domínio, compõem seu *aviamento objetivo (azienda)*[3].

---

[1] Entendida, conforme exegese do art. 966, do CC, como a atividade econômica organizada para a produção ou a circulação de bens ou de serviços, aí não se incluindo as profissões intelectuais, de natureza científica, literária ou artística

[2] O aviamento, também chamado de *goodwill* no direito norte-americano,

[3] Vide a lição de Rotondi: *"[m]a il Rocco che profila la distinzione non dice poi quale sia il criterio per distinguere la* ditta oggettiva *dalla* soggettiva, *che in mancanza di altra determinazione si sarebbe tentati di fare risiedere, con evidente petizione di principio, nell'identità o meno della ditta col nome del titolare dell'azienda. È per questo che, pur avendo adottata un'analoga distinzione a proposito dell'avviamento per una deficienza del nostro lessico – (avviamento reale o oggettivo e personale o soggettivo) – crediamo meglio qui, dove a designare il nome del titolare dell'azienda possiamo valerci senz'altro delle formule* 'nome', 'ragione' o 'denominazione sociale', *riservare la qualifica di ditta per designare quella che è vera denominazione non del titolare, ma dell'azienda e definirla appunto come* 'denominazione dell'azienda commerciale' – Rotondi, Mario. *Diritto Industriale.* IV ed., Milão: Casa Editrice Ambrosiana, 1942, p. 70

O título de estabelecimento e a insígnia são, portanto, os elementos incorpóreos[4] que compõe o estabelecimento empresarial, que consiste em uma universalidade de fato composta por um complexo de bens, corpóreos e incorpóreos, organicamente agregados pelo empresário para a manutenção de atividade empresarial[5].

Vale esclarecer que em alguns países, como na Itália e na França, a expressão título de estabelecimento não é utilizada, adotando-se a palavra insígnia como sendo o sinal que serve para identificar o estabelecimento, isto é, o local onde o empresário exerce suas atividades e é encontrado por sua clientela, podendo ser um elemento nominativo (como o nome patronímico do empresário ou uma denominação de fantasia), um elemento figurativo ou o conjunto destes elementos.

Em Portugal, o antigo Código da Propriedade Industrial estabelecia que *insígnia de estabelecimento* seria constituída por qualquer sinal externo composto de figuras ou desenhos, simples ou combinados com nomes ou denominações, podendo também consistir na ornamentação de fachadas e da parte das lojas, armazéns ou fábrica expostas ao público, bem como as cores de uma bandeira desde que individualize perfeitamente o respectivo estabelecimento[6].

Assim, alguns autores tratam a insígnia como gênero, das espécies: insígnia nominativa (que no Brasil é tratada como título de estabelecimento) e insígnia emblemática, sendo comum também encontrar menção à insígnia mista (composta pela combinação de elementos nominativos e emblemáticos).

---

[4] Sobre o tema, leciona HAROLDO DUCLERC VERÇOSA: "Elementos incorpóreos: São constituídos pela expectativa de lucros (aviamento), pelo bom nome do empresário, pelo ponto comercial, pelos contratos relacionados com a atividade do empresário, pelo título, pela insígnia do estabelecimento e pelos bens inerentes à chamada propriedade industrial (marcas e patentes)", *in* VERÇOSA, Haroldo Malheiros Duclerc. Direito comercial: teoria geral I. – 4. ed. rev., atual e ampl. – São Paulo: Editora Revista dos Tribunais, 2014 P. 256

[5] Segundo o artigo 1.142, do Código Civil, "Considera-se estabelecimento todo complexo de bens organizado, para exercício da empresa, por empresário, ou por sociedade empresária", incluindo, desta forma, os bens materiais (tangíveis) e imateriais (intangíveis).

[6] O novo Código da Propriedade Industrial Português de 2018 (Decreto-Lei nº 110/2018 de 10-12-2018) fundiu as três modalidades de direitos de propriedade industrial nomes, insígnias de estabelecimento e logótipos em uma só modalidade: logótipos

No direito brasileiro, tradicionalmente, título de estabelecimento e insígnia foram tratados separadamente. Nesse sentido, o antigo Código da Propriedade Industrial de 1945[7] regulava os títulos de estabelecimento e as insígnias, estabelecendo, em seu artigo 114, que constituíam *"título de estabelecimento e insígnia, respectivamente, as denominações, os emblemas ou quaisquer outros sinais que sirvam para distinguir o estabelecimento comercial, industrial ou agrícola, ou relativo a qualquer atividade lícita"* e disciplinava seu registro perante o Departamento Nacional da Propriedade Industrial[8].

O Decreto-Lei nº 254/1967 manteve a distinção entre título de estabelecimento e insígnia, tratando aquele como sendo o nome do estabelecimento propriamente dito e a insígnia para identificar os "dísticos, emblemas ou sinais utilizados nos papéis, correspondências e anúncios".

Porém, o Decreto-Lei nº 1.005/1969 dispunha apenas sobre o título de estabelecimento, conceituando-o como sendo as designações do estabelecimento, acompanhadas ou não de siglas, emblemas ou figuras características".

O Código da Propriedade Industrial de 1971 (Lei nº 5.772/71) extinguiu o registro de títulos de estabelecimento, assim como o registro de nomes comerciais.

A vigente Lei da Propriedade Industrial (Lei nº 9.279/96) não define título de estabelecimento ou insígnia, trazendo apenas disposições relativas à sua proteção pelas normas de repressão à concorrência desleal, notadamente em artigo 195, inciso V.

Em seu artigo 195, inciso V, a Lei tipifica como crime de concorrência desleal o uso, indevido, de nome comercial, título de estabelecimento ou insígnia alheios ou vende, expõe ou oferece à venda ou tem em estoque produto com essas referências.

---

[7] Decreto-Lei nº 7.903/1945

[8] Interessante notar que, conforme expressamente previsto no artigo 119 do mencionado Código da Propriedade Industrial de 1945, O título e a insígnia, quando registrados, só poderiam ser usados nos estabelecimentos, para distingui-los, nos seus papéis de correspondência e contabilidade, nos seus veículos e anúncios, sendo vedado seu uso nas mercadorias que fazem objeto da indústria, comércio ou atividade do seu titular, se não estivessem registrados como marca

O tipo penal contém, portanto, duas modalidades de crime. A primeira que se refere ao uso, indevido, de nome comercial, título de estabelecimento ou insígnia alheios, demanda a identidade, de modo que há "impossibilidade de reconhecimento do crime quando não houver identidade entre insígnias ou denominação das empresas"[9], para incidência deste tipo penal.

Com relação à segunda modalidade, que se refere à venda, exposição ou oferecimento à venda ou estoque de produto com essas referências, entende a doutrina que também se aplica a serviços, pois "seja para identificação de serviços, produtos, ou qualquer outra forma possível, desde que sem autorização, portanto indevidamente, estará o agente sujeito às sanções[10].

Ainda, destaca-se que este tipo penal não exige que exista confusão no mercado, bastando, para sua caracterização, a comprovação da utilização indevida ou não autorizada do nome comercial, título de estabelecimento ou insígnia ou a venda, exposição ou oferecimento à venda ou estoque de produto com essas referências.

Evidentemente, para ter proteção o título de estabelecimento e a insígnia devem ser originais e distintivos[11] dentro do ramo de atividade, e sua proteção será, a rigor, no âmbito dentro do qual possa existir uma relação de concorrência. Esta relação de concorrência, vale dizer, ao passo que fixa o âmbito territorial de proteção, delimita extensão da proteção à atividade desenvolvida, ou seja, do campo concorrencial[12].

---

[9] IDS – Instituto Dannemann Siemsen de Estudos Jurídicos e Técnicos, Comentários A Lei De Propriedade Industrial – 3ª Ed Revista e Atualizada: Rio de Janeiro: Renovar, 2013, p. 451

[10] IDS – Instituto Dannemann Siemsen De Estudos Jurídicos e Técnicos, Op. cit., p. 452

[11] As leis anteriores que previam o registro do título de estabelecimento estabeleciam que deveriam ter cunho distintivo (especialmente as denominações de fantasia ou específicas) e se distinguir suficientemente de outra já registrada como título de estabelecimento, marca ou nome comercial (v. artigo 117 e 120 do Decreto-Lei nº 7.903/1945)

[12] Sobre o âmbito de proteção do título de estabelecimento, as leis anteriores que previam seu registro, limitavam a proteção ao município da sede do estabelecimento, considerando como município, para este efeito, o Distrito Federal, o que levava as empresas a também registrarem o sinal como marca, a fim de assegurarem proteção em todo o território nacional.

Importante esclarecer que alguns doutrinadores, principalmente estrangeiros[13], incluem o título de estabelecimento e a insígnia dentro da noção de nome comercial (conceito ampliativo de nome comercial).

Contudo, como bem acentuou Luiz Leonardos "o conceito restrito é o que prevalece na doutrina, na legislação e na jurisprudência brasileira para o nome comercial, nele não se incluindo além da 'denominação sob a qual exerce alguém o gênero da indústria e comércio a que se dedica', outros elementos designativos da atividade comercial, como o título do estabelecimento e a insígnia, objetos de conceituação e regulamentação próprios"[14].

Assim, no Brasil, título de estabelecimento não se confunde com nome comercial, tampouco está inserido dentro de seu conceito, possuindo, portanto, tratamento e tutela jurídica próprios.

Podemos definir título de estabelecimento como sendo o sinal nominativo (denominação) que identifica o estabelecimento empresarial ou industrial físico[15]. Em outras palavras, é o nome da loja, da oficina ou casa comercial, que a distingue de outras do mesmo ramo de atividade.

O registro dos títulos de estabelecimento foi extinto pelo art. 119, da Lei nº 5.772/1971 (antigo Código da Propriedade Industrial), sendo protegido, atualmente, pelas normas de repressão à concorrência desleal, como visto acima.

Já a insígnia, ou *signum tabernae*, é o dístico (emblema, símbolo gráfico ou outro sinal figurativo) que identifica o estabelecimento empresarial ou industrial físico, ou seja, é um desenho, figura, emblema ou símbolo, ou sua combinação com elementos nominativos, que distinguem um estabelecimento de outros do mesmo gênero.

Como bem destacou Rubens Requião, "a insígnia é, de fato, uma representação gráfica, podendo expressar-se por sinais como por pala-

---

[13] Nesse sentido, *"[e]l nombre comercial comprende ante todo el nombre bajo el cual se ejercita el comercio, el nombre civil se toma en consideración solamente cuando bajo el mismo alguno ejerce su industria. También se comprende la razón comercial ó forma y también la razón social. Por último la insignia ó muestra del establecimiento"*- RAMELLA, Agustín. Tratado de la Propriedad Industrial, trad. Espanhola, t. II, 1913, p. 549.

[14] A proteção ao nome comercial no Direito Brasileiro, *in* RT 450/25-31

[15] No campo virtual, o empresário e o estabelecimento empresarial são identificados pelo nome de domínio.

vras, destinados sempre a fixar na mente da clientela determinado local. Entendemos por emblema, seguindo a clara lição de J. X. Carvalho de Mendonça, o sinal figurativo representando qualquer objeto, real ou imaginário. Ele pode ser composto por figuras simples, como um animal, ou por vinhetas etc."[16].

Temos, portanto, que tanto o título de estabelecimento quanto a insígnia são sinais distintivos ligados diretamente ao estabelecimento físico e que não se confundem com nomes de empresa (que identificam o próprio empresário ou sociedade empresária) e com as marcas (que distinguem produtos ou serviços).

Cada um dos sinais distintivos usados pelo empresário no exercício da empresa possui proteção própria e específica, decorrente da função individualizadora exercida em uma situação de concorrência[17]. Entretanto, é comum, nos dias de hoje, que um mesmo sinal seja utilizado, concomitantemente, como elemento nuclear e diferenciador do nome de empresa, do título de estabelecimento e da marca.

A proteção conferida a cada um destes instrumentos de identificação do empresário é interdependente, tendo o objetivo fundamental de elidir confusão no mercado. Em outras palavras, os sinais distintivos estão interligados, de modo que, v.g., uma expressão usada como elemento característico de um nome de empresa não pode ser adotada como marca ou título de estabelecimento de outrem e vice-versa[18]-, evitando-se, dessarte, a concorrência desleal.

---

[16] REQUIÃO, Rubens. Curso de Direito Comercial, vol. 1, 28ª Ed, São Paulo: Saraiva, 2009, p. 311

[17] Cf. SILVEIRA, Newton. Licença de uso de marca e outros sinais distintivos, São Paulo: Saraiva, 1984, p. 15

[18] No dizer de Luiz LEONARDOS: "é irrelevante que a marca tenha por fim assinalar mercadorias ou produtos, que o título de estabelecimento distinga o próprio estabelecimento comercial e que o nome comercial identifique o comerciante, porquanto a utilização de elemento caracterizador comum trará inevitável confusão" (*in* Apreciação do conflito entre marcas e nomes comerciais, Revista da ABPI, São Paulo: vol. 41, jul./ago. 1999, p. 37). Vide também: PINHEIRO, Waldemar. Do conflito entre nome comercial e marca. Revista da ABPI, São Paulo, vol. 31, nov./dez. 1997, p.24; e SCHMIDT, Lélio Denicoli. Princípios aplicáveis aos sinais distintivos, *in* Propriedade Intelectual: sinais distintivos e tutela judicial e administrativa, Coord. Wilson Pinheiro Jabur e Manoel J. Pereira dos Santos. São Paulo: Saraiva, 2007, p. 42/43

Por fim, salientamos que não há consenso na doutrina quanto à cessão do título de estabelecimento e da insígnia, sendo que alguns doutrinadores entendem que somente são transmissíveis juntamente com o estabelecimento ou com a parte do estabelecimento a que estão ligados, ao passo que outra parte entende que seriam negociáveis.

Nesse sentido, confira-se o escólio de Rubens Requião sobre a negociabilidade do título de estabelecimento: "Não nos convencemos com essas orientações doutrinárias, pois somos inclinados a admitir a cessão e transferência do título de estabelecimento, independentemente da venda do estabelecimento comercial, quando, evidentemente, não for composto pela firma individual ou social. Não devemos esquecer, com efeito, que o título e insígnia do estabelecimento são bens imateriais, e, como tais, legitimamente negociáveis" [19].

Referências

IDS – Instituto Dannemann Siemsen de Estudos Jurídicos e Técnicos, Comentários A Lei De Propriedade Industrial – 3ª Ed Revista e Atualizada: Rio de Janeiro: Renovar, 2013

LEONARDOS, Luiz. Apreciação do conflito entre marcas e nomes comerciais, Revista da ABPI, São Paulo: vol. 41, jul./ago. 1999

LEONARDOS, Luiz. A proteção ao nome comercial no Direito Brasileiro, in RT 450/25-31

PINHEIRO, Waldemar. Do conflito entre nome comercial e marca. Revista da ABPI, São Paulo, vol. 31, nov./dez. 1997

RAMELLA, Agustín. *Tratado de la Propriedad Industrial*, trad. Espanhola, t. II, 1913

REQUIÃO, Rubens. Curso de Direito Comercial, vol. 1, 28ª Ed, São Paulo: Saraiva, 2009

ROTONDI, Mario. *Diritto Industriale*. IV ed., Milão: Casa Editrice Ambrosiana, 1942

SCHMIDT, Lélio Denicoli. Princípios aplicáveis aos sinais distintivos, *in* Propriedade Intelectual: sinais distintivos e tutela judicial e administrativa, Coord. Wilson Pinheiro Jabur e Manoel J. Pereira dos Santos. São Paulo: Saraiva, 2007

SILVEIRA, Newton. Licença de uso de marca e outros sinais distintivos, São Paulo: Saraiva, 1984

---

[19] REQUIÃO, Rubens. Curso de Direito Comercial, vol. 1, 28ª Ed, São Paulo: Saraiva, 2009, p. 312

10.
NOMES DE DOMÍNIO

Tais Capito

Considerado atualmente como um dos principais veículos de divulgação de produtos e serviços no mercado virtual, os websites estão sendo cada vez mais utilizados por empresários, a fim de atender a demanda de consumidores na internet, que aumentou consideravelmente nos últimos anos, principalmente em decorrência da pandemia de COVID-19.

Neste sentido, as empresas estão procurando se adequar a realidade da sociedade e, consequentemente, preservar sua marca como endereço eletrônico, por meio do registro como nome de domínio nos órgãos competentes estabelecidos pelo Comitê Gestor da Internet no Brasil (CGI.br).

Considerado como o responsável pelas diretrizes relacionadas ao uso e funcionamento da internet no Brasil, o Comitê Gestor da Internet no Brasil, criado em 1995, por meio de uma iniciativa conjunta entre o Ministério da Ciência e Tecnologia e Ministério das Comunicações, foi regulamentado por meio da Portaria Interministerial nº 147, de 31 de maio de 1995 e do Decreto nº 4.829 de 02 de setembro de 2003, que dispõe, dentre outras atividades, acerca da *"execução do registro de nomes de domínio, na alocação de endereço IP (internet protocol) e na administração pertinente ao domínio de primeiro nível (cctld – country code top level domain), ".br", no interesse do desenvolvimento da internet no país"*[1].

---

[1] Artigo 1º, II do Decreto nº 4.829 de 02 de setembro de 2003.

Em 2005, com o objetivo de realocar suas funções, o CGI.br transferiu ao Núcleo de Informação e Coordenação do Ponto BR (NIC.br), entidade civil de direito privado, sem fins lucrativos, a responsabilidade de, dentre outras atribuições, executar atividades relacionadas a administração de ações de registro de nomes de domínio sob o ".br", dentre as quais o registro de nomes de domínio sob a referida extensão.

No entanto, para que possamos prosseguir com a análise deste instituto, necessário destacarmos o conceito de nome de domínio e suas características.

O nome de domínio, também conhecido como ou *"Domain Name System"* (DNS), consiste em um conjunto simples e único de termos, letras ou códigos, que ao serem combinados e inseridos como URL[2] no protocolo de transferência (HTTP[3]), possibilitam ao usuário acessar os conteúdos e dados relacionados ao website. Seu registro poderá ser requerido tanto por pessoas físicas ou jurídicas, desde que regularmente cadastradas no Ministério da Fazenda, e através do Registro.Br[4], departamento pertencente ao NIC.br e responsável pelo registro e manutenção de nomes de domínios sob a extensão ".br" no Brasil.

O pedido de registro de nome de domínio e sua manutenção requerem o pagamento de retribuição, estabelecida por categoria de extensão, pelo Comitê Gestor de Internet do Brasil (CGI.br). Caso não haja o pagamento da retribuição, o nome de domínio é cancelado e posteriormente disponibilizado para que terceiros interessados possam requerer um novo registro, por meio de processo de liberação[5] estabelecido pelo Registro.Br.

Em sua grande maioria, as empresas requerem nomes de domínio formados por expressão que compõe sua marca e/ou nome empresarial, para proteger o termo também como nome de domínio e facilitar

---

[2] Em inglês "Uniform Resource Locator".
[3] Em inglês "Hypertext Transfer Protocol".
[4] https://registro.br/.
[5] O processo de liberação "tem como objetivo disponibilizar novamente nomes de domínios que tenham sido removidos por não renovação, solicitação de cancelamento, constatação de irregularidades nos dados cadastrais do titular ou que tenham sido reservados." Fonte: https://registro.br/dominio/processo-de-liberacao/. Acesso em 29/01/2023.

aos seus consumidores que possam localizar suas atividades na internet de forma simples e fácil. No entanto, verifica-se também casos de terceiros que se utilizam de expressões que compõem registros de marca ou nomes empresariais de terceiros, devidamente concedidos perante os órgãos competentes, como nome de domínio, fenômeno este conhecido como Cybersquatting. O Cybersquatting, também conhecido como "ciberposse", tem o intuito de causar confusão entre os consumidores, que acabam por associar o nome de domínio do terceiro como se fosse de titularidade daquele que detém a exclusividade do uso da expressão de forma anterior. Isto ocorre por conta do princípio "first come, first served", que privilegia o nome de domínio a quem requerer primeiro, mesmo que o Requerente não seja titular de marca.

Outra prática muito recorrente no website é o "typosquatting", que nada mais é do que alterar ou retirar alguma letra de um nome de domínio e registrá-lo, para que os usuários que realizem a pesquisa, ao digitarem o nome de domínio de forma errada, se confundam diante da semelhança com o nome de domínio original de um empresário que é titular de registro de marca.

Por esta razão, a fim de estabelecer uma política uniforme para coibir tais atos, o Registro.Br já dispõe em seu Contrato de Registro de Nome de Domínio, de forma expressa, o aceite do usuário acerca da possibilidade de resolução de eventual conflito envolvendo nomes de domínio, por meio do "Sistema Administrativo de Conflitos de Internet" relativos a nomes de domínio sob ".br", conhecido como SACI-Adm[6].

O SACI- Adm, instituído desde 30 de setembro de 2010, determina em seu novo Regulamento, que entrou em vigor a partir de 01º de outubro de 2022[7], todos os requisitos e disposições regulamentares a serem aplicados para a análise de conflitos relativos a nomes de domínio sob a extensão ".br".

No Brasil, destaca-se a Associação Brasileira da Propriedade Intelectual (ABPI), instituição aprovada pelo NIC.br e responsável pela aplicação

---

[6] Artigo 1º, §2º do Regulamento SACI-Adm, que entrou em vigor em 01º de outubro de 2022.
[7] Regulamento SACI-Adm. Disponível em: <https://registro.br/dominio/saci-adm/regulamento/>. Acessado em 29 de janeiro de 2023.

dos regulamentos que foram previamente estipulados pelo SACI-Adm e NIC.br para a análise dos casos. Assim, a Associação Brasileira da Propriedade Intelectual (ABPI) estabeleceu a Câmara de Solução de Disputas Relativas a Nomes de Domínio (CASD-ND), vinculada ao Centro de Solução de Disputas, Mediação e Arbitragem em Propriedade Intelectual da ABPI (CSD-ABPI).

Neste condão, podem propor Reclamação à Câmara de Solução de Disputas Relativas a Nomes de Domínio (CASD-ND), para iniciar o procedimento do SACI-Adm: a) titulares de marcas e/ou nomes empresariais anteriormente requeridos e/ou concedidos no Brasil; b) titulares de marcas notoriamente reconhecidas, porém não depositadas e/ou registradas no Brasil; c) titulares de nome civil, título de estabelecimento, nome de família ou patronímico, pseudônimo ou apelido notoriamente conhecido, nome artístico singular ou coletivo; d) titulares de outros nomes de domínio anteriormente requeridos.

Acerca das razões que devem ser demonstradas na Reclamação, o artigo 7º do Regulamento SACI-Adm determina:

"Art. 7º. O Reclamante, no Requerimento de abertura de procedimento do SACI-Adm, deverá expor as razões pelas quais o nome de domínio foi registrado ou está sendo usado de má-fé, de modo a causar prejuízos ao Reclamante, **cumulado com** a comprovação de existência de pelo menos um dos seguintes requisitos descritos nos itens "a", "b" ou "c" abaixo, em relação ao nome de domínio objeto do conflito:

a) o nome de domínio é idêntico ou similar o suficiente para criar confusão com uma marca de titularidade do Reclamante, depositada antes do registro do nome de domínio ou já registrada, junto ao Instituto Nacional da Propriedade Industrial – INPI; ou

b) o nome de domínio é idêntico ou similar o suficiente para criar confusão com uma marca de titularidade do Reclamante, que ainda não tenha sido depositada ou registrada no Brasil, mas que se caracterize como marca notoriamente conhecida no Brasil em seu ramo de atividade para os fins do art. 126 da Lei nº 9.279/96 (Lei da Propriedade Industrial); ou

c) o nome de domínio é idêntico ou similar o suficiente para criar confusão com um título de estabelecimento, nome empresarial, nome civil, nome de família ou patronímico, pseudônimo ou apelido notoriamente conhecido, nome artístico singular ou coletivo, ou mesmo outro nome de domínio sobre o qual o Reclamante tenha anterioridade.

Parágrafo único: Para os fins de comprovação do disposto no caput deste Artigo, as circunstâncias a seguir transcritas, dentre outras que poderão existir, constituem **indícios de má-fé** na utilização do nome de domínio objeto do procedimento do SACI-Adm:
a) ter o Titular registrado o nome de domínio com o objetivo de vendê-lo, alugá-lo ou transferi-lo para o Reclamante ou para terceiros; ou
b) ter o Titular registrado o nome de domínio para impedir que o Reclamante o utilize como um nome do domínio correspondente; ou
c) ter o Titular registrado o nome de domínio com o objetivo de prejudicar a atividade comercial do Reclamante; ou
d) ao usar o nome de domínio, o Titular intencionalmente tente atrair usuários da Internet para o seu sítio da rede eletrônica ou para qualquer outro endereço eletrônico, criando uma situação de provável confusão com o sinal distintivo, símbolo e afins, do Reclamante." (g.n.)

Após o início da Reclamação, o terceiro titular do nome de domínio sob litígio será notificado para, caso queira, apresentar sua defesa. A ausência de manifestação do terceiro acerca da referida Reclamação será considerada como revelia, nos termos do artigo 15 do Novo Regulamento SACI-Adm. Nesta hipótese, a CASD-ND deverá comunicar o fato ao NIC. br que irá, nos termos do §2º do referido artigo: *"dentro do prazo de 3 (três) dias, contatar o Titular do domínio através dos endereços de e-mail indicados para registro do domínio, informando acerca da existência do procedimento instaurado e alertando-o que, se ele não se manifestar no prazo de 24 horas, o domínio objeto do procedimento será congelado (suspenso).[8]"*

Após o prazo estipulado no Regulamento SACI-Adm, o(s) especialista(s) da CASD-ND designado(s) para a análise do caso, deverá(ão) proferir decisão devidamente fundamentada, não obstante eventual revelia por parte do titular do nome de domínio ora sob litígio. A decisão

---

[8] Artigo 15, §2º do Regulamento SACI-Adm.

em comento poderá: a) negar provimento a reclamação; ou b) optar pelo cancelamento ou transferência do nome domínio.

A fim de que possamos elucidar a análise de uma Reclamação nos termos do Regulamento SACI-Adm, destacamos abaixo o procedimento ajuizado em Setembro de 2022, perante a Câmara de Solução de Disputas Relativas a Nomes de Domínio (CASD-ND), envolvendo o nome de domínio www.ortobomfranchising.com.br[9].

No caso em referência, a Reclamante alegou ser titular de registros de marca formados pela expressão ORTOBOM desde 1985, para designar a fabricação de colchões, travesseiros e almofadas, a qual fora considerada de alto renome em 2019, pelo Instituto Nacional da Propriedade Industrial (INPI). Afirmou ainda que, seria titular do nome de domínio www.franquiaortobom.com.br, que redireciona automaticamente o usuário para o seu nome de domínio oficial www.ortobom.com.br, para evitar que terceiros utilizem sua marca para criar confusão ou associação indevida, ou até mesmo o registre para impedir que a Reclamante o utilize. Contudo, alegou que tomou conhecimento do requerimento do nome de domínio www.ortobomfranchising.com.br, requerido de má-fé pelo Reclamado que, além de reproduzir suas marcas, sequer o utiliza para desempenhar atividades. Por este motivo, a Reclamante solicitou a transferência do nome de domínio www.ortobomfranchising.com.br a seu favor.

Ato contínuo, restou verificada a revelia por parte do Reclamado, que não se manifestou acerca da Reclamação ajuizada. Assim, fora proferida pela especialista, decisão fundamentando-se no fato de que a Reclamante justificou o seu legítimo interesse na propositura da Reclamação, nos termos do artigo 3º, caput, alínea "a" do Regulamento SACI-Adm e artigo 2.1, alínea "a" do Regulamento CASD-ND, uma vez que é titular de registros de marca e nomes de domínio anteriormente requeridos e formados pela expressão ORTOBOM.

Ademais, além do especialista ter verificado que o Reclamado não era titular de registros de marca formados pela expressão ORTOBOM, também analisou outros diversos documentos relacionados àquele, para

---

[9] Caso ND 202251.

fundamentar sua decisão de que o registro do nome de domínio sob litígio foi requerido de má-fé, o que justificou a transferência do nome de domínio www.ortobomfranchising.com.br à Reclamante.

Verifica-se, portanto, que, o nome de domínio detém uma importância considerável no mercado eletrônico, por proporcionar aos empresários uma nova modalidade de venda virtual, que atrai cada vez mais consumidores de diversas partes do Brasil e do mundo. É por meio dos nomes de domínio que as empresas conseguem ampliar suas vendas e obter lucros consideráveis. No entanto, a importância da proteção do nome de domínio perante o Registro.Br é necessária, para que a expressão a ser utilizada pelo empresário possa ser efetivamente protegida. Porém, nos casos em que houver conflito entre nomes de domínio, a Câmara de Solução de Disputas Relativas a Nomes de Domínio (CASD-ND), com fundamento nas disposições previstas pelos Regulamentos estabelecidos pelo SACI-Adm e NIC.br, detém a prerrogativa de analisar e julgar Reclamações apresentadas por titulares, que tomem ciência de nomes de domínio que infrinjam direitos de propriedade intelectual anteriormente concedidos a seu favor.

Referências

ABPI. **Apresentação: Câmaras de Nome de Domínio**. Disponível em: < https://www.csd-abpi.org.br/casd-nd-abpi/o-que-e-a-casd-nd/ >. Acesso em 29 de janeiro de 2023.

CANALTECH. **O que é HTTP?** Disponível em: <https://canaltech.com.br/internet/o-que-e-http/>. Acesso em 29 de janeiro de 2023.

CGI.BR. **Sobre o CGI.BR**. Disponível em: <https://cgi.br/sobre/>. Acesso em 29 de janeiro de 2023.

GOOGLE. **Noções básicas sobre nome de domínio**. Disponível em: <https://support.google.com/a/answer/2573637?hl=pt-BR>. Acesso em 29 de janeiro de 2023.

KASNAR LEONARDOS. **Novo regulamento do sistema administrativo de conflitos de internet relativos a nomes de domínios no brasil (SACI-Adm) entra em vigor no próximo dia 1º/10**. Disponível em: <https://www.kasznarleonardos.com/novo-regulamento-do-sistema-administrativo-de-conflitos-de-internet-relativos-a-nomes-de-dominios-no-brasil-saci-adm-entra-em-vigor-no-proximo-dia-1o-10/#:~:text=Em%201%C2%BA%20de%20

agosto%20de,nomes%20de%20dom%C3%ADnio%20no%20Brasil>. Acesso em 29 de janeiro de 2023.

NIC.BR. **Sobre o NIC.BR**. Disponível em: <https://www.nic.br/quem-somos/>. Acesso em 29 de janeiro de 2023.

Registro.Br. **Processo de liberação**. Disponível em: <https://registro.br/dominio/processo-de-liberacao/>. Acesso em 29 de janeiro de 2023.

Registro.Br. **Regulamento SACI-Adm**. Disponível em: <https://registro.br/dominio/saci-adm/regulamento/>. Acesso em 29 de janeiro de 2023.

11.
TRADE DRESS

Kone Prieto Furtunato Cesário

O *trade dress* integra o grupo de novos sinais distintivos visualmente perceptíveis utilizados para a comunicação do empresário com o consumidor, visando atraí-lo por meio de novas percepções sensoriais (CESARIO:2020, p.75), tal como uma marca criada para gerar a união entre signo e produto para os consumidores captarem e reterem em sua memória essa união (NÓVOA: 2004, p.28-29).

Uma qualidade essencial a todos os sinais é a distintividade, isto é, a sua capacidade de identificar um produto ou serviço e a distingui-lo dos demais, sendo capazes de serem registrados como marca no Brasil aqueles sinais cujas formas de apresentação sejam nominativa, mista, figurativa, tridimensional e recentemente de posição, pela entrada em vigor da portaria nº 37 do INPI.

Mas, o *trade dress*, mesmo sendo um sinal distintivo visualmente perceptível não goza da proteção registral no Brasil, como ocorre na maioria dos países. Assim, acabou sendo protegido no escopo do inciso III, do artigo 195 da Lei, por meio de uma interpretação doutrinária e jurisprudencial que solidificou o entendimento de que se trata de um sinal distintivo e por isso é protegido contra o uso indevido e desautorizado por terceiros que visem criar confusão ou associação indevida com o concorrente.

Foi no caso Taco Cabana Inc. vs. Two Pesos Inc. que a Suprema Corte Americana reconheceu que apenas a Taco Cabana teria exclusividade no visual que apunha em todo o estabelecimento, em detrimento das demais empresas concorrentes, definindo esse *layout* distintivo de um negócio como *trade dress*, algo que engloba o formato, a aparência exterior do estabelecimento e a arquitetura interior que refletem a imagem e a sua aparência conjuntural e, assim, ficou reconhecido que o *trade dress* se enquadraria no escopo de "símbolo" de acordo com o *Lanham Act* §2 (15 USC §1052).

Portanto, *trade dress* é um termo do direito norte americano que J. Thomas McCarthy define como a totalidade dos elementos em que um produto ou serviço é apresentado ao mercado, que são combinados para criar uma imagem visual determinando uma origem e capazes de adquirir direitos como os de uma marca registrada (2004, p.377).

A doutrina brasileira seguiu essa mesma esteira, mas cunhou o termo conjunto-imagem (SOARES: 2004) para definir "o *trade dress* como o conjunto dos elementos que compõem a identidade visual de um produto ou serviços" (ANDRADE: 2011, p.73). No judiciário, a ação ordinária nº 2006.006.86005 que tramitou na 4ª Vara Cível da Comarca de Goiânia/GO, ampliou o conceito como:

> "as características da aparência visual de um produto e/ou de sua embalagem ou mesmo a fachada de um estabelecimento, incluído até cheiros, que podem ser registrados e protegidos de serem usados por concorrentes como uma marca."

Então, a partir desta decisão, elementos tais como a disposição de mobílias, uniformes, cheiros e qualquer elemento de composição do estabelecimento passaram a compor o conceito de *trade dress*, e, por esse motivo, este sinal passou a ser visto como complexo demais para ser registrável como marca no INPI e, assim, o instituto da concorrência desleal passou a ser aceito, quase unanimemente, como o meio de proteção do *trade dress*, independente de registro, pois assim era resolvido um problema de ordem prática.

Essa situação gerou uma acomodação em não se questionar se esses elementos não visuais, como odores, luzes, uniformes ou postura dos atendentes eram de fato parte do sinal distintivo ou deveriam ser elementos tratados e avaliados à parte, no caso concreto, frente a uma situação real e direta de concorrência. Porém, com o tempo, começou-se a questionar se a concorrencia desleal era suficiente, pois em algumas situações não havia como comprovar a confusão fraudulenta ou o efetivo desvio de clientela alheia, e, ainda, o instituto da concorrencia desleal não resolveria questões como a transmissibilidade e a avaliação patrimonial desse sinal.

A partir daí, alguns *trade dress*es passaram ser requeridos e concedidos como marcas, na forma de apresentação mista, como os exemplos abaixo:

Registro/BR: 905898478	Registro/BR: 912146591	Registro/BR: 912317434

João da Gama Cerqueira ensina que, sob o manto da concorrência desleal, costuma-se reunir uma grande variedade de atos contrários às boas normas da competição empresarial, praticados, geralmente, com o intuito de desviar a clientela de um ou mais concorrentes e suscetíveis de causar-lhes prejuízos (1982, p 1266) e, por isso, a concorrência desleal consiste no instrumento de combate à imitação do *trade dress* e de evitar a apropriação indevida desse conjunto de elementos distintivos do produto ou serviço (ANDRADE: 2011, p.7).

A jurisprudência, com uma certa inquietude, acabou corroborando a doutrina, conforme se extrai do voto do ministro Luís Felipe Salomão:

> Com efeito, embora não se cuide de tutela específica da marca, mas de cessação de concorrência desleal, o trade dress, prestigiado pela constituição, pela legislação infraconstitucional interna e transnacional, tem função similar à da marca, denominada pela doutrina "para-marcárias". Resp nº 1.527.232 – SP (2015/0053558-7)

A proteção concorrencial levou a análise da similaridade entre dois *trade dresses* ser vista por conceitos subjetivos, como a boa ou má-fé dos competidores e outros como provas de efetivo desvio da clientela, com prejuízos à parte que sofreu a infração e acabou por gerar interpretações quase personalíssimas:

> In casu, o tamanho, relevância e notoriedade das marcas de ambas as partes (fls. 215/224), assim como a identidade visual distinta entre as tampas dos potes certamente elementos relevantes para consumidores ao eleger qual das marcas comprar, **para mim indicam que**, não havendo prova de má fé da ré, o que se passa entre ela e a autora está no campo da livre concorrência. (Ap.Cível nº 1114879-72.2015.8.26.0100, pelo TJSP)

Ao deixar de ser analisado como violação marcária, o *trade dress* ficou fora da perspectiva da análise econômicas do direito, onde os sinais distintivos servem de mecanismo de eficiência do mercado (POSNER: 2003), como ocorre em outros escritórios de marcas e patentes pelo mundo, onde ao invés de critérios da concorrência desleal são aplicados métodos analíticos de violação marcária, mais objetivos e diretos, pois basta ocorrer a reprodução parcial ou total do sinal, sem autorização do titular; ou a sua alteração no mercado, para configurar a violação (art.189 e 190 da LPI).

O emblemático caso da Natura vs. Jequiti é a comprovação das limitações do instituto da concorrência desleal para o *trade dress*, pois o TJSP, mesmo determinando a abstenção de uso compreendendo ser uma "cópia servil", afastou a condenação por danos materiais e morais, ao concluir que não havia prova de danos à Natura, porque esta não havia deixado de obter lucro com seus produtos ou mesmo ocorrido desvio de clientela ou queda de faturamento (Processo n.º 0191861-57.2009.8.0100). A referida decisão foi reparada pelo STJ quando o Ministro Luiz Felipe Salomão equiparou o ato de concorrência desleal à reprodução indevida de marca alheia registrada – "A utilização indevida da marca gera o correspondente resultado dano moral" – onde o dano é presumido, decorrendo seu reconhecimento e da mera comprovação fática da conduta ilícita (Resp. nº 1.527.232).

Outro caso que mostra a complexidade da concorrência desleal aplicada a proteção do *trade dress*, foi o caso Maizena (amido de milho) contra Alisena (cosméticos), porque o juízo de primeira instância julgou improcedente a ação entendendo que inexistia confusão do público consumidor, uma vez que os segmentos de mercado são distintos (TJSP nº 1093251-56.2017.8.26.0100). Porém, como tal decisão negava o flagrante aproveitamento parasitário de sinal distintivo com alto grau de reconhecimento e distintividade (a caixinha amarela e sua disposição de símbolos de amido de milho da marca Maizena), a decisão foi revista pelo TJSP que condenou a fabricante do cosmético à abstenção e à indenização por uso indevido do *trade dress* da Maizena.

As marcas são intangíveis que podem alcançar grandes valores e, portanto, a proteção legal é fator crucial para o mercado e todo produto ou serviço possui uma identidade visual característica, às vezes, mais ou menos distintiva. Mas, como todos têm uma embalagem, possuem um rótulo ou um *layout* próprio, o *trade dress* se torna um dos sinais mais comuns do mercado e, também, com alto valor e importância.

Entretanto, existem graus de distintividade que empoderam os sinais com maior ou menor exclusividade, como ensina Lélio Denicoli Schmidt.

> Quanto maior a distintividade, mais intensa será a proteção. À medida que a distintividade se reduz e ela passa a ter que conviver com outras semelhantes, já que a reprodução ou a imitação dos elementos do domínio comum não podem ser vedadas. Isto permite concluir, como observa Giuseppe SANTONI, que a distintividade influencia não só na viabilidade do signo atuar como marca, mas também a própria extensão da tutela que lhe será conferida. (2013, p.110)

O grau de distintividade é um fator importante para avaliar a disponibilidade do sinal pretendido à registro e o mesmo se pode dizer em relação ao *trade dress*, pois a consequência direta da baixa distintividade é a de sua coexistência com outros similares, apenas com a diferença de que, pela perspectiva da concorrência desleal, a distintividade do *trade dress* é avaliada no comportamento do consumidor por meio de prova técnica pericial, como dispõe o acórdão da Terceira Turma do STJ sobre a importância da tecnicidade:

Daí esta Terceira Turma ter sublinhado que, nos casos de alegação de concorrência desleal pela utilização de conjunto-imagem assemelhado apta, em tese, a causar confusão nos consumidores, é imprescindível uma análise técnica que tome em consideração o mercado existente, o grau de distintividade entre os produtos concorrentes no meio em que seu consumo é habitual e ainda o grau de atenção do consumidor comum. (REsp. 1.591.294/PR)

Ademais, a possibilidade de confusão entre sinais é estabelecida não só com base no grau de distintividade do próprio sinal e de semelhanças em confronto com o outro, mas, também, no quanto os demais sinais daquele ramo de atividade são distintivos entre si (SCHMIDT, 2013, p. 263), sendo que este exame do mercado é também necessário ao *trade dress* para que se averigue o seu grau de exclusividade, assim como diz o acórdão proferido na Apelação Cível nº 0056225-41.2018.4.02.5101 que explica de forma precisa a aplicação da teoria da distância e a mitigação da regra de exclusividade que torna possível a coexistência entre sinais semelhantes.

Há um campo pouco estudado sobre o *trade dress* que se manifesta no risco de abusos à livre concorrência (*antitruste*), na medida em que alguns empresários tentam se valer de uma exclusividade inexistente – para prolongar o exclusivo sobre sinais comuns – para barrar a entrada de novos competidores, incrementando custos com processos judiciais (ASSAFIM: 2014, p. 232).

Neste sentido, pode-se, da mesma forma, incluir o uso abusivo de processos de abstenção de uso de *trade dress*, com a finalidade de prejudicar concorrentes e criar barreiras mercadológicas aos entrantes (*Sham Litigation*) ou o uso abusivo do conceito de *trade dress* como mecanismo de prolongar direitos industriais que já caíram em domínio público pelo fim do prazo de vigência do registro, alegando tratar-se de violação de *trade dress* de produtos que já foram objetos de registro de desenho industrial ou patente de modelo de utilidade.

É importante verificar que a distintividade de um *trade dress* pode ser intrínseca, ao nascer; enquanto outro *trade dress* adquire sua distintividade com o tempo, modo de uso e com a publicidade. Do mesmo modo, a distintividade do *trade dress* não é absoluta e pode diluir caso não seja preservada.

Recentemente, outro aspecto importante sobre o *trade dress* foi objeto de apreciação pelo judiciário – a cor única. O conjunto e disposição de cores sempre foram componentes importantes na análise do *trade dress*, mas no processo nº 1063453-74.2022.8.26.0100, o juiz analisou a peculiaridade e caráter inovativo da cor rosa no *trade dress* do produto alvejantes sem cloro da marca Vanish, entendendo haver violação do sinal por concorrência desleal por parte do produto Vamix.

Conclui-se que o *trade dress* é um sinal visualmente perceptível que, se for distintivo e não funcional no segmento, merecerá proteção e exclusividade. Essa distintividade do *trade dress* pode ser inerente, ou seja, ser diferencial no mercado desde seu lançamento ou pode ser uma distintividade adquirida (chamada de *secondary meaning*) que é uma concepção ou sentido diferencial adquirida no mercado com o tempo, meios de publicidade, forma de uso e etc.

Cabendo ao fim lembrar que não serão protegidos os elementos funcionais isolados que compõe o *trade dress*, ou seja, aqueles símbolos, sinais e imagens que são de uso comum ou necessário naquele segmento de mercado, por exemplo, usar imagens de bebês em embalagens de produtos ou serviços destinados a esse público, pois é uma forma funcional de indicar a destinação ou público alvo. Gabriel F. Leonardos e Lucas R. V. Rezende, explicam a questão dizendo: "Por exemplo, em produtos achocolatados é comum a utilização da cor marrom e em produtos de sabor de morango é comum a utilização da imagem da fruta, e assim por diante" (2022, p. 135).

Dessa forma, no Brasil o *trade dress* será passível de proteção a partir da interpretação doutrinária e jurisprudencial da norma contida no inciso III, do artigo 195 da Lei da Propriedade Industrial, que dispõe sobre a coibição da prática da concorrencial desleal que é o emprego de meio fraudulento para desviar, em proveito próprio ou alheio, clientela de outrem, reproduzindo ou imitando indevidamente o *trade dress* de produto ou serviço alheio.

Referências

ANDRADE, Gustavo Piva. O trade dress e a proteção da identidade visual de produtos e serviços. Revista da ABPI, São Paulo, n. 112, p. 3-26, maio/jun. 2011.

ASSAFIM, João Marcelo de Lima. Funções da propriedade intelectual: abuso de direito de marca e sinais desprovidos de poder distintivo- notas sobre a ótica da livre concorrência. In: Encontro Internacional do Conpedi, 1., 2014, Barcelona. Anais. Barcelona, 2014. p. 201.

BARCELLOS, Milton Lucídio Leão. Propriedade industrial & constituição: teorias preponderantes e suas interpretações na realidade brasileira. Porto Alegre: Livraria do Advogado, 2007, p. 57.

CESÁRIO, Kone Prieto Furtunato. As novas marcas visuais à luz dos princípios do direito comercial, Editora Juruá. Curitiba: 2020.

CERQUEIRA, João da Gama. Tratado da propriedade industrial. Volume II, 2ª Ed. Rio de Janeiro: RT, 1982.

COELHO, Fábio Ulhoa. Curso de Direito Comercial – Direito de Empresa. Volume 1. São Paulo: Saraiva, 2012.

FERNÁNDEZ-NÓVOA, Carlos et al. Manual de la propriedad industrial. Madrid: Marcial Pons, 2009.

LEONARDOS, Gabriel Francisco e Lucas Ribeiro Viera Rezende. Antecipação de tutela diante da violação do Trade dress: Breves comentários a partir do pressuposto da probabilidade do direito (129-135). Processo Civil e Propriedade Industrial. Juspodivm, São Paulo: 2022.

MCCARTHY`S. J. Thomas. Desk Encyclopedia of. Intelectual Property. BNA Books. Washington, DC: 1991.

POSNER, Richard A. e William M. Landes. The Economic Structure of Intellectual Property Law. The Belknap Press of Harvard University Press. Cambridge, Massachusetts, and London, England 2003

SCHMIDT, Lélio Denicoli. A distintividade das marcas: *secondary meaning*, vulgarização, teoria da distância. São Paulo: Saraiva, 2013.

SOARES, José Carlos Tinoco. Concorrencia desleal vs trade dress e/ou conjunto-imagem (Visual do objeto, do produto, de sua exteriorização e do estabelecimento), São Paulo: Editora do Autor, 2004.

12.
EXPRESSÕES E SINAIS DE PROPAGANDA

Carlos Edson Strasburg Júnior

As expressões e sinais de propaganda foram definidas pelo legislador como sendo toda *"legenda, anúncio, reclame, palavra, combinação de palavras, desenhos, gravuras, originais e característicos que se destinem a emprego como meio de recomendar quaisquer atividades lícitas, realçar qualidades de produtos, mercadorias ou serviços, ou a atrair a atenção dos consumidores ou usuários"* (artigo 73 da revogada Lei nº 5.772/71).

As expressões de propaganda se consubstanciam em frases curtas que visam transmitir algum valor ou remeter a uma marca ou campanha publicitária específica de determinada marca. Não raro, o termo em língua inglesa "slogan" é utilizado em substituição à expressão de propaganda.

São vários os exemplos de slogans que remetem com sucesso ao produto ou serviço, destacando alguma característica do mesmo, como Nike – "Just do It", Bombril – "1001 Utilidades", Unibanco – "30 horas" ou VW – "Das Auto". Assim, por exemplo, o "1001 utilidades" é uma forma de destacar a versatilidade da famosa palha de aço, 30 horas visava destacar a lançamento dos serviços digitais do banco, disponíveis 24 horas, além das 6 horas em que as agências ficam abertas.

Não obstante a inegável relevância, tem sido objeto de controvérsia a frágil proteção aos sinais e expressões de propaganda atualmente conferida pela legislação brasileira. Isso porque, o antigo Código da Propriedade Industrial (Lei nº 5.772/71) continha Capítulo específico regulamentando a proteção e o procedimento de registro das expressões e sinais de propaganda perante o INPI, no título dedicado às "Marcas de Indústria, de Comércio e de Serviço e das Expressões de Propaganda" (artigo 73 e seguintes do Código da Propriedade Industrial).

Contudo, o legislador optou por excluir o registro específico para expressões e sinais de propaganda da nova Lei da Propriedade Industrial (Lei nº 9.279/96 – Lei da Propriedade Industrial), fazendo inserir vedação expressa à sua proteção como marca[1], bem como à renovação dos registros existentes por ocasião da entrada em vigor da lei, de maneira que foram sendo paulatinamente extintos os registros então existentes[2].

Referida exclusão vem sendo alvo de inúmeras críticas ao longo dos anos por dificultar a proteção a expressões e sinais de propaganda, gerando insegurança não apenas entre os titulares, como também entre terceiros que deixam de ter um mecanismo de busca simples para identificar expressões e sinais de propaganda protegidos.

O fim da regulamentação das expressões e sinais de propaganda gera dúvida quanto aos requisitos e, especialmente, às limitações legais à sua proteção. No revogado código, por exemplo, havia vedação expressa ao registro como sinais de propaganda de expressões descritivas das qualidades do produto ou serviço; de termos conhecidos e usados publicamente para identificar produtos ou serviços de terceiros; bem como de sinais que incidiam nas proibições para registro da expressão como marca, entre outros[3].

---

[1] Art. 124. Não são registráveis como marca:
(...)
VII – sinal ou expressão empregada apenas como meio de propaganda;

[2] Art. 233. Os pedidos de registro de expressão e sinal de propaganda e de declaração de notoriedade serão definitivamente arquivados e os registros e declaração permanecerão em vigor pelo prazo de vigência restante, não podendo ser prorrogados.

[3] Revogado Código da Propriedade Industrial: Art. 76. Não são registráveis como expressões ou sinais de propaganda:
1) palavras ou combinações de palavras ou frases, exclusivamente descritivas das qualidades dos artigos ou atividade;
2) cartazes, tabuletas, anúncios ou reclames que não apresentem cunho da originalidade ou que sejam conhecidos e usados públicamente em relação a outros artigos ou serviços por terceiro;
3) anúncios, reclames, frases ou palavras contrárias a moral ou que contenham ofensas ou alusões individuais, ou atentem contra idéias, religiões ou sentimentos veneráveis;

EXPRESSÕES E SINAIS DE PROPAGANDA

O legislador excluiu a previsão de registro das expressões de propaganda mas manteve, na Lei da Propriedade Industrial, o crime consubstanciado na reprodução, imitação o uso não autorizado das expressões de propaganda (artigo 191[4] e 194[5]). Como se não bastasse o crime específico, ao listar as condutas que caracterizam o crime de concorrência desleal, o legislador listou como conduta ilícita o uso ou imitação de expressão ou sinal de propaganda alheio para criar confusão (artigo 195, inciso IV[6]).

Como consequência da tipificação como crime a violação a expressões e sinais de propaganda, o artigo 207 da Lei da Propriedade Industrial[7] autoriza o prejudicado adotar as ações cíveis necessárias para fazer cessar a conduta ilícita e receber indenização por todo e qualquer ato de uso não autorizado de sinais e expressões de propaganda.

Dessa maneira, a Lei da Propriedade Industrial continua a proteger os sinais e expressões de propaganda, mas deixou de prever um procedi-

---

4) todo cartaz, anúncio ou reclame que inclua marca, título de estabelecimento, insígnia, nome de emprêsa ou recompensa, dos quais legìtimamente não possa usar o registrante;
5) palavras, frases, cartazes, anúncios, reclame ou dísticos que já tenham sido registrados por terceiros ou sejam capazes de originar êrro ou confusão com tais anterioridades;
6) o que estiver compreendido em quaisquer das proibições concernentes ao registro de marca.

[4] Art. 191. Reproduzir ou imitar, de modo que possa induzir em erro ou confusão, armas, brasões ou distintivos oficiais nacionais, estrangeiros ou internacionais, sem a necessária autorização, no todo ou em parte, em marca, título de estabelecimento, nome comercial, insígnia ou sinal de propaganda, ou usar essas reproduções ou imitações com fins econômicos.
Pena – detenção, de 1 (um) a 3 (três) meses, ou multa.
Parágrafo único. Incorre na mesma pena quem vende ou expõe ou oferece à venda produtos assinalados com essas marcas.

[5] Art. 194. Usar marca, nome comercial, título de estabelecimento, insígnia, expressão ou sinal de propaganda ou qualquer outra forma que indique procedência que não a verdadeira, ou vender ou expor à venda produto com esses sinais.
Pena – detenção, de 1 (um) a 3 (três) meses, ou multa.

[6] Art. 195. Comete crime de concorrência desleal quem:
(...)
IV – usa expressão ou sinal de propaganda alheios, ou os imita, de modo a criar confusão entre os produtos ou estabelecimentos;

[7] Art. 207. Independentemente da ação criminal, o prejudicado poderá intentar as ações cíveis que considerar cabíveis na forma do Código de Processo Civil.

mento específico, similar às marcas, para o seu registro como tal. À míngua de um certificado de registro a demonstrar, sem margem para dúvida, a titularidade e o preenchimento dos requisitos legais para a proteção, deve o titular cuidar de comprovar a anterioridade e a natureza original do sinal ou expressão de propaganda no caso concreto, sempre que for necessário impedir terceiro de fazer uso de sinal ou expressão que possa causar confusão ou associação indevida.

Nesse sentido, de maneira a comprovar anterioridade e autoria da criação, assim como no caso de obras publicitárias, alguns publicitários registram a expressão de propaganda perante o Escritório de Direitos Autorais da Biblioteca Nacional[8] ou mesmo lavram ata notarial perante o Cartório de Notas, contendo a expressão a ser protegida, o contexto do seu uso, etc.

Diferentemente do registro do INPI, aquele realizado pela Biblioteca Nacional não contém qualquer exame de mérito quanto à existência de proteção, servindo apenas para comprovar anterioridade criativa na hipótese de uso não autorizado por terceiro, se aplicando o mesmo racional para a ata notarial. Portanto, tais alternativas solucionam apenas parcialmente o problema, persistindo dúvida quanto ao mérito da proteção pretendida à expressão de propaganda (originalidade do slogan a merecer proteção legal).

Importante destacar que, por serem frases curtas, os slogans dificilmente serão absolutamente originais e inovadores, em se considerando todo o vasto universo de obras existentes, devendo conviver com expressões de propaganda semelhantes, desde que não passíveis de confusão ou associação indevida. Além disso, slogans comuns ou meramente descritivos do produto e suas qualidades não devem gozar de proteção.

Nesse sentido, vale ressaltar precedente do Superior Tribunal de Justiça reconhecendo a ausência de exclusividade no uso da expressão de propaganda "Número 1" por cervejaria concorrente à Brahma, que por anos adotou referida expressão como slogan de suas campanhas. Entendeu a corte, na ocasião, que a expressão seria de uso comum por remeter "ao melhor", "mais vendido", de maneira que seria possível o seu uso

---

[8] https://antigo.bn.gov.br/servicos/direitos-autorais

por outras empresas, ausentes outros possíveis elementos de confusão ou associação indevida[9].

Por essa razão, na análise do caso concreto, além da natureza original, relevante apurar se hipotético uso não autorizado de sinal ou expressão de propaganda visa causar confusão ou associação indevida com produto ou serviço concorrente. Ante a mudança legislativa, a caracterização da violação passa a ter uma análise preponderantemente concorrencial (tal qual a violação do conjunto-imagem), restando fragilizado o direito autônomo ao sinal ou expressão de propaganda.

Pelo exposto, de maneira a gozar de proteção legal, deve o titular de sinal ou expressão de propaganda demonstrar a natureza original do uso da expressão para o segmento de mercado analisado. Em um litígio, importante que o titular do slogan evidencie, ainda, os prejuízos potenciais que o uso de expressão semelhante por terceiros pode causar, em termos de desvio de clientela e associação indevida, de forma similar ao que faria em caso fundamentado em concorrência desleal.

---

[9] STJ, Resp 1.341029/SP, 3ª Turma, Rel. Min. Paulo de Tarso Sanseverino, j. em 9.9.2014.

PARTE 3
CRIAÇÕES TÉCNICAS E PROTEÇÃO *SUI GENERIS*

13.
PATENTES DE INVENÇÃO E MODELO DE UTILIDADE

Gustavo Freitas de Morais
Luiz Augusto Lopes Paulino
Patricia Carvalho da Rocha Porto

O presente texto tem o objetivo de apresentar os principais pontos pertinentes ao direito de patentes no Brasil, regulado pela Lei 9.279/1996, Lei da Propriedade Industrial (LPI). Sendo certo que esse é um trabalho não-exaustivo e não deve ser usado como opinião legal para casos específicos.

A importância do sistema de patente
O sistema de patentes foi criado para viabilizar o propósito do Estado de promover a ciência e incentivar a inovação com vista ao desenvolvimento da sociedade. Por meio do sistema de patentes os inventores e os titulares das tecnologias criadas são incentivados a compartilhar com a sociedade as informações e os conhecimentos relacionados às suas criações em troca de um direito de uso exclusivo e temporário dessas criações patenteadas. Dessa forma, os inventores e os titulares da patente têm a possibilidade de recuperar todos os investimentos realizados para a criação da tecnologia patenteada (WIPO, [s.d.]), pois passam a obter meios legais de proteger seus inventos contra a cópia e o aproveitamento indevido das suas criações por terceiros, assegurando as condições necessárias para desenvolver e comercializar os produtos e processos advindos da patente.

A segurança jurídica e o retorno financeiro proporcionados pela patente incentivam os inventores e titulares a investirem na pesquisa e no desenvolvimento de novas tecnologias e no aperfeiçoamento das criações já existentes (WIPO, [s.d.]). Outro relevante papel das patentes é o de estimular o compartilhamento de informações sobre as criações e promover a transferência de tecnologia.

O sistema de patentes beneficia as empresas que desenvolvem novos produtos ou processos industriais, proporcionando direitos temporários de uso sobre a tecnologia desenvolvida, evitando que seus concorrentes a copiem. Por outro lado, as empresas que se utilizam de tecnologia desenvolvidas por terceiros também podem fazer valioso uso do sistema, pois este oferece rica fonte de informação e prospecção tecnológica (Dannemann, Ahlert e Câmara Jr., 2004). Uma busca de patentes pode ser feita (i) para verificar as tecnologias já existentes, a fim de servir de patamar para novas pesquisas, (ii) para identificar as tecnologias de uso livre (não protegidas no Brasil, por exemplo) ou patentes com vigências expiradas, (iii) para indicar as patentes ou pedidos de patentes disponíveis para um possível contrato de licença de exploração do objeto protegido, e, especialmente, (iv) para indicar a liberdade ou não de exploração, antes de iniciar a fabricação e a venda de um novo produto ou o uso de um novo processo, identificando, assim, patentes de terceiros para esse produto ou processo, evitando possível violação de direitos (Dannemann, Ahlert e Câmara Jr., 2004).

Assim, os conhecimentos e informações técnicas divulgados com as patentes podem tanto desencadear novas criações necessárias para o desenvolvimento da humanidade, promovendo o sistema de inovação de superação, quanto promover o desenvolvimento do mercado de concorrência, após o término de vigência das patentes, com a utilização das tecnologias em domínio público.

As vantagens do sistema de patente para os consumidores também são inúmeras, por exemplo, quando um novo produto ou processo para um problema ainda sem solução chega ao mercado, ele tem a capacidade de promover grandes impactos positivos na qualidade de vida da população e de reduzir os custos do Estado com gastos causados pelo problema sem solução.

As patentes também oferecem um manancial de informações estratégicas para empresas e para o Estado. Elas possibilitam que as empresas mapeiem as soluções existentes no mercado e as necessidades que ainda não foram supridas, direcionado seus investimentos em pesquisa e desenvolvimento por meio de decisões informadas. Para o Estado, as informações técnicas produzidas pelas patentes permitem que este formule políticas públicas adequadas para a população e para otimizar e fortalecer o sistema de inovação do país (WIPO, [s.d.]).

Conceito e objeto do direito

A patente é um título de propriedade temporária sobre uma invenção ou um modelo de utilidade (art. 6º da LPI). O direito de uso exclusivo temporário da patente é concedido pelo Estado como contrapartida da divulgação, por parte do titular, de informações essenciais sobre as criações protegidas. Esse período de exploração exclusiva garantido pela patente, proporciona ao titular do invento tempo para que este obtenha o retorno financeiro por todo o investimento realizado para a pesquisa e o desenvolvimento da tecnologia protegida.

Há duas categorias de patente: a Patente de Invenção e a Patente de Modelo de Utilidade.

A Patente de Invenção se destina a proteger as criações que tenham um nível de inventividade aceitável. Ela visa a proteção das invenções, criações de caráter técnico, que promovem soluções novas para problemas técnicos, conforme definição básica dada pela Organização Mundial da Propriedade Intelectual (OMPI) (WIPO, [s.d.]). Entre outros, podem ser protegidos por patente de invenção dispositivos mecânicos, elétricos e eletrônicos, máquinas, produtos químicos, farmacêuticos, biotecnológicos, alimentícios e os processos industriais.

É facultado ao depositante do pedido ou ao titular de patente de invenção o requerimento de certificado de adição, com o objetivo de proteger aperfeiçoamento ou desenvolvimento introduzido no objeto da invenção, mesmo que destituído de atividade inventiva, desde que a matéria se inclua no mesmo conceito inventivo. Para tal pedido ser possível, retribuições específicas devem ser pagas (art.76 da LPI).

A patente de Modelo de Utilidade, segundo redação do art. 9º da LPI, se propõe a proteger o objeto de uso prático, ou parte deste, suscetível de aplicação industrial, que apresente nova forma ou disposição, envolvendo ato inventivo, que resulte em melhoria funcional no seu uso ou em sua fabricação, como as ferramentas e utensílios em geral, que tragam um aperfeiçoamento na sua aplicação, mas que apresentem um menor grau de inventividade. Processos industriais não podem ser protegidos por Patente de Modelo de Utilidade.

A patente goza de proteção somente nos territórios onde for concedida.

Requisitos para a patenteabilidade

Para uma invenção ou um modelo de utilidade serem patenteados eles devem preencher três requisitos básicos, quais sejam, novidade, aplicação industrial e atividade inventiva (ou passo inventivo, no caso dos modelos de utilidade).

A novidade é a exigência de que a solução técnica proporcionada pela invenção ou pelo modelo de utilidade nunca tenha se tornado acessível ao público, não podendo estar a solução compreendida no estado da técnica (artigo 11 da LPI). O estado da técnica compreende tudo aquilo tornado acessível ao público antes da data de depósito de um pedido de patente pedido de patente, por descrição escrita ou oral, por uso ou qualquer outro meio, no Brasil ou no exterior (artigo 11 § 1º da LPI), com exceção de situações abarcadas pelo período de graça (art. 12 da LPI) e por direitos de prioridade unionista (artigo 16 da LPI) e interna (artigo 17 da LPI).

Como adiantado acima, embora a regra seja a de que a invenção não pode ser revelada ao público antes do depósito do pedido de patente, a LPI, no artigo 12 e seus incisos, permite a divulgação prévia, desde que o depósito do pedido de patente não ultrapasse um ano a partir da primeira divulgação (Dannemann, Ahlert e Câmara Jr., 2004), prazo conhecido como "período de graça", nas seguintes situações:

- a divulgação da invenção foi feita pelo inventor;
- a divulgação foi feita pelo Instituto Nacional da Propriedade Industrial (INPI) através de publicação oficial do pedido de patente depositado sem o consentimento do inventor, baseado em informações deste obtidas ou em decorrência de atos por ele realizados; ou

- a divulgação foi feita por terceiros, com base em informações obtidas direta ou indiretamente do inventor ou em decorrência de atos por este realizados.

Apesar das exceções acima, com o intuito de evitar discussões quanto à titularidade de uma invenção, sejam administrativas ou judiciais, é recomendável que o depósito do pedido de patente seja sempre feito antes da divulgação da invenção.

Para uma patente ter atividade inventiva, a solução técnica da patente não pode decorrer, para um técnico no assunto, de maneira evidente ou óbvia do estado da técnica (art. 13 da LPI), devendo resultar em algo mais do que o esperado pela aplicação dos conhecimentos já disponíveis no estado da técnica. Os modelos de utilidade têm uma exigência de inventividade menor, chamada de ato inventivo. Para haver ato inventivo, o modelo de utilidade, quando examinado por um técnico no assunto, não pode decorrer de maneira comum ou vulgar do estado da técnica (art. 14 da LPI).

Para determinar se uma invenção é nova e não decorre de maneira óbvia ou evidente em relação ao estado da técnica recomenda-se uma busca em bancos de dados *on-line* e/ou no Banco de Patentes do INPI.

O requisito da atividade industrial exige que a patente possa ser utilizada e produzida em qualquer tipo de indústria (art. 15 da LPI).

Do que não constitui invenção ou modelo de utilidade e das exclusões de patenteabilidade

A LPI, no seu artigo 10 e incisos, estabelece um rol de matérias que não são consideradas invenção ou modelo de utilidade, quais sejam:

- descobertas, teorias científicas e métodos matemáticos;
- concepções puramente abstratas;
- esquemas, planos, princípios ou métodos comerciais, contábeis, financeiros, educativos, publicitários, de sorteio e de fiscalização;
- as obras literárias, arquitetônicas, artísticas e científicas ou qualquer criação estética;
- programas de computador em si;
- apresentação de informações;

- regras de jogo;
- técnicas e métodos operatórios ou cirúrgicos, bem como métodos terapêuticos ou de diagnóstico, para aplicação no corpo humano ou animal; e
- o todo ou parte de seres vivos naturais e materiais biológicos encontrados na natureza, ou ainda que dela isolados, inclusive o genoma ou germoplasma de qualquer ser vivo natural e os processos biológicos naturais;

A lei nacional, no seu artigo 18 e incisos, também elencou matérias sobre as quais não se pode conceder patente, mesmo se consideradas invenção ou modelo de utilidade. Não são patenteáveis:

- o que for contrário à moral, aos bons costumes e à segurança, à ordem e à saúde públicas;
- as substâncias, matérias, misturadas, elementos ou produtos de qualquer espécie, bem como a modificação de suas propriedades físico-químicas e os respectivos processos de obtenção ou modificação, quando resultantes de transformação do núcleo atômico; e
- o todo ou parte dos seres vivos, exceto os microrganismos transgênicos.

Da legitimidade para se pedir patente

Qualquer pessoa (física ou jurídica) pode requerer uma patente. A patente poderá ser requerida pelo autor da invenção, pelos herdeiros ou sucessores do inventor, pelo cessionário ou por quem a lei ou o contrato de trabalho ou de prestação de serviços determinar pertencer a titularidade (artigo 6, § 2º da LPI). Podem figurar como requerente da patente uma ou mais pessoas, desde que tenham a legitimidade para tal.

O pedido de patente

Para se obter uma patente é necessário redigir um pedido de patente de acordo com as disposições da LPI e normas do INPI. O pedido de patente, uma vez depositado junto ao INPI, será sujeito ao trâmite legal e a patente só será concedida após a realização de exame substantivo efetuado por um técnico do INPI, que fará uma busca e examinará a patente para constatar o preenchimento dos requisitos legais de patenteabilidade (Dannemann, Ahlert e Câmara Jr., 2004).

O pedido de patente de invenção para ser aceito, deve ser dotado de unidade de invenção. Cada pedido de patente de invenção só pode se referir a uma única invenção ou a um grupo de invenções inter-relacionadas de maneira a compreenderem um único conceito inventivo (art. 22 da LPI). Já no caso de um pedido de patente de modelo de utilidade, este terá de se referir a um único modelo principal, que poderá incluir uma pluralidade de elementos distintos, adicionais ou variantes construtivas ou configurativas, desde que mantida a unidade técnico-funcional e corporal do objeto (art. 23 da LPI).

O pedido de patente é composto por quatro partes:

- Relatório descritivo: indica o campo da invenção, o problema existente a ser solucionado, o estado da técnica que é de conhecimento do inventor, a invenção em termos conceituais e em quais aspectos a invenção é nova com relação ao estado da técnica. Deve conter também um exemplo prático de realização da invenção (Dannemann, Ahlert e Câmara Jr., 2004). O relatório descritivo deve ser claro, suficientemente completo para que um técnico no assunto possa reproduzir a invenção e, quando for o caso, deve descrever a melhor forma de execução da invenção ou do modelo de utilidade. (art. 24 da LPI);
- Reivindicações: definem a matéria a ser protegida pela patente, indicando as características essenciais da invenção. Os direitos conferidos pela patente são determinados pelas reivindicações. De acordo com o art. 25 da LPI, as reivindicações deverão ser fundamentadas no relatório descritivo, caracterizando as particularidades do pedido e definindo, de modo claro e preciso, a matéria objeto da proteção;
- Desenhos: ilustram uma ou mais formas de concretização da invenção (Dannemann, Ahlert e Câmara Jr., 2004);
- Resumo: descreve resumidamente a invenção;

A Lei nacional (art. 26 da LPI) permite que o pedido de patente seja dividido em dois ou mais pedidos, de ofício pelo INPI ou por solicitação do depositante, até o final do exame, desde que o pedido dividido faça referência específica ao pedido original e não exceda à matéria revelada constante do pedido original.

Do processo administrativo do pedido de patente
O exame da patente inicia-se com o a análise formal do pedido, em que o INPI verifica se o pedido de patente contém todos os elementos normativos e legais. Uma vez verificada a sua regular instrução, o pedido de patente será protocolizado, sendo considerada a data de depósito a da sua apresentação (art. 20 da LPI). O pedido ficará em sigilo até sua publicação, que deverá ocorrer após 18 meses da data de depósito ou da prioridade mais antiga, se for o caso (art. 30 da LPI). A publicação do pedido pode ser antecipada a pedido do depositante (art. 30 § 1º da LPI).

O exame substantivo do pedido é obrigatório para concessão da patente, e este dever ser requerido no prazo de 36 meses a contar da data do depósito do pedido de patente (art. 33 da LPI).

Desde a publicação do pedido de patente e até o final do seu exame interessados podem apresentar documentos e informações para subsidiarem o exame (art. 31 da LPI).

Até o requerimento do exame, o depositante poderá efetuar alterações no pedido de patente, para melhor esclarecê-lo ou defini-lo, desde que as modificações se limitem à matéria inicialmente revelada no pedido (art. 32 da LPI). Requerido o exame, o titular do pedido de patente não poderá mais fazer alterações no escopo de proteção daquele, a não ser para restringi-lo, segundo o atual entendimento do INPI sobre a matéria. Em seguida, um examinador do INPI fará uma busca de anterioridade para verificar a patenteabilidade do pedido, podendo emitir parecer positivo ou negativo ou ainda emitir uma exigência para cumprimento pelo titular do pedido, sob pena de arquivamento do pedido. Concluído o exame de mérito, será proferida decisão deferindo ou indeferindo o pedido de patente (art. 37 da LPI). Em caso de decisão de indeferimento, o titular pode interpor recurso administrativo à Presidência do INPI.

Deferido o pedido de patente, deverá ser paga uma taxa para que a Carta-Patente seja expedida (art. 38 da LPI). A partir do início do 3º ano do depósito, o pedido fica sujeito ao pagamento de anuidades, que serão devidas até o fim de vigência da patente (art. 84 da LPI).

Em caso de decisão de indeferimento, o titular pode interpor recurso administrativo à Presidência do INPI.

Do pedido internacional de patente

Uma patente concedida no Brasil pode ter sua proteção estendida para outros países mediante depósito internacional de patente realizado por meio de tratados internacionais.

A Convenção da União de Paris[1] permite a um titular de um pedido de patente de um país membro da convenção, em um período de até 12 meses a contar da data de depósito desse primeiro pedido de patente, requerer a proteção dessa patente em qualquer país que também seja signatário desse acordo, mantendo como data de prioridade a data do depósito do pedido de patente originário.

O pedido internacional de patente feito por intermédio do Tratado de Cooperação em Matéria de Patentes[2] (PCT) permite que seu titular requeira a proteção uma invenção por patente para vários países membros desse tratado, de forma simultânea, e por meio de um único depósito internacional. Via de regra, o prazo para requerer a proteção via PCT também é de até 12 meses contado da data do primeiro depósito da patente. O pedido de patente depositado por meio do PCT tem um prazo de 30 (trinta meses) para internalizar o depósito internacional nos países interessados, contados da prioridade mais antiga reivindicada no pedido internacional PCT.

Uma vez internalizados em cada país indicado, os pedidos de patentes seguirão as regras e a legislação de cada país, sendo estes soberanos e independentes para o exame e a concessão ou não dos pedidos de patentes.

Do direito garantido pela patente e suas exceções

A patente confere ao seu titular o direito de impedir terceiro de produzir, usar, colocar à venda vender ou importar o produto ou o processo

---

[1] Decreto nº 635, de 21.08.1992, ratificado pelo Decreto nº 1.263, de 10.10.1994, com o texto integral anexo ao Decreto nº 75,572, de 08.04.1975.
[2] Decreto nº 81.742, de 31.05.1978, com modificações introduzidas pelo Decreto nº 523, de 18.05.1992

patenteado. É possível também impedir que terceiros contribuam para a infração da patente (art. 42 e incisos da LPI).

Por outro lado, é importante destacar que a patente sobre referido produto ou processo não constitui em si uma licença de fabricação ao seu titular. Nesse sentido, para que a parte possa comercializar determinado produto ou utilizar determinado processo de fabricação sem correr riscos de ser questionada por terceiros, é necessário se realizar um estudo chamado "FTO – Freedom To Operate".

Por meio desse estudo, são pesquisadas todas as informações relacionadas ao estado da técnica e anterioridades referentes à tecnologia em análise que se quer colocar no mercado e a viabilidade de sua exploração comercial no Brasil, de forma a indicar se aquela já se encontra protegida por algum terceiro.

O art. 43 da LPI e seus incisos estipulam algumas exceções ao direito de uso exclusivo pelo titular do objeto da patente. O direito do titular da patente de impedir a sua utilização por terceiros não se aplica:

- aos atos praticados por terceiros não autorizados, em caráter privado e sem finalidade comercial, desde que não acarretem prejuízo ao interesse econômico do titular da patente (art. 43, I da LPI);
- aos atos praticados por terceiros não autorizados, com finalidade experimental, relacionados a estudos ou pesquisas científicas ou tecnológicas (art. 43, II da LPI);
- à preparação de medicamento de acordo com prescrição médica para casos individuais, executada por profissional habilitado, bem como ao medicamento assim preparado (art. 43, III da LPI);
- a produto fabricado de acordo com patente de processo ou de produto que tiver sido colocado no mercado interno diretamente pelo titular da patente ou com seu consentimento (art. 43, IV da LPI);
- a terceiros que, no caso de patentes relacionadas com matéria viva, utilizem, sem finalidade econômica, o produto patenteado como fonte inicial de variação ou propagação para obter outros produtos (art. 43, V da LPI);
- a terceiros que, no caso de patentes relacionadas com matéria viva, utilizem, ponham em circulação ou comercializem um produto patenteado que haja sido introduzido licitamente no comércio pelo

detentor da patente ou por detentor de licença, desde que o produto patenteado não seja utilizado para multiplicação ou propagação comercial da matéria viva em causa (art. 43, VI da LPI); e
- aos atos praticados por terceiros não autorizados, relacionados à invenção protegida por patente, destinados exclusivamente à produção de informações, dados e resultados de testes, visando à obtenção do registro de comercialização, no Brasil ou em outro país, para a exploração e comercialização do produto objeto da patente, após a expiração dos prazos estipulados no art. 40 da LPI (art. 43, VII da LPI).

Outra exceção ao direito do titular de impedir terceiro de utilizar a patente é a situação conhecida como direito do usuário anterior. O artigo 45 da LPI estabelece que será assegurado à pessoa de boa-fé que, antes da data de depósito ou de prioridade de pedido de patente, explorava seu objeto no País, o direito de continuar a exploração, sem ônus, na forma e condição anteriores.

Esse dispositivo determina que o direito de excluir terceiros do uso não autorizado da patente não pode ser exercido contra o usuário anterior de boa fé. O direito de explorar a patente advindo desse dispositivo legal só poderá ser cedido juntamente com a empresa ou com o negócio, ou, ainda, com a parte desta que tenha relação direta com o objeto da patente e sua exploração (art. 45, § 1º da LPI). O direito do usuário anterior não se aplica quando o conhecimento do objeto da patente tenha se dado por meio das divulgações previstas no artigo 12 da LPI, o qual dispõe sobre o período de graça, aqui já explicado, desde que o pedido tenha sido depositado no prazo de 1 (um) ano, contado da divulgação (art. 45, § 2º da LPI).

Da cessão e da licença do pedido de patente e da patente

A patente ou o pedido de patente podem ser licenciados ou transferidos por seus titulares para terceiros de forma total ou parcial (art. 58 da LPI).

O INPI deve fazer anotações (Art. 59 e incisos da LPI): (i) da cessão, com a devida qualificação do cessionário; (ii) de qualquer limitação ou ônus que recaia sobre a patente ou sobre o pedido; e (iii) das alterações de nome, sede ou endereço do titular ou depositante da patente. Essas anotações somente produzirão efeitos perante terceiros a partir da data da sua publicação (art. 60 da LPI).

A patente pode ser licenciada voluntariamente, devendo o contrato de licença ser averbado pelo INPI para produzir efeitos perante terceiros (art. 61 e parágrafo único da LPI). O licenciante pode optar no contrato de licença por dar poderes ou não ao licenciado para que este tenha legitimidade para agir em defesa da patente.

O titular de uma patente pode, ainda, solicitar ao INPI que a coloque em oferta para ser explorada por terceiros (art. 64 da LPI). A patente que já tiver sido objeto de licença voluntária na modalidade de exploração exclusiva não pode ser objeto de oferta de licença pelo INPI (art. 64, § 3º da LPI).

Além do licenciamento voluntário, a LPI prevê o licenciamento compulsório da patente nos seguintes casos:

- se o titular da patente exercer os direitos dela advindos de forma abusiva ou se por intermédio da patente pratique abuso de poder econômico, comprovados legalmente por decisão administrativa ou judicial (art. 68 da LPI);
- se o objeto da patente não for explorado no território nacional por falta de fabricação ou fabricação incompleta do produto, ou, ainda, por ausência de uso integral do processo patenteado, exceptuando os casos de inviabilidade econômica, sendo admitida a importação paralela nessa situação (art. 68, § 1º, I da LPI);
- se a comercialização da patente não suprir as necessidades do mercado (art. 68, § 1º, II da LPI);
- se, de forma cumulativa: (i) ficar caracterizada a situação de dependência de uma patente com relação a outra patente, (ii) o objeto da patente dependente constituir substancial progresso técnico com relação à patente anterior, e (iii) o titular da patente dependente não conseguir realizar acordo com o titular da patente anterior para exploração da patente antecedente (art. 70 e incisos I, II, e III da LPI);
- nos casos de emergência nacional ou internacional ou de interesse público declarados em lei ou em ato do Poder Executivo Federal, ou de reconhecimento de estado de calamidade pública de âmbito

nacional pelo Congresso Nacional, poderá ser concedida licença compulsória, de ofício, temporária e não exclusiva, para a exploração da patente ou do pedido de patente, sem prejuízo dos direitos do respectivo titular, desde que seu titular ou seu licenciado não atenda a essa necessidade (art. 71 da LPI).

No caso do pedido de licença compulsória por não uso da patente, este não será concedido se, na oportunidade do seu requerimento, o titular da patente conseguir justificar legitimamente o desuso, se ele comprovar a realização de efetivos preparos para exploração da tecnologia patenteada, ou se existir algum obstáculo legal que justifique a falta de fabricação (art. 69, incisos I, II e III da LPI). As licenças compulsórias serão concedidas de forma não exclusiva, não sendo possível o seu sublicenciamento (art. 72 da LPI). O licenciado, nos casos de licença compulsória, salvo razões legítimas, deve iniciar a exploração da patente no prazo de 1 (um) ano a contar da data da concessão da licença, sendo admitida a interrupção por igual prazo (art. 74 da LPI).

Da titularidade da invenção ou modelo de utilidade criada por empregado ou prestador de serviço

A lei nacional estabelece regras específicas para regular a titularidade dos inventos patenteados criados no todo ou em parte por empregados e prestadores de serviço.

Nos casos de invenção ou modelo de utilidade criado por empregado, em decorrência de contrato de trabalho cuja execução ocorra no Brasil e que seja resultado da natureza dos serviços para os quais o empregado foi contratado, a titularidade da patente será do empregador (art. 88 da LPI). A titularidade do empregador persiste se o objeto da patente for depositado até 1 (um) ano após a extinção do vínculo empregatício, salvo prova em contrário (art. 88, § 2º da LPI). Nesses casos, a lei faculta ao empregador, titular da patente, a possibilidade de conceder ao empregado, autor da invenção ou do modelo de utilidade, participação nos ganhos econômicos resultantes da exploração da patente (art. 89 da LPI). O valor da participação nos lucros da patente não pode ser incorporada ao salário do empregado (parágrafo único do art. 89 da LPI).

A invenção ou o modelo de utilidade produzido pelo empregado, mas que não tenha ligação com o objeto do seu contrato de trabalho, nem seja decorrente da utilização de recursos, meios, dados, instalações ou equipamentos do empregador pertencerá de forma exclusiva ao empregado (art. 90 da LPI).

Empregador e empregado dividirão a propriedade da invenção ou do modelo de utilidade quando este resultar da contribuição pessoal do empregado e dos recursos, dados, meios, materiais, instalações ou equipamentos do empregador, salvo disposição contratual em contrário (art. 91 da LPI). Na hipótese de existir mais de um empregado como inventor, a parte que couber aos empregados será dividida igualmente entre todos, salvo acordo em outro sentido (art. 91, § 1º da LPI). É assegurado ao empregador o direito exclusivo de licença para a exploração da patente, desde que seja assegurada ao empregado a justa remuneração pela licença (art. 91, § 2º da LPI). O empregador, na ausência de estipulação contratual em contrário, deve iniciar a exploração da patente compartilhada no prazo de 1 (um) ano, a partir da data de sua concessão, sob pena da patente se tornar exclusivamente propriedade do empregado (art. 91, § 3º da LPI). No caso de cessão da patente, qualquer um dos cotitulares, em igualdade de condições, pode exercer o direito de preferência para a sua aquisição (art. 91, § 4º da LPI).

O acima disposto também se aplica: (i) às relações entre o trabalhador autônomo ou o estagiário e a empresa contratante, e entre empresas contratantes e contratadas (art. 92 da LPI); (ii) às entidades da Administração Pública, direta, indireta e fundacional, federal, estadual ou municipal, no que couber (art. 93 da LPI).

Da vigência e da extinção da patente

A patente de invenção terá uma vigência de 20 anos e o modelo de utilidade vigorará por um prazo de 15 anos, a contar da data de depósito (art. 40 da LPI).

A patente será extinta nos seguintes casos:

- pela expiração do prazo de vigência (art. 78, I da LPI);
- pela renúncia de seu titular, desde que não prejudique o direito de terceiros (art. 78, II da LPI c/c art. 79 da LPI);

- pela caducidade, instaurada de ofício ou por pessoa legitimamente interessada, a qual ocorre se após 2 (dois) anos da concessão da primeira licença compulsória, esse prazo não tiver sido suficiente para prevenir ou sanar o abuso ou desuso, salvo motivos justificáveis (art. 78, III c/c art.80 da LPI).
- pela falta de pagamento da retribuição anual, nos prazos estipulados pela lei (art. 78, VI da LPI); e
- se o titular da patente com residência no exterior não constituir procurador domiciliado no Brasil (art. 78, V c/c art. 217 da LPI).

Da nulidade da patente
A validade de uma patente pode ser questionada administrativamente ou em juízo. A nulidade da patente pode ser declarada administrativamente quando:

- qualquer um dos seus requisitos legais de proteção não for atendido (art. 50, I da LPI);
- o relatório e as reivindicações não tiverem de acordo com as exigências legais dos artigos 24 e 25 da LPI (art. 50, II da LPI);
- o conteúdo da patente concedida for mais abrangente do que o conteúdo do pedido da patente conforme depositado (art. 50, III da LPI); e
- for omitida qualquer formalidade essencial ou indispensável à concessão da patente, quando do seu processamento (art. 50, VI da LPI).

A nulidade administrativa da patente pode ser instaurada de ofício ou ser requerida por qualquer interessado que tenha legítimo interesse, dentro de seis meses contados da sua concessão (art. 51 da LPI).

A nulidade da patente pode ser arguida judicialmente a qualquer tempo de sua vigência ou mesmo após o fim de vigência da patente (art. 56 da LPI). O trâmite da ação judicial de nulidade será de competência da Justiça Federal e o INPI, quando não for autor, intervirá no feito (art. 57 da LPI).

Com relação à questão da intervenção obrigatória do INPI nas ações de nulidade de direitos de propriedade industrial, julgados recentes do

STJ[3] têm fixado o entendimento de que a natureza da intervenção processual do INPI, quando este órgão não figurar como autor ou corréu, deve ser de intervenção atípica, na qualidade de assistente especial ou de litisconsorte dinâmico, tendo em vista a obrigatoriedade e o interesse público de sua participação nas demandas.

Da violação da patente
O ato de infringir uma patente gera sanções cíveis, com o objetivo de se estabelecer a obrigação de cessar a infração e a possível condenação ao pagamento de perdas e danos decorrentes da infração (Dannemann, Ahlert e Câmara Jr., 2004).

O titular da patente tem o direito de obter indenização pela exploração não autorizada de seu objeto, inclusive em relação à exploração ocorrida entre a data da publicação do pedido e a da concessão da patente (art. 44 da LPI). Entretanto, o direito de obter indenização será contado do início da exploração indevida, se quem utiliza indevidamente a patente obteve o conhecimento do conteúdo do pedido depositado antes da sua data de publicação (art. 44, § 1º da LPI).

A LPI também prevê sanções criminais objetivando a condenação do infrator.

Medidas para acelerar o exame de patente
A celeridade do exame e da concessão de uma patente beneficia os inventores, os titulares, os concorrentes e os consumidores.

Para os inventores e titulares, a concessão rápida de uma patente traz maior segurança jurídica para a exploração da tecnologia protegida, como, por exemplo, na efetuação de preparativos para a produção e a colocação do produto ou processo dela advindo no mercado, uma vez que o titular tem mecanismos seguros para se proteger contra explorações não autorizadas de sua patente. A patente, igualmente, reduz os custos de transação e as incertezas quando do contrato de licença e cessão da tecnologia, entre outros benefícios. A obtenção rápida da patente é espe-

---

[3] REsp. 1.775.812/RJ, STJ, Terceira Turma, Relator Min Marco Aurélio Bellizze DJe de 22/03/2019 e REsp nº 1.817.109/RJ, STJ, Quarta Turma, Relator Min. Marco Buzzi, DJe 25.03.2021.

cialmente importante no caso de startups e empresas que necessitam de investimento externo para o desenvolvimento da tecnologia patenteada ou de novas tecnologias, pois muitos empréstimos e patrocínios externos exigem que o objeto da negociação esteja patenteado.

Para os concorrentes, a concessão ágil da patente permite que estes saibam com maior segurança os seus limites e possibilidades de atuação no mercado.

Para os consumidores, a celeridade na concessão da patente também é fundamental, uma vez que quanto mais rápido uma tecnologia patenteada para algo sem solução ou que consista em um melhoramento sensível ao que já existe for posta no mercado, mais rápido a sociedade pode dela se beneficiar.

O INPI disponibiliza para os titulares de pedidos de patente pendentes o requerimento do exame prioritário. Tal requerimento pode ser feito pelo titular do pedido em determinadas situações, as quais foram reguladas pelo INPI, tais como (i) quando há infração ao pedido de patente; (ii) pedidos de patente verdes; (iii) quando o pedido de patente se refere a produtos, processos, equipamentos e/ou materiais de uso em saúde, diretamente relacionados ao diagnóstico, profilaxia e tratamento da AIDS, câncer, doenças raras e de doenças negligenciadas.

Além disso, tendo em vista a demora do INPI em realizar o exame de mérito dos pedidos, o Instituto instituiu a possibilidade de exame compartilhado da patente com outros escritórios parceiros. Esse programa de aceleração de exame é denominado *Patent Prosecution Highway* (PPH). Por meio desse projeto, aplicável a todos os setores da indústria, após um escritório de patentes parceiro considerar patenteável a matéria de um pedido de patente, torna-se possível priorizar o pedido de patente do mesmo invento e titular no INPI. Nesse projeto, o INPI conta atualmente com diversos escritórios parceiros no mundo, dentre eles o EPO: Instituto Europeu de Patentes; USPTO: Escritório Americano de Patentes e Marcas; JPO: Escritório Japonês de Patentes; PROSUL: Institutos de Patentes dos Países do PROSUL (Argentina, Brasil, Chile, Colômbia, Costa Rica, Equador, Paraguai, Peru e Uruguai); dentre outros.

O INPI também regula situações em que o titular de um pedido de patente poderá aproveitar o resultado das buscas de anterioridades realizadas por Escritórios de Patentes de outros países, de Organizações

Internacionais ou Regionais, de forma a acelerar o exame de mérito do pedido, como, por exemplo, nas situações em que a análise de pedido de patente de invenção está pendente de exame e o pedido foi depositado até 31.12.2016.

Referências

BRASIL. Lei 9279/1996 – **Lei da Propriedade Industrial (LPI)**. Disponível em: https://www.planalto.gov.br/ccivil_03/leis/l9279.htm. Acesso em: 30/01/2023.

DANNEMANN, Gert Egon; AHLERT, Ivan Bacelar; CÂMARA Jr. Eduardo da Gama. **Patentes: O que fazer? Por que fazer? Como fazer? Um guia prático e didático sobre o sistema de patente, direitos e obrigações**. In Séries Direitos de Propriedade Intelectual. Rio de Janeiro: IDS – Instituto Dannemann Siemsen/Sebrae, 2004.

IDS, Instituto Dannemann Siemsen. **Comentários à Lei de Propriedade Industrial.** Rio de Janeiro: Renovar, 3ª edição, 2013.

WIPO, World Intellectual Property Organization. **Innovation and Intellectual Property.** Genebra. [s.d.]. Disponível em: https://www.wipo.int/ip-outreach/en/ipday/2017/innovation_and_intellectual_property.html#:~:text=An%20invention%20is%20a%20new,commercial%20use%20of%20their%20invention. Acesso em 30/01/2023.

14.
DESENHO INDUSTRIAL

Luciana Vidali Balieiro

A propriedade industrial, espécie do gênero propriedade intelectual, conforme já expresso nesse manual, abrange uma série de direitos relacionados à proteção dos bens incorpóreos aplicáveis à indústria e ao comércio, visando o desenvolvimento econômico e social, adequado às necessidades de inovação e empreendedorismo. Aqui, foram divididos entre signos distintivos, criações técnicas e proteção *sui generis*.

O desenho industrial está posicionado entre as criações técnicas, dividindo o campo da propriedade industrial com os institutos das patentes de invenção e de modelo de utilidade, do know-how e segredo empresarial, dos cultivares, da topografia de circuitos integrados, dos conhecimentos tradicionais e dos dados sigilosos para registro de produtos.

Do desenho industrial
Design e desenho industrial não são sinônimos. Design é o processo técnico e criativo que envolve a concepção, configuração, elaboração e especificação de um objeto, orientado por uma intenção, um objetivo ou para a solução de um problema. Design significa projeto, somado à forma e à função. Já o desenho industrial é o resultado do design, resumidamente, é a modalidade de proteção da forma ornamental ou estética de um objeto funcional. Apenas um item da definição de design pode ser protegido pelo registro de desenho industrial, o aspecto.

No Brasil, até o advento da Lei n. 9.279/96, o desenho industrial era considerado uma modalidade de patente. Hoje, sua tutela é específica e o registro é outorgado de forma automática, desde que satisfeitos alguns requisitos formais, que serão melhor elucidados adiante.

Pela definição disposta no artigo 95 da Lei n. 9.279/1996, desenho industrial é *a forma plástica ornamental de um objeto ou o conjunto ornamental de linhas e cores que possa ser aplicado a um produto, proporcionando resultado visual novo e original na sua configuração externa e que possa servir de tipo de fabricação industrial.*

O desenho industrial trata da ornamentação da forma dos objetos, em três dimensões, contendo comprimento, largura e altura (forma plástica ornamental de um objeto) ou duas dimensões (conjunto ornamental de linhas e cores que possa ser aplicado a um produto).

Neste momento, abrimos um parênteses para esclarecer que o registro de forma plástica ornamental de um objeto também pode referir-se a partes de objetos, desde que destacáveis do todo onde estão integradas como, por exemplo, o farol de um automóvel.

Mas, o que é ornamentação? Ornamentação, para o desenho industrial, é o aspecto percebido pelo usuário, a aparência do objeto, o que pode ser visto. Assim, a ornamentação não amplia a utilidade do objeto, apenas o reveste de um aspecto diferente, que o torna mais agradável aos olhos, aumentando seu valor agregado.

Segundo a OMPI (Organização Mundial da Propriedade Intelectual), *"para proteger, nas diversas leis nacionais, um desenho industrial deve ter um apelo para os olhos".* A expressão "apelo para os olhos" trata exatamente da ornamentação, da parte atrativa do objeto, desvinculada da funcionalidade.

Apesar do desenho industrial dizer respeito somente à parte estética do objeto, à forma plástica, sua função utilitária deve estar presente, pois se o objeto resultante da atividade criativa não apresentar utilidade, a proteção migrará para o campo do direito autoral, desvinculando-se da propriedade industrial.

O objeto da proteção conferida pelo instituto do desenho industrial deve ser funcional, mas sua funcionalidade não é efetivamente protegida, o que é feito pelas patentes de invenção e de modelos de utilidade.

Requisitos de registrabilidade

O registro de desenho industrial confere ao seu titular o direito temporário de excluir terceiros não autorizados da exploração comercial, conforme disposto no art. 109, § único[1], remetendo ao art. 42[2], da Lei 9.279/96.

Referido monopólio, com prazo determinado de encerramento, configura verdadeira ferramenta de incentivo à concorrência sadia, na medida em que incrementa a geração de negócios, em razão da exclusividade na exploração do objeto expresso no desenho industrial registrado.

Quando um produto é interessante, atrai a concorrência e se não houver barreiras, a copia é inevitável. O registro de desenho industrial proporciona um ambiente desfavorável à copia desautorizada.

Segundo o disposto no artigo 95[3], da Lei 9.279/96, são requisitos para o registro do desenho industrial: a novidade, a originalidade e a aplicação industrial.

No que tange à novidade, é novo o desenho industrial que não está compreendido pelo estado da técnica, constituído por tudo aquilo tornado acessível ao público antes da data de depósito do pedido de registro no Brasil ou no exterior, em razão do uso ou qualquer outro meio (art. 96, §1º, da Lei 9.279/96[4]), ressalvado, primeiro, o período de graça que consiste na divulgação feita pelo próprio autor ou que tenham decorrido de atos praticados por ele, nos 180 (cento e oitenta) dias que precedem a

---

[1] Art. 109. A propriedade do desenho industrial adquire-se pelo registro validamente concedido. Parágrafo único. Aplicam-se ao registro do desenho industrial, no que couber, as disposições do art. 42 e dos incisos I, II e IV do art. 43

[2] Art. 42. A patente confere ao seu titular o direito de impedir terceiro, sem o seu consentimento, de produzir, usar, colocar à venda, vender ou importar com estes propósitos: I – produto objeto de patente; II – processo ou produto obtido diretamente por processo patenteado.

[3] Art. 95. Considera-se desenho industrial a forma plástica ornamental de um objeto ou o conjunto ornamental de linhas e cores que possa ser aplicado a um produto, proporcionando resultado visual novo e original na sua configuração externa e que possa servir de tipo de fabricação industrial

[4] Art. 96. O desenho industrial é considerado novo quando não compreendido no estado da técnica. § 1º O estado da técnica é constituído por tudo aquilo tornado acessível ao público antes da data de depósito do pedido, no Brasil ou no exterior, por uso ou qualquer outro meio, ressalvado o disposto no § 3º deste artigo e no art. 99.

data do depósito ou da prioridade reivindicada, tratado no art. 96, §3º, da Lei 9.279/96[5]; e, segundo, a prioridade unionista, pela qual o primeiro pedido de desenho industrial depositado em um dos países membros da Convenção da União de Paris (CUP) servirá de base para depósitos posteriores, relacionados à mesma matéria, efetuados pelo mesmo depositante, também, dentro de 180 (cento e oitenta) dias.

Para a verificação da novidade, basta que o desenho industrial apresente diferenças daquilo que está compreendido no estado da técnica. Preenchido tal requisito, o passo seguinte é verificar se tais diferenças são suficientes para conferir uma configuração visual realmente distintiva, ou seja, se a originalidade está presente.

Sobre o requisito da novidade, cabe citar o comentário inserto na obra Comentários à Lei da Propriedade Industrial, de Dannemann Siemsen de Estudos Jurídicos e Técnicos [6]:

> O requisito de novidade no caso dos desenhos industriais é idêntico ao requisito no caso de patentes, conforme comentado no art. 11, e inclui também o chamado "período de graça" (art. 96, §3º) que constitui uma inovação em relação ao Código de 1971. Não obstante o requisito ser basicamente o mesmo, conforme já comentado em relação ao artigo precedente, a concessão do registro não está sujeita a uma verificação prévia quanto à existência da novidade.
>
> Como já tradicionalmente aplicado às patentes, o conceito de novidade implica tão somente que o desenho seja diferente daquilo que se encontra no estado da técnica. Se o desenho apresenta diferenças, preencher o requisito de novidade e o próximo passo será investigar se ele também apresenta originalidade, isto é, se essas diferenças são suficientes para que resulte uma configuração visual de fato distintiva em relação a técnica anterior

---

[5] § 3º Não será considerado como incluído no estado da técnica o desenho industrial cuja divulgação tenha ocorrido durante os 180 (cento e oitenta) dias que precederem a data do depósito ou a da prioridade reivindicada, se promovida nas situações previstas nos incisos I a III do art. 12.
Art. 99. Aplicam-se ao pedido de registro, no que couber, as disposições do art. 16, exceto o prazo previsto no seu parágrafo 3o, que será de 90 (noventa) dias.
[6] IPANEMA MOREIRA, Dannemann, Siemsen, Bigler &. Comentários à Lei da Propriedade Industrial, 1ª Edição. Rio de Janeiro: Renovar, 2001.

Se determinado desenho, quando comparado a outro pré-existente, apresenta diferenças, mesmo que sutis, preenche o requisito legal da novidade, sendo imprescindível a verificação da presença da originalidade.

Já a originalidade é conferida ao desenho que apresenta uma configuração visual distinta em relação a outros objetos pré-existentes (art. 97 da Lei 9.279/96). Não basta que o desenho industrial seja novo, deve trazer características que lhe sejam peculiares, que o façam distinguível de seus pares, há de ser original.

Se um objeto que se deseja proteger é parecido com outro anterior, a ponto de ser confundido com ele, não tem originalidade. Ainda, o resultado visual original poderá vir da combinação de elementos conhecidos, nos termos do parágrafo único do art. 97 da Lei 9.279/96, desde que tais elementos não estejam registrados sob a titularidade de terceiros.

O terceiro requisito é o da aplicação industrial, indicando que o desenho industrial deve ser passível de fabricação em escala. Obras puramente artísticas e peças de artesanato não são consideradas como desenho industrial.[7]

Neste momento, é importante abrir um parênteses para destacar a observação feita por Lucas Martins Gaiarsa[8] a respeito da discussão acerca do caráter puramente artístico de um objeto:

> É importante dizer que essa é uma discussão inglória, pois nada que se diga sobre o assunto, e nenhum exemplo que envolva a intersecção entre arte e tecnologia é totalmente estanque. Por exemplo: uma estátua pequena pode vir a ser funcional, como peso de papel, ou uma tela de Monet pode transcender seu caráter puramente artístico, quando serve de estampa para forração para milhares de poltronas de ônibus utilizados em transporte público. No outro sentido, antigas fitas cassete (imagem 1) ou garrafas PET (imagem 2), objetos totalmente utilitários, tornam-se arte ao servir de matéria prima para esculturas, como nas imagens abaixo:

---

[7] Art. 98. Não se considera desenho industrial qualquer obra de caráter puramente artístico.
[8] GAIARSA, Lucas Martins. Registro de desenhos industriais – esse desconhecido. Boletim ASPI, São Paulo, n. 41 – julho de 2013 a fevereiro de 2014.

É evidente que, mesmo em se tratando de proteção conferida à forma estética, ornamental, o Instituto Nacional da Propriedade Industrial (INPI), órgão competente para registrar os desenhos industriais no Brasil, não avalia se a criação é dotada de beleza ou não, restringindo-se, a análise de registrabilidade, ao cumprimento dos requisitos legais dispostos nos artigos 95 a 98 da Lei 9.279/96.

Além do caráter puramente artístico, o art. 100^9, da referida lei, lista algumas exceções à proteção por desenho industrial, relacionadas a itens que sejam contrários à moral e aos bons costumes, que ofendam a honra ou a imagem de pessoas, ou atentem contra a liberdade de consciência, crença, culto religioso ou ideia ou sentimentos dignos de respeito e veneração; e, ainda, que representem a forma necessária comum ou vulgar de um objeto o que seja determinada, em sua essência, somente por considerações técnicas ou funcionais.

A vedação à proteção da forma necessária comum ou vulgar existe em razão do receio de se conferir um monopólio a tais tipos de forma, que devem permanecer disponíveis a todos

Inobstante a existência dos requisitos de registrabilidade comentados acima, a concessão do registro não está adstrita às suas prévias verificações, sendo concedido sem a realização de exame que avalie o mérito, o disposto no artigo 106^{10}, da Lei 9.279/96.

Antes de efetivar o pedido de registro de um desenho industrial junto ao INPI, é recomendado que se faça uma busca de anterioridades, a fim de conferir o estado da técnica do que se pretende ver registrado.

O pedido de registro de desenho industrial pode ser feito através do peticionamento eletrônico, ou através de formulários em papel e deverá conter, conforme o art. 101, da Lei 9.279/96: requerimento; relatório descritivo e reivindicações, se for o caso; desenhos ou fotografias; campo de

---

[9] Art. 100. Não é registrável como desenho industrial: I – o que for contrário à moral e aos bons costumes ou que ofenda a honra ou imagem de pessoas, ou atente contra liberdade de consciência, crença, culto religioso ou idéia e sentimentos dignos de respeito e veneração; II – a forma necessária comum ou vulgar do objeto ou, ainda, aquela determinada essencialmente por considerações técnicas ou funcionais.

[10] Art. 106. Depositado o pedido de registro de desenho industrial e observado o disposto nos arts. 100, 101 e 104, será automaticamente publicado e simultaneamente concedido o registro, expedindo-se o respectivo certificado.

aplicação do objeto; e comprovante do pagamento da retribuição relativa ao depósito.

A apresentação de relatório descritivo e reivindicações é opcional. Na maioria das vezes, as imagens são suficientes.

O titulo do desenho industrial deverá indicar o objeto do registro de forma direta, clara, sem a utilização termos irrelevantes, que remetam a vantagens práticas, qualidades, ou especificações técnicas.

3.2 Do registro dos desenhos industriais – desnecessidade do exame de mérito

A Lei 5.772/1971, revogada pela Lei 9.279/96, em seu artigo 19, §2º[11], estabelecia a necessidade de um exame detalhado de mérito, informando que seria indeferido o pedido de registro que não fosse privilegiável, o que não foi reeditado na nova lei.

A atual inexistência de exame de mérito para a concessão do registro de desenho industrial veio de encontro aos anseios dos titulares dos registros, que necessitavam de rapidez na obtenção dos certificados, a fim de conferir legitimidade à proteção de suas criações.

O exame de mérito não é obrigatório, mas seu titular pode requerê-lo a qualquer tempo, durante a vigência do registro (artigos 106[12] e 111[13] da Lei 9.279/96).

---

[11] §3º Por ocasião do exame, serão formuladas as exigências julgadas necessárias, inclusive no que se refere à apresentação de nôvo relatório descritivo, reivindicações, desenhos e resumo, desde que dentro dos limites do que foi inicialmente requerido.

[12] Art. 106. Depositado o pedido de registro de desenho industrial e observado o disposto nos arts. 100, 101 e 104, será automaticamente publicado e simultaneamente concedido o registro, expedindo-se o respectivo certificado.

§ 1º A requerimento do depositante, por ocasião do depósito, poderá ser mantido em sigilo o pedido, pelo prazo de 180 (cento e oitenta) dias contados da data do depósito, após o que será processado.

§ 2º Se o depositante se beneficiar do disposto no art. 99, aguardar-se-á a apresentação do documento de prioridade para o processamento do pedido.

§ 3º Não atendido o disposto nos arts. 101 e 104, será formulada exigência, que deverá ser respondida em 60 (sessenta) dias, sob pena de arquivamento definitivo.

[13] Art. 111. O titular do desenho industrial poderá requerer o exame do objeto do registro, a qualquer tempo da vigência, quanto aos aspectos de novidade e de originalidade.

Outra maneira de se enfrentar o mérito do pedido de registro de desenho industrial, no que tange a novidade e originalidade, é a oposição feita por terceiros, oportunidade em que é facultado o contraditório entre o depositante e terceiros eventualmente interessados.

Ainda que o registro de desenho industrial seja conferido sem o exame do mérito, caracterizando, apenas, uma presunção relativa de validade, seu certificado, muitas vezes, é considerado em demandas judiciais como evidência de um direito que está sendo violado.

A concessão do registro, mesmo sem adentrar ao mérito, passa por análise superficial, conforme se pode denotar da leitura do Manual do Usuário Módulo de Desenho Industrial do Peticionamento Eletrônico do INPI, cujo trecho segue colado:

> O Exame Preliminar
>
> Este exame é o primeiro passo para a obtenção do registro de desenho industrial. Nesta fase, serão verificadas as condições formais necessárias para a continuidade do processo. Caso estas condições sejam atendidas, o pedido de registro será publicado na Revista da Propriedade Industrial (RPI). Todos tomarão conhecimento de que o seu pedido foi depositado. Caso o exame preliminar verifique alguma irregularidade, serão feitas exigências ao depositante, que deverá atendê-las no prazo de 5 (cinco) dias corridos, contados a partir do primeiro dia útil subsequente à data de publicação da exigência. Atendidas as exigências, o pedido será publicado na RPI.

No mesmo sentido é a Instrução Normativa 13/2013 do INPI, que assim dispõe sobre a questão em seu artigo 35:

> Art. 35. Sendo constatado, durante o exame, que a forma do objeto é determinada essencialmente por considerações técnicas ou funcionais, será dada ciência ao depositante para que no prazo de sessenta dias apresente manifestação. A não manifestação ou a manifestação considerada improce-

---

Parágrafo único. O INPI emitirá parecer de mérito, que, se concluir pela ausência de pelo menos um dos requisitos definidos nos arts. 95 a 98, servirá de fundamento para instauração de ofício de processo de nulidade do registro.

dente acarretará o indeferimento do pedido na forma do art. 106 § 4º da LPI, com a consequente publicação do seu objeto.

Por outro lado, o titular do pedido de registro de desenho industrial pode optar por manter o sigilo do pedido de registro por 180 (cento e oitenta) dias, contados a partir do depósito.

O pedido de registro de desenho industrial deve se referir a, apenas, um item, sendo possível a inclusão de até 20 (vinte) variações, desde que se destinem ao mesmo propósito e mantenham a mesma característica preponderante, conforme disposto no art. 104, da Lei 9.279/96[14]. Dentre as variações, também são considerados os conjuntos, configurados por uma série de artigos com o mesmo caráter geral, normalmente vendidos ou destinados a utilização conjunta, com características de desenho em comum como, por exemplo, talheres (colheres, garfos e facas) e um secador de cabelos com os seus bocais e escovas.

A vigência do registro desta modalidade é de 10 anos, prorrogável por 3 períodos iguais e sucessivos de 5 anos, totalizando 25 anos (art. 108)[15], sendo certo que o pedido de prorrogação deve ser feito durante o último ano de vigência do registro, mediante o pagamento da retribuição competente.

Além dos pedidos de prorrogação, o titular do registro de desenho industrial deve efetuar o pagamento das retribuições quinquenais (art. 120, da lei 9.279/96), a partir do segundo quinquênio da data do depósito.

Diferente das marcas e das patentes, não há que se falar em caducidade do registro de desenho industrial pela falta de uso.

O registro de desenho industrial extingue-se (art. 119, da Lei 9.279/96) pelo fim vigência; pela renúncia do titular, ressalvado o direito de ter-

---

[14] Art. 104. O pedido de registro de desenho industrial terá que se referir a um único objeto, permitida uma pluralidade de variações, desde que se destinem ao mesmo propósito e guardem entre si a mesma característica distintiva preponderante, limitado cada pedido ao máximo de 20 (vinte) variações.

[15] Art. 108. O registro vigorará pelo prazo de 10 (dez) anos contados da data do depósito, prorrogável por 3 (três) períodos sucessivos de 5 (cinco) anos cada.

ceiros; pela falta de pagamento da retribuição prevista nos artigos 108 e 120[16]; ou pela ausência de procurado constituído.

O registro de desenho industrial pode ser anulado, através de declaração administrativa, quando tiver sido concedido com infringência ao disposto nos artigos 94 a 98, o que será feito através de processo de nulidade instaurado de ofício ou por requerimento de quem tem legítimo interesse, no prazo de 5 (cinco) anos contados da concessão do registro, ressalvada a hipótese do exame de mérito constatar pela falta de novidade e originalidade.

O INPI poderá instaurar processo de nulidade do registro, nas seguintes hipóteses: se concedido em desacordo com a Lei (art. 112); por titularidade (art. 94, que remete ao art. 6); por falta de novidade (Art. 7 e 96); por não se tratar de desenho industrial (Art.95); por não ter originalidade (Art. 97); e por ser objeto de caráter puramente artístico (Art. 98).

Importante destacar que os efeitos da concessão do registro serão suspensos se o requerimento de nulidade ou a instauração de ofício forem feitos dentro de 60 (sessenta) dias da concessão.

A nulidade também pode ser requerida judicialmente.

Referências

BARBOSA, Denis Borges. Uma Introdução à Propriedade Intelectual. 2ª edição revista e atualizada. Rio de Janeiro: Editora Lúmen Júris, 2003.

CARVALHO, Patrícia Luciane (coord.). Propriedade Intelectual: estudos em homenagem à Professora Maristela Basso. Curitiba: Juruá Editora, 2005

CERQUEIRA. João da Gama. *Tratado da Propriedade Industria*l. 3 vols. 3ª. ed., ver. e atualizada por Newton Silveira e Denis Borges Barbosa. São Paulo: Editora Lumen Juris, 2010.

---

[16] Art. 120. O titular do registro está sujeito ao pagamento de retribuição qüinqüenal, a partir do segundo qüinqüênio da data do depósito.

§ 1º O pagamento do segundo qüinqüênio será feito durante o 5º (quinto) ano da vigência do registro.

§ 2º O pagamento dos demais qüinqüênios será apresentado junto com o pedido de prorrogação a que se refere o art. 108.

§ 3º O pagamento dos qüinqüênios poderá ainda ser efetuado dentro dos 6 (seis) meses subseqüentes ao prazo estabelecido no parágrafo anterior, mediante pagamento de retribuição adicional.

CUNHA, Frederico Carlos da. A Proteção Legal do Design – Propriedade Industrial. Rio de Janeiro: Ed. Lucerna, 2000.

DANNEMANN, SIEMSEN, BIGLER & IPANEMA MOREIRA. Propriedade Intelectual no Brasi*l*. Rio de Janeiro: ODVI Design, 2000

DI BLASI, Gabriel. Tendências da proteção dos desenhos industriais nos países. In Propriedade & ética. Rio da Janeiro, Estratagema Consultoria de Comunicação, 2008.

GAIARSA, Lucas Martins. Registro de desenhos industriais – esse desconhecido. Boletim ASPI, São Paulo, n 41 – Julho de 2013 a Fevereiro de 2014

LICKS, Otto B. Inter-relação entre desenhos industriais, marcas figurativas, tri--dimensionais e direitos autorais. In: Revista da ABPI, Anais do XVIII Seminário Nacional de Propriedade Intelectual, 1998.

SANTOS, Manoel J. Pereira e **JABUR**, Wilson Pinheiro (Coord.), Criações Industriais, Segredos de Negócio e Concorrência Desleal. Série GVlaw, São Paulo, Editora Saraiva, 2007.

SILVEIRA, Newton. Direito de Autor no Desenho Industrial. Editora Revista dos Tribunais: São Paulo, 1982. _____. Propriedade Intelectual. 3ª.edição. São Paulo Editora Manole, 2005 _____. Os requisitos de novidade e originalidade para a proteção do desenho industrial. In: DOS SANTOS, M. J. P; JABUR, W. P. (Coord). Criações industriais, segredos de negócio e concorrência desleal. São Paulo: Saraiva, 2007.

15.
KNOW-HOW E SEGREDO EMPRESARIAL

Márcio Junqueira Leite

1. Introdução

A escolha da forma de proteção das criações industriais e empresariais tem caráter decisivo, variando de acordo com a indústria, natureza e objeto a ser protegido.

Como visto nos capítulos anteriores relativos a patentes, caso a criação atenda aos requisitos da novidade, atividade inventiva e aplicação industrial, nos termos do artigo 8º da Lei da Propriedade Industrial, o empresário poderá buscar a proteção patentária, que assegura o direito de exclusividade sobre o seu objeto pelo prazo de 20 anos, apenas no país onde foram requeridas.

A concessão da patente garante a existência de um direito de propriedade sobre o objeto patenteado, oponível a quaisquer terceiros. Assim, ainda que outro inventor chegue ao resultado do objeto patenteado por seus próprios meios, não poderá explorá-lo sem a autorização do titular, o que facilita a sua defesa judicial.

Por outro lado, caso a criação não seja patenteável, ou, ainda, o empresário queira proteger a sua criação por um período maior do que os vinte anos assegurado pela proteção patentária, poderá buscar a sua proteção na forma de **segredo empresarial**, que pode ser inicialmente apresentado como um conhecimento de caráter secreto – ou de difícil acesso – que agregue valor e gere vantagem competitiva para o seu detentor em relação aos seus concorrentes.

Em que pese a vantagem temporal do segredo empresarial, a legislação brasileira não o reconhece formalmente como uma propriedade oponível a terceiros, razão pela qual o conhecimento objeto do segredo pode sofrer engenharia reversa ou, ainda, ser livremente utilizado por concorrente que o desenvolva por meios próprios.

Tal situação poderá, inclusive, comprometer a sua proteção, pois, caso divulgado, perderá o sigilo, um dos seus principais elementos, com o risco de perecimento. Por essa razão, a proteção judicial do know-how é, via de regra, mais difícil do que aquela conferida às patentes.

GABRIEL LEONARDOS resume essa questão:

"Com relação ao segredo de indústria, o que ocorre é que – admitindo-se que o mesmo seja patenteável – o seu titular tem a opção de:
a) manter o segredo e assumir o risco de, no caso de haver uma violação, todos os seus concorrentes (que não tenham participado da violação do segredo) passarem a imediatamente poder utilizar tal inovação; ou
b) patentear a invenção, apresentando-a ao público na forma do relatório descritivo exigido pela lei de patentes, e, assim, valer-se do monopólio temporário assegurado pelo Estado, segundo o prazo fixado em lei (no Brasil, 20 anos contados do depósito, segundo o art. 40 da Lei nº 9.279/96)"[1]

Em razão disso, a regulação contratual dos segredos de negócio assume especial relevância. A esse respeito, DENIS BORGES BARBOSA:

"Por esta razão, o contrato de *know how* tem muito mais importância econômica do que a licença de patentes. Ao transferir o *know how,* o seu detentor cria uma capacidade de produção industrial nova, mas também uma relação de concessão, em que o fornecedor é o senhor da capacidade produtiva ou competitiva; é o *dominus* da tradição romana – o proprietário. Mas apenas por via contratual: é o senhor entre as partes[2]."

---

[1] LEONARDOS, Gabriel Francisco, *Notas sobre o segredo de negócio*, Revista Forense, Vol. 337, pg. 75
[2] BARBOSA, Denis Borges. *Do segredo industrial*, disponível em http://denisbarbosa.addr.com/92.doc. Acesso em 1/7/2019

Tendo em vista o maior ou menor grau de confidencialidade da informação, alguns autores diferenciam o know-how do segredo empresarial, apontado que o primeiro não exigiria apenas conhecimentos secretos, o que seria um pressuposto no segundo.

Conforme NEWTON SILVEIRA *"questão relevante é saber se o know--how tem por objeto apenas conhecimentos secretos. Parece que a resposta deve ser positiva, visto que, sem o segredo, o know-how perde o seu valor competitivo"*.[3]

Para GABRIEL LEONARDOS, contudo, know-how "é sinônimo da expressão *assistência técnica, científica, administrativa e semelhante* utilizada em nossas leis fiscais, sendo o gênero do qual há duas espécies: o know--how secreto e o know-how não secreto."[4]

Em razão da natureza jurídica do instituto, adiante comentada, a regra é que o tanto o know-how quanto os segredos empresariais devam ser constituídos por informações secretas. Isso não quer dizer, contudo, que essas informações devam ser necessariamente exclusivas.

Imagine-se o caso, por exemplo, de uma empresa nacional que deseje licenciar tecnologia para a construção de uma usina hidrelétrica. Por se tratar de tecnologia altamente especializada, por certo será de difícil acesso. Porém, não necessariamente será detida por apenas um fornecedor, podendo ser de conhecimento de outros, ainda que em número limitado, cada qual tratando de forma secreta a sua própria tecnologia, que, em suma, terá a mesma finalidade.

De acordo com ALEXANDRE GNOCCHI *"não é raro ver-se know-how idênticos ou similares, de diferentes procedências, em exploração nas mais diversas empresas, sem que tenha havido comunicação indevida ou transferência ilícita"*.[5]

Este também é o entendimento de DENIS BORGES BARBOSA, para quem "outros concorrentes podem ter o mesmo segredo, e dele fazerem uso, mas o *know-how* específico não é acessível a todo e qualquer competidor, atual ou potencial. Neste sentido, é secreto no seu sentido etimo-

---

[3] SILVEIRA, Newton, *Contratos de Transferência de Tecnologia*, Revista de Direito Mercantil, Rio de Janeiro, nº. 26, p. 90, 1978.
[4] LEONARDOS, Gabriel Francisco. *Tributação da transferência de tecnologia*. Rio de Janeiro: Forense, 1997, p. 79.
[5] GNOCCHI, Alexandre. *Transferência de Tecnologia Industrial*, São Paulo, 1981, Ed. Inventa, p. 43.

lógico, ou seja, segregado ou afastado: não é algo que ninguém – salvo o detentor – sabia, mas algo que certas pessoas não sabem."[6]

Sem prejuízo das divergências acadêmicas, para fins deste manual, consideraremos know-how e segredo empresarial como sinônimos, na medida em todos esses conhecimentos, independentemente do seu grau de confidencialidade, possuem valor comercial e geram vantagem competitiva aos seus titulares em relação aos seus concorrentes.

2. Da regulação do segredo empresarial

Na legislação atualmente em vigor no Brasil, a primeira referência ao instituto se dá no Acordo Sobre Aspectos dos Direitos de Propriedade Intelectual Relacionados ao Comércio ("TRIPS")[7], anexo do Tratado que estabeleceu a Organização Mundial do Comércio, que, em seu Artigo 39, estabelece competir aos países signatários:

ARTIGO 39
1 – Ao assegurar proteção efetiva contra competição desleal, como disposto no art.10 "bis" da Convenção de Paris (1967), os Membros protegerão informação confidencial de acordo com o parágrafo 2º abaixo, e informação submetida a Governos ou a Agências Governamentais, de acordo com o parágrafo 3º abaixo.
2 – Pessoas físicas e jurídicas terão a possibilidade de evitar que informações legalmente sob seu controle seja divulgada, adquirida ou usada por terceiros, sem seu consentimento, de maneira contrária a práticas comerciais honestas,(10) desde que tal informação:
(10) Para os fins da presente disposição, a expressão "de maneira contrária a práticas comerciais honestas" significará pelo menos práticas como violação ao contrato, abuso de confiança, indução à infração, e inclui a obtenção de informação confidencial por terceiros que tinham conhecimento, ou desconheciam por grave negligência, que a obtenção dessa informação envolvia tais práticas.

---

[6] BARBOSA, Denis Borges. *Do segredo industrial*, Disponível em http://denisbarbosa. addr.com/92.doc. Acesso em 1/7/2009.
[7] Recepcionado pelo País através do Decreto nº. 1355, de 30.12.1994.

a) seja secreta, no sentido de que não seja conhecida em geral nem facilmente acessível a pessoas de círculos que normalmente lidam com o tipo de informação em questão, seja como um todo, seja na configuração e montagem específicas de seus componentes;
b) tenha valor comercial por ser secreta; e
c) tenha sido objeto de precauções razoáveis, nas circunstâncias, pela pessoa legalmente em controle da informação, para mantê-la secreta.
3 – Os Membros que exijam a apresentação de resultados de testes ou outros dados não divulgados, cuja elaboração envolva esforço considerável, como condição para aprovar a comercialização de produtos farmacêuticos ou de produtos agrícolas químicos que utilizem novas entidades químicas, protegerão esses dados contra seu uso comercial desleal. Ademais, os Membros adotarão providências para impedir que esses dados sejam divulgados, exceto quando necessário para proteger o público, ou quando tenham sido adotadas medidas para assegurar que os dados sejam protegidos contra o uso comercial desleal. (destacamos)

A Lei da Propriedade Industrial, seguindo as diretrizes do TRIPS, regula o segredo empresarial de forma isolada, dentro das normas de repressão à concorrência desleal, sendo o diploma que norteia o instituto. Seu artigo 195, incisos XI e XII, estabelecem que:

Art. 195. Comete crime de concorrência desleal quem:
XI. Divulga, explora ou utiliza-se, sem autorização, de conhecimentos, informações ou dados confidenciais, utilizáveis na indústria, comércio ou prestação de serviços, excluídos aqueles que sejam de conhecimento público ou que sejam evidentes para um técnico no assunto, a que teve acesso mediante relação contratual ou empregatícia, mesmo após o término do contrato;
XII. Divulga, explora ou utiliza-se, sem autorização, de conhecimentos ou informações a que se refere o inciso anterior, obtidos por meios ilícitos ou a que teve acesso mediante fraude.

Outras leis também trazem menções pontuais ao instituto, também sem defini-lo:

a) o artigo 223-D, da Consolidação das Leis do Trabalho[8], protege os segredos empresariais da pessoa jurídica;
b) a Lei nº. 10.603/2002 *dispõe sobre a proteção de informação não divulgada submetida para aprovação e comercialização de produtos;*
c) a Lei 11.101/05 – Lei de Falências, em seu artigo 169, tipifica como crime: *violar, explorar ou divulgar, sem justa causa, sigilo empresarial ou dados confidenciais sobre operações ou serviços, contribuindo para a condução do devedor a estado de inviabilidade econômica ou financeira;*
d) A Lei 13.966/19 – Lei de Franquias, em seu artigo 2º, estabelece:

> Art. 2º Para a implantação da franquia, o franqueador deverá fornecer ao interessado Circular de Oferta de Franquia, escrita em língua portuguesa, de forma objetiva e acessível, contendo obrigatoriamente:
> (...)
> XV – situação do franqueado, após a expiração do contrato de franquia, em relação a:
> a) **know-how** da tecnologia de produto, de processo ou de gestão, informações confidenciais e segredos de indústria, comércio, finanças e negócios a que venha a ter acesso em função da franquia;
> b) implantação de atividade concorrente à da franquia;

A Lei Geral de Proteção de Dados (Lei 13.709, de 2018 – "LGPD"), reconhecendo a relevância jurídica e econômica do que chamou de "segredos comercial e industrial", também estabeleceu, em diversas ocasiões, a necessidade da sua observância, como, por exemplo: (i) na prestação de informações pelos agentes de tratamento acerca da forma e duração do tratamento dos dados pessoais; (ii) na elaboração pelo controlador do relatório de impacto à proteção de dados pessoais; (iii) na comunicação à Agência Nacional de Proteção de Dados – ANPD da ocorrência de um incidente de segurança; (iv) no atendimento do pedido de portabilidade e do acesso aos dados pelo titular dos dados; e (v) no fornecimento, pelo

---

[8] Art. 223-D. A imagem, a marca, o nome, o segredo empresarial e o sigilo da correspondência são bens juridicamente tutelados inerentes à pessoa jurídica.

controlador, das informações acerca dos critérios e procedimentos utilizadas para suas decisões automatizadas[9].

A LGPD também previu expressamente que compete à ANPD zelar pela observância dos "segredos comercial e industrial", observada a proteção de dados pessoais e do sigilo das informações quando protegido por lei ou quando a quebra do sigilo violar os fundamentos da própria lei.

3. Conceito de segredo empresarial

Diante da ausência de uma definição legal no Brasil, as conceituações apresentadas pelos diferentes doutrinadores levam em consideração os principais elementos do segredo empresarial, bem como a sua importância competitiva e valor econômico.

GAMA CERQUEIRA explica o instituto:

> A expressão *segrêdo de fábrica*, nesta matéria, possui sentido específico: muitas vêzes um industrial, em lugar de requerer privilégio para novo processo de sua invenção, prefere explorá-la secretamente em seu estabelecimento, com a dupla vantagem de não revelá-lo em virtude do pedido de patente e de beneficiar-se com a proteção indefinida resultante do seu uso secreto. Tais processos denominam-se, em propriedade industrial, *segredos de fábrica, segredos industriais* ou *segredos de fabricação*.
> Todo processo industrial suscetível de ser privilegiado constitui segrêdo de fábrica, enquanto é usado de modo secreto. Não é indispensável, entretanto, que o processo reúna os requisitos legais de uma invenção privilegiável para ser protegido contra sua revelação ou exploração. Certos detalhes de fabricação, certas operações, o emprêgo de determinada substância, os chamados *tours de main*, embora não privilegiáveis nos têrmos da lei, podem constituir segredos de fábrica. Exige-se, porém que o objeto dêstes seja *novo*, às patentes: se o processo já era conhecido e empregado, não há segrêdo de fábrica.
> Na opinião de Pouillet, o indivíduo que procura assegurar para si um privilégio ilimitado, conservando em segrêdo a sua descoberta, age egoìsticamente, negando à sociedade o fruto de sua invenção. Não obstante, a lei dispensa-lhe

---

[9] Arts. 6º, VI; 9º II, 10, § 3º; 18, V; 19, II e §3º; 20, § 1º e 2º; 37; 48, §1º, III, 55-J, II, X, XXIV §5º.

proteção, embora menos eficaz que a concedida aos privilégios de invenção, pois a sanção penal, como veremos (nº. 314 *infra*), só protege contra a revelação do segrêdo imputável aos seus empregados. Contra os concorrentes que lhe suspreendam o segrêdo, só disporá da ação cível fundada em concorrência desleal, salvo caso de co-autoria."[10]

Elizabeth K. Fekete, define-o como *[...] conhecimento técnico não protegido por patente ou qualquer outro direito de propriedade industrial, de acesso extremamente restrito, passível de ser transmitido, e que, quando aplicado ao processo produtivo industrial, implica vantagens para o seu titular.*[11]

JULIANA VIEGAS, por seu turno, apresenta-o como [...] *conjunto de conhecimentos técnicos, científicos, comerciais, administrativos, financeiros ou de outra natureza, de caráter e utilidade práticos, para uso empresarial ou profissional.*[12]

Em suma, é possível definir o know-how como qualquer informação secreta (leia-se, de acesso restrito, mas não necessariamente exclusivo), que seja sujeita a limitações razoáveis de acesso, que gere vantagem competitiva para o seu titular frente a seus competidores.

4. Natureza jurídica do *know-how*

A doutrina não é pacífica quando trata da natureza jurídica do *know-how*. Dentre as principais teorias, podem ser apontadas:

(i) **Teoria do direito da personalidade**, cujo maior expoente é PONTES DE MIRANDA[13], segundo a qual haveria um vínculo entre a atividade inventiva e a personalidade do inventor, o que garantiria a este um direito moral, assim como no direito autoral. Essa teoria parece estar superada na atual sociedade informacional, onde os bens imateriais são desenvolvidos no exercício da atividade empresarial.

---

[10] CERQUEIRA, João da Gama, *Tratado da Propriedade Industrial Vol. II, Tomo II, Parte III*, Revista Forense, Rio de Janeiro, 1956, pp. 383 e 384

[11] FEKETE, Elisabeth Kasznar. *O regime jurídico do segredo de indústria e comércio no direito brasileiro*. Rio de Janeiro: Forense, 2003, p. 55.

[12] VIEGAS, op. cit., p. 147.

[13] PONTES DE MIRANDA, **Tratado de Direito Privado**: parte especial. 4. T. XVI, São Paulo, RT, 1983, p. 449-450.

(ii) **Teoria dos bens imateriais**, defendida por FRAN MARTINS:

"O *know-how* é, para a maioria dos autores que o estudaram, considerado, hoje, um *bem imaterial*, segundo a denominação dada por Kohler e certos bens incorpóreos. Como um bem imaterial, incorpóreo, pode ser formado por elementos diversos, até mesmo corpóreos, como no caso em que a transferência desses bens se faz através de desenhos e gráficos que configuram o modo de procedimento. E, em se tratando de um bem, tem valor *patrimonial*, razão pela qual a sua transferência pode ser feita, como em regra o é, a título oneroso (podendo, entretanto, ser a título gratuito, como acontece com a transferência de know how para países subdesenvolvidos ou em vias de desenvolvimento).
Por se tratar de um bem, tem proteção legal. O Comitê Executivo da Câmara de Comércio Internacional, na sua 65ª sessão, realizada de 22 a 27.3.1961, adotou uma resolução definindo o know how em que declara: "o *know how* que tem um caráter secreto é um bem apresentando um valor econômico e a lei deve protegê-lo".[14]

(iii) **Teoria da repressão à concorrência desleal,** defendida, dentre outros, por GABRIEL F. LEONARDOS[15], segundo a qual a apropriação ou uso indevidos do "know-how por meio injusto são, por si só, contrárias a práticas comerciais legais e, portanto, proibidas com base na equidade. É a teoria mais aceita, por estar prevista no artigo 195, XI, da Lei da Propriedade Industrial.

(iv) **Teoria da posse**, defendida por Elizabeth Kasznar Fekete[16], Juliana L. B. Viegas[17] e José Antonio Faria CORREA[18], para quem essa

---

[14] MARTINS, Fran. *Contratos e Obrigações Comerciais*, Rio de Janeiro, Forense, 1999, p. 501.
[15] LEONARDOS, Gabriel F. *Notas sobre o segredo de negócio*, Revista Forense, Vol. 337, pg. 75.
[16] FEKETE, Elisabeth Kasznar. *O regime jurídico do segredo de indústria e comércio no direito brasileiro*. Rio de Janeiro: Forense, 2003, P. 169.
[17] VIEGAS, Juliana L. B. In: SANTOS, Manoel J.; JABUR, Wilson Pinheiro (Coord.). *Propriedade intelectual: contratos de propriedade industrial e novas tecnologias*. São Paulo: Saraiva, 2007, P. 157.
[18] CORREA, José Antonio B.L. Faria. *Considerações sobre o tratamento do segredo de negócio – os efeitos da nova Lei de Propriedade Industrial*. Revista da ABPI – Associação Brasileira da Propriedade Intelectual, Rio de Janeiro, n. 27, p. 31-38, mar.-abr. 1997

natureza garantiria a tutela judicial das ações possessórias ao titular que, teria, nos termos do Código Civil, o exercício de fato, pleno ou não, de algum dos poderes inerentes à propriedade[19].

(v) **Teoria do direito de propriedade**, que equipara o "know-how" aos demais direitos de propriedade industrial, como patentes, desenhos industriais e marcas. Esse entendimento é aceito pelos Tribunais norte-americanos desde 1984, quando a Suprema Corte jugou o caso Ruckelshaus v. Monsanto Company 467, US. 986 e reconheceu o direito de propriedade da Monsanto, legitimando-a a excluir terceiros do uso das suas informações. A Suprema Corte entendeu que a "percepção geral dos segredos de negócio como propriedade acha-se de conformidade à noção de 'propriedade' que se estende além da propriedade imobiliária e dos bens tangíveis e inclui os produtos do 'trabalho e invenção' dos indivíduos"[20] [21].

5. Elementos do segredo empresarial

Os principais elementos do segredo empresarial estão dispostos nos incisos XI e XII do art. 195 da Lei da Propriedade Industrial, como: o caráter secreto (*"confidenciais"* e *"excluídos aqueles que sejam de conhecimento público"*); originalidade (*"excluídos aqueles que sejam evidentes para um técnico no assunto"*), e aplicabilidade empresarial (*"utilizáveis na indústria, comércio ou prestação de serviços"*).

No entendimento de ELIZABETH KASZNAR FEKETE, *"não são mencionadas na lei, mas devem estar presentes as seguintes características, que parecem-nos implícitas no regime brasileiro, decorrendo de normas e princípios legais outros que os dispostos no art. 195, XI e XII da LPI, formando assim um segundo conjunto: a licitude, a coexistência de possíveis conhecedores, a ausência de patente, a alienabilidade, o valor ou importância econômica e a presença dos ele-*

---

[19] CORREA, José Antonio B.L. Faria. Ob Cit. P. 30
[20] _____. op. cit., p. 32.
[21] Essa posição é encontrada em parte da jurisprudência norte americana, conforme apontam MERGES, Robert, MENELL, Peter e LEMLEY, Mark, *Intellectual Property in the New Technological Age*, 4ªth ed., Aspen Publishers, 2007, p. 35.

mentos volitivos, no sentido de que as providências tomadas pelo detentor demonstrem sua vontade de preservar o sigilo."[22]

Por outro lado, para a caracterização e proteção do segredo, não são necessários elementos subjetivos, como a intenção da manutenção de sigilo, prevista em outros ordenamentos, tampouco a novidade absoluta, a patenteabilidade, o uso efetivo, a concretude, a suficiência técnica (para a operação de todo um ciclo industrial ou comercial) e a aplicação industrial, requisito previsto somente para as patentes.

6. Da jurisprudência

Considerando todas as premissas aqui apontadas, a jurisprudência aponta que, para a violação do segredo empresarial, é necessária a presença de alguns elementos: (i) a existência de uma relação contratual ou empregatícia, com a obrigação de não exploração e divulgação do segredo; (ii) o caráter secreto, que, como visto, não precisa ser absoluto, mas requer esforços razoáveis para a sua guarda; (iii) a aplicabilidade empresarial; e, finalmente (iv) que o segredo não seja "de conhecimento público" ou "evidente para um técnico no assunto".

Diante da ausência de definição legal e amplitude do seu objeto, a jurisprudência é casuística. Dentre os principais exemplos do reconhecimento da violação, destacam-se a concorrência desleal por ex-empregado:

AÇÃO OBRIGAÇÃO DE NÃO FAZER C.C. REPARAÇÃO DE DANOS. CONCORRÊNCIA DESLEAL. Apelantes-réus que, enquanto ainda eram empregados da Apelante-autora, constituíram empresa que atua no mesmo ramo de atividade, com semelhante objeto social. **Tentativas de aliciamento de clientes e de contratação de empregados da Apelante-autora, além da violação a know-how e divulgação de informações falsas.** Prova documental constitutiva do direito da Apelante-autora (art. 333, inc. I, CPC). Ilícito civil. Concorrência parasitária. A absolvição dos Apelantes-réus na esfera criminal por falta de provas não obsta o ajuizamento da ação civil. Inteligência dos artigos 66, 67 e 386 do Código de Processo Penal. Sentença mantida

---

[22] FEKETE, Elizabeth Kasznar. *O regime jurídico do segredo de indústria e comércio no direito brasileiro*. Rio de Janeiro, Forense, 2003. p. 83

neste ponto. REPARAÇÃO DE DANOS. Admissibilidade da reparação dos prejuízos causados pelos atos de concorrência desleal. Exegese do art. 209 da Lei nº 9279/96. Danos materiais presumidos (in re ipsa). Desnecessária a prova concreta do prejuízo e/ou sua extensão. Apuração em liquidação de sentença. Danos morais. Ausência de prova do efetivo prejuízo. Precedentes do C. STJ e desta 2ª Câmara Reservada de Direito Empresarial. Sentença reforma em parte neste ponto. Recurso da Apelante-autora parcialmente provido. Recurso dos Apelantes-réus não provido.
(TJ-SP – APL: 00224402020118260320 SP 0022440-20.2011.8.26.0320, Relator: Tasso Duarte de Melo, Data de Julgamento: 14/04/2014, 2ª Câmara Reservada de Direito Empresarial, Data de Publicação: 16/04/2014)
Processual. Agravo retido dos réus não reiterado nas razões do apelo. Recurso não conhecido, a teor do que dispunha o art. 523, § 1º, do CPC/73. Processual. Deserção. Falta de recolhimento dos portes de remessa e retorno dos autos. Parte beneficiária da gratuidade processual. Art. 9º da Lei nº 1.060/50. Benesse que compreende todos os atos processuais. Desnecessidade de recolhimento dessas verbas. Apelação do corréu Márcio conhecida. Processual. Competência material. Tese de que seria a Justiça do Trabalho a competente para o julgamento do feito. Descabimento. Demanda que se funda em condutas praticadas após o encerramento do vínculo empregatício, com o exercício, a partir daí, de atividades de concorrência desleal. Litígio que não decorre da relação de trabalho em si, ainda que se tome por base termo de confidencialidade firmado durante a vigência daquele vínculo. Competência da Justiça Comum Estadual reconhecida. Recurso do corréu Márcio, nessa parte, desprovido. Processual.
(...)
Concorrência desleal. Exercício de atividade empresária por ex-funcionário, no mesmo segmento da antiga empregadora, por meio de pessoa jurídica constituída após o rompimento do vínculo empregatício. Alegação de violação a termo de confidencialidade, a partir do uso de tecnologia e know-how a que teve acesso por conta da relação de trabalho, bem como de desvio de clientela. Termo de confidencialidade que não pode ser confundido com cláusula de não-concorrência. Vedação à divulgação de informações sigilosas, especialmente enquanto pendente a relação de trabalho. Vínculo empregatício que, por si só, não impede atuação de ex--funcionário em ramo empresarial idêntico. Captação indevida de cliente da

autora demonstrada, de toda forma. Réus que se passaram por representantes da autora para prestar, por conta própria e de forma clandestina, serviço de manutenção de equipamento instalado pela primeira. **Emprego ademais de informações específicas quanto ao funcionamento do equipamento adquiridas durante a relação de trabalho. Concorrência desleal caracterizada.** Ausência de caracterização por outro lado no tocante à celebração de contrato de assessoria com terceira empresa, com uso de fotografia de equipamento assemelhado ao da autora. Visual dos equipamentos correspondentes que ao que consta apresenta padrões assemelhados. Particularidades do aparelho da autora, por outro lado, que segundo ela residiriam fundamentalmente no material utilizado e no sistema de funcionamento, não na conformação estrutural do equipamento ou sem sua apresentação física. Responsabilidade civil de ambos os réus configurada, por conta da atuação conjunta no desvio indevido de clientela. Danos morais caracterizados. Afetação a elementos imateriais em razão da concorrência desleal. Adequada reprimenda aos ofensores, evitando a consagração do ilícito lucrativo. Redução do montante indenizatório arbitrado. Sentença de parcial procedência reformada em parte, apenas para tal fim. Apelações dos réus parcialmente providas.
(TJ-SP – AC: 00119250220108260597 SP 0011925-02.2010.8.26.0597, Relator: Fabio Tabosa, Data de Julgamento: 15/05/2019, 2ª Câmara Reservada de Direito Empresarial, Data de Publicação: 15/05/2019)

Outros exemplos, contudo, demonstram a dificuldade da proteção judicial do segredo, que deve ser bem delimitado contratualmente e em sede judicial, para não esbarrar em outros direitos, em especial a liberdade constitucional de trabalho:

Concorrência desleal. Contrato de prestação de serviços de análise e desenvolvimento de integração entre sistemas. Ex-empregado que passou a trabalhar em empresa cliente da autora, em suposta violação a cláusula de não-concorrência. Demonstração de mero exercício da profissão. **Não comprovada a aquisição de conhecimento específico cuja reprodução caracterizaria transmissão de know-how, em quebra de confidencialidade.** Ausente tipificação do art. 195, inciso III, da Lei 9.279/96. Sentença mantida. Recurso desprovido.

(TJ-SP 00456415420138260002 SP 0045641-54.2013.8.26.0002, Relator: Claudio Godoy, Data de Julgamento: 14/08/2017, 2ª Câmara Reservada de Direito Empresarial, Data de Publicação: 14/08/2017)
RECURSO ESPECIAL. CONTRATOS DE REPRESENTAÇÃO E DE DISTRIBUIÇÃO. AÇÃO DE INDENIZAÇÃO. EMBARGOS DE DECLARAÇÃO. PRECLUSÃO. NÃO OCORRÊNCIA. NEGATIVA DE PRESTAÇÃO JURISDICIONAL. OMISSÃO. NÃO OCORRÊNCIA. DANOS MATERIAIS. **KNOW-HOW. APROPRIAÇÃO INDEVIDA. NÃO OCORRÊNCIA.**
(...)
6. No caso, não é devida indenização pela alegada apropriação indevida de know-how por não se verificar fato que escape a essa regra, notadamente porque as informações alegadamente utilizadas estão dispostas em contrato celebrado entre as partes, por meio do qual a ora recorrida se obrigou expressamente a fornecê-las.
7. Na espécie, o Tribunal de origem não identificou quais os elementos integrantes do know-how da recorrida estariam sob proteção legal ou contratual.
8. Recurso especial provido.
(REsp n. 1.727.824/SP, relator Ministro Ricardo Villas Bôas Cueva, Terceira Turma, julgado em 5/4/2022, DJe de 8/4/2022.)
RECURSO ESPECIAL. CIVIL. CORRETORA DE SEGUROS. CRIAÇÃO DE NOVA ESPÉCIE SECURITÁRIA. PROTEÇÃO AUTORAL. INEXISTÊNCIA. IDEIAS, PROJETOS E PLANOS DE NEGÓCIO. PATRIMÔNIO COMUM DA HUMANIDADE. PROPOSTA DE PARCERIA. ENTE SEGURADOR. RECUSA. COMERCIALIZAÇÃO DE PRODUTO SIMILAR. POSSIBILIDADE. USURPAÇÃO DE KNOW-HOW E CONCORRÊNCIA DESLEAL. DESCARACTERIZAÇÃO. QUEBRA DE CONFIANÇA E ENRIQUECIMENTO ILÍCITO. NÃO OCORRÊNCIA. RELAÇÃO TÍPICA ENTRE CORRETORA E SEGURADORA. COMERCIALIZAÇÃO DE APÓLICE DIVERSA.
1. Cinge-se a controvérsia a definir (i) se a criação de nova espécie de seguro (RC TRANS AMBIENTAL) possui a proteção da Lei de Direitos Autorais e (ii) se a seguradora, ao recusar parceria com a corretora de seguros que desenvolveu o seguro inédito e comercializar apólice similar, praticou conduta vedada, como a concorrência desleal por desvio de clientela e por

uso de conhecimentos e informações sigilosos (know-how), enriquecendo ilicitamente.

(iii)

9. Inexiste usurpação de know-how quando seguradora e corretora trabalham em conjunto para desenvolver produto com a expertise de cada uma, não havendo também confidencialidade das informações técnicas envolvidas, típicas da atividade de corretagem, a gerar apenas aviamento.

10. Não configura quebra de confiança legítima ou enriquecimento ilícito a comercialização, por seguradora, de apólice nova, diversa da idealizada por corretora, mesmo sendo de mesma temática.

11. Recurso especial não provido.

(REsp n. 1.627.606/RJ, relator Ministro Ricardo Villas Bôas Cueva, Terceira Turma, julgado em 2/5/2017, DJe de 5/5/2017.)

Referências

ASCENÇÃO, José de Oliveira., *Concorrência Desleal*, Almedina, Coimbra, 2002, pp. 459 e 460.

ASSAFIM, João Marcelo de Lima. *A transferência de tecnologia no Brasil*. Rio de Janeiro: Lumen Júris, 2005

BARBOSA, Denis Borges. *Uma introdução à propriedade intelectual*. Rio de Janeiro: Lumen Júris, 2003.

—. *Do segredo industrial*. Disponível em http://denisbarbosa.addr.com/92.doc. Acesso em 1/7/2019.

CERQUEIRA, João da Gama, *Tratado da Propriedade Industrial*, Revista Forense, Rio de Janeiro, 1956.

CORREA, José Antonio B.L. Faria. *Considerações sobre o tratamento do segredo de negócio – os efeitos da nova Lei de Propriedade Industrial*. Revista da ABPI – Associação Brasileira da Propriedade Intelectual, Rio de Janeiro, n. 27, p. 31-38, mar.-abr. 1997.

DELMANTO, Celso. *Crimes de concorrência desleal*. São Paulo: José Buchatsky/Universidade de São Paulo, 1975.

FEKETE, Elisabeth Kasznar. *O regime jurídico do segredo de indústria e comércio no direito brasileiro*. Rio de Janeiro: Forense, 2003.

GNOCCHI, Alexandre. *Transferência de Tecnologia Industrial*, São Paulo, 1981, Ed. Inventa.

LABRUNIE, Jacques. *A proteção ao segredo de negócio*. In: SIMAO FILHO, Adalberto; LUCCA, Newton de (Coords.). *Direito empresarial contemporâneo*. São Paulo: Juarez de Oliveira, 2000, p. 86-105.

LEONARDOS, Gabriel Francisco. *Tributação da transferência de tecnologia*. Rio de Janeiro: Forense, 1997.

—. *Notas sobre o segredo de negócio*, Revista Forense, Vol. 337, pg. 75.

LEONARDOS, Luiz. *O Tratamento do Fluxo de Tecnologia Frente À Nova Lei de Propriedade Industrial e no Trips*. Disponível em http://200.244.61.28/Textos/htm/tecnoflux.htm.

MERGES, Robert, MENELL, Peter e LEMLEY, Mark. *Intellectual Property in the New Technological Age*, 4ªth ed., Aspen Publishers, 2007, p. 35.

PONTES DE MIRANDA, *Tratado de Direito Privado*: parte especial. 4. T. XVI, São Paulo, RT, 1983.

VIEGAS, Juliana L. B., *Propriedade Intelectual: contratos de propriedade industrial e novas tecnologias*. São Paulo, Saraiva, 2007 – (Serie GVLaw)

ZAITZ, Daniela. *Direito e Know-how: uso, transmissão e proteção dos conhecimentos técnicos ou comerciais de valor econômico*. Curitiba, Juruá, 2005

16.
CULTIVARES

Nancy Caigawa

1. Introdução

Com a criação da UPOV – União Internacional para a Proteção de Variedades Vegetais, mediante a assinatura de Convenção Internacional para Proteção de Variedades Vegetais em 2 de dezembro de 1961 (Tratado UPOV), emerge internacionalmente um sistema *sui generis* de proteção da propriedade intelectual sobre as variedades vegetais, que prevê normas *standard* com dispositivos basilares e mandatórios, como requisitos de proteção próprios e distintos do sistema de patentes, prazo mínimo de proteção particular e a chamada isenção do melhorista. A UPOV conta atualmente com 78 membros[1] e o tratado internacional que a criou foi revisado três vezes, mediante os Atos de 10 de novembro de 1972, 23 de outubro de 1978 e 19 de março de 1991.

Abrigando os diferentes sistemas jurídicos nacionais e multilaterais existentes em relação à proteção das variedades vegetais, o TRIPS[2] estipula em seu artigo 27, 3), b) *in fine* que os Estados Membros devem asse-

---

[1] https://www.upov.int/export/sites/upov/members/en/pdf/status.pdf. Acesso em 14 de janeiro de 2023.

[2] Acordo sobre os Aspectos dos Direitos de Propriedade Intelectual Relacionados ao Comércio – Trade Related Intellectual Property Rights (TRIPS), Anexo 1 C da Ata Final que incorpora os Resultados da Rodada Uruguai de Negociações Multilaterais do GATT e cria a OMC, assinado em 14 de abril de 1994.

gurar a proteção das variedades vegetais por meio de patentes, ou por um sistema *sui generis*, ou, ainda, através de uma combinação de ambos.

No Brasil, as variedades vegetais são protegidas através de um direito *sui generis*. Por força do disposto nos artigos 10, inciso IX e 18, inciso III da Lei da Propriedade Industrial (LPI), Lei nº 9.279, de 14 de maio de 1996, descartou-se a possibilidade de proteção sobre o todo ou parte de seres vivos naturais e materiais biológicos por meio de patentes. Por outro lado, em cumprimento do disposto no art. 27, 3, b) *in fine* do TRIPS, o Brasil garantiu a proteção dos direitos de propriedade intelectual sobre novas variedades vegetais através da chamada Lei de Proteção de Cultivares (LPC), Lei nº 9.456, de 25 de abril de 1997, que criou o Serviço Nacional de Proteção de Cultivares (SNPC), órgão do Ministério da Agricultura, Pecuária e Abastecimento (MAPA) responsável pela análise dos requerimentos de proteção e pela concessão do Certificado de Proteção de Cultivar, e regulamentada pelo Decreto nº 23.66, de 5 de novembro de 1997 (Regulamento da LPC).

Posteriormente, através do Decreto nº 3.109, de 30 de junho de 1999, o Brasil promulgou o Ato de 23 de outubro de 1978, que revisou o Tratado UPOV (Ato de 1978 do Tratado UPOV), embora a LPC e seu decreto regulamentador também abriguem disposições que foram introduzidas na revisão de 1991.

Além disso, embora não regulem propriamente os direitos de propriedade intelectual sobre as variedades vegetais, também deverão ser observadas as disposições previstas na Lei nº 10.711, de 5 de agosto de 2003, e seu regulamento, Decreto nº 10.586, de 18 de dezembro de 2020, que estabelecem condições para a produção, comercialização e utilização de variedades vegetais no Brasil, bem como a Lei 13.123, de 20 de maio e 2015, que dispõe sobre o acesso ao patrimônio genético.

2. Proteção de Cultivares no Brasil

2.1 Definição de Cultivares

Nos termos do artigo 3º, inciso IV da LPC, **cultivar é a variedade de qualquer gênero ou espécie vegetal superior que preencha os requisitos de distinguibilidade** (*"que seja claramente distinguível de outras cultivares conhecidas por margem mínima de descritores"*), **homogeneidade** (*"que* *seja homogênea"*), **estabilidade** (*"e estável quanto aos descritores através de gerações sucessivas"*) e **denominação própria** (*"que seja claramente distinguível de outras cultivares conhecidas (...), por sua denominação própria"*), **e que seja de espécie que possua utilidade econômica** (*"e seja de espécie passível de uso pelo complexo agroflorestal"*) e **seja pública** (*"descrita em publicação especializada disponível e acessível ao público"*). Serão analisados a seguir os elementos que compõe a definição legal.

a) *"variedade de qualquer gênero ou espécie vegetal superior"*

Os inúmeros organismos vegetais foram classificados em um sistema botânico, no qual a unidade básica de classificação é a espécie, que reúne indivíduos que se assemelham por apresentar características comuns. Um conjunto de espécies que guardam semelhança é chamado de gênero.

As cultivares são variedades de gênero ou espécie de "vegetal superior", que compreendem as gimnospermas, como os ciprestes, araucárias e sequoias, e as angiospermas, como os legumes, eucalipto, maçã, lírios, orquídeas, soja, cana-de-açúcar, dentre outras. Assim, foram expressamente excluídas da proteção legal prevista na LPC, espécies de vegetais inferiores, como as algas, os musgos, as avencas e as samambaias.

Estão ainda abrangidas na definição legal de cultivares, a linhagem de componentes híbridos, sendo definida como linhagem, *"os materiais genéticos homogêneos, obtidos por algum processo autogâmico continuado"* (art. 3º, X da LPC), e híbrido como *"o produto imediato do cruzamento entre linhagens geneticamente diferentes"* (art. 3º, XI da LPC).

b) *"seja claramente distinguível de outras cultivares conhecidas por margem mínima de descritores"*

Para que seja considerada uma cultivar conforme definição prevista no artigo 3º, inciso IV da LPC, a variedade vegetal deve preencher os requisitos da distinguibilidade, homogeneidade, estabilidade e denominação própria, condições de proteção previstas no artigo 6º do Ato de 1978 do Tratado UPOV.

Atenderá ao requisito da distinguibilidade, a cultivar que se distinga claramente, por margem mínima de descritores, de outra cultivar cuja existência seja reconhecida na data do pedido de proteção.

Todas as cultivares devem ser descritas pelas suas características morfológicas, fisiológicas, bioquímicas, ou moleculares, herdadas geneticamente, de forma a permitir que ela seja conhecida, reconhecível e identificável. Tais características podem corresponder, por exemplo, à coloração, tamanho, formato, textura dos frutos, folhas e pétalas, resistência a determinadas pragas, e foram definidas na LPC como "Descritores" (Art. 3º, II da LPC).

A margem mínima de descritores é o conjunto mínimo de descritores considerado suficiente para diferenciar as cultivares. Ela varia de acordo com a espécie de variedade vegetal e a sua definição é objeto de exclusiva discricionariedade do SNPC (art. 3º, III da LPC, e art. 3º, II e art. 5º, III de seu decreto regulamentador).

Já a noção de cultivar de existência anterior reconhecida pode ser extraída da leitura do artigo 6, (1), (a) do Ato de 1978 do Tratado UPOV, que considera que a existência *"notoriamente conhecida"* poderá ser estabelecida *"por referência a vários elementos tais como: cultivação ou comercialização já em curso, inscrição efetuada ou pendente num registro oficial de variedades, inclusão numa coleção de referência ou descrição precisa numa publicação"*.

c) *"que seja homogênea e estável quanto aos descritores através de gerações sucessivas"*

Os requisitos da homogeneidade e estabilidade têm por objeto a manutenção de variabilidade mínima dos descritores utilizados na descrição da cultivar quando em cultivo em escala comercial.

A variedade vegetal será homogênea quando verificado que, no cultivo em escala comercial, os exemplares de uma mesma cultivar mantêm padrão uniforme, apresentando variabilidade mínima quanto aos descritores utilizados para sua descrição, segundo critérios estabelecidos pelo SNPC. Já a estabilidade de uma cultivar é aferida se, após sucessivas gerações cultivadas em escala comercial, for verificada a manutenção da homogeneidade dos descritores da variedade vegetal.

d) *"seja claramente distinguível de outras cultivares conhecidas (....) por sua denominação própria"*

Toda cultivar deverá ter uma denominação própria, que permita a sua clara e correta identificação, sendo recomendável a consulta prévia às Notas Explicativas das Denominações de Variedades Vegetais de acordo com a UPOV[3], bem como à base de dados da PLUTO da UPOV[4] para a escolha da denominação da cultivar.

A denominação da cultivar deverá ser distintiva, não podendo ser expressa apenas de forma numérica, e nem ser capaz de gerar confusão com outra cultivar preexistente, ou induzir a erro quanto às suas características intrínsecas ou quanto à sua procedência (art. 15 da LPC).

O Regulamento da LPC estabeleceu ainda outras vedações referentes à: (i) inapropriabilidade de termos, como expressões que sejam de uso comum, como o nome botânico ou comum de um gênero ou espécie, ou atributos comuns de outras cultivares, ou, ainda, os termos como "variedade", "cultivar", "forma", "híbrido", e suas traduções (art. 7º, § 1º, f, g, i, j); (ii) direitos de terceiros, vedando-se o uso de denominação já objeto de proteção, seja como cultivar, seja como marca (art. 7º, § 1º, c, d, l); (iii) distintividade e vedação à confusão ou associação indevida, como a proibição de uso de termos que não permitam a identificação da cultivar, ou possam induzir a erro ou confusão quanto à origem, procedência, características, valor ou identidade da cultivar ou seu obtentor, ou denominação que sugira que a cultivar deriva de outra ou a ela esteja relacionada, quando isso não corresponder à realidade (art. 7º, § 1º, a, b, h); e (iv) contrariedade à moral ou bons costumes (art. 7º, § 1º, e).

e) *"e seja de espécie passível de uso pelo complexo agroflorestal, descrita em publicação especializada disponível e acessível ao público"*

Em atendimento ao interesse social e de desenvolvimento tecnológico e econômico do país previstos no artigo 5º, inciso XXIX da Constituição Federal, a LPC prevê na própria definição de cultivar, que a variedade vegetal deve ser de espécie que tenha utilidade econômica, ou seja, seja utilizada ou possa ser utilizada em atividade de cultivo *"visando, entre outras, à alimentação humana ou animal, à produção de combustíveis, óleos, corantes, fibras, e demais insumos para fins industrial, medicinal florestal e ornamental"* (art. 3º, XVIII, *in fine* da LPC).

Além disso, a cultivar deve ser de espécie descrita em publicação especializada e acessível ao público. Nesse sentido, o Regulamento da LPC

---

[3] https://www.upov.int/edocs/expndocs/en/upov_exn_den.pdf. Acesso em 22/01/2023
[4] https://www.upov.int/pluto/en/. Acesso em 22/01/2023

previu a obrigação do SNPC de divulgar as espécies vegetais e os respectivos descritores mínimos, estipulando cronograma escalonado para essa divulgação (art. 6º, parágrafos 2º e 3º do Regulamento da LPC), e condicionando a aceitação do pedido de proteção de cultivar à existência de prévia divulgação pelo SNPC das espécies vegetais e seus respectivos descritores mínimos (art. 11 do Regulamento da LPC).

Atualmente, o SNPC divulga e classifica as espécies de vegetais superiores pelos seguintes grupos de cultivo: (i) grandes culturas, como a soja, café, algodão e milho; (ii) florestais, como o eucalipto, cedro, pinus; (iii) forrageiras, como a aveia, milheto, capim; (iv) frutíferas, como maçã, uva, abacaxi, morango; (v) olerícolas, como a cenoura, alface, pimenta, melão, ervilha, quiabo; (vi) ornamentais, como rosa, begônia, crisântemo, hortênsias, orquídeas; e (vii) medicinais e aromáticas, como estévia, carqueja, macela.

2.2 A cultivar passível de proteção

Ainda que a variedade vegetal possa ser enquadrada na definição legal de cultivar (art. 3º, IV da LPC), nem toda a cultivar é passível de proteção, devendo ser observados os ditames do artigo 5º, inciso XXIX da Constituição Federal, fundamento constitucional do qual emana a proteção às cultivares no Brasil, não sendo passíveis de proteção as meras descobertas ou a revelação de variedades vegetais já existentes, ainda que desconhecidas. A interpretação sistemática desses dispositivos leva à conclusão de que apenas será assegurada a proteção às novas cultivares resultantes de uma criação intelectual, ou seja, decorrentes de processo de melhoramento vegetal através do qual são empregadas técnicas tradicionais, como cruzamento e seleção, ou de engenharia genética para a obtenção da nova variedade vegetal, e para o estabelecimento de descritores que a diferencie das demais. Ressalta-se que os processos de melhoramento vegetais são usualmente caracterizados pela longa duração, levando em média 20 (vinte) a 30 (trinta) anos para as chamadas espécies perenes (frutíferas, videiras e florestais), e 8 (oito) a 12 (doze) anos para as espécies anuais[5].

---

[5] BRASIL. Ministério da Agricultura, Pecuária e Abastecimento. Proteção de Cultivares no Brasil. Brasília: MAPA/ACS, 2011. Pág. 23.

Além disso, o artigo 2º da LPC expressamente dispõe que a única forma de proteção das cultivares no Brasil se dá por meio da concessão do Certificado de Proteção de Cultivar pelo SNPC, e somente será concedido o Certificado de Proteção de Cultivar à Nova Cultivar e à Cultivar Essencialmente Derivada (art. 4º da LPC).

Dessa forma, para que seja objeto dos direitos decorrentes da concessão do Certificado de Proteção de Cultivar, a variedade vegetal deverá preencher os requisitos de distinguibilidade, homogeneidade, estabilidade, denominação própria e utilidade em complexo agroflorestal, presentes na definição legal de cultivar, e, ainda, ser nova ou essencialmente derivada nos termos da LPC e em consonância com o artigo 6º do Ato de 1978 do Tratado UPOV, e o art. 14, (5) do Ato de 19 de março de 1991, que revisou o Tratado UPOV (Ato de 1991 do Tratado UPOV).

Conforme se depreende da definição de "Nova Cultivar" (art. 3ª, V da LPC), a novidade aferida no regime de proteção da LPC não é aquela prevista como requisito de patenteabilidade na LPI. Trata-se de novidade comercial, referente à disponibilidade e oferecimento à venda da cultivar no mercado, na medida em que a sua circulação no mercado viabiliza o acesso à informação genética da variedade vegetal, e permite a sua reprodução por qualquer terceiro.

Assim, será considerada Nova Cultivar toda cultivar que, em relação à data do depósito do pedido de proteção, não tiver sido comercializada ou oferecida à venda com o consentimento do titular por um período maior que: (i) 12 meses no Brasil; ou (ii) 6 anos no exterior para árvores e videiras; ou (iii) 4 anos no exterior para as demais espécies.

O conceito e as disposições acerca da Cultivar Essencialmente Derivada (CED) foram introduzidos através do Ato de 1991 do Tratado UPOV, e foram incorporadas pela LPC apesar de o Brasil não ter promulgado tal ato.

A CED vem definida no art. 3º, IX da LPC, que prevê a necessidade de verificação da presença cumulativa de três requisitos para sua caracterização: (i) ser predominantemente derivada da cultivar inicial ou de outra CED; (ii) distinguibilidade em relação à cultivar da qual derivou, por margem mínima de descritores; e (iii) ser uma Nova Cultivar (art. 3º, V), observando-se os prazos relacionados à sua comercialização. Em que pese o Ato de 1991 do Tratado UPOV não ter sido promulgado no Brasil, na ausência de parâmetros para a compreensão do que seria "predominantemente derivada", podem ser utilizados como referência os exemplos de método para a obtenção da CED listados no artigo 14, (5), (c) do Ato de 1991 do Tratado UPOV, a saber: (i) seleção de mutante natural ou induzido; (ii) seleção de variação somaclonal; (iii) seleção de um indivíduo variante escolhido entre as plantas da cultivar inicial; (iv) por retrocruzamentos; ou (v) por transformações efetuadas através de engenharia genética.

Além disso, tendo em vista que é condição para o requerimento da proteção de cultivar, a prévia divulgação pelo SNPC da espécie e da respectiva margem mínima de descritores, a LPC e o seu Regulamento estipulam, ainda, o seguinte rol taxativo de condições cumulativas que permite que cultivares, que já tenham sido oferecidas à venda até a data do pedido de proteção e não sejam Novas Cultivares ou CED, podem ser protegidas: (i) apresentação do pedido de proteção em até 12 (doze) meses da divulgação da descrição da espécie vegetal e seus descritores mínimos; (ii) a primeira comercialização tenha ocorrido há no máximo 10 (dez) anos do pedido de proteção; (iii) proteção será conferida apenas para utilização da cultivar para obtenção de cultivares essencialmente derivadas; e (iv) o prazo de proteção compreenderá o período remanescente do prazo de 18 (dezoito) anos no caso de videiras, árvores frutífera, florestais e ornamentais, ou 15 (quinze) anos para as demais, contado da data da primeira comercialização.

2.3 Titulares de direitos

Em relação aos titulares de direitos, foram definidas e diferenciadas na LPC: (i) a figura do Melhorista, pessoa física que tiver obtido e descrito a cultivar, titular de direitos morais, que lhe asseguram a paternidade e indicação de seu nome no Certificado de Proteção de Cultivar (art. 3º, I e Art. 5º da LPC); e (ii) a figura do Obtentor (Art. 5º da LPC), pessoa física ou jurídica legitimada a requerer a proteção da cultivar, seja como o próprio Melhorista, seja como herdeiro, sucessor, ou cessionário de direitos.

A LPC prevê os casos em que as cultivares são obtidas no âmbito de um contrato de trabalho ou de prestação de serviços nos artigos 38 e 39 da LPC. Pertencerão exclusivamente ao empregador ou contratante de serviços, os direitos sobre Novas Cultivares ou CEDs que tiverem sido desenvolvidas ou obtidas pelo empregado ou prestador de serviços em cumprimento de dever funcional ou obrigação contratual de contrato que preveja a atividade de pesquisa, durante a sua vigência ou, se expirado, nas hipóteses em que a proteção tenha sido requerida ao SNPC em até 30 dias ou 6 meses da extinção do contrato de trabalho ou de prestação de serviços, respectivamente (art. 38 da LPC). Nesses casos, o Obtentor seria o empregador ou contratante de serviços, sendo assegurado o direito do Melhorista empregado ou prestador de serviços de ter seu nome indicado no Certificado de Proteção de Cultivar. A Nova Cultivar ou CED pertencerá a ambas as Partes caso haja a conjunção de esforços do Melhorista empregado ou prestador de serviços, com os recursos materiais do empregador ou tomador de serviços, e a atividade de pesquisa não esteja prevista no contrato, ressalvadas as disposições contratuais em sentido contrário (art. 39 da LPC).

2.4 Procedimento administrativo para obtenção do certificado de proteção de cultivar

Compete ao SNPC a proteção de cultivares no Brasil, mediante a análise de requerimentos e a outorga dos Certificados de Proteção de Cultivar, o monitoramento das cultivares protegidas, a guarda e conservação das amostras vivas que integrarão a coleção e germoplasma de cultivares protegidas, dentre outras atividades previstas no Regulamento da LPC.

O requerimento da proteção poderá ser feito pelo Obtentor, por si ou por procurador domiciliado no Brasil, mediante o envio do Formulário de Requerimento de Proteção de Cultivar[6] por meio eletrônico através do Cultivarweb, sistema acessível pela página da internet do MAPA. Esse formulário deverá ser instruído com os seguintes documentos:

(i) Formulário de Relatório Técnico, assinado pelo responsável técnico, contendo informações sobre a origem genética, método de obtenção da cultivar, local e época em que foram conduzidos

---

[6] Os formulários estão disponíveis no site do MAPA: https://www.gov.br/agricultura/pt-br/assuntos/insumos-agropecuarios/insumos-agricolas/protecao-de-cultivar/formularios-para-protecao-de-cultivares. Acesso em 21.01.2023.

os testes de Distinguibilidade, Homogeneidade e Estabilidade (DHE)[7], indicação de cultivar mais parecida com a cultivar candidata, e características que as diferenciam;
(ii) Formulário Espécies passíveis de proteção: Instruções de DHE e Descritores Mínimos, assinado pelo responsável técnico, com descritores já publicados para a espécie a qual pertença a cultivar candidata à proteção;
(iii) Procuração e documentos do requerente;
(iv) fotografias da cultivar, em espécies em que tal documento é exigido.

O pedido de proteção deve ter por objeto uma única cultivar e, caso a cultivar pertença a uma espécie ainda não divulgada, o interessado deverá entrar em contato com o SNPC e solicitar a elaboração do documento antes da submissão do requerimento de proteção.

Após o protocolo do Formulário de Requerimento de Proteção de Cultivar, o Cultivarweb informa o número de protocolo e o requerente deverá efetuar o pagamento da taxa no prazo de 30 (trinta) dias, sob pena de arquivamento.

Uma vez verificado o pagamento da taxa pelo SNPC, inicia-se o processo de exame do pedido de proteção, conforme fluxograma divulgado pelo SNPC com a apresentação simplificada do trâmite do pedido até a concessão do Certificado de Proteção de Cultivar:

---

[7] "Art. 3º. Considera-se, para os efeitos dessa Lei: (...) XII – teste de distinguibilidade, homogeneidade e estabilidade (DHE): o procedimento técnico de comprovação de que a nova cultivar ou a cultivar essencialmente derivada são distinguíveis de outra cujos descritores sejam conhecidos, homogêneas quanto às suas características em cada ciclo reprodutivo e estáveis quanto à repetição das mesmas características ao longo de gerações sucessivas".

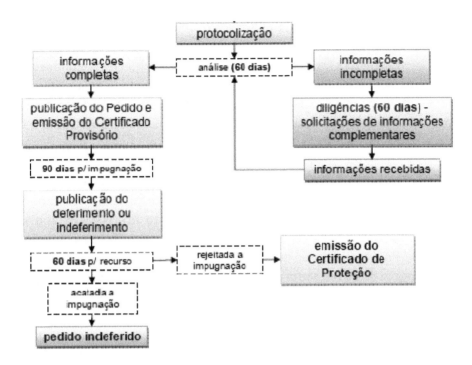

Figura 1 – *Fluxograma da tramitação do pedido de proteção (fonte: SNPC[8])*

O SNPC procederá ao exame formal do pedido de proteção com eventual formulação de exigências, que devem ser respondidas pelo requerente no prazo de 60 (sessenta) dias, sob pena de arquivamento do pedido.

Caso não haja exigência ou elas sejam tempestivamente respondidas pelo requerente, é emitido o Certificado Provisório de Proteção e o pedido de proteção da cultivar é publicado para fins de eventual impugnação de terceiros, no prazo de 90 (noventa) dias. Havendo impugnação, o requerente será intimado a manifestar-se no prazo de 30 (trinta) dias,

---

[8] https://www.gov.br/agricultura/pt-br/assuntos/insumos-agropecuarios/insumos--agricolas/protecao-de-cultivar/informacoes-publicacoes/perguntas-frequentes-faq--julho-2020. Acesso em 22.01.2023.

contados do recebimento da notificação com a cópia do inteiro teor da impugnação.

O SNPC poderá formular exigência para a alteração da denominação da cultivares nos casos do art. 16 do Regulamento da LPC, a qualquer momento até a decisão de deferimento ou indeferimento do pedido de proteção. Caso a exigência não seja atendida, o pedido será arquivado e o Certificado Provisório de Proteção será cancelado. Indicada nova denominação, o pedido de proteção de cultivar será republicado, iniciando-se novo prazo de 90 (noventa) dias para impugnação de terceiros.

Após a análise pelo SNPC, o pedido então é deferido ou indeferido, cabendo recurso contra ambas as decisões no prazo de 60 (sessenta) dias de sua publicação. O recurso será decidido no prazo de 60 (sessenta) dias pelo MAPA. O Certificado de Proteção de Cultivar será expedido, decorrido o prazo de 60 (sessenta) dias para a interposição do recurso, ou após a publicação da decisão que negar provimento ao recurso interposto contra a decisão de deferimento do pedido de proteção.

Uma vez obtido o Certificado Provisório de Proteção ou o Certificado de Proteção de Cultivar, o titular tem o dever de manter, durante todo período de sua proteção, uma amostra viva da cultivar protegida e à disposição do órgão competente, que poderá requerer a sua apresentação a qualquer momento, sob pena de cancelamento do certificado (art. 22 da LPC). Além disso, o titular deve enviar ao SNPC duas amostras vivas da cultivar protegida, uma para manipulação e exame, e outra para integrar a coleção de germoplasma. As amostras vivas correspondem ao material que pode ser utilizado para propagação da cultivar e para a confirmação dos descritores apresentados (art. 3º, XIII da LPC), podendo ser sementes ou partes da planta, como por exemplo estacas, folhas e bulbos. Cabe ao Laboratório de Análise, Diferenciação e Caracterização de Cultivares (Ladic) a guarda e conservação das amostras vivas, zelando pela sua integridade por todo o prazo de proteção da cultivar.

De 2011 a 2021, o SNPC recebeu mais de 3.500 requerimentos de proteção de cultivares, sendo a grande maioria do grupo de grandes culturas, com especial relevância para a soja com mais de 1.200 pedidos, conforme exposto na tabela abaixo[9]:

grupo de espécies	2011	2012	2013	2014	2015	2016	2017	2018	2019	2020	2021	TOTAL
florestais	9	18	23	9	19	15	11	13	24	14	36	191
forrageiras	6	16	14	16	8	3	6	2	13	7	3	94
frutíferas	34	24	28	25	27	44	24	27	24	23	47	327
grandes culturas	151	188	176	179	202	198	206	187	141	201	172	2001
medicinais e aromáticas	0	1	0	0	0	3	0	0	0	1	0	5
olerícolas	12	15	35	32	43	12	32	54	22	39	26	322
ornamentais	112	53	50	83	56	51	60	43	59	50	41	658
TOTAL	324	315	326	344	355	326	339	326	283	335	325	3598

No mesmo período, o SNPC concedeu um número crescente de Certificados de Proteção de Cultivar, saindo do patamar de 170 certificados em 2011 para atingir mais de 280 em 2021, conforme gráfico abaixo[10]:

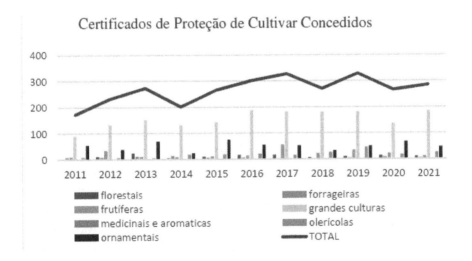

[9] Dados gentilmente cedidos por Stefânia Palma Araujo, Auditora Fiscal Federal Agropecuário do Serviço Nacional de Proteção de Cultivares.
[10] Dados gentilmente cedidos por Stefânia Palma Araujo, Auditora Fiscal Federal Agropecuário do Serviço Nacional de Proteção de Cultivares.

2.5 Direitos conferidos pela concessão do certificado de proteção de cultivar

Seguindo o regime atributivo, os direitos relativos à propriedade intelectual de uma cultivar decorrem da concessão do Certificado de Proteção de Cultivar e vigoram, a partir da data da referida concessão, pelo prazo de 18 anos em relação às videiras, árvores frutíferas, florestais e ornamentais, e pelo prazo de 15 anos em relação às demais espécies de cultivares.

O objeto da proteção prevista na LPC é o material de propagação, que não se limita ao elemento reprodutivo em si, mas abrange as plantas inteiras, como previsto no artigo 5, (1) do Ato de 1978 do Tratado UPOV, ou *"toda e qualquer parte da planta ou estrutura vegetal utilizada na reprodução e multiplicação utilizada"*, conforme disposto na definição de *"material propagativo"* do artigo 3º, inciso XVI da LPC. Dessa forma, o material de propagação pode abranger sementes, mudas, tubérculos, estacas e brotos.

Conforme previsto no artigo 9º da LPC, a proteção da cultivar assegura ao seu titular a exclusividade da produção com fins comerciais, oferecimento à venda e comercialização do material de propagação no Brasil.

Além disso, em consonância com a sistemática dos direitos de propriedade intelectual, a LPC expressamente estabelece a necessidade de autorização prévia do titular da cultivar inicial para a exploração comercial da CED (art. 10, § 2º, II da LCP) e da cultivar híbrida relacionada.

Por outro lado, a Lei 10.711/2003 criou o Sistema Nacional de Sementes e Mudas (SNSM) e dispõe, em conjunto com o Decreto 10.586/2020 (Regulamento do SNSM), as normas para garantir a identidade e a qualidade do material de multiplicação e reprodução vegetal produzido, comercializado e utilizado no Brasil. Dessa forma, o pleno exercício dos direitos conferidos pelo Certificado de Proteção de Cultivar pelo titular da cultivar e/ou terceiros por ele autorizados, ou seja, a produção e comercialização de sementes e mudas no Brasil e atividades relacionadas, estão condicionados à: (i) prévia inscrição do titular da cultivar e terceiros autorizados no Renasem – Registro Nacional de Sementes e Mudas; e (ii) registro da cultivar no Registro Nacional de Cultivares (RNC)[11], sob pena das sanções previstas no Regulamento do Sistema Nacional de

---

[11] As normas para a inscrição de cultivares e espécies no Registro Nacional de Cultivares encontram-se previstas na Portaria MAPA nº 502, de 19 de outubro de 2022.

Sementes e Mudas. Vale destacar que o Renasem e o RNC são exigidos para a prática das atividades de produção e comercialização de sementes e mudas no Brasil, incluindo todos os atos envolvidos nas mesmas, como beneficiamento, embalagem, importação, transporte, certificação, amostragem e análise, independentemente de a cultivar ser protegida, ou passível de proteção pela LPC, devendo ser observadas as disposições previstas na Lei 10.711/2003 e no Regulamento do SNSM.

Além disso, foram expressamente previstas algumas limitações ao direito exclusivo sobre a cultivar no artigo 10 da LPC, seja por serem situações que não caracterizam uso comercial do material de propagação, seja por razões de interesse público.

Na primeira categoria, estão o uso e venda do produto da colheita, desde que não seja comercializado como material propagativo (art. 10, II da LPC) e a chamada isenção do melhorista, que expressamente estabelece não ser necessária a autorização prévia do titular da cultivar para o uso em pesquisa científica, ou mesmo para obter outra cultivar, inclusive híbrida (art. 10, III da LPC).

Além disso, foi prevista como limitação ao direito de exclusividade sobre a cultivar, a reserva e plantio de sementes para uso próprio em estabelecimento de sua propriedade ou de que tenha a posse (art. 10, I da LPC). A cultura da cana-de-açúcar foi expressamente excepcionada, não podendo ser aplicado o uso próprio ao material propagativo das cultivares dessa cultura (art. 10, § 1 da LPC).

Ressalta-se que o uso próprio não é definido na LPC, mas sim através da definição de "sementes para uso próprio" prevista no artigo 2º, XLIII da Lei nº 10.711/2003, a saber: *"quantidade de material de reprodução vegetal guardada pelo agricultor, a cada safra, para semeadoura ou plantio exclusivamente na sara seguinte e em sua propriedade ou outra cuja posse detenha, observados, para cálculo da quantidade os parâmetros registrados para a cultivar no registro Nacional de Cultivares – RNC"*. A figura das sementes para uso próprio encontra-se, ainda, regulada nos artigos 111 e seguintes do Regulamento SNSM, com o estabelecimento de condições para a sua qualificação nos parágrafos 2º e 3º do art.111 de tal diploma legal.

Além disso, por razões de interesse público, foram estipuladas limitações ao direito de exclusividade do titular da cultivar relacionadas ao pequeno produtor rural (art. 10, IV da LPC) e aos agricultores familiares ou empreendimentos familiares, que se enquadrem nos critérios da Lei nº 11.326, de 24 de julho de 2006[12] (art. 10, V da LPC). Nesses casos, permitiu-se a utilização do material propagativo no âmbito, respectivamente, de programas de financiamento ou de apoio a pequenos produtores rurais autorizados pelo Poder Público, ou do Programa de Aquisição de Alimentos com a finalidade de incentivar a agricultura familiar.

2.6 Licença compulsória e uso público restrito

A LPC dispõe que a cultivar protegida poderá ser objeto de licença compulsória, concedida pela autoridade competente que, a requerimento de legítimo interessado, poderá autorizar a exploração da cultivar sem exclusividade e pelo prazo de três anos prorrogáveis, assegurando-se a disponibilização da cultivar no mercado a preços razoáveis, a regular distribuição e manutenção da qualidade da cultivar, bem como a remuneração razoável ao titular, a ser definida em regulamento (art. 28 e 29 da LPC, com aplicação subsidiária da LPI).

O requerente da licença compulsória deverá demonstrar que tentou, sem sucesso, obter a licença voluntária do titular da cultivar, e que possui capacidade financeira e técnica para explorar a cultivar.

O requerimento deverá ser dirigido ao MAPA, mas será decidido pelo Conselho Administrativo de Defesa Econômica – CADE, visto que a licença compulsória será concedida uma vez comprovada a restrição injustificada ao fornecimento regular da cultivar, caracterizando-se abuso de poder econômico ou infração da ordem econômica, observado no que couber o disposto no artigo 36 da Lei 12.529, de 30 de novembro de 2011. Nos termos do artigo 32 da LPC, o MAPA e o CADE disporão, no âmbito de suas atribuições, o procedimento e as condições para a apreciação e concessão da licença compulsória.

Além disso, respaldado em parecer técnico dos órgãos competentes, o MAPA poderá declarar a cultivar de uso público *ex officio*, nas hipóteses em que restar caracterizada a necessidade de atender às necessidades da política agrícola, nos casos de emergência nacional, abuso de poder

---

[12] A Lei 11.326, de 24 de julho de 2006, estabelece as diretrizes para a formulação da Política Nacional da Agricultura Familiar e Empreendimentos Familiares Rurais

econômico, ou outras circunstâncias de extrema urgência no exclusivo interesse público (art. 36 da LPC).

Uma vez declarada de uso público restrito, a cultivar poderá ser explorada diretamente pela União Federal ou por terceiros, sem exclusividade, sem autorização de seu titular, pelo prazo de três anos prorrogável, desde que notificado e remunerado o titular na forma a ser definida em regulamento.

2.7 Sanções

A concessão do Certificado de Proteção de Cultivar assegura ao seu titular a exclusividade da produção com fins comerciais, oferecimento à venda e comercialização do material de propagação no Brasil. Dessa forma, são considerados ilícitos os atos não autorizados pelo titular de vender, oferecer à venda, reproduzir, importar, exportar, embalar ou armazenar para tais fins, ou ceder a qualquer título, o material de propagação de cultivar protegida, sejam tais atos praticados com a utilização da denominação correta ou não (art. 37 da LPC).

As sanções previstas no artigo 37 da LPC são: (i) pagamento de indenização, *"calculada com base nos preços de mercado para a espécie, praticados à época da constatação da infração, sem prejuízo dos acréscimos legais cabíveis"* (Art. 33 do Regulamento da LPC); (ii) apreensão do material; e (iii) pagamento de multa equivalente a vinte por cento do valor comercial do material apreendido. Em que pese terem sido mencionados no artigo 37 da LPC, o *"crime de violação dos direitos do melhorista"* e as *"demais sanções penais cabíveis"*, não houve a definição do tipo penal e das penas referentes à violação dos direitos sobre a cultivar protegida.

Além das sanções estipuladas no artigo 37 da LPC, foram previstas no Capítulo XIII do Regulamento do SNSM, medidas cautelares e penalidades administrativas referentes à apreensão do material, à suspensão da inscrição do RENASEM – Registro Nacional de Sementes e Mudas, e ao pagamento de multa.

Por fim, o titular do Certificado de Proteção de Cultivar poderá adotar as medidas judiciais e administrativas cabíveis, seja para colher indícios e comprovar a infração em sede de produção antecipada de prova, seja para obter a cessação dos atos ilícitos, tanto na esfera judicial, como na esfera administrativa, como a suspensão cautelar da comercialização decorrente da atividade de fiscalização do MAPA, nos termos do artigo 151, § 1º, V do Regulamento do SNSM.

2.8 Extinção de direitos e nulidade do certificado de proteção de cultivar

Os direitos decorrentes da concessão do Certificado de Proteção de Cultivar extinguem-se pela expiração do prazo de proteção, pela renúncia do titular ou pelo cancelamento do certificado na ocorrência de qualquer uma das hipóteses previstas no rol taxativo artigo 42 da LPC.

O cancelamento do Certificado de Proteção de Cultivar poderá ocorrer *ex officio* pelo SNPC ou mediante requerimento de pessoa com legítimo interesse, respeitado o direito do titular de apresentar sua contestação no prazo de 60 (sessenta) dias contados da data da notificação da instauração do processo administrativo de cancelamento. Contra a decisão de cancelamento, é possível a apresentação de recurso no prazo de 60 dias, contados da sua publicação.

Algumas hipóteses de cancelamento do Certificado de Proteção de Cultivar são de natureza formais, como o não pagamento da anuidade (art. 42, I) e a não manutenção de procuradores no Brasil com procuração específica para cada cultivar e poderes para receber notificações administrativas e citações durante toda a vigência da proteção, no caso de titular estrangeiro (art. 42, III e 50). Outras hipóteses relacionam-se com os próprios requisitos para a proteção da cultivar, como a perda da homogeneidade ou estabilidade da cultivar (art. 42, I), ou a não apresentação da amostra viva, capaz de confirmar os descritores apresentados (art. 42, IV e art. 22). Por fim, a última hipótese relaciona-se ao interesse público e fulmina a cultivar com a extinção da proteção, uma vez comprovado que a cultivar tenha causado impacto desfavorável ao meio ambiente ou à saúde humana após a sua comercialização.

Em qualquer das hipóteses de cancelamento, a decisão produzirá efeitos a partir da data do requerimento do cancelamento ou da publicação da instauração *ex officio* do processo administrativo.

O processo de nulidade do Certificado de Proteção de Cultivar também poderá ser instaurado *ex officio* pelo SNPC ou a pedido de qualquer pessoa com legítimo interesse, devendo ser declarada nula, com validade *erga omnes* e efeito retroativo, a proteção concedida à cultivar que (art. 43

da LPC): (i) não preencher os requisitos de novidade (art. 3º, V da LPC) e distinguibilidade (art. 3º, VI da LPC) no momento do requerimento; (ii) tiver sido concedida contrariando direitos de terceiros; (iii) tiver sido concedida com base em informações inverídicas fornecidas pelo obtentor sobre a variedade vegetal; ou (iv) que tiver sido objeto de requerimento de proteção sem a observância de todas as providências legais para o processamento, apreciação e expedição do certificado de proteção.

Glossário de termos
CED – Cultivar Essencialmente Derivada
DHE – Distinguibilidade, Homogeneidade, Estabilidade
Ladic – Laboratório de Análise, Diferenciação e Caracterização de Cultivares
LPC – Lei de Proteção de Cultivares
LPI – Lei da Propriedade Industrial
MAPA – Ministério da Agricultura, Pecuária e Abastecimento
Renasem – Registro Nacional de Sementes e Mudas
RNC – Registro Nacional de Cultivares
SNSM – Sistema Nacional de Sementes e Mudas
SNPC – Serviço Nacional de Proteção de Cultivares
TRIPs (Trade Related Aspects of Intellectual Property Rights) – Acordo sobre Aspectos dos Direitos de Propriedade Intelectual Relacionados ao Comércio
UPOV (Union for the Protection of New Varieties of Plants) União Internacioal para Proteção das Obtenções Vegetais

Referências
BARBOSA, Cláudio R. **Propriedade intelectual**: Uma introdução à propriedade intelectual como informação, Rio de Janeiro: Elsevier, 2009.
BARBOSA, Denis B. **Uma introdução à propriedade intelectual**. Vol. 2. Rio de Janeiro: Lumen Juris, 1998.
BARBOSA, Denis B.; WACHOWICZ, Marcos (org). **Propriedade Intelectual: desenvolvimento na agricultura**. Curitiba: GEDAI/UFPR, 2016.
BRASIL. Ministério da Agricultura, Pecuária e Abastecimento. **Proteção de Cultivares no Brasil**. Brasília: MAPA/ACS, 2011.
MIRANDA, Pontes de. **Tratado de direito privado**. 4.ed. São Paulo: Editora Revista dos Tribunais, 1983.

17.
TOPOGRAFIA DE CIRCUITOS INTEGRADOS

Alexandre Yamashita

O que são as topografias de circuitos integrados
Popularmente conhecido como "chips" e "microchips", os circuitos integrados são definidos como sendo um produto projetado e desenvolvido para conter pelo menos um elemento ativo com suas interconexões formadas sobre peças, ou em seu interior, tendo como finalidade propiciar a execução de funcionalidades eletrônicas e, portanto, trata-se de um componente fundamental para as indústrias atuais que, de uma forma ou de outra, utilizam tecnologias desta natureza.

A título meramente exemplificativo, pode-se citar que os circuitos integrados estão presentes, e em muitos casos são componentes para executarem funcionalidades essenciais, em processadores e memórias de computadores, aparelhos celulares, tablets, televisores, e de muitos outros equipamentos eletrônicos.

Por se tratar de um componente fundamental na indústria eletrônica, surgiu a necessidade da implantação de políticas de propriedade intelectual no intuito de conceder direitos aos criadores para, de algum modo, garantir a exclusividade de mercado por um determinado período de tempo visando recuperar os elevados investimentos dispendidos no desenvolvimento destas tecnologias, mas principalmente promover o incentivo à continuidade nas pesquisas e desenvolvimentos de novas soluções.

Uma observação importante é que a topografia dos circuitos integrados não deve se confundir com as chamadas "placas de circuito impressos" as quais são utilizadas para a montagem dos circuitos integrados. As placas de circuito impressos são, normalmente, muito mais simples e não exigem tecnologias e expertise elevada dos projetistas, diferentemente dos circuitos integrados que demandam ferramentas e equipamentos com tecnologias de altíssimo nível envolvendo profissionais altamente qualificados e, consequentemente, exigindo o dispêndio de investimentos significativos para o desenvolvimento e produção. Logo, é fundamental compreender que a proteção conferida através do registro de topografia de circuito integrado não se aplica aos "layouts" de placas de circuito impresso.

A proteção dos circuitos integrados é obtida junto ao Instituto Nacional da Propriedade Industrial (INPI), tendo como objeto a sua topografia, a qual pode ser definida como sendo, basicamente, um conjunto de imagens relacionadas, construídas ou configuradas para representar a disposição tridimensional das camadas que compõem o referido circuito integrado, sendo que cada imagem deve representar, no todo ou em parte, a disposição geométrica ou arranjos da superfície do circuito integrado.

Desse modo, pode-se dizer que a proteção dos circuitos integrados é assegurada por meio de um certificado de registro emitido pelo INPI, e cuja proteção está exclusivamente limitada à topografia do circuito e, portanto, não protege conceitos, processos, sistemas ou técnicas nas quais a topografia se baseie ou a qualquer informação armazenada pelo emprego da referida proteção que são resguardadas de outras formas e naturezas de proteção, como por exemplo, patentes e softwares.

As normas e os direitos conferidos pelo registro

A Lei que regulamenta a proteção das topografias de circuitos integrados é Lei nº 11.484, de 31 de maio de 2007, em seu capítulo III, na qual é estabelecido que o órgão responsável pela concessão do registro é o INPI, o qual, dentro de suas atribuições, estabelece, através da Instrução Normativa nº 109, de 30 de setembro de 2019, as regras e diretrizes a serem adotadas pelos requerentes na obtenção e manutenção de seus direitos.

O tipo de proteção envolvendo as topografias de circuito integrado pode ser denominada como *"sui generis"*, tendo em vista suas particularidades e diferenças quando equiparada às outras formas de proteção envolvendo a propriedade intelectual e a propriedade industrial, como o software, as patentes e os desenhos industriais. Vale destacar que, a referida Lei nº 11.484 incorpora alguns conceitos usuais da Propriedade Industrial, tais como "originalidade" e "forma comum e vulgar" quando da definição da proteção conferida pelos registros.

A título de contextualização, vale mencionar que o artigo 26 da referida Lei nº 11.484 define o objeto de proteção dos registros de topografia de circuitos integrados, o qual determina o seguinte:

"Art. 26. Para os fins deste Capítulo, adotam-se as seguintes definições:
I – circuito integrado significa um produto, em forma final ou intermediária, com elementos dos quais pelo menos um seja ativo e com algumas ou todas as interconexões integralmente formadas sobre uma peça de material ou em seu interior e cuja finalidade seja desempenhar uma função eletrônica;
II – topografia de circuitos integrados significa uma série de imagens relacionadas, construídas ou codificadas sob qualquer meio ou forma, que represente a configuração tridimensional das camadas que compõem um circuito integrado, e na qual cada imagem represente, no todo ou em parte, a disposição geométrica ou arranjos da superfície do circuito integrado em qualquer estágio de sua concepção ou manufatura."

O artigo 29 da nº Lei 11.484, abaixo transcrito, também estabelece os critérios envolvendo a delimitação do escopo de proteção dos registros de topografia de circuitos integrados.

"Art. 29. A proteção prevista neste Capítulo só se aplica à topografia que seja original, no sentido de que resulte do esforço intelectual do seu criador ou criadores e que não seja comum ou vulgar para técnicos, especialistas ou fabricantes de circuitos integrados, no momento de sua criação."

Ainda, conforme estabelece o artigo 36 da referida Lei nº 11.484, o INPI concede ao titular do registro o direito de excluir terceiros de explorarem comercialmente, sem a sua autorização, a topografia protegida, no todo ou em parte, incluindo a sua incorporação em outro circuito integrado. De forma mais específica, o artigo 36 estabelece o seguinte:

> *"Art. 36. O registro de topografia de circuito integrado confere ao seu titular o direito exclusivo de explorá-la, sendo vedado a terceiros sem o consentimento do titular:*
> *I – reproduzir a topografia, no todo ou em parte, por qualquer meio, inclusive incorporá-la a um circuito integrado;*
> *II – importar, vender ou distribuir por outro modo, para fins comerciais, uma topografia protegida ou um circuito integrado no qual esteja incorporada uma topografia protegida; ou*
> *III – importar, vender ou distribuir por outro modo, para fins comerciais, um produto que incorpore um circuito integrado no qual esteja incorporada uma topografia protegida, somente na medida em que este continue a conter uma reprodução ilícita de uma topografia.*
> *Parágrafo único. A realização de qualquer dos atos previstos neste artigo por terceiro não autorizado, entre a data do início da exploração ou do depósito do pedido de registro e a data de concessão do registro, autorizará o titular a obter, após a dita concessão, a indenização que vier a ser fixada judicialmente."*

Como forma excepcional aos direitos outorgados ao titular acima mencionados, o artigo 37 da Lei nº 11.484 estabelece algumas condições cujos efeitos da proteção estabelecida pelo artigo 36 não se aplicam, tais como, os atos que forem praticados com a finalidade de análise, avaliação, ensino e pesquisa, bem como aos resultados oriundos destes estudos que apresente uma topografia substancialmente diferente, ou em virtude da obtenção de circuitos integrados comercializados pelo próprio titular do registro ou por terceiros devidamente autorizados.

O prazo de vigência do registro concedido pelo INPI é de 10 (dez) anos contados da data de depósito do pedido ou a partir da primeira exploração, o que tiver ocorrido primeiro, não cabendo renovação ou prorrogação e, portanto, pode-se dizer que, a partir do término da vigência, a topografia protegida entra no chamado "domínio público" o que permite a reprodução por terceiros.

A titularidade do registro pode ser requerida por pessoas físicas, ou jurídicas de direito público ou privado, podendo ser nacionais ou estrangeiras, sendo que, no caso daqueles domiciliados no exterior, há a necessidade de constituir e manter um procurador habilitado no Brasil com poderes para representação administrativa e judicial, inclusive para receber eventuais citações.

Cabe observar, ainda, que a titularidade dos registros de topografias de circuitos integrados pode ser compartilhada entre duas ou mais pessoas, cabendo a obrigatoriedade da nomeação e qualificação dos efetivos criadores para ressalva dos respectivos direitos envolvidos. A Lei nº 11.484 determina, ainda, algumas condições envolvendo criadores vinculados por contratos de trabalho, o requerimento dos direitos quando há múltiplos criadores, entre algumas outras situações que envolvam a titularidade do registro que, de certo modo, se assemelham aos direitos de propriedade industrial, de um modo geral.

Como obter a proteção junto ao INPI
O pedido de registro de topografia de circuito integrado pode ser solicitado pelo próprio titular do direito ou através de um procurador devidamente nomeado e qualificado, sendo que a solicitação deve ser feita, obrigatoriamente, através do sistema denominado "e-Chip" disponibilizado pelo INPI em seu portal.

Como todos os demais serviços executados junto ao INPI, o requerente ou procurador deverá estar cadastrado e habilitado para permitir o acesso as páginas de serviços eletrônicos disponibilizados no portal do INPI e, desse modo, permitir a emissão das guias de recolhimento da União (GRU) que serão geradas para o devido recolhimento da taxa e, também, validar o acesso ao e-Chip utilizando-se da numeração indicada como "nosso número" na referida guia.

Vale lembrar que, ao acessar o sistema de emissão de guias do INPI, é fundamental conferir os dados do solicitante, aquele que será o titular do registro, uma vez que, o formulário eletrônico do e-Chip será preenchido automaticamente com os mesmos dados vinculados a guia que foi gerada, que estão vinculados aos dados cadastrados na base de dados do INPI.

Ao acessar o e-Chip no portal do INPI, o usuário deverá incluir a numeração indicada no campo "nosso número" constante na GRU para, com isso, acessar o formulário de depósito do pedido de certificado de registro de topografia de circuitos integrados. Conforme comentado, o formulário será parcialmente preenchido de forma automática com os dados do titular conforme determinado no momento em que a GRU foi gerada.

Desse modo, acessando o formulário eletrônico, o usuário deverá preencher os seguintes campos:

- **Dados do(s) criador(es):** os criadores são aqueles que efetivamente contribuíram para o desenvolvimento do circuito integrado e, portanto, detém o direito moral de serem nomeados como responsáveis pela criação.
- **Data de início da exploração anterior (se for o caso):** trata-se da indicação, quando houver, do momento em que o referido circuito integrado passou a ser explorado comercialmente, a qual não poderá ser anterior a 2 (dois) anos da data do depósito. É importante observar que, ao informar uma data neste campo, o registro passará a vigorar a partir da data indicada, e não da data de depósito do registro.
- **Título:** este deve fazer referência ao circuito eletrônico que se refere de forma sucinta, sendo determinado pelo próprio solicitante.
- **Informações a respeito de incorporação autorizada (se for o caso):** Caso a topografia do circuito integrado que está sendo protegida incorpore, com a devida autorização, topografias protegidas por terceiros, este campo deverá ser preenchido com as informações relacionadas ao registro das topografias incorporadas. Não há regras para o preenchimento, sendo apenas recomendável que sejam feitas as devidas menções aos registros das topografias incorporadas, incluindo números dos registros, titulares, datas de depósito/concessão, etc. É importante destacar que não é necessário apresentar o documento de autorização, o qual deve ficar sob a guarda do titular.
- **Dados do procurador (se for o caso):** vale destacar que, se o pedido de registro for requerido por procurador, o acesso ao formulário e-Chip também será preenchido de forma automática com os respectivos dados deste procurador. Neste caso, conforme será comentado mais adiante, é importante atentar para as formalidades envolvendo a apresentação do documento de procuração e da declaração de veracidade (DV) devidamente assinados digitalmente.

- **Solicitação de sigilo (se for o caso):** se for de interesse do solicitante, é possível requerer que o pedido de registro fique em sigilo por um período de 6 (seis) meses contados da data de depósito. Nestes casos, o pedido será examinado apenas ao término deste período, sendo que, o solicitante poderá, até 1 (mês) do término do período de sigilo, retirar o pedido sem produzir efeitos, ou seja, o teor deste registro não se tornará público e não surtirá efeitos. Para tanto, o solicitante deve requerer tal medida junto ao sistema e-Chip através de uma petição denominada "retirada de pedido em sigilo".

Além dos dados e informações acima comentados, o solicitante precisa juntar os seguintes documentos no sistema e-Chip do INPI:

- **Documento de descrição da topografia:** trata-se de uma descrição da topografia que será protegida na qual deve ser incluída a indicação de sua funcionalidade. Este documento deve ser apresentado na extensão "PDF" *(Portable Document Format)*.
- **Desenhos da topografia:** trata-se das imagens da topografia que está sendo protegida, ou seja, as imagens das camadas do circuito integrado, sendo, portanto, essenciais para propiciar a identificação de suas características, mas principalmente para caracterizar sua originalidade quando comparada com outras topografias conhecidas. Estes desenhos devem ser apresentados em uma das seguintes extensões: GDS/GDS-II ou OASIS. É importante frisar que o registro de topografia de circuito integrado deve se referir a uma única topografia.
- **Documento de Declaração de Veracidade – DV:** este documento é fundamental e, portanto, obrigatório, para todos os serviços executados junto ao e-Chip. Esta declaração está vinculada ao serviço associado a GRU e deve ser assinado digitalmente pelo solicitante do serviço, seja ele o titular ou procurador, o qual deve ser validado pela certificação digital – ICP-Brasil. A sua principal função é garantir a autenticidade e validar as informações contidas no formulário do e-Chip.

Esta declaração de veracidade pode ser baixada no momento da geração da GRU ou no formulário do e-Chip no momento da execução dos serviços.

– **Documento Procuração Eletrônica (se for o caso):** no caso do solicitante do serviço ser o procurador, é necessário a apresentação do documento de procuração assinado pelo outorgante. Vale destacar que a assinatura deste documento também deve ser digital com a devida certificação digital da ICP-Brasil. Vale mencionar que é possível apresentar o documento de procuração específico para o ato e, também, um documento de procuração com amplos poderes, o qual permitirá que o procurador execute outros serviços sem a necessidade de anexar novamente o documento de procuração.

No caso de substabelecimentos, o documento deverá ser igualmente assinado digitalmente e acompanhado do documento de procuração também com a devida assinatura digital com certificação.

Uma observação importante envolvendo as assinaturas digitais do documento de declaração de veracidade e do documento de procuração, é que na prática, o outorgante (titular do direito) precisa assinar digitalmente com a devida certificação digital (ICP-Brasil) a procuração eletrônica com seu e-CPF, se pessoa física, ou com seu e-CNPJ, se pessoa jurídica. Após a assinatura, o outorgado, no caso o procurador, precisa obrigatoriamente assinar o documento de declaração de veracidade com seu e-CPF e anexar os dois documentos assinados no formulário do sistema e-Chip.

O preenchimento dos dados e informações, juntamente com a inclusão dos documentos, conforme acima comentados, permitirá ao solicitante prosseguir com o depósito do pedido de registro de topografia de circuito integrado, ocasião em que o sistema e-Chip fornecerá um protocolo com o número do pedido com os respectivos dados identificadores.

O pedido de registro será, então, analisado formalmente para verificação de sua admissibilidade, de modo a confirmar se a GRU foi devidamente paga, a validação das assinaturas digitais do documento de declaração de veracidade e da procuração (se for o caso), bem como a validade dos certificados digitais indicados nos referidos documentos junto as Autoridades Certificadoras. Havendo alguma irregularidade neste procedimento de validação, o sistema e-Chip não reconhecerá o peticionamento, e publicará na Revista da Propriedade Industrial (RPI) o despacho de "Petição não conhecida" juntamente com a motivação e, neste caso, o solicitante deverá reapresentar uma nova solicitação.

Caso o procedimento de validação não identifique irregularidades, o INPI publicará a concessão do registo na Revista da Propriedade Industrial (RPI), disponibilizando o arquivo eletrônico do registro para consulta de terceiros.

A extinção do registro de topografia de circuito integrado
O registro de topografia de circuito integrado será extinto em virtude do término do prazo de vigência ou da renúncia de seu titular, sendo que nas duas condições, a topografia, objeto da proteção, cairá no chamado domínio público, ou seja, permitindo que terceiros interessados, em tese, possam reproduzir aquela topografia.

A renúncia do registro deverá ser solicitada mediante peticionamento junto ao e-Chip e, para tanto, deverá ser acompanhado de documento de declaração de veracidade e documento de procuração (se for o caso).

O INPI deve publicar a extinção do registro através de notificação disponibilizada na Revista da Propriedade Industrial (RPI), com a devida indicação da data de extinção do registro.

A nulidade do registro
A nulidade do registro de topografia de circuitos integrados poderá ser arguida administrativamente junto ao INPI, ou judicialmente na Justiça Federal.

No primeiro caso, o INPI declarará a nulidade do registro caso seja detectado alguma falha envolvendo a concessão do registro ou pela falta de pagamento da guia de recolhimento.

No caso da nulidade declarada judicialmente, conforme determina o artigo 39 da Lei n. 11.484, o registro será considerado nulo caso sua concessão tenha sido obtida em desacordo com as disposições estabelecidas pela referida Lei, mas particularmente, na prática, a nulidade será essencialmente obtida em razão da topografia não atender ao critério de originalidade, ou por se tratar de mera combinação de elementos conhecidos que resultem em uma topografia comum e vulgar para técnicos do segmento eletrônico.

Caso o registro seja declarado nulo, o INPI deverá publicar a referida nulidade e, também, promover a retirada do certificado disponibilizado no portal.

Atualização e correção do registro de topografia de circuito integrado
O registro de topografia de circuito integrado poderá ser, ainda, atualizado e/ou corrigido em algumas situações. Mais particularmente, é possível solicitar, também através do e-Chip, a alteração de nome, razão social ou do endereço do titular, da mesma forma nos casos em que houve alguma mudança de titularidade, é possível solicitar a transferência de titularidade, seja em razão de cessão, cisão, incorporação ou fusão.

Cabe uma observação importante que, independentemente do modo de transferência dos direitos, o INPI deixou de exigir a apresentação dos documentos de transferência, bastando, portanto, o adequado preenchimento do formulário disponibilizado no sistema e-Chip. Com isso, a obrigatoriedade de manter a integridade dos documentos passa a ser de responsabilidade do titular dos direitos.

O sistema e-Chip permite, ainda, a realização de correções no certificado devido à falhas do solicitante. Essas correções poderão ser solicitadas através de um peticionamento específico, sendo que as informações que poderão ser corrigidas junto ao INPI são: dados do(s) criador(es), data de início de exploração comercial, título, descrição da topografia e dados envolvendo a incorporação autorizada de registros de topografias protegidas por terceiros.

Os serviços disponíveis no sistema e-Chip
A tabela abaixo indica os códigos e os respectivos serviços que são passíveis de serem executados no sistema e-Chip.

Código	Descrição do serviço
670	Pedido de registro de topografia de circuito integrado
671	Alteração de nome (pessoa física)
672	Alteração de razão social (pessoa jurídica)

Código	Descrição do serviço
673	Alteração de endereço
674	Transferência de titularidade
675	Correção de dados no certificado de registro devido à falha do interessado
676	Revogação ou renúncia da procuração
677	Retirada do pedido em sigilo
678	Renúncia do registro

Havendo a necessidade de solicitar algum outro serviço envolvendo os registros de topografia de circuitos integrados, é possível acessar o departamento responsável através dos canais de atendimento do INPI, iniciando-se pelo "Fale Conosco". A título de exemplo, ao se detectar alguma irregularidade no certificado gerada pelo INPI, esta correção deve ser solicitada através do "Fale Conosco" disponível no portal do Instituto.

Finalmente, em complemento à Lei nº 11.484 e a mencionada Instrução Normativa do INPI nº 109, o INPI disponibiliza um *"Manual do Usuário para o Registro Eletrônico de Topografias de Circuitos Integrados"*, no qual é possível encontrar algumas orientações subsidiarias para facilitar os trabalhos dos interessados na solicitação, obtenção e manutenção dos seus direitos envolvendo a proteção das topografias de circuitos integrados.

Lembrando, também, que as informações acima podem sofrer alterações envolvendo os procedimentos e a própria dinâmica de trabalho do INPI e, portanto, é sempre recomendável a consulta ao portal do Instituto e, também, aos profissionais especialistas na área da Propriedade Intelectual.

Referências
— Lei nº 11.484/2007 ("Lei de Topografia"): - http://www.planalto.gov.br/ccivil_03/_ato2007-2010/2007/lei/l11484.htm

— Manual do Usuário para o Registro Eletrônico de Topografias de Circuitos Integrados - https://www.gov.br/inpi/pt-br/servicos/topografias-de-circuitos-integrados/arquivos/guia-basico/ManualdoUsurioeChipportugusV1.2.1.pdf

— Instrução Normativa nº 109/2019 - https://www.gov.br/inpi/pt-br/servicos/topografias-de-circuitos-integrados/arquivos/legislacao/IN_1092019.pdf

— https://www.wipo.int/patents/en/topics/integrated_circuits.html

SANTOS, Manoel J. Pereira e JABUR, Wilson Pinheiro, Contratos de Propriedade Industrial e Novas Tecnologia. Série GVlaw, São Paulo, Editora Saraiva, 2012.

BARBOSA, Denis Borges, Tratado da Propriedade Intelectual – Tomo III – 2ª Ed. – 3ª Tiragem – 2022 – Rio: Lumen Juris, 2010

ENGEL, Matheus S. P., A Proteção à Propriedade Intelectual das Topografias de Circuitos Integrados do Brasil, Revista ABPI nº 150, ABPI, 2017.

18.
CONHECIMENTOS TRADICIONAIS

Luiz Ricardo Marinello

Introdução
O conhecimento tradicional é um instituto bastante peculiar e de altíssima complexidade regulatória, uma vez que possui uma característica que o difere dos direitos dos direitos de propriedade intelectual, que é a sua perpetuidade. Bem se sabe que o "domínio público", no âmbito da propriedade intelectual, é a razão de ser da concessão dos direitos de exclusiva pelo Estado, pois é a devolução para a sociedade do conhecimento trazido pelo autor/inventor que justifica o privilégio temporário concedido.

No presente ensaio, o foco será para o conhecimento tradicional associado ao patrimônio genético, que tem sido, já de longa data, destaque em convenções internacionais e, por consequência, em nosso marco legal, através da Lei 13.123/15 e Decreto 8.772/16.

O tema é, definitivamente, estratégico para o Brasil, pois, possui relação intrínseca com a conservação dos biomas naturais, notadamente o bioma amazônico, que se constitui como uma das últimas fronteiras de matas virgens e com potencial inexplorado para a ciência e tecnologia, além de representar um grande sumidouro para compensação de carbono.

A relação entre o conhecimento tradicional associado (CTA) e a propriedade intelectual é turva, mas ao mesmo tempo, desafiadora, pois, como veremos, insere-se saberes no conceito do CTA, que podem ser decisivos para a diminuição do tempo de desenvolvimento de uma nova molécula farmacêutica ou um novo cosmético, em razão das centenas de anos de tentativa e erro dos povos indígenas e/ou povos e comunidades tradicionais, que, sem qualquer dúvida, geram aqui um direito, que merece ser protegido.

A despeito de ser um tema que admite diversos contornos, entendemos relevante trazer aqui o conceito de conhecimento tradicional, enfatizando aquele mais restritivo que é o associado ao patrimônio genético, para, então, apontarmos os tratados e a legislação brasileira e, finalmente as conclusões.

Conceito

A expressão "tradição" se origina do latim "traditio" e se exterioriza na ideia de entrega. Para o conhecimento tradicional, esta entrega é o conceito primário, que se constitui em transmissão, de geração a geração, dos costumes, dos saberes, do modo de fazer, das memórias, das lendas, das crenças e de outras práticas que merecem ser consideradas pela sua importância tradicional.

O "tradicional" passa uma ideia inicial e totalmente equivocada de atraso, ou seja, de que aquela determinada comunidade que é a detentora deste conhecimento, se apoia em um modo de vida não evoluído. Neste sentido leciona **Maria Aparecida de Souza Perreli**:

> *"Contrariando a idéia que associa tradição à antigüidade, à conservação cultural, à imutabilidade ou ao atraso, Sahlins (1997), no contexto das discussões da antropologia atual, defende que as tradições se mantêm e se atualizam mediante uma constante dinâmica de transformação. E é essa forma de ver a cultura – como dinâmica e processual – que, de acordo com Cunha (1999), favorece a compreensão de que a riqueza e a força do "tradicional" residem, justamente, na sua constante capacidade de renovação, produção e reprodução, isto é, na sua possibilidade de desaparecimento, de descoberta e redescoberta, e não na pretensa pureza/autenticidade decorrente da ficção da imutabilidade".*[1]

---

[1] Perreli, M.A.S "Conhecimento tradicional" e currículo multicultural: notas com base em uma experiência com estudantes indígenas Kaiowá/Guarani – publicado em SciELO – Scientific Electronic Library Online https://doi.org/10.1590/S1516-73132008000300002

Na verdade, é o contrário, pois a conexão entre os saberes tradicionais com a ciência e tecnologia, pode representar algo bastante inovador. Não raro o conhecimento tradicional, através do modo de vida das populações locais, se transforma em resposta para desafios da indústria alimentícia e farmacêutica.

Segundo o IPHAN[2], conhecimento tradicional pode ser definido como "o conjunto de informações de povos indígenas e de comunidades tradicionais adquirido por meio de sua vivência junto à natureza e da observação e experimentação de procedimentos e resultados, como por exemplo, sabendo diferenciar plantas que servem como alimento daquelas que curam enfermidades e das que podem entorpecer a caça ou a pesca sem que estrague o alimento. Tais conhecimentos vieram da necessidade de adaptação ao ambiente em que vivem, dos saberes dos antepassados e da troca desses saberes com outros povos e comunidades. Esses conhecimentos fazem parte do seu modo de vida e do seu cotidiano, mesmo quando apenas uma pessoa da comunidade os detenha."

Através do bom conceito acima, conhecimento tradicional é um conjunto de informações, ou seja, não se trata de um ou outro conhecimento, mas um conjunto, que resultará em algo de valor, que adquire-se pela vivência daquela determinada comunidade tradicional ou indígena, o que revela a construção deste conhecimento, de geração a geração, com utilidade prática, conferindo aos seus detentores uma experiência diferenciada nas espécies da biodiversidade ali presentes (e da reação junto aos animais).

Já o conhecimento tradicional associado ao patrimônio genético[3], limita-se aos saberes relacionados ao uso de recursos genéticos, disponíveis, em abundância nos mais diversos biomas. A utilização do maracujá como um calmante natural ou do açaí como energético são exemplos cor-

---

[2] http://portal.iphan.gov.br/pagina/detalhes/849/#:~:text=Conhecimento%20tradicional%20%C3%A9%20o%20conjunto,alimento%20daquelas%20que%20curam%20enfermidades

[3] A associação dos conhecimentos tradicionais aos recursos genéticos tem sido vista de forma tão abundante que há uma confusão generalizada quanto ao conceito de conhecimento tradicional (que é gênero), onde o afunilamento para o CTA (conhecimento tradicional associado) é espécie.

riqueiros da utilização dos recursos genéticos com proveito para a pesquisa e desenvolvimento.

Fundamento legal (tratados e legislação brasileira)
Os tratados voltados a conservação ambiental é que lideram os temas relacionados aos direitos de povos e comunidades tradicionais, embora também seja possível encontrar alguns direitos previstos em tratados voltados a direitos humanos.

A OMPI – Organização Mundial da Propriedade Intelectual, por sua vez, também busca disciplinar temas relacionados a acesso e repartição de benefícios (ABS[4], no inglês), no que é da sua competência, como por exemplo, a relação entre patentes e conhecimentos tradicionais, ou ainda a transferência de tecnologia, que pode ser um dos meios de repartição de benefícios, pela utilização de direitos envolvendo CTA, embora reconheça o órgão que o conhecimento tradicional, pelo seu caráter de transmissão oral, não pode ser protegido pelos meios comuns de proteção em propriedade intelectual:

> *"Innovations based on TK (traditional knowledge) may benefit from patent, trademark, and geographical indication protection, or be protected as a trade secret or confidential information. However, traditional knowledge as such – knowledge that has ancient roots and is often oral – is not protected by conventional intellectual property (IP) systems"*[5].

Nos anos de 1950/1960, algumas catástrofes ambientais, como derramamento de petróleo nos oceanos, por exemplo, fizeram com que alguns países europeus começassem a discutir o desenvolvimento sustentável. Em 1972, a ONU (Organização das Nações Unidas), por consequência deste movimento crescente, resolveu elaborar a Conferência Mundial sobre o Homem e Meio Ambiente, que ficou conhecida como a Conferência de Estocolmo.

---

[4] Access and Benefit-Sharing
[5] https://www.wipo.int/tk/en/tk/#:~:text=Traditional%20knowledge%20(TK)%20is%20knowledge,its%20cultural%20or%20spiritual%20identity.

O resultado da Conferência foi um documento escrito chamado Declaração de Estocolmo (Declaração das Nações Unidas sobre o Meio Ambiente) que foi considerado um "turning point" sobre a conservação do meio ambiente de forma global, contendo mais de 100 (cem) recomendações aos países, inclusive o reconhecimento do impacto ambiental, necessária consciência para agir, soberania dos países para disciplinar sobre os seus recursos naturais e divisão de responsabilidade para os países desenvolvidos.

Em 1992, no Rio de Janeiro, houve um outro encontro de países, chamado ECO-92. Deste encontro, resultaram 03 (três) tratados: Convenção sobre Diversidade Biológica (CDB), Convenção-Quadro das Nações Unidas sobre a Mudança do Clima e Convenção das Nações Unidas de Combate à Desertificação.

A Convenção sobre Diversidade Biológica (CDB) foi o primeiro grande tratado internacional a disciplinar premissas relacionadas ao acesso à recursos genéticos e repartição de benefícios, inclusive por utilização de conhecimento tradicional associado. Entrou em vigor em dezembro de 1993 e conta hoje com mais de 160 (cento e sessenta) países signatários e continua sendo o principal fórum mundial de discussões sobre biodiversidade, com reuniões dos países membros a cada dois anos (através das "COPs", ou seja, conferência das partes).

Entre os seus principais objetivos, a CDB definiu que os países devem buscar: a) conservação da diversidade biológica; b) utilização sustentável de seus componentes; c) repartição justa e equitativa dos benefícios derivados da utilização dos recursos genéticos, mediante, inclusive, o acesso adequado aos recursos genéticos e a transferência adequada de tecnologias pertinentes.

São diversos os dispositivos que tratam de CTA e dos direitos de povos e comunidades tradicionais, mas vale abordar, em especial o artigo 8, j, que assim dispõe:

Cada Parte Contratante deve, na medida do possível e conforme o caso:
j) Em conformidade com sua legislação nacional, respeitar, preservar e manter o conhecimento, inovações e práticas das comunidades locais e populações indígenas com estilo de vida tradicionais relevantes à conservação e à utilização sustentável da diversidade biológica e incentivar sua mais ampla aplicação com a aprovação e a participação dos

detentores desse conhecimento, inovações e práticas; e encorajar a repartição eqüitativa dos benefícios oriundos da utilização desse conhecimento, inovações e práticas;

Assim, já é consolidado legalmente o entendimento que os países signatários da CDB devem elaborar sua forma local de acesso e repartição de benefícios (de forma justa e equitativa) e, além disso, respeitar, preservar e manter o conhecimento, inovações e práticas das comunidades locais e populações indígenas, além de incentivar a participação dos detentores desse conhecimento, inovações e práticas.

A participação dos detentores é fundamental, tanto no processo legislativo de elaboração da norma (para que seja legítimo e em linha com o que dispõe a CDB) e também para que terceiros façam uso de seu conhecimento tradicional, que é a etapa prévia conhecida como "consentimento prévio informado".

O Anexo LXXII da Convenção 169 da OIT dispõe sobre "Povos Indígenas e Tribais" e prevê, através de diversos dispositivos, a importância e necessidade da oitiva prévia dos povos e comunidades tradicionais, nos assuntos que lhe devem respeito, em especial o artigo 6º:

1. Ao aplicar as disposições da presente Convenção, os governos deverão:
a) consultar os povos interessados, mediante procedimentos apropriados e, particularmente, através de suas instituições representativas, cada vez que sejam previstas medidas legislativas ou administrativas suscetíveis de afetá-los diretamente;
b) estabelecer os meios através dos quais os povos interessados possam participar livremente, pelo menos na mesma medida que outros setores da população e em todos os níveis, na adoção de decisões em instituições efetivas ou organismos administrativos e de outra natureza responsáveis pelas políticas e programas que lhes sejam concernentes;
c) estabelecer os meios para o pleno desenvolvimento das instituições e iniciativas dos povos e, nos casos apropriados, fornecer os recursos necessários para esse fim.
2. As consultas realizadas na aplicação desta Convenção deverão ser efetuadas com boa fé e de maneira apropriada às circunstâncias, com o objetivo de se chegar a um acordo e conseguir o consentimento acerca das medidas propostas.

Em decorrência do acima exposto, a legislação brasileira (Lei 13.123/15) adotou diversas disposições no sentido de garantir as populações indígenas, comunidade tradicionais e agricultores tradicionais amplos direitos, além de meios e formas de evitar a utilização e exploração ilícita dos seus direitos, no que concerne ao seu conhecimento tradicional associado:

a) reconhecimento do direito de participar da tomada de decisões, sobre assuntos relacionados à conservação e ao uso sustentável de seus conhecimentos tradicionais associados ao patrimônio genético do País;
b) reconhecimento de que o conhecimento tradicional associado integra o patrimônio cultural brasileiro e poderá ser depositado em banco de dados (sempre a critério de seus detentores).
c) Que publicações científicas, registros em cadastros ou bancos de dados ou ainda inventários culturais podem servir como mecanismos de reconhecimento do CTA, sem excluir outras, que porventura, possam surgir.
d) Que populações indígenas, comunidades tradicionais ou agricultores tradicionais, quando fizerem intercâmbio e difusão de patrimônio genético e de conhecimento tradicional associado entre si, para seu próprio benefício e baseados em seus usos, costumes e tradições, ficam isentos das obrigações da legislação.
e) ter reconhecida sua contribuição para o desenvolvimento e conservação de patrimônio genético, em qualquer forma de publicação, utilização, exploração e divulgação;
f) ter indicada a origem do acesso ao conhecimento tradicional associado em todas as publicações, utilizações, explorações e divulgações;
g) perceber benefícios pela exploração econômica por terceiros, direta ou indiretamente, de conhecimento tradicional associado;
h) participar do processo de tomada de decisão sobre assuntos relacionados ao acesso a conhecimento tradicional associado e à repartição de benefícios decorrente desse acesso;
i) usar ou vender livremente produtos que contenham patrimônio genético ou conhecimento tradicional associado;
j) conservar, manejar, guardar, produzir, trocar, desenvolver, melhorar material reprodutivo que contenha patrimônio genético ou conhecimento tradicional associado.

Em relação ao consentimento prévio informado (consentimento formal, previamente concedido por população indígena ou comunidade tradicional segundo os seus usos, costumes e tradições ou protocolos comunitários), o legislador deixou expresso que o acesso ao conhecimento tradicional associado de origem identificável está condicionado à sua obtenção e poderá ocorrer, a critério da população indígena, da comunidade tradicional ou do agricultor tradicional, pelos seguintes instrumentos:

a. assinatura de termo de consentimento prévio;
b. registro audiovisual do consentimento;
c. parecer do órgão oficial competente; ou
d. adesão na forma prevista em protocolo comunitário.

Finalmente, no que diz respeito a repartição de benefícios, vale lembrar que a CDB apenas determinou que ela deve existir, mas não a conceituou, de forma que cada país conferiu uma forma de interpretar e conceituar a sua regra local, observando o que entendem por "justo e equitativo".

Após muita discussão, os signatários da CDB entenderam por bem elaborar um tratado independente com o escopo de dar maior destaque para repartição de benefícios. Assim nasceu o Protocolo de Nagoia[6], com a missão de conferir maior transparência sobre as regras de ABS pelos países usuários (que acessam recursos genéticos) com os países provedores (países de origem destes recursos). Tendo entrado em vigor em 2014, hoje conta com 134 países membros e busca oferecer a oportunidade de países provedores de recursos genéticos utilizarem seus recursos genéticos, de forma sustentável e receber repartição de benefícios de forma monetária ou não monetária (inclusive, por meio de transferência de tecnologia) dos países usuários.

---

[6] Com a realização da COP15 (Kunming/Montreal) em dezembro de 2022 e a criação de um sistema multilateral de repartição de benefícios para DSI (Digital Sequence Information), há uma certa desconfiança de que o Protocolo de Nagoia acompanhe esta tendência e perca sua razão de ser, por se constituir em um sistema bilateral e que possui inúmeras desvantagens para países provedores e usuários.

O Brasil estabeleceu sua primeira legislação de ABS (e já revogada) no ano de 2001, através de uma Medida Provisória. Esta legislação foi, de forma unânime, considerada ruim e burocrática, afugentando pesquisa e desenvolvimento com biodiversidade nativa. Além de outras situações, duas grandes razões se mostravam principais, para que a MP 2.186-16/2001 não funcionasse: a) os usuários deveriam solicitar autorização do Ministério do Meio Ambiente para qualquer acesso (seja para P&D ou para exploração econômica) e b) toda a cadeia deveria repartir benefícios (inclusive a universidade ou o fornecedor de matérias-primas, além dos fabricantes, distribuidores, etc). Com todos estes percalços, a legislação durou muito (14 anos) o que gerou para o Brasil uma experiência bastante significativa em ABS.

Em 2015, após muito debate entre o setor industrial, academia, governo e povos e comunidades tradicionais, entrou em vigor a atual Lei 13.123/15, para disciplinar ABS no Brasil. Esta lei revolucionou a gestão de ABS e, em teoria, se tornou um paradigma, inclusive diversos países têm buscando informações sobre como o Brasil debateu o tema, para que procurem fazer semelhante.

Em resumo, o acesso aos recursos genéticos é executado através de um sistema eletrônico, sem interferência inicial do governo. Além disso existem regras pré-definidas (que também foram facilitadas através do sistema eletrônico) para remessas de amostra para o exterior e regras de regularização para os usuários que não se cadastraram ou repartiram benefícios no passado.

No que diz respeito a repartição de benefícios, a legislação estabeleceu algumas premissas (bem peculiares), buscando observar o que dispõe a CDB: forma justa e equitativa e incentivo ao uso sustentável dos recursos naturais nativos.

O primeiro aspecto observado na Lei 13.123/15 é que apenas e tão somente o fabricante do produto acabado ou o produtor do material reprodutivo, independentemente de quem tenha realizado o acesso anteriormente estão obrigados a repartir benefícios. Assim, fornecedores de matérias-primas, casas de fragrância, distribuidores, revendedores, institutos de pesquisa, dentre outros, estão completamente isentos. No entanto, ainda com a intenção de estimular e incentivar o uso sustentável da biodiversidade brasileira (tanto para empresas situadas no Brasil, como no exterior) o legislador definiu que a obrigatoriedade de repartição de benefícios estaria isenta em diversas outras situações, inclusive para fabricantes de produtos acabados que não preenchessem estes requisitos.

Assim, deixou claro o legislador que os fabricantes de produtos acabados apenas estariam obrigados a repartir benefícios se o componente do patrimônio genético ou do conhecimento tradicional associado for um dos elementos principais de agregação de valor (seja responsável pela formação do apelo mercadológico ou determinante para a existência das características funcionais).

As modalidades de repartição de benefícios, segundo o legislador, podem ser de forma monetária ou não monetária, a critério do usuário. Se a opção for a repartição de benefícios, de forma monetária, como regra geral, deverá ser depositado pelo fabricante ao Fundo Nacional de Repartição de Benefícios, ao final de cada ano fiscal, o montante de 1% sobre a receita líquida da venda total de produtos acabados contendo recursos genéticos brasileiros. Se a opção for a repartição de benefícios, de forma não monetária, o legislador criou algumas situações em que poderá haver o aporte do montante calculado no período em projetos de conservação da biodiversidade e outras formas não monetárias, como por exemplo, transferência de tecnologia, capacitação de recursos humanos, etc. Neste caso (forma não monetária) o montante de repartição de benefícios ficará entre 0,75% e 1%, dependendo da modalidade escolhida.

Para o acesso ao conhecimento tradicional associado, o racional ficou estabelecido que dependerá do consentimento do provedor do CTA, em uma negociação livre entre as partes (através de um acordo de repartição de benefícios), além do que caberá ao usuário depositar também ao Fundo Nacional de Repartição de Benefícios o montante de 0,5% da receita líquida auferida. Quando o usuário não souber quem é o titular do CTA, mas estiver fazendo uso de CTA em sua formulação, deverá depositar 1% ao Fundo Nacional de Repartição de Benefícios.

Conclusões

O CTA (Conhecimento Tradicional Associado) possui ampla previsão legal e vem sendo, cada dia mais, reconhecido como um direito consolidado e de titularidade dos povos indígenas e povos e comunidades tradicionais, tanto através dos tratados internacionais, como através da legislação brasileira.

Trata-se de um instituto que pode encurtar o acesso a novas tecnologias, inclusive um novo medicamento, isto porque o Brasil é um país megadiverso (maior diversidade biológica do mundo) e com invejável sociobiodiversidade (mais de 300 grupos étnicos indígenas e mais de 200 comunidades quilombolas).

Os medicamentos obtidos, essencialmente de plantas, possuem potencial de enorme crescimento, pois são incipientes no mercado. Haveria uma enorme contribuição para o segmento da saúde, uma vez que aglutinariam espécies da biodiversidade nativa, conhecimento tradicional associado, desenvolvimento de uma cadeia ainda embrionária, que resultariam em reflexos diretos na qualidade de vida dos seus detentores (povos e comunidades tradicionais), que são os verdadeiros guardiões da floresta.

Um maior interesse por P&D (público e privado) pelo tema, pode trazer benefícios a curto prazo para a população (com maior acesso à saúde), para a indústria (que poderá explorar um nicho ainda embrionário) e para o meio ambiente (pois os detentores de CTA terão uma melhor qualidade de vida e cuidado com a floresta).

Referências

"ANTUNES, P. de B. Diversidade biológica e conhecimento tradicional associado. Rio de Janeiro: Lumen Iuris, 2002. 175 p.

CNI, 2017. Acesso e Repartição de Benefícios no cenário mundial: A Lei Brasileira em comparação com as Normas Internacionais. Brasília: Confederação Nacional da Indústria – CNI, 688p.

DIAS, Bráulio; da SILVA, Manuela; MARINELLO, Luiz. "Comentários e recomendações para regulamentar o Protocolo de Nagoia no Brasil". Revista da ABPI, 171 (2021): 29-49.

PERRELI, Maria Aparecida de Souza em "Conhecimento tradicional" e currículo multicultural: notas com base em uma experiência com estudantes indígenas Kaiowá/Guarani – publicado em SciELO - Scientific Electronic Library Online https://doi.org/10.1590/S1516-73132008000300002

OLIVA, M. J. Sharing the benefits of biodiversity: a new international protocol and its implications for research and development. Thieme e Journals, New York, v. 77, p. 1221-1227, 2011."

19.
A PROTEÇÃO DE DADOS SIGILOSOS NO REGISTRO DE PRODUTOS

Gabriel Francisco Leonardos

No Brasil, e em todo o mundo, um grande número de produtos somente pode ser comercializado após o registro perante autoridades regulatórias que avaliam a sua segurança, eficácia, riscos ambientais etc. Este é um exercício do poder de polícia administrativa do Estado, ou seja, trata-se de uma limitação do exercício dos direitos individuais em benefício do interesse público.

A fim de regular a cobrança de taxas pelo Poder Público em decorrência do exercício do poder de polícia, o Código Tributário Nacional (Lei nº 5.172, de 25.10.1966), assim define o poder de polícia administrativa:

"Art. 78. Considera-se poder de polícia atividade da administração pública que, limitando ou disciplinando direito, interesse ou liberdade, regula a prática de ato ou abstenção de fato, em razão de interesse público concernente à segurança, à higiene, à ordem, aos costumes, à disciplina da produção e do mercado, ao exercício de atividades econômicas dependentes de concessão ou autorização do Poder Público, à tranquilidade pública ou ao respeito à propriedade e aos direitos individuais ou coletivos."

Nesse sentido, é comum que, ao realizar o registro de produtos perante as autoridades regulatórias, as empresas interessadas submetam um requerimento e revelem detalhes da composição e do processo de fabricação desses produtos. Isso ocorre, por exemplo, com os produtos farmacêuticos, cujo registro é efetuado perante a ANVISA – Agência Nacional de Vigilância Sanitária (cf. a Lei nº 6.360, de 23.09.1976), ou com o registro de fertilizantes, que deve ser realizado perante o MAPA – Ministério da Agricultura, Pecuária e Abastecimento (Lei nº 6.894, de 16.12.1980).

Por vezes, mais de um registro pode ser necessário, como é o caso dos agrotóxicos, quando o MAPA concede o registro para produtos com finalidade de uso agrícola, florestas plantadas e pastagens. Já para produtos agrotóxicos destinados ao uso em ambientes hídricos, na proteção de florestas nativas e de outros ecossistemas, conhecidos como "não agrícolas", a concessão de registro é também realizada pelo IBAMA – Instituto Brasileiro do Meio-Ambiente e dos Recursos Naturais Renováveis. Finalmente, a análise do risco do agrotóxico para a saúde humana decorrente da exposição à substância em análise é realizada pela ANVISA.

Comumente, há informações valiosas que devem ser reveladas para obtenção do registro que autorize a comercialização desses produtos. Trata-se de informações confidenciais, que demandam vultosos recursos para ser coligidas, notadamente como testes de sua segurança, eficácia e dosagem. A proteção a essas informações é independente da existência (ou não) de direito de propriedade intelectual (doravante "DPI") que proteja o produto ou o processo da sua fabricação.

Aliás, tais informações continuam a ter valor até mesmo após o término da vigência de eventual patente ou de outro DPI. É por isso que os titulares de registros têm o interesse de que elas sejam mantidas em sigilo, preferencialmente sem limitação de tempo, tal como ocorre no regime geral das demais informações protegidas como segredo industrial ou comercial, que são protegidas enquanto permanecerem tratadas sob sigilo pelo seu titular.

A Lei de Propriedade Industrial (LPI – Lei nº 9.279, de 14.05.1996) contém um dispositivo expresso sobre a proteção de dados sigilosos submetidos a autoridades governamentais, a saber:

> "Art. 195. Comete crime de concorrência desleal quem:
> (...)

XIV – divulga, explora ou utiliza-se, sem autorização, de resultados de testes ou outros dados não divulgados, cuja elaboração envolva esforço considerável e que tenham sido apresentados a entidades governamentais como condição para aprovar a comercialização de produtos.
Pena – detenção, de 3 (três) meses a 1 (um) ano, ou multa.
(...)
§ 2º O disposto no inciso XIV não se aplica quanto à divulgação por órgão governamental competente para autorizar a comercialização de produto, quando necessário para proteger o público."

Vale lembrar que a LPI foi debatida e promulgada após a adesão do Brasil à OMC – Organização Mundial do Comércio. Entre os acordos constitutivos da OMC encontra-se o Acordo TRIPs (acrônimo em inglês do "Acordo Sobre Aspectos de Propriedade Intelectual Relacionados ao Comércio – ADPIC"), promulgado entre nós pelo Decreto nº 1.355, de 30.12.1994.

O TRIPs inovou, introduzindo essa hipótese de proteção no cenário legislativo multilateral, e assim tratou a proteção aos dados sigilosos submetidos em procedimentos de registro de produtos:

"Art. 39 (...)
3. Os Membros que exijam a apresentação de resultados de testes ou outros dados não divulgados, cuja elaboração envolva esforço considerável, como condição para aprovar a comercialização de produtos farmacêuticos ou de produtos agrícolas químicos que utilizem novas entidades químicas, protegerão esses dados contra seu uso comercial desleal. Ademais, os Membros adotarão providências para impedir que esses dados sejam divulgados, exceto quando necessário para proteger o público, ou quando tenham sido adotadas medidas para assegurar que os dados sejam protegidos contra o uso comercial desleal."

Percebe-se, portanto, que tanto o compromisso internacional assumido através do TRIPs, quanto a redação do art. 195, XIV da LPI não impõem qualquer limitação temporal para a proteção dos dados sigilosos apresentados no registro de produtos.

Tendo em vista a especificidade do assunto, alguns anos após a edição da LPI, foi promulgada entre nós a Lei nº 10.603, de 17.12.2002, que trata da "proteção de informação não divulgada submetida para aprovação da comercialização de produtos".

A Lei 10.603/2002 é resultante da conversão da Medida Provisória (MP) nº 69, de 26.09.2002, e é de especial interesse a modificação introduzida pelo Congresso Nacional no caput do art. 1º, pois foi retirada a menção à proteção das informações relativas a produtos farmacêuticos de uso **humano**, permanecendo apenas a proteção às relativas ao uso **veterinário**:

Texto Original – MP 69/2002:	Texto Aprovado – Lei 10.603/2002:
Art. 1º Esta Medida Provisória regula a proteção, contra o uso comercial desleal, de informações relativas aos resultados de testes ou outros dados não divulgados apresentados às autoridades competentes como condição para aprovar ou manter o registro para a comercialização de produtos farmacêuticos de uso **humano** e veterinário, fertilizantes, agrotóxicos seus componentes e afins.	Art. 1º Esta Lei regula a proteção, contra o uso comercial desleal, de informações relativas aos resultados de testes ou outros dados não divulgados apresentados às autoridades competentes como condição para aprovar ou manter o registro para a comercialização de produtos farmacêuticos de uso veterinário, fertilizantes, agrotóxicos seus componentes e afins.

Para os dados nela mencionados, a Lei 10.603/2002 estabelece, no art. 4º, uma proteção válida por 10 (dez) anos quando houver *"produtos que utilizem novas entidades químicas ou biológicas"*, e de 5 (cinco) anos para *"produtos que **não** utilizem novas entidades químicas ou biológicas"*. Ou seja, o legislador criou uma regra especial, retirando as informações tratadas na Lei 10.603/2002 do regime geral da LPI (em que a proteção das informações confidenciais não possui uma limitação temporal).

O art. 2º da Lei 10.603/2002 delimita os requisitos para que as informações sejam consideradas confidenciais: elas não podem ser "facilmente acessíveis a pessoas que normalmente lidam com o tipo de informação em questão, seja como um todo, seja na configuração e montagem específicas de seus componentes", e devem ter "sido objeto de precauções eficazes para manutenção da sua confidencialidade pela pessoa legalmente responsável pelo seu controle".

Com relação aos efeitos da proteção, o art. 3º determina que a proteção às informações implicará na sua "não-utilização pelas autoridades competentes dos resultados de testes ou outros dados a elas apresentados em favor de terceiros", bem como na "não-divulgação dos resultados de testes ou outros dados apresentados às autoridades competentes, exceto quando necessário para proteger o público".

Embora, a rigor, não fosse necessário, e tendo em vista os muitos interesses sobre o assunto, o legislador foi redundante, e deixou claro no art. 11 que, ao utilizar as informações confidenciais dos titulares de registro na forma prevista na Lei 10.603/2002, as autoridades não cometem o crime de concorrência desleal previsto no art. 195, XIV da LPI.

Ao omitir-se quanto à proteção das informações confidenciais relativas a produtos farmacêuticos para uso humano, a Lei 10.603/2002 criou uma polêmica. Por um lado, há quem sustente, com base no TRIPs e no art. 195, XIV da LPI que, à falta de norma especial regulando a matéria, tais informações são protegidas sem qualquer limitação de tempo, portanto incorrendo no tipo penal o funcionário público que revelar os dados do dossiê submetido à ANVISA, para que seja feito o registro sanitário de um novo produto, por empresa concorrente. Já outros sustentam que a modificação do teor do *caput* do art. 1º, ocorrida durante a tramitação da MP 69 e sua conversão na Lei 10.603/2002, teria o teor de eliminar qualquer proteção, no Brasil, às informações relativas a produtos farmacêuticos para uso humano.

Uma discussão paralela consiste em saber se uma empresa concorrente pode valer-se da remissão aos dados confidenciais da empresa que desenvolveu o medicamento de referência, para lograr obter o registro de comercialização para um medicamento genérico. Ou seja, a questão consiste em saber se um terceiro pode "pegar carona" nos investimentos feitos pela empresa pioneira a fim de realizar o registro do medicamento de referência.

A questão foi submetida poucas vezes à esfera judicial, havendo precedente no sentido de que permanece existindo a proteção legal com base no art. 195, XIV da LPI:

"É evidente a proteção legal contra o uso desleal e não autorizado de resultados de testes e outros dados não divulgados, cuja elaboração envolva esforço considerável e que tenham sido apresentados a entidades governamentais como condição para aprovar a comercialização de produtos farmacêuticos." (Apelação 0016573-55.2008.4.01.3400, Rel. Juiz Federal Marcelo Albernaz, 5ª Turma do TRF-1, publ. Em 18.12.2012)

Mas, por outro lado, ainda que em *obiter dictum*, há pronunciamento do Superior Tribunal de Justiça que parece indicar que inexistiria tal proteção:

"Consequentemente, é bem de ver que, em se tratando de emenda supressiva, exaustivamente discutida e fundamentada perante o Parlamento brasileiro, não se poderia sequer cogitar de uma lacuna involuntária da lei, como afirmado na r. sentença de primeiro grau. Há, na realidade, uma lacuna intencional que não pode ser suprida – e isso é elementar – por analogia, ainda mais se levarmos em conta que a analogia foi feita em relação às regras do próprio texto legal ao final aprovado (que, reforce-se, suprimiu expressamente do projeto a abrangência da regra para a situação específica dos autos!)." (AgRg na SLS 1.425-DF, Rel. Min. Félix Fischer, Corte Especial, publ. em 19.12.2011)

A rigor, até hoje, a questão da persistência, ou não, da proteção baseada no art. 195, XIV da LPI não precisou ser atacada frontalmente pelo Poder Judiciário, porque, nos casos concretos, permitiu-se o registro de novos medicamentos, genéricos, por concorrentes, desde que fossem por estes submetidos à ANVISA os testes de bioequivalência e biodisponibilidade, não havendo necessidade de uso do dossiê técnico que fora anteriormente apresentado para registro do medicamento de referência:

"III – Inexiste violação ao Acordo TRIPS, o qual dispõe que os membros signatários adotarão as medidas necessárias à proteção dessas informações confidenciais, impedindo que tais dados sejam divulgados propiciando a concorrência desleal, excetuados para proteger o público, bem assim ao art. 195, XIV, da LPI (crime de concorrência desleal), pois não consta que a ANVISA se utilize das informações constantes dos dossiês a ela apresentados quando do registro sanitário dos medicamentos de referência ou que as forneça às empresas interessadas no registro sanitário de determinado medicamento genérico, mesmo porque isso não é necessário, já que o desenvolvimento do produto é realizado por intermédio de engenharia reversa, em que o produto de referência acabado, que pode ser encontrado em qualquer estabelecimento que comercialize produtos farmacêuticos, é decomposto até se chegar à molécula de seu princípio ativo. (...)

V – O conhecimento da segurança e eficácia do produto de referência já é público e notório, senão ele não teria obtido seu registro sanitário, motivo pelo qual não faz sentido o argumento de que a ANVISA se aproveita dessas informações para conceder o registro aos medicamentos genéricos." (Apelação 0036154-51.2011.4.01.3400/DF, Rel. Des. Fed. Jirair Aram Meguerian, 6ª Turma do TRF-1, julg. em 24.04.2017)

Finalmente, não se pode presumir que, pelo simples fato de ter sido concedido o registro em favor de medicamento genérico, a ANVISA (ou funcionário desta agência reguladora) tenha violado o dever de sigilo, sendo necessário haver evidência dessa conduta:

"Ao final da instrução, não foi produzida nenhuma prova de que a ANVISA teria concedido ou teria a disposição de conceder registro de medicamento genérico similar ao [de] empresa concorrente das autoras, sem a autorização destas, mediante utilização ou exploração direta de dossiês com resultados de testes e outros dados não divulgados submetidos por elas para obtenção do registro sanitário do aludido medicamento. Não há como presumir tais fatos, especialmente porque a ANVISA nega sua ocorrência e incide a seu favor a presunção de legitimidade dos atos administrativos." (REsp 1.569.966, Rel. Min. Gurgel de Faria, 1ª Turma, publ. em 06.08.2019)

Concluindo, ainda que não esteja pacificada perante o Judiciário a questão da extensão da proteção dos dados confidenciais, permanece em pleno vigor o art. 195, XIV da LPI, que assegura a proteção também das informações relativas a produtos farmacêuticos de uso humano. Negar essa proteção significaria uma violação direta aos compromissos internacionais assumidos por nosso país perante a OMC (o que poderia ensejar sanções comerciais ao nosso país), bem como um desestímulo aos investimentos em inovação em nosso país. Ademais, isso também acarretaria um risco real de desabastecimento de medicamentos inovadores em nosso mercado interno.

PARTE 4

CONCORRÊNCIA DESLEAL

20.
ATOS DE CONCORRÊNCIA DESLEAL TÍPICOS

Alberto Luís Camelier da Silva

a1 – Introdução

Antes de adentrarmos aos atos de concorrência desleal típicos, cumpre discorrer acerca do instituto da concorrência desleal[1].

As práticas de concorrência desleal são impossíveis de quantificação. Isso porque a imaginação humana não tem limites.

Diante disso, o legislador evitou enumerá-las, porém classificou aqueles atos de concorrência desleal mais graves, tipificando-os como crime, deixando os demais como ilícito civil.[2]

---

[1] "A primeira menção à concorrência desleal na Convenção da União de Paris foi através da inserção do artigo 10 bis, feita na revisão de Bruxelas, em 14 de dezembro de 1900. O texto original da Convenção da União de Paris não continha nenhum dispositivo com relação à repressão da concorrência desleal, tendo isso ocorrido na revisão de Bruxelas, em 1900, com a adoção do artigo 10bis. A revisão de Washington, em 1911, deu um passo além ao introduzir no dito artigo a obrigação para todos os membros assegurar aos nacionais dos países da União, proteção efetiva contra a concorrência desleal. Esta obrigação foi reforçada e uma definição e exemplos de atos de concorrência desleal foram incluídos neste artigo pela revisão de Haia, em 1925. A revisão de Londres, em 1934, melhorou essas disposições tendo a revisão de Lisboa, em 1958, adicionado um outro exemplo de ato de concorrência desleal." Cf. Camelier Da Silva, Alberto Luís. Concorrência desleal – atos de confusão. São Paulo: Saraiva, 2013.

[2] No Brasil, o marco inicial do combate às práticas desleais se deu através do Decreto 2.682 de 23 de outubro de 1875. Entretanto, com o Decreto nº 24.507 de 29 de junho de 1934, o ordenamento jurídico brasileiro contou com eficaz repressão contra atos de

A concorrência ilícita ou genérica e a concorrência desleal referem-se a atos que prejudicam o competidor em suas relações com o mercado.

A concorrência leal é a permitida. A interdita e a desleal, combatidas através de sanções penais e/ou cíveis.

Como dito acima, a definição de concorrência desleal não é tarefa das mais fáceis.

A esse respeito, acórdão do Egrégio Supremo Tribunal Federal, relatado pelo ministro EDGARD COSTA, ao procurar caracterizar os limites entre a livre concorrência e a concorrência desleal, assim dispôs:

> "A livre concorrência, como toda liberdade, não é irrestrita; o seu exercício encontra limites nos preceitos legais que a regulam e nos direitos dos outros concorrentes, pressupondo um exercício leal e honesto do direito próprio, expressivo da probidade profissional; excedidos esses limites, surge a concorrência desleal, que nenhum preceito legal define e nem poderia fazê-lo, tal a variedade de atos que podem constituí-los; assim o decreto n. 24.507, de 1934, não restringiu esses atos aos que especificou; seu objetivo não foi outro senão o de indicar aqueles que reputou merecedores de sanção legal."[3]

A Convenção da União de Paris – CUP[4] foi muito feliz ao definir atos de concorrência desleal no artigo 10 *bis*, a saber:

> 1) Os países da União obrigam-se a assegurar aos nacionais dos países da União proteção efetiva contra a concorrência desleal. 2) Constitui ato de concorrência desleal qualquer ato de concorrência contrário aos usos honestos em matéria industrial ou comercial. 3) Deverão proibir-se particularmente: 1º – todos os atos suscetíveis de, por qualquer meio, estabelecer confusão com o estabelecimento, os produtos ou a atividade industrial ou

---

concorrência desleal. Atualmente, a repressão à concorrência desleal está capitulada no art. 195 e 209, parte final, ambos da Lei nº 9.279/96.

[3] Rec. Extr. N. 5.232-SP – Ac. unânime da 2ª. Turma – julgado em 09/12/1947. Relator: Ministro Edgard Costa – DJU de 11/10/1949 – RT Vol. 184, p. 914.

[4] Convenção da União de Paris de 1883, em vigor no Brasil por força dos Decretos nº 635/92 e 1.263/94.

comercial de um concorrente; 2º – as falsas alegações no exercício do comércio, suscetíveis de desacreditar o estabelecimento, os produtos ou a atividade industrial ou comercial de um concorrente; 3º – as indicações ou alegações cuja utilização no exercício do comércio seja suscetível de induzir o público em erro sobre a natureza, modo de fabricação, características, possibilidades de utilização ou quantidade das mercadorias.

Particularmente, os atos típicos de concorrência desleal, sancionados pela Lei da Propriedade Industrial, Lei nº 9.279, de 14 de maio de 1996 (LPI), como crimes, são aqueles que visam denegrir, confundir, aliciar funcionários, atentar contra o direito ao sigilo, falsear informação de indústria privilegiada e aproveitar-se do esforço e labor alheios.

Assim, são os atos tendentes a prejudicar a reputação ou os negócios alheios, a criar confusão entre estabelecimentos comerciais, industriais e prestação de serviços ou entre os produtos e serviços postos no mercado.

O legislador, portanto, elegeu e tipificou como crime, 15 (quinze) figuras específicas, deixando as demais apenas como ilícito civil, conforme a dicção do artigo 209 da LPI.[5]

a2 – Atos típicos de concorrência desleal
Os atos de concorrência desleal típicos, como mencionado, são aqueles discriminados pela norma do artigo 195 da LPI, a saber:

> Art. 195. Comete crime de concorrência desleal quem:

1. Publica, por qualquer meio, falsa afirmação, em detrimento de concorrente, com o fim de obter vantagem;

2. Presta ou divulga, acerca de concorrente, falsa informação, com o fim de obter vantagem;

---

[5] Art. 209. Fica ressalvado ao prejudicado o direito de haver perdas e danos em ressarcimento de prejuízos causados por atos de violação de direitos de propriedade industrial e atos de concorrência desleal não previstos nesta Lei, tendentes a prejudicar a reputação ou os negócios alheios, a criar confusão entre estabelecimentos comerciais, industriais ou prestadores de serviço, ou entre os produtos e serviços postos no comércio.

Os incisos I e II, são os atos tendentes a prejudicar a reputação ou os negócios alheios, comumente chamados atos denegritórios, configurados expressamente no artigo 10 bis, 3, 2º da Convenção da União de Paris.[6]

Embora aparente repetição, por descuido do legislador, conforme afirma abalizada doutrina[7], trata-se de tipos penais diferentes.

Isso porque, no primeiro caso há uma publicação de falsa **afirmação**–não importa o meio – com o fito de desgastar a imagem do concorrente ou de seus produtos/serviços, enquanto no segundo, há falsa **informação**, isto é, a circulação ou disseminação de um boato acerca do concorrente.

Em ambos os casos estar-se-á diante daquilo que modernamente se convencionou dizer (*fake news*), ou notícia falsa, com o mesmo intuito: obter vantagem indevida às custas do concorrente.

Há um sem-número de situações nas quais o concorrente desleal pode atingir seus competidores com falsas afirmações ou informações.

A guisa de exemplo, a propaganda comparativa é lícita, desde que expressa ou apoiada em informações verídicas. Entretanto, caso haja falsa afirmação ou falsa informação acerca do produto/serviço comparado, o agente responderá, respectivamente, pelos crimes comentados.

A reputação, lealdade empresarial e a veracidade da informação, são os bens jurídicos tutelados por esses dispositivos legais.

---

[6] Artigo 10 *bis*, a saber: Artigo 10 bis: 1) Os países da União obrigam-se a assegurar aos nacionais dos países da União proteção efetiva contra a concorrência desleal. 2) Constitui ato de concorrência desleal qualquer ato de concorrência contrário aos usos honestos em matéria industrial ou comercial. 3) Deverão proibir-se particularmente: 1º – todos os atos suscetíveis de, por qualquer meio, estabelecer confusão com o estabelecimento, os produtos ou a atividade industrial ou comercial de um concorrente; **2º – as falsas alegações no exercício do comércio, suscetíveis de desacreditar o estabelecimento, os produtos ou a atividade industrial ou comercial de um concorrente**; 3º – as indicações ou alegações cuja utilização no exercício do comércio seja suscetível de induzir o público em erro sobre a natureza, modo de fabricação, características, possibilidades de utilização ou quantidade das mercadorias.

[7] GAMA CERQUEIRA, João da. Tratado da Propriedade Industrial. Rio de Janeiro: Forense, 1956, v. II, t.II, p.III, p. 395.

3. Emprega meio fraudulento, para desviar, em proveito próprio ou alheio, clientela de outrem;

Esse tipo penal abarca uma quantidade inestimável de situações, haja vista a expressão "meio fraudulento para desviar...clientela" denotando um comportamento contrário aos bons usos comerciais e industriais, conforme preleciona o artigo 10 bis, 3, 1º da CUP:

> (...1º – todos os atos suscetíveis de, por qualquer meio, estabelecer confusão com o estabelecimento, os produtos ou a atividade industrial ou comercial de um concorrente).

É, talvez, a conduta mais frequente observada no mercado.

Estão incluídos aí os atos de concorrência desleal, denominados pela doutrina, como "atos confusórios"[8], que são aqueles idôneos em causar erro, dúvida e confusão na mente dos consumidores, que passam a adquirir um produto por outro, de origem diversa.

Entre os atos confusórios, encontra-se a imitação do conjunto imagem de produtos e/ou serviços, conhecido na doutrina anglo-saxã como *trade dress* – que será objeto de detalhamento em capítulo próprio desta obra.

Assim, a imitação de parte externa ou interna de estabelecimentos, embalagens e rótulos de produtos, imitação de cores, dísticos, disposição espacial e outros sinais não registrados[9], assim como o uso de nome de domínio alheio – será objeto de detalhamento em capítulo próprio desta obra, ou sua imitação, podem constituir o crime previsto no inciso III do artigo 195 da LPI.

É digno de nota que na análise do ato confusório, o observador não deve se ater às diferenças, adrede colocadas pelo concorrente desleal, mas às semelhanças e ao aspecto geral do conjunto, conforme abalizada doutrina.[10]

---

[8] SILVEIRA, Newton. A propriedade intelectual e as novas leis autorais. São Paulo: Saraiva, 1996, p.10
[9] Os sinais registrados têm a tutela criminal própria (vide artigos 189 a 192 da LPI).
[10] Cf. GAMA CERQUEIRA. Tratado, Vol. II, Tomo II, Parte III, 1956. Páginas 67/69.

Entretanto, o elemento confusão deve estar presente no cotejo dos sinais distintivos para a configuração do delito de concorrência desleal.

4. Usa expressão ou sinal de propaganda alheios, ou os imita, de modo a criar confusão entre os produtos ou estabelecimentos;

A expressão ou sinal de propaganda, também conhecido como "slogan" publicitário, era considerado um instituto legal passível de registro[11], até a edição da atual Lei da Propriedade Industrial, Lei 9.279/96, que estabeleceu a sua proteção mediante a repressão à concorrência desleal.

Assim, o uso ou a imitação de expressão de propaganda alheia, passíveis de gerar confusão entre produtos, serviços ou estabelecimentos, poderá ser apenado como crime de concorrência desleal, à luz do art. 195, IV da LPI, independentemente de qualquer registro[12], bastando para tanto, a prova de uso anterior do sinal distintivo.

Esse importante sinal distintivo será mais detalhado em capítulo específico do presente manual.

5. Usa, indevidamente, nome comercial, título de estabelecimento ou insígnia alheios ou vende, expõe ou oferece à venda ou tem em estoque produto com essas referências;

O nome comercial[13] (nome empresarial), título de estabelecimento e a insígnia[14] eram sinais distintivos protegidos pela legislação revogada (Decreto-Lei nº 7.903/45), através de registro.

---

[11] Lei nº 5.772/71 – Art. 73. Entende-se por expressão ou sinal de propaganda tôda legenda, anúncio, reclame, palavra, combinação de palavras, desenhos, gravuras, originais e característicos que se destinem a emprêgo como meio de recomendar quaisquer atividades lícitas, realçar qualidades de produtos, mercadorias ou serviços, ou a atrair a atenção dos consumidores ou usuários.

[12] A expressão de propaganda pode ser objeto de proteção autoral e, por conseguinte, ter o registro da obra no órgão registral competente, sendo certo que tal registro é facultativo à luz dos artigos 18 e 19, da Lei nº 9.610/98.

[13] DL 7903/45 – Art. 104. Considera-se nome comercial a firma ou denominação adotada pela pessoa física ou jurídica, para o exercício de atividades comerciais, industriais ou agrícolas. Parágrafo único. Equipara-se ao nome comercial, para todos os efeitos da proteção que lhe dispensa êste Código, a denominação das sociedades civis, ou das fundações.

[14] DL 7903/45 – Art. 114. Constituem título de estabelecimento e insígnia, respectiva-

No caso do nome comercial, o registro conferia exclusividade em todo o território nacional[15], enquanto o registro do título de estabelecimento e da insígnia tinham a sua proteção restrita ao município no qual o requerente estava domiciliado.[16]

A Lei de Propriedade Industrial atual capitula como crime de concorrência desleal, o uso desautorizado, por terceiro, desses sinais distintivos.

A dicção da norma penal aqui comentada, denota que o crime de concorrência desleal será constatado se houver a reprodução, sem autorização, do nome empresarial, título de estabelecimento e insígnia alheios ou vende, expõe ou oferece à venda ou tem em estoque produto com essas referências.

Assim, como o legislador não cogitou punir na esfera penal a imitação desses sinais, resta ao prejudicado apenas e tão somente as ações cíveis com vistas a abstenção e reparação dos danos incorridos.[17]

Os institutos previstos nesse tópico (nome comercial, título de estabelecimento, insígnia) importantes sinais distintivos, serão objeto de estudo e detalhamento em capítulos à parte.

6. Substitui, pelo seu próprio nome ou razão social, em produto de outrem, o nome ou razão social deste, sem o seu consentimento;

Trata-se de caso clássico de fraude comercial, cujo crime, na modalidade concorrência desleal, já era contemplado na legislação revogada (DL 7.903/45, art. 178 VI).

Ao substituir o nome ou razão social pelo seu, em produto de terceiros, o empresário busca, a um só tempo, iludir o consumidor e se locuple-

---

mente, as denominações, os emblemas ou quaisquer outros sinais que sirvam para distinguir o estabelecimento comercial, industrial ou agrícola, ou relativo a qualquer atividade lícita.

[15] DL 7.903/45 - Art. 105. Para que possa ser assegurado em todo o território nacional o direito ao uso exclusivo do nome comercial, deverá o interessado promover-lhe o registro, na forma aqui estabelecida.

[16] DL 7.903/45 – Art. 115. O registro do título ou da insígnia somente prevalecerá, para município em que estiver situado o estabelecimento, considerando-se, para êsse efeito, como município o Distrito Federal.

[17] Cf. Artigos 207, 208 e 209 da LPI.

tar do esforço alheio, além da reputação oriunda da qualidade do produto parasitado, com vistas a galgar, sem a necessária contrapartida e os riscos empresariais decorrentes, sucesso comercial.

Age, portanto, como verdadeiro parasita, merecendo a alcunha de concorrente desleal.

7. Atribui-se, como meio de propaganda, recompensa ou distinção que não obteve;

Trata-se de tipo penal que visa repreender o empresário desonesto que busca atribuir para si ou sua empresa, distinção ou recompensa que não obteve, com vistas a incrementar a venda de seus produtos, ilaqueando a boa-fé do mercado e dos consumidores em particular.

Tamanha era a importância do uso correto e fidedigno das recompensas e distinções empresariais, como meio de propaganda, que a lei revogada (DL 7.903/45) tratou o seu processamento em três capítulos[18], cominando ao empresário mendaz as sanções do artigo 178, VII, cuja dicção é praticamente a mesma da norma ora analisada.

Gama Cerqueira informa que o legislador de há muito já previa a proibição de se registrar marcas que "contenham medalhas de fantasia suscetíveis de confusão com as concedidas em exposições industriais ou congressos científicos".[19]

O objetivo, era, portanto, inibir tais práticas, pois "o uso de falsas recompensas, como meio de atrair a clientela, é considerado pela doutrina e por algumas leis estrangeiras como ato de concorrência desleal, que prejudica não apenas os verdadeiros titulares de tais recompensas, como os concorrentes em geral".[20]

8. Vende ou expõe ou oferece à venda, em recipiente ou invólucro de outrem, produto adulterado ou falsificado, ou dele se utiliza para negociar com produto da mesma espécie, embora não adulterado ou falsificado, se o fato não constitui crime mais grave;

---

[18] Cf. Artigos 158 a 168 do DL 7.903/45.
[19] GAMA CERQUEIRA, Tratado, 1956, p. 400.
[20] Idem. P.400.

O tipo penal sob exame[21] originou-se do resultado de uma batalha judicial no ano de 1874, que contou com o concurso de ninguém menos que Ruy Barbosa, culminado com a edição da primeira lei de marcas, o Decreto nº 2.682 de 23 de outubro de 1875.[22]

Ele encerra duas hipóteses, que serão analisadas a seguir.

A primeira, versa acerca de adulteração ou falsificação de produto, ou seja, há a contrafação integral da embalagem, recipiente ou invólucro, inclusive a marca do produto[23], no qual o concorrente desleal insere mercadoria de sua fabricação, logo adulterada e, usualmente, de má qualidade.

Em outras palavras, o empresário criminoso vende gato por lebre.

A segunda hipótese, o empresário desleal se utiliza da embalagem do concorrente, envasando produto da mesma espécie, de sua fabricação.

É o caso, por exemplo, de envasamento de determinada bebida alcoólica em garrafa, cujo modelo (não protegido por desenho industrial) é usualmente utilizado pelo concorrente e que já adquiriu distintividade inerente.

A parte final do inciso VIII do art. 195, prevê a cominação de pena em relação a um crime maior, por exemplo, contrafação de marca registrada ou a falsificação/adulteração de produto alimentício ou medicamento, cujas penas são muito superiores à da concorrência desleal.

9. Dá ou promete dinheiro ou outra utilidade a empregado de concorrente, para que o empregado, faltando ao dever do emprego, lhe proporcione vantagem;

10. Recebe dinheiro ou outra utilidade, ou aceita promessa de paga ou recompensa, para, faltando ao dever de empregado, proporcionar vantagem a concorrente do empregador;

---

[21] Esse tipo penal era previsto no DL 7.903/45, inciso VIII do art. 178.
[22] Cf. Duval, Hermano, Pp. 196 a 203.
[23] Segundo Gama Cerqueira, "se o recipiente ou invólucro contiver a marca registrada do produtor, o crime incide na sanção do art. 175, nº IV, letra b do Código da Propriedade Industrial". (Art. 190 da LPI). Cf. Tratado, p.401.

Os tipos penais dos incisos IX e X do artigo 195 da LPI, reprisam, basicamente, os atos de concorrência desleal capitulados na lei revogada (DL 7.903/45) nos mesmos incisos do artigo 178, tratando-se de aliciamento e corrupção de prepostos de concorrente.

Segundo Gama Cerqueira, "pune-se nestes incisos a corrupção ativa e passiva de empregado de concorrente. A relação de trabalho impõe ao empregado, entre outros, o dever de lealdade e fidelidade ao empregador".[24]

11. Divulga, explora ou utiliza-se, sem autorização, de conhecimentos, informações ou dados confidenciais, utilizáveis na indústria, comércio ou prestação de serviços, excluídos aqueles que sejam de conhecimento público ou que sejam evidentes para um técnico no assunto, a que teve acesso mediante relação contratual ou empregatícia, mesmo após o término do contrato;

12. Divulga, explora ou utiliza-se, sem autorização, de conhecimentos ou informações a que se refere o inciso anterior, obtidos por meios ilícitos ou a que teve acesso mediante fraude; ou

Segundo o magistério de Elisabeth Kasznar Fekete,

> "informação confidencial", "segredo de empresa" ou "segredo de negócio" trata-se de "conhecimento utilizável na atividade empresarial, de caráter industrial ou comercial, de acesso restrito, provido de certa originalidade, lícito, transmissível, não protegido por patente, cuja reserva representa valor econômico para o seu possuidor, o qual exterioriza o seu interesse na preservação do sigilo através de providências razoáveis" [25]

Os tipos penais dos incisos XI e XII do artigo 195 da LPI, assemelham-se às condutas descritas na lei revogada (DL 7.903/45) nos mes-

---

[24] Op. Cit. P.401/402.
[25] FEKETE, Elisabeth Kasznar. O regime jurídico do segredo de indústria e comércio no direito brasileiro. Rio de Janeiro: Forense, 2003.

mos incisos do artigo 178, que utilizavam, respectivamente, as expressões "segredo de fábrica" e "segredo de negócio".

O legislador da lei atual preferiu utilizar-se de expressão mais ampla, ou seja, "conhecimentos, informações ou dados confidenciais" alinhando a nossa legislação ao artigo 39 do acordo *Trips*[26] sigla inglesa para "Acordo sobre aspectos dos direitos da propriedade intelectual relacionados ao comércio".[27]

Uma modificação legislativa, inserida na parte final do inciso XI, estende a possibilidade de o cometimento do ilícito penal, por revelação de informações confidenciais que o agente teve acesso, mediante relação contratual ou empregatícia, ser perpetrado "mesmo após o término do contrato".

A contrário senso, Gama Cerqueira advogava a tese de que os crimes previstos nos incisos XI e XII da lei revogada, não incidiriam em desfavor de ex-empregados, salvo convenção em contrário prevista no contrato de

---

[26] Em vigor no Brasil através do Decreto nº 1.355/94.
[27] Art. 39 – PROTEÇÃO DE INFORMAÇÃO CONFIDENCIAL
1. Ao assegurar proteção efetiva contra competição desleal, como disposto no ARTIGO 10bis da Convenção de Paris(1967), os Membros protegerão informação confidencial de acordo com o parágrafo 2 abaixo, e informação submetida a Governos ou a Agências Governamentais, de acordo com o parágrafo 3 abaixo. 2. Pessoas físicas e jurídicas terão a possibilidade de evitar que informação legalmente sob seu controle seja divulgada, adquirida ou usada por terceiros, sem seu consentimento, de maneira contrária a práticas comerciais honestas, desde que tal informação: a) seja secreta, no sentido de que não seja conhecida em geral nem facilmente acessível a pessoas de círculos que normalmente lidam com o tipo de informação em questão, seja como um todo, seja na configuração e montagem específicas de seus componentes;
b) tenha valor comercial por ser secreta; e c) tenha sido objeto de precauções razoáveis, nas circunstâncias, pela pessoa legalmente em controle da informação, para mantê-la secreta.
3. Os Membros que exijam a apresentação de resultados de testes ou outros dados não divulgados, cuja elaboração envolva esforço considerável, como condição para aprovar a comercialização de produtos farmacêuticos ou de produtos agrícolas químicos que utilizem novas entidades químicas, protegerão esses dados contra seu uso comercial desleal. Ademais, os Membros adotarão providências para impedir que esses dados sejam divulgados, exceto quando necessário para proteger o público, ou quando tenham sido adotadas medidas para assegurar que os dados sejam protegidos contra o uso comercial desleal.

trabalho, "pois seria contrário à liberdade de trabalho impedir que um indivíduo se utilize dos conhecimentos que adquiriu no emprego".[28]

O parágrafo primeiro do inciso XV inclui nas hipóteses descritas nos incisos XI e XII, o empregador, sócio ou administrador da empresa beneficiária, imputando-lhes o mesmo crime e pena.

13. Vende, expõe ou oferece à venda produto, declarando ser objeto de patente depositada, ou concedida, ou de desenho industrial registrado, que não o seja, ou menciona-o, em anúncio ou papel comercial, como depositado ou patenteado, ou registrado, sem o ser;

O legislador tipificou como ato de concorrência desleal, a conduta do agente que falsamente tenta induzir o mercado e, por conseguinte, o consumidor, a crer ser o seu produto protegido por patente ou pedido de patente ou desenho industrial registrado.

Pune-se aqui, o ato de fraude à confiança alheia, ato contrário, portanto, aos usos honestos a que alude a LPI.

Segundo Gama Cerqueira, a lei reprime tal conduta porque:

> "inculcando-se possuidora de privilégio para certo produto, a pessoa que recorre a esse artifício tolhe a liberdade de seus concorrentes, infundindo-lhes o receio de infringir o suposto privilégio; ilude os consumidores, levando-os a crer na imaginária superioridade do produto; e desvia a clientela alheia, induzindo-a a pensar que o produto não pode ser vendido por outros concorrentes".[29]

É digno de nota que o legislador não previu como crime, hipótese de falsa indicação de marca depositada ou registrada.

14. Divulga, explora ou utiliza-se, sem autorização, de resultados de testes ou outros dados não divulgados, cuja elaboração envolva esforço considerável e que tenham sido apresentados a entidades governamentais como condição para aprovar a comercialização de produtos.

---

[28] Op. Cit. P.383,384.
[29] Tratado da Propriedade Industrial, Vol. II, Tomo I, Parte II. Forense, 1952.

Pena – detenção, de 3 (três) meses a 1 (um) ano, ou multa.

§ 1º Inclui-se nas hipóteses a que se referem os incisos XI e XII o empregador, sócio ou administrador da empresa, que incorrer nas tipificações estabelecidas nos mencionados dispositivos.

§ 2º O disposto no inciso XIV não se aplica quanto à divulgação por órgão governamental competente para autorizar a comercialização de produto, quando necessário para proteger o público.

O tipo penal do inciso XIV é uma novidade da legislação de propriedade industrial e pune, como ato de concorrência desleal, o locupletamento às custas da inteligência e esforços alheios.

Isso porque, os testes não divulgados e destinados a apresentação a entidades governamentais como condição para aprovação à sua comercialização, demandam investimentos de alta monta e quem os divulga, explora ou se utiliza, sem autorização, incorre na conduta penal acima descrita.

Assim, imperiosa é a proteção a essas informações confidenciais, obrigatoriamente fornecidas em razão de ditames legais regulatórios (saúde, meio ambiente etc.), máxime quando se revela a composição e o processos de fabricação dos referidos produtos submetidos à aprovação estatal.

A proteção de dados sigilosos no registro de produtos, será detalhada neste manual em capítulo à parte.

Referências bibliográficas

ASCARELLI, Túlio. Teoria de la concurrencia y de los bienes inmateriales. Barcelona: Bosch, 1970.

BARBOSA, Denis Borges. Uma introdução à propriedade intelectual, Rio de Janeiro: Ed. Lumen Juris, 2ª. edição, 2003.

BITTAR, Carlos Alberto. Teoria e prática da concorrência desleal. São Paulo: Saraiva, 1989.

CAMELIER DA SILVA, Alberto Luís. Concorrência Desleal: Atos de Confusão. São Paulo. Saraiva. 2013

DELMANTO, Celso. Crimes de concorrência desleal. São Paulo. Editora USP. 1975.

DUVAL, Hermano. Concorrência desleal. São Paulo: Saraiva.1976.

GAMA CERQUEIRA, João da. Tratado da propriedade industrial. Rio de Janeiro: Forense, 1946 v. 1; 1952, 1956 v.2.

SILVEIRA, Newton. Curso de propriedade industrial. São Paulo: Revista dos Tribunais, 1977.

—. Direito de autor no desenho industrial. São Paulo: Revista dos Tribunais, 1982.

—. Licença de uso de marca e outros sinais distintivos. São Paulo: Saraiva, 1984.

—. A propriedade intelectual e a nova lei de propriedade industrial. São Paulo: Saraiva, 1996.

—. A propriedade intelectual e as novas leis autorais. São Paulo: Saraiva, 2ª edição, 1998.

—. Propriedade Intelectual: propriedade industrial, direito de autor, software, cultivares. Barueri: Editora Manole, 3ª. Edição, 2005.

SOARES, José Carlos Tinoco. Comentários ao código da propriedade industrial. São Paulo: Resenha Universitária, 1981.

—. Tratado da propriedade industrial. São Paulo: Resenha Tributária, 1ª. Edição, 1988.

—. Processo civil nos crimes contra a propriedade industrial. São Paulo: Jurídica Brasileira, 1998.

—. Marca vs. nome comercial: conflitos. São Paulo: Jurídica Brasileira, 2000.

—. Concorrência desleal: Trade Dress e/ou conjunto-imagem:(visual do objeto, do produto, de sua exteriorização e do estabelecimento). São Paulo: Editora José Carlos Tinoco Soares, 2004.

Digitais

BARBOSA, Denis Borges. Uma introdução à propriedade intelectual, acessível em: https://www.dbba.com.br/wp-content/uploads/introducao_pi.pdf.

21.
CONCORRÊNCIA DESLEAL GENÉRICA

Eduardo Ribeiro Augusto

Os direitos de propriedade industrial são regulados pela Lei 9.279/96 – Lei da Propriedade Industrial (LPI). De acordo com o seu artigo 2º, a proteção dos direitos relativos à propriedade industrial, considerado o seu interesse social e o desenvolvimento tecnológico e econômico do País, efetua-se mediante, dentre outros, a repressão à concorrência desleal.

GAMA CERQUEIRA[1] diferenciou a concorrência desleal em específica e genérica. A específica, segundo o doutrinador, engloba os atos que foram considerados pelo legislador tão graves que foram classificados como crimes. A genérica, por sua vez, engloba os atos que não foram considerados como crimes pelo legislador, sendo punidos, contudo, na esfera patrimonial e civil.

Os crimes contra a propriedade industrial são elencados pelo Título V, da LPI, sendo que o seu Capítulo VI, especialmente o artigo 195 aborda sobre os crimes de concorrência desleal, ou concorrência desleal específica. Tais crimes repercutem e trazem consequências nas esferas civil e patrimonial, visto que dificultam a livre competição e prejudicam a salutar disputa por clientes que deve imperar no mercado.

Fato é que o concorrente que sofre com os atos desleais (típicos ou genéricos) praticados por seu competidor velhaco deve ser, de alguma

---

[1] Tratado da propriedade industrial. Rio de janeiro: Forense, 1956, volume I, t. II, parte III, página 371, João Da Gama Cerqueira.

forma, ressarcido monetariamente, na medida em que o primeiro teve seus clientes ilicitamente desviados, seus negócios prejudicados ou mesmo a sua reputação manchada pelo segundo. Tais consequências devem ser identificadas, contabilizadas e indenizadas.

A LPI, especialmente em seus artigos 208 e 210, apresenta critérios objetivos de cálculos dos lucros cessantes amargados por àquele que tem sua propriedade industrial utilizada indevidamente ou mesmo é vítima de atos desleais. Ainda, o artigo 207, da LPI prevê que independentemente da ação criminal, o prejudicado poderá intentar as ações que considerar cabíveis na forma do Código de Processo Civil.

Importante destacar, como o fez VINICIUS CERVANTES G ARRUDA[2], que *a primeira análise que se deve fazer para se verificar a possibilidade de aplicação das normas de repressão à concorrência desleal é justamente quanto à existência ou não da relação de concorrência. Para tanto, se faz necessária a presença concomitante de três requisitos essenciais: a territorialidade, a contemporaneidade e o fornecimento de produtos ou serviços substituíveis entre si, sob o ponto de vista do consumidor. O espaço geográfico em que os concorrentes atuam deve ser o mesmo, podendo-se também levar em conta a abrangência viabilizada pela Internet e pelo comércio eletrônico. Da mesma forma, os agentes econômicos, então concorrentes, devem atuar no mercado de maneira contemporânea, fornecendo produtos ou serviços substituíveis entre si.*

Assim, apenas no caso de existir concorrência, será viável alegar concorrência desleal[3], salvo situações de concorrência parasitária e aproveitamento parasitário[4].

A criatividade humana não possui limites e contornos, tanto para empreender e criar modelos lícitos de negócio, quanto para vislumbrar meios e caminhos para agir de forma desleal em detrimento e em prejuízo de concorrentes e consumidores.

---

[2] ARRUDA, Vinicius Cervantes G.. Big data, dados pessoais e propriedade intelectual: limites e tutela jurídica das bases de dados. 2.ed. Curitiba: Editora CRV, 2021. Pag. 268-274
[3] BARBOSA, Denis Borges. Uma introdução à propriedade intelectual, Pag. 274.
[4] Concorrência desleal: atos de confusão/ Alberto Luís Camelier da Silva. – São Paulo : Saraiva, 2013. Pag. 89.

Como escreveu ALBERTO LUÍS CAMELIER DA SILVA, *as formas delituosas que a malícia e a astúcia humanas perpetram escapam às normas jurídicas positivadas*[5].

O tema é tão amplo, que a doutrina americana tradicionalmente o apelidou de truques sujos.

Não obstante, o legislador se aventurou e entendeu por bem listar, especificar e determinar condutas classificadas como crimes de concorrência desleal. Procedeu dessa forma, malgrado ao caráter onímodo da concorrência desleal, como precisamente classifica WILSON PINHEIRO JABUR[6].

Quando nos referimos aos atos desleais típicos punidos na esfera criminal, estamos diante de uma lista exaustiva. Ou seja, o concorrente desleal não será punido criminalmente se a sua conduta não se enquadrar em uma das hipóteses previstas pelos incisos do artigo 195, da LPI.

Com exceção do inciso III[7], do artigo 195, da LPI, o mais genérico[8] dos atos típicos de concorrência desleal, os demais são bem delineados e definidos. Tal tema, os atos típicos de concorrência desleal, será tratado por outro capítulo desse Manual.

Não é o que ocorre, por outro lado, na esfera cível patrimonial, como veremos a seguir.

Torna-se importante, para o tema do presente capítulo, fazer menção à Convenção da União de Paris. O Brasil está na lista dos 11 primeiros países signatários desta Convenção, Primeiro Tratado Internacional sobre os direitos de propriedade industrial, assinada no ano de 1.883. Após passar por revisões, a Convenção foi promulgada no Brasil pelo Decreto n.º 635, de 21 de agosto de 1992, e ratificada pelo Decreto n.º 1.263, de 10 de

---

[5] Concorrência desleal: atos de confusão/ Alberto Luís Camelier da Silva. – São Paulo: Saraiva, 2013. Pag. 94.

[6] Propriedade intelectual: criações industriais, segredos de negócio e concorrência desleal / Wilson Pinheiro Jabur, Manoel J. Pereira dos Santos, coordenadores. – São Paulo : Saraiva, 2007. – (Série GVlaw), Pag. 347.

[7] Artigo 195. Comete Crime de Concorrência Desleal quem: (...) Inciso III – emprega meio fraudulento, para desviar, em proveito próprio ou alheio, clientela de outrem.

[8] Crimes de concorrência desleal. São Paulo : Bushatsky/ EDUSP, 1975, Celso Delmanto, Página 79, "Cuida-se, no crime deste inciso, de coibir o desvio de clientela feito por qualquer modo fraudulento. (...)"

outubro, de 1994. Em seu artigo 10 *bis*, dispõe a respeito da Concorrência Desleal:

(1) Os países da União obrigam-se a assegurar aos nacionais dos países da União proteção efetiva contra a concorrência desleal.
(2) Constitui ato de concorrência desleal qualquer ato de concorrência contrário aos usos honestos em matéria industrial ou comercial.
(3) Deverão proibir-se particularmente:

1. Todos os atos suscetíveis de, por qualquer meio, estabelecer confusão com o estabelecimento, os produtos ou a atividade industrial ou comercial de um concorrente;
2. As falsas alegações no exercício do comércio, suscetíveis de desacreditar o estabelecimento, os produtos ou a atividade industrial ou comercial de um concorrente;
3. As indicações ou alegações cuja utilização no uso do comércio seja suscetível de induzir o público em erro sobre a natureza, modo de fabricação, características, possibilidades de utilização ou quantidade de mercadorias.

Nessa mesma linha , em atenção ao acordado mediante a Convenção da União de Paris, o artigo 209 da LPI ressalva ao prejudicado o direito de haver perdas e danos em ressarcimento de prejuízos causados por atos de violação de propriedade industrial e *atos de concorrência desleal não previstos nesta Lei, tendentes a prejudicar a reputação ou os negócios alheios, a criar confusão entre os estabelecimentos comerciais, industriais ou prestadores de serviços ou entre os produtos e serviços postos no comércio* (grifos nossos). São os chamados atos genéricos de concorrência desleal doravante abordados.

Assim, com base no disposto na Convenção da União de Paris e na LPI, temos 3 (três) categorias de atos desleais genéricos: *(i)* atos confusórios (que não sejam àqueles previstos pelos incisos IV, V e VIII, do artigo 195[9]); *(ii)* atos tendentes a prejudicar a reputação ou os negócios alheios

---

[9] Artigo 195. Comete Crime de Concorrência Desleal quem: (...) IV – usa expressão ou sinal de propaganda alheios, ou os imita, de modo a criar confusão entre os produtos ou

(que não sejam àqueles previstos pelos incisos I e II, do artigo 195)[10] e *(iii)* atos tendentes ao erro (que não sejam àqueles previstos pelos incisos VII e XIII, do artigo 195[11]).

Ato confusório, sob a ótica genérica da concorrência desleal, pode ser definido como todo e qualquer ato, praticado na disputa concorrencial pela clientela, passível de criar confusão entre produtos, serviços e empresas, dificultando ou impossibilitando que o consumidor diferencie e identifique a origem dos produtos oferecidos ou serviços prestados pelo concorrente trapaceiro, ou mesmo criando aparente vínculo que não existe com determinada empresa/produto concorrente, mas opera exclusivamente em prol dos interesses daquele que age com deslealdade.

Como exemplos, apenas a título de ilustração, pois a definição é muito ampla e a realidade está sempre a frente das Leis, podemos citar, atualmente, a contratação de links patrocinados de nomes/marcas de concorrentes, sem a devida autorização; quando o concorrente desleal imita o conjunto-imagem, ou como dizia o saudoso Professor DENIS BORGES BARBOSA em suas aulas de Pós-Graduação, o jeitão do produto/embalagem/estabelecimento do concorrente, utilizando o mesmo tipo e formato de mobiliário e/ou cardápio com aparência, formato, tipo de letra e disposição de cores semelhantes e/ou semelhante aparência da fachada; as mesmas cores e em semelhante disposição na embalagem do produto, tipo e formato de letra; ainda quando o concorrente desleal fabrica e

---

estabelecimentos; V – usa, indevidamente, nome comercial, título de estabelecimento ou insígnia alheios ou vende, expõe ou oferece à venda ou tem em estoque produto com essas referências; (...) VIII – vende ou expõe ou oferece à venda, em recipiente ou invólucro de outrem, produto adulterado ou falsificado, ou dele se utiliza para negociar com produto da mesma espécie, embora não adulterado ou falsificado, se o fato não constitui crime mais grave;

[10] Artigo 195. Comete Crime de Concorrência Desleal quem: I – publica, por qualquer meio, falsa afirmação, em detrimento de concorrente, com o fim de obter vantagem; II – presta ou divulga, acerca de concorrente, falsa informação, com o fim de obter vantagem;

[11] Artigo 195. Comete Crime de Concorrência Desleal quem: (...) VII – atribui-se, como meio de propaganda, recompensa ou distinção que não obteve; (...) XIII – vende, expõe ou oferece à venda produto, declarando ser objeto de patente depositada, ou concedida, ou de desenho industrial registrado, que não o seja, ou menciona-o, em anúncio ou papel comercial, como depositado ou patenteado, ou registrado, sem o ser;

comercializa produtos que ostentam indevidamente propriedades imateriais licenciadas a terceiros.

Melhor ilustrando as hipóteses acima, concebe-se a contratação de links patrocinados pelo concorrente velhaco, que de alguma maneira ilícita, atraia para o seu website internautas que estão pesquisando pela empresa, marca ou produto do concorrente. Ato confusório, sem dúvida, visto que o internauta pode acreditar que existe algum vínculo entre o concorrente desleal e a empresa vítima da deslealdade[12].

Na mesma linha, quando o concorrente desleal imita embalagem do produto que possui características distintivas (não registradas), podendo gerar confusão junto ao público consumidor quanto a origem da mercadoria, bem como retratando associação inexistente entre os produtos e empresas.

Ainda, quando o concorrente desleal utiliza, indevidamente, marca/direito autoral em detrimento daquele que o faz de forma autorizada. Não estamos abordando a situação sob a ótica da defesa da marca ou do direito autoral, mas sim sob a ótica de atos genéricos de concorrência desleal.

Vale destacar que a LPI não exige prova efetiva da confusão, na medida em que os atos analisados e exemplificados se encaminham para este determinado fim, ou seja, se inclinam e se prestam a confundir.

Vejamos abaixo que os Tribunais já enfrentaram essas situações:

"1ª Câmara Reservada de Direito Empresarial do Tribunal de Justiça de São Paulo. Apelação Cível nº 1024806-11.2019.8.26.0554. VOTO Nº 24.652. RELATOR CESAR CIAMPOLINI. Direito marcário. Ação cominatória obrigação de não fazer, cumulada com indenizatória. Marca "ARTERES", relacionada a estojos, usada como palavra-chave de anúncios de internet contratados por meio do serviço "'Google Ads'". Sentença de parcial procedência, concedida tutela para obstar a violação da marca, bem assim condenadas solidariamente as corrés a indenizar danos materiais e morais da autora. Apelações de ambas as rés. Conduta da ré, contratante do serviço

---

[12] Augusto, Eduardo Ribeiro. O uso indevido de links patrocinados, disponível em https://www.migalhas.com.br/depeso/122348/o-uso-indevido-dos-links-patrocinados, acessado em 25/01/2023.

"'Google Ads'", que caracteriza violação de direito marcário e ato de concorrência desleal, na medida em que se utiliza da marca, da reputação e do prestígio alheios para obtenção de mais clientes. Ato parasitário que merece reprimenda. Doutrina de ALBERTO LUÍS CAMELIER DA SILVA. Precedentes das Câmaras Reservadas de Direito Empresarial. Responsabilização solidária da provedora de buscas na internet pela permissão de veiculação do anúncio. Obtenção de lucro que a coloca na cadeia da prática do ilícito. O provedor de pesquisas não pode se eximir da responsabilidade ao argumento de que não realiza controle prévio das palavraschave de busca contratadas pelo anunciante. Situação que não se confunde com o controle de provedor sobre o conteúdo de páginas na internet. Na celebração do contrato de prestação de serviços de publicidade, o site de buscas toma inequívoco conhecimento do uso de marca alheia. A propriedade industrial produz efeitos "erga omnes". A sanção da concorrência desleal não se dirige somente ao autor direto da fraude, mas também àquele que divulga e viabiliza de modo determinante a sua concretização. Concorrência desleal. Precedentes das Câmaras Reservadas de Direito Empresarial deste Tribunal .Aproveitamento parasitário, na medida em que a corré obtém lucro mediante comercialização não autorizada da propriedade industrial alheia como palavra-chave de sua ferramenta de busca, permitindo que seus clientes, concorrentes da autora, atraiam clientela, aproveitando-se de fama no mercado que não é sua. Ausência de identidade entre esta prática e chamada "publicidade comparativa", que é lícita, desde que pautada por critérios objetivos (STJ, REsp 1.668.550, NANCY ANDRIGHI). Não há, "in casu",objetividade na comparação viabilizada pela Google a seus clientes, que podem se utilizar a marca da autora em anúncios a seu livre arbítrio. Danos morais que, nos ilícitos relacionados a concorrência desleal e a propriedade industrial, se encontram "in reipsa". Doutrina de JOÃO DA GAMA CERQUEIRA e DENIS BORGES BARBOSA. Jurisprudência das Câmaras Reservadas de Direito Empresarial deste Tribunal e do Superior Tribunal de Justiça. Indenização por danos morais também como fator de repressão ao denominado ilícito lucrativo. Manutenção da sentença por seus próprios e jurídicos fundamentos (art. 252 do Regimento Interno deste Tribunal de Justiça). Apelações a que se nega provimento".

Apelação n.º 1072488-29.2020.8.26.0100. 1ª Câmara Reservada de Direito Empresarial do Tribunal de Justiça de São Paulo. Voto n.º 51960.

Relator J.B. Franco de Godoi. AÇÃO DE OBRIGAÇÃO DE NÃO FAZER – Concorrência desleal – Legitimidade ativa reconhecida – Ré que comercializa produtos com emblemas de bandas de rock com as quais a autora possui contrato de licenciamento para exploração das propriedades intelectuais – inadmissibilidade – danos materiais devidos – Sentença de procedência mantida – Recurso improvido.

Ato tendente a prejudicar a reputação e o negócio alheio, sob a ótica dos atos desleais genéricos, pode ser definido como toda e qualquer atitude ou comunicação de informação, podendo ser deturpada ou distorcida, que denigra, macule ou manche a reputação do concorrente, ou mesmo dificulte e embarreire seus negócios. Veja que nesse caso, diferente daquelas situações previstas pelos incisos I e II, do artigo 195, a informação propagada não é falsa, podendo até ser verídica, contudo, tendente a prejudicar o concorrente.

Como exemplo, citamos a hipótese de o concorrente desleal que propaga ou divulga aos consumidores determinada deficiência, imperfeição ou desvirtude, real e comprovada, acerca do produto do concorrente com o intuito de prejudicar a reputação do último.

Ou mesmo, no caso de a informação espalhada ser deturpada ou distorcida, podemos mencionar a hipótese de transmitir, sob qualquer meio, informação aos clientes de determinada empresa que essa última estaria impedida de atuar em determinado mercado por conta de uma ordem judicial, quando na verdade tal ordem judicial determinou apenas que a empresa se abstivesse de atuar de forma desleal nesse mercado[13].

Por fim, *ato tendente ao erro*, sob a ótica dos atos desleais genéricos, é toda comunicação, afirmação ou propaganda sem compromisso com a verdade e em prol do concorrente desleal ou de seus produtos, ingredientes, modo de fabricação ou serviços, ou seja, atos que enaltecem o concorrente desleal ou seus produtos, contudo, em detrimento do consumidor e dos demais concorrentes que disputam mercado com o primeiro.

Como exemplo, podemos citar aquele fabricante que informa, em sua embalagem, geralmente em posição de destaque, empregar determinada

---

[13] Apelação Cível nº 1055243-68.2021.8.26.0100 da 1ª Câmara Reservada do Tribunal de Justiça do Estado de São Paulo.

matéria prima nobre, quando em seu lugar utiliza outra, mais barata, e com qualidade inferior. Ou mesmo determinado produto que alardeia obter determinado efeito ou resultado, geralmente muito almejado pelo público consumidor, quando na verdade não o entrega. Por exemplo, métodos e serviços que prometem curar a disfunção erétil, clarear os dentes, emagrecer, fazer crescer cabelo, mas que não alcançam o resultado esperado pelo consumidor.

A respeito do tema, HERMANO DUVAL[14] em sua clássica obra sobre CONCORRÊNCIA DESLEAL, assim escreveu: *Essa figura singular, mais mendaz do que ilícita, é particularmente frequente na publicidade da indústria alimentícia ou farmacêutica, onde, respectivamente, toda sopa é constituída de extrato de carne selecionadíssimo, quando na realidade, não passa de glutamato de sódio; toda laranjada, de puro suco de laranja, não passa de água colorida e açúcar; pastas de farinha (talharim, massas etc) vistosas, mas artificialmente coloridas; pastas dentrifícias que garantem a eliminação da cárie, mas não produzem tal efeito; loções para dar cabelos aos calvos, que não nascem; drogas para engordar, crescer, emagrecer ou tonificar o público ingênuo, mas, que, na realidade, só servem para manter indústrias parasitárias.*

Referências

AUGUSTO, Eduardo Ribeiro. O uso indevido de links patrocinados, disponível em https://www.migalhas.com.br/depeso/122348/o-uso-indevido-dos-links-patrocinados, acessado em 25/01/2023.

ARRUDA, Vinicius Cervantes G.. Big data, dados pessoais e propriedade intelectual: limites e tutela jurídica das bases de dados. 2.ed. Curitiba: Editora CRV, 2021. Pag. 268-274

BARBOSA, Denis Borges. Uma introdução à propriedade intelectual,

Concorrência desleal: atos de confusão/ Alberto Luís Camelier da Silva. – São Paulo: Saraiva, 2013.

CERQUEIRA, João da Gama. Tratado da propriedade industrial. Rio de janeiro: Forense, 1956, volume I, t. II.

DURVAL, Hermano. Concorrência desleal. São Paulo: Saraiva, 1976.

---

[14] DURVAL, Hermano. Concorrência desleal. São Paulo: Saraiva, 1976. p. 228.

Concorrência desleal: atos de confusão/ Alberto Luís Camelier da Silva. – São Paulo: Saraiva, 2013.

Propriedade intelectual: criações industriais, segredos de negócio e concorrência desleal / Wilson Pinheiro Jabur, Manoel J. Pereira dos Santos, coordenadores. – São Paulo: Saraiva, 2007. – (Série GVlaw),

22.
PARASITISMO

André Luiz Lamin Ribeiro de Queiroz

Parasita, segundo o dicionário Priberam [1], seria *"que ou quem come ou vive à custa de outro ou de outros"*. No mesmo sentido, porém de forma mais extensa, o dicionário Michaelis [2] transporta o conceito para o ambiente social para denotar *"pessoa que não trabalha, ociosa e indolente e que vive à custa alheia; chupa-sangue, comedor, desfrutador, esponja, gandulo, gaudério, godero, inútil, pançudo, sanguessuga, vagabundo, zângano"*. Em ambos os casos se representa uma situação de exploração de terceiros, razão pela qual o conceito também foi trazido para o contexto jurídico-empresarial como forma de descrever situações análogas merecedoras de atenção.

Especificamente dentro da tutela dos bens imateriais, o parasitismo – também caracterizado como concorrência parasitária ou aproveitamento parasitário – envolve modalidade de concorrência desleal que, em um aspecto mais amplo, poderia ser eventualmente enquadrada nas hipóteses de quatro incisos distintos do artigo 195 da Lei de Propriedade Industrial (LPI):

---

[1] https://dicionario.priberam.org/parasita. Acesso em 27.01.2023.
[2] https://michaelis.uol.com.br/busca?r=0&f=0&t=0&palavra=parasita. Acesso em 27.01.2023.

Art. 195. Comete crime de concorrência desleal quem:

III – emprega meio fraudulento, para desviar, em proveito próprio ou alheio, clientela de outrem;

IV – usa expressão ou sinal de propaganda alheios, ou os imita, de modo a criar confusão entre os produtos ou estabelecimentos;

V – usa, indevidamente, nome comercial, título de estabelecimento ou insígnia alheios ou vende, expõe ou oferece à venda ou tem em estoque produto com essas referências;

VIII – vende ou expõe ou oferece à venda, em recipiente ou invólucro de outrem, produto adulterado ou falsificado, ou dele se utiliza para negociar com produto da mesma espécie, embora não adulterado ou falsificado, se o fato não constitui crime mais grave;

Todos os incisos supracitados estão ligados à captação indevida de clientes ou obtenção de vantagens competitivas por meio da usurpação de esforço alheio. Neste sentido, o artigo 209 da mesma Lei de Propriedade Industrial [3] também trata de forma mais ampla da possibilidade de responsabilização cível do infrator ao prever a possibilidade de ressarcimento por perdas e danos decorrente de atos *"tendentes a prejudicar a reputação ou os negócios alheios, a criar confusão entre estabelecimentos comerciais, industriais ou prestadores de serviço, ou entre os produtos e serviços postos no comércio"*.

Os dois dispositivos legais mencionados acima servem, em conjunto, à repressão tanto penal quanto civil da concorrência desleal, considerada como indesejada em um ambiente capitalista. Se a repressão penal está calcada em tipos razoavelmente abertos, porém predeterminados, a tutela civil permite um maior alargamento na caracterização das condutas puníveis, bastando a constatação da finalidade espúria de desvio de clientela com prejuízo a concorrentes por meios fraudulentos [4] ou, ainda,

---

[3] Art. 209. Fica ressalvado ao prejudicado o direito de haver perdas e danos em ressarcimento de prejuízos causados por atos de violação de direitos de propriedade industrial e atos de concorrência desleal não previstos nesta Lei, tendentes a prejudicar a reputação ou os negócios alheios, a criar confusão entre estabelecimentos comerciais, industriais ou prestadores de serviço, ou entre os produtos e serviços postos no comércio.

[4] "[...] *vemos que o Código da Propriedade Industrial, além dos atos que sujeita à sanção penal, entre os quais o emprego de meios fraudulentos para desviar a clientela alheia, toma em consideração, para os efeitos civis, outros atos de concorrência desleal, procurando caracterizá-los, não pela sua natureza,*

de ações que visem o aproveitamento deliberado da eficiência alheia, e não da própria[5].

A tutela da concorrência desleal é subsidiária e mais ampla que a da chamada concorrência interdita [6], pois não calcada em controles de legalidade estrita ou atos de autonomia privada que imponham limites objetivos e consensuais predeterminados à atuação dos concorrentes. Sua caracterização depende da interpretação de condutas *a posteriori*. A concorrência parasitária e o aproveitamento parasitário, por sua vez, são espécies de concorrência desleal nas quais, inobstante a ausência de proteção *ex ante*, considera-se punível o apoderamento de criações imateriais de terceiros para benefício próprio.

---

mas pela sua finalidade". (CERQUEIRA, João da Gama. Tratado da propriedade industrial: volume II, tomo II, parte III, das marcas de fábrica e de comércio, do nome comercial, das insígnias, das frases de propaganda e das recompensas industriais, da concorrência desleal. Rio de Janeiro: Lumen Juris, 2012. p. 277

[5] *"Ou seja, a concorrência desleal – como fato juridicamente relevante – pode ocorrer, ainda que no ambiente econômico a vítima tenha aumentado o seu faturamento e o dano sofrido seja de difícil – ou impossível – cálculo. Neste contexto hipotético, a pretensão para a cessação da práxis lesiva seria acolhida – desde que provada –, mesmo que afastado o eventual pedido compensatório. Neste escopo, a doutrina teutônica labora com o critério da eficiência, também denominado de teoria da prestação. Se o êxito competitivo, de um lado, e a perda de oportunidade ou da clientela, de outro, advieram de atos típicos de eficiência própria ou de ineficiência alheia, tal ato tende a ser leal. De outra monta, se o meio utilizado para absorver a atenção, o capital, e a manutenção dos consumidores se basear na eficiência (prestação) alheia, e algo distinto da álea capitanear a mais valia em prol daquele concorrente que não lhe deu legítima causa, é provável que tal conduta competitiva seja desleal"*. (BARBOSA, Pedro Marcos Nunes. Curso de concorrência desleal. Rio de Janeiro, Lumen Juris, 2022. pp. 119-120.)

[6] *"Se alguém em um ato tipicamente concorrencial viola o comando da Lei, direito objetivo clássico, tratar-se-á de competição ilegal. Ainda que perpassado sem ressalvas o controle de legalidade estrita, se (a) o mesmo ato estiver em desacordo com a atribuição de um direito de exclusividade, ou (b) um ato de autonomia privada outorgar uma restrição legítima à disputa de clientela, cuidar-se-á de competição interdita, em observância aos direitos subjetivos da vítima. Deste modo, o campo de incidência dos atos de deslealdade competitiva – e a complexidade de se satisfazer os ônus da prova para sua incidência – só será objeto de aferição caso superadas as duas outras espécies de concorrência ilícita. Não é à toa, portanto, que a doutrina consolida os atos de concorrência desleal como um métier tipicamente sujeito à lógica da subsidiariedade"*. (BARBOSA, op. cit, pp. 113-114)

1. Parasitismo por usurpação de símbolos distintivos.

Embora também se possa falar em parasitismo *lato sensu* pela utilização desautorizada de marcas registradas de terceiros para representar produtos ou serviços a eles não vinculados, ou, ainda, pela utilização de desenhos industriais alheios com os mesmos objetivos, esses atos ilícitos específicos e objetivos estão abrangidos por normas específicas [7] e são exemplos da já mencionada concorrência interdita, proibida *ex ante* a partir de símbolos predeterminados por lei ou pelas partes como exclusivos.

A concorrência desleal *stricto sensu* enquanto gênero do qual é espécie a concorrência parasitária envolve, por sua vez, a análise de outras peculiaridades do caso concreto. Inexiste nestas hipóteses parâmetro predefinido que defina objetivamente os limites da atuação dentro do ambiente de concorrência. Eventual abuso de direito, a ocorrência de possível violação a princípios gerais ligados à boa-fé objetiva e, por fim, a potencial caracterização de enriquecimento sem causa deverão ser analisados caso a caso.

Neste capítulo, portanto, o tema do parasitismo no ambiente empresarial será abordado à luz de hipóteses residuais de deslealdade a envolver símbolos não registrados ou registráveis *per se* que, não obstante estejam intimamente ligados a um determinado agente ou atividade empresária e gerem expectativas junto aos consumidores, não podem ser protegidos *ex ante*. Por esse motivo, demandam análise casuística acerca de sua relevância semiótica para fins de caracterização de concorrência desleal.

Para introduzir o tema, cita-se julgamento em que o Tribunal de Justiça de São Paulo decidiu caso emblemático no qual os interesses da empresa titular da marca 'Johnnie Walker' foram apenas parcialmente atendidos [8]. Não obstante se tenha reconhecido a violação ao registro

---

[7] A tutela das marcas está prevista nos artigos 122 a 175 da Lei 9.279/96 (Lei de Propriedade Industrial), enquanto a dos desenhos industriais está prevista nos artigos 94 a 121.

[8] Seguem trechos relevantes do voto vencedor: *"Saliente-se, pois, que embora a marca "João Andante" não cause confusão entre os consumidores, pois relativa a aguardente e consistente em tradução para o português da marca estrangeira "Johnnie Walker", remete diretamente à última, e é justamente tal associação parasitária que se quer coibir. A proteção à marca deve ser vista sob duplo aspecto. Um é evitar o erro, a confusão do consumidor; outro é evitar o parasitismo, o enriquecimento sem causa à custa do prestígio de marca alheia. [...] No caso concreto, como já dito, embora a marca "João Andante" das rés não gere confusão aos consumidores, guarda inegável similitude com a marca*

de marca pela utilização da expressão 'João Andante' (hipótese de concorrência interdita), não foi reconhecida pelo Tribunal a tese de parasitismo residual (hipótese de concorrência desleal) apresentado pela primeira empresa em razão da alteração da marca então contestada para "O Andante'.

Ainda que a alteração supracitada tenha sido feita pela empresa demandada ainda no curso do processo, afirmou-se no julgamento a impossibilidade de proteção abrangente para a expressão "andante" e foi indicado que *"essa expressão nominativa é acompanhada de figura e letras completamente diferentes das constantes da marca da autora"*. Essa última análise envolveu, por certo, não apenas a constatação de que à segunda empresa não estaria interditado o uso da nova expressão isoladamente considerada a partir do registro de marcas de terceiros, mas também o reconhecimento implícito de que não existiria possibilidade de associação ou parasitismo indevido capaz de gerar confusão nos consumidores a partir do novo conjunto visual e semiótico apresentado.

Trata-se, à evidência, de situação residual em que foi necessária a análise dos elementos do caso concreto – dada a inexistência de proteção apriorística para a nova expressão utilizada – para que, a partir da análise semiótica dos elementos de identificação em confronto, se chegasse a uma conclusão acerca da inexistência de deslealdade ou de potencial confusão e prejuízo pela coexistência de ambos os símbolos.

"Johnnie Walker" das demandantes, revelando o inequívoco desejo das requeridas de evocar o prestígio das autoras para angariar clientes em seu nicho de mercado. O mundo empresarial, voltado ao lucro e a decisões racionais de exploração do mercado, raramente tem coincidências meramente casuais em matéria de direito de marcas. O conjunto de semelhanças entre as marcas mistas das partes indica claramente o desejo de aproveitamento do prestígio alheio, mediante a criação de marca pelas rés que evoca de modo inegável os sinais da marca mundialmente conhecida das autoras. [...] Observo, porém, que os preceitos inibitórios ora estabelecidos em relação à marca e domínio de Internet restringem-se à expressão "João Andante", não abrangendo as variações "O Andante", "José Andante", "Maria Andante", entre outras. [...] A utilização da marca "O Andante" pelas rés, cuja expressão nominativa é acompanhada de figura e letras completamente diferentes das constantes da marca da autora (cf. fls. 669, entre outras), não configura o parasitismo que se objetivou coibir através dessa demanda. Consequentemente, não há razão suficiente para impedir seu uso pelas requeridas." (TJSP; Apelação Cível 1029080-95.2014.8.26.0100; Relator (a): Francisco Loureiro; Órgão Julgador: 1ª Câmara Reservada de Direito Empresarial; Foro Central Cível - 2ª Vara Cível; Data do Julgamento: 31/05/2017; Data de Registro: 01/06/2017)

Outro caso interessante julgado pelo mesmo tribunal envolveu a forma visual dos modelos 'Classic' e 'Cricband' da marca 'Crocs' que, não obstante não estivessem registradas junto ao INPI (Instituto Nacional da Propriedade Industrial) como desenho industrial ou marca tridimensional, tiveram sua originalidade e relevância junto ao mercado consumidor protegida à luz da proteção contra a concorrência desleal [9].

Neste caso concreto foi até mesmo realizada perícia, na qual foi reconhecida a similaridade entre os produtos *sub judice* e a relação concorrencial entre as partes litigantes. No entanto, não obstante tenha sido defendido no laudo pericial o 'domínio público' do aspecto visual utilizado pelos modelos em questão, os desembargadores julgadores analisaram a questão à luz do parasitismo, destacando que o próprio laudo reconhece o desvio de clientela na medida em que *"os consumidores utilizam a marca das autoras 'Crocs' para se referir a produtos comercializados pela ré"*.

Os dois exemplos anteriores apresentam situações fáticas parecidas em que a tutela dos interesses em jogo não poderia ser baseada em registros prévios de criações industriais (marca ou desenho industrial), porém foram apresentados argumentos em favor da possibilidade de desvio de clientela pela utilização de elementos visuais similares. Com isso, inexistindo prova pré-constituída, presunção legal de anterioridade e proteção absoluta contra imitações ou cópias baseadas no registro, a análise de eventual necessidade de intervenção judicial precisou ser feita no caso concreto.

Outro efeito nefasto complementar dessas práticas é a possibilidade de diluição de determinado símbolo parasitado, vez que ao potencial consumidor – destinatário das práticas publicitárias – as informações passadas pelo agente parasita podem terminar sendo vinculadas ao agente principal, causando confusão e potenciais prejuízos a este último. Especialmente em se considerando que percepções de qualidade são evocadas a partir desses símbolos, a visualização de mensagens contraditórias emitidas pelo agente original e pelo parasita podem atrapalhar o processo

---

[9] Apelação Cível 1090308-66.2017.8.26.0100; Relator (a): J. B. Franco de Godoi; Órgão Julgador: 1ª Câmara Reservada de Direito Empresarial; Foro Central Cível – 38ª Vara Cível; Data do Julgamento: 07/04/2021; Data de Registro: 12/04/2021

de construção de identidade simbólica [10] e, consequentemente, causar prejuízos pela associação indevida.

Esse comportamento parasitário ligado às regras de concorrência desleal pode ser verificado, em especial, por meio da violação do chamado *trade dress* ou conjunto-imagem. São encontrados na doutrina como exemplos a imitação de fachadas, vitrines, catálogos, circulares, prospectos, listas de preços, cartazes, formatos de embalagens, características externas de veículos [11], dentre outros. Para tanto, ainda que os símbolos utilizados ostensivamente pelos concorrentes sejam manifestamente distintos, busca-se obter vantagens a partir do esforço alheio pela utilização de cores, sons, disposições espaciais e/ou formatos similares, na medida que a utilização de um ou mais dentre esses elementos publicitários pode gerar uma resposta imediata e inconsciente do consumidor a evocar qualidades dos produtos e serviços vinculados ao terceiro parasitado.

Em caso emblemático ligado ao tema, o Superior Tribunal de Justiça julgou processo entre duas grandes fabricantes de cerveja acerca de suposta violação de *trade dress* relacionada ao conjunto visual utilizado em suas latas [12]. A discussão principal, proposta pela titular da marca

---

[10] *"O significado de um determinado significante é inicialmente determinado pelo agente responsável pela marca, que busca em um primeiro momento informar características e qualidades voltadas à diferenciação do referencial – produto ou serviço – por ele promovido no mercado, com o objetivo de captar as decisões de compra em um ambiente de escassez de demanda. Com isso, o significado proposto é, ao menos em tese, absoluto no momento imediatamente anterior à primeira aquisição ou avaliação. A experiência de consumo irá, por outro lado, retroalimentar o significado inicialmente atribuído pelo fornecedor. Considerando-se que a percepção da qualidade do bem não se baseia apenas em características objetivamente atribuídas, mas também do reconhecimento pelo consumidor de sua adequação aos objetivos individuais propostos, existe aí uma margem subjetiva e variável de caracterização do significado. Caso as qualidades indicadas – o significado proposto – sejam capazes de suprir exatamente as necessidades existentes, o objetivo inicial será atingido. No entanto, caso não o sejam, esse descompasso criará uma nova imagem – o significado experimentado – a ser tomado como base pelo consumidor em escolhas futuras."* (QUEIROZ, André Luiz Lamin Ribeiro de. Marca como fonte de obrigações nas relações de consumo. 2019. 254 páginas. Mestrado – Faculdade de Direito da Universidade de São Paulo, São Paulo, 2019. p. 44)

[11] CERQUEIRA, op. cit. p. 284.

[12] Seguem trechos relevantes do voto vencedor: *"As cores dos recipientes – caixas, embalagens, etc. – usados na comercialização de produtos são elementos neutros no marketing próprio das empresas, não constituindo, como já foi dito, um diferenciador mercadológico ou um conjunto da imagem (trade*

'Brahma', envolvia a utilização de latas vermelhas com tons similares para a cerveja 'Itaipava' produzida por uma concorrente. Ao final, reconheceu-se a inexistência de concorrência parasitária *"quando inexiste ato que denote o uso por uma empresa da notoriedade e prestígio mercadológico alheios para se destacar no âmbito de sua atuação concorrencial"*, destacando-se a existência de outros elementos relevantes de diferenciação que afastariam o potencial de confusão alegado.

Por sua vez, o Tribunal de Justiça de São Paulo reconheceu a existência de concorrência parasitária pela titular da marca 'Ah-zul' em relação à titular da marca 'Viagra', ambas relacionadas a medicamentos idênticos para tratamento de disfunção erétil, já que foi utilizada em conjunto pela primeira em suas campanhas publicitárias não apenas a cor azul que remetia ao segundo dos medicamentos citados, mas também a imagem de triângulos azuis que remetiam ao formato de diamante do mesmo comprimido [13].

---

dress) capaz de causar imitação e confusão em relação à origem do produto, com o objetivo de proveito próprio da notoriedade da marca do concorrente e evidente intenção de desviar o público consumidor, que possam atrair as vedações e condutas tipificadas na Lei de Propriedade Industrial. Aliás, é plenamente possível a convivência de produtos comercializados por empresas diversas e concorrentes na hipótese em que utilizam embalagem da mesma cor, pois, conforme já assinalado, inexiste direito ao uso exclusivo de "cores e suas denominações" (art. 124, VIII, da LPI). Dessarte, não se pode, como pretendido na presente demanda, tratar, com excessivo rigor, a simples semelhança e coincidência de cores nas latas de cervejas, tendo em vista envolver situações extremamente habituais e ser facilmente previsível que os consumidores criem vínculos com outros elementos do produto "cerveja" por eles já conhecidos, como a própria marca inscrita no recipiente, potencializada no mercado, em especial, pelo seu atrativo sabor. [...] Ora, tal ponto de vista corrobora ainda mais a conclusão de que a simples cor da lata de cerveja não permite nenhuma relação com a distinção do produto nem designa isoladamente suas características – natureza, época de produção, sabor, etc. –, de modo que não enseja a confusão entre as marcas "Brahma" e "Itaipava", sobretudo quando suficientemente conhecido e diferenciado o seu principal e notório elemento distintivo, a denominação. [...] Não remanescem, sob o prisma jurídico, juízos hábeis a imputar à parte recorrente o cometimento de atos que impliquem concorrência desleal nem utilização parasitária de publicidade por uso indevido dos elementos visuais do trade dress da marca concorrente com o propósito de induzir confusão no consumidor quanto à origem da cerveja ou de empregar meio fraudulento para desviar clientela alheia." (REsp n. 1.376. 264/RJ, relator Ministro João Otávio de Noronha, Terceira Turma, julgado em 9/12/2014, DJe de 4/2/2015)

[13] *Seguem trechos relevantes do voto vencedor: "Não se ignora que o art. 124, inc. VIII, da Lei nº 9279/96 admite apenas a proteção de cores e suas denominações "quando dispostas ou combinadas de modo peculiar e distintivo". [...] E foi justamente o que ocorreu quando as autoras decidiram*

No mesmo sentido, o Superior Tribunal de Justiça reconheceu a existência de meio fraudulento e desvio de clientela por parte da empresa responsável pela marca "Hotel Urbano". Entendeu-se, no caso concreto, que o uso da expressão "urbano" e a composição entre cores e diagramação de seu sítio eletrônico, considerados em conjunto, emulariam indevidamente o conjunto visual e fonético vinculado à marca "Peixe Urbano" com o objetivo de se aproveitar do prestígio desta última, o que foi considerado desleal [14].

Por último, cita-se precedente relevante do Tribunal de Justiça de São Paulo no qual sociedade empresária com nome empresarial 'Rádio Delta Ltda' se apresentava com o nome fantasia '97.3 Melodia FM' e foi instada a cessar tal utilização a partir de questionamento de empresa cujo nome empresarial era 'Rádio Melodia Ltda'. Vale ressaltar que, neste caso concreto, havia ainda reprodução indevida da programação da segunda pela primeira a reforçar a deslealdade da conduta [15].

---

*empregar a cor azul na produção e comercialização do medicamento Viagra. O medicamento passou a ser conhecido como "azulzinho, pílula azul, blue diamond". Atrelou-se a cor ao próprio produto e, nestas condições, deve ser garantida a proteção marcária do elemento distintivo azul –, que não pode ser empregado pelas rés na comercialização de medicamento **similar, com mesmo princípio ativo e no mesmo segmento mercadológico**. Não tem sequer relevância o fato de as embalagens dos produtos examinados apresentarem diferenças estéticas e serem também foneticamente diversas as marcas. O caso em exame, como se vê, cuida de **associação indevida**, como ato de **concorrência parasitária**, e, nestes casos, não se exige a semelhança dos produtos [...] "* (TJSP; Apelação Cível 0043169-4 8.2010.8.26.0564; Relator (a): Alexandre Marcondes; Órgão Julgador: 3ª Câmara de Direito Privado; Foro de São Bernardo do Campo - 7ª Vara Cível; Data do Julgamento: 01/09/2020; Data de Registro: 20/10/2020)

[14] Seguem trechos relevantes do voto vencedor: *"Na hipótese concretamente examinada, a constatação da prática de concorrência desleal não está amparada no simples uso da expressão "URBANO", mas na conjugação desse fato com a utilização de cores e layout que apresentam enorme semelhança com os padrões adotados pela autora, com a declaração dos próprios idealizadores do site de que se valeram desse artifício para serem reconhecidos e com a contratação de links patrocinados adotando como palavra-chave a expressão "PEIXE URBANO" e suas variações".* (REsp n. 1.606.781/RJ, relator Ministro Moura Ribeiro, relator para acórdão Ministro Ricardo Villas Bôas Cueva, Terceira Turma, julgado em 13/9/2016, DJe de 10/10/2016).

[15] Seguem trechos relevantes do voto vencedor: *"Na hipótese dos autos, verifica-se que a empresa autora foi registrada perante a Junta Comercial do Estado do Rio de Janeiro, sob o nome empresarial 'Rádio Melodia Ltda.' (fls. 37/50). Por outro lado, a co-requerida 'Rádio Delta Ltda', sediada no estado de São Paulo (fl. 272/273), em que pese não tenha em seu nome empresarial qualquer ele-*

2. Parasitismo por associação indireta a símbolos de terceiros.

Outro exemplo de parasitismo que não envolve necessariamente a reprodução do conjunto-imagem de determinada empresa para evocar sentimentos e informações vinculados ao agente parasitado, porém causa possibilidade similar de confusão do consumidor a partir de símbolos distintivos, é o da utilização de links patrocinados em buscadores *online* a partir de *metatags* vinculadas a marcas de terceiros.

Trata-se, em resumo, de situação de mercado criada por modelos de monetização de buscadores *online* em que são oferecidos espaços publicitários a serem apresentados a partir da utilização de determinados termos de busca. Por exemplo, tal prática permite que seja apresentado com destaque um *link* de direcionamento para um *site* que comercializa passagens aéreas nos resultados apresentados a os usuários que utilizem a expressão "passagens aéreas" em suas pesquisas. Em outras palavras, acrescenta-se aos potenciais resultados orgânicos da busca um resultado predefinido, o qual tem como objetivo direcionar o consumidor para determinado caminho.

Embora não seja o único fator de direcionamento utilizado, a lógica de interpretação das *metatags* é simples: se o termo pesquisado (p.ex., passagens aéreas) aparece na descrição de um determinado sítio eletrônico, provavelmente seu conteúdo será relevante para aquele tema e, portanto, a indicação desse resultado poderá fazer com que a busca seja concluída com sucesso. No entanto, aproveitando-se de sua posição de controle sobre o processo, os buscadores passaram a monetizar por conta própria

---

mento que remeta ao termo 'Melodia', passou a se utilizar da denominação '97.3 MELODIA FM' para identificar suas atividades de radiodifusão, fazendo uso, inclusive, do domínio da internet www.melodiafm.com.br (fls. 129/134), apesar de constar em seu registro na ANATEL a denominação 'Terra FM' (fls. 78/80). Nesse sentido, tomando por base todos os fatos acima narrados, é inegável que a situação ora analisada não se resume à simples utilização de elemento lexical contido no nome empresarial da requerente por mero acaso ou destino. Pelo contrário, a reprodução indevida de suas programações por parte dos requeridos, quando somada ao uso do termo 'melodia', evidencia seu nítido intuito de furtar a clientela conquistada pela autora, situação que fere o princípio da boa-fé e da lealdade de concorrência." (TJSP; Apelação Cível 1031342-42.2019.8.26.0100; Relator (a): AZUMA NISHI; Órgão Julgador: 1ª Câmara Reservada de Direito Empresarial; Foro Central Cível – 2ª VARA EMPRESARIAL E CONFLITOS DE ARBITRAGEM; Data do Julgamento: 01/02/2023; Data de Registro: 01/02/2023)

essa atividade, oferecendo espaços publicitários *sui generis*, temporários e personalizados.

Uma das práticas desleais que surgem a partir desse 'mercado de palavras' é a compra junto aos buscadores dos anúncios vinculados a pesquisas que tenham como objeto as marcas de concorrentes. Para melhor exemplificar a situação, pense-se em caso no qual o potencial consumidor faz uma pesquisa direta pela marca A, contudo sua concorrente (marca B) é quem aparece em destaque nos resultados por ter contratado espaço publicitário em todos os resultados de pesquisa pela marca A. Trata-se, à evidência, de situação que pode gerar desvio de clientela relevante, especialmente em se considerando que os resultados patrocinados aparecem em destaque e direcionam o consumidor.

Essa questão já não passa despercebida pelos tribunais e tem sido analisada à luz da concorrência parasitária. Por exemplo, o Tribunal de Justiça de São Paulo já decidiu pela ilegalidade na utilização da marca *Tok&Stok* como *metatag* voltada ao direcionamento de consumidores para o sítio eletrônico de concorrente (*Westwing*) do mesmo segmento (móveis e objetos de decoração). Nesta hipótese, o sinal distintivo da primeira foi utilizado como *base* para anúncios personalizados de sua concorrente no *Google*, os quais eram exibidos no alto da lista de resultados de busca. Neste caso concreto foi então reconhecido pelo Tribunal paulista que *"não se pode tolerar o uso de marca alheia para o fim de, utilizando do prestígio conquistado por concorrente, desviar ou remeter ao site próprio internautas que ingressam em site de busca na Internet"* [16].

---

[16] Seguem trechos relevantes do voto vencedor: *"Não há sombra de dúvidas de que o réu Marcelo Nunes, na condição de titular do domínio www.westwing.com.br, contratou o serviço "AdWords" do corréu Google para obter publicidade de seu site vinculada à pesquisa pela marca "Tok & Stok", pertencente à autora. Considerando que ambas as empresas atuam no mesmo ramo empresarial, tal prática é abusiva, eis que possibilita à "Westwing" desviar a clientela que busca especificamente os produtos comercializados pela demandante, beneficiando-se injustamente do prestígio que as marcas desta gozam no mercado. Não se pode tolerar o uso de marca alheia para o fim de, utilizando do prestígio conquistado por concorrente, desviar ou remeter ao site próprio internautas que ingressam em site de busca na Internet. [...] Na demanda em comento, houve efetiva exploração do prestígio da marca alheia, considerando que o réu Marcelo Nunes forneceu como palavra-chave para direcionamento a seu link patrocinado no site de pesquisas do Google justamente a marca da demandante. Lembre-se que a proteção à marca deve ser vista sob duplo aspecto. Um é evitar o erro, a confusão do consumidor;*

Em outro caso importante julgado pelo mesmo tribunal, condenou-se a sociedade empresária responsável pela marca 'Decolar.com' a pagar indenização pela utilização indevida da marca de concorrente no mercado de turismo (CVC) como *metatag* para anúncios personalizados que visavam redirecionar a clientela para seu sítio eletrônico de venda de passagens online [17]. Reconheceu-se neste caso "*atuação parasitária na medida*

---

outro é evitar o parasitismo, o enriquecimento sem causa à custa do prestígio de marca alheia. [...] As circunstâncias do caso concreto reforçam a impressão do parasitismo. A marca "Tok & Stok" goza de inegável apelo e prestígio no mercado de móveis e objetos de decoração, fruto de anos de investimentos e cuidado na elaboração e venda dos produtos para tal segmento. O réu Marcelo Nunes, ao fornecer a expressão "Tok & Stok" como palavras-chaves para direcionamento a seu link patrocinado no site de buscas Google, açambarcou de modo evidente e indevido o prestígio da marca concorrente." (TJSP; Apelação Cível 0130935-08.2012.8.26.0100; Relator (a): Francisco Loureiro; Órgão Julgador: 1ª Câmara Reservada de Direito Empresarial; Foro Central Cível - 38ª Vara Cível; Data do Julgamento: 09/11/2016; Data de Registro: 11/11/2016)

[17] Seguem trechos relevantes do voto vencedor: "*O caso retrata hipótese em que a ré, sem autorização da autora, passou a fazer uso indevido da expressão "CVC" a qual está registrada em nome da requerente, junto ao INPI, com validade vigente. Observe-se que a sigla 'CVC' é amplamente conhecida pelos serviços prestados na área de turismo, mesmo segmento em que se insere a ré, devendo-se destacar que o fato único de se tratar de agência online, como define, não afasta tal certeza, na medida em que também a autora usa a rede mundial de computadores para divulgar seu empreendimento junto ao público consumidor. Basta simples pesquisa em ambiente virtual para que fique absolutamente claro o grau de conhecimento e confiabilidade da marca CVC no setor de organização e oferta de pacotes de viagem. Do mesmo modo, também ficou demonstrado que a ré, fazendo uso dos chamados links patrocinados, indicou, como palavra-chave na ferramenta de busca ao seu sítio eletrônico, o nome da requerente, como se constata: [...] Ao fazer a busca com a expressão de titularidade da autora, o assistente de pesquisa mostrava ao consumidor, dentre as opções, as páginas da ré, o que, decerto, configura atuação parasitária na medida em que a informação poderia traduzir a ideia equivocada de que a 'decolar.com' comercializava pacotes turísticos da CVC. A associação indevida, pois, consubstancia o inegável uso da marca alheia, estando evidente que a apelante comprou a palavra que designa a marca de seu concorrente para atrair clientela. Destarte, é dever das empresas que atuam no mesmo ramo de atividade se abster de utilizar a marca da concorrente em qualquer espécie de publicidade, incluindo, por óbvio, o emprego da marca CVC como uma das palavras chaves para a publicidade em destaque dos sites localizados pelo buscador (link patrocinado), nos termos do art. 132, I, da Lei nº 9.279/96. Não há dúvida de que caracteriza concorrência desleal (art. 195, II, da Lei nº 9.279/96) o uso desautorizado de marca da concorrente para realização de publicidade na WEB, o que ampara o pedido de tutela inibitória. Não se pode desconsiderar a importância da marca que a apelante-autora detém no mercado, na medida em que a referida insígnia é utilizada há anos, com ampla aceitação do mercado consumidor. De tal modo, não se pode negar que a requerente, empresa que construiu reputação do nome "CVC" ao longo do tempo, pode sofrer desvio de clientela quando concorrente*

em que a informação poderia traduzir a ideia equivocada de que a 'decolar.com' comercializava pacotes turísticos da CVC".

Existem, portanto, situações de concorrência parasitária em que não se busca emular diretamente as características de terceiros, porém existe utilização indireta de seu prestígio como forma de desviar clientela por meios fraudulentos ou escusos.

3. Aproveitamento parasitário

Por último, doutrina e jurisprudência também identificam situações de aproveitamento parasitário que, em contraposição à concorrência parasitária *stricto sensu*, não necessariamente envolvem agentes que atuam no mesmo ramo de negócio. Em outras palavras, configura-se parasitismo no sentido estrito da palavra – considerado como a usurpação de esforço alheio para benefício próprio – mas, por outro lado, pode não existir prejuízo direto para o agente cuja reputação é usurpada, dada a não-concorrência.

Em caso emblemático, o Tribunal de Justiça de São Paulo [18] reconheceu a existência de parasitismo sobre a marca 'Maizena' – ligada a

---

constitui publicidade utilizando-se de sua marca registrada." (TJSP; Apelação Cível 1015330-08.2015.8.26.0224; Relator (a): Enio Zuliani; Órgão Julgador: 1ª Câmara Reservada de Direito Empresarial; Foro de Guarulhos - 3ª Vara Cível; Data do Julgamento: 18/05/2016; Data de Registro: 01/06/2016)

[18] "*Conforme vem compreendendo esta Corte, a questão relativa ao trade dress de um produto deve ser ponderada com foco na caracterização e inibição do aproveitamento parasitário e confusão gerada em relação ao público-alvo do produto, em juízo que antecede qualquer discussão acerca de registros marcários e exclusividade de exploração. Tutela-se, portanto, o resguardo ao consumidor e a coibição de ações entre os agentes que atuam na ordem econômica e que tendam a desvirtuá-la com a prática de concorrência desleal, seja ela ostensiva, pela cópia integral de um padrão já consolidado, seja ela situada no campo da indução pela repetição de padrões, formatos, cores e demais elementos que possam remeter o adquirente do produto novo a um item já existente e bem estabelecido no mercado. [...] Não obstante, a violação concorrencial ainda assim se verifica de forma muito evidente se alargada a visão empregada na hipótese concreta que, conforme lucidamente argumenta a apelante, não pode se restringir à verificação de confusão em sentido estrito, de o consumidor possivelmente adquirir um produto pelo outro. O parasitismo já identificado nas decisões liminares proferidas em segundo grau manifesta-se em dois aspectos principais: (i) a possibilidade de indevida associação entre os produtos; e (ii) a apropriação indevida da empresa demandada sobre investimento da empresa mais tradicional na construção de sua marca. [...] Repise-se, os segmentos são de fato bastante distintos alimentício e*

um produto (amido de milho) – e seu conjunto visual por empresa de fabricação de cosméticos. Embora pertencentes a mercados completamente distintos, foi reconhecido que o produto capilar de marca 'Alisena' não apenas se utilizava de elemento fonético similar evocativo da marca parasitada, mas também de conjunto-visual que reproduzia as mesmas características principais da embalagem (tamanho, cor amarela, fonte e localização das informações escritas e imagens), ainda que apostas a produto não-concorrente.

A empresa de cosméticos tentou argumentar que a marca por ela criada seria uma composição entre as palavras "alise" e "natural", bem como que o formato retangular amarelo seria comum no mercado de beleza. No entanto, o Tribunal reconheceu a possibilidade de associação entre os produtos e de apropriação indevida da empresa de cosméticos sobre o investimento feito pela empresa alimentícia. Ao final, a empresa responsável pela 'Alisena' foi condenada não apenas a alterar substancialmente o seu conjunto-imagem, mas a indenizar a titular da marca 'Maizena' em valor equivalente a 20% (vinte por cento) do faturamento ligado a esse produto específico.

É possível citar também o já mencionado comércio de *metatags*. Hipoteticamente, uma empresa do ramo de pneus pode se utilizar da marca de outra famosa do ramo de refrigerantes exclusivamente na confiança de que o tráfego aumentado potencial dessas buscas pode gerar *leads* importantes e posicionar a marca no mercado como uma alternativa, ainda que de forma aleatória. Em outras palavras, o aproveitamento parasitário desse símbolo pode ser utilizado apenas para estabelecer visibilidade geral de sua marca, ainda que não implique em conversão imediata do consumidor que estava apenas buscando informações sobre outro produto completamente desvinculado.

---

cosmético mas essa circunstância não impede que alguma parcela de consumidores, seja ela expressiva ou não, encare a venda de um produto capilar acondicionado em embalagem bastante semelhante à do amido de milho como uma incursão da marca "Maizena" em outro nicho, adquirindo-o sob a falsa percepção de que ostenta o mesmo padrão de qualidade já reconhecido na marca tradicional. (TJSP; Apelação Cível 1093251-56.2017.8.26.0100; Relator (a): Ricardo Negrão; Órgão Julgador: 2ª Câmara Reservada de Direito Empresarial; Data do Julgamento: 10/09/2018)

Embora nesse caso não se possa falar diretamente em desvio de clientela, eventual associação entre as duas marcas pode gerar diluição da marca parasitada e/ou enriquecimento sem causa do parasita. Da mesma forma, poder-se-ia argumentar até mesmo sobre concorrência parasitária indireta ou estendida nas hipóteses de os mercados ou produtos relacionados por essa prática serem complementares (pães e manteiga, carros e gasolina) ou substitutos (manteiga e margarina, álcool e gasolina). Tais situações ficam ainda mais complexas na medida quando há possibilidade e/ou interesse do agente parasitado em expandir suas atividades para esses ramos análogos.

Expondo entendimento diverso, por sua vez, o Superior Tribunal de Justiça já negou provimento a recurso de marca famosa de espumantes ('Möet Chandon') que visava impedir a utilização do nome 'Chandon' em uma discoteca. Entendeu-se neste caso concreto que a marca de espumantes não estaria registrada junto ao INPI como de alto renome e que, por tal razão, não apenas inexistiria violação ao consagrado princípio da especialidade, mas também não haveria risco de confusão do consumidor[19].

Ou seja, a proteção do aproveitamento parasitário sem concorrência ainda permanece controversa no ordenamento brasileiro, ainda que já tenha sido utilizada a partir do reconhecimento de potencial enriquecimento sem causa do agente parasita [20].

---

[19] *"Com essas considerações, infere-se que o uso das duas marcas não é capaz de gerar confusão aos consumidores, assim considerando o homem médio, mormente em razão da clara distinção entre as atividades realizadas por cada uma delas. Não há risco, de fato, de que o consumidor possa ser levado a pensar que a danceteria seria de propriedade (ou franqueada) da MOET CHÂNDON francesa, proprietária do famoso champanhe. Por essa razão, não se tratando a recorrente de marca de alto renome, mas de marca notoriamente conhecida e, portanto, protegida apenas no seu mesmo ramo de atividade, não há como alterar as conclusões constantes do acórdão recorrido"* (REsp n. 1.209.919/SC, relator Ministro Lázaro Guimarães [Desembargador Convocado do TRF 5ª Região], Quarta Turma, julgado em 13/3/2018, DJe de 19/3/2018.)

[20] Existem críticas relevantes como a de Pedro Nunes Marcos Barbosa, que afirma ser o aproveitamento parasitário *"um mito que não encontra guarida jurídica no Brasil, podendo ser encarado como vertente anticapitalista, excludente, inibidora da livre iniciativa e paternalista"*. (op. cit. p. 304)

Conclusões

Conforme exposto, o parasitismo ligado à concorrência desleal também representa no âmbito jurídico-empresarial a etimologia original da palavra, indicando obtenção de benefícios por meio do aproveitamento indevido do esforço de terceiros. Como forma de desestimular e punir tais condutas, a Lei de Propriedade Industrial estabelece situações hipotéticas – seja a partir de tipos relativamente abertos estabelecidos no artigo 195, seja a partir de uma interpretação finalística prevista no artigo 209 – às quais contextos concretos poderão ser confrontados para fins de análise de eventual deslealdade.

Enquanto o inciso III do artigo 195 da LPI é mais genérico e estabelece a fraude como elemento volitivo relevante para caracterização da concorrência parasitária ou do aproveitamento parasitário, além de reforçar o resultado 'desvio de clientela' como relevante, os incisos IV, V e VIII trazem outros exemplos mais concretos de símbolos apropriáveis não protegidos *ex ante*, como expressões e sinais de propaganda, nome comercial, título de estabelecimento, insígnias e embalagens.

Todos os métodos supracitados podem ser utilizados como meios de transmissão de informações acerca das qualidades de produtos e serviços e, caso não estejam vinculados diretamente a uma marca ou desenho industrial previamente registrados, ainda assim merecem proteção legal por meio da tutela residual da concorrência desleal. De forma complementar, o inciso IV do mesmo artigo menciona o elemento *"confusão entre os produtos ou os estabelecimentos"* como objetivo indissociável da prática vedada, reforçando de maneira expressa o intuito de proteção do fundo de comércio legitimamente estabelecido contra potenciais parasitas.

A tutela civil prevista pelo artigo 209, por sua vez, tem como foco atos *"tendentes a prejudicar a reputação ou os negócios alheios, a criar confusão entre estabelecimentos comerciais, industriais ou prestadores de serviço, ou entre os produtos e serviços postos no comércio"*. Ou seja, deixa de tratar especificamente do método e coloca a finalidade e/ou o resultado prejudicial aos agentes parasitados como centro da análise.

Certo é, contudo, que a legislação nacional buscou tutelar situações concorrenciais em que existe abuso ou deslealdade por parte de concorrentes, permitindo a partir de tipos abertos a análise casuística de determinados atos que impliquem em aproveitamento de elementos imateriais construídos legitimamente e possam não apenas causar prejuízos diretos aos seus criadores, mas também desestimular o processo criativo.

Referências

BARBOSA, Pedro Marcos Nunes. **Curso de concorrência desleal**. Rio de Janeiro, Lumen Juris, 2022.

BRASIL. Lei n. 9.279, de 14 de maio de 1996. Regula direitos e obrigações relativos à propriedade industrial. **Diário Oficial da União**, Brasília, DF, 14 mai 1996. Disponível em: http://www.planalto.gov.br/ccivil_03/Leis/L9279.htm. Acesso em 24.12.2018.

—. Superior Tribunal de Justiça. Recurso Especial nº 1.209.919/SC. Quarta Turma. Relator Ministro Lázaro Guimarães. Diário de Justiça Eletrônico. 19 mar 2018.

—. Superior Tribunal de Justiça. Recurso Especial nº 1.376.264/RJ. Terceira Turma. Relator Ministro João Otávio de Noronha. Diário de Justiça Eletrônico. 04 fev 2015.

—. Superior Tribunal de Justiça. Recurso Especial nº 1.606.781/RJ. Terceira Turma. Relator Ministro Moura Ribeiro. Relator para acórdão Ministro Ricardo Villas Bôas Cueva. Diário de Justiça Eletrônico. 10 out 2016.

—. Tribunal de Justiça de São Paulo. Apelação Cível nº 0043169-4 8.2010.8.26.0564. 3ª Câmara de Direito Privado. Relator Alexandre Marcondes. Diário de Justiça Eletrônico. 20 dez 2020.

—. Tribunal de Justiça de São Paulo. Apelação Cível nº 0130935-08.2012.8.26.0100. 1ª Câmara Reservada de Direito Empresarial. Relator Francisco Loureiro. Diário de Justiça Eletrônico. 11 nov 2016.

—. Tribunal de Justiça de São Paulo. Apelação Cível nº 1015330-08.2015.8.26.0224. 1ª Câmara Reservada de Direito Empresarial. Relator Enio Zuliani. Diário de Justiça Eletrônico. 01 jun 2016.

—. Tribunal de Justiça de São Paulo. Apelação Cível nº 1029080-95.2014.8.26.0100. 1ª Câmara Reservada de Direito Empresarial. Relator Francisco Loureiro. Diário de Justiça Eletrônico. 01 jun 2017.

—. Tribunal de Justiça de São Paulo. Apelação Cível nº 1031342-42.2019.8.26.0100. 1ª Câmara Reservada de Direito Empresarial. Relator Azuma Nishi. Diário de Justiça Eletrônico. 01 fev 2023.

—. Tribunal de Justiça de São Paulo. Apelação Cível nº 1090308-66.2017.8.26.0100. 1ª Câmara Reservada de Direito Empresarial. Relator J. B. Franco de Godoi. Diário de Justiça Eletrônico. 12 abr 2021.

—. Tribunal de Justiça de São Paulo. Apelação Cível nº 1093251-56.2017.8.26.0100. 2ª Câmara Reservada de Direito Empresarial. Relator Ricardo Negrão. Diário de Justiça Eletrônico. 10 set 2018.

CERQUEIRA, João da Gama. **Tratado da propriedade industrial**: volume II, tomo II, parte III, das marcas de fábrica e de comércio, do nome comercial, das insígnias, das frases de propaganda e das recompensas industriais, da concorrência desleal. Rio de Janeiro: Lumen Juris, 2012.

QUEIROZ, André Luiz Lamin Ribeiro de. **Marca como fonte de obrigações nas relações de consumo**. 2019. 254 páginas. Mestrado – Faculdade de Direito da Universidade de São Paulo, São Paulo, 2019.

PARTE 5
DIREITOS AUTORAIS

23.
OBRAS INTELECTUAIS

Maria Fernanda Alves Pallerosi

1. O regime jurídico da proteção de direitos autorais
A denominada Propriedade Intelectual tem por objeto as criações da mente ou criações intelectuais. Trata-se de um arcabouço extremamente complexo que integra os direitos autorais; os direitos de propriedade industrial composto por patentes de invenção e de modelo de utilidade, desenho industrial, marcas, indicações geográficas e pela repressão à concorrência desleal; e as proteções "sui generis", tais como as topografias de circuitos integrados, as novas variedades de plantas, o patrimônio genético e o conhecimento tradicional associado.

Neste artigo, vamos tratar especificamente dos Direitos Autorais.

Inicialmente, cumpre ressaltar que há, basicamente, dois principais sistemas de proteção aos direitos de autor no mundo: o *droit d'auteur* ou sistema francês, e o *copyright* ou sistema anglo-americano. O Brasil adota o sistema francês. A diferença primordial é o que *copyright* tem por base a exclusividade de reprodução ou cópia, ligada à materialidade ou propriedade da obra, e sua consequente exploração econômica; o *droit d'auteur*, por sua vez, além do direito de propriedade, incorpora os denominados direitos morais, ligados à personalidade do autor.

A Constituição Federal de 1988, em consonância com a Convenção de Berna, promulgada pelo Decreto nº 75.699/75 e matriz da confecção da legislação brasileira, dispõe como cláusula pétrea o *direito exclusivo outorgado aos autores de utilização, publicação ou reprodução de suas obras, transmissí-*

vel aos herdeiros pelo tempo que a lei fixar (artigo 5º, inciso XXVII, direitos e garantias fundamentais).

A lei ordinária que regula a matéria é a Lei nº 9.610, de 19 de fevereiro de 1998 (Lei nº 9.610/98 ou Lei de Direitos Autorais). Os Direitos Autorais compreendem os Direitos de Autor e os Direitos Conexos, como consta do artigo 1º da referida lei: *Esta Lei regula os direitos autorais, entendendo-se sob esta denominação os direitos de autor e os que lhes são conexos.*

O Direito de Autor é o conjunto de prerrogativas decorrentes da criação de uma obra intelectual, enquanto os Direitos Conexos decorrem da utilização das obras intelectuais e abrangem os artistas intérpretes ou executantes; os produtores fonográficos e as empresas de radiodifusão.

2. Definição de obra intelectual, obras protegidas e particularidades

As obras intelectuais que decorrem da criatividade humana são o cerne da proteção legal pelos direitos autorais e foram divididas, em sua origem, em três grandes temas ou categorias: literário, artístico e científico.

A Convenção de Berna dispõe (artigo 2.1) que "obras literárias e artísticas" abrangem todas as produções do domínio literário, científico e artístico, qualquer que seja o modo ou a forma de expressão, tais como os livros, brochuras e outros escritos; as conferências, alocuções, sermões e outras obras da mesma natureza; as obras dramáticas ou dramático-musicais; as obras coreográficas e as pantomimas; as composições musicais, com ou sem palavras; as obras cinematográficas e as expressas por processo análogo ao da cinematografia; as obras de desenho, de pintura, de arquitetura, de escultura, de gravura e de litografia; as obras fotográficas e as expressas por processo análogo ao da fotografia; as obras de arte aplicada; as ilustrações e os mapas geográficos; os projetos, esboços e obras plásticas relativos à geografia, à topografia, à arquitetura ou às ciências.

A Lei de Direitos Autorais (Lei nº 9.610/98), em seu artigo 7º, define quais são as obras protegidas por direitos autorais, nos seguintes termos: "*São obras intelectuais protegidas as* **criações do espírito**, **expressas** *por qualquer meio ou fixadas em qualquer suporte, tangível ou intangível, conhecido ou que se invente no futuro*" (com destaque)

Da simples leitura do *caput* do referido artigo, depreende-se que são dois os pilares adotados por nossa lei ordinária para definir o que são obras intelectuais. Em primeiro, a proteção recai sobre as denominadas "criações do espírito" que estão diretamente relacionadas ao disposto no artigo 11 da referida lei: *"Autor é a **pessoa física** criadora de obra literária, artística ou científica. Parágrafo único. A proteção concedida ao autor poderá aplicar-se às pessoas jurídicas nos casos previstos nesta Lei".*

Portanto, a obra intelectual é um trabalho decorrente da criatividade humana. Por isso, seu autor é sempre uma pessoa física, eis que a palavra "espírito" se refere à parte imaterial do ser humano; a alma[1].

Elisabeth Gilbert, romancista norte-americana, no prólogo de sua obra "Grande Magia: vida criativa sem medo"[2], traz o seguinte diálogo que bem ilustra a intrínseca relação entre a obra intelectual e a criatividade humana: *"P: O que é criatividade? R: É o relacionamento entre um ser humano e os mistérios da inspiração."*

Nesta esteira, interessantes discussões têm surgido a respeito da criatividade e sua origem, como a relacionada às criações por Inteligência Artificial (IA) cada vez mais comum. MARCOS WACHOWICZ em artigo sobre o assunto discorre a respeito[3]: *"(...) as Inteligências Artificiais só conseguem ser criativas até certo ponto, ao acumular conhecimentos e dados e combinar aleatoriamente para criar algo "novo". Até o momento, a IA não consegue imaginar coisas com as quais nunca entrou em contato, nem assimilar conceitos como valores, desejos, crenças".*

No que tange ao requisito "criação do espírito", o principal obstáculo enfrentado pelas criações decorrentes de Inteligência Artificial para se caracterizarem como uma obra intelectual é ser oriunda da criação do intelecto humano, tal como disposto pela Lei de Direitos Autorais em seu artigo 7º.

Em suma, em relação aos requisitos para configuração como obra intelectual, as obras criadas por inteligência artificial podem plenamente atender aos requisitos legais de exteriorização, fixação em qualquer meio

---

[1] https://michaelis.uol.com.br/moderno-portugues/busca/portugues-brasileiro/esp%C3%ADrito
[2] Grande Magia: Vida Criativa sem medo / Elisabeth Gilbert; tradução Renata Telles. – I. ed. – Rio de Janeiro: Objetiva, 2015.
[3] https://ioda.org.br/entre-a-maquina-e-o-homem-de-quem-sao-os-direitos-autorais--das-obras-produzidas-por-inteligencia-artificial/#:~:text=Na%20quest%C3%A3o%20da%20Intelig%C3%AAncia%20Artificial,Organiza%C3%A7%C3%A3o%20Mundial%20da%20Propriedade%20Intelectual).

e originalidade. No entanto, no que se refere à "criação do espírito" e sua consequente titularidade, o cerne da discussão das obras criadas por Inteligência Artificial (IA) se volta para os direitos dos autores e titulares das obras que alimentam os algoritmos.

Ainda acerca das recentes discussões que surgiram sobre o requisito "criações do espírito", uma *selfie* tirada por um macaco na Indonésia também gerou outra interessante debate que envolveu o fotógrafo britânico David Slater que reivindica a autoria da fotografia e a Fundação Wikimedia, entidade filantrópica sediada nos Estados Unidos, que publicou a imagem em sua plataforma Wikimedia Commons.

O referido fotógrafo também enfrentou a organização não-governamental PETA (People for the Ethical Treatment of Animals) que reivindicava direitos em nome do animal[4]. No caso, não foi aceita a atribuição de autoria ao animal, algo que a lei reserva aos humanos e, em relação à entidade protetora dos animais, consta que o fotógrafo teria feito um acordo onde reserva parte da remuneração decorrente de sua exploração econômica para uma instituição de proteção daquela espécie[5].

Cabe ainda citar que, no passado, houve outra interessante discussão no Brasil sobre a possibilidade de se tornar autor após a morte no caso envolvendo obras psicografadas pelo médium Xico Xavier, atribuídas ao falecido escritor Humberto Campos. Na obra "A Psicografia ante os Tribunais" de Miguel Timponi[6], é mencionado que a Justiça reconheceu que *"a existência da pessoa natural termina com a morte; por conseguinte, com a morte se extinguem todos os direitos e, bem assim, a capacidade jurídica de os adquirir. No nosso direito é absoluta o alcance da máxima mors omnia solvit. Assim, o grande escritor Humberto de Campos, depois de sua morte, não poderia ter adquirido direito de espécie alguma e, consequentemente, nenhum direito autoral poderá da pessoa dele ser transmitido para seus herdeiros e sucessores."*

---

[4] https://www.migalhas.com.br/depeso/265669/historiando-o-caso-envolvendo-os--direitos-autorais-da-selfie-do-macaco-e-transpondo-a-lei-brasileira
[5] https://g1.globo.com/mundo/noticia/tribunal-americano-decide-que-macaco-nao-e--autor-de-famosa-selfie.ghtml
[6] Apud redação Migalhas link: https://www.migalhas.com.br/quentes/294062/psicografia-em-1944-chico-xavier-era-processado-por-direito-autoral

Ao esmiuçar o assunto, MAURICIO LOPES DE OLIVEIRA[7] assim concluiu: *"A capacidade de ser sujeito de direitos e obrigações pressupõe a existência de um ser humano. O espiritismo dogmatiza que o espírito é distinto do corpo, estando claro que, depois do falecimento do ser humano, nenhum laço ligará mais o espírito aos restos mortais. Também não há ligação entre o espírito e os parentes do falecido, que são, na verdade, parentes apenas do ser humano que deixou de existir."*.

Como o segundo pilar da definição legal de "obras intelectuais", está a necessidade de exteriorização da criatividade humana, não importando o meio ou suporte utilizado, in verbis: *"expressas por qualquer meio ou fixadas em qualquer suporte, tangível ou intangível, conhecido ou que se invente no futuro"*

Neste ponto, interessante observar que a Lei nº 9.610/98 alterou a redação do artigo 6º da revogada Lei nº 5.988/73 ao acrescentar o termo "proteção" e substituir a expressão de "de qualquer modo exteriorizadas" por "expressas por qualquer meio ou fixadas em qualquer suporte, tangível ou intangível, conhecido ou que se invente no futuro", buscando enfatizar a necessidade de a criação do espírito ter sido exteriorizada e minimizar a importância do meio ou suporte em que ela foi expressa.

Neste sentido, a Convenção de Berna (artigo 2.2) é categórica ao determinar que os *"Países da União reservam-se, entretanto, a faculdade de determinar, nas suas legislações respectivas, que as obras literárias e artísticas, ou ainda uma ou várias categorias delas, não são protegidos enquanto não tiverem sido fixadas num suporte material"*. Ou seja, não há proteção por direitos autorais sem a necessária materialização da criação intelectual, não importando o suporte utilizado, se tangível ou intangível, se existente ou que venha a ser inventado.

A necessidade de exteriorização da criação intelectual difere a obra intelectual de uma mera ideia que não é protegida por direitos autorais, nos termos de que trata o artigo 8º, inciso I, da Lei de Direitos Autorais. Isso porque por ser a obra intelectual o resultado da criatividade humana, uma mesma ideia criativa ao ser expressa, normalmente, apresenta diferentes resultados, eis que carrega a "personalidade" ou "alma" do seu criador.

---

[7] Artigo "O Direito de Autor na Obra Psicografada", publicado na Revista ABPI – nº 30 – Set/Out 1997, p. 45-48

No tocante à criatividade, expressa na doutrina como o requisito da originalidade, a outorga de um direito de exclusividade temporário de exploração econômica da obra intelectual, visa compensar o autor pela sua contribuição criativa e estimular a produção intelectual em benefício da humanidade[8].

Dentre os requisitos para configuração de uma obra intelectual, resumidos pela doutrina em três[9], destaca-se: a) pertencer ao domínio das letras, das artes ou das ciências; b) ter originalidade; c) achar-se no período de proteção fixada pela lei. A originalidade, sem dúvida, é o requisito mais complexo e emblemático.

A originalidade necessária para uma obra intelectual ser passível de proteção por direitos autorais não se confunde com a "novidade" exigida no campo da propriedade industrial para a concessão de uma patente de invenção, de modelo de utilidade ou desenho industrial, eis que está relacionada à forma pela qual a ideia criativa é exteriorizada.

Em linhas gerais, a originalidade exigida das obras intelectuais é subjetiva, exatamente, pela característica de ser resultado da criação da mente humana ou criação do "espírito"[10].

Após definir o objeto da tutela legal e tratar de seus requisitos, o *caput* do artigo 7º da Lei de Direitos Autorais, utiliza a expressão "tais como" e insere uma lista de obras intelectuais, deixando claro que se trata de um rol exemplificativo com suas necessárias ressalvas presentes nos três parágrafos do mencionado artigo.

A questão relacionada ao rol exemplificativo do artigo 7º da Lei de Direitos Autorais, não é nova e foi enfrentada por nossos tribunais em algumas ocasiões. Por exemplo, em acórdão datado de 19.10.2021, a Terceira Turma do Superior Tribunal de Justiça, de que foi relatora a Ministra Nancy Andrighi, entendeu que peças de vestuário e acessórios

---

[8] Direito Autoral / José de Oliveira Ascensão. – 2ª ed., ref. e ampl., – Rio de Janeiro: Renovar, 1997. p. 3-4.

[9] Henry Jessen (apud José Carlos Costa Netto). Direito autoral no Brasil / José Carlos Costa Netto. – 2. ed. rev., ampl.e atual. – São Paulo : FTD, 2008. p. 89

[10] A palavra "espírito" "na filosofia, aparece como sinônimo do termo mente (intercambiável como *esprit*, no francês, e *Geist*, em alemão)" – https://pt.wikipedia.org/wiki/Esp%C3%ADrito

podem ser protegidas por Direitos de Autor, desde que nelas se possa encontrar a exteriorização de uma "criação de espírito", não obstante não constarem expressamente do rol de obras intelectuais apresentado no artigo 7º da Lei de Direitos Autorais que, reforce-se, é meramente exemplificativo[11].

Diferente do rol exemplificativo do artigo 7º da Lei de Direitos Autorais, as exceções à tutela legal constantes do artigo 8º da referida lei, traz um rol taxativo das hipóteses que não comportam amparo pela Lei, a saber:

(a) as ideias, procedimentos normativos, sistemas, métodos, projetos ou conceitos matemáticos como tais;
(b) os esquemas, planos ou regras para realizar atos mentais, jogos ou negócios;
(c) os formulários em branco;
(d) os textos legais, decisões judiciais e demais atos oficiais;
(e) as informações de uso comum (calendários, agendas, cadastros ou legendas);
(f) os nomes e títulos isolados;
(e) o aproveitamento industrial ou comercial das ideias contidas nas obras.

A ideia em si não é passível de proteção por direitos autorais, eis que pertencem ao patrimônio comum da humanidade. Por isso, são de uso comum, não se aplicando o direito de propriedade ou de exclusividade de utilização, fruição e disposição.

Abalizada doutrina[12] resume em quatro as principais situações em que pode existir uma obra literária ou artística, mas inexistir proteção decorrente de direito de autor sobre ela: (a) as obras que nunca foram protegidas (p.e. as obras que não preencham os requisitos legais de proteção); (b) as obras que escapam ao âmbito de proteção da lei brasileira

---

[11] STJ, REsp nº 1.943.690–SP, Relatora: Min. Nancy Andrigui, Terceira Turma, Julgado: 19/10/2021. DJe: 22/10/2021

[12] Direito Autoral / José de Oliveira Ascensão. – 2ª ed., ref. e ampl., – Rio de Janeiro: Renovar, 1997. p. 79.

(p.e. as obras de autor estrangeiro domiciliados em país não signatário de nenhuma convenção internacional); (c) as obras em domínio público; e, finalmente, (d) as obras cuja regra especial exclui de proteção (p.e. obras decorrentes de atos oficiais).

Prosseguindo, o artigo 9º da Lei de Direitos Autorais garante proteção à cópia de obra de arte plástica se realizada pelo próprio autor, nos seguintes termos: *"À cópia de obra de arte plástica feita pelo próprio autor é assegurada a mesma proteção de que goza o original".* Tal proteção concedida ao original é estendida à cópia e está restrita à "obra de arte plástica".

Segundo a doutrina[13], o artigo 9º da Lei de Direitos Autorais visa tão somente reforçar que a proteção autoral não se limita ao exemplar original e é estendida à cópia de arte plástica feita pelo próprio autor, reforçando que não pode o proprietário do exemplar, ou qualquer outra pessoa, fazer obra igual sem consentimento do autor.

O artigo 10, *caput*, da Lei de Direitos Autorais, por sua vez, dispõe que: *"A proteção à obra intelectual abrange o seu título, se original e inconfundível com o de obra do mesmo gênero, divulgada anteriormente por outro autor. Parágrafo único. O título de publicações periódicas, inclusive jornais, é protegido até um ano após a saída do seu último número, salvo se forem anuais, caso em que esse prazo se elevará a dois anos".*

Referida disposição legal condiciona a proteção do título de obra intelectual a presença de "originalidade" e "inconfundibilidade" com o título de obra do mesmo gênero que tenha sido divulgada anteriormente por outro. Ou seja, depreende-se que a obra do mesmo gênero não pode ser inédita (artigo 5º, inciso VIII, alínea d, da Lei nº 9.610/98), considerando o termo "divulgação" como "publicação" como *"o oferecimento de obra literária, artística ou científica ao conhecimento do público, com o consentimento do autor, ou de qualquer outro titular de direito de autor, por qualquer forma ou processo"* (artigo 5º, inciso I, da Lei nº 9.610/98).

O artigo 8, inciso, VI, da Lei de Direitos Autorais, exclui do objeto de proteção por direitos autorais "os nomes e títulos isolados", eis que, como vimos, a proteção legal ao título da obra intelectual está subordinada e só

---

[13] Direito Autoral / José de Oliveira Ascensão. – 2ª ed., ref. e ampl., – Rio de Janeiro: Renovar, 1997. p. 406.

se justifica na presença dos pressupostos da originalidade e da inconfundibilidade com outro do mesmo gênero.

A Quarta Turma do Superior Tribunal de Justiça[14], em acórdão datado de 25.04.2012, relatado pelo Ministro Marco Buzzi, ao enfrentar a controvérsia (violação de direito autoral) definiu a extensão da proteção ao título de uma obra intelectual, na forma do artigo 10 da Lei de Direitos Autorais, tendo havido amplo debate acerca dos termos exigidos pelo legislador para proteção intelectual em questão que, como vimos, exige que o título da obra seja: a) original; e, b) inconfundível com o título de obra do mesmo gênero.

No caso concreto, por maioria de votos, entendeu-se pela ausência da característica de originalidade do título e que as obras em cotejo (peça teatral vs telenovela) seriam obras de gêneros distintos, afastando a possibilidade de confusão.

Importante destacar que se entendeu que o não preenchimento de um dos elementos estabelecidos pelo legislador, a saber, originalidade do título e confundibilidade com o de obra do mesmo gênero, divulgada anteriormente por outro autor, já é suficiente para afastar a proteção legal ao título de obra intelectual.

Mencione-se ainda que a Lei de Direitos Autorais, em suas disposições preliminares, especificamente em seu artigo 5º, inciso VIII, define as diversas denominações de "obra" citadas no decorrer da referida Lei.

Tais definições podem ser classificadas, em linhas gerais, em quatro grupos relacionados à autoria (alíneas "a", "b e "c"); à forma de publicação (alíneas "d" e "e"); às características da criação (alíneas "f", "g" e "h") e, determinada particularidade (alínea "i"):

(a) Obra em co-autoria: *quando é criada em comum, por dois ou mais autores*;

(b) Obra anônima: *quando não se indica o nome do autor, por sua vontade ou por ser desconhecido*;

(c) Obra pseudônima: *quando o autor se oculta sob nome suposto*;

---

[14] STJ, REsp 1311629 / SP, Relator: Ministro Luis Felipe Salomão, Relator para acórdão: Ministro Marco Buzzi, Quarta Turma, Data do julgamento: 25/04/2017, DJe 31/05/2017, RSTJ vol. 247 p. 781.

(d) Obra inédita: *a que não haja sido objeto de publicação;*
(e) Obra póstuma: *a que se publique após a morte do autor.*
(f) Obra originária: *a criação primígena;*
(g) Obra derivada: *a que, constituindo criação intelectual nova, resulta da transformação de obra originária;*
(h) Obra coletiva: *criada por iniciativa, organização e responsabilidade de uma pessoa física ou jurídica, que a publica sob seu nome ou marca e que é constituída pela participação de diferentes autores, cujas contribuições se fundem numa criação autônoma;*
(i) Obra audiovisual: *a que resulta da fixação de imagens com ou sem som, que tenha a finalidade de criar, por meio de sua reprodução, a impressão de movimento, independentemente dos processos de sua captação, do suporte usado inicial ou posteriormente para fixá-lo, bem como dos meios utilizados para sua veiculação.*

3. Registro e prazo de proteção

A proteção decorrente de direitos autorais, diferentemente da proteção decorrente de propriedade industrial, independe de registro. Não se trata, portanto, de um sistema atributivo de direito. Caso o autor, opte pelo registro da obra intelectual, o mesmo terá caráter meramente declaratório.

A Convenção de Berna, nos termos do seu artigo 5.2, que dispõe que o gozo e o exercício dos direitos desses direitos não estão subordinados a qualquer formalidade. A Lei de Direitos Autorais, em seu artigo 18, da mesma forma, dispõe que a proteção aos direitos de que trata esta Lei independe de registro.

Essa característica dos direitos autorais está ligada ao fato que o direito surge imediatamente após a criação da obra intelectual, independentemente de seu conhecimento ou divulgação, ou forma em que foi exteriorizada, em suporte tangível ou intangível, conhecido ou que se invente no futuro.

Interessante notar que, em nossa legislação, há uma ressalva unicamente em relação às obras coreográficas e pantomímicas, cuja execução cênica deve ser fixada por escrito ou por outra qualquer forma (artigo 7º, inciso IV, da Lei de Direitos Autorais).

Ao autor é facultado registrar a sua obra. Tal registro é recomendado, principalmente, para se garantir maior segurança em relação à prova de anterioridade de criação da obra, mormente nos casos em que houver utilização não autorizada ou aproveitamento indevido no futuro, bem como para presunção de autoria e titularidade.

Esse registro poderá "para segurança" dos direitos de autor, conforme sua natureza e maior afinidade, se dar na Biblioteca Nacional, na Escola de Música, na Escola de Belas Artes da Universidade Federal do Rio de Janeiro, no Instituto Nacional do Cinema/Embrafilme/Ancine, ou no Conselho Federal de Engenharia, Arquitetura (Confea) e Conselho de Arquitetura e Urbanismo (CAU), órgãos públicos relacionados no artigo 17 Lei nº 5.988/73 que permanece em vigor.

As atribuições de registro de tais órgãos podem ser modificadas, a qualquer tempo e mediante Decreto, pelo Poder Executivo. O valor da retribuição e o processo de recolhimento do serviço de registro, serão estabelecidos pelo respectivo órgão da administração pública federal a que estiver vinculado o registro das obras intelectuais.

Quanto ao prazo, os direitos patrimoniais são vitalícios em relação ao seu autor e temporários ou transitórios quando transmitido aos seus sucessores, após sua morte. Tais disposições estão previstas na Constituição Federal, em seu artigo 5º, inciso, XXVII. No entanto, o prazo de proteção decorrente da sucessão é regulado pela Legislação Ordinária.

Na antiga Lei de Direitos Autorais (Lei nº 5.988/73), o prazo de proteção era de 60 (sessenta anos), a contar de 1º de janeiro do ano subsequente ao falecimento do autor, sendo que na atual Lei de Direitos Autorais o prazo de proteção foi ampliado.

A regra geral em vigor é que os direitos patrimoniais do autor perduram por 70 (setenta) anos contados de 1º de janeiro do ano subsequente ao de seu falecimento, obedecida a ordem sucessória da lei civil, inclusive para obras póstumas, na forma do artigo 41 e paragrafo único da Lei de Direitos Autorais.

Há ainda as regras especiais como a aplicada ao caso de obras em coautoria que, por suas características, for indivisível, o prazo de proteção é de 70 (setenta) anos, contado da morte do último dos coautores sobreviventes. E mais, acrescer-se-ão aos dos sobreviventes os direitos do coautor que falecer sem sucessores, como dispõe o artigo 42 e parágrafo único da Lei de Direitos Autorais.

Também aplica-se uma regra especial no caso de obras anônimas ou pseudônimas, cujo prazo de proteção aos direitos patrimoniais será contado de 1º de janeiro do ano imediatamente posterior ao da primeira publicação. Caso o autor se der a conhecer antes do termo do referido prazo, aplicar-se-á a contagem a partir de 1º de janeiro do ano subsequente ao de seu falecimento (artigo 43 da Lei de Direitos Autorais).

A outra regra especial diz respeito ao prazo de proteção aos direitos patrimoniais sobre obras audiovisuais e fotográficas, que será de 70 (setenta) anos, a contar de 1º de janeiro do ano subsequente ao de sua divulgação (artigo 44 da Lei de Direitos Autorais).

Mencione-se, ainda, que o título de publicações periódicas, inclusive jornais, cuja proteção é uma extensão da proteção à obra intelectual, goza de um prazo especial de 1 (um) ano após a saída do seu último número, salvo se forem anuais, caso em que esse prazo se elevará a 2 (dois) anos. É o que dispõe o parágrafo único do artigo 10 da Lei de Direitos Autorais.

Dispõe ainda o artigo 112 da Lei de Direitos Autorais que se uma obra, em consequência de ter expirado o prazo de proteção de 60 (sessenta) anos que lhe era anteriormente reconhecido pela Lei de Direitos Autorais, caiu no domínio público, não terá o prazo de proteção dos direitos patrimoniais ampliado por força do artigo 41 da atual Lei.

Tais regras de prazo de proteção são aplicáveis aos direitos patrimoniais de autor. Os direitos morais do autor são considerados perpétuos, tanto que a Lei de Direitos Autorais prevê a sua transmissão aos seus sucessores no tocante ao direito de indicação de autoria e de assegurar a integridade da obra (§ 1º do artigo 24 da Lei de Direitos Autorais), sem fixar um prazo para tanto. E mais, o § 2º do referido artigo 24, determina que compete ao Estado a defesa da integridade e autoria da obra caída em domínio público.

4. Autoria, coautoria (suas particularidades) e titularidade

No sistema que rege o Direito de Autor, a autoria está relacionada ao autor criador de obra literária, artística ou científica que é sempre uma pessoa física, nos termos do artigo 11 da Lei de Direitos Autorais e, por força do artigo 22, ao autor/pessoa física pertencem os direitos morais e patrimoniais sobre a obra que criou.

A proteção concedida ao autor poderá ser estendida às pessoas jurídicas, nos casos previstos nesta Lei, como ocorre com as obras coletivas em que cabe ao organizador a titularidade dos direitos patrimoniais sobre o conjunto da obra.

A titularidade de direitos autorais também ocorre pela transmissão dos direitos de autor aos seus sucessores, bem como por força de cessão dos direitos de autor.

A identificação do autor e do coautor, caso aplicável, se faz por meio do uso de seu nome civil (completo, abreviado ou por suas iniciais), pseudônimo ou qualquer outro sinal convencional.

Nas obras coletivas, a indicação de autoria se faz por meio do nome ou marca da pessoa física ou jurídica que tomou a iniciativa, organizou e se responsabilizou pela sua criação. Nesta espécie de obra, é assegurada a proteção às participações individuais, sendo facultado a qualquer dos participantes, no exercício de seus direitos morais, proibir que se indique ou anuncie seu nome, sem prejuízo de sua remuneração, conforme disposição do artigo 17 da Lei de Direitos Autorais.

Os coautores exercem, de comum acordo, os seus direitos, salvo convenção em contrário. É o que reza o artigo 23 da Lei de Direitos Autorais. Caso a contribuição do coautor possa ser utilizada separadamente, ao mesmo são asseguradas todas as faculdades inerentes à sua criação como obra individual, vedada, porém, a utilização que possa acarretar prejuízo à exploração da obra comum, conforme dispõe o § 2º do artigo 15 da Lei de Direitos Autorais.

Caso a obra feita em regime de coautoria não for divisível, a Lei de Direitos Autorais em seu artigo 32 dispõe que nenhum dos coautores poderá, sem consentimento dos demais, publicá-la ou autorizar-lhe a publicação, salvo na coleção de suas obras completas, sob pena de responder por perdas e danos.

Em caso de divergência, os coautores decidirão por maioria, sendo que ao coautor dissidente é assegurado o direito de não contribuir com as despesas, desde que renuncie sua parte nos lucros, e o de vedar que se inscreva seu nome na obra.

Ao coautor também é assegurada a faculdade de registrar a obra, individualmente, sem a necessidade de autorização dos demais coautores, bem como a defesa dos próprios direitos contra terceiros.

Ainda em relação à coautoria, a Lei de Direitos Autorais não considera como criador de obra intelectual quem simplesmente auxiliou o autor na sua produção, revendo-a, atualizando-a, bem como fiscalizando ou dirigindo sua edição ou apresentação por qualquer meio (artigo 15, § 1º, da Lei de Direitos Autorais).

Em caso de obra audiovisual, a Lei de Direitos Autorais considera como coautores o autor do assunto ou argumento literário, musical ou lítero-musical e o diretor, bem como são considerados coautores os criadores de desenhos animados utilizados na obra audiovisual, conforme artigo 16 da Lei de Direitos Autorais.

Em relação às obras intelectuais caídas em domínio público – pelo escoamento do prazo de proteção, de autores falecidos sem sucessores e de autor desconhecido – a Lei de Direitos Autorais, em seu artigo 14, considera titular de direitos de autor quem adapta, traduz, arranja ou orquestra tais obras. No entanto, o mesmo não poderá se opor a outra adaptação, arranjo, orquestração ou tradução, salvo se for cópia da sua.

5. Direitos patrimoniais e sua transferência utilização ou por terceiros

A Lei de Direitos Autorais dispõe que cabe ao autor o direito exclusivo de utilizar, fruir e dispor da obra literária, artística ou científica e que a utilização da obra intelectual, por quaisquer modalidades existentes, depende de autorização prévia e expressa do autor. Também dispõe que são independentes entre si as diversas modalidades de utilização de obras intelectuais, sendo que eventual autorização concedida pelo autor, ou pelo produtor, respectivamente, não se estende a quaisquer das demais modalidades de uso (artigos 28, 29 e 31).

Tais disposições fixam a disponibilidade e divisibilidade dos direitos patrimoniais do autor e estão em consonância com o princípio basilar de interpretação restritiva dos negócios jurídicos envolvendo direitos autorais, insculpido no artigo 4 da Lei de Direitos Autorais.

Em seu Capítulo V sob o título "Da Transferência dos Direitos de Autor" (artigos 49 a 52), a Lei de Direitos Autorais estabelece os princípios gerais e especiais dos negócios jurídicos envolvendo Direitos Autorais.

O artigo 49 dispõe que os direitos de autor poderão ser, total ou parcialmente, transferidos a terceiros, por ele ou por seus sucessores, a título universal ou singular, pessoalmente ou por meio de representantes com poderes especiais, por meio de licenciamento, concessão, cessão ou por outros meios admitidos em Direito, obedecidas as limitações previstas nos incisos I a VI.

A parte final do caput do artigo 49 foi um acréscimo em relação à Lei anterior (Lei nº 5.988/73), mas que infelizmente deixou de regular e distinguir de maneira clara os diferentes negócios envolvendo a transferência de direitos por meio de licença, concessão e cessão de direitos de autorais, tal como ocorre na Lei da Propriedade Industrial em que há disposições próprias para a Cessão e Licença de Uso.

Em linhas gerais, pode-se dizer que a cessão transfere a titularidade dos direitos patrimoniais de autor, de forma total ou parcial, sendo uma espécie de contrato de alienação com efeitos semelhantes ao de compra e venda. A licença é uma transferência temporária e parcial, sendo uma espécie de contrato de uso e gozo, tais como a locação e o comodato. A concessão, por sua vez, é um termo que advém do direito administrativo e na seara dos direitos autorais está relacionada, ainda que de forma imperfeita, a uma espécie de autorização para prática de determinado ato sem que se configure, especificamente, uma licença ou cessão.

Sobre os demais meios admitidos em Direito para transferência de direitos de autor, deve-se destacar que a Lei de Direitos Autorais trata o Contrato de Edição de obra literária, artística ou científica em capítulo específico (artigos 53 a 67), bem como traz especificidades inerente aos contratos envolvendo a utilização da Obra Audiovisual (artigos 81 a 86).

Quanto às limitações aplicadas às transferências dos direito do autor, a Lei de Direitos Autorais traz regras gerais, iniciando pelo inciso I que dispõe que a *"transmissão total compreende todos os direitos de autor, salvo os de natureza moral e os expressamente excluídos por lei"*.

Os incisos II a VI, dispõem que a transmissão total e definitiva dos direitos autorais somente é admitida mediante estipulação contratual escrita (inc. II); que na ausência de estipulação contratual o prazo máximo será de 5 (cinco) anos (inc. III); que, salvo estipulação em contrário, a cessão será válida unicamente para o país em que se firmou o contrato (inc. IV); que a cessão só se operará para modalidades de utilização já existentes à data do contrato (inc. V) e, por fim, que não havendo especificação quanto à modalidade de utilização, o contrato será interpretado restritivamente, entendendo-se como limitada apenas a uma que seja aquela indispensável ao cumprimento da finalidade do contrato (inc. VI).

Tais limitações ou restrições à autonomia privada dos contratantes, estão em consonância e complementam o citado princípio geral instituído pelo artigo 4º: *"Interpretam-se restritivamente os negócios jurídicos sobre os direitos autorais"*.

Na sequência, os artigos 50 e 51 da Lei de Direitos Autorais regulam a modalidade contratual denominada "cessão de direitos autorais", enquanto o artigo 53 afasta a presunção de anonimato ou de cessão de direitos de autor quando houver a omissão do nome do autor, ou de coautor, na divulgação da obra.

O caput do artigo 50, reforçando a regra geral contida no artigo 49, inciso II, da Lei de Direitos Autorais, dispõe que a cessão total ou parcial dos direitos de autor se fará sempre por escrito e presume-se onerosa. Neste sentido, o § 2º dispõe que, no instrumento de cessão, deverão constar como elementos essenciais seu objeto e as condições de exercício do direito quanto a tempo, lugar e preço.

Quanto ao tempo, o artigo 51 dispõe que a cessão dos direitos de autor sobre obras futuras abrangerá, no máximo, o período de 5 (cinco) anos e seu parágrafo único reduz o prazo a 5 (cinco) anos sempre que indeterminado ou superior no instrumento, diminuindo-se, na proporcionalmente, o preço estipulado.

A disposição contida no § 1º do artigo 50 da Lei de Direitos Autorais acerca da possibilidade da cessão de direitos de autor ser averbada à margem do registro a que se refere o artigo 19 da Lei (órgão público), ou, não estando a obra registrada, mediante registro em Cartório de Títulos e Documentos, suscita certa discussão. No entanto, prevalece o princípio da ausência de formalidade para que a obra intelectual seja protegida e a recomendação do registro da obra e a averbação do respectivo contrato de cessão.

Ainda acerca de direitos patrimoniais de autor, o artigo 38 da Lei de Direitos prevê a existência do direito de sequência, de caráter irrenunciável e inalienável, que permite ao autor de obra de arte ou manuscrito, sendo originais, que houver alienado, de perceber, no mínimo, cinco por cento sobre o aumento do preço eventualmente verificável em cada revenda. O vendedor ou leiloeiro, dependendo da forma como se deu a revenda, é considerado depositário da quantia devida ao autor.

Um dos casos mais emblemáticos de direito de sequência, ou *droit de suite* (dada sua origem no sistema francês) envolveu o herdeiro do artista plástico Candido Portinari que ajuizou uma ação contra uma instituição financeira exigindo o pagamento de participação sobre o aumento do preço obtido na alienação das obras.

A Quarta Turma do Superior Tribunal de Justiça[15], em acórdão de 02.04.2009, relatado pelo Relator Ministro Luis Felipe Salomão, julgou parcialmente procedente o pedido inicial do herdeiro e condenou o réu ao pagamento do valor de 20% sobre a "mais valia" decorrente da alienação dos 28 (vinte e oito) desenhos de Candido Portinari, realizada por intermédio de leilão.

Foi um importante reconhecimento do direito de sequência que, como destacado em referido acórdão, *"visa proteger o criador intelectual e sua família, com frequência explorados* – por isso, a disposição legal de ser um direito irrenunciável e inalienável –, *permitindo que os autores, e após a sua morte, os seus herdeiros, possam de alguma forma beneficiar-se na exploração econômica da obra de arte criada"*.

Ainda tratando de direitos patrimoniais de autor, a Lei de Direitos Autorais em seu artigo 39, dispõe que esses, excetuados os rendimentos resultantes de sua exploração, não se comunicam, salvo pacto antenupcial em contrário.

A Lei de Direitos Autorais em seu artigo 40 determina que no caso de obra anônima ou pseudônima, caberá a quem publicá-la o exercício dos direitos patrimoniais do autor.

---

[15] Recurso Especial nº 594.526 – RJ (2003/0172940-5)

6. Direitos morais

Ao autor cabem os direitos morais e patrimoniais sobre a obra intelectual que criou. Trata-se da denominada da natureza híbrida, dúplice ou *sui generis* dos direitos autorais.

Os direitos patrimoniais consistem basicamente na possibilidade de exploração econômica da obra intelectual, enquanto os direitos morais são considerados um direito de personalidade, eis que intimamente ligados à personalidade do autor – expressão do seu intelecto – e a sua relação com a própria criação.

Assim como os direitos de personalidade previstos no Código Civil (direito ao nome, disposição do próprio corpo, imagem, vida privada, etc.), os direitos morais são inalienáveis e irrenunciáveis (artigo 27 da Lei de Direitos Autorais).

Os direitos morais do autor estão relacionados de forma taxativa no artigo 24 da Lei de Direitos Autorais. São eles:

> *I – o de reivindicar, a qualquer tempo, a autoria da obra;*
>
> *II – o de ter seu nome, pseudônimo ou sinal convencional indicado ou anunciado, como sendo o do autor, na utilização de sua obra;*
>
> *III – o de conservar a obra inédita;*
>
> *IV – o de assegurar a integridade da obra, opondo-se a quaisquer modificações ou à prática de atos que, de qualquer forma, possam prejudicá-la ou atingi-lo, como autor, em sua reputação ou honra;*
>
> *V – o de modificar a obra, antes ou depois de utilizada;*
>
> *VI – o de retirar de circulação a obra ou de suspender qualquer forma de utilização já autorizada, quando a circulação ou utilização implicarem afronta à sua reputação e imagem;*
>
> *VII – o de ter acesso a exemplar único e raro da obra, quando se encontre legitimamente em poder de outrem, para o fim de, por meio de processo fotográfico ou assemelhado, ou audiovisual, preservar sua memória, de forma que cause o menor inconveniente possível a seu detentor, que, em todo caso, será indenizado de qualquer dano ou prejuízo que lhe seja causado.*

Pode-se dizer que os direitos morais estão divididos em quatro grandes grupos:

(a) indicação da autoria (incisos I e II): o autor sempre terá o direito de ter seu nome vinculado à obra;
(b) circulação da obra (incisos III e VI): o autor poderá manter a obra inédita, bem como retirá-la de circulação ou suspender sua utilização, sempre que isso implicar afronta à sua reputação e imagem;
(c) alteração da obra (incisos IV e V): cabe ao autor assegurar a integridade da obra, bem como modificá-la a qualquer tempo. Além disso, poderá se opor a quaisquer modificações que possam prejudicar a obra ou atingir sua reputação ou honra. No caso de modificação de projeto arquitetônico (artigo 26 da Lei de Direitos Autorais), o autor poderá repudiar a autoria, sem prejuízo das perdas e danos, inclusive pela indicação de autoria após o repudio;
(d) acesso a exemplar único e raro da obra (inciso VII); com a finalidade de registrá-lo para preservar sua memória.

A Lei de Direitos Autorais prevê nos casos dos incisos V e VI, relacionados à modificação e retirada de circulação da obra pelo autor, respectivamente, prévias indenizações a terceiros, quando couberem (§ 3º do artigo 22).

Em relação à obra caída em domínio público, caberá ao Estado a defesa da integridade e autoria (§ 2º do artigo 22 da Lei de Direitos Autorais).

A Lei de Direitos Autorais determina que, nas hipóteses dos incisos I a IV, são "transmitidos" aos herdeiros, de forma exclusiva, os direitos morais. O que a lei prevê, na verdade, é a hipótese dos herdeiros promoverem as medidas cabíveis de defesa dos direitos morais do autor nos casos de ausência de indicação de autoria e modificação da obra, previstas nas referidas hipóteses.

7. Limitações aos direitos autorais

De extrema importância o debate em torno do desejado equilíbrio entre o direito exclusivo outorgado aos autores, de forma temporária, para exploração comercial de sua obra intelectual como forma de retribuí-lo pela contribuição criativa à sociedade e permitir-lhe um meio de subsistência, transmissível aos seus herdeiros, e retorno do investimento realizado, e a necessidade que tal exclusividade não seja impeditiva do desenvolvimento cultural e social.

A Lei de Direitos Autorais em seu Capítulo IV denominado "Das Limitações aos Direitos Autorais" traz, de forma taxativa, as exceções à regra geral da necessária prévia autorização do autor ou titular para utilização de obra intelectual. Diz a lei:

> *Art. 46. Não constitui ofensa aos direitos autorais:*
> *I – a reprodução:*
> *a) na imprensa diária ou periódica, de notícia ou de artigo informativo, publicado em diários ou periódicos, com a menção do nome do autor, se assinados, e da publicação de onde foram transcritos;*

Tal hipótese é limitada a notícias e artigos de caráter informativo reproduzidos na Imprensa com a indicação da autoria (se assinado) e da fonte. Trata-se de situação peculiar, eis que a Lei de Direitos Autorais, diferentemente da disposição contida no artigo 2.8 da Convenção de Berna, não incluiu no rol de obras não protegidas as "notícias do dia ou a ocorrências diversas que têm o caráter de simples informações de imprensa". Mesmo assim, autoriza sua reprodução e assegura ao autor a indicação de autoria.

> *b) em diários ou periódicos, de discursos pronunciados em reuniões públicas de qualquer natureza;*

A Convenção de Berna esclarece (artigo 2 bis.1) que é facultado aos países signatários excluir da proteção de direitos autorais prevista "os discursos políticos e os discursos pronunciados nos debates judiciários". A Lei de Direitos Autorais não inclui os discursos no rol taxativo das obras não protegidas (artigo 8) e inclui no inciso I do rol exemplificativo das obras intelectuais protegidas "as conferências, alocuções, sermões e outras obras da mesma natureza".

A hipótese em questão permite a reprodução, sem inclusive limitar a pequenos trechos, dos discursos pronunciados em reuniões públicas, desde que realizado em diários e periódicos diante da natureza política ou social dos assuntos tratados que são de interesse público.

c) de retratos, ou de outra forma de representação da imagem, feitos sob encomenda, quando realizada pelo proprietário do objeto encomendado, não havendo a oposição da pessoa neles representada ou de seus herdeiros;

Esta hipótese de reprodução autorizada de retratos é limitada às obras artística feitas por encomenda e deve ser realizada pelo proprietário do objeto, desde que não haja oposição da pessoa representada ou de seus herdeiros.

Tal limitação se apresenta como forma de contraponto ao disposto no artigo 77 da Lei de Direitos que dispõe que o adquirente de obra de arte plástica, salvo convenção em contrário, não adquire o direito de reproduzi-la, apenas de expô-la.

De toda forma, essa reprodução não se destina, salvo disposição em contrário, ao uso comercial ou exploração econômica.

d) de obras literárias, artísticas ou científicas, para uso exclusivo de deficientes visuais, sempre que a reprodução, sem fins comerciais, seja feita mediante o sistema Braille ou outro procedimento em qualquer suporte para esses destinatários;

Trata-se de hipótese de utilização de obra intelectual destinada exclusivamente aos deficientes visuais, sempre que a reprodução, em qualquer suporte e mediante o sistema Braille ou outro procedimento, não possua finalidade comercial. Tal previsão legal suscita um interessante debate acerca da extensão de sua interpretação às demais pessoas com deficiência que, de alguma forma, tenham dificuldade de acesso normal à obra.

II – a reprodução, em um só exemplar de pequenos trechos, para uso privado do copista, desde que feita por este, sem intuito de lucro;

A denominada "cópia privada" deve atender a uma serie de requisitos, a saber, (i) não ser uma cópia integral, mas apenas de "pequenos trechos"; (ii) para uso privado; (iii) deve ser feita pelo próprio usuário; e, (iv) sem intuito de lucro.

III – a citação em livros, jornais, revistas ou qualquer outro meio de comunicação, de passagens de qualquer obra, para fins de estudo, crítica ou polêmica, na medida justificada para o fim a atingir, indicando-se o nome do autor e a origem da obra;

Trata-se da citação com a finalidade específica de estudo, crítica ou polêmica, atividade fundamental para incremento da cultura e da ciência. No entanto, a citação se justifica na medida da referida finalidade e não prescinde da indicação do nome do autor e fonte.

Neste sentido, note-se que a Lei de Direitos Autorais, em seu artigo 33, proíbe a reprodução de obra a pretexto de anotá-la, comentá-la ou melhorá-la, sem permissão do autor. Os comentários ou anotações poderão ser publicados separadamente.

IV – o apanhado de lições em estabelecimentos de ensino por aqueles a quem elas se dirigem, vedada sua publicação, integral ou parcial, sem autorização prévia e expressa de quem as ministrou;

Tal hipótese está relacionada à autorização para publicação interna em instituições de ensino de "apanhado de lições" ou "apostilas" que fixem o ensino oral, sendo expressamente vedada a sua publicação fora deste contexto, sem a autorização prévia e expressa de quem as ministrou.

V – a utilização de obras literárias, artísticas ou científicas, fonogramas e transmissão de rádio e televisão em estabelecimentos comerciais, exclusivamente para demonstração à clientela, desde que esses estabelecimentos comercializem os suportes ou equipamentos que permitam a sua utilização;

Tal hipótese é restrita para demonstração à clientela em estabelecimentos que comercializem os suportes ou equipamentos que permitam a utilização da obra, execução de fonogramas e transmissão de rádio e televisão.

VI – a representação teatral e a execução musical, quando realizadas no recesso familiar ou, para fins exclusivamente didáticos, nos estabelecimentos de ensino, não havendo em qualquer caso intuito de lucro;

Tal hipótese é restrita aos casos em que não haja intuito de lucro. Apenas nesta hipótese e realizadas no recesso familiar e em estabelecimentos de ensino, admite-se a representação teatral e a execução musical.

VII – a utilização de obras literárias, artísticas ou científicas para produzir prova judiciária ou administrativa;

Essa hipótese autoriza o uso integral da obra por terceiros, sem a necessidade de autorização prévia e expressa do autor ou titular, desde que sua finalidade seja produzir prova no âmbito do Sistema Judiciário ou Administrativo.

VIII – a reprodução, em quaisquer obras, de pequenos trechos de obras preexistentes, de qualquer natureza, ou de obra integral, quando de artes plásticas, sempre que a reprodução em si não seja o objetivo principal da obra nova e que não prejudique a exploração normal da obra reproduzida nem cause um prejuízo injustificado aos legítimos interesses dos autores.

Trata-se do uso incidental de "pequenos trechos" de obra preexistente ou de forma integral, quando de artes plásticas, em obra nova, desde que (i) a reprodução em si não seja o objetivo principal da obra nova; (ii) não prejudique a exploração normal da obra reproduzida; e (iii) nem cause um prejuízo injustificado aos legítimos interesses dos autores. São requisitos necessários e cumulativos para que a reprodução de obra alheia seja lícita, inclusive com finalidade comercial ou intuito de lucro, sem que caiba ao titular de direitos da obra original qualquer pagamento ou necessidade de prévia autorização.

Incorporou-se, ainda que com acréscimos, a Regra dos 3 Passos – limitações aos direitos patrimoniais do autor – prevista em normas internacionais (artigos 9.2 da Convenção de Berna e 13 do Acordo OMC/TRIPS) que admite a reprodução não autorizada de obras de terceiros nas seguintes hipóteses:

1) a autorização de reprodução deve estar limitada a "casos especiais" ou "excepcionais";
2) não deve ser prejudicada a exploração normal da obra ou que não conflitem com a exploração normal da obra; e
3) não deve haver um prejuízo injustificado aos legítimos interesses do titular do direito sobre a obra original.

A Quarta Turma do Superior Tribunal de Justiça, em acórdão de 14/11/2022[16], de relatoria do Ministro Raul Araújo, enfrentou a questão e entendeu, no caso concreto, que não houve violação ao disposto no artigo 46, VIII, da Lei de Direitos Autorais (Lei nº 9.610/98), eis que a exposição das esculturas do autor, para compor cenário de filme publicitário, configura pequenos trechos, com natureza acessória em relação à obra principal, e que não causou prejuízos injustificados ao autor. Citou-se ser fato incontroverso que as esculturas aparecem durante menos de dois segundos em um filme publicitário de trinta segundos e sua única função é a de compor o cenário da referida obra. Logo, a sua reprodução não é o objeto central da obra nova.

Além das hipóteses do artigo 46, a Lei de Direitos Autorais dispõe que *"são livres as paráfrases e paródias que não forem verdadeiras reproduções da obra originária nem lhe implicarem descrédito"* (artigo 47).

Importante destacar que a essência desta disposição legal é resguardar a liberdade de expressão, direito fundamental previsto na Constituição como uma garantia básica para a dignidade humana individual e para o funcionamento da estrutura democrática do Estado. No entanto, a lei fixa como requisitos: (i) a existência de certo grau de criatividade ou originalidade (ou seja, não se tratar de verdadeira reprodução da obra originária); (ii) a ausência de descrédito ou efeito desabonador da obra originária.

O Superior Tribunal de Justiça já enfrentou essa questão em algumas oportunidades, cabendo destacar os seguintes julgados: Terceira Turma, REsp 1.967.264/SP, Relatora Ministra Nancy Andrighi, julgado em: 15/02/2022; Quarta Turma, REsp 1.131.498/RJ, Relator Ministro Raul Araújo, julgado em 17/05/2011; Quarta Turma, REsp 1.548.849/SP, Relator Ministro Marco Buzzi, Relator para acórdão Ministro Luis Felipe Salomão, julgado em: 20/06/2017; Terceira Turma, Resp 1.597.678/RJ, Relator Ministro Ricardo Villas Bôas Cueva, julgado em 21/08/2018 e, finalmente, 2ª Seção, Embargos de Divergência em REsp nº 1.810.440/SP, Relator Ministro Luis Felipe Salomão, julgado em 24/08/2022 (paródia em propaganda eleitoral).

---

[16] STJ, AgInt nos EDcl no REsp n. 1.455.668/RJ, relator Ministro Raul Araújo, Quarta Turma, julgado em 14/11/2022, DJe de 30/11/2022

Por fim, a Lei de Direitos Autorais dispõe serem livres as representações, por meio de pinturas, desenhos, fotografias e procedimentos audiovisuais, das obras situadas permanentemente em logradouros públicos (artigo 48). Destaca-se que a lei usa a expressão "representação" e não "reprodução" como constava no regime da Lei nº 5.988/73. Isso significa que a lei permite tão somente a representação das obras situadas permanentemente em logradouros públicos, pelos meios indicados, permanecendo como atributo exclusivo do autor ou titular a reprodução da obra.

A Terceira Turma do Superior Tribunal de Justiça, em acórdão de 25.08.2020[17], de relatoria Ministro Ricardo Villas Bôas Cueva, entendeu que caracteriza infração ao artigo 48 da Lei nº 9.610/98 a utilização de obra de arte localizada em logradouro público (no caso, um grafite localizada no Beco do Batman, no bairro da Vila Madalena, em São Paulo), em proveito econômico e comercial próprio, sem a necessária autorização do criador, sem lhe oferecer remuneração ou indicar seu crédito.

8. Sanções civis

O regime de tutela dos direitos autorais no tocante às violações encontra-se no Título VII, Capítulos I e II, da Lei de Direitos Autorais denominado "Das Sanções às Violações dos Direitos Autorais".

Como disposição preliminar insculpida no único artigo do Capítulo I, a Lei dispõe que as sanções civis se aplicam sem prejuízo das sanções penais cabíveis (artigo 101).

Em relação às sanções civis por violações a direitos autorais patrimoniais, a Lei de Direitos Autorais estabelece as seguintes regras:

a) o titular cuja obra seja fraudulentamente reproduzida, divulgada ou de qualquer forma utilizada, poderá requerer a apreensão dos exemplares reproduzidos ou a suspensão da divulgação, sem prejuízo da indenização cabível (artigo 102);

b) quem editar obra literária, artística ou científica, sem autorização do titular, perderá para este os exemplares que se apreenderem e pagar-lhe-á o preço dos que tiver vendido. Não se conhecendo

---

[17] STJ, REsp 1746739 / SP, Relator Ministro Ricardo Villas Bôas Cueva, Terceira Turma, data do julgamento: 25/08/2020, data da publicação: Dje 31/08/2020

o número de exemplares que constituem a edição fraudulenta, pagará o transgressor o valor de três mil exemplares, além dos apreendidos. (artigo 103);
c) quem vender, expuser a venda, ocultar, adquirir, distribuir, tiver em depósito ou utilizar obra ou fonograma reproduzidos com fraude, com a finalidade de vender, obter ganho, vantagem, proveito, lucro direto ou indireto, para si ou para outrem, será solidariamente responsável com o contrafator, nos termos dos artigos precedentes, respondendo como contrafatores o importador e o distribuidor em caso de reprodução no exterior (artigo 104).
d) A transmissão e a retransmissão, por qualquer meio ou processo, e a comunicação ao público de obras artísticas, literárias e científicas, de interpretações e de fonogramas, realizadas mediante violação aos direitos de seus titulares, deverão ser imediatamente suspensas ou interrompidas pela autoridade judicial competente, sem prejuízo da multa diária pelo descumprimento e das demais indenizações cabíveis, independentemente das sanções penais aplicáveis; caso se comprove que o infrator é reincidente na violação aos direitos dos titulares de direitos de autor e conexos, o valor da multa poderá ser aumentado até o dobro (artigo 105).
e) a sentença condenatória poderá determinar a destruição de todos os exemplares ilícitos, bem como as matrizes, moldes, negativos e demais elementos utilizados para praticar o ilícito civil, assim como a perda de máquinas, equipamentos e insumos destinados a tal fim ou, servindo eles unicamente para o fim ilícito, sua destruição (artigo 106).
f) independentemente da perda dos equipamentos utilizados, responderá por perdas e danos, nunca inferiores ao valor que resultaria da aplicação do disposto no artigo 103 e seu parágrafo único, quem:

I – alterar, suprimir, modificar ou inutilizar, de qualquer maneira, dispositivos técnicos introduzidos nos exemplares das obras e produções protegidas para evitar ou restringir sua cópia;

II – alterar, suprimir ou inutilizar, de qualquer maneira, os sinais codificados destinados a restringir a comunicação ao público de obras, produções ou emissões protegidas ou a evitar a sua cópia;

III – suprimir ou alterar, sem autorização, qualquer informação sobre a gestão de direitos;

IV – distribuir, importar para distribuição, emitir, comunicar ou puser à disposição do público, sem autorização, obras, interpretações ou execuções, exemplares de interpretações fixadas em fonogramas e emissões, sabendo que a informação sobre a gestão de direitos, sinais codificados e dispositivos técnicos foram suprimidos ou alterados sem autorização. (disposições do artigo 107).

No tocante às sanções civis por violações a direitos autorais morais, a Lei de Direitos Autorais estabelece que quem, na utilização, por qualquer modalidade, de obra intelectual, deixar de indicar ou de anunciar, como tal, o nome, pseudônimo ou sinal convencional do autor e do intérprete, além de responder por danos morais, está obrigado a divulgar-lhes a identidade (artigo 108) e, na sequência, a Lei estabelece a forma pela qual a divulgação da identidade do autor deve se dar:

I – tratando-se de empresa de radiodifusão, no mesmo horário em que tiver ocorrido a infração, por três dias consecutivos;

II – tratando-se de publicação gráfica ou fonográfica, mediante inclusão de errata nos exemplares ainda não distribuídos, sem prejuízo de comunicação, com destaque, por três vezes consecutivas em jornal de grande circulação, dos domicílios do autor, do intérprete e do editor ou produtor;

III – tratando-se de outra forma de utilização, por intermédio da imprensa, na forma a que se refere o inciso anterior.

A tutela dos direitos autorais na esfera penal, está prevista no Código Penal em seu Título III ("Dos Crimes Contra a Propriedade Imaterial"), Capítulo I ("Dos Crimes Contra a Propriedade Intelectual"), especificamente no artigo 184, abaixo transcrito, com nova redação dada pela Lei nº 10.695/2003 que, inclusive, introduziu relevante mudança ao tornar a ação relacionada ao crime de violação de direito autoral previstos nos §§ 1º e 2º do artigo 184 em ação penal pública incondicionada, permitindo uma maior efetividade nas punições dos responsáveis por violação de direitos autorais com intuito de lucro direto ou indireto.

"Art. 184. Violar direitos de autor e os que lhe são conexos:
Pena – detenção, de 3 (três) meses a 1 (um) ano, ou multa.

§ 1º Se a violação consistir em reprodução total ou parcial, com intuito de lucro direto ou indireto, por qualquer meio ou processo, de obra intelectual, interpretação, execução ou fonograma, sem autorização expressa do autor, do artista intérprete ou executante, do produtor, conforme o caso, ou de quem os represente:
Pena – reclusão, de 2 (dois) a 4 (quatro) anos, e multa.

§ 2º Na mesma pena do § 1º incorre quem, com o intuito de lucro direto ou indireto, distribui, vende, expõe à venda, aluga, introduz no País, adquire, oculta, tem em depósito, original ou cópia de obra intelectual ou fonograma reproduzido com violação do direito de autor, do direito de artista intérprete ou executante ou do direito do produtor de fonograma, ou, ainda, aluga original ou cópia de obra intelectual ou fonograma, sem a expressa autorização dos titulares dos direitos ou de quem os represente.

§ 3º Se a violação consistir no oferecimento ao público, mediante cabo, fibra ótica, satélite, ondas ou qualquer outro sistema que permita ao usuário realizar a seleção da obra ou produção para recebê-la em um tempo e lugar previamente determinados por quem formula a demanda, com intuito de lucro, direto ou indireto, sem autorização expressa, conforme o caso, do autor, do artista intérprete ou executante, do produtor de fonograma, ou de quem os represente:
Pena – reclusão, de 2 (dois) a 4 (quatro) anos, e multa.

§ 4 º O disposto nos §§ 1º, 2º e 3º não se aplica quando se tratar de exceção ou limitação ao direito de autor ou os que lhe são conexos, em conformidade com o previsto na Lei nº 9.610, de 19 de fevereiro de 1998, nem a cópia de obra intelectual ou fonograma, em um só exemplar, para uso privado do copista, sem intuito de lucro direto ou indireto.

Referências

1. Ascensão, José de Oliveira. Direito Autoral. – 2ª. ed., ref. e ampl., Rio de Janeiro: Renovar, 1997.

2. Costa Netto, José Carlos. Direito autoral no Brasil. – 2. ed. rev., ampl. e atual. – São Paulo: FTD, 2008.
3. Paranaguá, Pedro. Direitos autorais / Pedro Paranaguá, Sérgio Branco. – Rio de Janeiro: Editora FGV, 2009.
4. Guilherme Chaves Sant'Anna e Andréa Cervi Francez, artigo "Contrato de Cessão de direitos: tempo, prazo e institutos afins", publicado na coletânea "Propriedade Imaterial – Direitos Autorais, Propriedade Industrial e Bens de Personalidade". Eliane Abrão (organizadora). – São Paulo: Editora Senac São Paulo, 2006.
5. Manoel Pereira J. Pereira dos Santos e Wilson Jabur. Texto Base para a Disciplina Ambiente Legal. FGV.

24.
PROGRAMAS DE COMPUTADOR

Manoel J. Pereira dos Santos

1. O regime jurídico da proteção de programas de computador
A Lei de Direitos Autorais refere-se duas vezes a programas de computador. O artigo 7º inclui, no inciso XII, programas de computador como uma das modalidades de obra intelectual protegida. E, no § 1º desse mesmo dispositivo, o Legislador prevê que *"os programas de computador são objeto de legislação específica, observadas as disposições dessa Lei que lhes sejam aplicáveis"*.

Portanto, embora sejam equiparados às demais obras intelectuais protegidas por Direito de Autor, os programas de computador estão sujeitos a uma disciplina jurídica específica, que contempla regras diferenciadas relativas aos direitos morais, ao prazo de proteção, à atribuição da titularidade dos direitos patrimoniais, às limitações aos direitos autorais, ao registro, à tutela de programas estrangeiros e às infrações pelas violações aos direitos de autor de programa de computador.

Por outro lado, o Artigo 2º. da Lei nº 9.609/98, conhecida como Lei do *Software*, dispõe que o *"regime de proteção à propriedade intelectual de programa de computador é o conferido às obras literárias pela legislação de direitos autorais e conexos vigentes no País, observado o disposto nesta Lei"*. Portanto, declara o Legislador que a proteção dos programas de computador é a mesma concedida às obras literárias pela legislação de Direito de Autor, o que contradiz com o disposto na própria Lei de Regência, pois esta não enquadra programas de computador como uma espécie de obra literária, e com o próprio regime jurídico estabelecido pela Lei do Software, uma vez que esta define regras para programas de computador distintas daquelas aplicáveis às obras literárias.

Resulta, pois, desses dispositivos que a disciplina jurídica dos programas de computador é regulada, primariamente, pela Lei do Software, como *"legislação específica"* que é, nos termos do que dispõe o § 1º do artigo 7º da Lei de Direitos Autorais, e, subsidiariamente, pela Lei de Direitos Autorais, naquilo que não estiver regulado pela Lei do Software.

2. A definição legal de programa de computador

A definição legal de programa de computador, que pode ser encontrada no Artigo 1º. da Lei de Software, tem o objetivo de delimitar o escopo da tutela legal em consonância com as regras básicas que informam nossa legislação de Direito de Autor. Assim é que, em primeiro lugar, o Legislador deixa claro que a proteção autoral do programa de computador restringe-se à forma de expressão de um conjunto organizado de instruções, não abrangendo o conjunto de instruções em si, ou seja, as funcionalidades, as soluções técnicas, os procedimentos, e os métodos de operação implementados por meio do programa de computador, os quais são elementos técnicos não protegidos pelo Direito de Autor.

Em segundo lugar, o que caracteriza um programa de computador é a existência de instruções que se destinam a fazer os equipamentos, dispositivos e instrumentos digitais funcionarem de modo e para fins determinados. Com efeito, as instruções são comandos que estabelecem uma sequência de operações e que são interpretados e executados pelo computador a fim de que este realize tarefas ou atividades determinadas. Essas instruções também compõem o que se poderia denominar de *"conteúdo técnico"* do programa de computador e são, por expressa disposição legal, excluídas da tutela autoral. Com efeito, o § 3º do Art. 7º. da Lei de Direitos Autorais estabelece que, no domínio das ciências ou da técnica, a proteção recai sobre a forma literária ou artística. Em se tratando de programa de computador, a forma literária é a codificação, chamada de *"expressão literal"* porque configura a representação textual das instruções.

Entende-se que só existe programa de computador quando existem instruções expressas em determinada linguagem, seja a linguagem de máquina (código objeto ou executável, escrito em código binário), seja a linguagem humana de alto nível (código fonte). Com efeito, ressalta a parte final do Art. 1º. que essas instruções servem, no que se refere às máquinas automáticas de tratamento da informação, dispositivos, instrumentos ou equipamentos periféricos, *"para fazê-los funcionar de modo e para fins determinados"*. Por outro lado, tanto o código fonte quanto o código objeto estão compreendidos na definição de programa de computador e estão, portanto, protegidos. Desde os primórdios da aplicação da legislação autoral a programas de computador sempre se entendeu que ambos os códigos devem ser tratados como uma única criação, ainda que escritos em diferentes linguagens.

Contudo, a forma de expressão do programa de computador não se resume à codificação, ou seja, à expressão literal. Como ocorre com qualquer outra obra intelectual, a criação pressupõe a organização dos elementos estruturais de uma obra em torno de uma forma literária ou artística final, sendo que o conjunto desses elementos criativos – a *estrutura* – constitui a essência criativa da obra de tal forma que a reelaboração de uma obra preexistente, com a modificação da sua forma literária ou artística originária, não faz com que a criação perca sua essência criativa. É o que ocorre com a derivação, em que a criação nova, resultante da transformação da obra originária, necessita de autorização do autor desta última para poder ser utilizada e explorada comercialmente.

Por outro lado, a discussão do que constitui forma de expressão do programa de computador evoca a questão da proteção das interfaces de usuário. Esta indagação envolve uma distinção preliminar, que consiste em diferenciar entre os dois elementos presentes neste tipo de recurso técnico: de um lado, temos o método de operação, ou seja, as regras operacionais que permitem ao usuário interagir com o programa, e, de outro lado, a representação visual da implementação dessa interface. Esta forma de representação, denominada *"interface gráfica de usuário"* (*"graphic user interface"* ou GUI), pode ser protegida pelo Direito de Autor desde que atendido o requisito de originalidade expressiva, que é um dos pressupostos da tutela legal.

Modernamente, prevalece o entendimento de que essa interface não constitui uma forma de expressão do programa de computador de maneira que, por essa razão, não pode se beneficiar da proteção específica de Direitos de Autor conferida aos programas de computador. No passado, já se afirmava que certos aspectos da interface gráfica de usuário poderiam ser protegidos como obras visuais ou audiovisuais, independentemente da proteção conferida ao programa em si.

A questão foi discutida pela 3ª. Seção do Tribunal de Justiça da União Europeia, no julgamento do processo C-393/09, ocorrido em 22.12.2010. Nessa decisão, o Tribunal de Justiça europeu partiu do conceito de que *a "forma de expressão de um programa de computador deve ser protegida a partir do momento em que a sua reprodução provoque a reprodução do próprio programa de computador, permitindo, assim, que o computador cumpra a sua função."* Como *"a interface gráfica do utilizador não permite reproduzir esse programa de computador, constituindo simplesmente um elemento desse programa através do qual os utilizadores exploram as funcionalidades do referido programa"*, entendeu o Tribunal que essa interface não constitui uma forma de expressão do programa de computador, podendo, contudo, ser objeto da proteção autoral como criação autônoma. Esta interpretação faz sentido na medida em que a interface gráfica do usuário pode ser reproduzida sem que haja a reprodução do código do programa, assegurando-se assim uma tutela mais eficaz quando há o aproveitamento indevido dos aspectos externos do programa.

Discussão correlata relaciona-se com a proteção cabível aos recursos relacionados com a operação do programa de computador. Costuma-se designar como *"look and feel"* o conjunto de elementos que criam o ambiente de interação do usuário, razão pela qual é constituído não só pelos elementos gráficos, como telas de vídeo, menus, ícones e outros recursos visuais que compõem a interface gráfica do usuário, mas também pelos recursos de interatividade, como comandos, teclas de função, símbolos e outros elementos dinâmicos que estabelecem como as diversas funções disponíveis são executadas pelo usuário (interface funcional). Cria-se assim a chamada *"linguagem de usuário"*, isto é, um conjunto de procedimentos (regras de sintaxe e de semântica) que permitem a operação do programa de computador pelo usuário para o fim de obter o resultado desejado.

O conceito de *"look and feel"* é, portanto, mais amplo do que o de que interface gráfica de usuário, pois engloba o assim chamado *"total concept and feel"* de uma criação, ou seja, o conjunto de sua aparência geral. Esta teoria não surgiu com os programas de computador, pois foi aplicada anteriormente a outros tipos de obras intelectuais, inclusive ao *"attractive mode"* de videojogos. Embora de início se buscasse proteção à aparência artística de determinadas criações, inclusive programas de computador, o objetivo era coibir a imitação como recurso de desvio de clientela. Por essa razão, a tendência mais moderna parece ser a de aplicar as regras de concorrência desleal, sobretudo quando os recursos objetivados não configuram obras intelectuais de caráter artístico, não sendo por si só protegidos pelo Direito de Autor. O que se reprime neste tipo de ilícito é a imitação do aspecto externo, ou seja, das características extrínsecas que estabelecem a imagem de um produto, tais como, formato, cor, tamanho e outros elementos de distintividade.

A teoria mais adequada para esta finalidade é a do *trade dress*, geralmente traduzida para o português como conjunto-imagem, inicialmente aplicada a embalagens, mas que atualmente tem sido adotada em espectro mais amplo, razão pela qual poderia ser utilizada para os elementos de interface de usuário compreendidos no conceito de *"look and feel"*.

3. A disciplina dos atributos de direito de autor de programa de computador

Segundo o Art. 22 da Lei de Direitos Autorais, *"[p]ertencem ao autor os direitos morais e patrimoniais sobre a obra que criou."* Como se vê, a Lei atribui ao autor dois conjuntos de prerrogativas legais: (a) os chamados Direitos Morais, relacionados com a defesa da personalidade do autor, que estão relacionados no Art. 24, e (b) os chamados Direitos Patrimoniais, que asseguram ao autor a exclusividade na utilização da obra, e que estão previstos nos Arts. 28 e 29 da Lei de Direitos Autorais.

O § 1º do Art. 2º da Lei nº 9.609 estatui que *"[n]ão se aplicam ao programa de computador as disposições relativas aos direitos morais, ressalvado, a qualquer tempo, o direito do autor de reivindicar a paternidade do programa de computador e o direito do autor de opor-se a alterações não-autorizadas, quando estas impliquem deformação, mutilação ou outra modificação do programa de computador, que prejudiquem a sua honra ou a sua reputação."* Constata-se, assim, que a Lei do Software estabelece um regime derrogatório dos direitos morais em matéria de programas de computador, embora ressalvando o direito de paternidade e de integridade do autor.

Isso suscita a discussão sobre a aplicação da regra estabelecida no Art. 27 da Lei nº 9.610/98, segundo a qual os direitos morais do autor são inalienáveis e irrenunciáveis. Afinal, se o Legislador proclama que as disposições relativas aos direitos morais são inaplicáveis, a interpretação literal dessa norma significa que o regime de direito moral de autor de programa de computador estaria definido exclusivamente pelo § 1º do Art. 2º. da Lei nº 9.609/98. Em outras palavras, o Legislador teria tipificado um regime próprio de direito moral do autor de programas de computador distinto daquele estabelecido na Lei nº 9.610/98, ao dispor, claramente que *"não se aplicam ao programa de computador as disposições relativas aos direitos morais".*

Uma interpretação mais flexível consiste em restringir o efeito do preceito à enunciação das faculdades de caráter pessoal que são atribuídas ao autor do programa de computador, sem com isso afetar o regime típico de direito moral de autor definido na Lei de Direitos Autorais. Portanto, o regime de direitos morais no caso de programas de computador é mais restritivo do que aquela aplicável aos autores em geral no que se refere aos direitos que são reconhecidos, mas ainda assim trata-se dos direitos morais tipificados pela Lei de Regência dos Direitos de Autor, baseados no caráter de inalienabilidade e irrenunciabilidade.

Se considerarmos o comando genérico do Art. 2º. da Lei nº 9.609/98, segundo o qual *"o regime de proteção à propriedade intelectual de programa de computador é o conferido às obras literárias pela legislação de direitos autorais e conexos vigentes no País, observado o disposto nesta Lei"*, podemos concluir que o objetivo do Legislador era derrogar algumas regras gerais aplicáveis às obras intelectuais, mas ainda assim estabelecendo um regime de proteção equivalente àquele atribuído às obras literárias.

A Lei do Software nada dispõe sobre o conteúdo básico do direito patrimonial de autor. Contudo, o Art. 4º. da Lei contém regras específicas sobre a titularidade dos direitos patrimoniais incidentes sobre o programa de computador, no que se refere à obra sob encomenda. Trata-se de disciplina legal semelhante àquela prevista nos Artigos 88 e 90 da Lei de Propriedade Industrial (Lei nº 9.279, de 14.5.1996) para as invenções e modelos de utilidade, de tal forma que, sendo o software tratado quer como criação técnica, quer como obra intelectual, a titularidade dos direitos de Propriedade Intelectual é atribuída sempre ao empregador ou contratante de serviços. A mesma regra existia na legislação anterior (Lei nº 7.646/1987), cujos preceitos são substancialmente iguais aos vigentes.

A solução adotada para o regime de direito patrimonial de programas de computador foi acolhida por todas as legislações e não apenas pelas do sistema do *"copyright"*, onde se aplica a doutrina do *"work for hire"*, atribuindo ao encomendante ou empregador a titularidade dos direitos patrimoniais sobre a obra criada no âmbito do contrato de trabalho ou de prestação de serviços. Portanto, o Legislador brasileiro implementou o sistemática excepcional acolhida internacionalmente.

Por exemplo, a Diretiva da União Europeia Nº 91/250/CEE sobre a proteção de programas de computador, originalmente promulgada em 14 de maio de 1991 e consolidada pela Diretiva comunitária Nº 2009/24/CE de 23 de abril de 2009, também estipula, no Art. 2(3), que *"quando um programa de computador for criado por um trabalhador por conta de outrem, no exercício de suas funções ou por indicação do seu empregador, só o empregador ficará habilitado a exercer todos os direitos de natureza econômica relativos ao programa assim criado, salvo disposição contratual em contrário."* Essa disciplina foi incorporada à legislação interna dos países que integram a União Europeia, com a ressalva de que, embora a diretiva comunitária refira-se apenas aos casos de existência de contrato de trabalho, ampliou-se a previsão da norma comunitária, atribuindo-se o direito patrimonial de autor tanto ao empregador quanto ao contratante de serviços.

Na América Latina, as legislações nacionais igualmente adotaram a mesma regra. Por exemplo, o Art. 4º, inciso "d" da Lei de Direitos Autorais argentina, introduzido pela Lei 25.036, de 14.10.1998, estabeleceu uma presunção *iuris tantum* de cessão pelo trabalhador dos direitos sobre programas de computador em favor do empregador. Essa mesma cessão presumida dos direitos patrimoniais em favor do "produtor" do programa de computador encontra-se também no Art. 17 da Lei de Direitos de Autor da Venezuela. A prática internacional vigente demonstra que há, portanto, com relação aos programas de computador, uma exceção à regra geral da Lei de Direitos Autorais de atribuição originária do direito patrimonial de autor ao criador intelectual da obra.

Dessa forma, se não há convenção expressa entre as partes sobre a titularidade do direito de autor estabelecendo de modo contrário, aplica-se a regra geral de atribuição do direito estabelecida no "caput" do Art.

4º da Lei nº 9.609/98, em função da qual os direitos de utilização econômica pertencem com exclusividade ao encomendante, seja ele empregador ou mero contratante de serviços assim como no caso de existência de vínculo estatutário (servidor de entidade de direito público). Contudo, essa regra não se aplica aos programas de computador que foram desenvolvidos sem relação com o contrato de trabalho ou de prestação de serviços ou com o vínculo estatutário e sem a utilização de recursos, informações tecnológicas, segredos industriais e de negócios, materiais, instalações ou equipamentos da contratante.

Como se vê, o Legislador estabeleceu particular relevância com relação ao uso ou não pelo contratado de recursos, informações e conhecimentos desenvolvidos pelo contratante aos quais o contratado teve acesso. Não obstante, ao contrário do que dispõe o Art. 91 da Lei de Propriedade Industrial, o Legislador não regulou a situação em que o desenvolvedor de software não foi contratado para o desenvolvimento do programa de computador, mas se utilizou dos recursos, informações e conhecimentos aos quais teve acesso. Por essa razão, a jurisprudência tem revelado orientação não uniforme para a solução dos problemas concretos, ora aplicando analogicamente a regra contida no Art. 91 da Lei de Propriedade Industrial, ora tratando esses programas como *"ferramentas do trabalho"*, de que resulta atribuir ao empregador a plena titularidade dos direitos de autor.

Por outro lado, desde a Lei anterior de nº 7.646/87, o Legislador estabelece para programas de computador um prazo de tutela inferior ao que é estabelecido na Lei de Regência para as obras literárias e para a maioria das obras intelectuais. Com efeito, dispõe o § 2º do Art. 2º da Lei nº 9.609/1998, que *"[f]ica assegurada a tutela dos direitos relativos a programa de computador pelo prazo de cinqüenta anos, contados a partir de 1º de janeiro do ano subseqüente ao da sua publicação ou, na ausência desta, da sua criação."* Portanto, a Lei do Software não aplica a programas de computador o prazo protetivo vitalício para o autor nem o prazo mínimo de 70 anos que é assegurado a todas as demais obras intelectuais (e mesmo aos direitos conexos). O Legislador estabelece que o prazo de proteção é de 50 anos, contados a partir de 1º de janeiro do ano subseqüente ao da publicação do programa de computador ou, na ausência desta, da sua criação.

Além disso, o § 5º do Art. 2º. da Lei do Software estabelece que o direito exclusivo de autorizar ou proibir a locação comercial não se exaure pela venda, licença ou outra forma de transferência da cópia do programa. Portanto, no caso de programas de computador, o Legislador, implementando o preceito contido no Art. 11 do Acordo TRIPs, expressamente reconheceu o direito de exaustão para programas de computador e excepcionou a faculdade de locação comercial do princípio da exaustão de direitos de autor. Interessante ressaltar que o Legislador brasileiro não introduziu norma específica para as demais obras intelectuais, nem mesmo para obras cinematográficas e fonogramas, como previa o Acordo TRIPs.

A aplicação do princípio de exaustão de direitos à comercialização de programas de computador tem suscitado controvérsias. A questão que se coloca, e que é ainda objeto de decisões conflitantes, consiste em saber se a regra da exaustão de direitos aplica-se também ao licenciamento *online* de programas de computador. Com efeito, desde o advento da Internet, os usuários recebem o programa de computador mediante o seu descarregamento *online* (*"download"*) de uma plataforma digital (*"site"*), de forma que o programa de computador é fornecido em cópia digital e não mais em exemplar físico. Como o princípio da exaustão de direitos de autor surgiu vinculado ao conceito de circulação do suporte material, usualmente representado por livros, discos e outros tipos de mídia física, há quem sustente que não há exaustão de direitos no ambiente digital porque não há distribuição de exemplares. Na nossa opinião, se discutida no âmbito do ordenamento jurídico brasileiro, a questão poderia ser resolvida mediante a aplicação do § 5º do Art. 2º. da Lei do Software, uma vez que a norma legal não distingue entre licenciamento *online* ou *offline*.

No que se refere ao regime da obra derivada, cabe ressaltar que o programa derivado é contemplado expressamente na legislação relativa à proteção de programas de computador. O Art. 5º. da atual Lei do Software dispõe que: *"Os direitos sobre as derivações autorizadas pelo titular dos direitos do programa de computador, inclusive sua exploração econômica, pertencerão à pessoa autorizada que as fizer, salvo estipulação contratual em contrário."*

Resulta desse preceito que programa derivado é, primeiro, uma obra nova distinta da criação preexistente e, segundo, que o desenvolvimento de uma obra derivada requer a autorização prévia e expressa do autor da obra preexistente. Vê-se, pois, que o Legislador manteve o regime da Lei de Regência, deixando claro que existem dois direitos de autor: um sobre o programa originário e outro sobre o programa derivado. Neste ponto, insta ressaltar a caracterização do programa derivado para que lhe seja atribuído o direito de autor como obra autônoma.

A legislação anterior reguladora da tutela jurídica dos programas de computador era menos técnica ao tratar do programa derivado. Estipulava o Art. 6º. da Lei Nº 7.646/1987 que *"quando estipulado em contrato firmado entre as partes, os direitos sobre as modificações tecnológicas e derivações pertencerão à pessoa autorizada que as fizer e que os exercerá autonomamente."* O Legislador de 1998 foi mais preciso ao contemplar os programas derivados no Art. 5º. da atual Lei do Software porque nem toda modificação tecnológica implica o desenvolvimento de criação intelectual nova.

Afirma-o, com propriedade, o mesmo Oliveira Ascensão: *"A transformação distingue-se, pois, tecnicamente da modificação."*[1] A seguir, esclarece ainda o jurista português: *"A transformação é, pois, a criação de uma obra original, mas que parte da essência criadora de uma obra preexistente. Nesse sentido, se pode dizer que a obra derivada incorpora a preexistente."* A lei portuguesa acolhe essa distinção entre transformação e modificação, no Art. 5º. do Decreto-Lei 252/94, que transpôs para o direito interno a Diretiva comunitária Nº 91/250/CEE sobre a proteção jurídica de programas de computador, ao mencionar a *"transformação do programa"* e regular a *"reprodução do programa derivado".* Conforme salienta a doutrina de Portugal: *"O que está, pois, em jogo é a transformação e os direitos dos titulares da obra originária e derivada."*[2]

Portanto, o conceito de programa derivado oferece peculiaridades que devem ser analisadas uma vez que é comum a prática da chamada *"customização"* dos programas. Evidentemente, a mera alteração de um programa para que ele melhor atenda às necessidades do usuário não implica a criação de um programa derivado, mas sim de um programa modificado, uma vez que as modificações tecnológicas implementadas podem não configurar uma *"criação intelectual nova".* O que vem, pois, a ser um programa de computador derivado? O programa derivado é aquele que

---

[1] Oliveira Ascensão, Direito Autoral, 2ª. ed., Rio, Renovar, 2007, p. 177.
[2] Vide Manuel Lopes Rocha e Pedro Cordeiro, Proteção jurídica do software, Lisboa, Cosmos, 1995, p. 31.

resulta do aproveitamento de partes de um programa preexistente, como a arquitetura do programa originário e seus módulos, com a introdução de novos elementos criativos, representados por novas funcionalidades, novos códigos e novos módulos. Como afirma a doutrina estrangeira: *"Implicit in the concept of a derivative work is that the work incorporates a certain, unspecified amount of the original program."*[3]

O segundo aspecto estatuído pela norma em discussão é a quem se atribuem o direito de exploração econômica e os demais direitos de autor sobre o programa derivado. Como a Lei de Direitos Autorais não contém norma similar, coube à doutrina esclarecer que *"a autorização para uma transformação traz implícita a autorização para a exploração econômica desta: não teria sentido que o que realizou uma tradução ou um arranjo ficasse depois nas mãos do autor da obra originária para a exploração normal desta. E parece ainda que essa exploração se pode fazer livremente, sem que o autor da obra originária partilhe dos resultados da exploração, salvo cláusula em contrário."*[4] Portanto, a Lei do Software dispensa a construção doutrinária sobre a titularidade dos direitos de autor da obra derivada ao dispor expressamente que é apenas o autor do programa derivado quem deve ser investido da prerrogativa de explorar economicamente do referido programa.

Dispõe o § 4º do Art. 2º. que os direitos atribuídos pela Lei do Software ficam assegurados aos estrangeiros domiciliados no exterior, desde que o país de origem do programa conceda, aos brasileiros e estrangeiros domiciliados no Brasil, direitos equivalentes. Norma semelhante existia na Lei nº 7.646/87 (a Lei do Software anterior), com o acréscimo de que essa equivalência de tratamento seria avaliada em termos de extensão e duração com relação aos direitos estabelecidos naquela Lei. Por essa razão, a jurisprudência discutiu se seria necessário demonstrar, em caso de demanda judicial, a equivalência de tratamento a que alude o dispositivo legal ou se a reciprocidade formal de tratamento, decorrente do fato de o país de origem do programa de computador e o país onde a proteção é reclamada serem membros da Convenção de Berna, seria suficiente para assegurar a proteção ao demandante estrangeiro.

---

[3] L. J. Kutten, Computer Software, vol. I, New York, Clark Boardman, 1991, § 2.02[2][b], p. 2-23.
[4] Oliveira Ascensão, o.c., p. 180.

É interessante que o Legislador tenha considerado necessário regular a proteção do software de origem estrangeira uma vez que o Art. 2º. da Lei de Direitos Autorais contém a regra geral segundo a qual os *"estrangeiros domiciliados no exterior gozarão da proteção assegurada nos acordos, convenções e tratados em vigor no Brasil"*. A controvérsia acabou sendo dirimida mediante julgado da Quarta Turma do Superior Tribunal de Justiça que, em acórdão datado de 25.8.2009, de que foi relator o Ministro Luís Felipe Salomão, entendeu ser *"[d]esnecessária a comprovação da reciprocidade em relação à proteção ao direito autoral de software a estrangeiros, pois o Brasil e os Estados Unidos, na condição de subscritores da Convenção de Berna, respectivamente, pelo Decreto n. 75699, de 6.5.1975, e Ato de Implementação de 1988, de 31.10.1988, adotam o regime de proteção a programas de computador."*[5]

A Lei nº 9.609/98, assim como ocorreu com a Lei anterior (Lei nº 7.646/87), estabeleceu em seu artigo 6º as hipóteses em que são permitidas utilizações livres de programas de computador de terceiro, situações essas que na Lei de Regência são tratadas como *"limitações aos direitos autorais"* A primeira dessas hipóteses está descrita no inciso I e é conhecida como a cópia de *"back up"* ou de salvaguarda: *"a reprodução, em um só exemplar, de cópia legitimamente adquirida, desde que se destine à cópia de salvaguarda ou armazenamento eletrônico, hipótese em que o exemplar original servirá de salvaguarda."* Trata-se de uma limitação que se aplica apenas a programas de computador e não a outras modalidades de obras intelectuais, razão pela qual justifica-se seja contemplada na Lei do Software.

O inciso II do Art. 6º. contempla a citação de programas de computador, considerando-a lícita nas seguintes condições: *"a citação parcial do programa, para fins didáticos, desde que identificados o programa e o titular dos direitos respectivos"*. Aparentemente, as restrições contidas na Lei de Direitos Autorais para a citação de obras intelectuais não seriam aplicáveis no caso de programas de computador, uma vez que o Legislador não ressalvou que a citação deveria ser de passagens de qualquer programa, para fins de estudo, crítica ou polêmica e na medida justificada para o fim a atingir, embora mantendo a exigência do crédito autoral. Quer nos parecer, contudo, que o regime da citação de programas de computador obe-

---

[5] Recurso Especial Nº 913.008, Quarta Turma, S.T.J., Relator Ministro Luís Felipe Salomão, j. 25.8.2009.

dece aos mesmos requisitos da citação de obras intelectuais. Sua inclusão no Art. 6º. da Lei do Software justifica-se pela intenção do Legislador de dar à matéria das *"limitações aos direitos autorais"* um tratamento específico dentro da legislação específica aplicável a programas de computador.

O inciso III do Art. 6º dispõe que a existência de semelhança de um programa a outro preexistente não infringe os direitos do titular do programa de computador *"quando se der por força das características funcionais de sua aplicação, da observância de preceitos normativos e técnicos, ou de limitação de forma alternativa para a sua expressão".* As três situações mencionadas pelo Legislador podem, na verdade, ser resumidas no seguinte axioma básico, coerente com a principiologia do Direito de Autor: se razões de ordem externa determinam a utilização obrigatória de determinada forma de expressão, não há espaço para a criatividade do programador. A limitação de forma alternativa de expressão existe quando a expressão coincide com o significado, ou seja, quando existe identidade substancial entre a ideia e a forma de expressão. Trata-se de uma situação que também pode ocorrer com obras técnicas e científicas de maneira geral, embora essa hipótese não esteja contemplada no Art.46 da Lei de Regência.

Quando dois programas são destinados a executar as mesmas funções (programas funcionalmente equivalentes), eles podem apresentar semelhanças em aspectos diversos sem ter havido necessariamente cópia. Essas semelhanças podem existir até mesmo com relação a elementos da estrutura dos programas, como ocorre com o uso de determinados formatos de entradas e de saídas, módulos e sub-rotinas, ou com a interface de usuário decorrente do uso de ferramentas comuns. As semelhanças decorrentes da observância de normas ou exigências técnicas também não são tratadas pela legislação como cópia, já que não há proteção autoral para o que é determinado por práticas da indústria, tais como, especificações mecânicas do computador ou exigências de "hardware", requisitos de compatibilidade de outros programas, interoperabilidade, padrões de programação e práticas aceitáveis. Isto significa, portanto, que algumas características técnicas são inerentes a determinados programas razão pela qual esse tipo de semelhança pode ocorrer em diversos programas de computador sem que tal fato seja considerado como violação ao direito do respectivo titular, desde que não haja mera cópia literal.

Por fim, o inciso IV do Art. 6º. permite *"a integração de um programa, mantendo-se suas características essenciais, a um sistema aplicativo ou operacional, tecnicamente indispensável às necessidades do usuário, desde que para o uso exclusivo de quem a promoveu."* O escopo desse preceito não é claro. A norma trata especificamente da adaptação de um programa de computador a um sistema aplicativo ou operacional para atender às necessidades do usuário, atividade considerada lícita e que prescinde da autorização do titular do programa adaptado. Mas, como lembrava Oliveira Ascensão, essa situação pode exigir a descompilação do programa, o que é geralmente designado como engenharia reversa. Partindo desse pressuposto, o jurista português conclui que *"a descompilação é livre no direito brasileiro"*[6].

A questão da engenharia reversa é complexa. O objeto da engenharia reversa é justamente o conjunto dos dados e elementos técnicos, como métodos, procedimentos e sistemas, que estão incorporados ao programa de computador e podem ser conhecidos apenas mediante acesso ao código fonte. A complexidade da matéria decorre do fato de que, no que se refere à grande maioria das obras intelectuais, as ideias e outros elementos não protegidos pelo Direito de Autor podem ser livremente analisados e aplicados em outras obras intelectuais uma vez que obra seja publicada. Ocorre que a situação é bastante diferente com relação a programas de computador, conforme referem os juristas norte-americanos Melville B. Nimmer e David Nimmer[7].

Nada impede que o usuário de um programa de computador realize atos de observação, estudo ou teste de programas de computador no curso da regular utilização do mesmo. Contudo, uma vez que o código fonte original não foi tornado acessível, para efetuar a descompilação do programa de computador, o interessado terá de gerar um pseudo código fonte, o que pode ser entendido como uma modalidade de transformação ou reprodução do programa originário, atos esses incluídos dentre aqueles que integram a exclusividade do titular do programa. A questão é se a simples prática desses atos pode ser considerada como lícita, desde que

---

[6] Oliveira Ascensão, o.c., p. 671.
[7] Melville B. Nimmer e David Nimmer, Nimmer on Copyright, Vol. 4, LexisNexis, 2008, §, 13.05[D][4].

o interessado não desenvolva um programa de computador que utilize elementos originais do programa originário.

Como reconhece Oliveira Ascensão, a matéria não foi expressamente regulada pela Lei do Software[8], nem na Lei anterior (Lei nº 7.646/87) nem na atual Lei nº 9.609/98. Uma interpretação literal das normas legais significa que o Legislador não autorizou, implícita ou expressamente, a prática dos atos de descompilação ou engenharia reversa de programas de computador, quando não justificados para a aplicação da norma contida no inciso IV do Art. 6º. da Lei do Software. Uma interpretação mais flexível, seguindo orientação mais moderna, consiste em sopesar os interesses tutelados pela disciplina instituída pela Lei nº 9.609/98 e pela Lei de Regência em face de outros interesses juridicamente tutelados, como a difusão do conhecimento, a liberdade econômica e o desenvolvimento tecnológico. A jurisprudência brasileira, embora sem adotar claramente esses parâmetros, parece orientar-se pela liberdade da engenharia reversa.[9]

4. O registro de programas de computador

O § 3º do Art. 2º. da Lei do Software dispõe que a tutela legal independe de registro. Prevalece, portanto, o princípio da ausência de formalidade para que o programa seja protegido pelo Direito de Autor. É a mesma regra da Lei de Regência aplicável às obras intelectuais em geral.

O Art. 3º estabelece que os programas de computador poderão, a critério do titular, ser registrados em órgão ou entidade a ser designado por ato do Poder Executivo, por iniciativa do Ministério responsável pela política de ciência e tecnologia. O Art. 10 do Decreto n. 2.556/1998, que regulamentou esse dispositivo, definiu que o registro será feito no Instituto Nacional da Propriedade Industrial – INPI. Mas, ao contrário dos demais registros efetuados pelo INPI, o registro de programa de computador é facultativo e tem caráter declaratório.

---

[8] Oliveira Ascensão, o.c., p. 671.
[9] Apelação Cível nº 9175910-49.2004.26.000, T.J.S.P., 10ª. C. Dir. Priv., Rel. Galdino Toledo Junior, j. 17.2.2011; Apelação Cível nº 0149214-47.2009.8.26.0100, T.J.S.P., 1ª. C. Dir. Priv., Rel. Paulo Eduardo Razuk, j. 5.8.2014

O Decreto repete o que a Lei já dispõe a respeito das informações que devem ser prestadas para fins de registro do programa de computador. O que tem de novo no regulamento é a regra do Art. 3º., segundo a qual à cessão dos direitos de autor sobre programa de computador aplica-se o disposto no art. 50 da Lei nº 9.610, de 19 de fevereiro de 1998. Além disso, o Art. 4º dispõe que, quando se tratar de programa de computador derivado de outro, o requerente do registro deverá juntar o instrumento pelo qual lhe foi autorizada a realização da derivação.

Atendendo ao contemplado no Art. 5º do Decreto, o INPI expediu normas complementares regulamentando os procedimentos relativos ao registro e à guarda das informações de caráter sigiloso, bem como fixando os valores das retribuições que lhe serão devidas. Atualmente, o registro é regulado pelas Resoluções PR n. 61 de 2013 e pela Resolução N. 251 de 2019, assim como pela Instrução Normativa N. 099 de 2019, segundo a qual o processo de registro é feito exclusivamente por meio eletrônico.

Referências
1. Ascensão, José de Oliveira. Direito Autoral. 2ª. ed. Rio: Renovar, 1997.
2. Ascensão, José de Oliveira. Estudos sobre direito da Internet e da Sociedade da Informação, Coimbra, Almedina, 2001.
3. Barbosa, Denis Borges. Tratado da propriedade intelectual. Tomo III. Rio: Lumen Juris, 2010.
4. Cerqueira, Tarcísio Queiroz, Software: Direito Autoral e Contratos, Rio, Fotomática-Polar, 1993.
5. Santos, Manoel J. Pereira dos, A Nova Lei do Software: Aspectos Controvertidos da Proteção Autoral, in Revista da ABPI, No. 29, Jul/Ago 1997, pág. 21.
6. Santos, Manoel J. Pereira dos, A Proteção Autoral de Programas de Computador, Rio, Lumen Juris, 2008.
7. Vieira, José Alberto, A Proteção dos Programas de Computador pelo Direito de Autor, Lisboa, Lex, 2005.
8. Wachowicz, Marcos, Propriedade Intelectual do Software & Revolução da Tecnologia da Informação, Curitiba, Juruá, 2004.

25.
DIREITOS DOS ARTISTAS INTÉRPRETES E EXECUTANTES, DOS PRODUTORES FONOGRÁFICOS E DAS EMPRESAS DE RADIODIFUSÃO

Paula Luciana de Menezes

1. Conceituação, origem e natureza

Os direitos dos artistas, intérpretes e executantes, dos produtores fonográficos e das empresas de radiodifusão são também conhecidos como Direitos Conexos, ou seja, direitos análogos ou vizinhos aos direitos de autor, pois, embora independentes, os direitos conexos estão intimamente relacionados a eles.

Os direitos conexos não existiriam sem a pré-existência do direito autoral[1].

Como é possível inferir, os direitos conexos relacionam-se à atuação, produção ou difusão das obras intelectuais e foram *assentados*[2] em tratados internacionais[3] muito tempo depois da regulamentação dos Direitos

---

[1] Souza, Carlos Fernando Mathias de. Considerações sobre Direitos Autorais relativos à execução pública de obras musicais. In *Direito Autoral Atual*. Coord. José Carlos Costa Netto, Maria Luiza de Freitas Valle Egea, Larissa Andrea Carasso Kac, Anita Mates, Leonardo Machado Pontes. 1ª. ed. Rio de Janeiro: Elsevier, 2015.

[2] Bittar, Carlos Alberto. *Direito de Autor*. 3ª edição revista, ampliada e atualizada, conforme a Lei n. 9.610. Rio de Janeiro: Forense Universitária. 2001. p. 152-153.

[3] Convenção de Roma de 1961 (ratificada pelo Brasil e internalizada no Decreto 57.125/1965), a Convenção para Proteção dos Produtores de Fonogramas contra a Reprodução não Autorizada de seus Fonogramas, de 1971, aprovada em Genebra (promulgada

Autorais, devido ao aumento da percepção sobre a necessidade de proteção de seus titulares.

Sobre a natureza dos Direitos Conexos, Carlos Alberto Bittar, ensina:

> Amparam, pois, de um lado, as criações intelectuais no plano artístico (a dos artistas, intérpretes e executantes, que inserem elementos pessoais em suas apresentações) e que auxiliam na divulgação da obra interpretada, em seu contexto, reproduções ou utilizações não autorizadas. De outro lado, resguardam interesses econômicos de categorias que atuam na fixação e na colocação de obras intelectuais ao público, empregando enormes capitais ao mesmo tempo em que também contribuem para a difusão dessas obras. O reconhecimento desses direitos visa, nesses casos, a evitar a captação e a reprodução não autorizadas de programas, fonogramas, cassetes e demais formas de apresentação e de fixação de obras, que prejuízos sensíveis causam ao respectivo sistema.[4]

A Lei de Direitos Autorais, Lei 9.610/1998, no Título V, mas precisamente, em seu artigo 89, dispõe sobre os Direitos Conexos, elegendo como titulares destes direitos, os artistas intérpretes ou executantes, os produtores fonográficos e as empresas de radiodifusão, garantindo aos direitos conexos, no que couber, as mesmas prerrogativas outorgadas ao direito de autor e disciplinando, no parágrafo único do dispositivo, que o seu exercício não afeta as garantias já asseguradas aos autores.

E, embora os Direitos Conexos estejam intimamente ligados à produção musical, destaca-se, como também fez José Carlos Costa Netto, que tanto os tratados internacionais, quanto a Lei de Direitos Autorais fazem alusão indistinta aos *artistas, intérpretes e executantes como sendo os atores, cantores, músicos, dançarinos, e outras pessoas que representem, cantem, recitem, declamem, interpretem ou executem por qualquer forma obras literárias ou artísticas*[5]. Portanto, do ponto de vista legal, não há diferenças entre

---

no Brasil pelo Decreto 76.906/1975), dentre outras mais recentes, incluindo o WPPT (WIPO Performances and Phonograms Treaty, assinado em Genebra, em 1996.

[4] BITTAR, Carlos Alberto. *Direito de Autor*. Op. Cit. p. 152-154.

[5] COSTA NETTO, José Carlos. *Direito Autoral no Brasil*. 3ª. ed. São Paulo: Saraiva Educação, 2019. p. 306.

intérpretes musicais, cantores ou músicos, e intérpretes dramáticos, os atores. Embora, na prática essa diferenciação exista, inclusive para fins de remuneração[6].

E, no campo empresarial, os titulares de direitos conexos são os envolvidos com as emissões, irradiações, produções e fixações de obras e criações sonoras ou audiovisuais.[7]

Eliane Y. Abrão apresenta uma interessante visão a respeito da natureza dos Direitos Conexos. Segundo ela, as diferenças entre os artistas, intérpretes e executantes e os produtores fonográficos e empresas de radiodifusão encerram também diferença entre a natureza dos direitos conexos. Citando Delia Lypszyc e Walter Moraes, Eliane Y. Abrão revela que a natureza do jurídica do direito conexo do artista vincula-se a uma atividade ou atuação artística, com conteúdo pessoal, gerando direitos patrimoniais e até mesmo morais, já a natureza dos direitos dos produtores de fonograma e empresas de radiodifusão relacionam-se a *uma prestação de serviços, vinculada a uma atividade de difusão de obras autorais*[8], gerando exclusivamente direitos patrimoniais.

Diante dessa constatação, é relevante analisar separadamente ambos os direitos, até porque a própria Lei de Direitos Autorais os individualiza nos Capítulos II, III e IV, do seu Título V, divisão que será adotada adiante.

2. Direitos dos artistas intérpretes e executantes

Conforme mencionado anteriormente, a Lei de Direitos Autorais não faz distinção, tampouco promove atribuições ou garantias diferentes para

---

[6] [...] em meados de 1984, o pagamento de direitos conexos passou a ser respeitado a cada retransmissão, por cada meio novo utilizado, inclusive, no que se refere à venda internacional. Em todos os contratos firmados, entre artistas e redes de televisão, para a produção de telenovelas e minisséries, há uma cláusula que reserva aos atores uma porcentagem sobre a venda das obras para outros países, cujo montante é rateado entre o elenco, de modo proporcional à participação de cada um. (D'Antino, Sérgio Famá e KAC, Larissa Andrea Carasso. Os direitos conexos dos autores de telenovelas e minisséries. In Direito Autoral Atual. Coord. José Carlos Costa Netto, Maria Luiza de Freitas Valle Egea, Larissa Andrea Carasso Kac, Anita Mates, Leonardo Machado Pontes. 1ª. ed. Rio de Janeiro: Elsevier, 2015.)
[7] BITTAR, Carlos Alberto. *Direito de Autor*. Op. Cit. p. 154.
[8] ABRÃO, Eliane Y. *Direitos de Autor e Direitos Conexos*. 2ª. Ed. revista e ampliada. São Paulo: Migalhas, 2014. p. 463.

os artistas intérpretes e para os executantes, pelo contrário, define-os de forma ampla em seu artigo 5º, inciso XIII – como sendo todos os atores, cantores, músicos, bailarinos ou outras pessoas que representem um papel, cantem, recitem, declamem, interpretem ou executem em qualquer forma obras literárias ou artísticas ou expressões do folclore. Nessa lista está incluído também o radialista.

No entanto, a doutrina diferencia intérpretes de executantes para melhor compreensão e delimitação do direito e da natureza dos direitos envolvidos.

Eliane Y. Abrão revela o entendimento de Walter Moraes sobre artista como sendo *todo aquele que atua esteticamente uma criação do espírito*[9], para, em seguida, trazer à lume o conceito sobre intérprete e executante de Antonio Chaves, para quem *"são artistas intérpretes os que desempenham obras literárias, líricas ou teatrais; são executores os que cuidam de obras musicais"*[10]. No entanto, revela Abrão, o primeiro critica o segundo, pois:

> "Todo artista é executante: objeto da tutela jurídica é a execução, tendo o executante direito sobre um bem material, destacado de sua personalidade, mas nem todos são intérpretes. Intérprete é o que confere uma aura própria e diferenciada a seu trabalho, porque cria algo destacado deste, e que a ele se encaixa como invólucro". E complementa que "se é certo que a execução ou interpretação protegida é essencialmente a que encerra desempenho artístico, é certo também que nem toda execução de obra artística implica necessariamente, atuação artística."[11]

Em sentido semelhante ao de Moraes, Costa Netto revela o entendimento de Henry Jessen de que *a designação de intérprete só cabe ao artista que dê à execução o cunho de sua personalidade*[12].

E, no campo musical, conclui que os cantores, na maioria dos casos, são intérpretes, já os músicos, à exceção dos solistas, são executantes. Os

---

[9] *Idem. Ibidem*, p. 464.
[10] *Idem. Ibidem*, p. 464.
[11] *Idem. Ibidem*, p. 464.
[12] Costa Netto, José Carlos. *Direito Autoral no Brasil*. 3ª. ed. São Paulo: Saraiva Educação, 2019. p. 306.

demais partícipes de uma orquestra, os integrantes do coro deveriam se enquadrar na categoria de acompanhantes, pois têm sua atuação limitada à leitura sem atividade interpretativa.

Mas, independentemente da discussão doutrinária, a Lei de Direitos Autorais garante aos artistas intérpretes e executantes, de forma indistinta, a mesma prerrogativa outorgada aos autores sobre a necessidade de autorização, onerosa ou não, para a fixação, reprodução, execução pública, radiodifusão ou qualquer modalidade de utilização de suas contribuições à obra, fixadas ou não.

Adiante, o mesmo artigo 90 da Lei de Direitos Autorais em seus dois parágrafos, reforça a garantia aos artistas sobre sua voz e imagem, quando associadas às suas atuações e regulamenta o uso das contribuições artísticas quando se tem mais de um artista envolvido na obra, atribuindo ao diretor o exercício dos direitos sobre a contribuição dos artistas.

Já o artigo 91 da Lei de Direitos Autorais, assegura às empresas de radiodifusão a possibilidade de fixação da interpretação ou execução de artistas que as tenham permitido em determinado número de emissões, além de estabelecer a certeza de que é necessária autorização dos artistas não só para a publicação, mas também para a própria fixação. Além disso, o dispositivo, ao usar a expressão "determinado número de emissões", impôs aos envolvidos a necessidade de regulação contratual, uma vez que a "determinação" não se faria de outro modo.

A esse respeito, destaca-se que a Lei 9.610/98 estabelece que os negócios envolvendo direitos autorais são interpretados de maneira restritiva (art. 4º) e que as cessões devem ser feitas por escrito (art. 49, II). Assim, recomenda-se fortemente que a contratação seja feita por escrito.

Destaca-se ainda que a atual Lei de Direitos Autorais expressamente manteve válido o artigo 13 da Lei anterior (6.533/78, para os artistas) e o artigo 17 da Lei 6.615/78 (para os radialistas), que vedam veementemente a cessão dos direitos de autor e conexos, decorrentes da prestação de serviços profissionais.

E, ainda, demonstrando preocupação com a preservação de patrimônio cultural, o artigo 91 permite às empresas de radiodifusão a preservação da fixação em arquivo público, em clara limitação do direito dos artistas, seguindo os mesmos princípios estabelecidos para o direito de autor.

Na mesma toada, o parágrafo segundo impede a reutilização da fixação pelo produtor sem autorização escrita do artista, exigindo ainda adequada remuneração pelas novas utilizações. Observa-se mais uma vez a preocupação do legislador em aplicar aos direitos conexos os mesmos princípios aplicáveis ao direito de autor.

Por fim, a Lei de Direitos Autorais, em seu artigo 92, garante expressamente aos intérpretes os direitos morais de integridade e de paternidade de suas interpretações, mesmo após cessão dos direitos patrimoniais, mas assegura ao produtor o direito de redução, compactação, edição ou dublagem, mesmo após a morte do artista, protegendo assim ambos os titulares de direitos.

3. Direitos dos produtores fonográficos

Os produtores fonográficos são pessoas físicas ou jurídicas que exercem o ofício de produzir fonogramas – toda fixação de sons de uma execução ou interpretação ou de outros sons, ou de uma representação de sons que não seja uma fixação incluída em uma obra audiovisual (artigo 5º, inciso IX da Lei de Direitos Autorais) –, ou seja, são aqueles que promovem a gravação ou a fixação da obra musical, seja ela fixada de forma física (CDs, DVDs, discos, fitas), seja em arquivos digitais.

O produtor fonográfico extrapola a função de uma gravadora, pois é ele quem organiza técnica e operacionalmente as contribuições que vão compor a obra fonográfica, além disso, ele também se encarrega da comercialização e distribuição de seus produtos:

> A evolução do conceito de simples gravadora para o de produtora deu-se a partir de quando essas empresas assumiram o papel de organizadoras dos diversos segmentos em que se subdivide a atividade criativa, que resulta na obra musical pronta e acabada para se impressa em exemplares.
>
> [...]
>
> A atividade da indústria fonográfica pode ser dividida em três segmentos: o da produção propriamente dita, o da duplicação e o da distribuição. A primeira compreende toda a produção da obra musical, desde a escolha da composição musical até a gravação em estúdio, e que resulta no fonograma. Essa fase corresponde ao grande custo da atividade, no qual se concentra a maior parte do investimento, e que, apesar de se caracterizar como obra

coletiva, não figura no rol das obras protegidas do art. 7º da lei especial. A segunda, a da prensagem, é feita pelos fabricantes de discs, e não pelo produtor fonográfico, e constitui a reprodução em exemplares das atrizes onde estão fixadas as obras produzidas. E a distribuição é o modo pelo qual o produtor de fonogramas faz a obra chegar ao consumidor final.[13]

O fato da Lei de Direitos Autorais, na toada dos tratados internacionais, ter incluído os produtores fonográficos como titulares de direitos conexos levantou, em um primeiro momento, dúvidas sobre se a atribuição desses direitos não se chocaria com os direitos dos artistas, intérpretes e executantes, diante da exclusividade destes.

Porém, o tempo evidenciou que ambos os titulares têm exercido seus direitos sem grandes conflitos. Até porque para que o produtor fonográfico possa exercer seu ofício, é necessário que mantenha contrato por escrito com todos os artistas intérpretes e executantes, como mencionado anteriormente.

Assim, o que o artigo 93 da Lei de Direitos Autorais determina é que o produtor fonográfico tem o direito exclusivo de autorizar o proibir a reprodução, a distribuição, a comunicação e qualquer outra modalidade de uso dos fonogramas de sua titularidade.

Trocando em miúdos, significa que é do produtor do fonograma a prerrogativa de autorizar a sua reprodução, total ou parcial, em novos suportes ou em outras obras (p. ex. em CDs, DVDs, *samples, remixes, mashups*), autorizar a sincronização em obras audiovisuais (filmes publicitários ou não, videoclipes), autorizar a sua distribuição em lojas físicas ou digitais, autorizar a sua execução pública e receber do ECAD (Escritório Central de Arrecadação e Distribuição).

É responsabilidade do produtor de fonograma distribuir, entre os demais titulares da obra, os rendimentos por ele arrecadados a partir das autorizações mencionadas.

Destaca-se que o artigo 80 da Lei de Direitos Autorais impõe ao produtor fonográfico a obrigação de mencionar em cada exemplar, além de sua marca, o título da obra, o autor e o nome do intérprete.

---

[13] ABRÃO, Eliane Y. *Direitos de Autor e Direitos Conexos*. 2ª. Ed. revista e ampliada. São Paulo: Migalhas, 2014. p. 469-470.

Essa obrigação era cumprida sem maiores problemas na era dos discos, fitas, CDs e DVDs, porém, com a entrada as obras no mercado digital, seu cumprimento passou a ser raro. Por isso, há um forte movimento dos titulares de direitos autorais e conexos no mundo para que este dispositivo volte a ser usual, valorizando os autores e músicos[14].

Nesse contexto, também é obrigação do produtor fonográfico a obtenção do ISRC (Internacional Standard Recording Code), além de incluir no suporte material do fonograma determinados sinais de identificação com o objetivo de controle sobre pirataria[15].

O ISRC é o número único que identifica um fonograma e contém em seu cadastro todas as informações referentes a ele e seus titulares. Esse número facilita a arrecadação de direitos, especialmente oriundos da execução pública.

4. A proporção de distribuição dos direitos conexos entre os artistas intérpretes e executantes e os produtores de fonogramas

Como visto, a Lei de Direitos Autorais estabeleceu a figura do "diretor do conjunto" como mandatário para o exercício dos direitos conexos no art. 90 e, no artigo 94, impôs ao produtor de fonogramas a responsabilidade pelo recebimento dos proventos resultantes da execução pública, e a repartição com os artistas[16].

Atualmente a porcentagem estabelecida e praticada mundialmente na distribuição dos valores advindos da arrecadação pela execução pública dos fonogramas é a seguinte:

- 41,7% aos produtores fonográficos.
- 41,7% aos intérpretes; e,
- 16,6% aos músicos executantes.

---

[14] https://www.abramus.org.br/musica/musica-noticias/15344/novidade-no-youtube-nova-secao-mostra-creditos-detalhados-das-musicas/. Acesso em 27/02/2023. https://www.ubc.org.br/publicacoes/noticia/20755/onde-esta-o-credito-da-musica-nas-plataformas-de-streaming . Acesso em 27/02/2023.

[15] Artigo 34 do Decreto n. 9574/2015.

[16] COSTA NETTO, José Carlos. *Direito Autoral no Brasil*. 3ª. ed. São Paulo: Saraiva Educação, 2019. p. 312.

Quanto aos demais proveitos advindos da distribuição, reprodução e demais usos dos fonogramas, também de responsabilidade do produtor, serão distribuídos conforme a contratação entabulada entre este e os artistas intérpretes e executantes.

5. Dos direitos das empresas de radiodifusão

Empresas de radiodifusão são aquelas que se encarregam da transmissão sem fio, inclusive por satélites, de sons ou imagens e sons ou das representações desses, para recepção ao público, conforme conceituado no artigo 5º, inciso XII, da Lei de Direitos Autorais, ou seja, são as empresas de rádio ou de televisão e outras assemelhadas.

Assim como os produtores de fonogramas, as empresas de radiodifusão também exercem função *técnico-organizativas*[17].

O artigo 95 da Lei de Direitos Autorais confere proteção à transmissão, fixação e reprodução das emissões, atribuindo a empresas de radiodifusão a prerrogativa de autorizá-las ou proibi-las. Também cabe a tais empresas a discricionariedade sobre a comunicação ao público destas transmissões.

Isso significa que ninguém poderá gravar, ou de qualquer maneira fixar, retransmitir ou reproduzir um programa exibido sem autorização. A pessoa que grava em vídeo um programa transmitido pela empresa de radiodifusão e o exibe em praça pública sem autorização violará os direitos conexos desta.

Mas é importante que se tenha em mente que os direitos conexos atribuídos às empresas de radiodifusão estão relacionados exclusivamente às transmissões, fixação e reprodução das emissões. Caso a mesma empresa atue como produtora de obra audiovisual, ela será titular de direitos autorais sobre esta obra. São direitos diferentes que podem ser atribuídos à mesma empresa de radiodifusão, como é comum acontecer pela natureza da sua atividade.

Aliás, o que se protege, no caso das empresas de radiodifusão é um bem incorpóreo, as emissões ou transmissões, não importando se estão gravadas ou não.

---

[17] *Idem. Ibidem.* p. 318.

Conclusões

Os direitos dos artistas, intérpretes e executantes, dos produtores fonográficos e das empresas de radiodifusão, ou os Direitos Conexos, estão intimamente ligados ao Direito de Autor, apesar de seu exercício se fazer independente. É fato que o Direito de Autor precede o Direito Conexo, que sequer existe sem aquele, daí porque, foram tardiamente reconhecidos em tratados e estudos posteriores.

No entanto, o que se observa dos tratados internacionais que regem a matéria, assim como esta expressamente consignado na Lei 9.610/98, todas as normas aplicáveis ao Direito de Autor são igualmente aplicáveis aos Direitos Conexos, inclusive aquelas que dizem respeito ao domínio público[18] e às limitações aos Direitos Autorais[19].

E, seguindo todos os mesmos princípios encontrados nos Títulos relacionados aos Direitos de Autor, os Direitos Conexos estão estabelecidos no Título V da Lei, composto de sete artigos, que garantem aos artistas, intérpretes e executantes, aos produtores fonográficos e às empresas de radiodifusão prerrogativas firmes sobre suas contribuições à alguma obra autora pré-existente, conferindo-lhe, em suma, a faculdade de autorizar ou não reproduções e utilizações, remuneradas ou não.

Referências

ABRÃO, Eliane Y. *Direitos de Autor e Direitos Conexos*. 2ª. Ed. revista e ampliada. São Paulo: Migalhas, 2014.

BITTAR, Carlos Alberto. *Direito de Autor*. 3ª edição revista, ampliada e atualizada, conforme a Lei n. 9.610. Rio de Janeiro: Forense Universitária. 2001. p. 137.

COSTA NETTO, José Carlos. *Direito Autoral no Brasil*. 3ª. ed. São Paulo: Saraiva Educação, 2019. p. 581/582.

—. A gestão coletiva dos titulares de direitos autorais decorrentes da execução pública de obras musicais e fonogramas no Brasil: os critérios e a legitimidade para a fixação do valor da remuneração. *In Direito Autoral Atual*. Coord. José Carlos Costa Netto, Maria Luiza de Freitas Valle Egea, Larissa Andrea Carasso Kac, Anita Mates, Leonardo Machado Pontes. 1ª. ed. Rio de Janeiro: Elsevier, 2015.

---

[18] Arts. 41 a 45 da Lei de Direitos Autorais
[19] Art. 46 da Lei de Direitos Autorais.

D'ANTINO, Sérgio Famá e KAC, Larissa Andrea Carasso. Os direitos conexos dos autores de telenovelas e minisséries. In *Direito Autoral Atual*. Coord. José Carlos Costa Netto, Maria Luiza de Freitas Valle Egea, Larissa Andrea Carasso Kac, Anita Mates, Leonardo Machado Pontes. 1ª. ed. Rio de Janeiro: Elsevier, 2015.

MORAES, Rodrigo. A Função Punitiva da Responsabilidade Civil na Lei de Direitos Autorais (Lei 9.619/98) e na Lei de Programas de Computador (Lei 9.609/98), in *Estudos de Direito Autoral em homenagem a José Carlos Costa Netto*. Rodrigo Moraes (coordenador). Salvador: EDUFBA, 2017.

MORATO. Antonio Carlos. Aspectos Convergentes e divergentes entre a proteção ao consumidor e aos autores e titulares de direitos conexos. *In Direito Autoral Atual*. Coord. José Carlos Costa Netto, Maria Luiza de Freitas Valle Egea, Larissa Andrea Carasso Kac, Anita Mates, Leonardo Machado Pontes. 1ª. ed. Rio de Janeiro: Elsevier, 2015.

SOUZA, Carlos Fernando Mathias de. Considerações sobre Direitos Autorais relativos à execução pública de obras musicais. *In Direito Autoral Atual*. Coord. José Carlos Costa Netto, Maria Luiza de Freitas Valle Egea, Larissa Andrea Carasso Kac, Anita Mates, Leonardo Machado Pontes. 1ª. ed. Rio de Janeiro: Elsevier, 2015.

—. Direitos Conexos no Tratado WPPT e algumas considerações sobre o Acordo TRIPS. In *Estudos de Direito Autoral em homenagem a José Carlos Costa Netto*. Rodrigo Moraes (coordenador). Salvador: EDUFBA, 2017.

26.
EXPRESSÕES CULTURAIS TRADICIONAIS

Lilian de Melo Silveira

1. Aspectos internacionais

Cumpre neste primeiro exame ressaltar a internacionalidade do tema, ou seja, as preocupações com a proteção das Expressões Culturais Tradicionais – incluindo os organismos internacionais – até por conta de todos os povos originários, aborígenes e outras expressões identificadoras dessas comunidades, que existem em todo o mundo.

Assim, faz parte da preocupação dos principais organismos internacionais a realização de Convenções e Acordos Internacionais sobre o tema.

Temos a destacar os **ACORDOS e CONVENÇÕES / OMPI-WIPO / UNESCO / OEA**

Atualmente há uma lacuna nos acordos e convenções internacionais para regular a questão da Propriedade Intelectual e as Expressões Culturais Tradicionais, resultado da complexidade do tema e das dificuldades naturais de um acordo dessa proporção.[1]

Há mais de duas décadas a OMPI-WIPO criou uma Comissão Intergovernamental – IGC para se debruçar especificamente sobre a Propriedade Intelectual e os Recursos Genéticos, os Conhecimentos Tradicionais e as Expressões Culturais Tradicionais, a qual conquistou relevantes avanços na discussão sobre a matéria, porém, até a presente data, ainda não con-

---

[1] https://www.wipo.int/edocs/pubdocs/pt/wipo_pub_tk_1.pdf. Acesso em 30 jan. 2023.

seguiu concluir um acordo sobre um ou mais instrumentos jurídicos que assegurem a sua proteção.[2]

Tema correlato e mais amplo é a questão do **patrimônio cultural imaterial**, também de caráter internacional.

O **patrimônio cultural imaterial** passou, gradativamente, a ser objeto de outras importantes normas de direito internacional da UNESCO, como a Convenção para a Proteção do Patrimônio Mundial, Cultural e Natural (1972)[3], a Recomendação sobre a Salvaguarda da Cultura Tradicional e Popular (1989)[4], o Programa de Proclamação das Obras-Primas do Patrimônio Oral e Imaterial da Humanidade (1997), a Declaração Universal sobre a Diversidade Cultural (2002)[5], a Convenção para a Salvaguarda do Patrimônio Cultural Imaterial (2003)[6] e a Convenção sobre a Proteção e Promoção da Diversidade das Expressões Culturais (2005), esta última promulgada pelo Decreto nº 6.177, de 1º de agosto de 2007[7].

A OMPI/WIPO estabelece que as

> "ECTs são geralmente consideradas de origem coletiva, de modo que quaisquer direitos e interesses devem ser das comunidades em vez de indivíduos, incluindo os casos em que as ECTs são desenvolvidas por um indivíduo membro da comunidade".

> "TK/TCEs are generally regarded as collectively originated and held, so that any rights and interests in this material should vest in communities

---

[2] https://www.wipo.int/wipo_magazine_digital/pt/2022/article_0001.html. Acesso em 30 jan. 2023

[3] http://portal.iphan.gov.br/uploads/ckfinder/arquivos/Convencao1972%20-%20br.pdf. Acesso em 03 fev. 2023

[4] http://portal.iphan.gov.br/uploads/ckfinder/arquivos/Recomendacao%20Paris%201989.pdf. Acesso em 30 jan. 2023.

[5] https://www.oas.org/dil/port/2001%20Declara%C3%A7%C3%A3o%20Universal%20sobre%20a%20Diversidade%20Cultural%20da%20UNESCO.pdf. Acesso em 30 jan. 2023.

[6] http://portal.iphan.gov.br/uploads/publicacao/Convencao_Salvaguarda_Patrimonio_Imaterial.pdf. Acesso em 30 jan. 2023.

[7] https://www.planalto.gov.br/ccivil_03/_ato2007-2010/2007/decreto/d6177.htm. Acesso em 30 jan. 2023.

rather than in individuals, including in cases where TK/TCEs are developed by an individual member of a community"[8]

2. Culturas tradicionais internacionais

Necessário esclarecer que, quando se fala em expressões culturais tradicionais, não se refere a algo exclusivamente brasileiro, mas sim dos conhecimentos, ritos, tradições, produções, vestimentas entre tantas outras expressões de todos os povos originários ao redor do mundo, podendo citar os povos aborígenes na Austrália, a população Maori na Nova Zelândia, os Inuit no Canadá, Groenlândia e Alasca entre outros.

No Brasil são mais de trezentos povos originários, representando cerca de 0,4% da população.[9]

3. BRASIL

A. Acordos em vigor

No Brasil, a ideia de patrimônio cultural imaterial vem sendo discutida desde 1922 por Mário de Andrade na Semana de Arte Moderna. Desde então, o Brasil se tornou signatário de diversos acordos internacionais, especialmente a partir da supramencionada Convenção para à Proteção do Patrimônio Mundial, Cultural e Natural, de 1972 (UNESCO), conforme os acordos mencionados no item I do presente capítulo.

B. Direito Positivo

A Constituição Federal de 1988 estabelece que:

> "**Art. 215. O Estado garantirá a todos o pleno exercício dos direitos culturais e acesso às fontes da cultura nacional, e apoiará e incentivará a valorização e a difusão das manifestações culturais.**

---

[8] WIPO. Intellectual Property and Genetic Resources, Traditional Knowledge and Traditional Cultural Expressions. [Genebra]: WIPO, 2020. Disponível em: https://www.wipo.int/edocs/pubdocs/en/wipo_pub_933_2020.pdf. Acesso em: 15 abr. 2021. p. 20.
[9] https://www.uol.com.br/ecoa/ultimas-noticias/2022/06/07/povos-originarios-quem-sao-eles-no-brasil-e-no-mundo.htm. Acesso em 03 fev. 2023.

§ 1º O Estado protegerá as manifestações das culturas populares, indígenas e afro-brasileiras, e das de outros grupos participantes do processo civilizatório nacional.

(...)

Art. 216. Constituem **patrimônio cultural brasileiro** os bens de natureza material e imaterial, tomados individualmente ou em conjunto, portadores de referência à identidade, à ação, à memória dos diferentes grupos formadores da sociedade brasileira, nos quais se incluem:

I – as formas de expressão;

II – os modos de criar, fazer e viver;

III – as criações científicas, artísticas e tecnológicas;

IV – as obras, objetos, documentos, edificações e demais espaços destinados às manifestações artístico-culturais;

V – os conjuntos urbanos e sítios de valor histórico, paisagístico, artístico, arqueológico, paleontológico, ecológico e científico.

§ 1º O Poder Público, com a colaboração da comunidade, promoverá e protegerá o patrimônio cultural brasileiro, por meio de inventários, registros, vigilância, tombamento e desapropriação, e de outras formas de acautelamento e preservação"[10].

A Lei nº 6.001, de 19 de dezembro de 1973 dispõe sobre o **Estatuto do Índio**:

"Art. 47. É assegurado o respeito ao patrimônio cultural das comunidades indígenas, seus valores artísticos e meios de expressão.

(...)

Art. 58. Constituem crimes contra os índios e a cultura indígena:

I – escarnecer de cerimônia, rito, uso, costume ou tradição culturais indígenas, vilipendiá-los ou perturbar, de qualquer modo, a sua prática. Pena – detenção de um a três meses;

II – utilizar o índio ou comunidade indígena como objeto de propaganda turística ou de exibição para fins lucrativos. Pena – detenção de dois a seis meses;

---

[10] https://www.planalto.gov.br/ccivil_03/constituicao/constituicao.htm. Acesso em: 27 jan.2023.

(...)
Art. 59. No caso de crime contra a pessoa, o patrimônio ou os costumes, em que o ofendido seja índio não integrado ou comunidade indígena, a pena será agravada de um terço"[11].

Lei Federal nº 9.610 de 19 de fevereiro de 1998 – Lei de Direitos Autorais

"Art. 7º São obras intelectuais protegidas as criações do espírito, expressas por qualquer meio ou fixadas em qualquer suporte, tangível ou intangível, conhecido ou que se invente no futuro, tais como:
I – os textos de obras literárias, artísticas ou científicas;
II – as conferências, alocuções, sermões e outras obras da mesma natureza;
III – as obras dramáticas e dramático-musicais;
IV – as obras coreográficas e pantomímicas, cuja execução cênica se fixe por escrito ou por outra qualquer forma;
V – as composições musicais, tenham ou não letra;
VI – as obras audiovisuais, sonorizadas ou não, inclusive as cinematográficas;
VII – as obras fotográficas e as produzidas por qualquer processo análogo ao da fotografia;
VIII – as obras de desenho, pintura, gravura, escultura, litografia e arte cinética;
IX – as ilustrações, cartas geográficas e outras obras da mesma natureza;
X – os projetos, esboços e obras plásticas concernentes à geografia, engenharia, topografia, arquitetura, paisagismo, cenografia e ciência;
XI – as adaptações, traduções e outras transformações de obras originais, apresentadas como criação intelectual nova;
XII – os programas de computador;
XIII – as coletâneas ou compilações, antologias, enciclopédias, dicionários, bases de dados e outras obras, que, por sua seleção, organização ou disposição de seu conteúdo, constituam uma criação intelectual.

---

[11] http://www.planalto.gov.br/ccivil_03/leis/l6001.htm. Acesso em 06 fev. 2023.

Art. 45. Além das obras em relação às quais decorreu o prazo de proteção aos direitos patrimoniais, pertencem ao domínio público:

(...)

II – as de autor desconhecido, ressalvada a proteção legal aos conhecimentos étnicos e tradicionais.

Art. 46. Não constitui ofensa aos direitos autorais:

(...)

III – a citação em livros, jornais, revistas ou qualquer outro meio de comunicação, de passagens de qualquer obra, para fins de estudo, crítica ou polêmica, na medida justificada para o fim a atingir, indicando-se o nome do autor e a origem da obra;

(...)

V – a utilização de obras literárias, artísticas ou científicas, fonogramas e transmissão de rádio e televisão em estabelecimentos comerciais, exclusivamente para demonstração à clientela, desde que esses estabelecimentos comercializem os suportes ou equipamentos que permitam a sua utilização;

VI – a representação teatral e a execução musical, quando realizadas no recesso familiar ou, para fins exclusivamente didáticos, nos estabelecimentos de ensino, não havendo em qualquer caso intuito de lucro;

(...)

VIII – a reprodução, em quaisquer obras, de pequenos trechos de obras preexistentes, de qualquer natureza, ou de obra integral, quando de artes plásticas, sempre que a reprodução em si não seja o objetivo principal da obra nova e que não prejudique a exploração normal da obra reproduzida nem cause um prejuízo injustificado aos legítimos interesses dos autores.

Art. 47. São livres as paráfrases e paródias que não forem verdadeiras reproduções da obra originária nem lhe implicarem descrédito".[12]

Decreto nº 6.177, de 1º de agosto de 2007.:

"Art. 1º A Convenção sobre a Proteção e Promoção da Diversidade das Expressões Culturais, assinada em Paris, em 20 de outubro de 2005, apensa por cópia ao presente Decreto, será executada e cumprida tão inteiramente como nela se contém".[13]

---

[12] https://www.planalto.gov.br/ccivil_03/leis/l9610.htm. Acesso em: 27 jan. 2023.
[13] https://www.planalto.gov.br/ccivil_03/_ato2007-2010/2007/decreto/d6177.htm. Acesso em: 30 jan. 2023

C. Manifestações populares e expressões de folclore

Temos que, somando ao conhecimento e tradições dos povos originários, com o disposto no artigo 215, §1º, da Constituição Federal, o constituinte entendeu pela necessidade de garantir proteção às manifestações culturais populares, indígenas e afro-brasileiras, e das de outros grupos participantes do processo civilizatório nacional.

O conjunto dessas manifestações pode ser traduzido por conhecimento popular, ou ainda, "sabedoria do povo", em inglês *"folk lore"*, no neologismo já incluído no vernáculo nacional, **folclore**.[14]

A legislação nacional ainda não se prestou a definir de forma clara o que é o folclore e quais as suas proteções, porém, é possível extrair do artigo 45, inciso II, da LDA, que as obras de autor desconhecido, aqui incluído o folclore, **são de domínio público**, ressalvada a proteção legal ao conhecimento étnico e tradicional.

Nessa linha, temos que a defesa ao folclore acaba por se regular mais como uma questão de políticas públicas (Direito Público) e não matéria de direito de propriedade intelectual (Direito Privado).

A título de informação, nas pesquisas realizadas para o presente artigo, não foi identificada qualquer lei federal que institua o Dia do Saci, já associado popularmente ao dia 31 de outubro, em oposição aos festejos de Halloween.

Porém, existem diversas leis estaduais e municipais instituindo essa data, como a Lei Estadual nº 11.669/2004 (SP), bem como foram encontrados três projetos de lei, PL 2479/2003, PL 2762/2003 e PL 8985/2017, de autoria de Angela Guadagnin (PT/SP), Aldo Rebelo (PCdoB/SP) e Chico Alencar (PSOL/RJ) respectivamente, que tinham por objeto a instituição do Dia do Saci para valorizar a cultura nacional, mas que, por diferentes motivos, foram arquivados.

Ainda acerca do SACI, cabe indicar que no presente Manual, ao versar sobre os Nomes de Domínio, vem apresentado o Sistema Administrativo de Conflitos de Internet (SACI-Adm), onde o titular-reclamante que tenha seus direitos a nome de domínio violados pode usar, desde outubro/2.010 – NIC.br, esse mecanismo para a solução de conflitos, administrativamente.

---

[14] https://www.politize.com.br/folclore/. Acesso em 02 mar. 2023.

D. Questões atuais – direitos autorais e ECTs

Existem vários trabalhos acadêmicos sobre o tema, mas importante destacar o TCC de João Pedro Costa Genro sobre "O uso indevido das Expressões Culturais Tradicionais: a busca pela proteção nas relações entre o direito da propriedade intelectual e do patrimônio cultural", aprovado na UFRGS em 4/maio/2022, onde em um alentado capítulo coloca os impedimentos para a adequação da proteção dos ECTs pela nossa atual legislação de direitos de autor (Lei 9.610/1998).[15]

O Autor indica limitações em relação ao:

a) o requisito de fixação, na qual a criação deve ter algum registro concreto para ser protegida (escritos, filmagens, gravações, etc.), dificultando, por exemplo, a proteção às tradições orais, transmitidas pelas gerações, ou mesmo às tradições sagradas ou secretas;
b) o requisito de originalidade, uma vez que as tradições, por definição, não são originais, mas sim uma herança cultural passada entre gerações de uma comunidade;
c) a ideia de autoria, uma vez que, novamente, as tradições não estão vinculadas e individualizadas a um autor específico, sendo resultado de um processo criativo histórico e comunitário;
d) a proteção limitada no tempo, uma vez que a legislação prevê a proteção da criação até que se complete setenta anos do falecimento do autor, quando, então, a obra cairia em domínio público, ocorre que as expressões tradicionais não estão vinculadas a um autor específico e individualizado, bem como podem ter sua origem há muitas gerações daquela comunidade; e
e) as limitações do direito de autor, pela qual a legislação brasileira prevê ocasiões que permitem a utilização de parte da obra protegida sem a autorização expressa do autor – sendo possível destacar o previsto nos artigos 46 e 47 da LDA supramencionada, o que pode gerar conflitos perante os povos tradicionais.

(artigos elencados no item **B. Direito Positivo**)

---

[15] https://www.lume.ufrgs.br/handle/10183/250862. Acesso em: 30 jan. 2023.

De outro lado, o trabalho indica a Portaria nº 177, de 16 de fevereiro de 2006, da **Fundação Nacional do Índio (FUNAI)**, que, em seu artigo 2º, indica a existência de direitos autorais de caráter individual e coletivo:

> "Art. 2 – Direitos autorais dos povos indígenas são os direitos morais e patrimoniais sobre as manifestações, reproduções e criações estéticas, artísticas, literárias e científicas; e sobre as interpretações, grafismos e fonogramas de caráter coletivo ou individual, material e imaterial indígenas.
>
> § 1º. O autor da obra, no caso de direito individual indígena, ou a coletividade, no caso de direito coletivo, detêm a titularidade do direito autoral e decidem sobre a utilização de sua obra, de protege-la contra abusos de terceiros, e de ser sempre reconhecido como criador"[16].

Finalmente, elenca o cuidadoso trabalho acadêmico vários casos concretos e recentes que foram resolvidos fora do alcance do Poder Judiciário.

Importante assinalar que o Autor do trabalho acadêmico examina também as proteções das ECTs sob aspectos outros de direito imaterial, como propriedade industrial, concorrência desleal, desenho industrial, patentes, indicações geográficas, marcas comunitárias, certificações outras, enfim vários outros aspectos, mas não sob o aspecto dos **direitos autorais**, que é o nosso limite de trabalho.

O autor, em sua conclusão observa que:

> "No que concerne ao direito do patrimônio cultural, os casos analisados evidenciam que o Registro, por meio da inclusão da ECT no Livro das Formas de Expressão, além de ser importante para a salvaguarda dessas manifestações culturais, é instrumento capaz de provocar a atuação do IPHAN para a resolução de conflitos em torno das comunidades tradicionais e reprimir o eventual uso indevido das suas expressões. Ademais, seguindo o dever de vigilância preceituado na Constituição Federal, a ação civil pública e ação popular, como mecanismos processuais que protegem o patrimônio cultural brasileiro, também podem

---

[16] https://www.gov.br/funai/pt-br/arquivos/conteudo/cogedi/pdf/legislacao-indigenista/cultura/portariadireitoautoral.PDF. Acesso em 30 jan. 2023.

ser relevantes às ECTs, suscitando certo protagonismo aos grupos tradicionais no controle do que é considerado nocivo a sua cultura".
(pag.77)

Claro que a ação civil pública e a ação popular acabam por ser medidas judiciais de eficácia restrita e nem sempre garantidora da proteção das **Expressões Culturais Tradicionais**.

E. Questões atuais – direitos autorais e ECTs – crítica

O artigo escrito por Guilherme Carboni e Daniele Maia Teixeira Coelho, intitulado "A proteção das expressões culturais tradicionais pela propriedade intelectual e sua transformação em mercadoria" apresenta uma crítica à defesa das Expressões Culturais Tradicionais por meio da Propriedade Intelectual.

A publicação do artigo, conforme a indicação no rodapé, se encontra na Revista eletrônica do IBPI – Instituto Brasileiro de Propriedade Intelectual, nº. 7

No entendimento exposto, a Propriedade Intelectual se apresenta como uma ferramenta dos interesses de mercado, para criar um direito exclusivo de uso e, assim, alterar a própria natureza dos bens imateriais, de não escassos para escassos, possibilitando a atribuição de um valor econômico.

Na visão dos autores, as expressões culturais tradicionais não precisariam de uma exclusividade de uso, mas sim de políticas públicas para identificação, acompanhamento e apoio para defesa da diversidade cultural.[17]

Importante, até porque o artigo tem treze páginas e discorre, com propriedade sobre o tema, incluindo preciosa bibliografia, trazer o seu resumo, pelos Autores, de publicação, *in verbis*:

> "Resumo: A proteção das expressões culturais tradicionais por mecanismos de propriedade intelectual e a sua consequente transformação em mercadoria, além de poder gerar distorções no que diz respeito à

---

[17] https://ibpieuropa.org/book/revista-eletronica-do-ibpi-nr-7. Acesso 03 fev. 2023.

importância de tais expressões no plano simbólico para as comunidades tradicionais, introduzem nas mesmas uma lógica de autoria, uma dinâmica econômica calcada no mercado e conceitos jurídicos que talvez lhes sejam totalmente estranhos. Por se basearem em informação, os bens imateriais (neles incluídas as expressões culturais tradicionais) não são bens naturalmente escassos, o que é condição essencial para que lhes possa ser atribuído valor econômico. Pelo fato de a propriedade intelectual conferir um direito de uso exclusivo ao seu titular, a sua principal função econômica é a transformação de bens não escassos (como as expressões culturais) em bens escassos. As expressões culturais tradicionais não precisam de proteção para impedir o seu uso "não autorizado", mas, sim, de identificação para que, por meio de instrumentos de política pública (e não de propriedade intelectual) possam ser acompanhadas e apoiadas em nome do direito à diversidade cultural.

F. IPHAN[18]

O **Instituto do Patrimônio Histórico e Artístico Nacional – IPHAN** – se trata de uma autarquia federal, atualmente novamente vinculada ao Ministério da Cultura[19], que atua na preservação e conservação do patrimônio histórico, artístico e paisagístico no Brasil.

Criado em 1936 como um serviço provisório, o IPHAN foi fundado oficialmente em 13.01.1937, à época vinculado ao Ministério da Educação e Saúde e como Serviço do Patrimônio Histórico e Artístico Nacional (SPHAN).

Apenas em 1946 passa a ser denominado como Instituição, recebendo o nome que mantém até hoje.

No âmbito de suas atividades, o IPHAN possui como ferramentas constitucionais para proteção do direito imaterial o inventário, registro e vigilância.

O **primeiro** se refere à pesquisa documental e levantamento de informações do objeto a ser protegido; o **segundo** trata do registro do objeto em um dos **quatro livros de registro,**

---

[18] http://portal.iphan.gov.br/. Acesso em 03 fev. 2023.
[19] http://www.planalto.gov.br/ccivil_03/_ato2023-2026/2023/decreto/D11336.htm. Acesso 08 fev. 2023.

a) Livro de Registro de Saberes,
b) Livro de Registro das Formas de Expressão,
c) Livro de Registro das Celebrações; e
d) Livro de Registro dos Lugares;

e, por último, ao próprio dever de atuação do Instituto de forma preventiva de modo a proteger o bem cultural.[20]

G. Poder Judiciário = jurisprudência atual

Em pesquisas realizadas junto ao Superior Tribunal de Justiça são encontradas poucas decisões relacionadas às **Expressões Culturais Tradicionais**, porém podem ser destacadas três decisões monocráticas:

A – Recurso Especial nº 1.211.923, de relatoria do Ministro Marco Aurélio Bellizze, publicado no D.J.E.- 13 de fevereiro de 2015, relacionado à violação de direitos autorais pela **Fundação Nacional do Índio – FUNAI** na produção de mídias físicas (CDs) com duas músicas indígenas sem autorização do produtor detentor dos direitos.[21]

Ao final da ação, a FUNAI foi condenada a indenizar o Autor no montante de R$ 210,52, sendo este o valor proporcional ao pago para obter os direitos das duas músicas e o proveito econômico com o seu uso indevido.
Processo nº 0010436-95.2005.4.05.8300.
Origem: 6ª Vara Federal de Pernambuco.
Autor: Stephen John Richard Allen.
Ré: Fundação Nacional Do Índio – FUNAI.
Distribuição: 20 de junho de 2005.

B – Agravo em Recurso Especial nº 27.262, de relatoria do Ministro Ricardo Villas Bôas Cueva, publicado no D.J.E. – 07 de maio de 2014, acerca da violação de direitos autorais pelo Instituto Socioambiental –

---

[20] https://www.politize.com.br/iphan/. Acesso em 03 fev. 2023.
[21] https://processo.stj.jus.br/processo/revista/documento/mediado/?componente=MON&sequencial=43865845&tipo_documento=documento&num_registro=201001612002&data=20150213&formato=PDF. Acesso em 07 fev. 2023.

ISA, por uso de fotos sem autorização do autor e sem indicação da autoria, mas apenas a autorização da comunidade indígena fotografada.[22]

Ao final da ação foi reconhecida a violação de direitos autorais, com a condenação da Ré em suspender a divulgação do vídeo (documentário) que continha as fotos do Autor, bem como a condenação em danos materiais e morais.

Processo nº 0049491-94.2005.8.26.0100.
Origem: 34ª Vara Cível do Foro Central de São Paulo/SP.
Autor: Geraldo Nogueira Guimarães Filho.
Réu: Instituto Socioambiental – ISA.
Distribuição 11 de maio de 2005.

C – Recurso Especial nº 1191820, de relatoria do Ministro Sidnei Beneti, publicado no D.J.E. – 14 de março de 2013, relacionado à violação de direitos autorais pelo Festival Folclórico de Parintins e tendo como recorrente o Escritório Central de Arrecadação e Distribuição – ECAD e como Recorrida a Coca-Cola Indústrias Ltda.[23].

Considerando que o Ministro Sidnei Beneti, ao julgar o caso, acaba se desviando para tratar de matérias processuais, entendemos a necessidade da indicação do V. Acórdão prolatado pela 18ª Câmara Cível do E. Tribunal de Justiça do Rio de Janeiro, na Apelação Cível nº 2008.001.47276, de relatoria do Desembargador Jorge Luiz Habib e publicada em 27 de novembro de 2008[24].

Processo nº 0050323-60.2007.8.19.0001.
Origem: 46ª Vara Cível do Rio de Janeiro/RJ.
Autor: Escritório Central de Arrecadação e Distribuição – ECAD.
Ré: Coca Cola Indústrias Ltda.
Distribuição: 26 de abril de 2007.

---

[22] https://processo.stj.jus.br/processo/revista/documento/mediado/?componente=MON&sequencial=35080314&num_registro=201101589538&data=20140507. Acesso em 07 fev. 2023.

[23] https://processo.stj.jus.br/processo/revista/documento/mediado/?componente=MON&sequencial=27411012&tipo_documento=documento&num_registro=201000780069&data=20130314&formato=PDF. Acesso em 07 fev. 2023.

[24] http://www1.tjrj.jus.br/gedcacheweb/default.aspx?UZIP=1&GEDID=0003BD36BB5FC574ECDBCA6116585767D0F103C402142D39&USER=. Acesso em 07 fev. 2023.

H. Poder Legislativo = projetos legislativos em andamento

O Projeto de Lei do Senado nº 169, de 2016, tratava sobre um novo Estatuto dos Povos Indígenas, por iniciativa do Senador Telmário Mota (PDT/RR), porém, não sendo julgado ao final de duas legislaturas, foi arquivado nos termos do §1º do artigo 332 do Regimento Interno do Senado[25].

Por sua vez, na Câmara dos Deputados Federais foi proposto o Projeto de Lei nº 2.732/2022, pela Deputada Federal Lídice da Mata (PSB/BA) e pelo ex-Deputado Marcelo Calero (PSD/RJ), que institui a Política Nacional de Desenvolvimento da Economia Criativa (PNDEC), que teria entre suas atribuições a atuação para defesa e promoção do patrimônio cultural imaterial, com ênfase para as tradições populares, afro-brasileiras e de povos indígenas[26].

I. Poder Executivo = Ministério dos Povos Indígenas

Finalizando e atualizando o presente trabalho, importante que em 1º de janeiro de 2023, através da Medida Provisória nº 1.154/2023[27] – que estabelece a organização básica dos órgãos da Presidência da República e dos Ministérios, foi criado, pela primeira vez na história do Brasil, o **Ministério dos Povos Indígenas**, que tem entre as suas atribuições o **"reconhecimento, garantia e promoção dos direitos dos povos indígenas"**.

Por sua vez, o Decreto nº 11.355, também de 1º de janeiro de 2023, se aprofunda na organização institucional do Ministério, sendo de especial interesse para o assunto abordado no presente capítulo o quanto determinado nos artigos 2º e 20:

> "Art. 2º O Ministério dos Povos Indígenas tem a seguinte estrutura organizacional:
> (...)

---

[25] https://www.congressonacional.leg.br/materias/materias-bicamerais/-/ver/pls-169-2016. Acesso em 06 fev. 2023.

[26] https://www.camara.leg.br/proposicoesWeb/fichadetramitacao?idProposicao=2336649. Acesso em 06 fev. 2023.

[27] https://www.congressonacional.leg.br/materias/medidas-provisorias/-/mpv/155651. Acesso em 06 fev. 2023.

IV – entidade vinculada: Fundação Nacional dos Povos Indígenas – Funai.
(...)
Art. 20. À Secretaria Articulação e Promoção de Direitos Indígenas compete:

I – articular, fomentar, propor, coordenar e monitorar ações, programas, iniciativas e instrumentos de fortalecimento da política indigenista, com vistas à proteção e à promoção dos direitos dos povos indígenas;

II – articular, fomentar, propor, coordenar e monitorar ações, programas, iniciativas e instrumentos voltados a memória, cultura, línguas e saberes dos povos indígenas"[28].

Referências bibliográficas e digitais:

GENRO, João Pedro Costa. O Uso Indevido das Expressões Culturais Tradicionais: a busca pela proteção nas relações entre o direito da propriedade intelectual e do patrimônio cultural. Orientador ODY, Lisiane Feiten Wingert. Trabalho de conclusão de graduação UFRGS, 2022.

PEQUENO, Saulo, BARROS, Daniela e PEDERIVA, Patrícia Lima Martins. Expressões Culturais Tradicionais e a Noção de Autoria: Outros Modos de Vida e Criação. XV Encontro de Estudos Multidisciplinares em Cultura – ENECULT. 01 a 03 de agosto de 2019.

CARBONI, Guilherme e COELHO, Daniele Maia Teixeira. A proteção das expressões culturais tradicionais pela propriedade intelectual e sua transformação em mercadoria. Revista Eletrônica do IBPI – Nr. 7, 01 jan. 2013.

DIEGUES, Antonio Carlos e ARRUDA, Rinaldo S.V. Saberes tradicionais e biodiversidade no Brasil. Ministério do Meio Ambiente, dos Recursos Hídricos e da Amazônia Legal. São Paulo: COBIO, NUPAUB, 2000.

KISHI, S. A. S. Conhecimentos e povos tradicionais: a valorização da dignidade humana pelo direito patrimonial cultural. In: SOARES, I. V. P.; CUREAU, S. (org.). Bens culturais e direitos humanos. 2. ed. São Paulo: Edições Sesc São Paulo, 2019. p. 215–235. p. 227.

DRUMMOND, V. G. A tutela jurídica das expressões culturais tradicionais. São Paulo: Almedina, 2017. p. 180-181.

---

[28] https://www.planalto.gov.br/ccivil_03/_ato2023-2026/2023/decreto/d11355.htm. Acesso em 06 fev. 2023.

D'ELBOUX, S. M.; BAIRON, S. A proteção legal às expressões culturais tradicionais no Brasil – Mecanismos e iniciativas para a sua preservação e difusão. In: SOARES, I. V. P.; PRAGMÁCIO, M. (org.). Tutela jurídica e política de preservação do patrimônio cultural imaterial. Salvador: Editora JusPodivm, 2018. p. 121–144.

WIPO. Glossary of Key Terms Related to Intellectual Property and Genetic Resources, Traditional Knowledge and Traditional Cultural Expressions. Genebra: WIPO, 2018. Disponível em: https://www.wipo.int/edocs/mdocs/tk/en/wipo_grtkf_ic_37/wipo_grtkf_ic_37_inf_7.pdf. Acesso em: 18 maio 2021.

WIPO. Intellectual Property and Genetic Resources, Traditional Knowledge and Traditional Cultural Expressions. [Genebra]: WIPO, 2020. Disponível em: https://www.wipo.int/edocs/pubdocs/en/wipo_pub_933_2020.pdf. Acesso em: 15 abr. 2021. https://www.wipo.int/edocs/pubdocs/pt/wipo_pub_tk_5.pdf. Acesso em: 31 jan. 2022.WIPO.

WIPO Intellectual Property Handbook: Policy, Law and Use. Geneva: WIPO, 2004.

27.
GESTÃO COLETIVA DE DIREITOS AUTORAIS NO BRASIL

Ygor Valerio

1. Introdução

Um titular de direitos autorais pode gerir seus direitos individual ou coletivamente – isto é, pode exercer faculdades oriundas da titularidade de direitos autorais de modo autônomo em relação a outros titulares, ou tendo com estes se concertado em torno de organizações que farão a gestão de direitos em representação dos titulares a elas associados. São as Associações ou Sociedades de Gestão Coletiva (AGCs ou SGCs).

O embrião histórico das AGCs é o *Bureau de Législation Dramatique*, organizado por Beaumarchais[1], na França, em 1776, mas a atividade de gestão coletiva propriamente dita se consolida com mais vigor pelo mundo a partir do início do século XX, chegando ao Brasil em 1917, com a fundação da SBAT – Sociedade Brasileira de Autores Teatrais, que contava com diversos associados ilustres, como a compositora Chiquinha Gonzaga.

O fundamento econômico para a existência da gestão coletiva[2] é a significativa redução dos chamados custos de transação[3] que ela propor-

---

[1] Pierre-Augustin Caron de Beaumarchais é o celebrado compositor das peças As Bodas de Fígaro e O Barbeiro de Sevilha.
[2] Williamson, Óliver. Transaction Cost Economics and Organization Theory. Industrial and Corporate Change. Oxford, v. 2, i.1. Páginas 107-156. Janeiro, 1993. "A teoria econômica dos custos de transação sustenta que a redução dos custos de transação é a

ciona, especialmente tendo em vista a chamada fragmentariedade dos direitos autorais, que faz com que a exploração econômica de uma única criação autoral possa exigir licenças de múltiplos titulares[4]. O aumento exponencial da circulação nacional e internacional de obras de representação[5] tem, na gestão coletiva, um de seus maiores viabilizadores.

Outro vetor que incentiva titulares a gerirem coletivamente seus direitos é o aumento de seu poder de barganha em negociações com usuários de suas criações, o que resulta em um fortalecimento das posições negociais da classe de criadores representada por AGCs.

Por fim, as AGCs em todo o mundo também passaram a desempenhar funções atípicas, como o são os serviços de assistência social a seus integrantes e as atividades de incentivo à criação intelectual.

Atualmente, a Confederação Internacional de Sociedades de Autores e Compositores – CISAC, conta com 227 AGCs como membros, em um total de 118 países, representando mais de 4 milhões de criadores nos segmentos de música, audiovisual, artes dramáticas, literatura e artes visuais[6], o que demonstra a pujança das atividades de gestão coletiva por todo o mundo.

A gestão de direitos autorais, coletiva ou individual, por constituir atividade fundamentalmente mercadológica, molda-se sob influência determinante das reiteradas práticas do quotidiano que se vão criando para solucionar questões concretas do dia a dia dos direitos, sempre sob um imperativo de viabilização dos negócios e da atividade de mercado.

---

principal responsável pela escolha de uma forma de organização capitalista em vez de outra." (tradução livre)

[3] SARTO, Victor Hugo; ALMEIDA, Luciana Togeiro. A Teoria dos Custos de Transação: Uma Análise a Partir das Críticas Evolucionistas. Revista Iniciativa Econômica. Araraquara, v.2, n.1. Lista Eletrônica de Artigos. Novembro, 2015. "[...] o dispêndio de recursos econômicos para planejar, adaptar e monitorar as interações entre os agentes, garantindo que o cumprimento dos termos contratuais se faça de maneira satisfatória para as partes envolvidas e compatível com a sua funcionalidade econômica".

[4] Como exemplo, não fosse o sistema de gestão coletiva, uma plataforma de streaming precisaria de licenças do produtor do fonograma, do compositor da canção, do artista intérprete e dos músicos executantes, para cada tipo de utilização.

[5] São chamadas de obras de representação aquelas destinadas precipuamente a serem interpretadas e executadas, como as peças de teatro ou as obras musicais.

[6] https://www.cisac.org

Essa natureza, mais de *praxis* que de dogma, resulta em que a gestão de direitos, enquanto objeto de estudo, nem sempre se curvará a uma racionalidade jurídica cartesiana e nem sempre se poderá cercá-la conceitualmente de maneira exauriente, abundando exceções e arranjos particulares[7].

Ainda mais intensa é a diversidade de práticas entre países distintos, desafio capital em um momento de crescente internacionalização do consumo de conteúdo a reboque da multiplicação das plataformas digitais. Muito embora os tratados apresentem excelente piso de organização jurídica da matéria, é grande a margem de particularização das leis e práticas internas de cada signatário, sempre forjadas como vetor resultante de interesses locais, altamente variáveis país a país.

Esse cenário complexo e fluido aumenta a importância dos fundamentos jurídicos e do Direito como sistema estruturante mínimo que viabiliza o mercado e garante a segurança dos negócios jurídicos, e das sociedades de gestão coletiva como garantes de uma padronização mínima dos arranjos negociais.

2. Gestão coletiva no Brasil

2.1. Natureza facultativa

O Título VI da LDA trata das associações de titulares de direitos autorais, conferindo aos autores e aos titulares de direito conexo a faculdade de se associarem, sem intuito de lucro, para exercerem e defenderem seus direitos (art. 97).

A associação dos titulares de direitos é facultativa, seja como corolário da garantia fundamental de liberdade associativa[8]; seja como decorrência da garantia legal concedida à gestão individual[9]; seja, ainda, como con-

---

[7] Nesse sentido, por exemplo, a concessão de descontos em negociações particulares, as regras de cadastramento titulares em uma sociedade de gestão coletiva, o cálculo de porcentagens de recolhimento incidentes sobre distintas atividades econômicas independentemente do catálogo utilizado, entre outras.

[8] Inciso XX do art. 5º da Constituição Federal.

[9] O §15 do art. 97 procedimentaliza e garante a gestão individual, tratada também no art. 13 do Decreto 9.574/2018, que regulamenta a LDA. O mesmo decreto, em seu art. 30,

clusão da interpretação literal do art. 97 da LDA, que descreve o ato de associação como faculdade, e não obrigação. Daí dizer-se que, no Brasil, a gestão coletiva é facultativa.

2.2. Efeitos da afiliação

A afiliação de um titular a uma AGC confere à associação um mandato para a prática de todos os atos necessários à defesa judicial ou extrajudicial de seus direitos autorais (*ex vi lege*, art. 98), bem como para o exercício da atividade de cobrança.

Esse mandato, entretanto, deve ser entendido como figura contratual atípica, submetido a regras especiais, na medida em que as disposições da LDA derrogam as disposições gerais aplicáveis ao contrato de mandato do Código Civil.

Como exemplos não exaurientes dessas diferenças, note-se que, enquanto no mandato típico o mandatário sempre pratica atos ou administra interesses em nome do mandante, a AGC poderá também atuar em nome próprio, representando a coletividade de titulares; enquanto o mandato típico é instrumentalizado por meio de procuração, o mandato dado à AGC é instrumentalizado pelo documento de afiliação, não submetido aos requisitos do art. 654, §1º do CC; inexiste afiliação tácita, de modo que não poderá haver mandato tácito concedido à ou aceito pela AGC etc.

Além disso, quanto à representação judicial do afiliado, note-se que a condição em que a AGC atua em juízo não é de mera mandatária do titular de direito, mas de substituta processual, com legitimação extraordinária conferida pelo art. 99, § 2º, da LDA[10]. Se assim não fosse, padeceria de ilegitimidade ativa *ad causam*, por força do art. 18 do CPC.

---

inc. X, identifica como infração administrativa o ato de impedir, obstruir ou dificultar a gestão individual.

[10] § 2º O ente arrecadador e as associações a que se refere este Título atuarão em juízo e fora dele em seus próprios nomes como substitutos processuais dos titulares a eles vinculados.

2.3. Multiplicidade de AGCs

Há países que adotam um modelo de exclusividade quanto ao gênero de direitos representados, como é o caso da Argentina com a SADAIC, única AGC autorizada a gerir direitos sobre obras musicais, entre outros.

Não há dispositivo legal no Brasil que proíba duas ou mais AGCs de gerirem direitos de idêntica natureza (*e.g.* direitos de execução pública musical)[11]. Nesse sentido, não há, aqui, exclusividade de exploração econômica de um mesmo gênero de direitos, mas um mesmo titular não poderá associar-se a mais de uma AGC para gestão de direitos congêneres, sendo-lhe facultado, entretanto, transferir-se de uma para outra.

Convém, neste particular, seja feito um esclarecimento – a atividade de cobrança relacionada à execução pública de obras musicais e literomusicais e de fonogramas é concentrada, por força do art. 99 da LDA, no ECAD – Escritório Central de Arrecadação e Distribuição, que não é, em si, uma AGC, mas um ente que operacionaliza e unifica a arrecadação de todas as AGCs que representam titulares desses direitos especificamente.

O único caso de arrecadação forçosamente concentrada por um ente arrecadador interposto entre o usuário e a AGC, no Brasil, é o caso do ECAD, sendo que a gestão coletiva de outros gêneros de direitos autorais, como os pertencentes a diretores de cinema, atores, roteiristas ou produtores audiovisuais é feita diretamente pelas respectivas AGCs.

2.4. Interesse público, função social, autonomia privada e regulação das AGCs

Por força do §1º do art. 97 da LDA, a gestão coletiva de direitos autorais é atividade de interesse público, conceito jurídico de enunciação imprecisa que delineia, para citar uma das múltiplas definições, "*o interesse resultante do conjunto dos interesses que os indivíduos* **pessoalmente** *têm quando considerados* **em sua qualidade de membros da Sociedade e pelo simples fato de o serem.**"[12]

---

[11] Nada obstante, a constituição de novas AGCs para exercer atividade de cobrança de idêntica natureza de outras já existentes deve obedecer a critérios mínimos de relevância, nos termos do Decreto 9574/18, art. 4º.

[12] BANDEIRA DE MELLO, Celso Antônio. *Curso de Direito Administrativo*. 27ª edição. São Paulo: Malheiros, 2010. p. 60-61. Grifos do autor.

Em diversos países, incluído o Brasil, a atividade de gestão coletiva de direitos autorais é considerada de interesse público, e atrai, em razão disso, regulação estatal que diferencia as pessoas jurídicas dedicadas a essa atividade e lhes impõe uma série de requisitos de constituição e funcionamento que não existem para pessoas jurídicas com atividades de outra espécie[13].

O mesmo §1º do art. 97 da LDA determina, adicionalmente, a observância das AGCs à sua função social. Outro conceito jurídico de amplo espectro, a função social servirá igualmente como princípio limitador da autonomia privada no exercício da atividade de gestão coletiva, impondo uma mitigação da *ratio* do máximo benefício privado em favor da consecução de um objetivo social.

Ambos – interesse público e função social – submetem a autonomia privada das AGCs à constante possibilidade de intervenção do Estado (aí incluído o poder judiciário) sobre os mais diversos aspectos de sua constituição, funcionamento e atuação.

2.5. Habilitação para a atividade de cobrança

A atividade de cobrança só é lícita à AGC habilitada para tanto por órgão da Administração Pública Federal.

A obtenção da habilitação obedece ao procedimento descrito no Decreto 9.574/18, e, no mérito, analisa o preenchimento dos requisitos do art. 98-A da LDA, que podem ser divididos entre:

(a) requisitos de constituição, voltados ao atendimento, pelo estatuto, das exigências para sua constituição, como aqueles listados no art. 54 do Código Civil, além da obrigatoriedade de não perseguirem lucro;

(b) requisitos de representatividade, voltados à verificação de um mínimo numérico de relevância da associação no conjunto de titulares e de direitos que a associação pretende representar; e

---

[13] STF – Segunda Turma – Rex 201.819-8 – Rel. Min. Ellen Gracie – Publicação: 11/10/2005. "As associações privadas que exercem função predominante em determinado âmbito econômico e/ou social, mantendo seus associados em relações de dependência econômica e/ou social, integram o que se pode denominar de espaço público, ainda que não-estatal".

(c) requisitos de eficácia e transparência, que se voltam à demonstração da capacidade de cumprir contratos, gerir custos de modo proporcional à atividade, e de conduzir a gestão coletiva de maneira profissional, mantendo registros contábeis, atas de assembleias, contratos, regras de governança, planos de cargos e salários, entre outros.

Muito embora o ato administrativo de habilitação das AGCs seja descrito como ato vinculado pelo §2º do art. 98-A da LDA, identificamos importante margem de discricionariedade[14] em decorrência do tipo de documentação exigida das AGCs para sua habilitação, que comporta amplo espectro de interpretação, como é o caso dos relatórios de auditoria externa ou a demonstração de proporcionalidade entre arrecadação e custos.

A habilitação de uma AGC poderá ser anulada em sede de processo administrativo ou judicial, nos termos dos §§2º a 5º do art. 98-A da LDA.

2.6. Regras de funcionamento
O funcionamento das AGCs se submete a uma série de regras dos arts. 97, 98 e 98-B que podem ser classificadas como:

(a) regras de gestão e administração, que determinam, por exemplo, que apenas titulares originários de direitos de autor ou conexos podem votar ou ser votados nas AGCs (art. 97, §5º), ou que a associação deverá tratar seus associados de forma equitativa (art. 98, §5º), ou que deve haver proporcionalidade entre a taxa de administração e o custo das operações

---

[14] São atos administrativos discricionários "os que a Administração pratica dispondo de certa margem de liberdade para decidir-se, pois a lei regulou a matéria de modo a deixar campo para uma apreciação que comporta certo subjetivismo." Por outro lado, são atos administrativos vinculados "os que a Administração pratica sem margem alguma de liberdade para decidir-se, pois a lei previamente tipificou o único possível comportamento diante de hipótese prefigurada em termos objetivos". BANDEIRA DE MELLO, Celso Antônio. *Ibidem*. p. 424-425.

(b) regras de publicidade e informação, que exigem, exemplificativamente, que a AGC torne públicas sua metodologia de cálculo e critérios de cobrança e distribuição, bem como seus estatutos, deliberações, cadastro de obras e titulares, valores arrecadados e distribuídos e créditos retidos para distribuição futura;
(c) regras de prestação de contas, que determinam se forneçam diretamente e em caráter regular aos titulares afiliados as informações sobre suas distribuições individualizadas e sobre os valores devidos, disponibilizando-se sistema de informação para que o usuário possa informar as obras utilizadas e o titular possa acompanhar os valores arrecadados;
(d) regras da atividade de cobrança, que incumbem a AGC de determinar o preço de utilização do repertório (art. 98, §3º), adotando os princípios de isonomia, eficiência e transparência, e mantendo a proporcionalidade entre o preço e o grau de utilização, entre outras.

2.7. Regras de formação do preço

Um tema recorrente em litígios relacionados à atividade de cobrança é a discricionariedade da AGC (ou do ente arrecadador) na determinação do preço pela utilização do repertório representado.

Os tribunais pátrios, por meio de reiteradas decisões nesse sentido, formaram jurisprudência que garantem essa discricionariedade, tema que, inclusive, foi objeto do Informativo de Jurisprudência 543 do STJ[15].

---

[15] DIREITO CIVIL. LEGALIDADE DE CRITÉRIOS FIXADOS EM REGULAMENTO DE ARRECADAÇÃO DO ECAD. É válido o critério de estimativa da receita bruta do evento realizado, previsto em regulamento de arrecadação do ECAD, para se cobrar os valores devidos pela execução de obras musicais. Tratando-se de direito de autor, compete a esse a fixação da remuneração pela utilização de sua obra por terceiro, seja diretamente, seja por intermédio das associações ou do próprio ECAD, que possui métodos próprios para elaboração dos cálculos diante da diversidade das obras reproduzidas, segundo critérios eleitos internamente. Dessa forma, no âmbito de atuação do ECAD, os critérios para a cobrança dos direitos autorais são definidos no regulamento de arrecadação elaborado e aprovado em assembleia geral composta pelos representantes das associações que o integram. O referido regulamento contém tabela específica de preços, os quais devem observar "a razoabilidade, a boa-fé e os usos do local de utilização das obras", conforme

Nada obstante, é fundamental perceber que a discricionariedade na formação do preço e a condução da atividade de cobrança se encontram limitada pelos dispositivos legais aplicáveis à matéria e que impõem à AGC: (a) adotar os princípios da isonomia, da eficiência e da transparência (art. 98, §2º) na cobrança; (b) considerar a razoabilidade e a boa-fé, além dos usos do local de utilização das obras (art. 98, §3º), na formação do preço; (c) cobrar de modo proporcional ao grau de utilização da obra, considerando sua importância no exercício das atividades do usuário e as particularidades de cada segmento (art. 98, §4º).

O princípio da isonomia reclama a aplicação das mesmas regras gerais a todos os usuários, devendo-se evitar arranjos particulares que não sejam fundados em princípios equivalentes de precificação; o princípio da eficiência impõe grau de excelência no modo de condução da atividade de cobrança; já o princípio da transparência implica acesso amplo às informações relacionadas ao desempenho das atividades da AGC.

A exigência de razoabilidade, boa-fé e observância aos usos locais na formação do preço é cláusula de amplíssima interpretação que termina por oferecer critérios de questionamento a usuários que buscam discutir a precificação em juízo.

A exigência de proporcionalidade da cobrança em relação ao grau de utilização da obra faz com que, exemplificativamente, o preço cobrado de uma rede de televisão pelo uso de obras audiovisuais seja distinto daquele cobrado de um estabelecimento gastronômico que mantém um aparelho de televisão ligado para distração de seus clientes.

O Decreto 9.574/18 esclarece, em seus arts. 8º e 9º, que será considerada proporcional ao grau de utilização das obras e dos fonogramas pelos usuários a cobrança que observe critérios como o tempo de utilização de obras ou fonogramas protegidos, o número de utilizações, a importância ou relevância da utilização das obras e dos fonogramas para a atividade fim do usuário etc. Nesse sentido, por exemplo, o uso eventual de música

---

a nova redação expressa no § 3º do art. 98 da Lei 9.610/1998. Neste contexto, a jurisprudência do STJ é firme no sentido de ser válida a tabela de preços instituída pelo ECAD e seu critério de arrecadação. Precedentes citados: AgRg nos EDcl no REsp 885.783-SP, Terceira Turma, DJe 22/5/2013; e AgRg no Ag 780.560-PR, Quarta Turma, DJ 26/2/2007. REsp 1.160.483-RS, Rel. Min. Luis Felipe Salomão, julgado em 10/6/2014.

na atividade fim deve gerar cobrança significativamente menor que o uso permanente.

Referências

COSTA NETTO, José Carlos. *Direito Autoral no Brasil*. 3ª ed. São Paulo: Saraiva Educação, 2019.

COCURUTTO, Rafael Clementi. *Direitos Autorais: A Gestão Coletiva de Obras Musicais*. 1ª ed. São Paulo: Leud, 2020.

FRANCISCO, Pedro Augusto Pereira; VALENTE, Mariana Giorgetti. *ECAD, Direito Autoral e Música no Brasil*. 1ª ed. Rio de Janeiro: Beco do Azougue, 2016

GERVAIS, Daniel. *Collective Management of Copyrights and Related Rights*. 3ª ed. Baltimore: Wolters Kluwer, 2015.

PARTE 6

CONTRATOS DE PROPRIEDADE INTELECTUAL

28.
CONTRATOS DE DIREITOS DE PROPRIEDADE INDUSTRIAL

José Mauro Decoussau Machado

A Lei nº 9.279/96, de 14 de maio de 1996 ("Lei de Propriedade Industrial" ou "LPI") estabelece as modalidades de contratos de cessão e de licenciamento de direitos de propriedade industrial, sendo eles sobre marcas, patentes e desenhos industriais. Tais contratos, em conjunto com as modalidades contratuais de fornecimento de tecnologia (ou *know-how*), prestação de serviços de assistência técnica e científica, e franquia, são denominados "contratos de transferência de tecnologia"[1].

Os contratos de licenciamento são celebrados com o intuito de autorizar o uso e estabelecer as condições de exploração de determinado direito de propriedade industrial por terceiro que não é seu titular, o que pode ocorrer de modo exclusivo ou não. Por outro lado, os contratos de cessão são aqueles celebrados com o intuito de transferir a titularidade e determinado direito de propriedade industrial para terceiro.

Licença de uso de marca e cessão de marca

O contrato de Licença de Uso da Marca permite que o titular do registro da marca ou o depositante do pedido de registro no INPI autorize o uso da marca por terceiro, como prevê o art. 139 da LPI:

---

[1] VIEGAS, Juliana L. B. Contratos típicos de Propriedade Industrial: contratos de cessão e de licenciamento de marcas e patentes; licenças compulsórias. In: Contratos de Propriedade Industrial e novas tecnologias. SANTOS, Manoel J. Pereira dos. JABUR, Wilson Pinheiro (coord.). São Paulo: Editora Saraiva, 2007, p. 11.

"Art. 139. O titular de registro ou o depositante de pedido de registro poderá celebrar contrato de licença para uso da marca, sem prejuízo de seu direito de exercer controle efetivo sobre as especificações, natureza e qualidade dos respectivos produtos ou serviços.

Parágrafo único. O licenciado poderá ser investido pelo titular de todos os poderes para agir em defesa da marca, sem prejuízo dos seus próprios direitos."

Além de autorizar o uso da marca sem que ocorra a perda da titularidade, foi conferida ao titular, agora licenciante, a possibilidade de realizar o controle de qualidade dos produtos e serviços fabricados ou comercializados pelo licenciado a partir da licença da marca.

Em referência indireta ao regime de responsabilidade solidária dos participantes da cadeia de produção e fornecimento dos produtos perante o consumidor[2] estabelecido pelo Código de Defesa do Consumidor ("CDC"), a LPI também conferiu ao licenciante a possibilidade de zelar pela qualidade do produto ou serviço.

De modo expresso, o parágrafo único do referido artigo conferiu ao licenciado a capacidade processual para atuar em juízo, em defesa da marca, quando autorizado contratualmente pelo licenciante. Neste caso, o licenciado não se limita a atuar somente como assistente do licenciante em processos judiciais, mas pode atuar diretamente na defesa da marca, como se fosse o titular.

Além disso, para que o contrato de Licença de Uso da Marca seja válido ele deve conter, necessariamente, a qualificação das partes, o número de registro da marca ou do pedido depositado, objeto do licenciamento, a remuneração correspondente ao contrato – denominados *royalties* –, caso este seja oneroso, e o prazo, que não pode ultrapassar o prazo de vigência da marca registrada. Outra informação extremamente relevante do contrato diz respeito ao tipo de licenciamento, se exclusivo ou não. Caso não

---

[2] *Comentários à Lei De Propriedade Industrial*. IDS – Instituto Dannemann Siemsen de Estudos Jurídicos e Técnicos. 3ª Ed., Rio de Janeiro: Renovar, 2013. Pp. 340.

haja menção à exclusividade da licença, presume-se que se trata de uso não exclusivo[3].

Historicamente, inexistia remuneração pelo licenciamento de pedido de registro de marca, uma vez que esse gera apenas uma "expectativa de direito". Com a concessão do registro da marca, o licenciante poderia receber a remuneração retroativa, conforme contratualmente estabelecido, a partir da data de publicação do deferimento na Revista da Propriedade Industrial ("RPI")[4].

Todavia, em recente entendimento registrado na ata de reunião realizada em 28 de dezembro de 2022 e publicada na RPI nº 2713[5], o INPI se comprometeu a não obstaculizar contratos que estabeleçam o pagamento de *royalties* pelo licenciamento de pedidos de registro de marcas, patentes e desenhos industriais. Em 24 de janeiro de 2023, foi formalizado o caráter normativo da ata de reunião na publicação da RPI nº 271[6], e em 7 de julho de 2023, foram publicadas as Portarias/INPI/PR nºs 26 e 27, que consolidaram o novo cenário.[7]

Para que o contrato produza efeitos perante terceiros, ele deve ser averbado no INPI, como disposto nos arts. 140 e 211 da LPI infracitados, e nos dispositivos da IN n. 70 INPI/PR, de 11 de abril de 2017:

---

[3] *Comentários à Lei De Propriedade Industrial*. IDS – Instituto Dannemann Siemsen de Estudos Jurídicos e Técnicos. 3ª Ed., Rio de Janeiro: Renovar, 2013. Pp. 340.

[4] INPI. *Modalidades de Contratos e Informações*. Rio de Janeiro: ago 2022. Disponível em < https://www.gov.br/inpi/pt-br/servicos/contratos-de-tecnologia-e-de-franquia/tipos-de-contratos>. Acessado em 23 de jan de 2023.

[5] INPI. *Ata de reunião*. Dez 2022. Disponível em: https://www.gov.br/inpi/pt-br/arquivos/SEI_INPI0747049AtadeReunio.pdf. Acessado em 26 de jan de 2023.

[6] INPI. *Ata de reunião de Diretoria em 28/12 será adotada em decisões sobre contratos*. Jan 2023. Disponível em: https://www.gov.br/inpi/pt-br/central-de-conteudo/noticias/ata-de--reuniao-de-diretoria-em-28-12-sera-adotada-em-decisoes-sobre-contratos. Acessado em 27 de jan de 2023.

[7] Portarias/INPI/PR n°s. 26 e 27, de 07 de Julho de 2023. Disponíveis em: www.gov.br/inpi/pt-br/servicos/contratos-de-tecnologia-e-de-franquia/Portaria26.pdf e https://www.in.gov.br/en/web/dou/-/portaria/inpi/pr-n-27-de-7-de-julho-de-2023-495486300. Acessado em 17 de ago de 2023.

"Art. 140. O contrato de licença deverá ser averbado no INPI para que produza efeitos em relação a terceiros.

§ 1º A averbação produzirá efeitos em relação a terceiros a partir da data de sua publicação.

§ 2º Para efeito de validade de prova de uso, o contrato de licença não precisará estar averbado no INPI."

"Art. 211. O INPI fará o registro dos contratos que impliquem transferência de tecnologia, contratos de franquia e similares para produzirem efeitos em relação a terceiros.

Parágrafo único. A decisão relativa aos pedidos de registro de contratos de que trata este artigo será proferida no prazo de 30 (trinta) dias, contados da data do pedido de registro."

Nos contratos em que se estabelece a exclusividade do uso da marca para um licenciante em determinado território, a averbação possui papel ainda mais importante, pois confere a terceiros o conhecimento acerca da exclusividade e garante que o INPI não averbará outro contrato de licença para o mesmo registro ou pedido de registro de marca.

A averbação será publicada na Revista de Propriedade Industrial, data em que se inicia o prazo de 60 dias para que terceiros se manifestem contrariamente, e nos casos em que a averbação for indeferida é possível apresentar recurso ao INPI.

Contudo, a averbação no INPI deixou de ser necessária para permitir a remessa de royalties ao exterior e a dedutibilidade fiscal dos pagamentos feitos pelo licenciado, em razão de recentes alterações legislativas, inclusive na esfera tributária, com o objetivo de reduzir os entraves para a remessa de royalties ao exterior.

O contrato de Cessão de Marca, por sua vez, permite a transferência do direito de propriedade, posse e uso da marca registrada ou depositada à terceiro, nos termos do art. 134 da LPI:

"Art. 134. O pedido de registro e o registro poderão ser cedidos, desde que o cessionário atenda aos requisitos legais para requerer tal registro."

Como o cessionário deve atender aos requisitos de um requerente daquele registro de marca, é necessário que o objeto social do cessionário seja correspondente aos produtos ou serviços relacionados à marca. Além disso, a cessão deve compreender todos os registros ou pedidos do cedente de marcas iguais ou semelhantes, justamente para evitar a convivência de marca idêntica em nome de titulares distintos, em conformidade com o disposto no art. 135 da LPI:

"Art. 135. A cessão deverá compreender todos os registros ou pedidos, em nome do cedente, de marcas iguais ou semelhantes, relativas a produto ou serviço idêntico, semelhante ou afim, sob pena de cancelamento dos registros ou arquivamento dos pedidos não cedidos."

Importante mencionar que há duas exceções ao disposto no referido art. 135 da LPI. A primeira delas diz respeito à cessão do registro da marca para empresas do mesmo grupo econômico, que podem manter marcas iguais ou semelhantes para uma mesma atividade, visto que possuem interesses semelhantes e não concorrentes entre si, portanto não haveria prejuízo ao consumidor[8].

A segunda, é relativa ao caso de celebração de acordo de coexistência de marca pelas partes. Neste caso, a convivência entre os registros depende da concordância do INPI com o referido acordo, uma vez que a vontade das partes não é vinculante e cabe ao Instituto garantir o melhor interesse do consumidor, que pode ter prejuízos em razão da possível atuação de ambas as empresas com marcas idênticas[9].

---

[8] *Comentários à Lei De Propriedade Industrial.* IDS – Instituto Dannemann Siemsen de Estudos Jurídicos e Técnicos. 3ª Ed., Rio de Janeiro: Renovar, 2013. Pp. 333.

[9] Um exemplo desta segunda hipótese foi o acordo de coexistência celebrado entre o Metrus Instituto de Seguridade Social e a Metropar Administração e Participações LTDA. com relação as marcas "Metrus" e "Metro". O acordo foi homologado pela 25ª vara Federal do Rio de Janeiro em 2021, nos autos do processo de nº. 5005201-78.2021.4.02.5101. Disponível em: https://eproc.jfrj.jus.br/eproc/externo_controlador.php?acao=processo_seleciona_publica&num_processo=50052017820214025101&eventos=true&num_

Um aspecto importante do contrato de Cessão de Marca é que seus efeitos se estendem por todo o território do país e, se houver registro da marca em outros países, o cedente pode transferi-lo para cessionários distintos em cada um deles.

Por fim, a cessão deve ser deve ser solicitada mediante protocolo de uma petição de Anotação de Transferência de Titular no INPI com as informações acerca da qualificação completa do cedente e cessionário, os poderes de representação dos signatários, o número do pedido ou do registro da marca cedida e a data na qual foi firmado[10], também em conformidade com os arts. 136 a 138 da LPI:

"Art. 136. O INPI fará as seguintes anotações:

I – da cessão, fazendo constar a qualificação completa do cessionário;

II – de qualquer limitação ou ônus que recaia sobre o pedido ou registro;

III – das alterações de nome, sede ou endereço do depositante ou titular."

"Art. 137. As anotações produzirão efeitos em relação a terceiros a partir da data de sua publicação."

"Art. 138. Cabe recurso da decisão que:

I – indeferir anotação de cessão;

II – cancelar o registro ou arquivar o pedido, nos termos do art. 135."

A averbação, além de publicizar a cessão, evita que o cedente de má-fé realize a cessão de uma mesma marca mais de uma vez.

---

chave=&num_chave_documento=&hash=9ff5e9f1df5c93ff0307b2def8a1a738. Acessado em 24 de jan de 2023.

[10] INPI. *Modalidades de Contratos e Informações*. Rio de Janeiro: ago 2022. Disponível em <https://www.gov.br/inpi/pt-br/servicos/contratos-de-tecnologia-e-de-franquia/tipos-de-contratos>. Acessado em 23 de jan de 2023.

Licença para exploração de patentes e cessão de patente

O contrato de Licença para Exploração de Patentes permite que o titular de patente ou o depositante autorize a exploração da patente por terceiro, em conformidade com o previsto nos arts. 61 a 63 da LPI:

> "Art. 61. O titular de patente ou o depositante poderá celebrar contrato de licença para exploração.
> Parágrafo único. O licenciado poderá ser investido pelo titular de todos os poderes para agir em defesa da patente.
>
> Art. 62. O contrato de licença deverá ser averbado no INPI para que produza efeitos em relação a terceiros.
>
> § 1º A averbação produzirá efeitos em relação a terceiros a partir da data de sua publicação.
>
> § 2º Para efeito de validade de prova de uso, o contrato de licença não precisará estar averbado no INPI.
>
> Art. 63. O aperfeiçoamento introduzido em patente licenciada pertence a quem o fizer, sendo assegurado à outra parte contratante o direito de preferência para seu licenciamento."

É possível observar que os dispositivos referentes ao contrato de Licença para Exploração de Patentes são bastante semelhantes àqueles que tratam da Licença de Uso da Marca, portanto o licenciado, se autorizado contratualmente, possui a capacidade processual para atuar em juízo em defesa da patente.

O contrato deve conter o número e informações do pedido da patente depositada ou concedida pelo INPI, o prazo de vigência da patente, bem como as informações sobre a exclusividade ou não da licença[11]. Em razão da aplicação industrial das patentes, é comum aos contratos de licencia-

---

[11] INPI. *Modalidades de Contratos e Informações*. Rio de Janeiro: ago 2022. Disponível em < https://www.gov.br/inpi/pt-br/servicos/contratos-de-tecnologia-e-de-franquia/tipos-de-contratos>. Acessado em 23 de jan de 2023.

mento que também compartilhem informações sobre a fabricação do produto e demais informações necessárias para exploração da patente[12].

Quando oneroso, o contrato de licença possui como contrapartida o pagamento de *royalties*. Nos casos de licenciamento de pedido de patente, a remuneração devida era contabilizada e/ou depositada em uma "conta caução", principalmente nos casos em que o titular da patente é domiciliado no exterior, e somente eram pagos após sua concessão[13]. O INPI alterou esse entendimento, conforme mencionadas Portarias/INPI/PR nºs 26 e 27, permitindo o pagamento de *royalties* pelo licenciamento de pedidos de patentes[14].

O prazo de vigência do contrato, coerentemente, não pode ultrapassar o de vigência da patente licenciada, mas se for inferior, há a possibilidade de celebração de aditivo contratual. O contrato também deve ser averbado no INPI para que possua eficácia perante terceiros e para garantia da dedutibilidade fiscal dos pagamentos.

Além disso, o titular da patente poderá solicitar ao INPI que a coloque em oferta para fins de exploração, a partir da publicação na RPI para conhecimento de terceiros, exceto nos casos em que já foi celebrado contrato de licença em caráter de exclusividade. Nos termos da LPI:

"Art. 64. O titular da patente poderá solicitar ao INPI que a coloque em oferta para fins de exploração.

§ 1º O INPI promoverá a publicação da oferta.

§ 2º Nenhum contrato de licença voluntária de caráter exclusivo será averbado no INPI sem que o titular tenha desistido da oferta.

---

[12] *Comentários à Lei De Propriedade Industrial*. IDS – Instituto Dannemann Siemsen de Estudos Jurídicos e Técnicos. 3ª Ed., Rio de Janeiro: Renovar, 2013. Pp. 155.

[13] KUYVEN, Fernando; RODRIGUES JR., Otavio Luiz; FRADERA, Véra Jacob, WAISBERG, Vo; GOLDBERG, Ilan; BARBOSA, Claudio Roberto; LEONARDO Rodrigo Xavier. *Tratado de Direito Empresarial – Vol. IV*. São Paulo: Revista dos Tribunais, 2018. Pp. 337-359.

[14] Portarias/INPI/PR nºs 26 e 27, de 07 de Julho de 2023. Disponíveis em: www.gov.br/inpi/pt-br/servicos/contratos-de-tecnologia-e-de-franquia/Portaria26.pdf e https://www.in.gov.br/en/web/dou/-/portaria/inpi/pr-n-27-de-7-de-julho-de-2023-495486300. Acessado em 17 de ago de 2023.

§ 3º A patente sob licença voluntária, com caráter de exclusividade, não poderá ser objeto de oferta.

§ 4º O titular poderá, a qualquer momento, antes da expressa aceitação de seus termos pelo interessado, desistir da oferta, não se aplicando o disposto no art. 66."

"Art. 67. O titular da patente poderá requerer o cancelamento da licença se o licenciado não der início à exploração efetiva dentro de 1 (um) ano da concessão, interromper a exploração por prazo superior a 1 (um) ano, ou, ainda, se não forem obedecidas as condições para a exploração."

Por fim, cabe mencionar a possibilidade do licenciamento compulsório de uma patente, hipótese em que uma patente é licenciada sem o consentimento do titular, caso se comprove o preenchimento dos requisitos estabelecidos no artigo 68 da LPI, como exercício abusivo da patente, prática de abuso de poder econômico, falta de uso integral do processo patenteado, comercialização que não satisfaz às necessidades do mercado, dentre outros.

O contrato de Cessão de Patente, por sua vez, permite a transferência da titularidade da patente ou do pedido de patente como um todo – ou seja, de conteúdo indivisível – à terceiro, nos termos dos arts. 58 a 60 da LPI:

"Art. 58. O pedido de patente ou a patente, ambos de conteúdo indivisível, poderão ser cedidos, total ou parcialmente.

Art. 59. O INPI fará as seguintes anotações:

I – da cessão, fazendo constar a qualificação completa do cessionário;

II – de qualquer limitação ou ônus que recaia sobre o pedido ou a patente; e

III – das alterações de nome, sede ou endereço do depositante ou titular.

Art. 60. As anotações produzirão efeito em relação a terceiros a partir da data de sua publicação."

Ainda que não seja possível a cessão de parte da patente, a cessão pode ser parcial, no sentido de que o terceiro pode adquirir uma fração dos direitos sobre a patente como um todo, tornando-se um cotitular do registro. A averbação do contrato deverá ser requerida à Diretoria de Patentes, Programas de Computador e Topografia de Circuitos Integrados e as informações do novo titular passarão a constar do registro para ciência de terceiros.

Nos casos em que o objeto da patente ou do pedido de patente seja considerado como de interesse da defesa nacional, o INPI encaminhará ao órgão competente do Poder Executivo que emitirá uma autorização prévia para que ocorra o licenciamento ou cessão, como previsto no art. 75, § 3º da LPI.

Licença para exploração de desenho industrial e cessão de desenho industrial

Com relação ao licenciamento e cessão de Desenhos Industriais, a LPI aproveitou grande parte das disposições atinentes a patentes, permitindo a licença de uso ou transferência da titularidade do desenho industrial à terceiro, como disposto no art. 121:

> "Art. 121. As disposições dos arts. 58 a 63 aplicam-se, no que couber, à matéria de que trata o presente Título, disciplinando-se o direito do empregado ou prestador de serviços pelas disposições dos arts. 88 a 93."

Importante ressaltar que o regime de licenciamento compulsório do art. 68 da LPI não é aplicável ao Desenho Industrial. Quanto aos demais aspectos, os requisitos formais de contratos de licenciamento e cessão de desenhos industriais são semelhantes aos aplicáveis a patentes, devendo indicar o número do pedido ou do registro do desenho industrial, se há exclusividade ou não da licença, dentre outros aspectos contratuais.

A averbação do contrato de cessão deve ser solicitada pelo titular à Diretoria de Marcas, Desenho Industrial e Indicações Geográficas do INPI, que realizará a transferência de titularidade do desenho industrial.

Contrato de franquia

O contrato de franquia é o instrumento pelo qual o franqueador autoriza o fraqueado a produzir e distribuir determinado produto ou serviço associado aos objetos de propriedade intelectual de titularidade do franqueador, mediante remuneração, como prevê o artigo 1º da Lei nº 13.966/2019 ("Lei de Franquia"):

> "Art. 1º Esta Lei disciplina o sistema de franquia empresarial, pelo qual um franqueador autoriza por meio de contrato um franqueado a usar marcas e outros objetos de propriedade intelectual, sempre associados ao direito de produção ou distribuição exclusiva ou não exclusiva de produtos ou serviços e também ao direito de uso de métodos e sistemas de implantação e administração de negócio ou sistema operacional desenvolvido ou detido pelo franqueador, mediante remuneração direta ou indireta, sem caracterizar relação de consumo ou vínculo empregatício em relação ao franqueado ou a seus empregados, ainda que durante o período de treinamento.
> § 1º Para os fins da autorização referida no caput, o franqueador deve ser titular ou requerente de direitos sobre as marcas e outros objetos de propriedade intelectual negociados no âmbito do contrato de franquia, ou estar expressamente autorizado pelo titular.
> § 2º A franquia pode ser adotada por empresa privada, empresa estatal ou entidade sem fins lucrativos, independentemente do segmento em que desenvolva as atividades."

Como mencionado no início deste capítulo, os contratos de propriedade industrial (marcas, patentes e desenhos industriais), em conjunto com as modalidades contratuais de fornecimento de tecnologia (*know-how*), prestação de serviços de assistência técnica e científica, e franquia, são denominados "contratos de transferência de tecnologia"[15].

Nesse sentido, o contrato de franquia é um instrumento que se relaciona com diferentes contratos de propriedade industrial, principal-

---

[15] VIEGAS, Juliana L. B. Contratos típicos de Propriedade Industrial: contratos de cessão e de licenciamento de marcas e patentes; licenças compulsórias. In: Contratos de Propriedade Industrial e novas tecnologias. SANTOS, Manoel J. Pereira dos. JABUR, Wilson Pinheiro (coord.). São Paulo: Editora Saraiva, 2007, p. 11.

mente a licença de uso de marca e a licença para exploração de patentes, objeto deste capítulo, podendo ser combinado com outros tipos contratuais, como o de prestação de serviços de assistência técnica e fornecimento de tecnologia, que serão tratados no capítulo seguinte, de modo a atingir seu objetivo de conceder temporariamente um modelo de negócio que envolve uso de objetos de propriedade intelectual.

A marca e sua exploração, portanto, constituem elemento essencial nesta discussão, vez que o principal atrativo da franquia (ou *franchising*) seria o de angariar os clientes a partir da marca que já é conhecida no mercado, para o franqueado, e divulgar sua marca sem necessidade de construir e gerir um novo ponto comercial, para o franqueador.

Nesse sentido, o franqueador deve garantir que é titular, requerente, ou parte autorizada pelo titular, dos direitos sobre as marcas[16] e demais objetos de propriedade intelectual negociados no contrato de franquia, fornecendo todas as informações obrigatórias no Circular de Oferta de Franquia (COF), documento elaborado com os requisitos exigidos pelo artigo 2º da Lei de Franquias, dentre eles:

"Art. 2º Para a implantação da franquia, o franqueador deverá fornecer ao interessado Circular de Oferta de Franquia, escrita em língua portuguesa, de forma objetiva e acessível, contendo obrigatoriamente:
(...)
XIV – informações sobre a situação da marca franqueada e outros direitos de propriedade intelectual relacionados à franquia, cujo uso será autorizado em contrato pelo franqueador, incluindo a caracterização completa, com o número do registro ou do pedido protocolizado, com a classe e subclasse, nos órgãos competentes, e, no caso de cultivares, informações sobre a situação perante o Serviço Nacional de Proteção de Cultivares (SNPC);"

---

[16] No caso de marcas utilizadas em franquias, o registro é feito não apenas na classe de atuação do produto ou serviço, mas também na Classe 35, que se refere a "Propaganda; gestão de negócios; administração de negócios; funções de escritório". Disponível em: https://www.gov.br/inpi/pt-br/servicos/marcas/arquivos/classificacao_de_marcas/ListadeServiosemordemdeclasseNCL102016.pdf.

A averbação dos contratos de franquia no INPI é essencial, não apenas para que o contrato produza efeitos perante terceiros, como disposto no artigo 211 da LPI, mas também para produzir prova no sentido de evitar a caducidade do registro da marca, nos moldes do artigo 142, III, da LPI, e garantir segurança aos contratos de franquia internacional (art. 7º, II, da Lei de Franquia).

Quanto ao prazo do contrato de franquia, o artigo 2º, XXI, da LPI determina a especificação precisa do prazo contratual e das condições de renovação, se houver. A prática mais comum do mercado é que os contratos não tenham duração inferior ao período necessário para que o franqueado possa recuperar seu investimento inicial, e não seja superior ao prazo de vigência do registro da marca, sendo importante que o franqueador se comprometa a manter o registro em dia durante a vigência do contrato[17].

Por fim, é importante que o contrato de franquia estabeleça, de forma clara, o âmbito da franquia, tendo em vista a existência de modalidades mais complexas, como o exemplo da Máster Franquia[18], na qual o franqueado possui o direito de subfranquear, ou seja, outorgar a franquia para terceiros em determinados territórios. Assim, cabe as partes estabelecerem de forma precisa suas obrigações.

Recentes alterações normativas implementadas pelo INPI aplicáveis aos contratos de propriedade industrial

Em reunião realizada na data de 28 de dezembro de 2022, conforme ata publicada na RPI nº 2713[19], o INPI se comprometeu a adotar diversas medidas com o intuito de facilitar e desburocratizar a averbação e regis-

---

[17] VIEGAS, Juliana L. B. Contratos típicos de Propriedade Industrial: contratos de cessão e de licenciamento de marcas e patentes; licenças compulsórias. In: Contratos de Propriedade Industrial e novas tecnologias. SANTOS, Manoel J. Pereira dos. JABUR, Wilson Pinheiro (coord.). São Paulo: Editora Saraiva, 2007, p. 238.

[18] VIEGAS, Juliana L. B. Contratos típicos de Propriedade Industrial: contratos de cessão e de licenciamento de marcas e patentes; licenças compulsórias. In: Contratos de Propriedade Industrial e novas tecnologias. SANTOS, Manoel J. Pereira dos. JABUR, Wilson Pinheiro (coord.). São Paulo: Editora Saraiva, 2007, p. 218.

[19] INPI. *Ata de reunião*. Dez 2022. Disponível em: https://www.gov.br/inpi/pt-br/arquivos/SEI_INPI0747049AtadeReunio.pdf. Acessado em 26 de jan de 2023.

tro dos contratos de tecnologia, que incluem os contratos de Propriedade Industrial.

Em 24 de janeiro de 2023, foi formalizado o caráter normativo da ata de reunião, conforme publicação da RPI nº 2716[20], e, em julho de 2023, as alterações foram consolidadas oficialmente pelas Portarias/INPI/PR nºs. 26 e 27"[21].

Dentre as alterações normativas, como já mencionado em tópicos anteriores, o INPI admite a possibilidade de contratos que estabeleçam o pagamento de royalties pelo licenciamento de pedidos de registro de marcas, patentes e desenhos industriais, entendendo que o pedido já faz parte do patrimônio do solicitante. Além disso, o INPI deixou de exigir o apostilamento ou a legalização consular no caso de assinaturas digitais, a certificação exclusiva do ICP-Brasil para assinaturas digitais, rubricas em todas as páginas do contrato, e a indicação de duas testemunhas em contratos com cidade brasileira no local de assinatura.

Também não há a necessidade de apresentação de documentação societária pelo requerente (empresa cessionária, franqueada ou licenciada), que for domiciliado ou residente no Brasil.

Todas as alterações implementadas pelo INPI foram reflexo de longos debates acerca da necessidade latente de modernização do processo de registro dos contratos de tecnologia.

Conclusões

A LPI estabelece diferentes modalidades contratuais envolvendo o licenciamento e a cessão dos direitos de propriedade industrial, as quais configuram grande atrativo aos titulares desses direitos, que não são obrigados a explorá-los, mas podem autorizar a exploração por terceiro ou vendê--los, transferindo a titularidade.

---

[20] INPI. Revista de Propriedade Industrial. Jan 2023. Disponível em: https://www.gov.br/inpi/pt-br/central-de-conteudo/noticias/ata-de-reuniao-de-diretoria-em-28-12-sera--adotada-em-decisoes-sobre-contratos/Comunicados2716.pdf. Acessado em 27 de jan de 2023.

[21] Portarias/INPI/PR n°s. 26 e 27, de 07 de Julho de 2023. Disponíveis em: www.gov.br/inpi/pt-br/servicos/contratos-de-tecnologia-e-de-franquia/Portaria26.pdf e https://www.in.gov.br/en/web/dou/-/portaria/inpi/pr-n-27-de-7-de-julho-de-2023-495486300. Acessado em 17 de ago de 2023.

Diante da relevância desses contratos para toda sociedade, a legislação e os atos normativos do INPI estabelecem regras rígidas para a sua elaboração, averbação e registro, de modo a garantir a proteção da criação intelectual e a publicização dos atos relacionados. Todavia, o INPI tem realizado esforços para promover a modernização e a desburocratização dessas regras, principalmente após a entrada em vigor da Lei nº 13.874/2019 ("Lei de Liberdade Econômica"), que objetiva a proteção da livre iniciativa e o livre exercício de atividade econômica.

Nesse sentido, o INPI já estabeleceu novos atos normativos para diminuir a burocracia para averbação dos contratos. Portanto, o instituto dos contratos típicos de propriedade industrial tem passado – e deve continuar a passar – por transformações nesse sentido, principalmente de ordem prática, em prol da maior liberdade das partes na celebração e execução dos contratos.

Referências

Fontes primárias

BRASIL. Lei nº 9.279/96, de 14 de maio de 1996. Lei de Propriedade Industrial. Brasília, DF, maio 1996.

BRASIL. Lei nº 10.168/2000, de 29 de Dezembro de 2000. Institui contribuição de intervenção de domínio econômico destinada a financiar o Programa de Estímulo à Interação Universidade-Empresa para o Apoio à Inovação e dá outras providências. Brasília, DF, dez 2000.

BRASIL. Lei nº 13.874/2019, de 20 de Setembro de 2019. Lei de Liberdade Econômica. Brasília, DF, set 2019.

BRASIL. IN nº 70 INPI/PR, de 11 de abril de 2017. Dispõe sobre o procedimento administrativo de averbação licenças e cessões de direitos de propriedade industrial e de registro de contratos de transferência de tecnologia e de franquia. Rio de Janeiro, RJ, abril 2017.

BRASIL. Portaria/INPI/PR nº 26, de 07 de Julho de 2023. Dispõe sobre o procedimento administrativo de averbação de licenças e cessões de direitos de propriedade industrial e de registro de contratos de transferência de tecnologia e de franquia. Rio de Janeiro, RJ, julho, 2023.

BRASIL. Portaria/INPI/PR nº 27, de 07 de Julho de 2023. Dispõe sobre as Diretrizes de exame para averbação ou registro de contratos de licença de direito de propriedade industrial e de registro de topografia de circuito integrado, transferência de tecnologia e franquia. Rio de Janeiro, RJ, julho, 2023.

Fontes secundárias

VIEGAS, Juliana L. B. *Contratos típicos de Propriedade Industrial: contratos de cessão e de licenciamento de marcas e patentes; licenças compulsórias*. In: Contratos de Propriedade Industrial e novas tecnologias. SANTOS, Manoel J. Pereira dos. JABUR, Wilson Pinheiro (coord.). São Paulo: Editora Saraiva, 2007, p. 9-15.

KUYVEN, Fernando; RODRIGUES JR., Otavio Luiz; FRADERA, Véra Jacob, WAISBERG, Vo; GOLDBERG, Ilan; BARBOSA, Claudio Roberto; LEONARDO Rodrigo Xavier. *Tratado de Direito Empresarial – Vol. IV*. São Paulo: Revista dos Tribunais, 2018. Pp. 337-359.

Comentários à Lei De Propriedade Industrial. IDS – Instituto Dannemann Siemsen de Estudos Jurídicos e Técnicos. 3ª Ed., Rio de Janeiro: Renovar, 2013. Pp. 152-333.

INPI. *Modalidades de Contratos e Informações*. Rio de Janeiro: ago 2022. Disponível em <https://www.gov.br/inpi/pt-br/servicos/contratos-de-tecnologia-e-de-franquia/tipos-de-contratos>. Acessado em 23 de jan de 2023.

INPI. *Ata de reunião*. Dez 2022. Disponível em: https://www.gov.br/inpi/pt-br/arquivos/SEI_INPI0747049AtadeReunio.pdf. Acessado em 26 de jan de 2023.

INPI. *Revista de Propriedade Industrial*. Jan 2023. Disponível em: https://www.gov.br/inpi/pt-br/central-de-conteudo/noticias/ata-de-reuniao-de-diretoria-em-28--12-sera-adotada-em-decisoes-sobre-contratos/Comunicados2716.pdf. Acessado em 27 de jan de 2023.

INPI. *Ata de reunião de Diretoria em 28/12 será adotada em decisões sobre contratos*. Jan 2023. Disponível em: https://www.gov.br/inpi/pt-br/central-de-conteudo/noticias/ata-de-reuniao-de-diretoria-em-28-12-sera-adotada-em-decisoes-sobre-contratos. Acessado em 27 de jan de 2023.

BRASIL. 25ª vara Federal do Rio de Janeiro, RJ. Processo nº. 5005201-78.2021.4.02.5101. Disponível em: https://eproc.jfrj.jus.br/eproc/externo_controlador.php?acao=processo_seleciona_publica&num_processo=50052017820214025101&eventos=true&num_chave=&num_chave_documento=&hash=9ff5e9f1df5c93ff0307b2def8a1a738. Acessado em 24 de jan de 2023.

29.
CONTRATOS DE *KNOW-HOW* E CONTRATOS DE SERVIÇOS DE ASSISTÊNCIA TÉCNICA E CIENTÍFICA

Julia Pazos

Os contratos de fornecimento de tecnologia são aqueles em que uma parte cede ou licencia para outra parte conhecimentos técnicos, processos produtivos, métodos e técnicas de gestão, dentre outros aspectos técnicos, não amparados por direitos de propriedade industrial concedido ou depositado no Brasil, de forma que a parte adquirente possa utilizá-los para desenvolver ou aprimorar produtos e serviços. Esses contratos podem ser usados por diversas áreas, como na indústria, agricultura, saúde e tecnologia, e são regulados pela Lei de Propriedade Industrial (Lei nº 9.279/1996 ou "LPI") no Brasil.

Os contratos de fornecimento de tecnologia devem conter informações como a descrição da tecnologia objeto da transferência, as obrigações das partes, o valor da remuneração, as condições de confidencialidade, dentre outras. É importante que o contrato esteja em conformidade com as normas e requisitos estabelecidos pela legislação brasileira, como a proibição de cláusulas que restrinjam a livre concorrência, a obrigação de cessão/licença da tecnologia de forma efetiva e as regras para a remuneração e fiscalização do contrato.

Em resumo, os contratos de fornecimento de tecnologia são acordos em que uma parte cede ou licencia para outra parte conhecimentos técnicos, processos produtivos e outros aspectos técnicos. No Brasil, esses contratos são regulados pela Lei de Propriedade Industrial e devem estar em conformidade com as normas e requisitos estabelecidos pela legislação em vigor.

A LPI determina, em seu artigo 211, que o INPI fará a averbação dos contratos que envolvem fornecimento de tecnologia para fins de publicidade perante terceiros. Importante pontuar, no entanto, que para fins de dedutibilidade fiscal dos impostos pagos à título de remuneração pelo recebimento de tecnologia também se faz necessária a averbação do Contrato no INPI.

Know-How ou fornecimento de tecnologia

Como já delineado neste Manual, o *Know-how* é o conhecimento técnico ou prático que não está disponível publicamente, mas que é de valor comercial e pode ser usado para gerar vantagens competitivas para uma determinada empresa. O termo geralmente se refere a conhecimentos e habilidades específicas necessárias para fazer algo, como um processo de fabricação, um método de negócio ou uma tecnologia.

Justamente por se tratar de um conhecimento técnico ou prático que não está disponível ao público, mas que tem grande valor para o seu titular, o *Know- How* se refere a uma Tecnologia não patenteada, não sendo, portanto, protegido via patente, apesar de muitas vezes possuir todos os requisitos de patenteabilidade. Trata-se de tecnologia não patenteada que é mantida em segredo, na maioria das vezes, como uma estratégia de seu titular.

No Brasil o *know-how* é protegido principalmente pela LPI, pelas leis de concorrência e pelos contratos de confidencialidade, sobre os quais discorreremos, ainda, ao longo deste Manual.

Até início de 2023 o conceito básico das regras brasileiras com relação ao uso de tecnologia não patenteada por uma parte brasileira vinha sendo que a tecnologia está sujeita a "transferência" para uma parte brasileira e não a uma "licença" (esse raciocínio prevalecia desde 1975 devido ao primeiro – e revogado – Ato Normativo 15 do INPI). Em outras palavras, até pouquíssimo tempo, se entendia que a tecnologia podia ser cedida ("vendida"), mas não licenciada.

Em janeiro de 2023 o INPI deu publicidade a ata da reunião que deliberou a admissão da possibilidade de licenciamento de tecnologia não--patenteada. O INPI entendeu que se trata de:

"contrato atípico, recepcionado pelo art. 425 do CC e que preenche as condições e os requisitos dispostos no art. 104 do mesmo diploma legal. Com a adoção dessa modalidade de licenciamento pelo INPI, criam-se ambientes institucional, jurídico e de negócios seguros, capazes de estimular o crescimento do número de contratos dessa natureza firmados entre empresas nacionais e estrangeiras detentoras de tecnologia, ampliam-se as oportunidades de comercialização de direitos de propriedade industrial e intelectual e alavanca-se o processo de inovação no país."

Para que um contrato seja registrado pelo INPI é de suma importância que:

1) **Determine de forma clara o objeto do Contrato** – deverá conter uma identificação dos produtos e/ou processos ou serviços, bem como a tecnologia e conhecimentos tácitos e explícitos a serem adquiridos pela empresa adquirente.
2) **Determine o valor do Contrato** – As remunerações e as formas de pagamento são estabelecidas no contrato de acordo com a negociação entre as partes e normalmente é apurada com base (i) em percentagem sobre o preço líquido de venda do produto resultante da aplicação da tecnologia; ou (ii) valor fixo por unidade vendida ou (iii) valor fixo. Caso haja pagamento adicional pela assistência técnica prestada, conforme veremos a seguir neste Manual, o contrato deverá indicar o número de técnicos envolvidos e determinar suas respectivas diárias (hora/homem).
3) **Determine o prazo do contrato** – o prazo deverá ser acordado entre as partes e o INPI fará o seu registro pelo prazo declarado do contrato. O contrato deverá estar vigente no momento da apresentação do requerimento de registro ao INPI. O Contrato é passível de prorrogação por meio de Aditivo Contratual, assinado pelas partes dentro da vigência do contrato. O aditivo deverá ser apresentado antes da expiração do prazo do contrato ao INPI (caso as partes acordem em renová-lo após findo o prazo do contrato inicial um novo contrato deverá assinado e um novo procedimento de registro iniciado perante o INPI). Além disso, é necessário demonstrar a capacitação da adquirente e a obtenção de resultados reais derivados da incorporação da tecnologia.

O INPI sempre teve diretrizes muito rígidas com relação às formalidades para a averbação de um contrato de Know-How, no entanto, no início deste ano, após forte trabalho das Associações da área, houve uma flexibilização no entendimento do Instituto que passou a admitir:

- assinaturas digitais sem certificado ICP-Brasil.
- A dispensa de notarização e apostila/legalização das assinaturas estrangeiras, quando feitas no formato digital. Nos demais casos, permanece a necessidade de apostilamento/legalização consular.
- A dispensa de rubrica dos representantes legais das partes em todas as páginas dos contratos apresentados ao INPI. Em contrapartida, agora, o formulário eletrônico conterá campo específico para o procurador declarar a veracidade, tanto das informações prestadas quanto dos documentos juntados. Enquanto a mudança nos formulários não for implementada, será exigida uma declaração do procurador do requerente, anexada à petição a ser protocolada no INPI, em que ele atesta a veracidade das informações e dos documentos apresentados, sob as penas da lei;
- A dispensa de assinatura de duas testemunhas quando o contrato de tecnologia prevê uma cidade brasileira como local de assinatura;
- A dispensa de apresentação do estatuto, contrato social ou ato constitutivo da licenciada/cessionária brasileira.

Vale lembrar que a averbação no INPI não concede proteção legal para o *know-how*, mas apenas torna público o contrato de fornecimento de tecnologia e dá às partes envolvidas um meio de comprovar a existência e a validade do contrato perante terceiros.

Prestação de serviço técnico

Os contratos (ou faturas) que envolvam a prestação de serviços técnico-científicos, nos quais haja transferência de know-how (através, por exemplo, de fornecimento de relatórios e dados, assim como serviços prestados em equipamentos e/ou máquinas no exterior quando acompanhado por técnico brasileiro ou gerarem relatórios e/ou dados) de uma parte para outra, estão sujeitos a registro no INPI. Esse tipo de Contrato geralmente envolve serviços de engenharia e não devem ser confundidos com a categoria de "serviços profissionais", que são dispensados de registro no INPI. Para acesso completo a listagem de serviços dispensados de averbação no INPI, clique no link Resolução/INPI nº 156/2015

Para que um contrato (ou fatura) de prestação de serviço técnico seja registrado pelo INPI é de suma importância que:

1) **Defina o Objeto do Contrato (ou fatura)** que deverá estar relacionado com o escopo de serviços que impliquem transferência de tecnologia, por envolverem a transmissão direta de conhecimentos/técnicas. O objeto da contratação deverá ser detalhado de forma clara, definindo os serviços que serão executados.

2) **Defina o Valor da Prestação de Serviço** que deverá ser definido em função do número de técnicos estrangeiros (contendo suas qualificações); o número de horas/dias trabalhados por cada técnico, o valor das diárias (taxa/hora ou dia) detalhado cada tipo de técnico e o valor total da prestação do serviço, ainda que estimado. Muito importante ressaltar que o INPI somente aceita que pagamentos por serviços técnicos e científicos que ocorram com base nos custos homem/hora ou homem/dia.

3) **Defina o Prazo da Prestação do Serviço.** Importante notar que o INPI irá registrar o contrato/fatura pelo prazo previsto para a realização do serviço ou pelo período de realização dos serviços, de acordo com o contrato/fatura.

Referências

BARBOSA, Denis. Da Noção de Bens Imateriais. 2002 disponível em http://www.denisbarbosa.addr.com/ Acesso em: 12 de fevereiro de 2023.

BRANCO, Gerson Luiz Carlos. Função social dos contratos: interpretação luz do Código Civil. São Paulo, Saraiva, 2009. BRASIL.

CAVALHERI FILHO, Sergio. Programa de Responsabilidade Civil, 8.ed. São Paulo, Atlas, 2008.

CHAVES, Antônio. Transferência de Tecnologia. Repositório Autorizado da Jurisprudência do Supremo Tribunal Federal. São Paulo. Legis Summa. 1985. Ano XIII.

CORDEIRO, Antônio Manuel da Rocha e Menezes. Da Boa Fé no Direito Civil. Coimbra, Edições Almeida. 2007.

CRUZ FILHO, Murillo F., **MACULAN**, Anne-Marie. Propriedade Industrial e Transferência de Tecnologia. Porto Alegre, EdiPUCRS, 2010. DINIZ, Maria Helena. Tratado teórico e prático dos contratos. 5.ed. São Paulo, Saraiva 2003.

DONINNI, Rogério Ferraz. Responsabilidade pós-contratual: no novo código civil e no código de defesa do consumidor. São Paulo, Saraiva. 2004.

DOMINGUES, Douglas Gabriel. Segredo Industrial, segredo de Empresa, Trade secret, e know-how e os problemas de segurança nas empresas contemporâneas. Revista Forense, Rio de Janeiro, 1989, vol. 308. FLORES, Cesar, Segredo Industrial e o Know- How – Aspectos Jurídicos Internacionais. Rio de Janeiro, Lumen Juris, 2008.

GOMES, Orlando. Contratos, 26 ed.Rio de Janeiro, Forense, 2008. GONÇALVES, Carlos Roberto. Direito Civil Brasileiro. 10.ed.rev.atual.amp. São Paulo, Saraiva, 2008. IDS –

Instituto Dannemann Siemsen de Estudos de Propriedade Intelectual. Comentários a lei da propriedade industrial. Rio de Janeiro, Renovar. 2005.

Instituto Nacional da Propriedade Industrial. Disponível em: Acesso em: 12 de fevereiro de 2023.

LEE, João Bosco. O princípio da confidencialidade na Arbitragem Comercial Internacional. O Direito Internacional e o Direito Brasileiro: homenagem a José Francisco Rezek/ Org. Wagner Menezes – Ijuí, Ed. Unijuí. 2004. 732 p.

MACEDO, Maria Fernanda Gonçalves; BARBOSA, A.L. Figueira. Patentes Pesquisa e Desenvolvimento – um manual de propriedade intelectual. 2. ed,Rio de Janeiro, Fiocruz, 2000.

MARTINS-COSTA, Judith. A Boa-fé no Direito Privado. 1ed.2tr. Revista dos Tribunais, 2000.

NEGREIROS, Teresa. Teoria do Contrato: novos paradigmas. 2.ed. Rio de Janeiro, Renovar. 2006.

PIMENTEL. Luiz Otávio (org.). Manual Básico de Acordos de Parceria de PD&I: aspectos jurídicos. Porto Alegre. EDIPUCRS. 2010.

PRADO, Maurício Curvelo de Almeida. Contrato internacional de Transferência de Tecnologia. Porto Alegre, Riachuelo. 1997. RIZZARDO, Arnaldo. Responsabilidade Civil, Rio de Janeiro, 2.ed. Forense, 2008. RODRIGUES, Silvio. Direito Civil. 20.ed. ver.atual. São Paulo, Saraiva, 2008.

SANTOS, Manoel J. Pereira e **JABUR**, Wilson Pinheiro (Coord.), Criações Industriais, Segredos de Negócio e Concorrência Desleal. Série GVlaw, São Paulo, Editora Saraiva

VIEGAS, Juliana et all Contratos de Propriedade Industrial e Novas Tecnologias. Série GVLaw, 2007, São Paulo, Editora Saraiva.

Revista da Propriedade Industrial ("RPI") 2713, de 03 de janeiro de 2023 – Ata da reunião de diretores do INPI, ocorrida em 28 de dezembro de 2022.

Lei de Propriedade Industrial (Lei nº 9.279/1996 ou "LPI")

Ato Normativo 15 do INPI

Resolução/INPI nº 156/2015

Portaria/INPI/PR No. 26

Portaria/INPI/PR No. 27

30.
ACORDOS DE SIGILO

Julia Pazos

A confidencialidade é utilizada para proteger informações, dados ou conhecimentos que precisam ser mantidos em sigilo e por serem considerados competitivos e/ou de suma importância para os negócios de determinada empresa. A confidencialidade impede o acesso não autorizado a essas informações e é importante para proteger interesses econômicos e a propriedade intelectual das partes.

Acordos de confidencialidade, também conhecidos como NDAs ("Non-Disclosure Agreements"), são acordos entre duas ou mais partes em que uma das partes (ou ambas) se compromete a manter informações confidenciais da outra parte em sigilo. Esses acordos podem ser utilizados em diversos contextos, como em negociações comerciais, desenvolvimento de produtos, parcerias, codesenvolvimento de produtos dentre outros.

Existem três tipos principais de acordos de sigilo: o unilateral, o bilateral e o multilateral. O acordo unilateral é aquele no qual as obrigações de sigilo se aplicam apenas a uma das partes.

O Acordo bilateral ou mútuo é aquele em que ambas as partes compartilharão dados e informações confidenciais e, portanto, estão sujeitas às regras de confidencialidade. Já o acordo multilateral é aquele em que mais de duas partes são envolvidas e possuem obrigações de confidencialidade, de acordo com as regras e estipulações do Acordo.

No Brasil, a legislação aplicável para acordos de confidencialidade é a Lei da Propriedade Industrial (Lei nº 9.279/1996 – "LPI"), especialmente em seu capítulo que trata da concorrência desleal, e o Código Civil (Lei nº 10.406/2002). O objetivo dessas leis é proteger os segredos comerciais e eventuais propriedades intelectuais mantidas em sigilo, além de regulamentar o uso e a divulgação de informações confidenciais.

Os acordos de confidencialidade devem especificar quais informações são consideradas confidenciais e o período em que a confidencialidade deve ser mantida. Esses acordos também devem prever as sanções aplicáveis em caso de violação, como multas e indenizações.

Vale lembrar que os acordos de confidencialidade não conferem proteção legal automática para as informações confidenciais, mas servem como uma medida preventiva para inibir a sua divulgação indevida. Caso haja violação do acordo, a parte prejudicada pode recorrer ao judiciário para buscar a proteção de seus direitos.

As cláusulas de um acordo de confidencialidade podem variar de acordo com a finalidade do acordo, as partes envolvidas e as informações confidenciais que serão compartilhadas. No entanto, algumas cláusulas são comuns e podem estar presentes na maioria dos acordos de confidencialidade. Algumas das principais cláusulas de um acordo de confidencialidade incluem:

1) Definição de informações confidenciais: a cláusula que define as informações que devem ser mantidas em sigilo e que não podem ser divulgadas por nenhuma das partes envolvidas.
2) Prazo de validade: essa cláusula estabelece a duração do acordo de confidencialidade, ou seja, por quanto tempo as partes devem manter as informações confidenciais em sigilo.
3) Exceções: a cláusula que estabelece quais informações não estão sujeitas a confidencialidade ou em quais situações a obrigação de manter sigilo não se aplica.
4) Obrigações das partes: as cláusulas que estabelecem as responsabilidades de cada parte, incluindo a obrigação de proteger as informações confidenciais e o dever de notificar a outra parte em caso de qualquer violação.
5) Divulgação permitida: a cláusula que permite a divulgação das informações confidenciais em determinadas circunstâncias, como para advogados, contadores, reguladores ou outras partes que pre-

cisam ter acesso às informações confidenciais para realizar determinadas tarefas.
6) Consequências da violação: a cláusula que estabelece as consequências da violação do acordo de confidencialidade, incluindo as sanções e ações legais que a parte prejudicada pode tomar.
7) Legislação aplicável: a cláusula que determina a lei que deve ser aplicada no acordo e a jurisdição que deve ser usada em caso de disputas.

É essencial destacar que a revelação não autorizada de informações confidenciais pode resultar em sanções jurídicas e financeiras para quem as divulgou. Por isso, é crucial avaliar cuidadosamente quais informações são, de fato, confidenciais e inserir no acordo de forma clara e objetiva que tipo de informação cada parte deve manter como confidencial e a extensão dessa confidencialidade.

Em quais situações devo usar um NDA?
Existem diversas situações em que é extremamente apropriado firma um contrato de sigilo. A seguir, listamos algumas:

- com colaboradores – no caso de empresas como, por exemplo, desenvolvedoras de software, em que os colaboradores têm acesso a determinados segredos de negócio como, por exemplo, códigos-fonte;
- com investidores – antes de abrir determinadas informações que são consideradas segredo no negócio como, por exemplo, balanço patrimonial, descrição de fórmulas, lista de fornecedores.
- com fornecedores – no caso em que estes, para prestar seus serviços, precisam ter acesso à informação confidencia da empresa;
- com parceiros de desenvolvimento conjunto – no caso em que empresas se juntam para desenvolverem, juntas, determinada tecnologia e uma tem acesso a informações privilegiadas e sigilosas da outra;
- com franqueados – em casos de franquias em que o *know-how* é o cerne do negócio;
- em contratos que envolvam o fornecimento de tecnologia

Referências

BARBOSA, Denis. Da Noção de Bens Imateriais. 2002 disponível em http://www.denisbarbosa.addr.com/ Acesso em: 12 de fevereiro de 2023.

BRANCO, Gerson Luiz Carlos. Função social dos contratos: interpretação luz do Código Civil. São Paulo, Saraiva, 2009. BRASIL.

CAVALHERI FILHO, Sergio. Programa de Responsabilidade Civil,8.ed. São Paulo, Atlas, 2008.

CHAVES, Antônio. Transferência de Tecnologia. Repositório Autorizado da Jurisprudência do Supremo Tribunal Federal. São Paulo. Legis Summa. 1985. Ano XIII.

CORDEIRO, Antônio Manuel da Rocha e Menezes. Da Boa Fé no Direito Civil. Coimbra, Edições Almeida. 2007.

CRUZ FILHO, Murillo F., MACULAN, Anne-Marie. Propriedade Industrial e Transferência de Tecnologia. Porto Alegre, EdiPUCRS, 2010. DINIZ, Maria Helena. Tratado teórico e prático dos contratos. 5.ed. São Paulo, Saraiva 2003.

DONINNI, Rogério Ferraz. Responsabilidade pós-contratual: no novo código civil e no código de defesa do consumidor. São Paulo, Saraiva. 2004.

DOMINGUES, Douglas Gabriel. Segredo Industrial, segredo de Empresa, Trade secret, e know-how e os problemas de segurança nas empresas contemporâneas. Revista Forense, Rio de Janeiro, 1989, vol. 308. FLORES, Cesar, Segredo Industrial e o Know- How – Aspectos Jurídicos Internacionais. Rio de Janeiro, Lumen Juris, 2008.

GOMES, Orlando. Contratos, 26 ed.Rio de Janeiro, Forense, 2008. GONÇALVES, Carlos Roberto. Direito Civil Brasileiro. 10.ed.rev.atual.amp. São Paulo, Saraiva, 2008. IDS –

Instituto Dannemann Siemsen de Estudos de Propriedade Intelectual. Comentários a lei da propriedade industrial. Rio de Janeiro, Renovar. 2005.

Instituto Nacional da Propriedade Industrial. Disponível em: Acesso em: 12 de fevereiro de 2023.

LEE, João Bosco. O princípio da confidencialidade na Arbitragem Comercial Internacional. O Direito Internacional e o Direito Brasileiro: homenagem a José Francisco Rezek/ Org. Wagner Menezes – Ijuí, Ed. Unijuí. 2004. 732 p.

MACEDO, Maria Fernanda Gonçalves; BARBOSA, A.L. Figueira. Patentes Pesquisa e Desenvolvimento – um manual de propriedade intelectual. 2. ed,Rio de Janeiro, Fiocruz, 2000.

MARTINS-COSTA, Judith. A Boa-fé no Direito Privado. 1ed.2tr. Revista dos Tribunais, 2000.

NEGREIROS, Teresa. Teoria do Contrato: novos paradigmas. 2.ed. Rio de Janeiro, Renovar. 2006.

PIMENTEL. Luiz Otávio (org.). Manual Básico de Acordos de Parceria de PD&I: aspectos jurídicos. Porto Alegre. EDIPUCRS. 2010.

PRADO, Maurício Curvelo de Almeida. Contrato internacional de Transferência de Tecnologia. Porto Alegre, Riachuelo. 1997. RIZZARDO, Arnaldo. Responsabilidade Civil, Rio de Janeiro, 2.ed. Forense, 2008. RODRIGUES, Silvio. Direito Civil. 20.ed. ver.atual. São Paulo, Saraiva, 2008.

SANTOS, Manoel J. Pereira e **JABUR**, Wilson Pinheiro (Coord.), Criações Industriais, Segredos de Negócio e Concorrência Desleal. Série GVlaw, São Paulo, Editora Saraiva

VIEGAS, Juliana et all Contratos de Propriedade Industrial e Novas Tecnologias. Série GVLaw, 2007, São Paulo, Editora Saraiva

31.
CONTRATOS DE DIREITOS DE AUTOR

Lilian de Melo Silveira

Em que consiste a essência do contrato? No vínculo da obrigação, por modo tal estabelecido entre as duas partes que uma não possa jamais dissolvê-lo sem o consentimento da outra.

Ruy Barbosa[1]

1. Contratos

Antes de ingressar nas especificidades dos Contratos de Direitos de Autor, cumpre relembrar os ensinamentos do saudoso Professor Silvio Rodrigues sobre o conceito de contrato:

"Noção de contrato. –
Dentro da teoria dos negócios jurídicos, é tradicional a distinção entre os atos unilaterais e os bilaterais. Aqueles se aperfeiçoam pela manifestação da vontade de uma das partes, enquanto estes dependem da coincidência de dois ou mais consentimentos. Os negócios bilaterais, isto é, os que decorrem

---

[1] OBRAS COMPLETAS DE RUI BARBOSA – Trabalhos Jurídicos. Vol. XXIV. 1897, Tomo II, Ministério da Educação e Saúde. Rio de Janeiro. pg.160
https://www.stf.jus.br/bibliotecadigital/RuiBarbosa/6055_V24_T2/PDF/6055_V24_T2.pdf. Acesso em 09 fev. 2023.

de acordo de mais de uma vontade, são os contratos. Portanto, o contrato representa uma espécie do gênero negócio jurídico. E a diferença específica, entre ambos, consiste na circunstância de o aperfeiçoamento do contrato depender da conjunção da vontade de duas ou mais partes.

(...)

Foi o que fez CLÓVIS BEVILÁQUA, nem sempre com o aplauso de todos, ao afirmar que "o contrato é o acordo de vontades para o fim de adquirir, resguardar, modificar ou extinguir direitos".

Por conseguinte, cada vez que a formação do negócio jurídico depender da conjunção de duas vontades, encontramo-nos na presença de um contrato. Pois contrato é o acordo de duas ou mais vontades, em vista de produzir efeitos jurídicos"[2].

2. Direito Civil

No **Código Civil Brasileiro** (Lei n. 10.406, de 10 de janeiro de 2.002) os contratos estão incluídos na Parte Especial – Livro I **"Do Direito das Obrigações"**.

Basicamente, todos os contratos precisam seguir as regras gerais do quanto determinado pelo Código Civil Brasileiro:

"Art. 421. A liberdade contratual será exercida nos limites da função social do contrato. (Redação dada pela Lei nº 13.874, de 2019)

Parágrafo único. Nas relações contratuais privadas, prevalecerão o princípio da intervenção mínima e a excepcionalidade da revisão contratual. (Incluído pela Lei nº 13.874, de 2019)

Art. 421-A. Os contratos civis e empresariais presumem-se paritários e simétricos até a presença de elementos concretos que justifiquem o afastamento dessa presunção, ressalvados os regimes jurídicos previstos em leis especiais, garantido também que: (Incluído pela Lei nº 13.874, de 2019)

I – as partes negociantes poderão estabelecer parâmetros objetivos para a interpretação das cláusulas negociais e de seus pressupostos de revisão ou de resolução; (Incluído pela Lei nº 13.874, de 2019)

---

[2] RODRIGUES, Silvio. Direito Civil – Dos Contratos e das Declarações Unilaterais da Vontade. 23ª ed. atualizada. São Paulo: Saraiva, 1995, pg. 09-10.

II – a alocação de riscos definida pelas partes deve ser respeitada e observada; e (Incluído pela Lei nº 13.874, de 2019)

III – a revisão contratual somente ocorrerá de maneira excepcional e limitada. (Incluído pela Lei nº 13.874, de 2019)

(...)

Art. 422. Os contratantes são obrigados a guardar, assim na conclusão do contrato, como em sua execução, os princípios de probidade e boa-fé".

3. Contratos de Direitos de Autor

As regras gerais para os contratos de direito civil estão estabelecidas pelo Código Civil Brasileiro, e as regras para a elaboração dos Contratos de Direitos de Autor encontram seus delimitadores na LDA.

Importante assinalar que a interpretação dos negócios jurídicos envolvendo direitos autorais é sempre restritiva, incluindo, portanto, os Contratos que devem, necessariamente, conter, claramente e sem margem a qualquer dúvida:

- as partes contratantes: de um lado o autor ou detentor dos direitos sobre a criação objeto do contrato e do outro lado o interessado na obtenção da licença ou concessão de uso;
- o objeto do contrato: sendo, necessariamente, uma obra original e protegida pela LDA;
- os prazos;
- o preço / valores envolvidos;
- tempo de duração: a definição específica do período de validade da concessão/licença. Pela inteligência do quanto determinado pelo inciso III do artigo 49 da LDA, se o contrato for omisso em relação ao prazo de duração, este não poderá ultrapassar cinco (5) anos;
- sanções;
- eventuais condições especiais, e
- foro de eleição.

Todas as regras técnicas se encontram nos artigos abaixo transcritos da LEI DE DIREITOS AUTORAIS – Lei n. 9.610, de 19 de fevereiro de 1.998:

"**Art. 49**. Os direitos de autor poderão ser total ou parcialmente transferidos a terceiros, por ele ou por seus sucessores, a título universal ou singular, pessoalmente ou por meio de representantes com poderes especiais, por meio de licenciamento, concessão, cessão ou por outros meios admitidos em Direito, obedecidas as seguintes limitações:

I – a transmissão total compreende todos os direitos de autor, salvo os de natureza moral e os expressamente excluídos por lei;

II – somente se admitirá transmissão total e definitiva dos direitos mediante estipulação contratual escrita;

III – na hipótese de não haver estipulação contratual escrita, o prazo máximo será de cinco anos;

IV – a cessão será válida unicamente para o país em que se firmou o contrato, salvo estipulação em contrário;

V – a cessão só se operará para modalidades de utilização já existentes à data do contrato;

VI – não havendo especificações quanto à modalidade de utilização, o contrato será interpretado restritivamente, entendendo-se como limitada apenas a uma que seja aquela indispensável ao cumprimento da finalidade do contrato.

Art. 50. A cessão total ou parcial dos direitos de autor, que se fará sempre por escrito, presume-se onerosa.

§ 1º Poderá a cessão ser averbada à margem do registro a que se refere o art. 19 desta Lei, ou, não estando a obra registrada, poderá o instrumento ser registrado em Cartório de Títulos e Documentos.

§ 2º Constarão do instrumento de cessão como elementos essenciais seu objeto e as condições de exercício do direito quanto a tempo, lugar e preço.

Art. 51. A cessão dos direitos de autor sobre obras futuras abrangerá, no máximo, o período de cinco anos.

Parágrafo único. O prazo será reduzido a cinco anos sempre que indeterminado ou superior, diminuindo-se, na devida proporção, o preço estipulado.

Art. 52. A omissão do nome do autor, ou de co-autor, na divulgação da obra não presume o anonimato ou a cessão de seus direitos".

Assim, em decorrência das limitações legais do supramencionado artigo 49, *caput* e incisos, da LDA, nos Contratos de Direitos de Autor não se trata de compra e venda, mas sim de cessão, licença, autorização, etc.

Essa diferença se justifica pelo alcance do negócio jurídico, uma vez que a transferência de direitos, ou de exercícios de direitos, não altera o caráter personalíssimo dos direitos morais do autor.

No dizer de Denis Borges Barbosa:

"Note-se que o regime de transferência de direitos (cessão stricto sensu) ou de exercício dos direitos (licenciamento ou concessão) é de liberdade de pactuação, sujeita apenas às limitações estritamente indicadas.

(...)

O inciso se refere à transmissão total, ou seja, à cessão strictu senso, e exclui de seu âmbito os direitos morais (e outros inalienáveis por lei).

Assim, a cessão-alienação é sobre os direitos patrimoniais

(...)

Outra vez referindo-se à cessão strictu senso, a lei exige forma escrita. Vide o art. 50 da lei, que exige forma escrita mesmo para a cessão parcial de direitos.

(...)

Aqui, abrangendo todas as modalidades de transmissão de direitos e de exercício de direitos, e não só a cessão-alienação, a lei limita aos cinco anos o prazo do negócio jurídico relativo a direitos autorais que não tenha tomado a forma escrita. Obviamente, a cessão definitiva, com o sendo, não terá tal limitação temporal.

(...)

Ao contrário do que ocorre no campo da propriedade industrial de marcas e patentes, o direito autoral sob as Convenções tem alcance imediato e universal – nos países convencionais. Mas a cessão regulada pela lei brasileira (e leia-se aqui cessão-alienação) é limitada ao país em que se firmou o contrato. Assim, salvo expressa menção de eficácia no Brasil, a cessão-alienação firmada na França não terá eficácia em relação ao território brasileiro.

(...)

Parece razoável entender que essa disposição não se refira exclusivamente à cessão-alienação; pelo contrário, amplia-se a todas as formas de transferência de direitos autorais – ou de seu exercício.

(...)

Trata-se aqui de um regra de interpretação das obrigações, e não uma norma preceptiva, que imponha a natureza de tais obrigações. Podem-se pactuar todas as modalidades de transferência de direitos e de exercício de direitos; mas, em qualquer caso, interpretar-se-á o pactuado em favor do cedente (licenciante, etc.) segundo o parâmetro do mínimo indispensável à satisfação do fim expresso do ajuste. Assim, se o contrato de edição prevê a elaboração de um fonograma com obras musicais do editado, doze ou quatorze obras serão abrangidas pelo contrato, como o mercado o indica, e não sessenta".[3]

O sistema de buscas perante as plataformas digitais disponíveis, indica que há várias ofertas de modelos de contratos de cessão de direitos autorais, de edição e mesmo outros desdobramentos para a realização do negócio jurídico. Por se tratar de links patrocinados, não será incluída a indicação no presente trabalho.

4. Contratos de edição

Os Contratos de Edição se distinguem dos contratos de cessão/licença de direitos autorais, de modo que o legislador entendeu pela necessidade de determinar as regras específicas para a sua realização, conforme previsto nos artigos 53 a 67 da LDA, a seguir transcritos:

LEI DE DIREITOS AUTORAIS – Lei n. 9.610, de 19 de fevereiro de 1.998:

"**Art. 53**. Mediante contrato de edição, o editor, obrigando-se a reproduzir e a divulgar a obra literária, artística ou científica, fica autorizado, em caráter de exclusividade, a publicá-la e a explorá-la pelo prazo e nas condições pactuadas com o autor.

Parágrafo único. Em cada exemplar da obra o editor mencionará:

I – o título da obra e seu autor;
II – no caso de tradução, o título original e o nome do tradutor;
III – o ano de publicação;
IV – o seu nome ou marca que o identifique.

---

[3] BARBOSA, Denis Borges. Contratos em Propriedade Intelectual. https://www.dbba.com.br/wp-content/uploads/contratos_pi.pdf. Acesso em 10 fev. 2023.

Art. 54. Pelo mesmo contrato pode o autor obrigar-se à feitura de obra literária, artística ou científica em cuja publicação e divulgação se empenha o editor.

Art. 55. Em caso de falecimento ou de impedimento do autor para concluir a obra, o editor poderá:

I – considerar resolvido o contrato, mesmo que tenha sido entregue parte considerável da obra;

II – editar a obra, sendo autônoma, mediante pagamento proporcional do preço;

III – mandar que outro a termine, desde que consintam os sucessores e seja o fato indicado na edição.

Parágrafo único. É vedada a publicação parcial, se o autor manifestou a vontade de só publicá-la por inteiro ou se assim o decidirem seus sucessores.

Art. 56. Entende-se que o contrato versa apenas sobre uma edição, se não houver cláusula expressa em contrário.

Parágrafo único. No silêncio do contrato, considera-se que cada edição se constitui de três mil exemplares.

Art. 57. O preço da retribuição será arbitrado, com base nos usos e costumes, sempre que no contrato não a tiver estipulado expressamente o autor.

Art. 58. Se os originais forem entregues em desacordo com o ajustado e o editor não os recusar nos trinta dias seguintes ao do recebimento, ter-se-ão por aceitas as alterações introduzidas pelo autor.

Art. 59. Quaisquer que sejam as condições do contrato, o editor é obrigado a facultar ao autor o exame da escrituração na parte que lhe corresponde, bem como a informá-lo sobre o estado da edição.

Art. 60. Ao editor compete fixar o preço da venda, sem, todavia, poder elevá-lo a ponto de embaraçar a circulação da obra.

Art. 61. O editor será obrigado a prestar contas mensais ao autor sempre que a retribuição deste estiver condicionada à venda da obra, salvo se prazo diferente houver sido convencionado.

Art. 62. A obra deverá ser editada em dois anos da celebração do contrato, salvo prazo diverso estipulado em convenção.

Parágrafo único. Não havendo edição da obra no prazo legal ou contratual, poderá ser rescindido o contrato, respondendo o editor por danos causados.

Art. 63. Enquanto não se esgotarem as edições a que tiver direito o editor, não poderá o autor dispor de sua obra, cabendo ao editor o ônus da prova.

§ 1º Na vigência do contrato de edição, assiste ao editor o direito de exigir que se retire de circulação edição da mesma obra feita por outrem.

§ 2º Considera-se esgotada a edição quando restarem em estoque, em poder do editor, exemplares em número inferior a dez por cento do total da edição.

Art. 64. Somente decorrido um ano de lançamento da edição, o editor poderá vender, como saldo, os exemplares restantes, desde que o autor seja notificado de que, no prazo de trinta dias, terá prioridade na aquisição dos referidos exemplares pelo preço de saldo.

Art. 65. Esgotada a edição, e o editor, com direito a outra, não a publicar, poderá o autor notificá-lo a que o faça em certo prazo, sob pena de perder aquele direito, além de responder por danos.

Art. 66. O autor tem o direito de fazer, nas edições sucessivas de suas obras, as emendas e alterações que bem lhe aprouver.

Parágrafo único. O editor poderá opor-se às alterações que lhe prejudiquem os interesses, ofendam sua reputação ou aumentem sua responsabilidade.

Art. 67. Se, em virtude de sua natureza, for imprescindível a atualização da obra em novas edições, o editor, negando-se o autor a fazê-la, dela poderá encarregar outrem, mencionando o fato na edição".

Diferente dos contratos de licença – que buscam o direito de uso da obra protegida com determinação de tempo, meios, utilização, etc.; ou de cessão – que trata da transferência completa do direito patrimonial sobre a obra; o contrato de edição gera direitos e obrigações muito específicos:
Autor:

- Direito à aprovação do material a ser publicado, podendo vetar alterações, supressões ou acréscimos ao original;
- Direito à retribuição pelas obras vendidas (no silêncio do contrato, deverá ser arbitrada com base nos usos e costumes);
- Direito de cobrar do editor a publicação da obra no prazo contratado e por preço que não embarace a sua circulação;
- Direito de preferência na aquisição dos exemplares não vendidos após um (01) ano do lançamento;

- Dever de produzir e entregar a obra em caso de contrato de obra futura;

Editor:
- Direito de exclusividade para editar, publicar e explorar a obra;
- Direito de fixar o preço da venda da obra;
- Dever de reproduzir e divulgar a obra;
- Dever de indicar o título, ano de publicação e autoria da obra;
- Dever de prestar contas ao Autor (mensalmente se não houver cláusula específica em sentido contrário);

Ao regulamentar o contrato de edição, o legislador preencheu diversas lacunas que poderiam existir, resolvendo assim conflitos que venham a surgir entre as partes.

Nos casos de obras físicas, há necessidade de especificar a quantidade de volumes que serão produzidos e a forma de distribuição dos exemplares.

Para os livros digitais (*e-books*), os contratos de edição devem ser adaptados, uma vez que não há limitação de volumes.

Importante ressaltar que a Lei de Direitos Autorais data de 1998, está completando vinte e cinco anos, de modo que surge a necessidade de uma atualização para melhor aplicação à realidade e tecnologia atual. Importante, ainda, acrescer a isso a falta de normatização acerca dos diferentes tipos de contrato que envolvem os direitos de autor.

Em artigo de junho de 2009 (Revista ABPI nº 100), mas que se mantém atual, o Professor Manoel J. Pereira dos Santos argumenta que:

> "Mas isso não é tudo: dever-se-ia regular melhor os contratos em espécie, pois o único contrato normatizado na lei é o contrato de edição. O chamado contrato de produção audiovisual é mal disciplinado, pois se pressupõe que haja um contrato unitário. Outros contratos deviam ser regulamentados, como a própria licença de direitos autorais. Além disso, valeria a pena definir algumas regras para os chamados modelos colaborativos, cujo regime tem suscitado algum questionamento".[4]

---

[4] SANTOS, Manoel J. Pereira. "Principais tópicos para uma revisão da Lei de Direitos Autorais brasileira". Revista da ABPI – nº 100. Mai/Jun 2009.

Em outra linha crítica à atual LDA, temos a obra do Professor Newton Silveira de 2018 "*Propriedade Intelectual*":

> "Poucas inovações trouxe a lei atual quanto ao contrato de edição, talvez para pior.
> Estabelece o art. 56, em seu parágrafo único, que, por uma edição, presumem-se 3 mil exemplares. O art. 57, livrando-se do intervencionismo do extinto CNDA – art. 60 da Lei n. 5.988/73 –, atribui aos usos e costumes o estabelecimento da contraprestação do editor, se não convencionada com o autor.
> É de lamentar a supressão da imposição de numeração dos exemplares estabelecida no art. 64 da Lei anterior e em seu parágrafo único. Aquele dispositivo constituía um sério freio aos abusos dos editores, que não serão supridos pelos selos de identificação criados pelo art. 113.
> Por outro lado, merece encômios a norma do art. 61, que obriga o editor à prestação mensal de contas ao autor – essa prestação era semestral, a teor do art. 66 da Lei n. 5.988/73. É pena que o editor só tenha de prestar contas mensalmente. Terá de pagar, também, mensalmente?
> O art. 62 fixa o prazo para editar a obra em dois anos.
> O direito exclusivo de editar e, portanto, de excluir outro editor, mesmo que autorizado pelo autor, passa a depender da prova por parte do primeiro editor, a quem cabe tal direito, de que não se esgotou a edição que lhe competia (art. 63). O § 2º do art. 63 declara esgotada a edição quando restarem em estoque, em poder do primeiro editor, menos de 10% do total da edição.
> O art. 64 confere ao autor o direito de adquirir o saldo do estoque (seriam os 10% do art. 63?)"[5]

5. Contratos digitais

Com o desenvolvimento de novas tecnologias, estão surgindo novas formas de contratar, sendo possível destacar os contratos integralmente digitais e os designs mais modernos, como o *Visual Law*.

---

[5] Silveira, Newton. Propriedade intelectual: propriedade industrial, direito de autor, software, cultivares, nome empresarial, título de estabelecimento, abuso de patentes / Newton Silveira. – 6. ed., revista e ampliada – Barueri [SP]: Manole, 2018.

Ainda nas pesquisas realizadas, foi encontrado especial artigo do Grupo de Estudos de Direito Autoral e Industrial (GEDAI), da Universidade Federal do Paraná, de autoria do Dr. Rodrigo Vieira Costa e Dra. Ana Paula da Silva Liberalino e intitulado "*Smart Contracts*: a revolução digital dos contratos".[6]

No entendimento dos autores surgiram os contratos inteligentes (ou *Smart Contracts*), que se distinguem pela sua autoexecutoriedade.

Através de construções lógicas de causas e consequências, os contratos inteligentes já preveem os próximos eventos para as diferentes situações que possam surgir durante o cumprimento do contrato, tornando mais dinâmica a sua execução.

Uma vez que as características dos contratos inteligentes não violam quaisquer regras do Código Civil ou da LDA, não há qualquer impedimento para a sua utilização para contratação de Direitos de Autor.

Por fim, cumpre mencionar o caso dos contratos relacionados aos influenciadores digitais (*digital influencers*). Do ponto de vista da proteção aos direitos autorais, há necessidade de relacionar a proteção ao material criado pelo Autor, bem como garantir que não ocorram violações aos direitos autorais de terceiros.

A legislação atual apresenta, ainda, uma lacuna, deixando de regulamentar de forma apropriada esse tipo de contrato, devendo observar que na criação da LDA a atividade de influenciador não existia da forma como é hoje.

Neste sentido, conforme será indicado no próximo item, estão surgindo projetos de lei para regulamentar a profissão de influenciador digital.

6. Projetos legislativos

Considerando a amplitude da matéria de Direitos Autorais e que as alterações legais podem impactar a forma de contratação para cada nicho, há uma gama de projetos de lei, estando aqui indicados apenas alguns que despertaram interesse e ainda em tramitação, eis que em função da nova legislatura muitos foram arquivados:

---

[6] https://www.gedai.com.br/smart-contracts-a-revolucao-digital-dos-contratos/. Acesso em 13 fev. 2023.

- O Projeto de Lei nº 2.399/2022, da Câmara dos Deputados, proposto pelo Deputado Federal Marco Brasil (PP/PR), altera a Lei de Direitos Autorais para criar limitação na cobrança de direitos autorais em eventos musicais.[7]
- O Projeto de Lei nº 1.282/2020, da Câmara dos Deputados, proposto pelo Deputado Federal Mário Negromonte Jr. (PP-BA), dispõe sobre a regulamentação da profissão de influenciador digital.[8]
- O Projeto de Lei nº 3055/2019, da Câmara dos Deputados, proposto pelo ex-Deputado Federal Darci de Matos (PSD/SC), dispõe sobre a regulamentação da profissão de Designer.

7. Jurisprudência

Recurso de Apelação nº 0026199-21.2021.8.26.0100, de relatoria do Desembargador Álvaro Passos, da 2ª Câmara de Direito Privado do TJ/SP, de 07 de junho de 2022, que, em julgamento estendido, discutiu se o contrato firmando entre os Apelantes, Roberto Carlos Braga e Erasmo Esteves, e o Apelado, Irmãos Vitale S.A. Indústria e Comércio, constituiu contrato de edição ou contrato de cessão de direitos autorais, com declaração dos votos vencidos da Terceira Juíza, Desembargadora Hertha Helena de Oliveira, e da Quarta Juíza, Desembargadora Maria Salete Corrêa Dias.

Ao final do julgamento em segunda instância, foi reconhecido que o contrato firmado entre as partes era de cessão dos direitos patrimoniais, não havendo quebra de qualquer cláusula pelo Apelado.

O processo ainda não transitou em julgado, eis que foram interpostos Recurso Especial e Extraordinário.

O Recurso Especial foi recebido e transmitido para o STJ em 16/12/2022, onde aguarda julgamento e na mesma data foi inadmitido o Recurso Extraordinário, ora objeto de Agravo em 07/02/2023. Cumpre destacar que em 26/07/2023, o TJSP manteve sua decisão e determinou remessa dos autos do Agravo em RExt para o STF.

---

[7] https://www.camara.leg.br/proposicoesWeb/fichadetramitacao?idProposicao=2334818. Acesso 10 fev. 2023.

[8] https://www.camara.leg.br/propostas-legislativas/2323549. Acesso em 10 fev. 2023.

Processo nº 0026199-21.2021.8.26.0100.
Origem: 11ª Vara Cível do Foro Regional de Santo Amaro, São Paulo/SP.
Autores: Roberto Carlos Braga e Erasmo Esteves.
Réu: Irmãos Vitale S.A. Indústria e Comércio.
Distribuição: 20.08.2021.

Referências bibliográficas e digitais:
RODRIGUES, Silvio. Direito Civil – Dos Contratos e das Declarações Unilaterais da Vontade. 23ª ed. atualizada. São Paulo: Saraiva, 1995.
BARBOSA, Denis Borges. Contratos em Propriedade Intelectual. https://www.dbba.com.br/wp-content/uploads/contratos_pi.pdf.
SANTOS, Manoel J. Pereira. "Principais tópicos para uma revisão da Lei de Direitos Autorais brasileira". Revista da ABPI – nº 100. Mai/Jun 2009.
SILVEIRA, Newton. Propriedade intelectual: propriedade industrial, direito de autor, software, cultivares, nome empresarial, título de estabelecimento, abuso de patentes / Newton Silveira. – 6. ed., rev. e ampl. – Barueri [SP]: Manole, 2018.

32.
CONTRATOS DE ENTRETENIMENTO

Ivana Có Crivelli

1. Introdução

O mercado de entretenimento engloba diversos setores da indústria do entretenimento, tais como, o audiovisual, fonográfico, redes sociais, videogames, softwares e teatro. Os negócios jurídicos do entretenimento buscam regular as relações jurídicas que estabelecem a produção, difusão, comercialização e consumo de bens culturais. O desenvolvimento tecnológico vem transformando diariamente os processos de criação, produção e distribuição de obras intelectuais o que acarreta novas relações jurídicas.

Este trabalho tem por objetivo comentar alguns contratos que envolvam direitos autorais direta ou indiretamente. A todos os contratos de direitos autorais aplica-se:

• **Princípio da Interpretação Restritiva** – (art. 4º., LDA) Interpretam-se restritivamente os negócios jurídicos sobre os direitos autorais. Este princípio orienta uma técnica contratual descritiva e específica, tanto no delineamento do objeto quanto dos demais elementos contratuais, tais como as modalidades de utilização e o território de vigência contratual. Nas hipóteses de controvérsia, a interpretação será em prol do autor. As utilizações extracontratuais poderão ser consideradas atos ilícitos.

- **Princípio da independência das modalidades de utilização** (art. 31, LDA) – As diversas modalidades de utilização de obras literárias, artísticas ou científicas ou de fonogramas são independentes entre si, e a autorização concedida pelo autor, ou pelo produtor, respectivamente, não se estende a quaisquer das demais.

A Lei 9.610 de 1998 estabelece uma série de conceitos que são bastante relevantes como parâmetros ao estabelecimento das relações jurídicas e negócios jurídicos, entre os quais destaca-se a seguir:

- **Audiovisual** (art. 5º., VIII, "i", LDA) – a que resulta da fixação de imagens com ou sem som, que tenha a finalidade de criar, por meio de sua reprodução, a impressão de movimento, independentemente dos processos de sua captação, do suporte usado inicial ou posteriormente para fixá-lo, bem como dos meios utilizados para sua veiculação.
- **Fonograma** (art. 5º, IX) – toda fixação de sons de uma execução ou interpretação ou de outros sons, ou de uma representação de sons que não seja uma fixação incluída em uma obra audiovisual;
- **Editor** (art. 5º., X, LDA) – a pessoa física ou jurídica à qual se atribui o direito exclusivo de reprodução da obra e o dever de divulgá-la, nos limites previstos no contrato de edição;
- **Produtor** (art. 5º., XI, LDA) – a pessoa física ou jurídica que toma a iniciativa e tem a responsabilidade econômica da primeira fixação do fonograma ou da obra audiovisual, qualquer que seja a natureza do suporte utilizado;
- **Artistas intérpretes ou executantes** (art. 5º., XIII, LDA) – todos os atores, cantores, músicos, bailarinos ou outras pessoas que representem um papel, cantem, recitem, declamem, interpretem ou executem em qualquer forma obras literárias ou artísticas ou expressões do folclore;
- **Autor** (art. 11) é a pessoa física criadora de obra literária, artística ou científica. Parágrafo único. A proteção concedida ao autor poderá aplicar-se às pessoas jurídicas nos casos previstos nesta Lei.

Os adquirentes de direitos autorais patrimoniais são denominados titulares de direitos patrimoniais. Estes não são detentores de direitos morais de autor. Os direitos morais são inalienáveis e irrenunciáveis (art. 27, LDA). Os negócios jurídicos de direitos autorais devem respeitar os direitos morais de autor (art. 24, LDA). Por morte do autor, transmitem-se a seus sucessores quatro[1] direitos morais (art. 24, I a IV, LDA).

A atividade intelectual é uma prestação de trabalho intelectual. O fornecedor de trabalho intelectual poderá ser contratado com ou sem vínculo empregatício. Os contratos de trabalho podem ser de prestação de serviços ou sob vínculo empregatício. Na ausência da intenção de se estabelecer uma relação jurídica com vínculo empregatício, deve ser observado (na relação jurídica e não somente na redação do contrato) que não estejam presentes os requisitos da relação empregatícia, segundo as normas da CLT – Consolidação das Leis trabalhistas[2].

Nas contratações de pessoas jurídicas para a criação de obra literária ou artística, deve-se incluir especificamente a menção da pessoa física a que se obriga a consecução do ato criativo, e, na técnica contratual, esta será mencionada no contrato por meio da figura jurídica do interveniente-anuente. As contratações de pessoas jurídicas não diluem a pessoalidade criativa admissível apenas às pessoas físicas (art. 11, LDA).

2. Contrato de produção audiovisual

No mercado brasileiro, a obra audiovisual é em regra produzida sob a iniciativa e responsabilidade legal (administrativa e financeira) de uma produtora pessoa jurídica, a qual se responsabiliza pela captação de recursos, prestação de contas, contratação dos coautores, artistas, demais participantes criativos o que corresponde ao conceito legal de obra coletiva[3].

---

[1] I – o de reivindicar, a qualquer tempo, a autoria da obra; II – o de ter seu nome, pseudônimo ou sinal convencional indicado ou anunciado, como sendo o do autor, na utilização de sua obra; III – o de conservar a obra inédita; IV – o de assegurar a integridade da obra, opondo-se a quaisquer modificações ou à prática de atos que, de qualquer forma, possam prejudicá-la ou atingi-lo, como autor, em sua reputação ou honra.

[2] Segundo os arts. 2º. e 3º. da CLT, será considerado presente o vínculo empregatício em uma relação de trabalho onde estejam presentes os seguintes requisitos: subordinação, onerosidade, não pessoalidade e a não assunção dos riscos da atividade do tomador de serviços. Exemplos: São considerados contratos com vínculo empregatício aqueles realizados por período indeterminado, teletrabalho, intermitente ou temporário, os quais precisam ser registrados na carteira de trabalho profissional, gerando direitos específicos e um salário.

[3] Lei 9.610/98, art. 5º., VIII, "h": "a criada por iniciativa, organização e responsabilidade de uma pessoa física ou jurídica, que a publica sob seu nome ou marca e que é constituída pela

Quando esse modelo de gestão ocorre, cabe ao organizador da obra coletiva (§ 2º., art. 17, LDA) a titularidade dos direitos patrimoniais sobre a obra coletiva, respeitando-se as participações individuais inerentes ao processo criativo em colaboração, ou seja, todos os autores das obras que compõem a obra audiovisual (art. 17, LDA).

A produtora de obra audiovisual (art. 5º., XI, LDA) é a pessoa jurídica que toma a iniciativa e tem a responsabilidade econômica da primeira fixação da obra audiovisual, qualquer que seja a natureza do suporte utilizado. A produtora exerce uma função de gestão de todo o processo de produção, encarregando-se de todas as contratações, entre as quais podem ser destacadas as relativas aos autores do argumento literário, lítero-musical, musical e o diretor. São eles considerados coautores da obra audiovisual (art. 16, LDA). Nas hipóteses de produção de obra audiovisual de animação (os denominados desenhos animados), incluem-se no rol de coautores os autores dos desenhos utilizados na obra audiovisual. Os direitos morais sobre a obra audiovisual cabem exclusivamente ao diretor (art. 25, LDA).

Na hipótese de obra coletiva, o contrato de produção deverá atender aos requisitos legais previstos na LDA, tanto para a obra coletiva, como para o contrato de produção propriamente dito. O contrato com a pessoa jurídica organizadora deverá: especificar a contribuição do participante, o prazo para entrega ou realização, a remuneração e demais condições para sua execução (§3º., art. 17, LDA). Essas condições terão sempre como parâmetro as normas mínimas estipuladas em leis, convenções e acordos coletivos do trabalho.

O contrato de produção audiovisual deve estabelecer (art. 81, §2º., LDA): a remuneração devida pelo produtor aos coautores da obra e aos artistas intérpretes e executantes; bem como o tempo, lugar e forma de pagamento; o prazo da conclusão da obra; a responsabilidade do produtor para com os coautores, artistas, intérpretes ou executantes, no caso de coprodução; o título da obra audiovisual em cada cópia da mesma; os nomes e/ou pseudônimos do diretor e dos demais coautores; o título da obra adaptada e seu autor, se for o caso; os artistas intérpretes; o ano de

---

participação de diferentes autores, cujas contribuições se fundem numa criação autônoma.

publicação; e o seu nome ou marca que identifique como produtor da mesma, o nome dos dubladores.

O contrato de produção audiovisual é um dos poucos contratos de direitos autorais que oferece e ao mesmo tempo exige uma regulação mínima, uma vez que os requisitos estão previstos na LDA.

A autorização do autor e do intérprete de obra literária, artística ou científica para produção audiovisual implica, salvo disposição em contrário, consentimento para sua utilização econômica (art. 81, LDA). A exclusividade da autorização depende de cláusula expressa e cessa dez anos após a celebração do contrato (§2º., art. 81, LDA). Essa vigência poderá ser estabelecida mundialmente ou por território. No esgotamento do prazo, o autor do argumento literário poderá autorizar uma nova versão da obra. Mesmo durante o prazo de exclusividade, poderá ser reservado ao autor o direito de adaptação da obra para edição literária, entre outros. O produtor e autor poderão estabelecer prazo para vedação de uso e exercício de direito de preferência para aquisição de direitos para diferentes formatos e territórios.

A produtora deverá se encarregar da aquisição de direitos do argumento literário (obra literária), argumento-musical (letra da música), argumento musical (música), os quais poderão ser realizados sob encomenda de obra inédita ou licença de sincronização de obra pré-existente. Em ambos os casos, será necessário o licenciamento do direito de uso ou a cessão de direitos para a realização da produção audiovisual. Assim como, a contratação dos atores/atrizes, fotógrafos, cenógrafos e outros artistas intérpretes e executantes deverá ser realizada segundo os parâmetros mínimos previstos na legislação (Lei 6.533/78 e LDA).

3. Contrato de direção audiovisual

Todos os elementos mínimos estipulados para o contrato de produção deverão aqui serem observador. Este é um contrato específico de produção realizado entre produtora e o diretor[4] para autorizar a produção

---

[4] Trata-se do diretor artístico da obra audiovisual, aquele considerado coautor da obra na forma do art. 16, da LDA. Conforme conceito de Diretor inerente ao Quadro anexo ao Decreto n. 82.385/78: Cria, elabora e coordena a encenação do espetáculo a partir de uma idéia, texto, roteiro, obra literária, música ou qualquer outro estímulo utilizando-se

e criação da obra audiovisual, a aquisição dos direitos patrimoniais pela produtora para que possa contratar direitos de exibição e de distribuição da obra (filme ou vídeo) no Brasil e exterior.

A transferência de direitos será feita por uma cláusula de cessão onerosa da totalidade dos direitos patrimoniais autorais relativos à direção audiovisual em caráter oneroso, universal, exclusivo, definitivo, irrevogável, irretratável e irrestrito, pelo prazo máximo de proteção da obra (art. 44 c/c art. 45, LDA[5]), sem qualquer limitação de meio, suporte.

O contrato deverá prever que o diretor atuará com pessoalidade, não podendo ser substituído por qualquer terceiro, exceto se a produtora estiver de pleno acordo em situações excepcionais a serem listadas (art. 83, LDA[6]).

A vigência do contrato de direção deverá respeitar o prazo estipulado para a finalização do trabalho intelectual de direção portanto, distinto do prazo de vigência da cessão de direitos autorais patrimoniais de direção.

Entre direitos e obrigações, orienta-se a mencionar no contrato: o prazo para realização de todas as etapas de que o diretor atuará, que o diretor deverá seguir as especificações indicadas no argumento, roteiro

---

de recursos técnico-artísticos procurando assegurar o alcance dos resultados objetivados com a encenação; estuda a obra a ser representada, analisando o tema, personagem e outros elementos importantes, para obter uma percepção geral do espírito da mesma; define com o Coreógrafo, Figurinista, Cenógrafo, iluminador e outros técnicos, quais as melhores soluções para o espetáculo, preservando assim a unidade da obra; assume a linha filosófica ou ideológica, individual ou coletiva para o trabalho, norteado pelos princípios da liberdade criativa; decide sobre quaisquer alterações no espetáculo; opina e sugere sobre a divulgação do espírito do espetáculo; presta assistência durante o período de apresentação; na relação com o Produtor fica preservada a sua autonomia quanto à criação; define com o Produtor a equipe técnica e artística.

[5] Art. 44. O prazo de proteção aos direitos patrimoniais sobre obras audiovisuais e fotográficas será de setenta anos, a contar de 1º de janeiro do ano subsequente ao de sua divulgação.
Art. 45. Além das obras em relação às quais decorreu o prazo de proteção aos direitos patrimoniais, pertencem ao domínio público: I – as de autores falecidos que não tenham deixado sucessores; II – as de autor desconhecido, ressalvada a proteção legal aos conhecimentos étnicos e tradicionais.

[6] Art. 83. O participante da produção da obra audiovisual que interromper, temporária ou definitivamente, sua atuação, não poderá opor-se a que esta seja utilizada na obra nem a que terceiro o substitua, resguardados os direitos que adquiriu quanto à parte já executada.

e objetivos predefinidos pela produtora quanto ao (s) formato (s), que durante o prazo de produção o diretor não poderá assumir outros compromissos que prejudiquem o bom cumprimento do contrato, a disposição do crédito autoral do nome da pessoa física do diretor (art. 11 c/c art. 16, LDA), que o registro da obra audiovisual na ANCINE será feito em nome da produtora, os termos de confidencialidade envolvidos em todas as etapas da produção audiovisual, a colaboração e uso de imagem e voz do diretor para a promoção da obra, a cláusula sobre o pagamento deverá prever que a produtora deverá discriminar a parcela referente à prestação de serviços e o pagamento em face da cessão de direitos autorais, caberá à produtora o fornecimento do cronograma e diretrizes do argumento e roteiro para a prestação de serviços de direção. É necessário estipular quem deverá receber premiações, sendo certo que aquelas relativas à direção deverão ser destinadas à pessoa física do diretor. A forma de remuneração poderá ser acordada conforme a realidade da produtora/orçamento da produção e reputação profissional do diretor.

4. Contrato de composição de trilha sonora original

O compositor da trilha sonora original (músicas compostas para o audiovisual) é também considerado coautor da obra audiovisual (art. 16, LDA). A contratação poderá ser individual ou plúrima, correspondente aos sujeitos que participarem (compositores, intérpretes e executante).

Trata-se de um contrato de encomenda de obra musical no qual deverá ser prevista a cessão[7] de direitos patrimoniais da trilha sonora para a sincronização na obra audiovisual. A vigência da cessão deverá atender o prazo máximo de proteção da obra musical (art. 41), o que não se confundirá com o prazo para a execução do contrato e as penalidades por descumprimento contratual.

Entre direitos e obrigações, orienta-se a mencionar no contrato: as informações sobre os títulos das obras musicais, que o compositor (e outros participantes) deverão seguir as especificações indicadas no argumento, roteiro e objetivos predefinidos pela produtora quanto ao (s) for-

---

[7] A cessão será específica para a finalidade de sincronização e modalidade de exploração econômica compatíveis com a comercialização do produto final audiovisual, não se trata de cláusula de conteúdo indeterminado.

mato (s), que durante o prazo de produção o compositor (e outros) não poderão assumir outros compromissos que prejudiquem o bom cumprimento do contrato, a disposição dos créditos autorais dos nomes das pessoa (s) física (s) do compositor (es) (art. 11 c/c art. 16, LDA), a colaboração e uso de imagem e voz do (s) compositor (es) para a promoção da obra audiovisual.

Será importante identificar todos os participantes da gravação e sincronização das obras musicais à obra audiovisual. É muito comum a coautoria na composição, sendo que a execução musical é geralmente realizada por um grupo de músicos, produtor musical, arranjador. Cada uma dessas relações jurídicas demanda a realização de um contrato peculiar.

5. Contrato de licença para sincronização de trilha sonora pré-existente

São as denominadas "licenças de sincronização". Diferentemente da trilha sonora original, neste caso, deverá ser providenciado a licença de obra musical, referente aos direitos autorais da composição (partituras: música e letra), que deve ser obtida junto às editoras musicais ou aos próprios autores quando a obra não for editada; e, nos casos de fonograma, os direitos da gravação deverão ser obtidos junto à gravadora como titular (proprietário) dos direitos patrimoniais dos intérpretes e executantes.

6. Contrato de licenciamento de fonogramas e videofonogramas para distribuição digital para *streaming*

O contrato de distribuição digital é realizado com o titular de direitos autorais (artista ou gravadora) e a empresa que realizará a distribuição digital de músicas (a agregadora musical[8]) através das principais plataformas de streaming disponíveis no mercado mundial e lojas de música

---

[8] Também denominado no mercado como agregador de música, agregador de conteúdo ou distribuidor digital. Entre as mais citadas no mercado, encontram-se: LANDR, CD Baby, TuneCore, Ditto Music, Loudr, Record Union, Mondo Tunes, Reverbnation, Symphonic, iMusician, The Orchard (somente gravadoras) Awal (somente inscrições selecionadas). Cada agregador tem sua forma de cobrar por seus serviços o que pode ser verificado nas web pages de cada um, mas que em geral se baseiam: uma taxa fixa por álbum/single, uma taxa anual ou uma porcentagem de suas vendas (10-25%).

digital como o iTunes e o Google Play. As agregadoras são responsáveis por realizar o *upload* dos arquivos de música com os metadados (as informações de cadastro da música ou fonograma) para as plataformas de *streaming*.

A agregadora musical receberá a permissão de desenvolver a distribuição digital dos fonogramas e músicas disponibilizados pelo titular de direitos autorais, através das principais plataformas digitais disponíveis no mercado, sendo assim, assegurando os direitos de transmitir ou difundir obra musical, fonogramas e videofonogramas disponibilizados pelo titular, por todas as modalidades digitais, na internet e por sinal de telefonia móvel (celular).

O contratante deverá concordar com os termos de uso e serviços do contratado, assim como sua política de privacidade. O contratante autorizará o contratado a poder usar a imagem/voz e marca do artista para finalidades relacionadas ao cumprimento do contrato (como: marketing, publicidade, videoclipe).

Este contrato tem como escopo não somente a distribuição, mas ações de planejamento e gestão de estratégia de marketing, campanhas publicitárias, parcerias com marcas, monitoramento de mídias digitais para o crescimento do artista, plataformas, lojas digitais e internet em geral.

As partes deverão negociar um cronograma de apresentação do artista e lançamento da música (single, álbum) nas mídias sociais e plataformas digitais, a escolha das artes para capa do álbum ou single, elaboração de um mini vídeo para as plataformas definidas, escolha da padronização das artes para as redes sociais e até mesmo para ações em WhatsApp e *stories* do Instagram.

O artista ou gravadora poderão contratar a agregadora para a criação de um hotsite onde poderá conter acessos otimizados e links para agenda, plataformas digitais, mídias socais, releases e materiais para contratantes. Um facilitador para a troca e acesso de informação entre artistas e contratantes. Neste espaço são disponibilizadas fichas técnicas, *rooming lists* de divulgação.

A distribuição digital é realizada pela internet, sem a necessidade da utilização de mídia física, como CD, DVD, disco rígido para armazenamento. Os artistas podem realizar a distribuição digital diretamente, ou por meio das gravadoras.

As obras musicais precisam estar cadastradas com os códigos de identificação (como o ISRC -*International Standard Recording Code*). É recomendável que o próprio artista gere o ISRC através de sua sociedade arrecadadora, no caso de fonogramas, o trabalho será feito pela gravadora titular.

A título de acordo financeiro, a cada vez que os ouvintes baixarem e ouvirem a música, o artista poderá ser remunerado por um valor combinado por cada play. No caso do fonograma, a divisão será entre produtor fonográfico, intérpretes e músicos acompanhantes/executantes. Este será um contrato em que o território pode ser estabelecido regionalmente, entretanto, em geral, ele é realizado para todos os países, sendo assim mundial (universal).

O contrato deverá estabelecer a previsão de relatório financeiro a ser administrado pela empresa contratada para a distribuição digital, bem como a fórmula de repartição (entre agregadora e artista/gravadora) da receita advinda da monetização nas plataformas. As partes deverão decidir como será realizada a repartição do pagamento de direitos conexos[9]. As agregadoras digitais fazem o trabalho de recolhimento de direitos junto às plataformas, e os devidos pagamentos de direitos autorais e conexos para os titulares.

---

[9] Segundo a ABRAMUS o mercado tem realizado o pagamento da retribuição relativa ao consumo de streaming da seguinte forma: 30% fica com a loja ou player, 58% fica para a parte conexa, 12% fica para a parte autoral. A entidade esclarece que do percentual destinado à parte conexa, cabe a divisão negociada livremente entre gravadora ou agregador e artista.

Do percentual autoral, o Brasil tem a seguinte divisão entre consumo de conteúdo por *streaming* ou *download*: "**Download**: o percentual vai todo para a editora. Nesse caso, aplica-se o mesmo conceito do direito fotomecânico, mas no ambiente digital. Não existe execução pública. A editora, posteriormente, irá remunerar os autores de acordo com o que estiver previsto em contrato. **Streaming**: existe uma divisão de 25% para execução pública (que é recolhido pelo ECAD) e os 75% restantes são pagos para a editora, como direitos mecânicos digitais." Entretanto, é importante mencionar que a maioria das plataformas ainda não paga os direitos conexos. https://www.abramus.org.br/noticias/14895/streaming-de-musica-como-faco-para-ter-minhas-musicas-nas-plataformas-e-como-funcionam-os-direitos-autorais/ Acesso em 03.02.2023.

O agregador poderá obter licenças de sincronização para TV, filmes e jogos. O artista poderá realizar um contrato por música com diferentes distribuidoras. O acordo poderá ser com ou sem exclusividade.

A empresa contratada poderá ser responsável pelo marketing digital musical com o objetivo de impulsionar a (s) obra (s)/fonogramas diretamente com os algoritmos de recomendação e assim propiciar maior monetização. É o agregador o responsável pela estratégia de marketing, elaboração do *pitch*.[10]

O marketing digital é a combinação de métricas de monitoramento e tendências do mercado reunidas de maneira a propiciar o melhor êxito de todas as fases de lançamento de um álbum, o que engloba desde as estratégias de pré-venda à criação e lançamento de vídeos, promoções especiais, destaques nas vitrines digitais, envolvendo ações nas mídias sociais, otimização de perfis nos serviços de streaming, e-mail marketing, *widgets* musicais e de assinatura automática de newsletters.

A empresa agregadora musical poderá executar diversos serviços, tais como: o planejamento, desenvolvimento de layouts, campanhas de marketing, lançamentos para blogs, mídias sociais, plataformas digitais; criação, implementação de campanhas publicitárias por meio das principais mídias digitais e serviços de streaming; serviços de produção de videoclipes (para álbum ou single); estabelecimento de parcerias com marcas para apoiar os lançamentos em todas as plataformas e mídias sociais[11]. Ele fará uso dos metadados[12] para atingir o público desejado, o perfil de fãs.

---

[10] Elaboração do *pitch* ou *pitching*. É a apresentação da música contando um pouco sobre o artista, seus números nas plataformas, seguidores, relevância na mídia e da música. Os curadores das *playlists* de curadoria irão se guiar por essa apresentação para verificar se a música se encaixa nas *playlists* que o streaming disponibiliza e verificar a disponibilização de *link* de *pre save*.

[11] Conforme serviços descritos pela empresa New Music especializada em distribuição de música e vídeo, editora, gravadora, consultoria, gestão e planejamento de marketing digital e mídias sociais. http://newmusic.digital/servicos/marketing-digital/

[12] Metadados são informações, descrições curtas e palavras-chave que facilitam a classificação e a identificação na web. Exs.: nome do artista, título (do álbum ou single), a data do lançamento, gravadora (quando existir), títulos das faixas, gênero, informações do compositor, biografia do artista, músicos executantes, códigos ISRC.

O prazo de vigência pode ser estabelecido livremente de acordo com os interesses e estratégia comercial desejada. Se estabelecido por prazo determinado, deve-se atentar para as situações de rescisão antecipada. Renovações automáticas podem ser solução e problema, no caso de insatisfação. É melhor avaliar a necessidade de gestão do contrato. Estabelecer prazo e obrigação de migração de catálogo de obras do artista para a administração de outra empresa. É comum o contrato por prazo indeterminado.

7. Contrato de produção fonográfica para desenvolvedores de games (jogos eletrônicos)

A criação de trilha sonora original para uma obra audiovisual de um videogame poderá ser realizada por meio da encomenda. O contrato de produção fonográfica deverá ser realizado por meio da previsão da encomenda e transferência (cessão de direitos autorais) de direitos autorais patrimoniais para a sincronização das obras musicais no game.

A produtora encomendante deverá contratar por cláusula de cessão onerosa, universal, exclusiva, definitiva, irrevogável, irretratável e irrestrita dos direitos patrimoniais de autor relativo à autoria (letra e música), interpretação e execução artística pelo prazo máximo de proteção da gravação (produção fonográfica). Não se trata de uma cessão global indeterminada.

A empresa de desenvolvimento de jogos poderá por si própria ou por terceiros por ela contratados executar o papel de produtora audiovisual e produtora fonográfica. Ela deverá adquirir os direitos autorais das obras musicais a fim de poder realizar todas as modalidades de exploração econômica do jogo eletrônico conforme interesse, tais como as derivações por séries, desenhos animados, filmes de longa-metragem. A produtora poderá adquirir os direitos conexos aos de autor do fonograma, passando a ser titular de direitos conexos e passar a acompanhar os direitos de execução pública da trilha sonora presente nos games sincronizadas a partir daquele fonograma.

O produtor fonográfico é o titular de direitos conexos sobre os fonogramas (as gravações musicais) que produzir. O mero pagamento pelo valor dos serviços não implica na transferência de direitos e/ou propriedade intelectual. O produtor fonográfico deverá gerar o ISRC (*Interna-*

tional Standard Recording Code). Esse código é adotado no mundo e serve justamente para identificar as gravações musicais. A empresa desenvolvedora deverá constar como produtora fonográfica no cadastro do ISRC, somente assim poderá ser identificar para receber os pagamentos de direitos conexos.

8. Contrato de elenco

É o instrumento contratual em que se estabelece os direitos e obrigações de ator/atriz (intérprete) e produtora contratante a fim de autorizar a captação de imagem e som de voz resultantes da atuação do contratado para determinada produção (como: cinema, TV, teatro). A LDA regula os direitos dos artistas intérpretes ou executantes (art. 90 a 92).

Os intérpretes (atores e atrizes) que criam, interpretam ações dramáticas, baseando-se em textos, estímulos visuais, sonoros ou outros, previamente concebidos por um autor ou criados através de improvisos individuais ou coletivos e tem a profissão regulamentada pela Lei 6.533/73, a qual dispõe sobre normas para os artistas e técnicos[13].

A contratação poderá ter natureza de prestação de serviços por prazo determinado/indeterminado combinado com uma cláusula de cessão onerosa, universal, exclusiva, definitiva, irrevogável, irretratável e irrestrita dos direitos patrimoniais de autor relativo à interpretação artística pelo prazo máximo de proteção legal; ou será realizado sob vínculo empregatício.

Segundo o art. 19 da Lei 6.533/78 e art. 25 do Decreto 82.385/78, o contrato de trabalho (lato sensu) deverá conter obrigatoriamente: qualificação das partes contratantes, prazo de vigência, natureza da função profissional, com a definição das obrigações respectivas, título do programa, espetáculo ou produção, ainda que provisório, com indicação do personagem nos casos de contrato por prazo determinado, locais onde atuará o contratado, inclusive os opcionais, jornada de trabalho, com especificação do horário e intervalo de repouso, remuneração e sua forma de pagamento, disposição sobre eventual inclusão do nome do contra-

---

[13] Lei 6.533, de 24 de maio de 1978. Dispõe sobre a regulamentação das profissões de artistas e de técnico em espetáculos de diversões, e dá outras providências. Regulamentado pelo Decreto 82.385, de 5 de outubro de 1978.

tado no crédito de apresentação, cartazes, impressos, e programas, dia de folga semanal, ajuste sobre viagens e deslocamento, período de realização de trabalhos complementares, inclusive dublagem, quando posteriores à execução de interpretação, objeto do contrato de trabalho, número da Carteira de Trabalho e Previdência Social. E deverá ser registrado na Delegacia Regional do Trabalho do Ministério do Trabalho mediante requerimento do empregador com os documentos previstos no art. 29 do Decreto 82.385/78. Se o contrato for por prazo indeterminado, deverá constar, ainda, uma cláusula relativa ao pagamento de adicional devido em caso de deslocamento para a prestação de serviço fora da cidade ajustada no contrato de trabalho.

É necessário observar as normas e procedimentos inerentes à categoria profissional para o registro de contratos por tempo determinado, indeterminado ou notas contratuais, conforme noticiados no SATED/SP[14] e SATED/RJ[15]. Os sindicatos representam categoria profissional por estado.

Entre direitos e obrigações, orienta-se a mencionar no contrato: o valor destinado ou local de acomodação e alimentação para o contratado; sobre o pagamento dos direitos de cada vez (art. 91, § único LDA); estabelecer multa para o ator que não atuar durante todo o prazo contratado (art. 19, da Lei 6.533/78, e art. 41 e 42, do Decreto 82.385/78); na hipótese de falecimento do contratado deve-se seguir os termos do contrato e sem necessidade de pagamento de adicional (art. 92, § único, LDA) e multa para a produtora que no prazo determinado rescindir sem justa causa; deixar expressos os casos considerados como justa causa; a exclusividade durante as filmagens; quais os horários; o transporte fornecido ou pago ao ator, observar as normas das convenções e acordos coletivos de trabalho inerentes à categoria; se haverá dublês; a disposição dos créditos autorais dos nomes das pessoa(s) física(s) do contratado (art. 11, LDA); a colaboração e uso de imagem e voz do ator/atriz para a promoção da obra audiovisual (art. 90, § 2º., LDA) que o contratado permite que seja feita a dublagem de sua interpretação em outros idiomas, exceto o português.

---

[14] Verificar em https://www.satedsp.org.br/atendimento/pessoa-juridica/registro-de-contratos/

[15] Verificar em http://www.satedrj.org.br/liberacao-de-producoes-em-midias-audiovisuais/

Aos intérpretes cabem os direitos morais de integridade e paternidade de suas interpretações, inclusive depois da cessão dos direitos patrimoniais, sem prejuízo da redução, compactação, edição ou dublagem da obra de que tenham participado, sob a responsabilidade do produtor, que não poderá desfigurar a interpretação do artista (art. 92, LDA).

9. Contrato de parceria para publicidade com influenciador (digital influencer)

Este contrato tem por objetivo o desenvolvimento de marketing digital de produtos ou serviços de uma ou várias marcas por meio de atuações do influenciador em suas redes sociais. É um contrato que poderá ser realizado por prazo determinado ou por prazo indeterminado.

Tem natureza de prestação de serviços combinado com licenciamento de imagem e voz em que o contratado em razão de sua credibilidade e/ou reputação (em face do grande número de seguidores) possa desenvolver e publicar anúncios publicitários nos canais em plataformas digitais do *influencer* (como Youtube, Facebook, Instagram, Tiktok etc)

Entre os direitos e obrigações a serem especificados caso a caso, o contrato deverá dispor em regra sobre:

- Os cuidados do *influencer* para não violar direitos de terceiros (como imagem/voz, marcas) no momento de realização de *selfies*, áudios ou vídeos.
- O direito autoral dos referidos selfies, áudios ou vídeos é do *influencer*, assim como o direito de sua imagem/voz.
- O contratante precisará prever o direito de uso da imagem e voz do *influencer* e/ou de suas fotografias e/ou vídeos quando produzidos em cumprimento contratual.
- A indicação do produto/serviço e marca (s) a serem promovidos;
- a especificação das redes sociais em que o conteúdo publicitário será postado pelo *influencer*;
- Evitar que o contrato seja realizado sem diretriz. É recomendável que se indique a periodicidade das postagens; o dia da semana, horário. Cada detalhamento poderá melhor roteirizar o cumprimento contratual.
- O *influencer* compromete-se a manter suas postagens ativas em suas redes sociais e/ou páginas pelo prazo mínimo de determinado número de

dias, devendo se responsabilizar por correções sempre que solicitado pelo contratante.

• Esclarecer que o *influencer* não tem responsabilidades com o processo de comercialização dos produtos.

• Que a contratante será responsável pela observância dos direitos do consumidor, comprometendo-se a zelar pela qualidade dos produtos e/ou serviços, pela política de atendimento ao cliente e que se responsabilizará por responder a eventuais ações indenizatórias, seus pagamentos, devendo arcar com os honorários advocatícios para a defesa do *influencer* nas situações administrativas e/ou judiciais.

• As regras para a realização de repostagens de conteúdo devem ser previamente estabelecidas;

• Regras para inserção de marcações (tags) do anunciante e/ou do produto nas redes sociais;

• Definição dos produtos a serem enviados pelo anunciante e utilizados pelo *influencer*;

• Exclusividade no segmento de atuação (e o respectivo prazo de exclusividade);

• Se o contrato estipulará a participação em eventos, qual a natureza dos eventos, locais, periodicidade, horários;

• Remuneração do *influencer*; a definição de participação e/ou de remuneração fixa mensal.

• Estabelecimento de métricas para verificação de performance da campanha e a respectiva periodicidade.

10. Contrato de licenciamento de marcas e personagens

É um contrato de concessão de uso de uma ou mais marcas e personagens (obra artística) protegidas por direitos autorais para a exploração econômica acordada pelo Licenciado. O licenciamento tem por objetivo a concessão de uma licença de uso e exploração, com exclusividade, para os produtos/serviços/promoção (conforme acordado) da Licenciada.

O licenciador pode proibir a utilização de sua obra artística e marca para a distribuição gratuita como brindes, prêmios ou outras formas promocionais. O licenciador é o titular (proprietário) dos direitos autorais da personagem e/ou marca registrada. O agente de licenciamento é a empresa nomeada pelo licenciador para gerenciar o programa de licenciamento de uma propriedade. Licenciado é a empresa a quem é concedido o direito de usar a propriedade – fabricante, varejista ou prestador de serviço.

Objetos do licenciamento: a obra artística deverá ser definida segundo descritivo anexo ao contrato com todas as características da personagem (desenho, forma, cores, nome), bem como o produto/serviço/promoção do licenciado em que será locada a propriedade do licenciador. A marca deverá ser utilizada de acordo com a resolução gráfica mencionada no descritivo anexo. Determinar as características do tamanho, letra e cores.

O prazo será o tempo de vigência do contrato de licenciamento.

O território será a região onde o licenciador autoriza o licenciado a comercializar os produtos licenciados.

Royalties[16] são ativos reais vinculados ao desempenho da comercialização dos produtos licenciados, devendo serem pagos para o licenciado ao licenciador em face da utilização de sua propriedade (como marca). Enquanto no licenciamento de personagens os royalties[17] deverão ser pagos para remunerar o direito de uso da personagem no prazo, território e condições (como para que tipo de produtos). Esses valores devem ser discriminados, a partir forma de remuneração acordada para o pagamento do licenciante.

A receita de royalties poderá ser identificada a partir da apuração dos resultados da comercialização de produtos e/ou serviços. A periodicidade é acordada, sendo em regra trimestral. Esse valor é uma porcentagem do faturamento.

O adiantamento é o valor correspondente a uma fração da garantia mínima a ser paga antecipadamente ao licenciador pelo licenciado no ato da assinatura do contrato. A garantia mínima é o valor mínimo que o licenciado se obriga a pagar ao licenciador pelo uso da propriedade.

---

[16] É o plural de royalty, que significa realeza. Royalties é uma palavra de origem inglesa que significa regalia ou privilégio. Consiste em uma quantia que é paga por alguém ao proprietário de bens intelectuais pelo direito de usar, explorar ou comercializar propriedade produtos/serviços.

[17] O uso da terminologia royalty é o jargão comercial, visto que no caso de licenciamento de obra literária ou artística, a natureza jurídica é de direitos autorais.

São comuns algumas proibições, tais como a cessão do contrato a terceiros, a utilização simultânea de obra de terceiros em conjunto com os personagens licenciados, bem como, a utilização de marcas de terceiros.

É necessário o controle da qualidade da produção para proteger a integridade da marca e personagem, reputação do licenciado. Aprovação prévia da produção pelo licenciante é uma prática recorrente. O licenciante deverá aprovar as artes, modelo, protótipo, prova previamente ao lançamento, divulgação ou distribuição, procedimentos que precisam ser regulamentados entre as partes. Há licenciante que exige o direito de inspeção dos produtos. O fornecimento de amostras deve ser previsto e regulado. O licenciado deverá encaminhar à licenciante na fase de pré-produção um número determinado de exemplares dos produtos e catálogos (quando físicos), ou em imagem no formato acordado. Na hipótese de violação, são estipuladas multas, sempre que a regularização for realizada em descumprimento do cronograma de produção e comercialização.

A reputação da licenciante deve ser resguardada e para isso algumas situações devem ser evitadas. O licenciante poderá impedir a comercialização de produtos apresentados com má qualidade ou alterações não autorizadas, nas hipóteses de falta de fidelidade na reprodução das obras artísticas licenciadas, na ausência de crédito autoral e omissão da menção da marca registrada.

As partes deverão fixar o foro competente[18] para dirimir controvérsias e a forma de solução (se por câmara de arbitragem, redigir a cláusula compromissória arbitral[19] e especificar a câmara). A responsabilidade do licenciado perante o consumidor sobre produtos e serviços também

---

[18] A eleição do foro foi pacificada pelo art. 25 do CPC. Note-se as exceções a serem aplicadas, na hipótese do juiz verificar, de ofício ou a requerimento, estar diante de relação de hipossuficiência entre as partes, especialmente no caso de contrato de adesão e de relação de consumo. Art. 63. As partes podem modificar a competência em razão do valor e do território, elegendo foro onde será proposta ação oriunda de direitos e obrigações. §1º A eleição de foro só produz efeito quando constar de instrumento escrito e aludir expressamente a determinado negócio jurídico.

[19] Evitar a cláusula incompleta, chamada de vazia, quando não se estabelece o número de árbitros, a forma de escolha, o lugar da arbitragem, a lei aplicável. As partes deverão escolher, especialmente, no caso de empresas internacionais, a lei aplicável ao contrato. Estas omissões levam as partes ao Poder Judiciário para que seja suprido o vazio.

deverá ser acordada conforme disposições da lei aplicável ao território licenciado.

A exclusividade concedida exige que o cumprimento da produção seja realizado em certas condições e prazo, sob pena de rescisão contratual e multa. Na hipótese de infrações contratuais (como violação a direitos autorais e marca, a licenciada deverá informar no prazo definido à licenciante para que esta tome as medidas que julgar necessárias em conjunto ou isoladamente). A prestação de contas será uma cláusula necessária sempre que a remuneração depender de um percentual baseado na comercialização.

Contratos de agenciamento artístico
O agenciado pode conferir ao agente, com exclusividade, os poderes de empresário e procurador, sendo que para a atuação como procurador deverá ser outorgado um instrumento de mandato por prazo correlato a vigência do contrato.

A cláusula de exclusividade poderá ser adotada sempre que se desejar evitar a sobreposição de negócios jurídicos em nome do agenciado, bem como, a fim de que se estabeleça uma estratégia de gestão de negócios centralizada.

Entre as atribuições do agente perante o agenciado poderão ser contratadas as seguintes obrigações:

- elaborar, agendar e administrar o calendário de apresentações artísticas do agenciado;
- negociar contratos do agenciado, como para shows, gravações e apresentações artísticas em geral em casas de espetáculos, empresas fonográficas, plataformas de *streaming* e produtoras artísticas em geral e/ou quaisquer terceiros interessados, de caráter remunerado ou beneficente;
- assinar contratos que envolvam o agenciado, na qualidade de seu único e legítimo representante, durante o prazo de vigência contratual;
- representar o Agenciado perante quaisquer pessoas físicas e/ou jurídicas, de direito privado e/ou público, a nível federal, estadual e municipal, podendo constituir outros procuradores, inclusive advogados, no bom e fiel interesse do agenciado outorgante;

- definir a participação do Agenciado em entrevistas, "ao vivo" ou gravadas, coletivas ou individuais;
- definir e autorizar todas as campanhas de promoção e divulgação do trabalho do agenciado, inclusive sua participação em programas de televisão, cinema, campanhas publicitárias;
  - licenciar as marcas do agenciado (conforme território);
- definir os preços de todos os serviços (cachês, direitos autorais, remuneração e produtos decorrentes da atuação do agenciado e/ou sua imagem e voz;
  - acompanhar o agenciado nos eventos de interesse; administrar a imagem do Agenciado nas redes sociais, imprensa e atuações em locais públicos;

O artista poderá contratar um agente por território, ou seja, especificando a região (estados) ou país em que cada agente atuará. O contrato de agenciamento poderá ser firmado por prazo determinado ou indeterminado. Na rescisão sem justa causa, pode-se estipular uma multa penal para aquele que desejar rescindir injustificadamente.

A remuneração do agente será baseada na receita líquida auferida pelo agenciado em face de quaisquer atividades profissionais remuneradas. Um percentual, calculado sobre todas as importâncias líquidas percebidas pelo agenciado, como a título de cachê de shows, produções publicitárias, participações diversas em atividades de programas de TV, rádio, podcast, redes sociais e cotas de patrocínio.

A receita líquida gerada em face das atividades do agenciado será ao mesmo paga pelo agente, no prazo acordado pelas partes, a partir da data do efetivo recebimento.

O agente terá sempre acesso livre a todas as informações relativas às negociações que envolvam as suas atividades profissionais. O contrato deverá estipular multas para as distintas hipóteses que fique comprovado negligência no cumprimento de deveres e obrigações.

Contrato de representação de agente teatral
É um contrato de concessão do direito de representação entre autor e agente teatral. O autor concede ao agente teatral o direito de colocação de sua obra para a comunicação pública e compromete-se a garantir o gozo pacífico desta concessão durante toda a vigência do contrato.

A concessão poderá ser feita a favor do agente teatral com ou sem exclusividade. Deverá prever se o contrato poderá ser ou não cedido a terceiros. A concessão deverá atender a um determinado território. Um autor, em geral, pode trabalhar com agentes para diferentes territórios.

O autor autoriza o agente teatral a realizar/contratar a tradução da obra teatral. O autor deverá autorizar a gravação para radiodifusão e comunicação direta ao público das execuções públicas da obra, na sua totalidade ou mesmo apenas em parte. A concessão terá a duração de um período determinado (prazo).

O autor deverá entregar até o prazo determinado pelas partes o arquivo da versão definitiva para encenação, o qual poderá ser compartilhado e/ou reproduzido no número de vezes necessários para a produção. O autor deverá firmar o compromisso de tratar-se de obra original e inédita (quando realizada sob encomenda).

Deverá ser previsto a quem caberá a defesa da obra na hipótese de a de reclamações de terceiros que limitem ou impeçam o uso da obra ou de solicitações de qualquer natureza relativas à legitimidade desta licença de uso ou para contestar a autoria da obra em sua totalidade e em cada uma de suas partes. Tendo em vista caber ao autor apresentar uma obra desembaraçada, livre de impedimentos, entende-se que a esse cabe a responsabilidade de defendê-la, exceto se houver pacto em contrário, acordando que a defesa será realizada em conjunto. É fundamental deixar claro a quem compete o ônus indenizatório nos casos de procedência das reclamações.

O agente teatral não garante a encenação da obra mas obriga-se, caso venha a representar a obra, ou a prever, nas licenças que venha a emitir a terceiros, que a mesma se efetue sem acréscimos, cortes ou variações não permitidas pelo autor, e sujeito a anúncio ao público, nas formas de uso, do título da obra, do nome do autor e do nome de qualquer tradutor, ele também se compromete a prever a possibilidade, tanto para o autor, como para o próprio agente, de fiscalizar a representação.

O autor pagará ao agente uma comissão percentual sobre os rendimentos que lhe sejam pagos. Esta percentagem poderá ser a remuneração única devida pelo autor ao agente. A evolução das formas de exploração econômica determina as premissas negociais.

Bibliografia

ABRÃO, Eliane Y. Direitos de Autor e Direitos Conexos. 2ª.ed. Migalhas. São Paulo.2014.

ANDRADE, Gilberto Falcão de. Produção de Obras Audiovisuais. Manual do Direito do Entretenimento. Guia de Produção Cultural. FRANCEZ, Andréa. COSTA NETTO, José Carlos. E D'ANTINO, Sérgio Famá. SENAC. São Paulo, 2009, p. 83 a 97.

BOÇON, Mariana Schafhauser. O exercício profissional dos artistas e dos técnicos em espetáculos. **Revista Jus Navigandi**, ISSN 1518-4862, Teresina, ano 21, n. 4719, 2 jun. 2016. Disponível em: https://jus.com.br/artigos/34959. Acesso em: 17 jan. 2023.

CHAVES, Antonio. Direitos Conexos. Dos atores, compositores, locutores, músicos, técnicos, direito de arena, direito das empresas, direito à imagem, etc. LTr. São Paulo. 1999.

COSTA NETTO, José Carlos. Direito Autoral no Brasil. 3ª.ed. Saraiva. São Paulo. 2019.

CRIVELLI, Ivana Có Galdino. Direitos Autorais na Obra Cinematográfica. Letras Jurídicas. São Paulo. 2008.

EDUARDO, Alexandra de Paula e TURCO, Renata de Arruda Botelho da Veiga. Televisão. Manual do Direito do Entretenimento. Guia de Produção Cultural. FRANCEZ, Andréa. COSTA NETTO, José Carlos. E D'ANTINO, Sérgio Famá. SENAC. São Paulo, 2009, p. 99/109.

MAZZEI, Débora Franceschini., CRUZ, Odete e KRULIKWSKI. Módulo 1. Gestão Empresarial. Volume 2. Gestão do produto audiovisual.
https://bibliotecas.sebrae.com.br/chronus/ARQUIVOS_CHRONUS/bds/bds.nsf/6e736dd3bf2928ae855a0d6e4a765e5c/$File/7668.pdfAcesso em 17 jan.2023.

33.
CONTRATOS DE *SOFTWARE*

Manoel J. Pereira dos Santos

1. A disciplina dos contratos de propriedade intelectual relativos a *software*

Como ressaltam com bastante propriedade Jérôme Huet e Herbert Maisl, *"[a] proteção do software pela propriedade intelectual, embora extremamente forte e eficaz, encontrará, no entanto, um complemento útil nos contratos."*[1] Com efeito, desde o início a circulação econômica de programas de computador desenvolveu-se com base em contratos que regulam a utilização do software pelo usuário final e cujas estipulações são destinadas a restringir os direitos do licenciado[2] e, portanto, a reforçar a tutela legal.

Por essa razão, o Legislador dedicou um capítulo da Lei nº 9.609/98 aos contratos de software, contemplando nos Artigos 9º, 10 e 11 três modalidades de negócios jurídicos: o contrato de licença de uso, o contrato de licença de direitos de comercialização e o contrato de transferência de tecnologia de programa de computador. Embora sem delinear as

---

[1] *"[l]a protection des logiciels par la propriété intellectuelle, si elle est extrêmement forte et efficace, trouvera, néanmoins, un utile complément dans les contracts."* Droit de l'Informatique et des Télécommunications, Paris, Litec, 1989, p. 313.

[2] *"A maioria dos licenciantes impõe restrições ao licenciado sobre como o software licenciado pode ser usado"* (*"Most licensors place restrictions on the licensee as to how the licensed software may be used"*. H. Ward Classesn, A Practical Guide to Software Licensing for Licensees and Licensors, New York, ABA, 2015, p. 10.

características próprias das respectivas figuras contratuais, o Legislador indicou que se trata de modalidades contratuais distintas, que atendem a finalidades diversas. Nesse sentido, o Legislador de 1998 foi mais preciso que o de 1987, pois, quando da promulgação da Lei n. 7.646/87, o Art. 27 dispunha apenas que a *"exploração econômica de programas de computador, no País, será objeto de contratos de licença ou de cessão, livremente pactuados entre as partes".*

Contudo, esse capítulo não esgota as possibilidades de contratos de Direito de Autor relativamente a software. De fato, apesar de o Legislador de 1998 não contemplar expressamente a cessão, é evidente que as partes podem celebrar contratos de transmissão a terceiros, total ou parcialmente, dos direitos de autor sobre programas de computador, que se distinguem das meras licenças, de maneira que, como bem destaca o Art. 3º. do Decreto nº 2.556/1998, que regulamenta o registro de que trata o Art. 3º. da Lei do Software, aplica-se à cessão dos direitos de autor sobre programas de computador o disposto no Art. 50 da Lei de Direitos Autorais (Lei nº 9.610/98). Na verdade, aplicam-se os Artigos 49 a 52 da mesma Lei. Por se tratar de um tipo de contrato cujo regime está sujeito à disciplina da Lei de Direitos Autorais, não se justifica seu exame neste comentário.

Além disso, o Legislador contempla, no Art. 4º. da Lei nº 9.609/98, o contrato de encomenda, que tem por objeto o desenvolvimento de programa de computador em decorrência da prestação de serviços ou de vínculo empregatício ou estatutário, e no Art. 5º. da mesma Lei prevê a licença de desenvolvimento de derivações ao se referir à autorização do titular dos direitos de programa de computador para a realização das derivações.

Por fim, vale ainda ressaltar que, embora os contratos de Direitos de Autor tenham por objeto ou o exercício das prerrogativas legais atribuídas ao autor ou titular dos direitos de autor sobre programas de computador ou a criação de programas de computador enquanto obras intelectuais, sejam elas obras originárias ou derivadas, o contrato de transferência de tecnologia, mencionado no Art. 11 da Lei do Software, tem por objeto o fornecimento da tecnologia incorporada ao programa de computador, enquanto criação técnica, constituindo por essa razão uma figura contratual do âmbito da Propriedade Industrial, de forma que essa modalidade de contratação fica sujeita às regras gerais daquela legislação específica.

2. Licença de uso de programa de computador

O Art. 9º. da Lei preceitua que o *"uso de programa de computador no País será objeto de contrato de licença"*. Trata-se, como desde logo se constata, de um tipo específico de licença de direitos de Propriedade Intelectual uma vez que o licenciado não obtém o direito de exploração econômica do programa de computador, ainda que para fins limitados, como a figura contratual da licença geralmente evoca. Segundo o ensinamento de André Lucas, nesta hipótese o licenciante concede ao usuário final somente o direito de utilizar, a título pessoal e sem exclusividade, o programa de computador que é objeto de Direito de Autor.[3] Esse direito de uso é diferente daquele concedido ao licenciado pela chamada Licença de Uso de Marca, contemplada no Art. 139 da Lei Nº 9279, que confere ao licenciado a faculdade de utilizar e fruir do objeto do direito marcário. Conforme já mencionado, a licença de direitos de comercialização de programas de computador é contemplada pelo Legislador no Art. 10 da Lei do Software.

Esta limitação do escopo da licença de uso é confirmada pela regra contida no § 5º do Art. 2º, segundo o qual o direito exclusivo de autorizar ou proibir o aluguel comercial do programa de computador não é exaurível pela venda, licença ou outra forma de transferência da cópia do programa para sua utilização pelo usuário final, a não ser que tal prerrogativa legal seja expressamente concedida no contrato. Do quanto se expôs pode-se concluir que a Licença de Uso consiste basicamente na concessão do direito de utilização do programa de computador pelo usuário final em âmbito privado, em caráter limitado e sem exclusividade. Contudo, ainda hoje se encontram casos em que empresas de software celebram as chamadas cessões ou concessões de direito de uso de programas de computador. Porém, a teor do que dispõe expressamente o Art.

---

[3] André Lucas, Le Droit de l'Informatique, Paris, PUF, 1987, 403. Ver também Jean-Pierre Laire, Les Entreprises et les Contrats Informatiques, Paris, Performa, 1987, p. 163, e Carlo Rossello, I Contratii dell'Informatica nella nuova discipolina del software, Milano, Giuffrè, 1997, p.65..

9º. da Lei, essa terminologia não é a mais adequada pois o tipo jurídico apropriado é aquele previsto na norma legal.

Apesar da crítica que alguns juristas suscitaram com relação à denominação e à natureza desta figura contratual, o fato é que se tornou uma prática internacional em grande parte porque, como se explicou inicialmente, a circulação econômica de programas de computador desenvolveu-se com base em estipulações contratuais destinadas a restringir os direitos do usuário final e, portanto, a reforçar a tutela legal. Com efeito, a imposição de contratos de licença para que o usuário pudesse utilizar as obras intelectuais comercializadas não era prática comum com relação às demais formas de circulação de obras intelectuais, como livros, vídeos e músicas. Contudo, a imposição desses contratos começou desde que os fabricantes de mainframes resolveram fornecer o software em separado do hardware, modelo de negócio denominado de *"unbundling"*. Assim sendo, uma cautela que se justificava quando a natureza jurídica desse bem imaterial ainda não estava claramente definida acabou tornando-se prática recorrente.

Partindo-se da definição legal de programa de computador, estabelecida no Art. 1º. da Lei 9609/98, nota-se que o Legislador brasileiro, à semelhança do que ocorre na legislação de outros países, protege como obra intelectual tanto o código fonte (escrito em linguagem natural), quanto o código objeto (escrito em linguagem codificada), como deflui da dicção da referida norma legal. De onde se conclui que a licença de uso pode ter por objeto tanto o código objeto quanto o código fonte do programa.

No entanto, a licença de uso geralmente tem por escopo o código objeto. Contudo, existem várias razões pelas quais o código fonte pode ser disponibilizado pelo proprietário do software para o usuário. O primeiro motivo é o desenvolvimento de interfaces lógicas para que o programa possa rodar em determinados ambientes e interagir com outros sistemas. A segunda razão é para viabilizar a manutenção ou suporte técnico, o desenvolvimento de melhoramentos e a introdução de modificações no programa originário. Os casos em que tal acesso é necessário não se limitam aos prestadores de serviços autorizados pelo titular do programa, mas incluem também legítimos usuários. Mesmo se o usuário não assumiu contratualmente a manutenção e o suporte do software, circunstâncias existem em que o acesso ao código fonte será necessário, não só para a realização de modificações ou correção de erros, mas também para a atualização do software para os fins a que foi licenciado.

Na prática contratual estrangeira, o acesso ao código fonte pelo usuário é regulado geralmente por um contrato de licenciamento a não ser nos casos em que haja a transmissão de titularidade, mediante a cessão dos direitos patrimoniais de autor. Na verdade, resta claro em direito comparado que o acesso e o uso do código fonte pelo licenciado em nada afetam o direito de autor sobre o programa e o controle da tecnologia afeta ao software[4]. A solução não poderia ser diferente no direito nacional. Quando o Legislador estabelece que o uso de programas de computador é objeto de contratos de licença, inclui-se nessa regra a concessão do direito de acesso e uso do código fonte uma vez que o Legislador não distingue entre programa objeto e fonte.

Por essa razão, impõe-se examinar com bastante cautela as questões relativas ao acesso ao código fonte uma vez que, encerrando ele a lógica ou "inteligência" do programa, contém a tecnologia não patenteada envolvida. Há circunstâncias em que as partes efetivamente objetivam, em determinado negócio, transferir o *know how* subjacente ao programa de computador, mediante a entrega de toda a documentação técnica associada e a capacitação do receptor da tecnologia. Nessas hipóteses, cabe enquadrar a operação como de fornecimento de tecnologia, uma vez que esse foi o objetivo colimado pelas partes, conforme será examinado a seguir.

Contudo, o acesso limitado ao código fonte, para finalidades específicas, pode ser enquadrado como uma operação de licenciamento, em que a entrega do programa fonte em nada afeta a titularidade dos direitos de

---

[4] Como, aliás, decidiu a Corte de Apelações de Nîmes em antiga decisão de 29.11.1989: *"A entrega destes códigos e documentos não é incompatível com a conservação da propriedade intelectual da obra, podendo o usuário apenas fazer uso dos mesmos limitado à exploração do software tal como foi definido nas relações contratuais, o que exclui qualquer possibilidade de reprodução para fins comerciais sem o consentimento do autor ou dos titulares de seus direitos"* ("*La remise de ces codes et documents n'est pas incompatible avec la conservation de la propriété intellectuelle de l'oeuvre, l'utilisateur ne pouvant en faire qu'un usage limité à l'exploitation du logiciel telle qu'elle a été définie dans ces relations contractuelles, ce qui exclut toute possibilite de reproduction dans um but commercial sans le consentement de l'auteur ou de ses ayant droits.*")

propriedade intelectual detidos pelo licenciante ou seu controle futuro sobre a tecnologia e sobre os usos que o licenciado vier a fazer do código fonte. Isso significa que a distinção entre ajustes de transferência de tecnologia e ajustes de licenciamento de uso do código fonte é de fundamental importância no mercado de software.

Na circulação econômica dos programas de computador têm sido empregadas três modalidades de licença de uso. A primeira configura uma operação pela qual a licença não é tratada como um contrato de execução continuada, mas sim como de execução instantânea, sem limite de duração e irreversível, como dizia André Lucas.[5] Nessa hipótese, o licenciante estipula um preço, pago pelo usuário final e destinado a permitir ao licenciante obter uma remuneração correspondente ao valor econômico da cópia do programa de computador licenciado. Por essa razão, costuma-se dizer que se trata de licença perpétua, havendo na prática do mercado contratos que assim dispõem, mas essa terminologia é inapropriada uma vez que, sendo o direito de autor temporário por natureza, a licença só pode durar durante a vigência desse direito, não podendo ser perpétua ou eterna.

Em contraposição a essa licença, que alguns denominam de licença--venda, existe outra modalidade em que o programa de computador é colocado à disposição do usuário para utilização por período de duração limitado e mediante o pagamento de uma contraprestação periódica. Nesse modelo, que alguns denominam de licença-locação[6], o usuário final utiliza o programa enquanto paga a contraprestação ajustada e cessa o uso, devolvendo ou desinstalando o programa, quando não mais deseja pagar a contraprestação. Contudo, também neste caso seria impróprio

---

[5] *"... o chamado contrato de licença de software raramente assume a forma de um contrato de execução sucessiva. Mais frequentemente, as partes consideram a operação como irreversível."* (*"... le contrat dit de licence de progeciel ne se presente que rarement sous la forme d'un contrat à exécution successive. Le plus souvent, les parties considèrent l'opération comme irreversible."*) André Lucas, Le Droit de l'Informatique, o.c., 404.

[6] *"Considerando que, na acepção da presente diretiva, se entende por « locação » a possibilidade de pôr à disposição para utilização, por um período determinado e com um intuito lucrativo, um programa de computador ou uma sua cópia; que este termo não inclui o empréstimo público que, por conseguinte, não é abrangido pelo âmbito da presente diretiva;"* Diretiva 91/250/CEE sobre a proteção jurídica de programa de computador, datada de 14.5.1991.

adotar simplesmente a terminologia "contrato de locação de software", visto tratar-se de uma licença de uso, conforme dispõe o Art. 9º. da Lei do Software[7], não obstante o Legislador tenha, no § 5º do Art. 2º, contemplado a possibilidade da locação comercial do programa de computador.

Por fim, modernamente adotou-se nova modalidade de licenciamento, em que o acesso e a utilização do programa de computador são efetuados de forma remota mediante uso da tecnologia de *"cloud computing"*. Trata-se de um modelo de negócio em que o usuário na verdade adquire um pacote de serviços que incluem, não só o direito de uso do programa de computador, mas também o suporte técnico convencional, a contínua atualização da versão do programa em uso e o armazenamento em nuvem dos materiais produzidos pelo usuário. Por ser o que se convenciona designar de *"service-oriented business model"*, esta modalidade é chamada de *"SaaS – Sofware as a Service"*, o que leva alguns a considerar que não existiria licenciamento de uso, mas mera prestação de serviço, ainda que ao usuário final seja efetivamente outorgado o direito de usar o programa de computador de forma remota, como prevê o Art. 9º. em comento.

Por fim, o parágrafo único desse dispositivo legal preceitua que, na hipótese de eventual inexistência do contrato referido no caput desse artigo, o documento fiscal relativo à aquisição ou licenciamento de cópia servirá para comprovação da regularidade do seu uso. É evidente existir um equívoco redacional neste dispositivo. O que o Legislador indica é que a relação jurídica de licenciamento pode não estar evidenciada por meio do instrumento próprio, caso em que a existência de uma licença de uso será comprovada pelo documento fiscal correspondente ao fornecimento da cópia do programa[8].

---

[7] A corrente doutrinária que estabelece a aproximação entre a licença e a locação, mesmo no caso das licenças de software, parte do pressuposto de que ambos são contratos de uso e gozo e não contratos de alienação. Essa semelhança, além de definir certas obrigações inerentes à relação jurídica, ainda que não expressas no contrato, visa também distinguir a licença da cessão, posto que esta é um contrato de alienação.

[8] *"O art. 9º da Lei 9.609/98 confere apenas caráter de prova pré-constituída, figura estabelecida pelo legislador para servir de comprovação futura de determinada relação jurídica, ao contrato de licença e ao documento fiscal, não limitando a comprovação do negócio jurídico mediante provas casuais, sem*

As licenças de uso acima descritas seguem o padrão usual do mercado para a comercialização do chamado software proprietário, ou seja, aquele software que é fornecido com base nos modelos tradicionais de licença comercial. Essas licenças, como se mencionou inicialmente, são sujeitas a diversas limitações e restrições com relação ao uso do software pelo usuário final. Contudo, existem outras licenças que são mais flexíveis ou que concedem ao usuário maior liberdade de utilização do software licenciado.

Historicamente, as primeiras variantes dessas licenças de uso mais flexíveis deu-se com a circulação dos chamados *"freeware"* e *"shareware"*. O termo *"freeware"* refere-se a aplicações que são disponibilizadas de forma gratuita, mas que devem ser usadas conforme existentes, pois não podem ser modificadas. O termo *"shareware"* refere-se a aplicações que são disponibilizadas gratuitamente por período de tempo determinado (*"on a trial basis"*, ou seja, em caráter experimental), ficando entendido que podem ser cobradas posteriormente. Posteriormente, surgiu o modelo de licença para software aberto (*"open source"*), com restrições menores quanto ao uso e quanto à modificação do programa pois pressupõem a entrega do código fonte. O modelo de software livre é baseado em quatro liberdades básicas: liberdade de usar o programa; liberdade de estudá-lo e adaptá-lo às necessidades do usuário; liberdade de circulação do programa; e liberdade de desenvolver programas derivados.

O que essas licenças tem em comum é o fato de se tratar de licenças públicas, ou seja, o licenciamento é efetuado através de uma oferta pública de licença, sendo que a utilização do programa implica a aceitação da proposta e a formação do contrato. Segundo a doutrina, o licenciamento através dos modelos oficiais de licença, além de vincular os aderentes, produzem efeitos erga omnes, pois *"qualquer pessoa na sociedade está livre para exercer os direitos da licença na forma como foram atribuídas (sujeitando-se também às condições estabelecidas). Ao mesmo tempo, qualquer pessoa*

forma específica, apresentadas pelas partes no curso da lide." Recurso Especial Nº 913.008, S.T.J., Quarta Turma, Rel. Min. Luis Felipe Salomão, j. 25.8.2009.

tem também direito de demandar o cumprimento das obrigações estabelecidas na licença que afetem de alguma maneira sua fruição."[9]

3. Licença de direitos de comercialização

Ao contrário do disposto no Art. 9º, a norma do Art. 10 regula apenas aspectos relacionados com programas de computador de origem externa. Contudo, o Legislador claramente distingue entre a mera licença de uso de caráter pessoal, limitada e não exclusiva outorgada ao usuário final, de que trata o Art. 9º, e as licenças que permitem a exploração econômica do programa de computador. Com efeito, segundo o ensinamento de Henri Desbois, do ponto de vista puramente racional, o autor pode usufruir economicamente dos direitos patrimoniais de autor de duas maneiras: a primeira consiste na cessão dos direitos patrimoniais, como ato de alienação em que ele passa a ser substituído pelo cessionário; a segunda consiste em autorizar terceiro a explorar economicamente a obra, nas condições estabelecidas contratualmente, como contrato de uso e gozo do objeto do Direito de Autor[10].

Geralmente, a licença de comercialização compreende o direito do licenciado de reproduzir o programa de computador assim como o direito de conceder *"sublicenças de uso"*. Mas, não outorga automaticamente ao licenciado o direito de conceder todas as demais autorizações previstas no Art. 29 da Lei de Direitos Autorais para a exploração econômica do programa de computador. Na prática, essa autorização que é concedida ao licenciado para comercializar o programa de computador pode se dar de diferentes formas e, modernamente, o licenciado pode atuar como mero intermediário entre a empresa de software e o usuário final para que este obtenha o acesso e o uso do programa de computador diretamente nas plataformas online disponibilizadas pelo fornecedor, liberando ou for-

---

[9] Ronaldo Lemos e Eduardo Ghiaroni Senna, Aspectos do Software Livre sob o Direito Privado, in Joaquim Falcão, Ronaldo Lemos e Tércio Sampaio Ferraz, Direito do Software Livre e a Administração Pública, Rio, Lumen Juris, 2007, p. 98.

[10] *"A autorização ocorre no âmbito de um contrato, que assume as características de uma locação de obra, em vez de uma cessão de tal ou tais direitos patrimoniais de autor."* (*"L'autorisation prend place dans le cadre d'un contrat, qui revêt les caractères d'un louage d'ouvrage, plutôt que d'une cession de tel ou tels des droits patrimoniaux d'auteur."*) Le droit d'auteur en France, pág. 605.

necendo as senhas respectivas. Além disso, ao licenciado são outorgados direitos e impostos deveres com relação à garantia do programa e à prestação de serviços complementares, que extrapolam o Direito de Autor, embora estejam previstas no Art. 8º. da Lei do Software[11].

Contudo, o Legislador não regulou as diversas modalidades de negócios jurídicos que envolvem a comercialização de programas de computador. Conforme bem ressalta Denis Borges Barbosa[12], a *"[a] liberdade contratual, aliás, se manifesta em uma diversificação nominal de espécie"*, fato esse que se constata na prática dos contratos relativos à comercialização de software, pois são frequentemente adotados contratos híbridos que incorporam a uma licença figuras contratuais típicas de operações com mercadorias.

Isto porque, como bem ressaltam a doutrina e a jurisprudência, a comercialização de programas de computador nem sempre envolve negócios jurídicos sobre direitos de autor, mas sim sobre a venda e compra de exemplares, físicos ou digitais, seja no atacado, modalidade conhecida no mercado como distribuição, seja no varejo, designada geralmente como revenda. Na prática contratual, são comuns os contratos de distribuição, os contratos de revenda, os contratos de VAR *("Value Added Reseller")*, os contratos de integração de sistemas, os contratos de representação e mesmo os contratos de parceria visando a implementação no mercado nacional de versões "tropicalizadas" ou "customizadas" dos programas de computador.

Cabe ressaltar que a Lei do Software deve prever e regular apenas os contratos verdadeiramente de Direito Autoral, quais sejam aqueles que regulam o exercício das faculdades de Direito de Autor e em que se estabelecem um efeito negativo (o titular deixa de poder exercer seus privilégios legais contra o licenciado) e um efeito positivo (o licenciado adquire direitos com eficácia erga omnes). Isso não significa que as partes não

---

[11] *"Aquele que comercializar programa de computador, quer seja titular dos direitos do programa, quer seja titular dos direitos de comercialização, fica obrigado, no território nacional, durante o prazo de validade técnica da respectiva versão, a assegurar aos respectivos usuários a prestação de serviços técnicos complementares relativos ao adequado funcionamento do programa, consideradas as suas especificações."*

[12] Tratado da Propriedade Intelectual, vol. III, p. 2013.

possam constituir diferentes relações jurídicas, celebrando outros contratos relativos à comercialização de programas de computador. Isso decorre do princípio da autonomia privada previsto no Código Civil e não se sujeitam à Lei do Software.

4. Contrato de transferência de tecnologia

No que se refere aos negócios jurídicos envolvendo transferência de tecnologia, o ponto de partida é o disposto no caput do Art. 11 da Lei 9609/98, segundo o qual *"nos casos de transferência de tecnologia de programa de computador, o Instituto Nacional da Propriedade Industrial fará o registro dos respectivos contratos, para que produzam efeitos em relação a terceiros."* Esta regra aplica a programas de computador a norma geral constante do Art. 211 da Lei nº 9.279/96 (Lei da Propriedade Industrial), segundo a qual *"o INPI fará o registro dos contratos que impliquem transferência de tecnologia, contratos de franquia e similares para produzirem efeitos em relação a terceiros."*

Percebe-se desde logo que, como o programa de computador é uma criação técnica que objetiva fazer as máquinas de tratamento da informação e outros dispositivos, instrumentos ou equipamentos funcionar de modo e para fins determinados, a tecnologia e os conhecimentos técnicos que estão incorporados no programa de computador podem ser objeto de contratos de tecnologia no âmbito da Propriedade Industrial ainda que o programa de computador em si tenha a natureza de obra intelectual protegida pela legislação de Direitos Autorais. A Portaria INPI/PR No. 27, de 7/7/2023, que dispõe sobre a averbação ou registro de contratos de transferência de tecnologia e de franquia, distingue, entre as modalidades de contrato sujeitas a registro ou averbação no INPI, os contratos de aquisição de conhecimentos, que envolvem o fornecimento de tecnologia, especificamente tratados no Art. 8º. da Portaria. Segundo o inciso I desse artigo *"O contrato de fornecimento de tecnologia compreende a aquisição permanente ou o licenciamento de conhecimentos e de técnicas não amparados por direitos de propriedade industrial ou o fornecimento de informações tecnológicas, destinados à produção de bens e serviços. Esses contratos deverão conter uma indicação dos produtos."*

No passado, adotava-se na regulamentação do INPI *"o termo 'transferência de tecnologia' como um termo genérico, que abrange o licenciamento de uso de marcas, o licenciamento de exploração de patentes, o fornecimento de tecnologia propriamente dito, os serviços de assistência técnica e científica e os contratos de franquia"*, conforme contemplava o item I-2 do Ato Normativo do INPI nº 135, de 15.4.1997. Por essa razão, o Art. 11 da Lei 9609/98 refere-se a *"contratos de transferência de tecnologia de programa de computador".* Posteriormente, contudo, o INPI passou a distinguir entre, de um lado, os contratos que envolvem licenciamento e cessão de direitos de Propriedade Industrial bem como os contratos de franquia e, de outro lado, os que envolvem a aquisição de conhecimentos e técnicas que não são *"amparados por direitos de propriedade industrial"*, cuja modalidade principal é o contrato de fornecimento de tecnologia. Mais recentemente, o INPI alterou seu posicionamento mais uma vez, passando a admitir o licenciamento de tecnologia não patenteada, o que deve impactar nos contratos de tecnologia de programas de computador.

Como se constata pelo disposto no parágrafo único do Art. 11 da Lei 9.609/98, a modalidade de contrato contemplada no caput desse Artigo é aquela que compreende *"a entrega, por parte do fornecedor ao receptor de tecnologia, da documentação completa, em especial do código-fonte comentado, memorial descritivo, especificações funcionais internas, diagramas, fluxogramas e outros dados técnicos necessários à absorção da tecnologia."* Portanto, o elemento caracterizador dos contratos de fornecimento de tecnologia de programas de computador é o fornecimento da tecnologia dos conhecimentos técnicos que estão incorporados na documentação técnica completa do programa de computador, estando o escopo dessa documentação técnica expressamente definida na norma legal.

Portanto, deduz-se de toda a sistemática legal que o contrato que envolve a transferência de tecnologia de programa de computador não é um contrato que se perfaz com a simples entrega do código-fonte do programa de computador, mas sim um contrato que envolve o fornecimento de toda a documentação técnica do programa de computador e dos demais dados técnicos com vistas à absorção da tecnologia pelo receptor. Não se trata, pois, de um contrato de transferência do direito de uso do código fonte. A doutrina pátria reconhece que o contrato de fornecimento de tecnologia em geral tem um caráter misto, ou seja, pressupõe *"uma transmissão dos conhecimentos que constituem a tecnologia e uma prestação de serviços, pois a absorção da tecnologia implica quase sempre em serviços de treinamento e de assistência técnica"* Isto significa que o elemento caracterizador dos contratos de fornecimento de tecnologia está, não na entrega de determinada documentação técnica, mas sim na transmissão dos conhecimentos técnicos.

É equivocado supor que toda entrega do código fonte pressupõe um contrato de fornecimento de tecnologia e que o direito de uso do código fonte de um programa de computador é transferido para o usuário apenas no caso de transferência de tecnologia. Contrato de transferência de tecnologia e licenciamento de código fonte são negócios jurídicos distintos que atendem a finalidades completamente diferentes.

5. Contrato de encomenda

Carlos Alberto Bittar, em seu clássico *"Direito de Autor na Obra Feita sob Encomenda"*, ensina que *"[a]s obras de engenho podem ser produzidas por iniciativa de seu criador (escritor, artista ou cientista) ou por iniciativa de outrem, que as solicita, sugere, orienta ou dirige, cuidando da respectiva reprodução e da divulgação"* e que *"[a] obra nascida por iniciativa de terceiro, que contrata ou dirige a produção do autor (ou autores) chama-se obra de encomenda."*[13]

Há, pois, duas diferenças fundamentais entre as obras de criação espontânea e aquelas criadas sob relação de emprego ou decorrentes de contrato de prestação de serviços. A primeira consiste em que, nas chamadas criações dirigidas, ao contrário do que ocorre com aquelas de geração espontânea, a obra é desenvolvida para atender a necessidades e exigências específicas do encomendante, de forma que sua criação obedece a um relacionamento prévio e direcionado a determinado fim. A segunda diferença fundamental é resultante da primeira: enquanto na criação espontânea a exploração da obra é de inciativa do autor, na segunda a obra destina-se a ser utilizada pelo encomendante.

Portanto, a encomenda de programa de computador não envolve mera obrigação de entrega do código objeto, pois a obra encomendada destina-se a ser utilizada pelo encomendante. Assim sendo, o contrato de encomenda implica um efeito negativo, pois o criador deverá aceitar essa utilização, e um efeito positivo, porquanto o encomendante poderá utilizar a obra encomendada. As duas características da obra sob encomenda

---

[13] Carlos Alberto Bittar, Direito de Autor na Obra Feita sob Encomenda, São Paulo, RT, 1977, p. 61/62.

são decorrências lógicas da natureza do negócio jurídico ajustado pelas partes e a doutrina reconhece que esse duplo efeito por ser da natureza da encomenda. Pela mesma razão, a encomenda de programa de comutador pressupõe que o desenvolver entregue ao contratante não só o código objeto, como também o código fonte.

A conceituação de contrato de encomenda implica considerar que, geralmente, existem duas categorias básicas de encomenda de programas de computador: a) contratos relativos a software como obra originária, nos quais a empresa ou profissional de desenvolvimento de software se compromete a elaborar, a partir das especificações do encomendante, um produto adequado às necessidades do cliente, seja para uso próprio, seja para comercialização a terceiros; e b) contratos relativos à adaptação de um software preexistente às necessidades específicas de um cliente, de que decorre um programa derivado que, resultando da transformação do programa originário, constitui criação intelectual nova.

Tanto a antiga Lei nº 7.646/87 quanto a atual Lei nº 9.609/98 regulam a atribuição da titularidade dos direitos de autor sobre a obra de encomenda ao encomendante. Tal estipulação, contudo, não impede que haja disposição em contrário. Portanto, resta evidente que o contrato de encomenda de programa de computador não requer uma estipulação específica sob forma de cessão ou licença a favor do encomendante dos direitos de autor relativamente ao programa encomendado, dado que a Lei já lhe atribui tais direitos, salvo ajuste diverso. Há quem sustente que, mesmo assim, trata-se de titularidade derivada decorrente da cessão legal dos direitos de autor, pois estes são primariamente atribuídos ao criador. Isso não quer dizer que para o desenvolvimento do programa derivado não seja necessária a autorização do titular do programa originário, pois esta questão envolve outra relação jurídica.

Na prática, o contrato de encomenda pode configurar um contrato de prestação de serviços ou um contrato de empreitada. Como observa Silvio Venosa, *"não há óbice que objetive perfazimento de atividade incorpórea por parte do empreiteiro, como, por exemplo, a obrigação de escrever um livro, organizar um evento festivo ou espetáculo, elaborar um programa de informática (software)."*[14]

---

[14] Direito Civil, Contratos em Espécie, 4ª. Ed., São Paulo, Atlas, 2004, p. 189-204.

Conforme se constata, trata-se de uma obrigação de resultado, pois o encomendante nesse caso deseja receber determinado programa que atenda às especificações técnico-funcionais previamente estabelecidas[15] e não apenas serviços de desenvolvimento de programa que podem ou não resultar na criação de um programa de computador acabado.

Existem situações em que o contrato configura mera prestação de serviços. Tal se dá quando o objeto do contrato não é uma obra determinada, mas sim a atividade criativa direcionada para as necessidades do encomendante de que pode ou não resultar programas de computador protegidos pela legislação autoral. Oliveira Ascensão discrimina bem as duas hipóteses: *"Resultaria esta [obra de encomenda] de um contrato de empreitada ou análogo, em sentido próprio, e não de um contrato de prestação de serviços. Quer dizer, o que se pretende então é o resultado da atividade, a obra, e não a atividade em si. Quando se visa a atividade em si o contrato é então de prestação de serviços."*[16]

6. Licença de desenvolvimento de programa derivado

Segundo o Art. 5º da Lei do Software, os direitos sobre as derivações autorizadas pelo titular dos direitos de programa de computador, inclusive sua exploração econômica, pertencerão à pessoa autorizada que as fizer, salvo estipulação contratual em contrário. Como diz Denis Borges Barbosa, *"[a] proteção do regime autoral geral não presume a apropriação pelo titular de todos os desenvolvimentos produzidos, ainda que por terceiros, sobre a obra original."*[17] Da mesma forma, a Lei de Direitos Autorais atribui ao autor da obra originária a faculdade de autorizar ou não a derivação, porquanto toda transformação de obra intelectual depende da autorização prévia e expressa do titular, conforme prevê o Art. 29, inciso III, da Lei de Direitos Autorais.

Ainda que a derivação resulte num programa protegido pelo Direito de Autor, sua utilização, inclusive sua exploração econômica, dependem dessa autorização. A derivação não autorizada não recebe o mesmo tra-

---

[15] Apelação Cível nº 4001328-48.2013.8.26.0451 – 27ª Câmara de Direito PRIVADO – T.J.S.P. – Rel. MOURÃO NETO – j. 19.5.2015; Apelação Cível nº 1001221-64.2018.8.26.0068 – 36ª Câmara de Direito PRIVADO – T.J.S.P. – Rel. MILTON CARVALHO – j. 25.9.2019.
[16] Direito Autoral, p. 103/104.
[17] Tratado da Propriedade Intelectual, vol, III, p. 1929.

tamento daquela que foi autorizada. A Lei não menciona expressamente que se trata de uma licença de desenvolvimento. Na verdade, refletindo a imprecisão terminológica e conceitual da nossa Lei de Direitos Autorais, o Legislador não distingue entre atos simples de autorização e os contratos denominados licenciamento e concessão, de tal forma que a configuração desse negócio jurídico dependerá da vontade das partes. Presume-se que o autor pode conceder uma autorização simples para a realização de uma derivação de seu programa de computador, ou pode conceder um direito de derivação sujeito a condições e restrições, que podem restringir a utilização, inclusive a exploração econômica do programa derivado.

Entendemos que se o ajuste entre o autor do programa originário e a empresa ou profissional de software envolver condições e restrições especiais, a tendência será as partes recorrerem a um contrato mais robusto, que seja inclusive oponível a terceiros. Dessa forma, as partes deverão assinar uma licença de desenvolvimento que regule de forma pormenorizada as condições pelas quais o desenvolvedor estará autorizado a elaborar e explorar o programa derivado.

7. Contratos conexos ou coligados

Sendo objetivo deste tópico analisar os contratos de Propriedade Intelectual relativos a programas de computador, ficam excluídos os contratos conexos ou coligados que geralmente acompanham as operações envolvendo a circulação econômica de programas de computador, mas que não se enquadram no conceito de contratos de Propriedade Intelectual. O mais frequente é sem dúvida o contrato de suporte técnico e manutenção celebrado pelo usuário final, pelo qual a empresa de software presta serviços de esclarecimento de dúvidas (*in site* ou remotamente), correção de erros ou problemas operacionais e o fornecimento de novos "*releases*" e, sobretudo, de "*upgrades*" (o chamado suporte de evolução tecnológica).

Outro tipo de contrato é o de serviços técnicos complementares, tendo por objeto a prestação de serviços de consultoria, integração, configuração e instalação, mas sem incluir desenvolvimento de software. Por outro lado e em face da tecnologia de "*cloud computing*", modernamente o acesso e o uso de programas de computador podem ser disponibilizados no contexto de contratos de serviços de computação na nuvem, que garantem ao usuário final o suporte de evolução tecnológica, com a atualização automática do programas quando forem lançados novos *"upgrades"*.

Por fim, embora menos frequentes na prática brasileira, existem os chamados contratos de garantia ou de *"escrow"*, que são contratos de depósito fiduciário, pelo qual a empresa de software "entrega um bem em custódia a um agente fiduciário que se obriga, a par de outros deveres específicos, a restituí-lo a seu titular na data convencionada." Como a confidencialidade do código fonte é essencial para a proteção da tecnologia não patenteada, esses contratos são ajustes para assegurar ao usuário final o acesso ao código fonte se o licenciante deixar de prestar o suporte técnico necessário ao adequado funcionamento do programa de computador, sem contudo desde logo disponibilizar o código fonte para o usuário final por ocasião do licenciamento inicial.

Referências

1. AMAD, Emir Iscandor. Contratos de Software "Shrinkwrap Licenses" e "Clickwrap Licenses". Rio: Renovar, 2002.
2. AMAD, Emir Iscandor. Contratos de desenvolvimento de software. Rio: Renovar, 2002.
3. BARBOSA, Denis Borges. Tratado da Propriedade Intelectual. Tomo III. Rio: Lumen Juris, 2014.
4. BRANCHER, Paulo Marcos Rodrigues. Contratos de Software. Momento Atual, 2003.
4. CERQUEIRA, Tarcísio Queiroz. Software: Direito Autoral e Contratos. Rio: Fotomática, 1993.
5. CLASSEN, H. Ward. A Practical Guide to Software Licensing for Licensees and Licensors. Chiago: ABA, 2005.
6. FURTADO, Wilson e FURTADO, Cristine Schreiter. Dos Contratos e Obrigações de Software. SP: Iglu, 2004.
7. HUET, Jérome; MAISL, H. Droit de l'Informatique et des Télécommunications. Paris: Litec, 1999.
8. MONTERO, Etienne. La Communication des Codes Sources de Logiciels. Revue du Droit Intellectuel – L"Ingenieur – Conseil, n. 1-2, p. 6076, jan/fev 1995.

9. SANTOS, Manoel J. Pereira dos. "Licença de Software", in Revista da ABPI, nº. 25, nov/dez de 1996.
10. WACHOWICZ, Marcos. Propriedade Intelectual do Software & Revolução da Tecnologia da Informação. Curitiba: Juruá, 2004.

PARTE 7
TUTELA DOS DIREITOS DE PROPRIEDADE INTELECTUAL

34.
TUTELA CIVIL DOS DIREITOS DE PROPRIEDADE INDUSTRIAL

Carlos Edson Strasburg Júnior

1. Introdução

1. A proteção à propriedade industrial há muito encontra fundamento nas Constituições do Brasil, com alguma variação com relação à terminologia e aos direitos protegidos[1]. Atualmente, o artigo 5º, inciso XXIX, da Constituição Federal prevê que "*a lei assegurará*" aos autores de inventos industriais, como patentes, desenhos industriais e modelos de utilidade, direito de uso exclusivo do invento por prazo temporário, bem como proteção à propriedade das marcas, nome empresariais e outros signos distintivos, sempre levando em consideração o interesse social e o desenvolvimento tecnológico e econômico do País[2].

2. A Lei nº 9.279/96 ("Lei da Propriedade Industrial") regula os direitos e obrigações relativos à propriedade industrial, notadamente com relação às patentes de invenção e modelo de utilidade, o registro de desenho industrial, a concessão de marca, à repressão de falsas indica-

---

[1] Nesse sentido, ver Cerqueira, João da Gama, Tratado da Propriedade Industrial, Vol. I, Parte I. Ed. Lumen Juris, Rio de Janeiro, 2010, p. 49

[2] Artigo 5º (...)
XXIX – a lei assegurará aos autores de inventos industriais privilégio temporário para sua utilização, bem como proteção às criações industriais, à propriedade das marcas, aos nomes de empresas e a outros signos distintivos, tendo em vista o interesse social e o desenvolvimento tecnológico e econômico do País;

ções geográficas e a repressão à concorrência desleal. Outros direitos de propriedade industrial são eventualmente regulamentados em normas extravagantes, como é o caso do nome empresarial, regulamentado no artigo 1.155 e seguintes do Código Civil, ou dos Cultivares, regulamentado pela Lei nº 9.456/1997.

3. Os institutos são detidamente analisados em capítulos específicos desta Obra, oportunidade na qual são conceituados, e têm os seus requisitos, limites e prazos de proteção detidamente estudados. Neste capítulo, pretende-se analisar as ações judiciais e administrativas existentes visando conferir efetividade aos direitos da propriedade industrial.

4. Com efeito, a própria Organização Mundial da Propriedade Industrial sustenta não fazer sentido estabelecer um claro e detalhado sistema legal *se não for possível garantir de forma eficiente o direito dos titulares*[3]. Nesse cenário, ganha relevância a análise das principais ações judiciais visando resguardar os interesses jurídicos e econômicos dos titulares de direitos de propriedade industrial, do INPI e terceiros interessados.

2. Ação de nulidade

5. Considerando a natureza atributiva do registro concedido pelo INPI, tem especial destaque as ações de nulidade de registro de marca, patente ou desenho industrial, previstas na própria Lei da Propriedade Industrial[4].

6. As ações de nulidade visam desconstituir o registro de marcas, os desenhos industriais e as patentes concedidos em desacordo com as determinações legais, retroagindo a declaração de nulidade à dada de depósito do pedido[5]. Os requisitos para proteção e limitações legais à concessão dos direitos estão previstos na própria Lei da Propriedade Industrial, de maneira que a divergência quanto ao preenchimento dos requisitos e à observância das limitações se consubstanciam na causa de pedir das referidas ações.

---

[3] *Apud* Pereira, Luiz Fernando C., Tutela Jurisdicional da Propriedade Industrial, Editora Revista dos Tribunais, 2006, p. 27.
[4] Ação de nulidade de patente no art. 56 e seguintes, de desenho industrial no art. 118 e de marca no art. 173 e seguintes.
[5] Arts. 48, 112, §1º, e 167 da Lei da Propriedade Industrial

7. Por atacarem a validade do ato administrativo do INPI, as ações de nulidade devem ser propostas necessariamente contra o titular do registro e a autarquia, quando esta não for autora da ação.

8. A Lei da Propriedade Industrial prevê que o INPI "intervirá no feito"[6], havendo divergência quanto à natureza dessa intervenção. Tem atualmente prevalecido a natureza "sui generis" ou atípica da intervenção, conforme decisões do STJ sobre o tema[7]. Entende-se como "sui generis" a intervenção pois ao ser citado para passar a integrar a relação processual, pode o INPI contestar o pedido autoral para defender a legalidade do seu ato administrativo, como pode também rever o ato administrativo e concordar com a sua nulidade, hipótese na qual atuaria no processo como assistente especial do Autor.

9. Por ser o INPI uma autarquia federal, deve a ação de nulidade ser proposta perante a Justiça Federal, na Seção Judiciária do Rio de Janeiro, foro do domicílio do INPI, ou na Seção do titular do registro. Trata-se de caso de competência absoluta, não sendo possível às partes convencionarem de maneira diversa a justiça competente.

10. A natural concentração de ações de nulidade no Rio de Janeiro levou à criação de Varas Federais Especializadas em previdenciário e propriedade industrial, o que vem contribuindo para uma maior especialização dos juízes federais que atuam com propriedade industrial.

11. Há algumas críticas, contudo, ao fato de as varas especializadas cumularem competência para ações previdenciárias e de propriedade industrial, a fazer com que as primeiras tenham prioridade legal na tramitação em razão da natureza da ação e idade dos seus autores[8]. Tal fato

---

[6] Art. 57. A ação de nulidade de patente será ajuizada no foro da Justiça Federal e o INPI, quando não for autor, intervirá no feito.
Art. 175. A ação de nulidade do registro será ajuizada no foro da justiça federal e o INPI, quando não for autor, intervirá no feito.

[7] Como por exemplo, STJ, REsp 1817109/RJ, Rel. Min. Luis Felipe Salomão, 4ª Turma, j. em 23.2.2021.

[8] Art. 1.048. Terão prioridade de tramitação, em qualquer juízo ou tribunal, os procedimentos judiciais:
I – em que figure como parte ou interessado pessoa com idade igual ou superior a 60 (sessenta) anos ou portadora de doença grave, assim compreendida qualquer das enumeradas no art. 6º, inciso XIV, da Lei nº 7.713, de 22 de dezembro de 1988;

acaba causando alguma morosidade no tramite das ações de propriedade industrial, embora a maior especialização prevaleça na definição da Seção Judiciária competente, sendo recorrente a escolha da Seção do Rio de Janeiro para a propositura da ação de nulidade, em detrimento da Seção Judiciária em que domiciliado o réu.

12. A competência absoluta da Justiça Federal gerou no passado questionamento quanto à possibilidade de se cumular o pedido de nulidade com o de abstenção, pois o INPI sequer seria parte legítima em um pedido autônomo de abstenção, que deveria obrigatoriamente ser proposto na Justiça Estadual.

13. Contudo, a jurisprudência se consolidou no sentido de admitir o pedido de abstenção quando este for uma consequência lógica do pedido principal de nulidade, conforme prevê o parágrafo único do artigo 173 da Lei da Propriedade Industrial (*"O juiz poderá, nos autos da ação de nulidade, determinar liminarmente a suspensão dos efeitos do registro e do uso da marca, atendidos os requisitos processuais próprios"*). A matéria foi pacificada pela Tema 950 do STJ, que firmou a seguinte tese:

> "As questões acerca do trade dress (conjunto-imagem) dos produtos, concorrência desleal, e outras demandas afins, por não envolver registro no INPI e cuidando de ação judicial entre particulares, é inequivocamente de competência da justiça estadual, já que não afeta interesse institucional da autarquia federal. No entanto, **compete à Justiça Federal, em ação de nulidade de registro de marca, com a participação do INPI, impor ao titular a abstenção do uso, inclusive no tocante à tutela provisória.**" (STJ, Tema Repetitivo 950 – negrito acrescentado)

14. Dessa maneira, nos casos em que a nulidade do registro estiver fundamentada nas hipóteses legais que envolvam a violação de direito de propriedade industrial anterior, como, exemplificativamente, reprodução parcial de marca anterior ou de sinal anterior que o autor evidentemente não poderia desconhecer[9], ou, no caso de patentes, ausência de novidade em razão de patente anterior que antecipe as principais rein-

---

[9] Art. 124. Não são registráveis como marca:
(...)

vindicações, o pedido de abstenção de uso pode ser formulado e deve ser apreciado pela Justiça Federal como consequência da procedência do pedido principal de nulidade.

15. O mesmo STJ, por outro lado, reafirmou não ser possível cumular pedido indenizatório na ação de nulidade, por entender que o direito à indenização não é consequência direta da nulidade do registro, mas do uso do sinal em si, não sendo por essa razão competente a Justiça Federal para conhecer do pleito indenizatório (STJ, Resp 1.848033/RJ, 3ª Turma, Rel. Min. Paulo de Tarso Sanseverino, j. em 19.10.2021). Dessa forma, as ações indenizatórias devem sempre ser propostas na Justiça Estadual, havendo uma relação de prejudicialidade com o resultado da ação de nulidade em tramite perante a Justiça Federal.

16. A Lei da Propriedade Industrial admite, ainda, que o Juiz liminarmente suspenda os efeitos do registro questionado, caso preenchidos os requisitos processuais para concessão da tutela de urgência (probabilidade do direito e o perigo de dano, nos termos do artigo 300 do CPC). A suspensão do registro impede que o titular se insurja contra o Autor da ação por suposta contrafação do seu direito.

17. A fim de resguardar terceiros, deve o INPI anotar a pendência de litígio assim que citado para os termos da ação, bem como dar cumprimento à sentença, desconstituindo o registro e anotando a improcedência da ação. A desconstituição do registro na ação de nulidade tem efeito *erga omnes*, beneficiando toda a coletividade.

18. Vale destacar que a ação de nulidade tem prazo prescricional de cinco anos para ser proposta no caso das marcas (artigo 174 da Lei da Propriedade Industrial), sendo possível no caso das patentes e desenhos

---

XIX – reprodução ou imitação, no todo ou em parte, ainda que com acréscimo, de marca alheia registrada, para distinguir ou certificar produto ou serviço idêntico, semelhante ou afim, suscetível de causar confusão ou associação com marca alheia;

XXIII – sinal que imite ou reproduza, no todo ou em parte, marca que o requerente evidentemente não poderia desconhecer em razão de sua atividade, cujo titular seja sediado ou domiciliado em território nacional ou em país com o qual o Brasil mantenha acordo ou que assegure reciprocidade de tratamento, se a marca se destinar a distinguir produto ou serviço idêntico, semelhante ou afim, suscetível de causar confusão ou associação com aquela marca alheia.

industriais a propositura da ação de nulidade durante todo o período de vigência do registro (artigo 53 da Lei da Propriedade Industrial).

19. O prazo de cinco anos para se requerer a nulidade do registro de marca não se aplica para a hipótese de marcas notoriamente conhecidas depositadas de má-fé, conforme prevê o artigo 6 bis (3) da Convenção da União de Paris, segundo o qual *"não será fixado prazo para requerer o cancelamento ou a proibição de uso de marcas registradas ou utilizadas de má-fé"*.

20. A ação de nulidade pode ser proposta independentemente do esgotamento da via administrativa, de maneira que não é necessário o prévio ajuizamento do processo administrativo de nulidade previsto e regulamentado na Lei da Propriedade Industrial antes de se recorrer à via judicial. Como o processo administrativo não suspende os efeitos do registro impugnado, a alternativa judicial acaba sendo a opção de preferência sempre que houver alguma indicação de que o titular do registro impugnado pode exercer a exclusividade que lhe foi conferida, se opondo ao uso realizado pelo potencial prejudicado.

21. Por fim, a Lei da Propriedade Industrial prevê um prazo específico de 60 (sessenta) dias para que o titular do registro ou patente conteste a ação de nulidade[10]. Por ser esse um prazo específico, fixado em norma especial, deve ser contado em dias corridos e não úteis, especialmente porque a previsão da contagem em dias úteis está na norma procedimental geral (Código de Processo Civil) e porque há dispositivo na Lei da Propriedade Industrial estabelecendo que os prazos "são contínuos"[11].

22. Como a norma específica faz referência ao "titular" do registro ou patente, prevalece na jurisprudência o entendimento de que o INPI deve contestar a ação em trinta dias úteis, aplicando-se a sistemática do

---

[10] Art. 57. (...)
§ 1º O prazo para resposta do réu titular da patente será de 60 (sessenta) dias.
Art. 175. (...)
§ 1º O prazo para resposta do réu titular do registro será de 60 (sessenta) dias
[11] Art. 221. Os prazos estabelecidos nesta Lei são contínuos, extinguindo-se automaticamente o direito de praticar o ato, após seu decurso, salvo se a parte provar que não o realizou por justa causa.

Código de Processo Civil, qual seja, quinze dias úteis, contados em dobro por ser o INPI uma autarquia da União[12].

3. Ação de nulidade de ato administrativo

23. Embora a Lei da Propriedade Industrial regule especificamente as ações de nulidade do registro de marca, desenho industrial ou de patente, importante destacar que todos os atos administrativos do INPI com conteúdo decisório, como atos administrativos vinculados que são, podem ser questionados judicialmente.

24. Nesse sentido, são comuns ações visando impugnar as decisões administrativas da autarquia que indeferem determinado pedido de registro ou patente, ações questionando decisões quanto à caducidade de marca, entre diversos outros atos praticados pela autarquia que possam influenciar na esfera de direitos de legítimo interessado.

25. A ação de nulidade de ato administrativo deve ser proposta contra o INPI, na qualidade de ente responsável pelo ato impugnado, e o potencial interessado pela decisão (ex. se o INPI indefere um registro com fundamento em registro anterior, deve o titular da anterioridade impeditiva ser incluído no polo passivo da ação). O prazo prescricional da ação é de cinco anos[13], aplicando-se as normas processuais previstas no CPC, haja vista que não regulada de maneira específica na Lei da Propriedade Industrial.

26. O fato de a ação ser proposta contra o INPI atrai a competência da Justiça Federal e, por consequência, todos os pontos discutidos acima com relação ao papel do INPI, possibilidade de cumulação de pedidos de abstenção e indenização etc.

4. Ação de abstenção e indenização

27. A ação de abstenção visando obrigar o Réu a se abster de praticar conduta que viola direito de propriedade industrial do Autor encontra fundamento no artigo 207 da Lei da Propriedade Industrial, que auto-

---

[12] Art. 183. A União, os Estados, o Distrito Federal, os Municípios e suas respectivas autarquias e fundações de direito público gozarão de prazo em dobro para todas as suas manifestações processuais, cuja contagem terá início a partir da intimação pessoal.
[13] Art. 54 da Lei n. 9784/99

riza o prejudicado a *"intentar as ações cíveis que considerar cabíveis na forma do Código de Processo Civil"*. Embora referencie as normas gerais do CPC, a Lei da Propriedade Industrial contém algumas provisões relevantes com relação à ação de abstenção e indenização, conforme oportunamente detalhado.

28. A ação de abstenção, de evidente natureza inibitória, tutela não apenas os direitos registrados (marca, patente, desenho industrial), como também práticas que violem as normas de leal concorrência previstas no artigo 195 da Lei da Propriedade Industrial, bem como quaisquer outros atos de concorrência desleal *"tendentes a prejudicar a reputação ou os negócios alheios, a criar confusão entre estabelecimentos comerciais, industriais ou prestadores de serviço, ou entre os produtos e serviços postos no comércio"*[14].

29. A Lei da Propriedade Industrial prevê o direito de o prejudicado ser indenizado pelos prejuízos causados em razão dos atos de violação, fixando critérios para se mensurar o valor da indenização, como será oportunamente discutido, como ainda estabelece a possibilidade de o Juiz *"nos autos da própria ação, para evitar dano irreparável ou de difícil reparação, determinar liminarmente a sustação da violação ou de ato que a enseje, antes da citação do réu, mediante, caso julgue necessário, caução em dinheiro ou garantia fidejussória"*[15].

30. Além do perigo de dano, deve o Autor da ação demonstrar o preenchimento dos demais requisitos processuais, notadamente a probabilidade do direito, a justificar a concessão da tutela de urgência liminar.

31. Para preenchimento do requisito da probabilidade do direito em disputas envolvendo propriedade industrial, notadamente na área de patentes, é recomendável que o Autor instrua a ação com laudo técnico atestando a ocorrência de contrafação, de maneira a suprir o Juiz com fundamentação técnica apta a convencê-lo da alta probabilidade de procedência da ação. Sem robusto laudo conferindo subsídios técnicos, fica o Juiz sem elementos para decidir, sendo recomendável que se aguarde a instauração do contraditório antes de proferir a decisão.

32. Além da complexidade inerente à matéria, deve o magistrado verificar se o requerente da tutela detém algum interesse, além do mera-

---

[14] Art. 209 da Lei da Propriedade Industrial.
[15] Art. 209, §1º, da Lei da Propriedade Industrial

mente pecuniário, na ordem de abstenção. Isso ocorre, por exemplo, quando o titular procura impedir a comercialização de produtos falsificados, ou quando empresa concorrente faz uso de tecnologia patenteada pelo Autor da ação.

33. Nas hipóteses em que o interesse é exclusivamente pecuniário (empresa detentora de pool de patentes que visa receber royalties, mas sem explorar comercialmente o produto objeto da patente), há quem questione se deve ser deferida a tutela de urgência inibitória. Eventual sentença indenizatória ao final pode ser provimento suficiente para satisfação do titular, até mesmo porque visa o Autor, no seu íntimo, justamente ser indenizado pelo uso da tecnologia.

34. Por outro lado, nos casos em que há interesse comercial, a ordem de abstenção pode ser medida necessária para evitar irreversíveis danos[16], pois o infrator pode ganhar mercado e prejudicar a atividade econômica do titular. Caso o titular perca vendas e oportunidades de licenciamento, a tardia ordem de abstenção e indenização para reparar o prejuízo pode ser insuficiente para reparar integralmente o prejuízo sofrido, haja vista o limitado prazo de vigência das patentes.

35. Já nas ações de contrafação de desenho industrial deve o operador do direito se atentar que os registros são concedidos sem o exame de mérito, que pode ser requerido pelo titular a qualquer tempo durante a sua vigência[17], para verificar o preenchimento dos requisitos de novidade e originalidade. A falta de registro não pode ser um óbice ao deferimento da tutela de urgência, sob pena de se esvaziar o valor do registro de desenho industrial[18], mas é recomendável especial atenção na demonstração do preenchimento dos requisitos legais para a proteção do desenho industrial.

---

[16] Nesse sentido, Processo Civil e Propriedade Industrial, São Paulo, Coord. Fredie Didier Jr, Gustavo Osna e Marcelo Mazzola, 1ª ed, Editora JusPodivm, 2022, Tutelas de Urgência, Contraditório Participativo e Conflitos Envolvendo Patentes, Rodrigo Fux, fl. 279

[17] Art. 111. O titular do desenho industrial poderá requerer o exame do objeto do registro, a qualquer tempo da vigência, quanto aos aspectos de novidade e de originalidade.

[18] Nesse sentido: Machado, José Mauro Decoussau, Aspectos da antecipação da tutela na propriedade industrial: patentes, desenhos industriais e marcas – São Paulo, Editora Revista dos Tribunais, 2007, p. 135 e seguintes.

36. Pode o magistrado, no caso de dúvida quanto ao caráter novo e original do desenho industrial, aguardar a instauração do contraditório antes de analisar o pedido de tutela de urgência, ou mesmo condicionar o deferimento da tutela de urgência à prestação de caução suficiente a garantir o ressarcimento do Réu caso se constate ao longo da instrução não estarem presentes os requisitos legais.

37. Por outro lado, é sempre importante que o Réu, na ação de violação de desenho industrial, verifique se aquele registro concedido sem exame de mérito preenche os requisitos legais, adotando a medida administrativa (processo administrativo de nulidade), judicial (ação de nulidade) ou incidental (alegação de nulidade como matéria de defesa) mais apropriada para anulá-lo conforme o caso.

38. Mesmo na hipótese de ação envolvendo violação a registro marcário pode ser recomendável um parecer atestando a contrafação e a possibilidade de confusão ou associação indevida, de maneira a conferir segurança ao magistrado quanto à probabilidade do direito, majorando as chances de deferimento da tutela de urgência.

39. O laudo técnico se mostra especialmente relevante nos casos em que o contrafator propositalmente adota diferenças a justificar a possibilidade de convivência. Nesses casos, o laudo técnico, normalmente em semiótica, atestando os símbolos e elementos de semelhança e associação que podem induzir o consumidor a erro quanto à natureza e origem dos produtos.

40. Muito se discute a possibilidade de alegar a nulidade incidental da patente, ou registro de marca, como matéria de defesa. No caso de patente, há previsão específica na Lei da Propriedade Industrial quanto à possibilidade de se arguir a nulidade da patente como matéria de defesa[19]. Contudo, não há dispositivo similar no caso de marcas, de maneira que diverge o tratamento dado pela jurisprudência aos dois institutos. O STJ tem jurisprudência sólida no sentido de não admitir a nulidade incidental de marca, exigindo a propositura da ação de nulidade perante a justiça federal:

---

[19] Art. 56. (...)
§ 1º A nulidade da patente poderá ser argüida, a qualquer tempo, como matéria de defesa.

RECURSO ESPECIAL. AÇÃO DE ABSTENÇÃO DE USO DE MARCA. RECONVENÇÃO. REGISTRO PERANTE O INPI. EXCLUSIVIDADE. NULIDADE DA MARCA. IMPOSSIBILIDADE DE ANÁLISE NO JUÍZO ELEITO.

1. Reconvenção movida pela ré em ação de abstenção de uso de marca, alegando ser proprietária da marca registrada em seu nome perante o Instituto Nacional da Propriedade Industrial.

2. Não pode o Tribunal de Justiça Estadual, em ação de abstenção de uso de marca, afastar o pedido da proprietária da marca declarando a nulidade do registro ou irregularidade da marca, eis que lhe carece competência.

3. Reconhecida a propriedade da marca em nome da ré-reconvinte, deve ser reconhecida a exclusividade e deferido o pedido de abstenção de uso de sua marca por parte da autora-reconvinda, enquanto perdurar válido o seu registro perante o órgão autárquico.

4. Recurso especial provido. (STJ, REsp 1393123/SP, 4ª Turma, Rel. Min. Maria Isabel Gallotti, j. em 18.2.2020)

41. Com relação à nulidade incidental de patentes, a despeito da previsão legal, o STJ oscilou o seu entendimento durante algum tempo, tendo grande repercussão julgado da Ministra Nancy Andrighi consignando que *"a alegação de que é inválido o registro, obtido pela titular de marca, patente ou desenho industrial perante o INPI, deve ser formulada em ação própria, para a qual é competente a Justiça Federal. Ao juiz estadual não é possível, incidentalmente, considerar inválido um registro vigente, perante o INPI"*[20].

42. Outros precedentes do STJ seguiram o mesmo entendimento restritivo até que, em 2020, a mesma Terceira Turma reconsiderou a questão para passar a admitir a nulidade incidental de patente como matéria de defesa, com efeitos exclusivamente entre as partes, ao concluir que

"2. A Lei n. 9.279/96 (LPI) exige, como regra, a participação do INPI, autarquia federal, nas ações de nulidade de direitos da propriedade industrial. O art. 56, §1º, da referida Lei, no entanto, faz uma ressalva expressa no que diz respeito às patentes e

---

[20] STJ, Resp 1132449/PR, 3ª Turma, Rel.Min. Nancy Andrighi, j. em 13.3.2012.

aos desenhos industriais. Dispensada, excepcionalmente, portanto, a participação do INPI" (STJ, REsp 1.832.502/SP, 3ª Turma, Rel. Min. Paulo de Tarso Sanseverino, j. em 4.10.2022).

43. Portanto, atualmente prevalece a possibilidade de se reconhecer a nulidade incidental de patentes e desenhos industriais, com efeito restrito entre as partes de determinada ação de abstenção, conforme faculta o artigo 56, §1º, da Lei da Propriedade Industrial, não se aplicando a exceção a marcas.

44. Também há divergência na jurisprudência quanto à natureza técnica e necessidade de prova pericial nas ações fundamentadas em concorrência desleal por violação do conjunto-imagem (*trade-dress*). Embora diversos precedentes dos tribunais estaduais, inclusive das Câmaras Empresariais do TJSP, entendam não ser necessária a sua produção, decisões recentes do STJ vêm apontando para caminho diverso, ressaltando que a *"verificação pela concorrência desleal deve ser feita caso a caso, sendo, para tanto, imprescindível o auxílio de perito que possa avaliar aspectos de mercado, hábitos de consumo, técnicas de propaganda e marketing, o grau de atenção do consumidor comum ou típico do produto em questão, a época em que o produto foi lançado no mercado, bem como outros elementos que confiram identidade à apresentação do produto ou serviço"*[21].

45. Dessa forma, necessário acompanhar a evolução da jurisprudência, ressaltando-se a importância da prova pericial sempre que a questão for complexa, envolver aspectos de mercado, hábitos de consumo, técnicas de propaganda, entre outros. De qualquer forma, a necessidade de prova pericial não deve impedir que o magistrado defira tutela de urgência em casos nos quais os requisitos processuais estejam claros, notadamente a probabilidade do direito, sendo desnecessária a *"realização de perícia previamente ao deferimento de tutela de urgência"*, como já decidiu o TJSP.[22]

---

[21] STJ – AgInt no AgInt nos EDcl no REsp: 1719270 SP, Rel. Min. LUIS FELIPE SALOMÃO, j. em 13.12.2021, 4ª Turma. Ver também, REsp: 1778910 SP, Rel. Min. MARIA ISABEL GALLOTTI, j. em 6.12.2018, 4ª Turma.

[22] TJ-SP – AI: 22361705520208260000 SP 2236170-55.2020.8.26.0000, Relator: Cesar Ciampolini, Data de Julgamento: 23/02/2022, 1ª Câmara Reservada de Direito Empre-

46. No mais, ações envolvendo patentes, por sua evidente natureza técnica, normalmente requerem a produção de prova pericial de maneira a municiar o magistrado com elementos necessários ao julgamento. Já nos casos envolvendo marca, a prova técnica pode ser desnecessária, sendo possível ao magistrado julgar com base nas normas de direito ou mesmo nas regras de experiência comum (artigo 375 do CPC).

47. Por fim, importante ressaltar que, nas ações indenizatórias envolvendo propriedade industrial, o dano é presumido ou *in re ipsa*, decorrendo o dever de indenizar da simples constatação do ilícito, prescindindo demonstração específica na fase de conhecimento[23]. Uma vez constatado o ilícito e, por consequência, o dever de indenizar, deve ser relegada à fase de liquidação de sentença a quantificação dos danos materiais, de acordo com o parâmetro mais favorável ao prejudicado entre os previstos no artigo 210 da Lei da Propriedade Industrial[24].

48. Dessa forma, ao propor a ação pode o Autor simplesmente requerer a condenação do Réu a indenizar pelos danos materiais sofridos, em valor a ser apurado na fase de liquidação, conforme critério mais favorável ao prejudicado dentre os previstos no artigo 210 da Lei da Propriedade Industrial.

49. Deve, contudo, ser determinado o pedido formulado na petição inicial com relação aos danos morais, precisando o Autor identificar com a inicial o valor pretendido nesse caso específico. Por essa razão, sentenças condenatórias em propriedade industrial geralmente têm parcela líquida (danos morais) e parcela ilíquida (danos materiais), a exigirem a instauração concomitante do cumprimento e da liquidação de sentença, conforme o caso.

---

sarial, Data de Publicação: 02/03/2022

[23] Nesse sentido: TJ-SP – APL: 0113598-61.2007.8.26.0009, Relator: Alexandre Marcondes, Data de Julgamento: 12/06/2017, 2ª Câmara Reservada de Direito Empresarial.

[24] Art. 210. Os lucros cessantes serão determinados pelo critério mais favorável ao prejudicado, dentre os seguintes:
I – os benefícios que o prejudicado teria auferido se a violação não tivesse ocorrido; ou
II – os benefícios que foram auferidos pelo autor da violação do direito; ou
III – a remuneração que o autor da violação teria pago ao titular do direito violado pela concessão de uma licença que lhe permitisse legalmente explorar o bem.

Referências

BARBOSA, Denis Borges. *Tratado da Propriedade Industrial*, Tomo I. Rio de Janeiro. Lumen Juris, 2010.

Cerqueira, João da Gama, *Tratado da Propriedade Industrial*, Vol. I, Parte I. Ed. Lumen Juris, Rio de Janeiro, 2010.

DANNEMANN, Siemsen, Bigler & Ipanema Moreira. Comentários à Lei da Propriedade Industrial e Correlatos. Rio de Janeiro, Renovar, 2005.

Didier Jr, Fredie, Gustavo Osna e Marcelo Mazzola, Coord. *Processo Civil e Propriedade Industrial*, São Paulo, 1ª ed, Editora JusPodium, 2022.

Machado, José Mauro Decoussau, *Aspectos da antecipação da tutela na propriedade industrial: patentes, desenhos industriais e marcas* – São Paulo, Editora Revista dos Tribunais, 2007.

Pereira, Luiz Fernando C., *Tutela Jurisdicional da Propriedade Industrial*, Editora Revista dos Tribunais, 2006.

ROCHA, Fabiano de Bem da. *As ações de propriedade industrial e a suspensão do processo em razão da questão prejudicial externa*. Revista da ABPI nº 90, set./out. 2007.

35.
TUTELA CRIMINAL DOS DIREITOS DE PROPRIEDADE INDUSTRIAL

Luiz Claudio Garé

A tutela criminal dos direitos de Propriedade Industrial está delineada no Título V e respectivos Capítulos da Lei da Propriedade Industrial- LPI (9.279/96), especificamente nos artigos de 183 a 195, que trata dos crimes praticados contra patentes, desenhos industriais, marcas, indicações geográficas e crimes de concorrência desleal.

À exceção do crime tipificado no artigo 191 da LPI, que trata da reprodução de armas e brasões ou distintivos oficiais, que é crime de ação penal pública incondicionada, os crimes contra a Propriedade Industrial são de Ação Penal Privada e o direito de acusar pertence ao ofendido, titular da patente, desenho industrial, marcas ou vítima da concorrência desleal.

O exercício da tutela criminal, no que diz respeito às diligências de busca e apreensão e à ação penal por violação aos direitos da Propriedade Industrial, regulam-se pelos artigos 524 a 530 do Código de Processo Penal, que tratam do processo e o julgamento dos crimes contra a propriedade imaterial e devem ser obedecidos em conjunto com os dispositivos da LPI. Há que se observar ainda, as normas do Direito Penal em relação à decadência do Direito de Queixa e aos poderes específicos para o exercê-la, que serão adiante analisados.

1. Dos crimes contra as patentes

Como já abordado neste manual, a patente confere ao seu titular o direito de impedir que um terceiro, sem o seu consentimento, produza, use, coloque à venda, importe ou exporte o produto objeto da patente ou de processo patenteado. A tutela criminal a esse direito está delineada nos artigos 183 a 186 da LPI[1], que tipificam como crime os atos praticados por terceiros contra os direitos de patentes, sem a autorização do seu titular:

> Art. 183. *Comete crime contra patente de invenção ou de modelo de utilidade quem:*
> *I – fabrica produto que seja objeto de patente de invenção ou de modelo de utilidade, sem autorização do titular; ou*
> *II – usa meio ou processo que seja objeto de patente de invenção, sem autorização do titular.*
> Art. 184. *Comete crime contra patente de invenção ou de modelo de utilidade quem:*
> *I – exporta, vende, expõe ou oferece à venda, tem em estoque, oculta ou recebe, para utilização com fins econômicos, produto fabricado com violação de patente de invenção ou de modelo de utilidade, ou obtido por meio ou processo patenteado; ou*
> *II – importa produto que seja objeto de patente de invenção ou de modelo de utilidade ou obtido por meio ou processo patenteado no País, para os fins previstos no inciso anterior, e que não tenha sido colocado no mercado externo diretamente pelo titular da patente ou com seu consentimento.*
> Art. 185. *Fornecer componente de um produto patenteado, ou material ou equipamento para realizar um processo patenteado, desde que a aplicação final do componente, material ou equipamento induza, necessariamente, à exploração do objeto da patente.*
> Art. 186. *Os crimes deste Capítulo caracterizam-se ainda que a violação não atinja todas as reivindicações da patente ou se restrinja à utilização de meios equivalentes ao objeto da patente.*

Todos os atos elencados acima constituem crimes formais, cujas condutas são puníveis, independentemente de terem provocado algum prejuízo, porque o que a lei reprime é violação a um direito assegurado pela patente. Importante de se observar na regra do artigo 186, que o crime pode ser caracterizado mesmo que a violação não atinja todas as reivindicações da patente.

---

[1] Lei da Propriedade Industrial – 9.279/96

Ante as disposições da LPI e do Código de Processo Penal, o exercício da tutela criminal nos casos de violação de patentes requer o atendimento de dois requisitos básicos para o exercício do direito de Queixa. O primeiro destes requisitos é a existência de uma patente válida, que confira ao titular o direito de ação. Nesse sentido, o artigo 526 do CPP[2] dispõe que: *Sem a prova de direito à ação, não será recebida a queixa, nem ordenada qualquer diligência preliminarmente requerida pelo ofendido.*

A prova do direito de ação neste caso é Carta Patente válida do produto ou do processo, que foi conferida ao seu titular.

O segundo quesito necessário ao exercício do direito de queixa é a prova do ato incriminado, ou seja, de fato material que esteja descrito em uma das condutas típicas descritas nos artigos acima. O crime contra uma patente é considerado um crime que deixa vestígio, de forma a incidir o disposto no artigo 525 do Código de Processo Penal, que assim dispõe: *No caso de haver o crime deixado vestígio, a queixa ou a denúncia não será recebida se não for instruída com o exame pericial dos objetos que constituam o corpo de delito.*

Para atendimento da norma acima, o exercício do direito de Queixa, ou seja, de se ingressar com uma ação penal privada por violação de patente, está condicionado à apresentação de um laudo pericial que comprove a contrafação, que é o ato praticado por terceiro, que constitui violação aos direitos exclusivos do titular da patente. Esse laudo pericial poderá ser obtido através de uma medida cautelar de vistoria ou de busca e apreensão, que se processará perante um juízo criminal, com obediência aos artigos 527 a 529 do Código de Processo Penal, observando-se os artigos 200 a 204 da LPI:

Art. 200 (LPI). A ação penal e as diligências preliminares de busca e apreensão, nos crimes contra a propriedade industrial, regulam-se pelo disposto no Código de Processo Penal, com as modificações constantes dos artigos deste Capítulo.

Art. 527. A diligência de busca ou de apreensão será realizada por dois peritos nomeados pelo juiz, que verificarão a existência de fundamento para a apreensão, e quer esta se realize, quer não, o laudo pericial será apresentado dentro de 3 (três) dias após o encerramento da diligência.

---

[2] Código de Processo Penal – Decreto-Lei no 3.689/1941

A primeira regra processual para elaboração desse laudo pericial, conforme disposto no artigo 527 do CPP, é a nomeação de dois peritos para realizarem a busca e apreensão ou vistoria do produto ou processo questionado. A nomeação desses peritos é feita pelo Juiz, que usualmente nomeia profissionais de sua confiança. Essa medida de busca e apreensão ou de vistoria deve ser realizada *inautita altera pars* ou seja, em segredo de justiça e sem conhecimento do réu, para este não fruste as diligências. Após a entrega do laudo e de acordo as regras comuns do Processo Penal, o juiz poderá facultar às partes a indicação de assistentes técnicos. A valoração desta perícia e respectivos pareces ocorrerão no curso da ação penal. No entanto, caso o laudo apresentado pelo perito seja contrário à apreensão, o requerente da Medida Cautelar poderá impugná-lo, competindo ao Juiz o reconhecimento ou não das razões expostas pelos peritos, conforme dispõe o parágrafo único do artigo 527 do CPP: *O requerente da diligência poderá impugnar o laudo contrário à apreensão, e o juiz ordenará que esta se efetue, se reconhecer a improcedência das razões aduzidas pelos peritos.*

No caso de medida cautelar que tenha por objeto a busca e apreensão relativa a processo de invenção, o artigo 201 da LPI dispõe que: *Na diligência de busca e apreensão, em crime contra patente que tenha por objeto a invenção de processo, o oficial do juízo será acompanhado por perito, que verificará, preliminarmente, a existência do ilícito, podendo o juiz ordenar a apreensão de produtos obtidos pelo contrafator com o emprego do processo patenteado.*

Esse artigo faculta ao Juiz determinar a busca e apreensão de produtos obtidos por um processo que seja objeto de patente, a depender da avaliação do perito. No entanto, a determinação de que o oficial do juízo seja acompanhado pelo perito não ocorre somente nos casos envolvendo patentes de processo. À luz do que dispõe o artigo 527 do CPP, em todos os casos de violação de direitos de Propriedade Industrial, que se processem por ordem do juízo criminal, o oficial de justiça será sempre acompanhado pelos peritos para realização da busca e apreensão, competindo a estes determinarem o que será apreendido.

O advogado do Requerente da Medida também poderá acompanhar as diligências, não podendo, contudo, intervir nos atos do oficial de Justiça e dos peritos.

No caso da busca e apreensão de produtos que sejam objeto de patente de invenção ou de modelo de utilidade, compete ao Juiz decidir sobre a extensão da apreensão, podendo determinar que a busca e apreensão recaia apenas sobre exemplares para elaboração da perícia. A decisão pode considerar que a finalidade da medida cautelar de natureza criminal é somente a prova da materialidade do delito, sem a qual a Queixa-Crime não será recebida. É possível, no entanto, também se requerer a apreensão total dos produtos no caso de o perito constatar a contrafação. Se o Juiz pode determinar a apreensão de produtos obtidos por processo de invenção violado, pode também fazê-lo em relação a produto que seja objeto de patente de invenção. A apreensão, contudo, não poderá paralisar as atividades do estabelecimento industrial ou comercial, consoante estabelece o artigo 203 da LPI: *Tratando-se de estabelecimentos industriais ou comerciais legalmente organizados e que estejam funcionando publicamente, as diligências preliminares limitar-se-ão à vistoria e apreensão dos produtos, quando ordenadas pelo juiz, não podendo ser paralisada a sua atividade licitamente exercida.*

No que diz respeito ao direito material objeto da ação penal, atendo-se ao fato que o direito de Queixa deve ser exercício pelo titular de uma Carta Patente válida, uma eventual nulidade dessa patente poderá ser arguida como matéria de defesa no curso da ação penal, conforme dispõe o artigo 205 da LPI: *Poderá constituir matéria de defesa na ação penal a alegação de nulidade da patente ou registro em que a ação se fundar. A absolvição do réu, entretanto, não importará a nulidade da patente ou do registro, que só poderá ser demandada pela ação competente.*

Ao tratar dos elementos essenciais da contrafação da patente, o grande tratadista em matéria de Propriedade Industrial, João da Gama Cerqueira, ensina que:

> *A lei não protege senão a invenções legalmente privilegiadas. Se a patente tiver sido concedida e desacordo com a lei, o privilégio é nulo, podendo a nulidade ser arguida, em defesa, no processo-crime. É necessário, também, que o privilégio esteja em vigor quando se verificar o ato incriminado, não havendo infração se a patente tiver sido anulada anteriormente, ou incorrido em caducidade. A caducidade superveniente, entretanto, não isenta o infrator das penas da lei, porque a sua declaração não produz efeito retroativo, ao contrário do que ocorre no caso de anulação, cujos efeitos se operam **ex tunc**.* [3]

---

[3] CERQUEIRA, João da Gama – Tratado da Propriedade Industrial, 2ª Edição, RT, volume 1, pág. 541

A competência para declarar a nulidade de uma patente é da Justiça Federal e como o próprio artigo acima dispõe, a absolvição do Réu pelo reconhecimento de um possível fato que possa invalidar a patente, a exemplo da prova de que o objeto patenteado carece de novidade ou atividade inventiva, não importará da nulidade da patente, porque o Juízo Criminal não é competente para tanto. O que pode ocorrer em casos dessa natureza é a suspensão da ação penal, para se aguardar uma decisão da Justiça Federal, com base no que dispõe o artigo 93 do CPP: *Se o reconhecimento da existência da infração penal depender de decisão sobre questão diversa da prevista no artigo anterior, da competência do juízo cível, e se neste houver sido proposta ação para resolvê-la, o juiz criminal poderá, desde que essa questão seja de difícil solução e não verse sobre direito cuja prova a lei civil limite, suspender o curso do processo, após a inquirição das testemunhas e realização das outras provas de natureza urgente.*

Uma das regras mais importantes para o exercício da tutela criminal nos crimes por violação de patentes, que também vale para os demais crimes contra a Propriedade Industrial, é obediência aos prazos decadenciais, tanto o da regra geral, quanto o da especial. A regra geral está disposta nos artigos 38 do Código de Processo Penal e 103 do Código Penal:

> *Art. 38 (CPP). Salvo disposição em contrário, o ofendido, ou seu representante legal, decairá no direito de queixa ou de representação, se não o exercer dentro do prazo de seis meses, contado do dia em que vier a saber quem é o autor do crime, ou, no caso do art. 29, do dia em que se esgotar o prazo para o oferecimento da denúncia.*
>
> *Art. 103 (CP)- Salvo disposição expressa em contrário, o ofendido decai do direito de queixa ou de representação se não o exerce dentro do prazo de 6 (seis) meses, contado do dia em que veio a saber quem é o autor do crime, ou, no caso § 3º do art. 100 deste Código, do dia em que se esgota o prazo para oferecimento da denúncia.*[4]

Caso o titular da patente queira resolver a questão da violação de forma amigável, com o envio de uma notificação ao infrator, será importante ter em mente que a partir do momento que demonstre ter conhecimento da autoria do fato incriminado, terá seis meses para ingressar com

---

[4] Código Penal – Decreto-Lei 2.848/1940

a Queixa-Crime caso queira exercer esse direito, sob pena de decadência, que é uma causa extintiva de punibilidade.

No que diz respeito ao prazo especial, temos a regra do artigo 529 do Código de Processo Penal, que assim estabelece: *Nos crimes de ação privativa do ofendido, não será admitida queixa com fundamento em apreensão e em perícia, se decorrido o prazo de 30 dias, após a homologação do laudo.*

Este é o caso em que o titular da patente ou direito de PI violado propõe uma medida cautelar para vistoriar ou apreender o produto contrafeito por dois peritos nomeados pelo Juiz, como medida preparatória à ação penal. Homologado o laudo pericial, a Queixa-Crime deve ser oferecida no prazo de trinta dias, que começa a contar da data da intimação da decisão que homologou o laudo. Ultrapassado esse prazo, a Queixa não será recebida.

Uma outra formalidade a ser obedecida para o oferecimento da Queixa-Crime é a que diz respeito à procuração. Tratando-se de uma ação penal privativa do ofendido, que neste caso é o titular da patente, somente a este cabe o exercício da tutela criminal. A procuração para tanto deve obedecer a regra do artigo 44 do Código de Processo Penal, que assim dispõe:

> *A queixa poderá ser dada por procurador com poderes especiais, devendo constar do instrumento do mandato o nome do querelante e a menção do fato criminoso, salvo quando tais esclarecimentos dependerem de diligências que devem ser previamente requeridas no juízo criminal.*

As penas cominadas aos crimes contra as patentes de invenção e de modelo de utilidade são relativamente baixas, de 3 meses a um ano de detenção ou multa para os casos de fabricação de produto ou processo e de 1 a 3 meses ou multa, para os casos de exportação, venda ou importação, o que torna o exercício da tutela criminal um desafio se para evitar a prescrição da ação, que neste caso ocorrerá em quatro anos para a conduta do artigo 183 e em apenas 3 anos, para os casos das condutas dos artigos 184 e 185.[5] Em um primeiro momento, seria possível afirmar,

---

[5] Artigo 109, inciso V do Código Penal – Decreto-Lei 2.848/1940.

pela pena cominada a este delito, que se trata de um crime de menor potencial ofensivo, cuja competência pertenceria aos Juizados Especiais Criminais[6], consoante dispõe a Lei 9.099, de 26/09/1995, atualizada pela Lei 11.313/06[7]

Todavia, considerando-se a especificidade da matéria de propriedade industrial e a possibilidade de busca e apreensão com a produção de prova pericial, há entendimento jurisprudencial de que a complexidade destes procedimentos não se coaduna com os princípios de oralidade, simplicidade, informalidade e celeridade que norteiam o Juizado Especial, razão pela qual a ação penal pode ser processada pelo rito comum, a exemplo da seguinte decisão do TJ-SP:

> *"CONFLITO DE JURISDIÇÃO. MEDIDA PREPARATÓRIA CRIMINAL DE BUSCA E APREENSÃO COM REALIZAÇÃO DE PERÍCIA VERIFICATÓRIA DE CONTRAFAÇÃO. DISTRIBUIÇÃO DOS AUTOS À 1ª VARA CRIMINAL DE SANTOS. REDISTRIBUIÇÃO AO JUIZADO ESPECIAL CRIMINAL DA MESMA COMARCA. DESCABIMENTO.*
>
> *1. A hipótese dos autos demanda a produção de perícia complexa, pois reclama estudo pormenorizado sobre a autenticidade dos produtos apreendidos.*
>
> *2. Tal perícia não se confunde com o mero exame técnico e não se coaduna com a complexidade mitigada própria dos Juizados, conforme dispõe o artigo 98, I, da Constituição Federal, sendo de se aplicar a norma do artigo 77, §§ 2º e 3º, ambos da Lei 9099/95.*

Ainda assim, essa questão não está pacificada em todos os Tribunais Estaduais e há casos que o processamento da Queixa é remetido ao Juizado Especial.

2. Dos crimes contra os desenhos industriais

Os crimes contra os Desenhos Industriais estão tipificados nos artigos 187 e 188 da LPI. Assim como ocorre nos crimes contra as patentes, a

---

[6] Lei dos Juizados Especiais – Lei 9.099/95.
[7] Art. 61. Consideram-se infrações penais de menor potencial ofensivo, para os efeitos desta Lei, as contravenções penais e os crimes a que a lei comine pena máxima não superior a 2 (dois) anos, cumulada ou não com multa. (Redação dada pela Lei nº 11.313, de 2006).

norma não incrimina apenas o ato de fabricar um produto que incorpore desenho industrial registrado, mas, também, a exportação, venda, manutenção em estoque, ocultação e exportação, valendo-se observar que a imitação substancial que possa induzir a erro ou confusão também é incriminada:

> *Artigo 187. Fabricar, sem autorização do titular, produto que incorpore desenho industrial registrado, ou imitação substancial que possa induzir em erro ou confusão.*
> *Art. 188. Comete crime contra registro de desenho industrial quem:*
> *I – exporta, vende, expõe ou oferece à venda, tem em estoque, oculta ou recebe, para utilização com fins econômicos, objeto que incorpore ilicitamente desenho industrial registrado, ou imitação substancial que possa induzir em erro ou confusão; ou*
> *II – importa produto que incorpore desenho industrial registrado no País, ou imitação substancial que possa induzir em erro ou confusão, para os fins previstos no inciso anterior, e que não tenha sido colocado no mercado externo diretamente pelo titular ou com seu consentimento.*

As penas cominadas a esses delitos são idênticas às de violação de patentes, sendo de 3 meses a um ano para a fabricação e de detenção de 1 a 3 meses para os casos de importação, venda e exportação. É crime de ação privada que deixa vestígio e, a exemplo do que ocorre com os crimes contra as patentes, vale aqui todas as regras do Processo Penal em relação à medida preparatória, requisitos da ação penal, decadência, entre outras já comentadas anteriormente.

3. Dos crimes contra as marcas

> *Art. 189. Comete crime contra registro de marca quem:*
> *I – reproduz, sem autorização do titular, no todo ou em parte, marca registrada, ou imita-a de modo que possa induzir confusão; ou*
> *II – altera marca registrada de outrem já aposta em produto colocado no mercado.*
> *Art. 190. Comete crime contra registro de marca quem importa, exporta, vende, oferece ou expõe à venda, oculta ou tem em estoque:*
> *I – produto assinalado com marca ilicitamente reproduzida ou imitada, de outrem, no todo ou em parte; ou*

II – produto de sua indústria ou comércio, contido em vasilhame, recipiente ou embalagem que contenha marca legítima de outrem.

A contrafação de marcas certamente é a violação ao direito de propriedade industrial de maior incidência no mundo todo, também usualmente tratada como falsificação de marcas, que é o seu sinônimo, pois ambas as expressões tratam de reprodução ou imitação, tanto de marcas, quanto de produtos. A expressão Pirataria, ou produtos piratas, que antes era utilizada somente para violação de direitos autorais, também tem sido empregada em relação aos produtos com marcas contrafeitas, notadamente pela mídia.

Na medida que a presença de produtos contrafeitos no mercado começou a crescer em progressão geométrica, impulsionada pela globalização da economia iniciada nos anos 90, a tutela criminal por violação aos direitos de marcas foi impactada pela mudança na Lei de Propriedade Intelectual em 1996, quando a atual LPI diminuiu a pena para o crime de importação, venda e exposição à venda de produtos contrafeitos que, sob a égide do artigo 175 do Decreto Lei 7.903/45, mantido em vigor pela Lei 5.771/72, era de 3 meses a 1 ano de detenção e passou a ser de apenas 1 a 3 meses de detenção.

A Lei do Juizado Especial, 9099/95, ao considerar como infrações penais de menor potencial ofensivo os crimes a que a lei comine pena máxima não superior a um ano, excetuados os casos em que a lei preveja procedimento especial[8], também impactou no exercício dessa tutela. Nos idos de 1996, o STJ entendeu que, mesmo sendo um crime que segue um procedimento especial, o processamento do crime de contrafação de marca haveria que obedecer às regras de suspensão do processo prevista no artigo 89 do Juizado Especial.

Dez anos depois, a Lei nº 11.313 de 2006 alterou o artigo 61 da Lei 9099, não só aumentando para dois anos a pena máxima cominada ao crime para ser considerado de menor potencial ofensivo, como também excluiu a exceção do procedimento especial. O resultado disso foi as ações penais sendo direcionadas para o Juizado Especial, que não tinha

---

[8] Artigo 61 da lei 9.099/99, antes da alteração promovida pela Lei 11.313/2006.

(e ainda não tem), estrutura para tratar de crimes de maior complexidade que exigem perícia, como é o caso da contrafação de marcas.

A contrafação de marcas certamente merecia ser um crime de ação penal pública incondicionada, com uma pena maior, não só pela sua alta incidência no mercado, como também pela sua conexão com outros crimes, a exemplo da Fraude no Comércio, capitulado no artigo 175 do Código Penal e de Crimes contra as Relações de Consumo, da Lei 8.137/90. Há um projeto legislativo para aumentar essas penas para 2 a 4 anos de reclusão – PL 333/99 – que na data da edição deste Manual ainda aguarda pelo último ato legislativo, que é a sua aprovação em Plenário.

Por conta dessa relação com o crime contra as relações de consumo, levando o consumidor a ser enganado na aquisição de um produto contrafeito como se fosse original, é que a tutela criminal da contrafação de marcas, mesmo com a persecução penal tendo sido mantida como privativa do ofendido, acabou também por ser reprimida pelas autoridades policiais. A vítima desse crime não é somente o titular da marca, mas, também, o consumidor enganado. Por essa razão, entre os princípios que nortearam a política nacional de relações de consumo, estatuídas no artigo 4º do Código de Defesa do Consumidor[9], foi inserida a repressão à concorrência desleal e à contrafação de marcas, consoante disposição do seu inciso VI: *"coibição e repressão eficientes de todos os abusos praticados no mercado de consumo, inclusive a concorrência desleal e utilização indevida de inventos e criações industriais das marcas e nomes comerciais e signos distintivos, que possam causar prejuízos aos consumidores"*

Em que pese as baixas penas, a criminalização da violação aos direitos de marcas no Brasil, no que diz respeito à tipicidade da conduta, é uma das mais compreensivas em comparação com legislações de outros países. A LPI não só prevê como violação a reprodução total ou parcial da marca, sem autorização do titular, como também coloca no mesmo nível a imitação que seja hábil a induzir confusão. Pune ainda, a alteração de marca registrada de outrem colocada no mercado e a importação, exportação, venda, exposição à venda, ocultação e manutenção em depósito, não só de produtos com marcas ilicitamente reproduzidas, no todo

---

[9] Código de Defesa do Consumidor – Lei 8.078/90.

ou parte, como também, imitadas. Sobre esse aspecto, Gama Cerqueira lecionou que:

> *Não exclui a contrafação o fato de se reproduzir a marca com acrescentamentos; o delito existe, desde que a marca seja total ou parcialmente reproduzida. Do mesmo modo, se a marca se compõe de elementos diversos, destinados a serem apostos nas diversas faces do produto, haverá contrafação parcial se forem reproduzidos um ou alguns dos sinais distintivos, ainda que se modifiquem os demais.* [10]

E no que diz respeito à imitação o mesmo tratadista ensina que:

> *"Distingue-se da reprodução a imitação, porque, neste caso, não há cópia servil da marca registrada, mas apenas semelhança capaz de criar confusão prejudicial ao titular da marca anterior e aos próprios consumidores. A identidade caracteriza a reprodução; a semelhança caracteriza a imitação. (...) O contrafator sempre procura artifícios que encubram ou disfarcem o ato delituoso. Não copia servilmente a marca alheia, empregando marca semelhante, que com ela se confunda, a fim de iludir o consumidor."* [11]

As diligências de busca e apreensão de produtos que reproduzam ou imitem marcas registradas destinadas à futura persecução penal estão sujeitas às mesmas regras dos artigos 525 a 529 do CPP, que são aplicadas aos crimes contra patentes e de desenho industrial, porque a contrafação de marcas também é um crime que deixa vestígios. Há, contudo, outras disposições na LPI que são aplicadas à apreensão e à destruição da marca falsificada:

> *Art. 202. Além das diligências preliminares de busca e apreensão, o interessado poderá requerer:*
> *I – apreensão de marca falsificada, alterada ou imitada onde for preparada ou onde quer que seja encontrada, antes de utilizada para fins criminosos; ou*
> *II – destruição de marca falsificada nos volumes ou produtos que a contiverem, antes de serem distribuídos, ainda que fiquem destruídos os envoltórios ou os próprios produtos.*

---

[10] Obra citada, Vol 1, pág. 1092
[11] Obra citada, Vol 1, pág. 914.

A relação da contrafação de marcas com os crimes contra as relações de consumo permite o exercício da tutela criminal para coibição desse delito via Polícia Judiciária. Nesse caso, o titular do direito violado poderá apresentar uma notícia criminal à Autoridade Policial, requerendo a instauração de inquérito policial de busca e apreensão com base nos artigo 5º, § 5º e 240, inciso "c" do Código de Processo Penal. Após as diligências o titular poderá exercer o direito de ingressar com a queixa-Crime contra o autor do delito. Nesse caso, porém, deverá obedecer às regras dos artigos 525 e seguintes do CPP, que regulam o processamento dos crimes contra a Propriedade Imaterial, notadamente um laudo pericial homologado pelo Juiz.

Há um entendimento relativo aos casos e apreensão de produto contrafeito realizada pela polícia, de que o laudo elaborado pelos peritos do Instituto de Criminalística pode ser utilizado como prova da materialidade para atendimento do disposto no artigo 525 do CPP, desde que esse laudo seja formalmente homologado pelo Juiz, para o início do prazo especial do artigo 529 do mesmo diploma legal.

Uma outra possibilidade que a LPI dispõe sobre apreensão de produtos contrafeitos, que permite ao titular do direito violado exercer a tutela criminal ocorre em relação à atuação das alfândegas, na conferência de produtos procedentes do exterior, consoante disposto no artigo 198 da LPI: *Poderão ser apreendidos, de ofício ou a requerimento do interessado, pelas autoridades alfandegárias, no ato da conferência, os produtos assinalados com marcas falsificadas, alteradas ou imitadas ou que apresentem falsa indicação de procedência.*

Essa mesma norma foi integralmente reproduzia no artigo 605 do Regulamento Aduaneiro, aprovado pelo Decreto n.º 6.759 de 05 de fevereiro de 2009, que também incorporou regras do TRIPs (Trade Related Aspects of Intellectual Property Rights), tal seja: "Acordo sobre Aspectos dos Direitos da Propriedade Intelectual", da qual o Brasil é signatário, conforme Decreto nº 1.355, de 30/12/1994, que trata das medidas de fronteiras que podem ser adotadas pelas autoridades aduaneiras em caso de violação de direitos de propriedade intelectual. O artigo 606, do citado Regulamento Aduaneiro estabelece que:

Art. 606. Após a retenção de que trata o art. 605, a autoridade aduaneira notificará o titular dos direitos da marca para que, no prazo de dez dias úteis da ciência, promova, se for o caso, a correspondente queixa e solicite a apreensão judicial das mercadorias (Lei nº 9.279, de 1996, art. 198, e Acordo sobre Aspectos dos Direitos de Propriedade Intelectual Relacionados ao Comércio, Artigo 55, aprovado pelo Decreto 1355 de 1994);

Art. 607. Se a autoridade aduaneira não tiver sido informada, no prazo a que se refere o art. 606, de que foram tomadas pelo titular da marca as medidas cabíveis para apreensão judicial das mercadorias, o despacho aduaneiro destas poderá ter prosseguimento, desde que cumpridas as demais condições para a importação ou exportação.

Esses artigos são aplicados em casos de retenção de produtos suspeitos de contrafação, que exijam uma decisão de mérito por parte de uma autoridade judicial, para que a autoridade aduaneira mantenha o produto apreendido, a exemplo das imitações de marcas registradas. Como o próprio artigo menciona, o titular do direito de marca pode promover uma queixa e pedir a apreensão dos produtos, valendo lembrar que caso o titular queira promover uma ação criminal em relação aos produtos apreendidos pela alfândega, deverá obedecer às regras dos artigos 525 e seguintes do CPP. O titular do direito violado pode optar pelo ajuizamento de uma ação cível para essa finalidade, como preceitua o artigo 207 da LPI: *Independentemente da ação criminal, o prejudicado poderá intentar as ações cíveis que considerar cabíveis na forma do Código de Processo Civil*

Nos casos de reprodução total de marcas registradas, que dispense uma discussão de mérito, há entendimento por boa parte dos Auditores Fiscais da Receita Federal, de que a apreensão e perdimento da mercadoria possam ocorrer apenas mediante um procedimento administrativo, sem a necessidade do titular da marca ter que ingressar com uma medida judicial.

4. Dos crimes cometidos por meio de marca, título de estabelecimento e sinal de propaganda

Art. 191. Reproduzir ou imitar, de modo que possa induzir em erro ou confusão, armas, brasões ou distintivos oficiais nacionais, estrangeiros ou internacionais, sem a necessária autorização, no todo ou em parte, em marca, título de estabelecimento, nome comercial, insígnia ou sinal de propaganda, ou usar essas reproduções ou imitações com fins econômicos.

As armas e os brasões são signos distintivos oficiais, que pertencem ao respectivos órgãos do Poder Público e por tal razão não podem ser reproduzidos sem autorização, em marcas , título de estabelecimento, nome comercial e sinais de propaganda que possuam finalidade econômica. Dos crimes contra a Propriedade Intelectual, este é o único crime de ação pública incondicionada, cujo poder de acusar pertence ao Estado.

5. Dos crimes contra as indicações geográficas e demais indicações

Art. 192. Fabricar, importar, exportar, vender, expor ou oferecer à venda ou ter em estoque produto que apresente falsa indicação geográfica.

Art. 193. Usar, em produto, recipiente, invólucro, cinta, rótulo, fatura, circular, cartaz ou em outro meio de divulgação ou propaganda, termos retificativos, tais como "tipo", "espécie", "gênero", "sistema", "semelhante", "sucedâneo", "idêntico", ou equivalente, não ressalvando a verdadeira procedência do produto.

Art. 194. Usar marca, nome comercial, título de estabelecimento, insígnia, expressão ou sinal de propaganda ou qualquer outra forma que indique procedência que não a verdadeira, ou vender ou expor à venda produto com esses sinais.

O registro das indicações geográficas no Brasil foi introduzido com a atual Lei da Propriedade Industrial, em 1996 e o legislador optou por deixar os crimes contra esses signos distintivos com a mesma natureza dos crimes contra as patentes e marcas, tal seja, de natureza privada.

Atendo ao fato de que as indicações geográficas estão ligadas à origem do produto, a indicação de uma procedência, que não a verdadeira, pode caracterizar, além de falsa indicação geográfica, crime contra as relações de consumo, uma vez que o CDC dispõe que a oferta de produtos deve assegurar informações claras e precisas sobre a sua característica e origem[12].

---

[12] Art. 31 (Lei 8.078/90) – A oferta e apresentação de produtos ou serviços devem assegurar informações corretas, claras, precisas, ostensivas e em língua portuguesa sobre suas características, qualidades, quantidade, composição, preço, garantia, prazos de validade e

A tutela criminal para a violação dos direitos sobre as indicações geográficas deve ser exercida pelo seu titular. Diante do que estabelece a Instrução Normativa do INPI, 25/2013, sobre as condições para o registro das indicações geográficas, as associações, institutos e as pessoas jurídicas representativas da coletividade legitimada ao uso exclusivo do nome geográfico, estabelecidas no respectivo território e que podem ser requerentes do registro na condição de substituto processual, podem, também, exercer o direito de Queixa.

6. Dos crimes de concorrência desleal

Diferentemente dos crimes contra as patentes, desenhos industriais e marcas, que têm a existência de um registro válido da propriedade industrial como requisito básico ao exercício de Queixa e prova do direito à ação, os crimes contra a concorrência desleal prescindem dessa prova de registro, por estarem tipificados em condutas específicas, que caracterizam a concorrência desleal criminosa.

A proteção e repressão à concorrência desleal tem a sua origem na Convenção de Paris de 1883, da qual o Brasil é signatário, que em seu artigo 10-bis, assim dispõe:

(1) Os países da União obrigam-se a assegurar aos nacionais dos países da União proteção efetiva contra a concorrência desleal.

(2) Constitui ato de concorrência desleal qualquer ato de concorrência contrário aos usos honestos em matéria industrial ou comercial.

(3) Deverão proibir-se particularmente:

1º – Todos os atos suscetíveis de, por qualquer meio, estabelecer confusão com o estabelecimento, os produtos ou a atividade industrial ou comercial de um concorrente;

2º – As falsas alegações no exercício do comércio, suscetíveis de desacreditar o estabelecimento, os produtos ou a atividade industrial ou comercial de um concorrente;

3º – As indicações ou alegações cuja utilização no exercício do comércio seja suscetível de induzir o público em erro sobre a natureza, modo de fabricação, características, possibilidades de utilização ou quantidade das mercadorias.

origem, entre outros dados, bem como sobre os riscos que apresentam à saúde e segurança dos consumidores.

Assim como constava no artigo 106 do Código Penal de 1940 (Lei 2.948/40) e no antigo Código de Propriedade Industrial de 1945 (Decreto 7.903/45), a Lei 9.279/96 enumerou uma série de atos de concorrência desleal que podem ser incriminados e que na atual LPI estão dispostos em 14 (quatorze) incisos do artigo 195, que abrangem não só as falsas alegações em detrimento de concorrentes e os atos tendentes ao desvio de clientela e a criar confusão entre produtos e estabelecimentos, como, também, o suborno de empregados e a violação de segredos industriais e de negócios.

a) PUBLICAÇÃO DE FALSAS INFORMAÇÕES EM DETRIMENTO DO CONCORENTE

Art. 195. Comete crime de concorrência desleal quem:
I – publica, por qualquer meio, falsa afirmação, em detrimento de concorrente, com o fim de obter vantagem;
II – presta ou divulga, acerca de concorrente, falsa informação, com o fim de obter vantagem;

Este artigo pune a divulgação de falsas informações que possam denegrir um concorrente e trazer vantagem para o competidor desleal. Ao analisar o tipo penal em sua obra Crimes de Concorrência Desleal, Celso Delmanto comenta que:

O crime é formal, consumando-se pelo simples ato da propaganda capaz de causar efeito danoso, sendo desnecessária a ocorrência de mal real ou a obtenção de vantagem efetiva. Nem será preciso que terceiros acreditem – de fato – na inverídica alegação que o agente transmitiu, sendo suficiente que ela tenha alguma idoneidade, que seja apta a ser crida, pois a infração não é de dano, mas, sim, de perigo, bastando a potencialidade deste[13].

---

[13] DELMANTO, Celso – Crimes de Concorrência Desleal – Editora Universidade de São Paulo – Editor José Bushatsky, 1975, pág.53.

b) MEIO FRAUDULENTO PARA DESVIO DE CLIENTE DE OUTREM

III – emprega meio fraudulento, para desviar, em proveito próprio ou alheio, clientela de outrem;

Esta modalidade de crime contra a concorrência desleal é certamente a que mais ocorre no mercado e é também a que pode abranger várias outras condutas empregadas para o desvio de clientela alheia, que podem ser caracterizadas como "meio fraudulento". Nesse sentido, DELMANTO nos ensinou que:

> *Para o direito criminal o significado do que seja meio fraudulento pode ser encontrado no próprio Código Penal, quando este emprega e exemplifica a expressão, ao definir o delito de estelionato: "..induzindo ou mantendo alguém em erro, mediante artifício, ardil ou qualquer outro meio fraudulento" (4). Método fraudulento pode, assim, ser explicado como todo ardil usado para induzir alguém a erro. Mas, não será fácil a catalogação dos meios fraudulentos possíveis de serem utilizados. Já se chegou mesmo a dizer que "com seus variadíssimos processos, a fraude é bem o atestado do poder de inventiva e perspicácia do "homo sapiens"*[14]

Uma das modalidades mais comuns de fraude para o desvio de clientela é a imitação de produtos, mediante a reprodução das principais características extrínsecas que os distinguem no mercado, que não foram objeto de registro. Quando escreveu a sua brilhante obra sobre os crimes de concorrência desleal, em 1975, DELMANTO já chamava a atenção para esse fato:

> *Estabelecer confusão com os artigos ou produtos do rival é sem dúvida a mais repetida fraude aplicada para tentar o desencaminhamento que o presente item pune. O agente desleal procura imitar a aparência extrínseca do produto do competidor, de um modo que o seu se apresente semelhante aos olhos dos consumidores e estes o comprem, pensando ser o artigo daquele concorrente. O meio fraudulento é, aqui, o próprio produto, por assim dizer; o engano é **in re ipsa**.*[15]

---

[14] Obra citada, pág. 81.
[15] Obra citada, pág.83

Para HUNGRIA,

*O aliciamento da clientela é um fato lícito, mas se há emprego de meios fraudulentos para o desvio de clientela alheia, assume o fato caráter antijurídico. É incriminado todo expediente insidioso para captar a freguesia de outrem, em tal caso o **"animus disputandi"** de alia à fraude para a desleal aplicação de golpes baixos.* [16]

Na doutrina mais recente, podemos afirmar que a reprodução ou imitação do *trade dress*, tanto de produtos, quanto de embalagens, material de propaganda, fachadas de estabelecimentos, entre outras práticas desleais, podem caracterizar o meio fraudulento para desvio de clientela, como bem assinalou TINOCO SOARES ao comentar os ensinamentos de HUNGRIA:

Com grande sabedoria, em seu tempo e muito embora não se cogitasse de qualquer tipo de proteção ao visual externo do estabelecimento, esse Grande Mestre já enquadrava como crime de concorrência desleal, pelo emprego de meio fraudulento para desviar clientela de outrem, o fato do concorrente "imitar o aspecto da fachada do vizinho estabelecimento e os seus processos de propaganda". Estes dois aspectos estão hoje amparados e já foram alvo de decisões perante Cortes dos Estados Unidos da América como atentatórios à proteção do "trade dress".[17]

c) USO DE INDEVIDO DE EXPRESSÕES DE PROPAGANDA, NOME COMERCIAL

IV – usa expressão ou sinal de propaganda alheios, ou os imita, de modo a criar confusão entre os produtos ou estabelecimentos;

V – usa, indevidamente, nome comercial, título de estabelecimento ou insígnia alheios ou vende, expõe ou oferece à venda ou tem em estoque produto com essas referências;

---

[16] NELSON HUNGRIA, Comentários ao Código de Processo Penal, ed. Forense, 1967, v. VII, pág. 375.
[17] JOSÉ CARLOS TINOCO SOARES, Concorrência Desleal vs Trade Dress e/ou conjunto imagem, Ediçã Tinoco Soares, Maio 2004, pág. 256

VI – substitui, pelo seu próprio nome ou razão social, em produto de outrem, o nome ou razão social deste, sem o seu consentimento;

VII – atribui-se, como meio de propaganda, recompensa ou distinção que não obteve;

Os incisos acima tipificam as condutas desleais tendentes a criar confusão entre os estabelecimentos comerciais, tanto pelo uso de expressões de propaganda alheios, quanto do uso de nome comercial ou título de estabelecimento. No caso de nomes comerciais que são compostos por marcas registradas, a tutela criminal poderá ser exercida em relação ao crime de contrafação de marca. Em havendo uso do nome comercial não registrado ou a venda de produto que ostente esse uso indevido, o fato é típico de concorrência desleal. O mesmo ocorre com o uso de sinais de propagandas alheios, que não foram objeto de registro.

A atribuição de recompensa ou distinção que não foi efetivamente obtida, também constitui uma prática desleal incriminada, pois coloca a empresa e seu respectivo produto em uma vantagem indevida perante o seu concorrente.

d) USO DE RECIPIENTE OU INVÓLUCRO ALHEIO

VIII – vende ou expõe ou oferece à venda, em recipiente ou invólucro de outrem, produto adulterado ou falsificado, ou dele se utiliza para negociar com produto da mesma espécie, embora não adulterado ou falsificado, se o fato não constitui crime mais grave;

O delito descrito neste inciso trata da utilização de recipientes alheios, para a venda de produtos adulterados ou falsificados ou para negociar produtos da mesma espécie se o fato não constituir crime mais grave. Usualmente, a utilização de recipientes para envasar produtos adulterados ou falsificados constitui crime mais grave, a exemplo da adulteração de bebidas com ou sem teor alcóolico, que é crime contra a saúde pública, tipificado no artigo 272 do Código Penal, que prevê penas de 4 a 8 anos de reclusão e da adulteração de produtos para fins terapêuticos ou medicinais tipificado no artigo 273 do mesmo diploma, cuja penas podem chegar até 15 anos de reclusão.

O uso de recipiente alheio para acondicionar produto da mesma espécie, ainda que não adulterado ou falsificado, também é punível. Usualmente, os recipientes e invólucros possuem características peculiares a determinadas empresas que os conceberam para uso de um produto de determinada marca e o seu uso para acondicionar produtos e terceiros poderá gerar confusão.

e) DA CORRUPÇÃO DE FUNCIONÁRIOS DOS CONCORRENTES E DA VIOLAÇÃO DE SEGREDOS INDUSTRIAIS E DE NEGÓCIOS

IX – dá ou promete dinheiro ou outra utilidade a empregado de concorrente, para que o empregado, faltando ao dever do emprego, lhe proporcione vantagem;

X – recebe dinheiro ou outra utilidade, ou aceita promessa de paga ou recompensa, para, faltando ao dever de empregado, proporcionar vantagem a concorrente do empregador;

XI – divulga, explora ou utiliza-se, sem autorização, de conhecimentos, informações ou dados confidenciais, utilizáveis na indústria, comércio ou prestação de serviços, excluídos aqueles que sejam de conhecimento público ou que sejam evidentes para um técnico no assunto, a que teve acesso mediante relação contratual ou empregatícia, mesmo após o término do contrato;

XII – divulga, explora ou utiliza-se, sem autorização, de conhecimentos ou informações a que se refere o inciso anterior, obtidos por meios ilícitos ou a que teve acesso mediante fraude; ou

A corrupção de funcionários de concorrentes, mediante dinheiro ou outra utilidade, para faltar com o seu dever de empregado e propiciar vantagem ao concorrente é uma prática incriminada, tanto para o sujeito ativo, que promete a recompensa, quanto para o passivo, que a aceita. Os atos que propiciam vantagem indevida ao concorrente podem ser exemplificados como informações sobre a composição de preços ou características de produtos a serem lançados, entre outras informações a que o empregado tem conhecimento em razão da função que exerce na empresa, com a obrigação de manter esses dados de forma confidencial. Esse tipo de promessa é típico em casos de espionagem industrial, que se vale do suborno de funcionários da empresa.

Contudo, caso o funcionário, independentemente do recebimento de promessa em dinheiro ou outra utilidade, venha a divulgar, explorar ou utilizar, sem autorização, de conhecimento, informações ou dados confidenciais obtidos durante a relação empregatícia, responderá pelo crime de concorrência desleal na modalidade de violação de segredos industriais ou de negócios, tipificado no inciso XI. Além do empregado, o sujeito ativo deste crime pode ser um terceiro, que tenha tido conhecimento de dados confidenciais em razão de relação contratual, ainda que não seja empregatícia.

f) DECLARAÇÕES OU DIVULGAÇÕES INDEVIDAS

XIII – vende, expõe ou oferece à venda produto, declarando ser objeto de patente depositada, ou concedida, ou de desenho industrial registrado, que não o seja, ou menciona-o, em anúncio ou papel comercial, como depositado ou patenteado, ou registrado, sem o ser;

XIV – divulga, explora ou utiliza-se, sem autorização, de resultados de testes ou outros dados não divulgados, cuja elaboração envolva esforço considerável e que tenham sido apresentados a entidades governamentais como condição para aprovar a comercialização de produtos.

Pena – detenção, de 3 (três) meses a 1 (um) ano, ou multa.

§ 1º Inclui-se nas hipóteses a que se referem os incisos XI e XII o empregador, sócio ou administrador da empresa, que incorrer nas tipificações estabelecidas nos mencionados dispositivos.

§ 2º O disposto no inciso XIV não se aplica quanto à divulgação por órgão governamental competente para autorizar a comercialização de produto, quando necessário para proteger o público.

O registro de uma patente ou de um desenho industrial confere ao seu titular o direito de exploração exclusiva pelo prazo estabelecido na lei. A divulgação de que o produto foi patenteado certamente inibirá a concorrência de reproduzi-lo, conferindo uma vantagem competitiva à empresa. O que o inciso acima incrimina é a declaração dessa condição, de produto com patente depositada ou concedida, sem o ser, para obter uma vantagem que é indevida.

A realização de testes para aprovação de produtos é sempre um tema sensível, notadamente em relação ao que que foi apurado em seus resultados. Em muitos casos, esses testes são confidenciais e não podem ser divulgados sem autorização das autoridades governamentais, exceto se a sua divulgação for necessária para proteção do consumidor. O ato incriminado neste inciso diz respeito à divulgação destes testes sem a devida autorização.

Por fim, e no que diz respeito à tutela criminal nos crimes de concorrência desleal, é importante avaliar a conduta típica de cada um dos 14 incisos acima ao caso concreto, para se determinar se é o caso ou não de crime que deixa vestígios, a exigir um exame pericial do objeto que constitua o corpo do delito. A persecução penal de todos os incisos acima é de natureza privada, a exigir a propositura de uma Queixa-Crime pelo ofendido.

Há casos em que uma prova documental e/ou testemunhal possa ser suficiente para comprovar a materialidade do delito de concorrência desleal. Contudo, a instauração de um Inquérito Policial, a requerimento do ofendido, poderá ser sempre útil ou até mesmo necessária para essa finalidade. Para todos os casos, o prazo para evitar a decadência do direito de Queixa será de 6 meses, a contar do conhecimento da autoria do delito.

Referências

CERQUEIRA, João da Gama – Tratado da Propriedade Industrial, 2ª Edição, RT, volume 1, páginas 541, 914 e 1092;

DELMANTO, Celso – Crimes de Concorrência Desleal – Editora Universidade de São Paulo – Editor José Bushatsky, 1975, páginas 53, 81 e 83;

NELSON HUNGRIA, Comentários ao Código de Processo Penal, ed. Forense, 1967, v. VII, pág. 375.

TINOCO SOARES, José Carlos – Concorrência Desleal vs Trade Dress e/ou conjunto imagem, Edição Tinoco Soares, Maio 2004, pág. 256

36.
TUTELA CIVIL DOS DIREITOS AUTORAIS

Paula Luciana de Menezes

Tutelar é proteger, ter sob sua responsabilidade ou guarda. A tutela civil é a proteção que os particulares podem ou devem (em alguns casos) exercer sobre um bem ou pessoa, além da proteção extrajudicial ou privada, administrativa ou criminal.

Tendo isso em mente, não é difícil imaginar que, sendo comuns as violações ao Direito Autoral, o que se intensificou após a massificação da internet, o Direito cuidou de reservar mecanismos específicos de Tutela Civil aos Direitos Autorais.

Tratados internacionais, dos quais o Brasil é signatário[1], a Constituição Federal, em seu artigo 5º, incisos XXVII e XXVIII, e especialmente a Lei de Direitos Autorais (Lei 9.610/98), aplicada em conjunto com o Código Civil e o Código de Processo Civil, balizam a tutela de direitos autorais, garantindo aos titulares as medidas inibitórias, cautelares, reparatórias e punitivas a fim de proteger os direitos autorais das viola-

---

[1] São eles: a Convenção de Berna para a Proteção das Obras Literárias e Artísticas, de 9 de setembro de 1886, revista pela última vez em Paris, a 24 de julho de 1971 (promulgada no Brasil pelo Decreto Legislativo 75.699, de 6 de maio de 1975); o Tratado Internacional conhecido como – TRIPS (Agreement on Trade-Related Aspects of Intellectual Property Rights) administrado pela Organização Mundial do Comércio – OMC, datado ode 1994; a Convenção de Roma de 1961.

ções cada vez mais corriqueiras na era em que as informações circulam freneticamente.

1. Da legitimidade ativa para o exercício da tutela civil dos direitos autorais

Para quem conhece os princípios do direito processual brasileiro, pareceria óbvio dizer que a legitimidade para o exercício da tutela civil dos direitos autorais é de quem criou a obra ou daquela pessoa que atualmente é seu titular.

No entanto, a questão não é tão simples, pois envolve a análise da natureza do direito envolvido, – por exemplo: se direito moral ou patrimonial –, a análise de quem é efetivamente o titular do direito quando se tratar de obra coletiva ou criada em cotitularidade, ou ainda, se há alguma atribuição de legitimidade legal.

Sendo assim, a pessoa criadora de uma obra é titular dos direitos autorais originários sobre ela, ou seja, é titular dos direitos patrimoniais e morais de sua criação e, portanto, legitimada para exercer a tutela do direito autoral, nos termos do artigo 28 da Lei de Direitos Autorais (LDA).

No entanto, é comum a licença ou a cessão dos direitos de autor. Nesse caso, a cessão se opera sobre o aspecto patrimonial da obra, pois os direitos morais sobre a criação são, por sua natureza, inalienáveis e irrenunciáveis (art. 27), ou seja, não podem ser objeto de negócio jurídico, de modo que é vedada a transferência a terceiros (cf. art. 49, inc. I).

Destarte, é possível inferir que a legitimidade para o exercício da tutela civil dos direitos autorais, cinde-se entre os direitos patrimoniais e morais, assim como se divide a titularidade.

A pessoa que cria uma obra, mesmo que a ceda, mantém consigo a titularidade sobre os direitos morais, de forma que somente ela poderá exercer a tutela sobre tal direito enquanto for viva. E, após a morte do criador, seus sucessores estarão legitimados e até mesmo obrigados por lei a exercer tal ofício (art. 24, §1º).

Já a legitimidade para o exercício da tutela dos direitos patrimoniais sobre a obra inicialmente é do seu criador, mas transmite-se para aquele que adquiriu a titularidade, por meio de transferência de titularidade.

No caso das obras em coautoria, seus titulares exercerão, de comum acordo, os direitos sobre a obra (art. 23), facultando a cada um dos coautores a defesa dos interesses da obra (cf. art. 32, §3º), e mantendo a titularidade sobre a obra individual a cada um dos coautores se se tratar de obra divisível.

Diferentemente, nas obras coletivas, a Lei de Direitos Autorais elege o organizador como titular dos direitos patrimoniais sobre a obra e ele será, portanto, a pessoa legitimada a exercer a tutela dos direitos autorais (art. 17, §2º), ressalvados os direitos, e portanto, a titularidade, sobre as contribuições individuais.

Há outras situações, em que a Lei de Direitos Autorais nomeia o titular da obra. É o caso da obra audiovisual em que a Lei nomeia o diretor como titular dos direitos morais (art. 25). A Lei de Direitos Autorais também impõe à pessoa física ou jurídica que publica obra anônima ou pseudônima o exercício dos direitos patrimoniais sobre ela (art. 40), em substituição aos autores originários.

E, por fim, associações de titulares de direitos autorais também possuem, em algumas circunstâncias, legitimidade para exercer a tutela de tais direitos (art. 97). O maior exemplo dessa legitimação é cobrança pelo Escritório Central de Arrecadação de Distribuição – ECAD, que congrega as associações de direitos autorais, sobre a execução pública de obras musicais.

Portanto, verifica-se que na maioria das vezes o titular dos direitos autorais é também o detentor da legitimidade ativa para o ajuizamento das ações que visam tutelar seus interesses, sendo que a Lei de Direitos Autorais outorga legitimidade a terceiros em caso específicos por ela tratados.

2. Das possíveis violações ao direito autoral

A Lei de Direitos Autorais enumera em seus artigos 24 a 27 os direitos morais de autor; e, nos artigos 28 a 38, os patrimoniais. Logo em seguida, em seu artigo 46, expõe as limitações a tais direitos. É a análise do conjunto destes artigos que emoldura as possíveis violações aos direitos autorais.

Em breves linhas, no campo dos direitos morais, a ausência dos créditos de citação do autor, bem como a violação da integridade da obra e a sua modificação por terceiros, entre outras previstas na Lei de Direitos Autorais, configuram abusos.

Já sobre os direitos patrimoniais é a utilização ou reprodução não autorizada de uma obra, ilícito também conhecido como contrafação (art. 5º, inc. VII, da LDA), que, resumidamente, caracterizará uma violação.

Não é demais lembrar que a utilização da obra deve ser precedida da autorização para cada modalidade de utilização, de modo que qualquer uso não autorizado gera infração ao direito patrimonial de autor.

Por fim, faz-se necessário deixar claro que as violações aos direitos autorais podem ocorrer em razão de ilícitos contratuais como, por exemplo, a utilização de obra além dos limites estabelecidos em contrato, ou em razão de ilícitos extracontratuais, como o plágio.

3. Das espécies possíveis de tutela civil

Conhecida a legitimidade para o exercício da tutela dos direitos autorais, é possível afirmar que tutela civil dos direitos autorais têm como principais objetivos a prevenção, a garantia e a preservação de direitos e a reparação de danos[2], que são exercidas por meio de tutelas de urgência, ações cominatórias, declaratórias e indenizatórias, adiante pormenorizadas.

Como se vê, trata-se das tutelas já conhecidas do Direito Civil, porém, acrescidas das regras especiais previstas nos artigos 102 a 110, além de outros artigos da Lei de Direitos Autorais.

a. As tutelas de urgência

O Código de Processo Civil divide as tutelas de urgência entre procedimentos de tutela antecipada, de tutela cautelar e de evidência. Os primeiros têm como objetivo *evitar a ocorrência de danos ou o abuso do direito de defesa mediante a execução antecipada dos efeitos do provimento jurisdicional final da ação*[3]. Já as medidas cautelares procuram garantir a eficácia do provimento jurisdicional e a tutela de evidência procura dar celeridade aos processos e seus efeitos.

---

[2] BITTAR, Carlos Alberto. *Direito de Autor*. 3ª edição revista, ampliada e atualizada, conforme a Lei n. 9.610. Rio de Janeiro: Forense Universitária. 2001. p. 137.
[3] ABRÃO, Eliane Y. *Direitos de Autor e Direitos Conexos*. 2ª. Ed. revista e ampliada. São Paulo: Migalhas, 2014.

Não se pode deixar de mencionar que os requisitos previstos no artigo 300 e seguintes do Código de Processo Civil para a aplicação de quaisquer dos provimentos cautelares (à exceção da tutela de evidência), ou seja, os elementos que evidenciem a probabilidade do direito e o perigo de dano, devem ser igualmente observados quando se trata de tutela do Direito Autoral.

Dentre as medidas antecipatórias, a mais usual no Direito Autoral é a busca e apreensão, garantida não só pelo próprio Código de Processo Civil, como também pelo artigo 102 da Lei 9.610/98, que faculta também ao titular de direitos autorais a suspensão da divulgação da obra, o que poderá ser feito mediante procedimento cautelar. São medidas que possibilitam o encerramento imediato da violação ao direito autoral.

Há alguns anos era comum a busca e apreensão de exemplares contrafeitos de obras audiovisuais, em DVDs, por exemplo. Atualmente, com a evolução da internet e dos meios de compartilhamento de arquivos, é a suspensão da divulgação de obra contrafeita a medida antecipatória que tem sido bastante frequente, especialmente a prevista no artigo 105 da Lei de Direitos Autorais.

A produção antecipada de provas é outra medida acautelatória, porém de natureza autônoma, usualmente realizada para a tutela do Direito Autoral, assim como a exibição de documentos. Ambas são geralmente invocadas quando o titular tem notícias sobre a possível utilização indevida de sua obra, mas não tem ciência do alcance ou volume de tal utilização, necessitando de um exame pericial antecedente ao ajuizamento da ação reparatória.

Aliás, o Código de Processo Civil extraiu a produção antecipada da prova das hipóteses de urgência, criando um sistema autônomo (art. 381, incisos II e III), com o objetivo justamente de viabilizar a autocomposição e evitar o ajuizamento de uma ação reparatória.

b. Ações declaratórias ou constitutivas de direitos

Muitas vezes a relação entre as partes não está suficientemente clara para que o direito seja exercido. Nesses casos, a ação declaratória ou constitutiva de direitos se mostra bastante eficaz.

As ações declaratórias ou constitutivas de direitos visam o reconhecimento da existência ou não de uma relação jurídica, ou ainda que a

Justiça declare os contornos da relação jurídica existente entre as partes (art. 19, inc. I, do CPC), interpretando-a[4].

Uma ação declaratória poderia ser ajuizada para que seja reconhecida a titularidade sobre uma obra, por exemplo, quando um dos compositores de uma obra musical se apresenta como tal perante os demais compositores que negam sua participação. O compositor terá a oportunidade de comprovar sua contribuição autoral sobre a música e requerer judicialmente que se declare a sua titularidade.

A ação declaratória também poderá ser ajuizada com o intuito de ver declarada a validade de um dispositivo contratual ou para conferir a alguma cláusula a interpretação mais adequada quando as partes divergem sobre como fazer valer tal cláusula.

E, por fim, ainda que não se enquadre especificamente na categoria de ação declaratória, há que se falar na ação de execução de título extrajudicial ou cobrança de direitos autorais. Trata-se de ações que visam recuperar um crédito líquido, certo e exigível (art. 783 do CPC).

A primeira, mais célere, tendo em vista a desnecessidade de declaração formal da existência de crédito, devido ao título já configurado. A segunda, sob a necessidade de que se declare a existência do crédito ao titular dos direitos autorais patrimoniais o que pode ser feito com fundamento em qualquer tipo de vínculo existente, seja contratual ou legal.

A ação de cobrança exige um processo de conhecimento, dotado de todas as fases processuais, especialmente a fase probatória, por meio da qual se constituirá o título. Vale dizer que, embora qualquer titular possa fazer uso desse procedimento, foi muito utilizada pelo ECAD, para cobrança do pagamento de direitos autorais por parte de usuários de música inadimplentes com o Escritório.

Por fim, ainda que o titular de direitos autorais não possua a certeza e a liquidez exigidas pela ação de execução, ou de cobrança, a ação monitória também poderá ser um caminho para que o titular receba seu crédito autoral, quando há relação contratual.

---

[4] Súmula 181 do Superior Tribunal de Justiça: É admissível ação declaratória, visando a obter certeza quanto à exata interpretação de cláusula contratual.

c. Ações cominatórias

São úteis na tutela civil dos Direitos Autorais as ações que visam a imposição de uma obrigação de fazer ou não fazer, muitas vezes cumuladas com pedidos de antecipação de tutela (tutela inibitória), prevista no artigo 273 do Código de Processo Civil.

Dentre as ações cominatórias, destaca-se a imposição de abstenção de uso ou divulgação de obra (art. 102), bem como a determinação de suspensão ou interrupção da violação ao direito autoral, prevista expressamente no artigo 105 da Lei de Direitos Autorais.

As ações de obrigação de fazer, assim como a tutela inibitória do artigo 105, são muitas vezes intentadas de forma cumulada com a ação declaratória ou reparatória.

Um exemplo desse tipo de tutela é a declaração de titularidade cominada com a obrigação de atribuir os créditos ao autor reconhecido como titular ou que se providencie a alteração de algum eventual registro de direitos para contemplar o novo titular.

Outro exemplo é o pedido de antecipação dos efeitos da tutela que se faz nas ações declaratórias e reparatórias, para que se determine a cessação da violação do direito autoral, sob pena de multa diária em caso de manutenção da violação. Acontece quando se expõe na internet uma obra fotográfica sem autorização: enquanto não cessar a violação, aplica-se multa ao contrafator, responsável pelo ilícito.

A tutela inibitória é uma forma importantíssima de proteção dos direitos autorais, pois evita ou minimiza os danos diante de ameaça iminente de prática, de continuação ou de repetição da violação do direito.

Uma outra modalidade de ação cominatória possível para a tutela do direito autoral é o direito moral do autor de ter acesso a exemplar único de sua obra, quando este exemplar se encontre em poder de terceiros (art. 24, inc. VII). O exercício deste direito poderá ser feito por meio de ação cominatória.

Em tempo, embora a ação de exigir contas, prevista expressamente no Código de Processo Civil (art. 550 e seguintes) não tenha propriamente natureza de obrigação de fazer, é importante citá-la, tendo em visa que ao autor é garantida a prestação de contas sobre os rendimentos oriundos da utilização de suas obras, conforme previsto tanto na Constituição Federal artigo 5º, XXVIII, b), quanto na Lei de Direitos Autorais (arts. 61 e 84).

Nestes termos, a ação de exigir contas deriva de relação contratual e é decorrente da administração de bens e interesses protegidos pelo Direito Autoral, bem como do próprio direito de fiscalização que compete ao autor (art. 30, § 2º). O objetivo deste procedimento é a apuração da existência ou não de salvo devedor em favor do titular do direito de autor, além da regularidade dos exemplares reproduzidos.

Esta ação é especialmente útil na relação entre editoras e autores, para a verificação de eventuais créditos oriundos da utilização e comercialização de obras autorais e, tendo em vista a característica dúplice da ação de exigir contas que, após apuração de crédito, torna-se título executivo, trata-se de um mecanismo bastante útil aos titulares de direitos autorais, na persecução de seus direitos remuneratórios.

A ação de exigir contas também é mecanismo previsto na Lei de Direitos Autorais para o titular que busca de informações sobre seus rendimentos junto às suas associações de gestão coletiva e ao ECAD (art. 98-C).

d. *Ações reparatórias*

As ações indenizatórias ou de reparação de danos pela violação de direitos autorais, sejam eles morais ou patrimoniais, são extremamente importantes para a tutela destes direitos, porque complementam todas as demais ações, constituindo a forma pelo qual se ameniza ou se restitui o dano causado.

Os pedidos indenizatórios muitas vezes vêm cumulados com as demais ações já mencionadas e podem ser requeridos de maneira isolada, uma vez que os danos por violação aos direitos autorais são presumidos, ou seja, prescindem de prova de sua ocorrência, conforme se infere do artigo 103 da Lei de Direitos Autorais, o qual impõe sanção pelo simples fato de existir uma edição fraudulenta, e conforme orienta a jurisprudência formada sobre o tema[5].

---

[5] DIREITO CIVIL. DIREITO AUTORAL. FOTOGRAFIA. PUBLICAÇÃO SEM AUTORIZAÇÃO. IMPOSSIBILIDADE. OBRA CRIADA NA CONSTÂNCIA DO CONTRATO DE TRABALHO. DIREITO DE CESSÃO EXCLUSIVO DO AUTOR. INTELIGÊNCIA DOS ARTS. 30, DA LEI 5.988/73 E 28, DA LEI 9610/98. DANO MORAL. VIOLAÇÃO DO DIREITO. PARCELA DEVIDA. DIREITOS AUTORAIS. INDENIZAÇÃO.

Os princípios e pressupostos da Responsabilidade Civil são integralmente aplicáveis nas ações de reparação de danos decorrentes de ilícitos cometidos contra o direito de autor, sejam ilícitos contratuais ou extracontratuais, ou seja, é necessária ação ou omissão do agente, existência de dolo ou culpa, nexo de causalidade e dano, nos termos dos artigos 186, 927 e 944, do Código Civil. Também é possível pleitear ação reparatória com fundamento no enriquecimento sem causa da pessoa contrafatora, com base no artigo 884 do Código Civil.

Sabemos que a Responsabilidade Civil vem se desenvolvendo de maneira a relativizar, em muitas situações, a análise da culpa do agente causador do dano, levando a uma responsabilização sem aferição da culpa, ou seja, a aplicação da responsabilidade objetiva em detrimento da subjetiva, como previsto no parágrafo único do artigo 927, do Código Civil.

E, assim, *no plano do direito de autor, como regra geral, a utilização da ora intelectual sem a autorização acarretará danos, de natureza moral e/ou econômica, ao seu autor ou titular, gerando a consequente responsabilidade ao infrator*[6]. E a jurisprudência acompanha esse entendimento[7].

I – A fotografia, na qual presente técnica e inspiração, e por vezes oportunidade, tem natureza jurídica de obra intelectual, por demandar atividade típica de criação, uma vez que ao autor cumpre escolher o ângulo correto, o melhor filme, a lente apropriada, a posição da luz, a melhor localização, a composição da imagem, etc.

II – A propriedade exclusiva da obra artística a que se refere o art. 30, da Lei 5988/73, com a redação dada ao art. 28 da 9610/98, impede a cessão não-expressa dos direitos do autor advinda pela simples existência do contrato de trabalho, havendo necessidade, assim, de autorização explícita por parte do criador da obra.

III – O dano moral, tido como lesão à personalidade, à honra da pessoa, mostra-se às vezes de difícil constatação, por atingir os seus reflexos parte muito íntima do indivíduo – o seu interior. Foi visando, então, a uma ampla reparação que o sistema jurídico chegou à conclusão de não se cogitar da prova do prejuízo para demonstrar a violação do moral humano.

IV – Evidenciada a violação aos direitos autorais, devida é a indenização, que, no caso, é majorada.

V – Recurso especial conhecido e parcialmente provido.
(REsp n. 617.130/DF, relator Ministro Antônio de Pádua Ribeiro, Terceira Turma, julgado em 17/3/2005, DJ de 2/5/2005, p. 344.)

[6] COSTA NETTO, José Carlos. *Direito Autoral no Brasil*. 3ª. ed. São Paulo: Saraiva Educação, 2019. p. 581/582.

É importante relatar que há doutrinadores advogam para que a ação indenizatória tenha um componente punitivo ou pedagógico, além do reparatório, sob o argumento de que atualmente a mera reparação não é suficiente à dissuasão do ilícito[8].

Acrescenta-se ainda o argumento de que a própria Lei de Direitos Autorais aplica o conceito em seu artigo 109, a impor multa de vinte vezes o valor que deveria ter sido pago em caso de inadimplência relacionada à execução pública, de modo que a punição está no espírito do ordenamento autoral.

E, apesar do assunto ainda ser controverso, existem julgados[9] que exprimem o mesmo entendimento. Afinal, parece lógico que o contrafator não pode pagar pelo ilícito como se lícito fosse, sob pena de se tornarem ineficazes os princípios de direitos autorais que asseguram ao titular a decisão sobre o uso de suas obras, ainda mais quando o lucro obtido pelo contrafator supera o montante indenizatório.

---

[7] RECURSO ESPECIAL. DIREITOS AUTORAIS. MÚSICA. UTILIZAÇÃO INDEVIDA. DEVER DE INDENIZAR.
– Quem utiliza obra sem autorização do respectivo titular deve indenizar, além de pagar remuneração autoral ordinariamente devida.
– A indenização tem efeito pedagógico e visa desencorajar o comportamento reprovável de quem se apropria indevidamente da obra alheia.
(REsp n. 885.137/RJ, relator Ministro Humberto Gomes de Barros, Terceira Turma, julgado em 9/8/2007, DJ de 27/8/2007, p. 240.)

[8] MORAES, Rodrigo. A Função Punitiva da Responsabilidade Civil na Lei de Direitos Autorais (Lei 9.619/98) e na Lei de Programas de Computador (Lei 9.609/98), in *Estudos de Direito Autoral em homenagem a José Carlos Costa Netto*. Rodrigo Moraes (coordenador). Salvador: EDUFBA, 2017.

[9] Direitos autorais. Utilização, não autorizada, de trabalho científico, na divulgação de produto. Indenização. Arbitramento.
O ressarcimento devido ao autor haverá de superar o que seria normalmente cobrado pela publicação consentida. A ser de modo diverso, sua aquiescência seria, na prática, dispensável. Cumpre, ao contrário, desestimular o comportamento reprovável de quem se apropria indevidamente da obra alheia.
(REsp n. 150.467/RJ, relator Ministro Eduardo Ribeiro, Terceira Turma, julgado em 11/11/1997, DJ de 24/8/1998, p. 77.)

Conclusões

A tutela civil dos direitos autorais, ou seja, o exercício da proteção de tais direitos no âmbito do direito civil, é feita geralmente pelo titular dos direitos autorais, e a legitimidade para figurar no polo ativo de eventual demanda pode ou não recair sobre o titular originário desses direitos.

Isso porque, existem casos em que a Lei de Direitos Autorais determina expressamente quem será o titular dos direitos e também a pessoa sobre quem recai tal legitimidade, como nos casos de obras coletivas e produzidas em coautoria, ou nos casos em que a representação dos titulares se faz mais eficaz por meio de associações.

Verificamos que a Lei de Direitos Autorais relaciona os direitos morais de autor (arts. 24 a 27) e os direitos patrimoniais (art. 28 a 38) protegidos, cuja violação, ocorrida em razão de quebra contratual ou por ilícito extracontratual, enseja a tutela civil dos direitos autorais, que tem como objetivo a prevenção, a garantia e a preservação de direitos e a reparação de danos.

Para o exercício destes objetivos, o titular de direitos autorais ou as pessoas legitimadas a exercê-los, dispõe de tutelas de urgência, ações cominatórias, declaratórias e indenizatórias.

As tutelas de urgências, previstas no artigo 300 e seguintes do Código de Processo Civil, têm como objetivo evitar a ocorrência de danos ou garantir a eficácia do provimento jurisdicional pretendido. A busca e apreensão e a suspensão da divulgação da obra (arts. 102 e 105, da LDA), são exemplos da tutela de urgência e possibilitam o encerramento imediato da violação ao direito autoral. Assim como a produção antecipada de provas (art. 381, incisos II e III, do CPC) e a exibição de documentos, que visam uma possível composição antes da ação reparatória.

As ações declaratórias têm como objetivo o reconhecimento da existência ou não de uma relação jurídica, ou a declaração judicial sobre os contornos da relação jurídica existente entre as partes (art. 19, inc. I, do CPC).

Temos ainda, como tutela civil dos direitos autorais a execução de título extrajudicial, cobrança ou ação monitória que são procedimentos destinados a recuperar os créditos autorais, quando há um vínculo contratual.

A ação cominatória objetiva a imposição de obrigação de fazer ou não fazer, muitas vezes no intuito de cessar a violação de direitos autorais.

A imposição de abstenção de uso ou divulgação de obra, bem como a determinação de suspensão ou interrupção da violação ao direito autoral, também são exemplos de ação cominatória, assim como a ação de exigir contas.

E, por fim, temos as ações indenizatórias pela violação de direitos autorais baseadas na Responsabilidade Civil (contratual ou extracontratual), conforme estabelecida no Código Civil, e visam não só a reparação dos danos (morais ou matéria), mas também a punição dos agentes violadores do direito.

Referências

ABRÃO, Eliane Y. *Direitos de Autor e Direitos Conexos*. 2ª. Ed. revista e ampliada. São Paulo: Migalhas, 2014.

BITTAR, Carlos Alberto. *Direito de Autor*. 3ª edição revista, ampliada e atualizada, conforme a Lei n. 9.610. Rio de Janeiro: Forense Universitária. 2001. p. 137.

CHINELLATO, Silmara Juny de Abreu. Violações de Direito Autoral: plágio, "autoplágio" e contrafação. In *Direito Autoral Atual*. Coord. José Carlos Costa Netto, Maria Luiza de Freitas Valle Egea, Larissa Andrea Carasso Kac, Anita Mates, Leonardo Machado Pontes. 1ª. ed. Rio de Janeiro: Elsevier, 2015.

COSTA NETTO, José Carlos. *Direito Autoral no Brasil*. 3ª. ed. São Paulo: Saraiva Educação, 2019. p. 581/582.

DELGADO, Luciano Oliveira. A Efetividade da tutela dos art. 105 da Lei 9.60/1998. In *Direito Autoral Atual*. Coord. José Carlos Costa Netto, Maria Luiza de Freitas Valle Egea, Larissa Andrea Carasso Kac, Anita Mates, Leonardo Machado Pontes. 1ª. ed. Rio de Janeiro: Elsevier, 2015.

FIDALGO, Vitor Palmela. A Responsabilidade Civil e os Critérios de Indenização na Violação de Direitos Autorais. In *Direito Autoral Atual*. Coord. José Carlos Costa Netto, Maria Luiza de Freitas Valle Egea, Larissa Andrea Carasso Kac, Anita Mates, Leonardo Machado Pontes. 1ª. ed. Rio de Janeiro: Elsevier, 2015.

MENEZES, Paula Luciana de. Impacto das espécies de responsabilidade civil sobre a liberdade de imprensa. 2018. 205 f. Dissertação (Mestrado) – Faculdade de Direito, Universidade de São Paulo, São Paulo, 2018.

MORAES, Rodrigo. A Função Punitiva da Responsabilidade Civil na Lei de Direitos Autorais (Lei 9.619/98) e na Lei de Programas de Computador (Lei 9.609/98), in *Estudos de Direito Autoral em homenagem a José Carlos Costa Netto*. Rodrigo Moraes (coordenador). Salvador: EDUFBA, 2017.

37.
TUTELA PENAL DO DIREITOS AUTORAIS

YGOR VALERIO

A resposta penal como sanção à violação de direitos autorais é comum em todo o mundo, sendo inclusive objeto de disposições em tratados como o Acordo TRIPS[1], que, em seu artigo 61[2], impõe aos países signatários –

---

[1] O acordo TRIPS ou ADPIC é o anexo 1C do tratado internacional que cria a Organização Mundial do Comércio (OMC) assinado em Marraquexe, em 15 de abril de 1994. Foi promulgado no Brasil por meio do Decreto 1.355 de 1994. Como praticamente todos os países do mundo são membros da OMC, o TRIPS promove um piso mínimo verdadeiramente global, com o benefício de submeter estados violadores aos mecanismos sancionatórios da OMC, como a retaliação cruzada.

[2] Artigo 61. Os Membros proverão a aplicação de procedimentos penais e penalidades pelo menos nos casos de contrafação voluntária de marcas e pirataria em escala comercial. Os remédios disponíveis incluirão prisão e/ou multas monetárias suficientes para constituir um fator de dissuasão, de forma compatível com o nível de penalidades aplicadas a crimes de gravidade correspondente. Em casos apropriados, os remédios disponíveis também incluirão a apreensão, perda e destruição dos bens que violem direitos de propriedade intelectual e de quaisquer materiais e implementos cujo uso predominante tenha sido na consecução do delito. Os Membros podem prover a aplicação de procedimentos penais e penalidades em outros casos de violação de direitos de propriedade intelectual, em especial quando eles forem cometidos voluntariamente e em escala comercial. TRIPS (ADPIC): Acordo Sobre Direitos de Propriedade Intelectual Relacionados ao Comércio, 15 de abril, 1994, Tratado de Marraquexe que estabelece a Organização Mundial de Comércio, Anexo 1C.

entre eles o Brasil – a criminalização da pirataria em escala comercial[3], entendendo-se pirataria, ao menos nos limites da interpretação do tratado em questão, como a violação de direitos autorais[4].

Nosso Código Penal, no Título III, Capítulo I, artigo 184, trata dos crimes contra a propriedade intelectual, e tipifica quatro condutas que, de maneira simplificada podem ser descritas como (i) a violação aos direitos autorais que resulte de qualquer uso ou emprego da criação protegida que ocorra em desacordo com as normas da Lei de Direitos Autorais; (ii) a reprodução não autorizada de criações protegidas; (iii) os atos de manejo e comercialização das cópias produzidas sem autorização e (iv) a disponibilização, à distância, das criações protegidas, por meio de sistemas interativos, sem autorização do titular dos direitos.

---

[3] O termo "escala comercial" é objeto de um precedente da própria OMC na resolução de um painel proposto pelos EUA sobre o descumprimento do artigo 61 por parte da China, que, à época, adotava um limite numérico de reproduções como piso mínimo para que a atividade ilegal fosse considerada como sendo em escala comercial. No relatório final do painel, consta que *"escala comercial* é a magnitude ou extensão típica ou usual da atividade comercial. Portanto, contrafação ou pirataria 'em escala comercial' é a contrafação ou pirataria realizada na magnitude ou extensão da atividade comercial típica ou usual em relação a um determinado produto em um determinado mercado. A magnitude ou extensão da atividade comercial típica ou usual em relação a um determinado produto em um determinado mercado constitui uma referência para avaliar a obrigação prevista na primeira frase do artigo 61. Portanto, o que constitui uma escala comercial para contrafação ou pirataria de um determinado produto em um determinado mercado dependerá da magnitude ou extensão que é típica ou usual em relação a tal produto em tal mercado, que pode ser pequeno ou grande". (Parágrafo 7.577). Organização Mundial do Comércio (OMC), Relatório de Painel, China – Medidas Afetando a Proteção e Aplicação de Direitos de Propriedade Intelectual (China – DPIs), (WT/DS3262/R), 26 de janeiro de 2009.

[4] O termo pirataria é plurívoco, mas o TRIPS oferece uma definição de "bens pirateados", na nota de rodapé número 14, segundo a qual bem pirateado é aquele produzido em desrespeito ao direto autoral de reprodução: "quaisquer bens que constituam cópias efetuadas sem a permissão do titular do direito ou de pessoa por ele devidamente autorizada no país onde for produzido e que são elaborados direta ou indiretamente a partir de um artigo no qual a elaboração daquela cópia teria constituído uma violação de um direito autoral ou conexo na legislação do país de importação". Entendemos que a limitação ao direito de reprodução é resultado unicamente da necessidade de definir "bens pirateados", e não limita a interpretação do termo pirataria no artigo 61 para todo tipo de violação de direitos autorais.

Se a criação protegida for, entretanto, um programa de computador, os tipos penais aplicáveis se encontram na legislação penal extravagante, mais especificamente no Capítulo V, artigo 12, da Lei de Software[5], que, de modo bastante similar à estrutura adotada no artigo 184 do Código Penal, criminaliza condutas de violação dos direitos de autor de programas de computador[6] que podem ser resumidamente descritas como (i) a violação aos direitos de autor de programas de computador que resulte de qualquer uso da criação protegida em desacordo com a Lei 9.609/98 ou com a LDA, no que for aplicável; (ii) a reprodução não autorizada de programas de computador ou (iii) os atos de manejo e comercialização das cópias produzidas sem autorização.

Como terceiro campo de análise da tutela penal concedida ao direito autoral, para além da obra literária, artística ou científica e do software, é fundamental ter também em conta a criminalização dos atos de concorrência desleal descritos no artigo 195 da Lei da Propriedade Industrial que, entretanto, são objeto de outro capítulo específico na presente obra.

1. Análise dos tipos penais

1.1. Código Penal, Artigo 184 e seguintes

Violação de direito autoral

> Art. 184. Violar direitos de autor e os que lhe são conexos:
> Pena – detenção, de 3 (três) meses a 1 (um) ano, ou multa.
>
> § 1º. Se a violação consistir em reprodução total ou parcial, com intuito de lucro direto ou indireto, por qualquer meio ou processo, de obra intelectual, interpretação, execução ou fonograma, sem autorização expressa do

---

[5] Lei Federal 9.609/1998 ("Lei de Software")
[6] Note-se que, nos termos do Art 2º. da Lei 9.609/98, os programas de computador, enquanto código, são protegidos pelo regime conferido às obras literárias, com as alterações introduzidas pela Lei de Software. Trata-se, portanto, de regime *sui generis*, que se serve dos conceitos fundamentais do direito de autor

autor, do artista intérprete ou executante, do produtor, conforme o caso, ou de quem os represente:

Pena – reclusão, de 2 (dois) a 4 (quatro) anos, e multa

§ 2º. Na mesma pena do §1º. incorre quem, com o intuito de lucro direto ou indireto, distribui, vende, expõe à venda, aluga, introduz no País, adquire, oculta, tem em depósito, original ou cópia de obra intelectual ou fonograma reproduzido com violação do direito de autor, do direito de artista intérprete ou executante ou do direito do produtor de fonograma, ou, ainda, aluga original ou cópia de obra intelectual ou fonograma, sem a expressa autorização dos titulares dos direitos ou de quem os represente.

§ 3º Se a violação consistir no oferecimento ao público, mediante cabo, fibra ótica, satélite, ondas ou qualquer outro sistema que permita ao usuário realizar a seleção da obra ou produção para recebê-la em um tempo e lugar previamente determinados por quem formula a demanda, com intuito de lucro, direto ou indireto, sem autorização expressa, conforme o caso, do autor, do artista intérprete ou executante, do produtor de fonograma, ou de quem os represente:

Pena – reclusão, de 2 (dois) a 4 (quatro) anos, e multa.

(a) Tipo objetivo[7]

(i) Caput: tem por núcleo a ação de violar, corriqueiramente dicionarizada com o sentido de desobedecer, desrespeitar. Seu elemento secundário são os direitos de autor e os direitos conexos, objetos da ação de violar.

Para compreender-se o conteúdo desses objetos da ação de violar (direitos de autor e os que lhe são conexos[8]), será necessário recorrer à Lei Federal 9.610/98, Lei de Direitos Autorais (LDA), tratando-se, portanto, o artigo 184, de norma penal em branco, cujo preceito primá-

---

[7] O tipo objetivo, segundo WELZEL, "compreende aquilo do tipo que tem que se encontrar objetivado no mundo exterior" para que exista o crime. (*apud* BITENCOURT, Cézar Roberto. *Manual de Direito Penal: parte geral*, v. 1. São Paulo: Saraiva, 2000, p. 201). "O *tipo objetivo* é composto por um núcleo, representado por um verbo (ação ou omissão), e por elementos secundários, tais como objeto da ação, resultado, nexo causal, autor, etc." BITENCOURT, Cézar Roberto. *op. cit.* p. 202.

[8] Na sistemática da Lei brasileira, o termo "Direito Autoral" é gênero, do qual são espécies os direitos de autor, e os direitos conexos.

rio depende de uma complementação de sentido encontrada em outro diploma legal.

O desrespeito a qualquer um dos direitos de autor ou a qualquer direito conexo previsto na LDA ensejará o cometimento do crime de violação de direito autoral previsto no *caput* do artigo 184. De maneira ampla, isto significa dizer que o emprego da obra ou da interpretação, execução, fonograma ou sinal de radiodifusão de modo contrário às regras da LDA, incluindo-se a violação dos direitos de natureza moral lá insculpidos, ensejará o cometimento da conduta típica.

(ii) §1º do artigo 184: tem por núcleo a ação de reproduzir, termo que, independentemente de seu sentido dicionarizado, encontra-se ressignificado, para os fins da LDA[9], como sendo a cópia de um ou vários exemplares de uma obra literária, artística ou científica ou de um fonograma, de qualquer forma tangível, incluindo qualquer armazenamento permanente ou temporário por meios eletrônicos ou qualquer outro meio de fixação que venha a ser desenvolvido[10].

Os elementos secundários do tipo determinam (a) os objetos possíveis da reprodução criminosa: a obra intelectual, a interpretação, a execução ou o fonograma, sejam estes objetos reproduzidos parcial ou integralmente, importando aqui notar-se a ausência dos sinais de radiodifusão como objetos da ação de reprodução, a implicar a impossibilidade de aplicação do parágrafo em comento à reprodução não autorizada dos conteúdos radiodifundidos que não sejam protegidos enquanto obra, interpretação, execução ou fonograma[11]; (b) a ausência de autorização

---

[9] Vide Art. 5º., VI, da Lei Federal 9.610/98

[10] É curioso notar que a sistemática da norma penal em branco faz com que, no caso presente, o núcleo do tipo (a ação de reproduzir) já contenha seus elementos secundários em razão de a definição de reprodução da LDA já identificar os objetos da ação de reproduzir, muito embora estes se encontrem posteriormente explicitados no parágrafo em comento.

[11] Note-se que, uma interpretação possível da LDA, à qual nos filiamos, é que a radiodifusão de qualquer conteúdo faz com que o sinal radiodifundido seja protegido por direitos conexos aos de autor, ainda que o conteúdo em si, objeto da radiodifusão, não seja passível de proteção pelo direito autoral ou pelo direito conexo, como é o caso da radiodifusão de conteúdo em domínio público, por exemplo. Segue, à toda evidência, livre a utilização do conteúdo em domínio público, mas aquela radiodifusão específica feita por empresa de radiodifusão disfruta de proteção pela via do direito conexo. Apesar da aparente ociosi-

do autor, do artista intérprete ou executante, do produtor, conforme o caso, ou de quem os represente, como requisito da antijuridicidade da conduta; (c) a irrelevância dos meios de reprodução para configuração da conduta criminosa, de modo que o instrumento empregado para realizar a reprodução não influencia o fato típico.

Não é demais lembrar que as definições extraídas da LDA, quando existirem, deverão forçosamente se sobrepor a quaisquer significados comuns que os termos em questão possam ter, como é o caso da definição de obra intelectual.

(iii) §2º do artigo 184: trata-se de tipo misto e alternativo, que descreve múltiplas condutas que, praticadas todas ou qualquer uma em um mesmo contexto fático e contra a mesma vítima, constituem um único crime.

O tipo tem, por núcleos, na primeira parte, as ações de distribuir, vender, expor à venda, alugar, introduzir no País, adquirir, ocultar, ou ter em depósito.

Na segunda parte, o artigo repete o núcleo alugar, para utilizá-lo em referência a um objeto específico, conforme veremos doravante.

O núcleo distribuir tem definição específica na LDA[12], e significa a colocação à disposição do público de obras literárias, artísticas ou científicas, interpretações ou execuções fixadas e fonogramas, mediante a venda, locação ou qualquer outra forma de transferência de propriedade ou posse.

Com base no artigo 481 do Código Civil, os núcleos adquirir e vender podem ser definidos como a transferência de domínio de certa coisa mediante o pagamento de um preço, sendo que adquire aquele que paga o preço, e vende aquele que aliena a coisa.

Já com base no artigo 565 do Código Civil, o aluguel ou a locação[13], termos usados no Código Civil de maneira intercambiável, pode ser definido como obrigação de ceder a alguém por tempo determinado ou não, o uso e gozo de coisa infungível, mediante certa retribuição.

---

dade da discussão, a questão tem implicações práticas sobre a capacidade de uma empresa de radiodifusão proteger-se contra a reprodução e retransmissão do quanto transmite.

[12] Vide Art. 5º., IV, da Lei Federal 9.610/98 (LDA)

[13] Ambos os termos são usados de modo intercambiável, como sinônimos, no Código Civil, a exemplo do artigo 567 daquele diploma.

Uma questão que se enfrenta neste particular é o fato de que, embora as criações protegidas por direitos autorais sejam, por excelência, bens infungíveis, o que se coloca em circulação são cópias intercambiáveis entre si – fungíveis, portanto, sob a perspectiva da identidade entre exemplares.

Nada obstante, a melhor hermenêutica aponta no sentido de que o uso e gozo se dão em relação à obra intelectual, e não ao suporte, de maneira que a figura típica da locação ou aluguel se aplica sem dificuldades.

Expor à venda é tornar a cópia ou suporte perceptível aos sentidos em um contexto que permita inferir tratar-se de uma oferta à venda.

A criação e publicação de um anúncio de vendas em sites de vendas ou leilões, com foto de uma cópia de obra intelectual reproduzida em violação aos direitos autorais ou de um exemplar similar, por exemplo, é exposição à venda, independentemente de completar-se ou não a transação comercial de aquisição do item ilícito.

A ação de ter em depósito deve ser compreendida, nos termos do artigo 627 do Código Civil, como a de guardar objeto móvel até que o depositante o reclame.

Note-se que o contrato de depósito se configura inclusive quando é gratuito, não importando para a conformação da conduta típica a existência ou não de pagamento ao depositário.

Quanto ao núcleo ocultar, Paulo José da Costa Jr., em comentário ao tipo do artigo 305 do código penal[14], cita a exposição de motivos do Código Penal italiano, que esclarece tratar-se de "tirar o documento da disponibilidade da pessoa, de modo transitório ou permanente, no todo ou em parte juridicamente relevante, sem, todavia, suprimi-lo ou destruí-lo".

Por fim, a ação de introduzir no País é a de fazer ingressar em território nacional. Vale notar que não está tipificada no §2º a importação paralela, pela distinção entre os objetos de uma conduta e de outra. Na importação paralela, a cópia introduzida no país é produzida de modo absolutamente lícito no exterior, enquanto, no tipo que ora se comenta, a cópia é produzida em violação aos direitos autorais.

---

[14] COSTA JR., PAULO JOSÉ. *Direito Penal Objetivo: Comentários Atualizados ao Código Penal e ao Código de Propriedade Industrial*. Rio de Janeiro: Forense Universitária, 2003. p. 547

Os elementos secundários do tipo do §2º do artigo 184 identificam (a) os objetos possíveis das múltiplas condutas criminosas da primeira parte do parágrafo: original ou cópia de obra intelectual ou fonograma reproduzido com violação do direito de autor, do direito de artista intérprete ou executante, ou do direito do produtor de fonograma; (b) os objetos possíveis da conduta "alugar" da segunda parte do parágrafo: original ou cópia de obra intelectual ou fonograma, sem a expressa autorização dos titulares dos direitos ou de quem os represente; (c) o requisito de que esses objetos tenham sido reproduzidos com violação do direito do autor, artista intérprete ou executante, ou produtor de fonograma, na primeira parte; sem expressa autorização dos titulares ou representantes destes, na segunda parte.

A separação, aparentemente confusa, se justifica para limitar a criminalização das condutas da primeira parte do §2º (distribuir, vender, expor à venda, alugar, introduzir no País, adquirir, ocultar, ou ter em depósito) exclusivamente aos casos em que se dirigem a exemplar criado por meio de reprodução não autorizada[15], e criminalizar, na segunda parte, a locação de exemplar que, malgrado original e confeccionado de acordo com as regras de direito autoral, é alugado sem autorização expressa dos titulares do direito de locação ou de quem os represente.

(iv) §3º do artigo 184: trata-se de tipo simples, cujo núcleo é a ação de oferecer, tradução não tão feliz do termo "making available" em inglês, ou "puesta a disposición" em espanhol, compreendida, sobretudo no contexto do tema autoral, como a disponibilização de conteúdo por meio de redes eletrônicas.[16] Aqui se enquadram as atividades de streaming via internet.

---

[15] Note-se que o "original de obra intelectual ou fonograma reproduzido com violação do direito de autor" também pode ser objeto das múltiplas condutas da primeira parte do §2º. Quer aqui o legislador referir-se a cópias originais que, nada obstante, são ilícitas, como é o exemplar de livro impresso pelo editor autorizado, ou o DVD fabricado pelo legítimo licenciado, mas em volume superior ao contratado. Trata-se de exemplar com todas as características do item original, mas, inobstante, produzido em violação do direito do autor.

[16] A introdução dessa conduta no rol de crimes de violação de direitos autorais ocorre para trazer à legislação pátria a proteção a um direito criado pelos tratados da OMPI de 1996, especialmente o WCT, que inaugura a definição do "making available" em seu artigo 8º. Prova disso é o seguinte trecho da justificação do PL da Câmara dos Deputados no.

Os elementos secundários do tipo do §3º do artigo 184 identificam (a) o meio pelo qual a ação de oferecer deve se dar para configurar a conduta típica: cabo, fibra ótica, satélite, ondas ou qualquer outro sistema que permita ao usuário realizar a seleção da obra ou produção para recebê-la em um tempo e lugar previamente determinados por quem formula a demanda[17]; (b) os objetos da conduta de oferecer, que serão a obra ou a produção, o que, todavia, em claro deslize redacional, consignou-se apenas como elemento da descrição do meio obrigatório da ação; (c) a ausência de autorização expressa do autor, do artista intérprete ou executante, do produtor, conforme o caso, ou de quem os represente, como requisito da antijuridicidade da conduta.

(b) Sujeitos

Tanto o crime do caput quanto os crimes dos parágrafos do artigo 184 são *crimes comuns*, já que qualquer pessoa natural[18] pode ser sujeito ativo e praticar as condutas descritas, admitindo-se o concurso de agentes[19].

2.681/1996 (que resultaria na Lei introdutória deste dispositivo no Código Penal): "No parágrafo 3º., observa-se a manutenção do chamado "direito de colocar à disposição do público", corolário jurídico dos novos tratados sobre direitos de autor e direitos conexos, realizados em 1996, no âmbito da Organização Mundial da Propriedade Intelectual (OMPI), o que beneficiará a todos, uma vez que seu alcance abrange a utilização de obras protegidas ou fonogramas nas chamadas redes eletrônicas." A especificação do direito de disponibilização, ou *making available*, insculpido também na LDA, excede os limites do presente capítulo, embora constitua capítulo fundamental da história do direito autoral para quem deseja compreender o atual estado em que nos encontramos globalmente quanto à proteção dos direitos autorais no ambiente digital.

[17] Note-se a semelhança do texto com aquele presente no artigo 8º do WCT: "**Artículo 8 Derecho de comunicación al público**. Sin perjuicio de lo previsto en los Artículos 11.1) ii), 11*bis*.1)i) y ii), 11*ter*,1)ii) y 14.1)ii) y 14*bis*.1) del Convenio de Berna, los autores de obras literarias y artísticas gozarán del derecho exclusivo de autorizar cualquier comunicación al público de sus obras por medios alámbricos o inalámbricos, comprendida la puesta a disposición del público de sus obras, de tal forma que los miembros del público puedan acceder a estas obras desde el lugar y en el momento que cada uno de ellos elija."

[18] As hipóteses de responsabilidade criminal da pessoa jurídica no direito pátrio restringem-se, constitucionalmente, aos crimes ambientais, crimes contra a ordem econômica e financeira, e crimes contra a economia popular, de modo que a pessoa jurídica não pode ser sujeito ativo do crime de violação de direito autoral.

[19] Conforme Paulo José da Costa Jr., *op. cit.*, p. 364.

O sujeito passivo, vítima do crime, será o titular do direito de autor ou do direito conexo violado, indiferentes, entre si, para este efeito, o titular *originário* (autor, organizador de obra coletiva, intérprete, executante, empresa de radiodifusão ou produtor fonográfico) ou o titular *derivado* que do originário tenha adquirido o direito violado, inclusive pela via da sucessão.

Note-se que mesmo o titular originário pode vir a ser sujeito ativo do crime de violação de direitos autorais sobre obra de sua própria autoria em casos de violação de direito autoral que por este tenha sido integralmente alienado a terceiro, excluídos desta hipótese, por certo, os casos de violação de direito moral, pela impossibilidade de sua alienação.

(c) Tipo Subjetivo[20]

(i) Caput: configura-se a conduta típica quando houver dolo do sujeito ativo – isto é, quando o agente quiser livre e conscientemente praticar a conduta para obter o resultado, ou assumindo o risco de produzi-lo. Exige-se apenas o dolo genérico, ao contrário das condutas qualificadas dos parágrafos.

(ii) §1º, §2º e §3º do artigo 184: exigem, além do dolo genérico, o dolo específico, que, nestes casos, é o intuito de lucro direto ou indireto, sendo irrelevante para a tipicidade da conduta a efetiva existência de lucro, bastando, para tanto, o intuito.

(d) Quanto ao tipo de conduta

(i) Caput: tratar-se-á de crime comissivo ou omissivo, a depender da infração concreta que se observar. Enquanto a publicação não autorizada de uma obra é conduta comissiva, ou seja, exige uma ação positiva, deixar de indicar ou anunciar o nome do autor, seu pseudônimo, ou sinal convencional, no uso da obra, é conduta omissiva, sendo certo que ambas violam direito autoral.

(ii) §1º, §2º e §3º do artigo 184: são comissivas as condutas de reproduzir, distribuir, vender, expor à venda, alugar, introduzir no País, adquirir,

---

[20] "O *tipo subjetivo* é constituído de um *elemento geral – dolo –*, que, por vezes, é acompanhado de *elementos especiais – intenções e tendências –*, que são *elementos acidentais.*" BITENCOURT, Cézar Roberto. *Op. Cit.*, p. 204.

ocultar, ou ter em depósito. Mesmo a ocultação exige ação positiva do agente.

(e) Quanto ao resultado
Trata-se, tanto no caput quanto nos parágrafos, de crimes formais[21], uma vez que o perfazimento da conduta típica não requer a existência de resultado materialístico, bastando que a violação de um direito autoral ocorra efetivamente.[22]

(f) Quanto aos atos de execução
Tanto o caput quanto os parágrafos descrevem crimes plurissubsistente, já que sua execução admite fracionamento, e, portanto, tentativa.

(g) Quanto ao tempo de execução
(i) Caput: Poderá ser instantâneo ou permanente, a depender da conduta violadora. Enquanto, exemplificativamente, a fixação não autorizada de uma interpretação será crime instantâneo, cuja execução se esgotará com a realização da fixação, a retransmissão não autorizada dos sinais de radiodifusão protegidos por direitos conexos é crime permanente cuja consumação perdura até que o agente seja interrompido ou decida cessar a atividade criminosa.

---

[21] BRASIL. Superior Tribunal de Justiça. REsp 1.456.239 – MG (2014/125133-0). Recorrente: Ministério Público do Estado de Minas Gerais. Recorrido: Evandro Ferreira da Fonseca. Relator: Ministro Rogério Schietti Cruz. Brasília (DF), 12 de agosto de 2015. "Saliento, ainda, que o delito previsto no art. 184, § 2o, do Código Penal é de natureza formal, que, portanto, não demanda, para sua consumação, a ocorrência de resultado naturalístico, o que corrobora a prescindibilidade de identificação dos titulares dos direitos autorais violados ou de quem os represente para a configuração do crime em questão.".
[22] "Na verdade, o crime formal também é um crime de resultado, de dano ou de perigo concreto, distinguindo-se apenas dos crimes materiais pelo fato de que nestes o resultado destaca-se da conduta, enquanto que nos crimes formais o resultado vem enredado na conduta, surgindo ao mesmo tempo, concomitante com a mesma, como, por exemplo, no crime de falsificação de documento ou de injúria." FÜHRER, Maximilianus Cláudio Américo. O elemento subjetivo nas infrações penais de mera conduta. *In:* FRANCO, Alberto Silva; NUCCI, Guilherme de Souza (org.). **Doutrinas Essenciais: Direito Penal.** v. II. E.U. São Paulo: Editora Revista dos Tribunais, 2011. p. 444.

(ii) §1º do artigo 184: a reprodução é crime instantâneo, uma vez que sua execução se esgota com a realização da cópia.

(iii) §2º do artigo 184: as ações de ocultar, ter em depósito e expor à venda configuram crimes permanentes, enquanto as ações de distribuir, vender, alugar, introduzir no País e adquirir são instantâneos.

(iv) §3º do artigo 184: o oferecimento ao público de obra ou produção é crime permanente, cuja consumação se interrompe quando cessa o oferecimento. Note-se que o prazo prescricional dos crimes permanentes se inicia quando cessa a permanência.

(h) Condutas Atípicas

§ 4º O disposto nos §§ 1º, 2º e 3º não se aplica quando se tratar de exceção ou limitação ao direito de autor ou os que lhe são conexos, em conformidade com o previsto na Lei nº 9.610, de 19 de fevereiro de 1998, nem a cópia de obra intelectual ou fonograma, em um só exemplar, para uso privado do copista, sem intuito de lucro direto ou indireto.

Como se depreende da análise da matéria relacionada aos limites aos direitos autorais, explorada em outro trecho da presente obra, o artigo 46 da LDA traz um rol de casos de uso que se encontram autorizados pela legislação pátria sem que se exija, para sua prática, qualquer tipo de autorização do titular de direitos.

O §4º do artigo 184 ressalta que essas condutas não são, por óbvio, típicas. Assim, como mero exemplo, a utilização de obras literárias, artísticas ou científicas para produzir prova judiciária ou administrativa, tal como excepcionada pelo inciso VII do artigo 64, é atípica, independentemente de haver ou não autorização de seus titulares de direito.

Vale notar que o parágrafo em questão também exclui expressamente do rol de condutas típicas a ação de confeccionar cópia integral de obra ou fonograma, em exemplar único, para uso privado e sem intuito de lucro, sendo que, independentemente da ilicitude dessa conduta para fins civis, encontra-se descriminalizada.

1.2. Lei de Software, artigo 12

Art. 12. Violar direitos de autor de programa de computador:

Pena – Detenção de seis meses a dois anos ou multa.

§ 1º Se a violação consistir na reprodução, por qualquer meio, de programa de computador, no todo ou em parte, para fins de comércio, sem autorização expressa do autor ou de quem o represente:
Pena – Reclusão de um a quatro anos e multa.

§ 2º Na mesma pena do parágrafo anterior incorre quem vende, expõe à venda, introduz no País, adquire, oculta ou tem em depósito, para fins de comércio, original ou cópia de programa de computador, produzido com violação de direito autoral.

A estrutura do artigo 12 da Lei Federal 9.609/98 é bastante similar à do artigo 184 do Código Penal, de modo que, para evitar redundâncias, apontaremos apenas os pontos de distinção e relevância do artigo que ora se analisa.

O tipo penal do caput do artigo 12, assim como o caput do artigo 184 do Código Penal, é norma penal em branco de modo que a definição do objeto da ação de violar se extrai do artigo 1º do mesmo diploma legal[23].

Qualquer violação aos direitos de autor de programa de computador, definidos na própria lei que cria o tipo penal, configuram a conduta do tipo, inclusive a violação do direito moral – que se limita, no caso do programa de computador, aos direitos de paternidade e integridade.

Direitos previstos na LDA e que se entenderem aplicáveis ao programa de computador, por força do artigo 2º. da Lei de Software, dão ensejo à conduta típica quando violados.

Os tipos do §1º e do §2º receberiam análise quase idêntica àquela feita para os parágrafos §1º e §2º do artigo 184 do Código Penal, com uma diferença: o dolo específico no caso presente é distinto, e limita-se ao caso de dar-se a violação "para fins de comércio".

O dolo específico da violação de direito autoral dos parágrafos do artigo 184, que é o fim de lucro, direito ou indireto, admite mais hipóteses fáticas que o termo "para fins de comércio", inexistindo tipicidade

---

[23] Note-se que parte da doutrina dá a esse tipo de norma penal em branco o nome de norma penal em branco homogênea e homovitelina, uma vez que o próprio diploma legal que contém a norma que necessita de complementação traz essa complementação em outro artigo.

quando o emprego da cópia ou a reprodução do programa de computador resultar em algum proveito para o agente que não se relacione com uma atividade comercial[24].

3. Persecução Penal

(a) Tipo penal do caput do artigo 184 do Código Penal
(i) Ação penal: por força do artigo 186 do CP, o crime do caput do 184 é de ação penal privada, sendo sempre do ofendido ou de quem tenha qualidade para representá-lo[25] o impulso para que o Estado inicie a persecução penal. A requerimento deste, portanto, a autoridade policial poderá dar início aos procedimentos investigativos de determinação de materialidade e autoria do suposto crime que chega a seu conhecimento. A natureza privada da ação não impede a realização de prisão em flagrante, cuja manutenção e autuação, todavia, dependerá de manifestação do ofendido pelo prosseguimento da persecução penal.

(ii) Procedimento penal aplicável: o procedimento penal aplicável é o procedimento comum (art. 394 e ss. do CPP), modificado pelos artigos 524 a 530 do Código de Processo Penal, e aplicáveis, em geral, a todos os crimes contra a propriedade imaterial que sejam de ação privada[26].

(iii) Exame pericial: como imperativo lógico, apenas os casos tipificados pelo caput do 184 que deixarem vestígios exigirão exame pericial do corpo de delito, nos termos do art. 525 do CPP, exame esse que, poste-

---

[24] Pode-se constatar, com segurança, que o conceito de "fim de lucro" é mais amplo, e admite mais hipóteses fáticas que o conceito de "fins de comércio", uma vez que o lucro não se limita à atividade comercial e pode traduzir-se em benefícios de outras espécies. Nada obstante, a conceituação de "fins de comércio" pode ser objeto de controvérsia. Ao comentar o tipo penal do artigo 303 do CP, que contém a mesma locução, Paulo José da Costa Jr. aponta que "[a]cham-se abrangidas não só a venda do objeto de coleção, como a permuta, prática bastante usual entre filatelistas".
[25] Exegese do §5º. do artigo 5 do CPP, combinado com o artigo 30 do mesmo diploma legal.
[26] De modo que, como exemplo, os crimes marcários também serão processados nos termos do 524 a 530 do CPP, com as modificações específicas da Lei de Propriedade Industrial.

riormente, deverá instruir a queixa-crime[27], sob pena de não a receber o juiz. Seria o caso, por exemplo, da fixação não autorizada de uma representação teatral (LDA, 90, I) ou da publicação de uma tradução sem autorização do autor (LDA, 29, IV).

Sendo, entretanto, formais, nem sempre os crimes de violação de direito autoral deixarão vestígios, como é o caso das exibições públicas cinematográficas sem autorização do titular, ou as retransmissões não autorizadas de sinais de radiodifusão que já se tenham encerrado, sendo impossível a realização posterior de exame pericial do corpo de delito.

(iv) Busca e apreensão: nos termos do artigo 240, §1º, do CPP, quando fundadas razões a autorizarem, a autoridade judicial poderá determinar busca e apreensão para apreender instrumentos de contrafação e objetos contrafeitos, instrumentos utilizados na prática de crime ou destinados a fim delituoso, objetos necessários à prova da infração, ou mesmo colher elementos de convicção, entre outros.

No caso dos crimes do caput do 184, entretanto, há requisitos particulares[28] da medida que devem ser observados, nos termos do art. 527 do CPP.

A busca será conduzida por dois peritos nomeados pelo juiz, que deverão verificar, inicialmente, a existência de fundamentos, para só depois realizarem a apreensão dos bens.

Os peritos deverão apresentar laudo pericial dentro de três dias contados do término da diligência, mesmo que tenham verificado a ausência de fundamentos e decidido, após a busca, não efetuar a apreensão, caso em que o laudo poderá ser impugnado pelo requerente.

---

[27] Fundamental não se confunda o requerimento do ofendido à autoridade policial para que investigue um suposto crime com a queixa-crime, esta última dirigida ao juízo com a finalidade de requerer a instauração de ação penal.

[28] Entendemos, apesar da lacuna legal, que a melhor interpretação do art. 527 do CPP impõe a observância desses requisitos particulares apenas quando se tratar de busca e apreensão de objetos de violação de direito autoral, inexistindo tais requisitos particulares quando a busca e apreensão se dirigir à colheita de material probatório de outra sorte, como, por exemplo, registros contábeis na sede de editora fraudulenta, caso em que se aplicaria, no nosso entender, apenas o procedimento padrão da busca e apreensão do artigo 240 do CPP.

Prevalece o livre convencimento motivado do juiz, por força do art. 155 do CPP, de modo que este poderá homologar o laudo negativo ou determinar, a despeito deste, a apreensão.

(v) Requisitos específicos da queixa crime: exige-se, por força do art. 526 do CPP, prova do direito à ação, entendida como comprovação da titularidade do direito autoral violado (condição de ofendido) ou ao menos da titularidade do direito de defender o direito autoral em juízo.

Como se sabe, eventuais registros de autoria de uma obra são meramente declaratórios, e não constitutivos do direito autoral. Muito embora sua apresentação facilite a constatação de autoria, o registro não poderá ser exigido, bastando, como regra geral, e também por força dos artigos 5(2) e 15 da Convenção de Berna, que os nomes daqueles que postulam em juízo venham indicados nas obras pela forma usual.

No caso de obras cinematográficas, presume-se que seja seu produtor a pessoa física ou jurídica cujo nome é indicado na obra[29]; no caso de obras anônimas, presume-se que o editor da obra seja representante do autor, valendo o mesmo para os pseudônimos de identificação duvidosa.

Tratando-se de crime de ação penal privada, a queixa-crime tem prazo decadencial de seis meses, contados partir da data em que o ofendido tem conhecimento da identidade do autor do crime. Por ser decadencial e não prescricional, o prazo não está sujeito a suspensão nem interrupção, correndo inexoravelmente a partir de seu marco inicial.

Nos casos em que houver apreensão ou perícia, o ofendido terá 30 dias, contados da homologação do laudo, para apresentar a queixa-crime, sendo que esse prazo diminui para 8 dias, na hipótese de haver réu preso em flagrante.

Note-se que esses prazos processuais contados a partir da homologação do laudo não se somam ao prazo máximo e decadencial de 6 meses para apresentação da queixa-crime.

(b) Tipos penais dos §§1º, 2º e 3º do artigo 184 do Código Penal
(i) Ação penal: o artigo 186 do CP determina que os crimes descritos no §1º e no §2º do artigo 184 são de ação penal pública incondicionada,

---

[29] Questão a ser enfrentada é o fato de que o produtor poderá não ser titular do direito autoral.

de modo que, nos termos do art. 5º do CPP, o inquérito policial poderá ser iniciado de ofício, a requerimento do ofendido, ou por requisição do Ministério Público ou da autoridade judiciária.

Já no caso do §3º, trata-se de crime de ação penal pública condicionada à representação, de modo que, nos termos do §4º do art. 5º do CPP, a persecução penal depende da manifestação de vontade do ofendido.

A prisão em flagrante também é ato por meio do qual se inicia o inquérito policial. Nos crimes de ação pública condicionada à representação, caso do §3º, dependerá de manifestação do ofendido pelo prosseguimento da persecução penal na lavratura do auto e como condição de sua manutenção.

(ii) Procedimento penal aplicável: o procedimento penal aplicável é o procedimento comum (art. 394 e ss. do CPP), modificado pelos artigos 530-B a 530-H do Código de Processo Penal.

(iii) Busca e apreensão: dirigindo-se os tipos do §1º e §2º do artigo 184 à repressão da reprodução não autorizada de criações protegidas e dos atos de manejo e comercialização das cópias produzidas sem autorização, a autoridade policial sempre deverá, desde logo, e tendo tomado conhecimento da prática da infração penal, proceder à apreensão dos bens ilicitamente produzidos ou reproduzidos e dos equipamentos, materiais e suportes precipuamente destinados à prática do crime, por força dos arts. 6º e 530-B do CPP.

A apreensão será objeto de termo, assinado por duas testemunhas, com a descrição dos bens apreendidos e informações sobre onde se encontravam (origens), termo este que integrará os autos do inquérito ou do processo, se já houver ação penal em curso.

Nos termos do art. 530-D do CPP, os bens apreendidos serão objeto de perícia, que poderá ser realizada por perito oficial ou por pessoa tecnicamente habilitada constituída como perito *ad hoc* pela autoridade policial, confeccionando-se laudo que instruirá os autos.

Note-se que a apreensão não tem, por requisito, a prévia análise pericial, de modo que a autoridade poderá dar-lhe seguimento baseada tão-somente em sua própria convicção, que será confirmada ou infirmada, posteriormente, pela perícia.

O ofendido, titular do direito violado, será fiel depositário dos bens apreendidos, sendo certo que o juiz poderá determinar, a seu requerimento, e satisfeita a necessidade do exame do corpo de delito, a destruição dos bens cuja ilicitude não haja sido impugnada ou nos casos em que é impossível determinar-se a autoria do crime.

Havendo disputa acerca da ilicitude dos materiais apreendidos, posterior sentença condenatória poderá determinar a destruição dos bens ilicitamente produzidos ou reproduzidos, bem como o perdimento dos bens ilícitos de produção em favor dos entes indicados no art. 530-G do CPC.

A viabilidade de perícia por mera amostragem é objeto da Súmula 574 do Superior Tribunal de Justiça[30], de modo que não é necessário realizar perícia em absolutamente todos os itens apreendidos para que a materialidade do crime reste configurada nem para que a totalidade dos bens permaneça apreendida.

(iv) Assistência à acusação: sendo pública a ação, condicionada ou não à representação, o ofendido ou seu representante legal poderá intervir como assistente do Ministério Público, devendo solicitar sua habilitação ao juiz em qualquer momento anterior ao trânsito em julgado da ação penal, aplicando-se à sua atuação os artigos 268 e ss. do CPP.

Por força do artigo 530-H do CPP, as associações de titulares de direitos autorais encontram-se extraordinariamente legitimadas a atuarem, em nome próprio, como assistentes de acusação, quando os crimes sob processamento houverem sido praticados em detrimento de um de seus associados.

(iii) Particularidades do tipo penal do §3º do artigo 184 do Código Penal: o tipo do §3º criminaliza a disponibilização não autorizada, à distância, das criações protegidas por direitos autorais, por meio de sistemas interativos, sem autorização do titular. É o caso, exemplificativamente, dos websites e serviços ilegais de música, filmes, livros e games que disponibilizam essas obras sem autorização.

---

[30] Súmula 574: Para a configuração do delito de violação de direito autoral e a comprovação de sua materialidade, é suficiente a perícia realizada por amostragem do produto apreendido, nos aspectos externos do material, e é desnecessária a identificação dos titulares dos direitos autorais violados ou daqueles que os representem.

Naturalmente, ganha destaque a perícia informática, e observam-se algumas nuances importantes derivadas da utilização de obras protegidas por direito autoral em ambiente digital.

Enquanto o exemplar físico contrafeito normalmente exibe características materiais distintas dos exemplares originais, como a ausência de números de série e outros elementos de segurança como hologramas e selos que, se adotados na reprodução ilícita, inviabilizariam o negócio criminoso pelo aumento dos custos de produção, o exemplar digital transmitido ou reproduzido ilegalmente é, não raro, idêntico ao original.

A única característica que define tratar-se de conteúdo lícito ou ilícito é haver ou não autorização do titular de direitos para a disponibilização do conteúdo, e não alguma característica física, apreciável pela perícia técnica.

Essa diferença faz com que seja possível, por exemplo, que a autoridade policial se certifique da materialidade do crime por meio da simples constatação de que um conteúdo é oferecido via internet e de que seu titular de direitos não autorizou o oferecimento, presumindo-se, como imperativo lógico, a ausência de autorização quando o ofendido houver oferecido representação, requisito de procedibilidade no caso do §3º.

Já a comprovação da autoria do crime dependerá de colherem-se elementos suficientes que demonstrem que o agente controla o sistema a partir do qual se oferecem os arquivos contendo obras protegidas por direitos autorais.

É possível que o autor do crime mantenha e controle seus próprios servidores físicos, mas a enorme maioria dos casos enquadrados no §3º envolve o controle, pelo criminoso, de infraestruturas fisicamente localizadas em data centers terceirizados, também denominados de serviços de provimento de nuvem.

Dessa forma, a investigação da autoria do delito também poderá se servir da determinação judicial dirigida à empresa controladora dos data centers para que forneça à autoridade policial as informações cadastrais e os dados de meios de pagamento utilizados pelo indigitado criminoso.

Não raro, essas infraestruturas de data centers se encontram localizadas fora do território nacional, podendo a autoridade se servir dos instrumentos de cooperação internacional em matéria penal que se encontrarem disponíveis, como as cartas rogatórias e os tratados de mútua assistência judiciária, muito embora a atual experiência demonstre que a morosidade excessiva desses meios os torne praticamente inúteis para fins de persecução penal.

Ainda que a infraestrutura se encontre, na maioria das vezes, em empresas terceirizadas no estrangeiro, o operador tem que manejá-la a partir do seu próprio dispositivo informático local – que pode ser um computador pessoal, por exemplo – e essa atividade deixa rastros que a perícia informática poderá identificar.

Assim, realizada busca e apreensão no domicílio do suposto operador do serviço ilícito, a perícia posterior dos dispositivos informáticos apreendidos deverá se concentrar na identificação de elementos que indiquem que aquele investigado controla a infraestrutura de dados que serve de fonte para o oferecimento dos conteúdos ilícitos, ainda que essa infraestrutura de dados em si não seja apreendida.

Outra questão fundamental, que decorre da comum dissociação geográfica entre autor do crime e material ilícito, é a cessação da conduta criminosa. Enquanto nos crimes dos §§1º e 2º a apreensão dos exemplares fraudulentos interrompe naturalmente a atividade criminosa, a hospedagem do conteúdo em localidade diversa daquela em que se conduz a busca e apreensão pode exigir providências adicionais do juízo para que se interrompa o oferecimento de conteúdo ilícito, como uma ordem judicial ao provedor de serviço de nuvem para que o repositório de arquivos seja deletado ou uma ordem judicial de bloqueio de nomes de domínio ou endereços IP, dirigida aos provedores de conexão de internet do Brasil (LDA, art. 105).

(c) Tipos penais do caput, §1º e §2º do artigo 12 da Lei de Software

De modo amplo, as regras de processamento dos crimes do artigo 184 do CP aplicam-se ao processamento dos crimes do artigo 12 da Lei de Software, com algumas particularidades sobre as quais nos debruçaremos.

(i) Ação penal: os três tipos penais da Lei de Software são, como regra, de ação penal privada, com exceção de quando se dão em prejuízo dos tipos de entidade pública listados no inciso I do art. 12, ou quando do ato delituoso resultar sonegação fiscal, perda de arrecadação tributária ou prática de quaisquer dos crimes contra a ordem tributária ou contra as relações de consumo.

Como regra geral, portanto, trata-se de ação privada, de modo que o requerimento do ofendido é condição de procedibilidade da persecução penal.

(ii) Procedimento penal aplicável: quando a ação penal for privada, o procedimento penal aplicável é o procedimento comum (art. 394 e ss. do CPP), modificado pelos artigos 524 a 530 do CPP. Quando se tratar se ação penal pública incondicionada, o procedimento penal aplicável é também o comum (art. 394 e ss. do CPP), mas modificado pelos artigos 530-B a 530-H do CPP.

(iii) Busca e apreensão: quando se tratar de ação penal privada, aplicam-se à busca e apreensão de software os mesmos comentários feitos anteriormente à busca e apreensão ligada aos crimes do caput do artigo 184 do CP; tratando-se de ação penal pública, aplicam-se os comentários feitos previamente quanto à busca e apreensão nos casos dos §§ 1º, §2º e §3º.

Nada obstante, a busca e apreensão de software traz, em qualquer caso, um requisito adicional: deve ser precedida por vistoria, por força do art. 13 da Lei de Software.

Considerando que a busca e apreensão, nos casos de ação penal privada, são precedidas de avaliação pericial, deve-se entender esse requisito da vistoria por integralmente cumprido quando a diligência de busca e apreensão seguir o rito do artigo 527 do CPP.

Para os casos de ação penal pública, entretanto, o rito de busca e apreensão dos arts. 530-B e seguintes deve ser antecedido por vistoria.

Referências

PIMENTA, Eduardo; PIMENTA, Rui Caldas. Dos crimes contra a propriedade intelectual. 2ª ed. São Paulo: Revista dos Tribunais, 2005.

OLIVER, Paulo. Direito autoral e sua tutela penal: Lei n. 9.609/98 – Lei n. 9.6010/98 – Decreto-Lei n. 2.556/98.1ª ed. São Paulo: :Ícone, 1998.

COSTA JR., PAULO JOSÉ. *Direito Penal Objetivo: Comentários Atualizados ao Código Penal e ao Código de Propriedade Industrial.* Rio de Janeiro: Forense Universitária, 2003. p. 547

LEDESMA, Julio C. *Derecho Penal Intelectual: Obras y Producciones Literarias, Artísticas y Científicas.* 1ª. ed. Buenos Aires: Editorial Universidad, 1992.

38.
PROPRIEDADE INTELECTUAL E ADR

NANCY CAIGAWA

1. ADR – *Alternative Dispute Resolution*
A crise de confiança no processo judicial e a percepção de insuficiência ou inadequação da jurisdição estatal, decorrentes de diversos fatores como o formalismo exacerbado e a excessiva demora na conclusão dos processos, levaram à compreensão de que a efetivação da garantia fundamental do acesso à justiça prevista no artigo 5º, XXXV da Constituição Federal não deveria estar adstrita à solução adjudicada e impositiva dada pelo Poder Judiciário, abrindo espaço para a quebra do monopólio estatal na resolução de conflitos no Brasil e para a adoção de um modelo desenvolvido por países anglo-saxões e conhecido como Tribunal Multiportas (*Multi-Doors Courthouse*) no qual se inserem os ADR.

A expressão *Alternative Dispute Resolution* (ADR), ou meios alternativos de solução de controvérsia em português, é atribuída a Frank Sander, professor da Universidade de Harvard, que a utilizou pela primeira vez na conferência intitulada *"National Conference on the Causes of Popular Dissatisfaction with the Administration of Justice"*, realizada em Mineápolis, EUA, 1976.

Os ADRs abrigam vários métodos de resolução de disputas, diversos daquele oferecido pelo Estado, incluindo meios heterocompositivos ou autocompositivos, adjudicatórios ou consensuais, com ou sem a participação do Estado, dentre os quais podemos citar de maneira não exaustiva a mediação, conciliação, negociação, arbitragem e outras modalidades menos conhecidas no Brasil e oriundas da experiência norte-americana, como a avaliação do terceiro neutro ("*Early Neutral Evaluation*"), *minitrial* e o juiz de aluguel ("*rent a judge*").

Apesar de tais métodos terem sido reunidos em uma mesma categoria por se apresentarem como uma alternativa à solução oferecida pela atividade jurisdicional, eles possuem características próprias e distintas, e dependendo da natureza da disputa, das peculiaridades das partes, do tema em disputa e demais circunstâncias do caso, um método se revelará potencialmente mais adequado do que outro para resolver a controvérsia com uma solução natural, legítima, efetiva e justa à disputa. Por tais razões, atualmente tem-se utilizado a expressão "meios adequados" de solução de conflitos, ou "*Appropriate Dispute Resolution*".

No Brasil, os marcos regulatórios desse sistema de métodos de resolução de disputas cíveis que abarca outras formas além daquela oferecida pelo Estado são quatro: (i) a Resolução n. 125, de 29 de novembro de 2010[1], do CNJ – Conselho Nacional de Justiça, que institui a política nacional de tratamento adequado dos conflitos; (ii) o Código de Processo Civil, Lei n. 13.105, de 16 de março de 2015 (CPC); (iii) a Lei de Mediação, Lei n. 13.140, de 26 de junho de 2015; e (iv) a Lei de Arbitragem, Lei n. 9.307, de 23 de setembro de 1996, alterada pela Lei n. 13.129, de 26 de maio de 2015.

2. Métodos de solução consensuais: negociação, conciliação e mediação

Os métodos de solução consensuais são meios de autocomposição, pelos quais as próprias Partes assumem o protagonismo na resolução de uma controvérsia e obtêm a pacificação do conflito com base na cooperação e através da celebração de um acordo.

A promoção das soluções consensuais é estimulada pelo artigo 3º do CPC, que não apenas compatibiliza a aplicação de tais métodos adequados de solução de controvérsia com o princípio da inafastabilidade da jurisdição (artigo 5, XXXV da Constituição Federal), como expressa-

---

[1] A Resolução 125/2010 do CNJ foi objeto de duas emendas (Emenda n. 01/2013 e Emenda n. 02/2016) e três alterações (Resolução n. 290/2019, Resolução n. 326/2020 e Resolução n. 390/2021).

mente determina que juízes, advogados, defensores públicos e membros do Ministério Público deverão sempre estimular a conciliação, a mediação e outros métodos de solução consensual de conflitos.

As Partes de um conflito podem recorrer a tais métodos a qualquer momento, seja para prevenir a judicialização da controvérsia, seja no curso de uma ação judicial com a finalidade de encerrar a demanda sem a solução adjudicada do Poder Judiciário, seja após o proferimento de uma decisão final de mérito com o objetivo de estabelecer as condições para o seu cumprimento. Nesse sentido, vale destacar o Enunciado 485 do Fórum Permanente de Processualistas Civis: "*É cabível conciliação ou mediação no processo de execução no cumprimento da sentença e na liquidação de sentença, em que será admissível a apresentação de plano de cumprimento da prestação*".

Os métodos de solução consensuais mais utilizados e conhecidos são a negociação, a mediação e a conciliação.

A negociação é o método consensual pelo qual as Partes chegam a um consenso quanto à solução adequada e celebram um acordo para resolver a controvérsia sem a necessidade do auxílio de um terceiro, no pleno exercício da autonomia da vontade e da liberdade de contratar.

Já a mediação e a conciliação são métodos consensuais caracterizados pela existência da figura de um terceiro facilitador, pessoa neutra, imparcial, desinteressada e sem poder decisório, que auxilia as Partes de um conflito a alcançarem a autocomposição.

A mediação e a conciliação podem ser extrajudiciais ou judiciais, e serão informadas pelos princípios da independência, da imparcialidade, da autonomia da vontade, da confidencialidade, da oralidade, da informalidade e da decisão informada das Partes. (artigo 166 do CPC). A Lei da Mediação previu ainda os princípios da isonomia, busca pelo consenso e boa-fé (artigo 2º da Lei de Mediação), dedicando uma seção específica ao princípio da confidencialidade (artigos 30 e 31 da Lei de Mediação).

No âmbito judicial, tais métodos consensuais fazem parte da chamada Justiça Conciliativa e são regulamentados pela Resolução 125/2010, pelo CPC e, no caso da mediação, também pela Lei da Mediação. No plano da organização judiciária, foi prevista a criação dos chamados CEJUSCs – Centros Judiciários de Solução de Conflito e Cidadania para realização de sessões e audiências de conciliação e mediação e pelo desenvolvimento de programas destinados a auxiliar, orientar e estimular a autocomposição.

A conciliação é considerada como o método consensual mais adequado ou preferencial para a resolução de controvérsias em que não houver vínculo prévio entre as Partes. Na conciliação, o Conciliador atua como terceiro facilitador que investiga os aspectos objetivos do conflito e adota metodologia que permite a apresentação de opções e sugestões de propostas visando à obtenção de um acordo, sendo vedado ao Conciliador o emprego de qualquer técnica que induza, intimide ou constranja as Partes (art. 165, parágrafo 2º do CPC).

Por sua vez, a mediação é recomendada em casos em que houver um relacionamento prévio entre as Partes que poderá ser mantido e, nesse caso, deverá ser preservado com a solução da controvérsia. O Mediador auxilia as Partes na compreensão das questões e na identificação dos verdadeiros interesses e necessidades subjacentes ao conflito, utilizando-se de técnicas que viabilizem às Partes a construção conjunta de uma solução em um processo cooperativo pautado na livre manifestação e autonomia de vontade das Partes (art. 165, parágrafo 3º do CPC). Diferentemente do Conciliador, o Mediador não propõe, nem sugere soluções para a controvérsia, limitando-se a estimular as Partes a identificar ou desenvolver soluções consensuais. Além disso, o Mediador auxilia as Partes no reestabelecimento de um diálogo construtivo em um processo não adversarial, de maneira que, ainda que não cheguem a um acordo, as Partes encerrem a mediação com uma melhor compreensão do conflito e de seus próprios interesses.

A Lei de Mediação, que disciplina tanto a mediação privada como a mediação no âmbito da administração pública, prevê que a mediação pode versar sobre todo o conflito ou apenas parte dele. Além disso, é expressamente previsto que apenas os conflitos que versem sobre direitos disponíveis ou sobre direitos indisponíveis que admitam a transação podem ser objeto de mediação, ressalvando que em relação a estes últimos, o acordo entre as Partes resultante da mediação deverá ser homologado em Juízo com a oitiva do Ministério Público. (art. 3º da Lei da Mediação).

Destaca-se que os conciliadores e os mediadores judiciais foram alçados à categoria de auxiliares da justiça, assim como os peritos e oficiais de justiça (art. 149 do CPC), devendo ser devidamente capacitados de acordo com as Diretrizes Curriculares do Anexo I da Resolução 125/2021 do CNJ, estando ainda sujeitos ao Código de Ética de Conciliadores e Mediadores Judiciais constante no Anexo III da Resolução 125/2010 do CNJ.

Os conciliadores, os mediadores e as câmaras privadas de conciliação e mediação deverão ser inscritos em cadastro nacional e em cadastro de tribunal de justiça ou de tribunal regional federal (art. 167 do CPC), e as Partes poderão escolher, de comum acordo, o conciliador, mediador ou a câmara privada, e, inexistindo o consenso, será designado um conciliador ou mediador cadastrado no tribunal.

No âmbito da mediação extrajudicial, não é exigido que o mediador tenha uma formação especial ou esteja vinculado a entidade ou associação de classe ou congênere, bastando gozar da confiança de ambas as Partes (artigo 9º da Lei de Mediação) e não incidir nas hipóteses legais de impedimento e suspeição do juiz (artigo 5º da Lei de Mediação e artigos 144 e seguintes do CPC). Além disso, no desempenho de sua atribuição, o Mediador deverá agir com imparcialidade, independência, diligência e discrição, respeitando a autonomia de vontade das partes no alcance de uma decisão informada consensual para a resolução do conflito.

3. Método de solução decisório: arbitragem

Os métodos de solução decisórios são meios de heterocomposição, pelos quais a solução da controvérsia é adjudicada a um terceiro neutro e imparcial, imposto às Partes no caso da jurisdição estatal, ou, voluntariamente e de comum acordo, escolhido por elas no caso da arbitragem.

Na arbitragem, as Partes, no pleno exercício de sua autonomia de vontade e liberdade de contratar, acordam dirimir os seus conflitos relativos a direitos patrimoniais disponíveis através de um procedimento arbitral, por meio do qual um ou mais árbitros estranhos ao Poder Judiciário e escolhidos de comum acordo entre as Partes, proferem decisão com eficácia equivalente à decisão judicial estatal.

O artigo 3º do CPC consagra o princípio constitucional da inafastabilidade da jurisdição previsto no artigo 5º, XXXV da Constituição Federal, e também expressamente reconhece a arbitragem como meio de resolução de conflitos ao lado da conciliação e da mediação, consagrando a constitucionalidade da Lei de Arbitragem reconhecida no julgamento proferido pelo Supremo Tribunal Federal em 12 e dezembro de 2001 nos autos da Homologação de Sentença Arbitral Estrangeira, SE 5.206.

Uma das principais características da arbitragem é a preponderância da autonomia de vontade das Partes, que podem livremente escolher: (i) o árbitro; (ii) as regras e o procedimento a serem seguidos no processo arbitral, incluindo cronograma, prazos e duração do procedimento; (iii) se o julgamento será por direito ou por equidade; (iv) a lei aplicável ao caso; e (v) a possibilidade de aplicação de princípios gerais de direito, usos e costumes, e regras internacionais de comércio, desde que não haja violação aos bons costumes e à ordem pública, e sejam observados os princípios do contraditório, devido processo legal, da igualdade das partes, imparcialidade do árbitro e livre convencimento.

Dessa forma, as Partes têm maior liberdade para dimensionar os custos envolvidos, fixar critérios de cálculo de indenização e delimitar a fixação de verbas sucumbenciais, além de usufruir de maior flexibilidade, podendo inclusive optar pela adoção de mais de um método de resolução de conflitos, seja de maneira escalonada com a previsão de mediação prévia ao início de um procedimento arbitral, seja na delimitação da matéria a ser submetida à arbitragem, dividindo as questões atinentes ao conflito e atribuindo quais métodos serão utilizados para sua apreciação.

Todavia, não são todos os conflitos que podem ser submetidos à arbitragem. A Lei de Arbitragem prevê dois requisitos para a arbitrabilidade de uma controvérsia: (i) requisito subjetivo, estipulando que apenas pessoas capazes de contratar poderão ser partes em uma arbitragem; e (ii) requisito objetivo, determinando que apenas litígios relativos a direitos patrimoniais disponíveis poderão ser dirimidos através desse método de resolução de controvérsia (artigo 1º da Lei de Arbitragem).

3.1 Convenção de arbitragem

Uma vez escolhida a arbitragem como método de resolução de conflitos, as Partes celebram a convenção de arbitragem, obrigando-se a submeter a solução de litígio entre elas, existente ou futuro, ao juízo arbitral. A Lei de Arbitragem prevê duas espécies de convenção de arbitragem: (i) a cláusula compromissória, e (ii) o compromisso arbitral (artigo 3º da Lei de Arbitragem).

A cláusula compromissória é a convenção de arbitragem pela qual as Partes de um contrato acordam submeter à arbitragem os eventuais conflitos que possam surgir entre elas e relacionados ao referido contrato. A cláusula compromissória pode estar prevista no próprio corpo do contrato ou em instrumento particular apartado, celebrado concomitantemente ou posteriormente ao contrato originário.

Já o compromisso arbitral tem por objeto litígios entre Partes não vinculadas a um contrato, e pode ser judicial, celebrado nos autos de um processo em curso, ou extrajudicial celebrado em instrumento particular tendo por objeto a resolução adjudicada do conflito através da arbitragem. Em qualquer caso, as Partes deverão observar os requisitos formais do compromisso arbitral previstos nos artigos 10 e 11 da Lei de Arbitragem.

3.2 Árbitro

Poderá ser árbitro qualquer pessoa capaz, que seja de confiança das Partes e não tenha com elas ou com o litígio as relações que caracterizam os casos de impedimento ou suspeição de juízes (artigos 13 e 14 da Lei de Arbitragem). Além disso, aquele que tiver atuado como mediador em processo de mediação entre as Partes também não poderá atuar como árbitro e nem ser arrolado como testemunha no processo arbitral (artigo 7º da Lei de Mediação).

As Partes poderão nomear um ou mais árbitros para proferir a sentença arbitral, podendo nomear também os suplentes e, inexistindo acordo, as Partes deverão requerer ao Juízo que seria competente para dirimir o conflito que nomeie o árbitro (artigo 7º da Lei de Arbitragem).

Uma vez aceita a nomeação, o árbitro é equiparado aos funcionários públicos para fins da legislação penal, além de ser considerado juiz de fato e de Direito.

A Lei de Arbitragem prevê os deveres do árbitro em seu artigo 13, parágrafo 6º, determinando que o árbitro deverá agir com imparcialidade, independência, competência, diligência e discrição, sendo previsto ainda o dever de a pessoa indicada a árbitro revelar, antes de aceitar o encargo, qualquer fato que possa comprometer a sua imparcialidade e independência. Ressalta-se que a plena observância dos deveres do árbitro afeta diretamente a legitimidade do procedimento arbitral, na medida em que esta reside na confiança das Partes no árbitro escolhido por elas para adjudicar a solução de seu conflito.

3.3 Procedimento arbitral

Uma vez celebrada a convenção arbitral e identificado o conflito, a Parte interessada apresentará o requerimento de instauração de arbitragem de acordo com as regras e procedimento acordados, ou, na ausência da definição da forma de instauração, mediante envio de manifestação nesse sentido à outra Parte, convocando-a para firmar o compromisso arbitral em dia, hora e local certos.

Após o recebimento do requerimento de instauração de arbitragem, ocorrerá a nomeação do árbitro. Considera-se instituída a arbitragem com a aceitação da nomeação pelo árbitro, operando-se a interrupção da prescrição a partir da data do requerimento da instauração da arbitragem, nos termos do artigo 19 da Lei da Arbitragem.

A arbitragem obedecerá ao procedimento definido pelas Partes, podendo ser aquele previsto por órgão arbitral institucional ou entidade especializada, respeitados os princípios do contraditório, da igualdade das partes, da imparcialidade do árbitro e de seu livre convencimento. Ressalta-se que, diferentemente da mediação, na arbitragem a confidencialidade não é obrigatória e nem prevista como princípio, devendo ser expressamente estipulada pelas Partes na convenção de arbitragem, ou aceita pelas Partes ao indicarem instituição arbitral que preveja a confidencialidade do procedimento em seu regulamento.

Independentemente do procedimento arbitral definido pelas Partes, a Lei de Arbitragem estipula que a Parte que desejar arguir incompetência, impedimento ou suspeição do árbitro, ou a nulidade, invalidade ou ineficácia da convenção de arbitragem, deverá fazê-lo na primeira oportunidade que tiver para se manifestar após a instituição da arbitragem sob pena de preclusão, com exceção dos casos em que o vício for superveniente à instauração da arbitragem (artigo 20 da Lei de Arbitragem).

Superada a análise das questões preliminares, o árbitro ou o tribunal arbitral tentará a conciliação das Partes no início do procedimento arbitral conforme previsto no artigo 21, parágrafo 4ª da Lei de Arbitragem, em sintonia com as disposições do artigo 3º do CPC, que estimula a busca da solução consensual do conflito. Caso as Partes cheguem a um acordo, o árbitro ou tribunal arbitral poderá declarar tal fato em sentença arbitral nos termos do artigo 28 da Lei de Arbitragem.

Não existindo acordo, que pode ser celebrado a qualquer momento pelas Partes, é assinado o termo de arbitragem pelas Partes, e o requerente é instado a apresentar suas alegações iniciais, podendo o requerido apresentar a sua contestação, nos prazos e na forma estabelecidas pelas Partes.

A fase postulatória do procedimento arbitral é seguida da fase instrutória, podendo o árbitro tomar depoimento das Partes, ouvir testemunhas e determinar a realização de perícias de ofício ou a requerimento (artigo 22 da Lei de Arbitragem). O árbitro pode, inclusive, solicitar o auxílio do Poder Judiciário na produção da prova mediante a utilização da Carta Arbitral (artigo 22-C da Lei da Arbitragem e artigo 260 do CPC) no caso de testemunha renitente por exemplo, hipótese em que poderá ser decretado o segredo de justiça para resguardo da confidencialidade, se estipulada na arbitragem (artigo 22-C, parágrafo único da Lei da Arbitragem e artigo 189, IV do CPC).

Esta não é a única demonstração de cooperação jurisdicional e diálogo entre o juízo estatal e o juízo arbitral, tendo sido expressamente previsto na Lei de Arbitragem que as Partes poderão recorrer ao Poder Judiciário para a concessão de medida cautelar ou de urgência pré-arbitragem. Uma vez instituída a arbitragem, as medidas de urgência deverão ser requeridas diretamente ao árbitro, que poderá expedir Carta Arbitral para a efetivação da tutela deferida (artigos 22-A e 22-B da Lei de Arbitragem).

A sentença arbitral deverá ser proferida no prazo de 6 (seis) meses, na ausência de prazo diverso fixado pelas Partes, podendo as Partes e o árbitro, de comum acordo, prorrogar o prazo estipulado pela lei ou pelas Partes (artigo 23 da Lei de Arbitragem).

A Lei de Arbitragem estipula, ainda, os requisitos obrigatórios da sentença arbitral, que pode ser parcial, e expressamente dispõe que a decisão produz os mesmos efeitos da sentença judicial entre as Partes e seus sucessores, constituindo título executivo judicial, sem a necessidade de homologação pelo Poder Judiciário (artigos 24, 26 e 31 da Lei de Arbitragem e artigo 515, VII do CPC).

Por fim, embora não exista previsão legal de ação rescisória ou de recursos, ressalvado pedido de esclarecimentos para correção de erro material, ou saneamento de omissão obscuridade e contradição, a Lei de Arbitragem prevê as hipóteses de nulidade da sentença arbitral (artigo 32 da Lei de Arbitragem), devendo a Parte interessada propor ação judicial objetivando a declaração de nulidade da sentença arbitral parcial ou final, no prazo de 90 (noventa) dias contados da notificação da sentença ou da decisão acerca do pedido de esclarecimento (art. 33 da Lei de Arbitragem).

4. ADR e propriedade intelectual

Os litígios que versam sobre os direitos de propriedade intelectual podem ser divididos em três grandes categorias de acordo com o seu objeto: (i) litígios em que se discute a validade dos direitos de propriedade intelectual; (ii) litígios em que se discutem os direitos e obrigações previstos em contratos sobre direitos de propriedade intelectual; e (iii) litígios em que se discute a infração de direitos de propriedade intelectual e atos de concorrência desleal.

Na primeira categoria de litígios, encontram-se as ações judiciais que tenham por objeto a nulidade de direitos de propriedade industrial ou de atos praticados pelo Instituto Nacional da Propriedade Industrial, as quais não podem ser objeto de resolução por meio de ADRs, pois não versam sobre direitos patrimoniais disponíveis e o Estado criou reserva específica da apreciação da matéria para resguardo do interesse público envolvido.

As outras duas categorias de litígio que versam sobre direitos de propriedade intelectual podem ser resolvidas através de ADRs e as vantagens do recurso aos ADRs como meio de solução de controvérsia são inúmeras, tais como: (i) autonomia das Partes para a escolha do ADR, e das regras que incidirão sobre o método escolhido; (ii) previsibilidade em relação à duração do procedimento e aos custos envolvidos; (iii) eficiência e eficácia do ADR seja, por exemplo, quanto à definitividade da solução adjudicada por árbitro especializado no assunto escolhido pelas Partes, seja quanto à solução desenvolvida em conjunto pelas Partes com a preservação da relação pré-existente entre as mesmas em uma mediação; (iv) confidencialidade do procedimento e das informações confidenciais reveladas; (v) flexibilidade para a escolha de um fórum neutro e especializado com a resolução do litígio em todas as jurisdições envolvidas; e

(vi) celeridade na resolução do litígio, sobretudo se comparada à solução adjudicada pelo Poder Judiciário brasileiro, com especial destaque para as vantagens em questões envolvendo tecnologias que se tornam obsoletas rapidamente.

No Brasil, as iniciativas formais voltadas ao estímulo do uso de ADRs para os conflitos que versam sobre os direitos de propriedade intelectual parecem coincidir com o advento dos marcos regulatórios do sistema de métodos de resolução de disputas cíveis e a introdução do Tribunal Multiportas.

Em outubro de 2010, um mês antes da Resolução nº 125/2010 do CNJ, que institui a política nacional de tratamento adequado dos conflitos, o Comitê Gestor da Internet no Brasil implementou, através da Resolução CGI.br/RES/2010/003/P2, o Sistema de Administração de Conflitos de Internet, denominado "SACI-Adm", para a solução de conflitos envolvendo nomes de domínio.br , seguindo a sistemática do *UDRP – Uniform Dispute Resolution Policy* da *ICANN – Internet Corporation for Assigned Names and Numbers*. Os procedimentos do SACI-Adm resultam em decisões de cancelamento ou transferência de titularidade do nome de domínio, e a administração dos procedimentos é de responsabilidade de instituições credenciadas pelo NIC.br, a saber: (i) CCBC – Câmara de Comércio Brasil Canadá; (ii) OMPI – Organização Mundial de Propriedade Intelectual; e (iii) CASD-ABPI – Centro de Solução de Disputas relativas a Nome de Domínio da Associação Brasileira da Propriedade Intelectual.

No ano de 2013, foi promulgada a Lei nº 12.853, de 14 de agosto de 2013, que dispõe sobre a gestão coletiva de direitos autorais e altera a Lei de Direitos Autorais (Lei nº 9.610, de 19 de fevereiro de 1998) para incluir expressa previsão de que os litígios entre usuários e titulares de direitos autorais ou seus mandatários, em relação à falta de pagamento, aos critérios de cobrança, às formas de oferecimento de repertório e aos valores de arrecadação, e entre titulares e suas associações, em relação aos valores e critérios de distribuição, poderão ser resolvidos através de mediação ou arbitragem, na forma do regulamento, sem prejuízo da apreciação pelo Poder Judiciário e pelos órgãos do Sistema Brasileiro de Defesa da Concorrência, quando cabível (artigo 100-B da Lei de Direitos Autorais). A Instrução Normativa nº 2, de 25 de setembro de 2020, aprovou o Regulamento de Mediação e Arbitragem no âmbito da Secretaria

Nacional de Direitos Autorais e Propriedade Intelectual – SNDAPI do Ministério da Cidadania.

Por fim, em 5 de março de 2015, a ABPI criou a CArb-ABPI – Câmara de Arbitragem da ABPI, câmara administrada pelo CSD-ABPI Centro de Solução de Disputas, Mediação e Arbitragem em Propriedade Intelectual. O CSD-ABPI é um órgão da ABPI que tem por objetivo o controle e gerenciamento dos procedimentos de soluções alternativas de disputas, incluindo as relativas a nomes de domínio de internet no âmbito do CASD-ABPI, e os procedimentos de mediação administrados pela CMed-ABPI – Câmara de Mediação da ABPI.

Referências

CAHALI, F. J.; CAHALI, C. E. S. Das normas fundamentais do processo civil (Art. 3). In: BUENO, Cassio Scarpinella (Coord). **Comentários ao Código de Processo Civil – volume 1 (Arts. 1 a 317)**, São Paulo: Saraiva, 2017. p. 84-92

GRINOVER, A. P. Dos conciliadores e mediadores judiciais (Arts. 165 a 175). In: UENO, Cassio Scarpinella (Coord). **Comentários ao Código de Processo Civil – volume 1 (Arts. 1 a 317)**, São Paulo: Saraiva, 2017. p. 678-691

MAZZOLA, M.; PINHO, H.D.B. Manual de mediação e arbitragem. 2ª. Ed. São Paulo: Saraiva. 2021

MAZZONETTO, Nathalia. Arbitragem e propriedade intelectual: aspectos estratégicos e polêmicos. São Paulo: Saraiva, 2017.

SALLES, C.A.; LORENCINI, M.A.G.L.; SILVA, P. E. A. (Coords). Negociação, Mediação, Conciliação e Arbitragem: curso de métodos adequados de solução de controvérsias. 4ª. Ed. Rio de Janeiro: Forense, 2021.

39.
O CNCP – CONSELHO NACIONAL DE COMBATE À PIRATARIA E AOS DELITOS CONTRA A PROPRIEDADE INTELECTUAL

Márcio Costa de Menezes e Gonçalves
Eduardo Carneiro

O presente capítulo tratará da criação, dos primeiros anos e anos mais recentes do CNCP – Conselho Nacional de Combate à Pirataria e aos Delitos contra a Propriedade Intelectual –, órgão protagonista na formulação e acompanhamento de uma política pública de defesa da Propriedade Intelectual em nosso país. Os trabalhos desempenhados pelo CNCP, foram (e são) fundamentais para o fortalecimento da Propriedade Imaterial e defesa da leal concorrência no Brasil.

Os primeiros anos do CNCP (2005 e 2006)
Antes mesmo da criação do CNCP, no âmbito do Ministério da Justiça, representantes do Governo se reuniam através do **Comitê Interministerial de Combate à Pirataria -CICP –**, criado em março de 2.001, cuja composição se deu exclusivamente com representantes de Governo, de diversos Ministérios: Justiça, Ciência e Tecnologia, Desenvolvimento, Indústria e Comércio Exterior, Fazenda e das Relações Exteriores. Eventualmente, representantes do setor privado poderiam ser convidados para colaborarem com as atividades daquele Comitê.

Podemos afirmar que o Comitê Interministerial foi o verdadeiro embrião do Conselho Nacional. Alguns anos após, fruto dos trabalhos e das recomendações vindas da CPI DA PIRATARIA, foi criado o CNCP.

A CPI da pirataria

A sociedade brasileira, representada pelos segmentos geradores de riquezas, ou seja, aqueles que geram empregos, recolhem tributos e cumprem com todas as obrigações legais, clamava pela discussão da pirataria em nosso país. Esta demanda foi atendida de uma forma mais aprofundada através dos trabalhos desempenhados pela CPI da Pirataria.

Aquela CPI, que teve, à época, como Presidente o Deputado Federal Luiz Medeiros, contou com as ativas participações dos então Deputados, Júlio Lopes, Vanessa Grazziotin, Júlio Semeghini, e Josias Quintal, investigando, a fundo, a problemática da pirataria no Brasil e aprofundando as investigações em produtos que comprometem a saúde e segurança dos consumidores, tais como: bebidas, cigarros, óculos, remédios e produtos farmacêuticos, autopeças, combustível e uma outra série de produtos, largamente falsificados, como as obras audiovisuais, fonográficas e os softwares.

A CPI da Pirataria foi um marco no combate à pirataria. Foram inúmeras audiências públicas, votação de requerimentos, tomadas de depoimentos, reuniões e diligências em cidades como Rio de Janeiro, Campinas, Manaus, Foz do Iguaçu, Paranaguá e São Paulo, além das visitas ao Paraguai e aos EUA (Washington D.C.).

Os trabalhos foram finalizados em agosto do ano de 2004, com a apresentação e votação do seu Relatório Final, com mais de 340 laudas, documento que vale a leitura e reflexão. Mencionado Relatório, mostrou à sociedade brasileira os vasos comunicantes da pirataria, explicitando os seus elos com o crime organizado e o envolvimento de agentes públicos que davam cobertura a estas práticas.

Tais fatos levaram à expedição de mais de 30 Mandados de Busca e Apreensão para o recolhimento de produtos piratas, além da Comissão denunciar mais de 100 pessoas, entre elas, o Deputado Federal Pedro Corrêa (PP-PE) e o Juiz Federal João Carlos da Rocha Mattos. Diligências ordenadas pela CPI da Pirataria desembocaram na detenção de Law Kin Chong, considerado, pela Comissão, o maior contrabandista de produtos pirateados do país.

O Relatório da CPI da Pirataria foi entregue no dia 11 de agosto de 2.004 ao então Presidente, Luiz Inácio Lula da Silva, com propostas de alterações na legislação penal, de Direitos Autorais e de Propriedade

Industrial. As principais mudanças referiam-se ao aumento de penas e à definição dos crimes de contrabando.

O Relatório Final da CPI da Pirataria sugeriu, além de algumas mudanças legislativas, a realização e apoio a campanhas educativas, a criação e manutenção de um banco de dados sobre a pirataria e o contrabando, a criação de órgãos dedicados especificamente ao combate à pirataria em cada Estado, a coordenação da fiscalização juntos aos portos, aeroportos e fronteiras, o treinamento e a capacitação de policiais e fiscais, além de uma maior integração entre as Polícias Federal, Rodoviária e Estaduais.

Esta CPI também recomendou ao Poder Executivo que criasse um Conselho Nacional de Defesa da Propriedade Intelectual, em substituição ao Comitê Interministerial existente à época, e que deveria também contar, em sua composição, com representantes da sociedade civil organizada, de diversos setores afetados pela pirataria.

Tal Conselho, seria responsável por sugerir medidas que fortalecessem a defesa da Propriedade Intelectual no Brasil, através da formulação de um Plano Nacional de Combate à Pirataria. Surge aí, o Conselho Nacional de Combate à Pirataria, instalado junto ao Ministério da Justiça, no dia 14 de outubro de 2004.

Paralelamente à CPI da Pirataria foi criada, também, a Frente Parlamentar de Combate à Pirataria, na Câmara dos Deputados, um órgão suprapartidário que era composto por 197 parlamentares, com a finalidade de dar permanente apoio dos congressistas ao tema do combate à pirataria, no concernente ao andamento de Projetos de Lei, com o objetivo de incrementar a observância dos direitos de Propriedade Intelectual no Brasil.

Após o encerramento da CPI da Pirataria, o Presidente da República determinou o fortalecimento da coordenação de ações dos órgãos de repressão à pirataria. A Medida Provisória 220, de 01/10/2004 criou, na estrutura do Ministério da Justiça, o CNCP – Conselho Nacional de Combate à Pirataria e Delitos contra a Propriedade Intelectual, após regulamentado pelo Decreto 5.244, de 15/10/2004.

Além de absorver competências do Comitê Interministerial de Combate à Pirataria, o novo Conselho ficou responsável pela elaboração e implementação de um Plano Nacional de Combate à Pirataria.

O **CNCP** foi formalmente instalado em 21 de novembro de 2004 em cerimônia prestigiada que contou com a participação de diversas autoridades dos três poderes, além de diversos representantes do setor privado. No mesmo dia, ocorreu a Primeira Reunião Extraordinária do Conselho, onde se definiu uma ata da sua estruturação, sendo prevista uma reunião a cada mês.

Os Conselheiros e os seus suplentes foram formalmente empossados para os trabalhos do primeiro biênio. A composição do CNCP contou com a participação dos setores público e privado, divididos da seguinte forma:

Conselheiros representantes do governo
Ministérios da Justiça; Fazenda; Relações Exteriores; Ciência e Tecnologia; Cultura; Desenvolvimento, Indústria e Comércio Exterior; Trabalho; Senado Federal; Câmara dos Deputados; Polícia Federal; Polícia Rodoviária Federal e Receita Federal.

Conselheiros representantes do setor privado:
ADEPI (obras audiovisuais); ABPD (fonogramas); BSA (softwares); ABDR (editorial); ETCO (fumo, bebidas e combustíveis); ABPI (Associação de Propriedade Intelectual) e CONATED.

A atitude do Governo brasileiro foi inédita no mundo ao reunir, em um mesmo Conselho, entidades privadas e representantes de Governo com igual direito a voz e voto. Aliás, os trabalhos da CPI da Pirataria que contaram com a efetiva participação do setor privado, indicaram ser esta uma forma inteligente de lidar com o tema da pirataria.

No dia 14 de janeiro de 2005, ocorreu a Primeira Reunião Ordinária do CNCP, cuja pauta tratou da aprovação da Ata de Estruturação do CNCP; da avaliação do Regimento Interno; da avaliação da Estratégia Nacional de Combate à Pirataria; do Relatório sobre a pirataria no Brasil; das informações sobre o Sistema Geral de Preferências (SGP) e aprovação do cronograma das reuniões do CNCP para o ano de 2005.

Um dos pontos bastante discutidos na reunião inaugural foi o referente à elaboração do Primeiro Plano Nacional de Combate à Pirataria Brasileiro, aliás, uma recomendação da CPI da Pirataria.

O Ministério da Justiça disponibilizou sua equipe da Coordenação de Planejamento Estratégico (COPLAN/MJ), para coordenar uma Oficina de trabalho, onde seriam levantados todos os subsídios para a elaboração do tão desejado e necessário "Plano Nacional Brasileiro de Combate à Pirataria".

Entre os dias 26 e 28 de fevereiro de 2005, o CNCP esteve reunido na sede da Academia Nacional da Polícia Federal – ANP, em Brasília, encontro que contou com a participação de todos os Conselheiros e os seus Suplentes, além da equipe técnica do MJ, para que, conjuntamente, pudéssemos refletir e debater não somente sobre as consequências da pirataria, como também, sobre as suas causas.

Foram dias de debates bastante enriquecedores, onde houve uma participação bastante proativa tanto dos representantes de Governo, quanto da iniciativa privada.

Ao final do terceiro dia, como resultado, foram consensuadas, por maioria absoluta dos Conselheiros, 99 ações concretas, que contemplavam todas as reivindicações do setor público e do setor privado. As ações se traduziam em medidas concretas para um efetivo combate à pirataria, em nível nacional, contando com a integração de todos os atores favoráveis e com metas permanentes a serem perseguidas.

Em relação aos prazos, foram divididos em curto, médio e longo prazos, e segmentadas em três vertentes principais: repressivas, educativas e econômicas.

O universo das ações que fizeram parte do Primeiro Plano Nacional de Combate à Pirataria, do Brasil, era bastante amplo e detalhado, o que refletia a multidisciplinariedade e complexidade do tema.

Nos anos seguintes que vieram, em especial após 2008, o **CNCP** teve uma atuação mais tímida, não atuando com a energia que atuou desde o seu início, até ser revigorado (anos de 2019 a 2021), nas mãos competentes de Luciano Timm e de Juliana Domingues, e de seu Secretário Executivo, o Delegado Federal Guilherme Vargas da Costa, cumprindo um papel fundamental no avanço do tema do combate à pirataria em nosso país.

A ABRAL, Colaboradora do CNCP, elaborou uma campanha educativa, no final do ano de 2019, alertando os consumidores sobre os riscos da pirataria de brinquedos, campanha que teve ampla divulgação na mídia nacional. Com o *slogan* **"Pirataria não é brincadeira!"** a campanha teve o apoio formal do CNCP, do INMETRO e da Secretaria Nacional de Defesa do Consumidor, a SENACON.

Os anos de 2019 e 2020 no CNCP
Nas palavras do Delegado Guilherme Vargas, ex-Secretário Executivo do CNCP, durante os mais 18 anos de sua existência, o CNCP, passou por momentos de grande produtividade até períodos de relativa inatividade, a depender da gestão e das prioridades administrativas de cada época.

Contudo, a despeito deste fato, o CNCP perseverou, não só pela importância do tema para a economia, desenvolvimento, segurança pública e emprego, mas também por ser o único órgão federal que trata específica e exclusivamente deste problema, debatendo nacionalmente estratégias para diminuição e controle da pirataria no Brasil.

Desse modo, nos anos de 2019 a 2021 foi conferida efetividade e produtividade aos trabalhos do colegiado, o que pode ser resumido nos seguintes aspectos:

- Atuar na proteção e defesa do consumidor, contra a oferta de produtos ilegais (pirateados, falsificados, contrabandeados, ou, de qualquer modo, em ofensa aos direitos de propriedade intelectual;
- Atuar como referência no combate à pirataria, nacional e internacionalmente;
- Ser um instrumento de combate ao crime organizado que gira ao redor da pirataria e contrabando (furto, roubo, corrupção, ameaça, homicídios, lavagem de dinheiro, sonegação, etc);
- Ser um instrumento para a construção de um ambiente de concorrência empresarial justa, inovação e de geração de empregos.

Nesse sentido, reafirmou-se, como princípio, o conceito de que proteger a propriedade intelectual, em todos os seus aspectos, significa proteger e incentivar a inovação e a produtividade, garantir investimentos privados para o crescimento do país e, por consequência, a geração de empregos formais e sustentáveis.

Por outro lado, a proteção aos direitos de propriedade intelectual implica em combater o crime organizado e a violência por ele perpetrada, diminuindo suas fontes de financiamento e a prática de outros delitos, o que traz reflexos positivos para a segurança pública em geral.

Há que se refutar, portanto, a ideia de que a pirataria e os delitos contra a propriedade intelectual são "delitos menores", de pouca importância para a segurança pública e de que existe certa "justiça social" no seu cometimento. Ao contrário, necessário demonstrar cada vez mais para a sociedade que estes delitos são graves, e que organizações criminosas atuantes neste nicho utilizam em grande parte a estrutura de transporte e logística utilizados para os tráficos de drogas e armas, alimentando e alimentando-se de tais crimes, diversificando investimentos dos criminosos e criando um círculo não-virtuoso de criminalidade, com intensos aspectos sociais decorrentes.

Fulcro em tais premissas e orientações, o CNCP buscou agir em 2019 e 2020, em que pese as dificuldades causadas pela pandemia, de forma ativa, relevante e concreta, tentando articular com os membros e outros atores a realização de estudos e adoção de medidas efetivas para atacar a questão, sempre tendo como norte o diálogo e o debate, próprios de um colegiado.

O CNCP tem como atribuições, resumidamente, elaborar estudos e propor medidas de combate à pirataria; efetuar levantamentos estatísticos; apoiar e incentivar medidas e ações de fiscalização e policiais; propor mecanismos de combate ao contrabando e descaminho; fomentar a capacitação e o treinamento de agentes público; acompanhar as atividades realizadas por seus membros e colaboradores, por meio de relatórios; fomentar campanhas e educativas e de conscientização da sociedade.

Para tanto, foram adotadas as seguintes estratégias de atuação: a) definição de políticas públicas baseadas em evidências, estudos e levantamentos; b) incentivo à autorregulação (regulada e incentivada pelo poder público); c) prática e incentivo ao diálogo interagências governamentais, inclusive com o Poder Judiciário e Legislativo, e entre estes e o setor privado/produtivo; d) sensibilização dos órgãos públicos envolvidos em relação à necessidade de atenção e ações sobre o tema; e) estudo de boas práticas internacionais aplicáveis ao tema; e) intensa cooperação com unidades de proteção aos direitos de propriedade intelectual de outros países (especialmente Estados Unidos, Reino Unido, Itália e França, além de países vizinhos ao Brasil, organizações internacionais como a OCDE e WIPO, com estreito apoio do Ministério das Relações Exteriores – MRE); f) incentivo e cooperação em capacitações, lato sensu;

Dentro deste projeto geral de atuação, é possível destacar as seguintes ações realizadas recentemente:

A) reativação do Conselho pelo Decreto nº 9.875, de 27 de junho de 2019, após a extinção geral de colegiados realizada pelo Decreto nº 9.759/19, assim como a edição de seu novo Regimento Interno, Portaria 232/20-MJSP;
B) realocação do posicionamento do CNCP no Ministério da Justiça e Segurança Pública, saindo da Secretaria-Executiva para a Secretaria Nacional do Consumidor – SENACON, conferindo maior estabilidade às ações do Conselho, agora em uma área-fim do Ministério;
C) Manutenção das reuniões ordinárias do CNCP, bimestralmente, além de reuniões periódicas com os representantes de órgãos públicos, membros do Conselho;
D) Realização do II Encontro Nacional de Combate à Pirataria e ao Crimes Correlatos, e apoio institucional a diversos outros;
E) Assinatura dos memorandos de entendimento com as seguintes entidades: Organização Mundial de Propriedade Intelectual – OMPI (WIPO), com intuito de formar listas de sites violadores dos direitos de propriedade intelectual; Polícia de Propriedade Intelectual do Reino Unido (PIPCU) para ações gerais de capacitação e estudo do tema; Secretaria de Direitos Autorais e Propriedade Intelectual, da Secretaria Especial da Cultura; Entidades e associações do Mercado Publicitário, para coibir a publicidade em sites violadores dos direitos de propriedade intelectual; ANCINE, para confecção da lista de sites violadores da propriedade intelectual.
F) Apoio a campanhas publicitárias da ABRAL e BASCAP;
G) Intensa articulação para a realização de ações de fiscalização e operações policiais, registrando-se o excelente trabalho das operações Vigia/Horus (permanente combate ao crime nas fronteiras

do Brasil), e 404 (contra serviços ilegais de streaming), ambas da Secretaria de Operações Integradas-SEOPI/MJSP;

H) participação nas discussões do Grupo Interministerial de Propriedade Intelectual – GIPI/Ministério da Economia, que redundará em uma Estratégia Nacional de Propriedade Intelectual – ENPI;

I) lançamento do "Guia de boas práticas e orientações às plataformas de comércio eletrônico para a implementação de medidas de combate à venda de produtos piratas, contrabandeados ou, de qualquer modo, em violação à propriedade intelectual", para diminuir a venda de produtos ilegais em meio digital.

Assim, as bases de um novo CNCP foram postas, com apoio incessante de seus membros e colaboradores, que compreenderam o momento, os esforços realizados, e o direcionamento adotado, participando ativamente do debate e das ações acima descritas.

Além de ser necessário melhorar o diálogo com autoridades internacionais, estaduais e municipais, é imperioso conhecer mais profundamente as raízes, situação atual e impactos da pirataria no Brasil, permitindo a adoção de políticas públicas mais eficazes e com base científica, garantindo aporte de recursos financeiros e de pessoal que tenham benefícios concretos, além de maior preocupação com a capacitação de agentes públicos e esclarecimentos para a sociedade.

Dentre os projetos de curto e médio prazos, o CNCP planeja: 1) firmar memorando de entendimento com a United States Patent and Trademark Office – USPTO, unidade norte-americana de proteção aos direitos de propriedade intelectual, para ações de capacitação e intercâmbio de informações e melhores práticas; 2) garantir efetividade às ações do "Guia de boas práticas e orientações para a implementação de medidas de combate à pirataria pelo Poder Público, pelos Titulares de Direito, pelas Associações e pelos Provedores de Serviços de pagamento – PSPs, lançado com o intuito de inviabilizar ou dificultar o recebimento de receitas oriundas da venda de bens, dispositivos e serviços, em violação à propriedade intelectual", evitando a monetização de sites violadores de direitos de propriedade intelectual; 3) elaborar estudo amplo sobre a pirataria no Brasil (raízes, rotas, formas de atuação, impacto econômico e na geração de empregos), com apoio de consultores contratados pela Unesco, que possui convênio com a SENACON.

O plano nacional de combate à pirataria de 2022

O CNCP atualmente é regido pelo Decreto 9.875/2019 e pela Portaria nº 232/2020 e finaliza o ano de 2022 com a seguinte composição:

- Representantes Governamentais – Secretaria Nacional do Consumidor – SENACON, Polícia Federal – PF, Polícia Rodoviária Federal – PRF, Secretaria Nacional de Segurança Pública – SENASP, Secretaria de Operações Integradas – SEOPI, Receita Federal do Brasil -RFB, Secretaria Especial de Produtividade – SEPEC/ME, Ministério das Relações Exteriores – MRE, Agência Nacional do Cinema – ANCINE, Agência Nacional de Vigilância Sanitária – ANVISA, Agência Nacional de Telecomunicações – ANATEL, Instituto Nacional da Propriedade Industrial-INPI, Ministério da Cidadania – MC e Conselho Estadual de Combate à Pirataria do Governo do Estado de Santa Catarina – CECOP.
- Representantes do Setor Privado – ABIFINA – Associação Brasileira das Indústrias de Química Fina, Biotecnologia e suas Especialidades, ABTA – Associação Brasileira de TV Por Assinatura, BPG – Grupo de Proteção à marca, FNCP – Fórum Nacional Contra a Pirataria e a ilegalidade, MPA – Motion Pictures Association.

A repressão à comercialização ilícita de produtos e serviços que violam direitos de propriedade intelectual é uma realidade desafiadora no atual cenário em constante evolução tecnológica. Os prejuízos do comércio ilícito vão muito além do impacto em vendas e receitas das empresas vítimas dessas práticas, existe um impacto direto na economia do país, reflexo da diminuição da arrecadação de tributos, além de se tratar de produtos que não passam por processos de controle de qualidade efetivos e não seguirem regras estabelecidas pelos órgãos reguladores.

Na linha das principais atribuições do CNCP, foi aprovado em 2022 o Plano Nacional de Combate à Pirataria, com duração de 3 anos e foram apresentadas 62 metas para combater a pirataria com ações de curta, média e longa duração. O Plano está estruturado em quatro eixos de atuação que englobam diversas esferas de enfrentamento da questão, quais sejam: Institucional, Prevenção e Proteção, Capacitação e Educacional.

No eixo INSTITUCIONAL serão priorizadas ações de articulação entre diversos órgãos para promover o diálogo, a interação e a coordenação de ações. Merecem destaque as discussões sobre a viabilidade da instalação de varas judiciais, promotorias e delegacias especializadas no combate à Pirataria e violações dos direitos de Propriedade Industrial.

Ainda na linha de ações de articulação, está previsto no plano a proposta de inclusão dos delitos contra a propriedade intelectual no Sistema Único de Segurança Pública, ampliando o rol de crimes abarcados pelas estatísticas do SINESP.

E, inspirado no exemplo do Conselho Estadual de Combate à Pirataria do Governo do Estado de Santa Catarina – CECOP, foram iniciadas discussões com Estados e com o DF sobre a possibilidade de criação de conselhos ou fóruns estaduais de combate à pirataria, aumentando a capilaridade de coordenação das ações. O CECOP/SC é órgão colegiado, consultivo, deliberativo e fiscalizador, de caráter permanente, vinculado à Secretaria do Estado de Desenvolvimento Econômico Sustentável, com a finalidade de promover e coordenar as ações de enfrentamento à pirataria, à sonegação fiscal dela decorrente e demais delitos contra a propriedade intelectual.

Continuando no primeiro eixo de atuação, uma importante medida será o apoio e fortalecimento do Diretório Nacional de Combate à Falsificação de Marcas. Trata-se de projeto conjunto do CNCP e do Instituto Nacional de Propriedade Industrial – INPI, pensado para ser um centro de informações estratégicas a serem acessadas exclusivamente por agentes públicos atuantes no combate às falsificações.

A plataforma disponibiliza conteúdos fornecidos por marcas de diversos segmentos industriais e de serviços, para identificação da autenticidade das marcas, indicação de locais de produção e de comercialização licenciados e diversas orientações técnicas que facilitem a aferição da possível contrafação das marcas, além do contato dos responsáveis pela representação especializada.

No campo legislativo, existem diversos projetos de lei em tramitação na Câmara dos Deputados e no Senado Federal. Os principais projetos de interesse na prevenção e repressão a violações à propriedade intelectual foram listados em comissão específica para este fim e em parceria com as assessorias parlamentares dos órgãos representados no conselho serão adotadas estratégias para prosseguimento dos projetos.

O segundo eixo de atuação no Plano é o de PREVENÇÃO E PROTEÇÃO que pretende colocar em prática projetos que aperfeiçoem medidas de repressão às infrações contra a propriedade intelectual. Nesse contexto, serão envolvidos órgãos públicos de todas as esferas de governo e entidades da sociedade civil.

Neste ponto o CNCP pode atuar como o principal articulador entre órgãos de governo e entidades da sociedade civil, estimulando o fluxo de informações de inteligência para uma maior eficiência nas operações de fiscalização e repressão que demandem uma coordenação nacional.

Grandes operações idealizadas por membros do CNCP com esse propósito de integração público-privada nos servem de exemplos, como a Operação 404 para repressão a pirataria digital, coordenada pela Secretaria de Operações Integradas do Ministério da Justiça e realizada com apoio da ANCINE e entidades privadas; bem como a OTEFIS, voltada para a repressão aos crimes contra o FISCO, saúde pública e propriedade intelectual, coordenada pela Polícia Rodoviária Federal e realizada com apoio de diversos órgãos públicos de todas as esferas de governo e iniciativa privada.

Conforme já citado, em 2020 foi lançado o guia de boas práticas e orientação às plataformas de comércio eletrônico para implementação de medidas de combate à venda de produtos piratas, contrabandeados ou, de qualquer modo, e, violação à propriedade intelectual.

Para aumentar a eficácia na redução de ofertas de produtos ilegais em marketplaces, o guia estabeleceu uma série de princípios que poderão ser aplicados às ofertas carregadas nas plataformas de comércio eletrônico, de forma que a atuação dos aderentes do guia e dos titulares dos direitos seja pautada pelos princípios da legalidade, razoabilidade, boa-fé e proporcionalidade. (GUIA, 2020)

Os aderentes aos termos do guia entendem que o comércio de produtos ilegais prejudica consumidores pela baixa qualidade e potenciais riscos à saúde, prejudicam o detentor dos direitos de propriedade intelectual, já que é a reputação da marca que pode ser diretamente afetada, bem como a reputação da própria plataforma de comércio eletrônico.

Neste momento se faz necessário o acompanhamento das ações implementadas na prática pelas entidades que fizeram a adesão ao guia, para então se decidir pela manutenção ou não das mesmas como aderentes às recomendações.

E, finalizando o eixo de PREVENÇÃO E PROTEÇÃO, se faz necessário fomentar discussões relacionadas ao desenvolvimento de novas tecnologias e ferramentas para o combate à pirataria, inclusive para rastreamento de produtos e verificação de autenticidade de produtos a serem utilizadas pelos órgãos de fiscalização e controle, compras governamentais, consumidores e cidadãos.

O terceiro eixo é o de CAPACITAÇÃO que contempla ações de treinamentos relacionados ao combate à pirataria e delitos correlatos aos agentes públicos, com foco no intercâmbio de informações e boas práticas operacionais e de investigação.

Além disso, prevê acordos de cooperação com instituições de Ensino Superior, Escolas e Academias profissionais para inclusão em seus programas de formação, ensino e aprimoramento de iniciativas que tenham como tema central o combate ao mercado ilegal, especialmente pirataria, os crimes contra a propriedade intelectual e a proteção aos direitos de propriedade intelectual, em consonância com a Estratégia Nacional de Propriedade Intelectual.

Também consideramos importante fomentar o engajamento de membros do Poder Judiciário e do Ministério Público brasileiro no "Foro de Propriedade Intelectual para Juízes da OMPI" – evento anual que promove o diálogo global entre judiciários.

O quarto eixo é o EDUCACIONAL que tem como objetivo conscientizar e alertar os consumidores sobre os perigos e danos que existem sob a ótica ambiental e econômica ao país. Trata-se de ações que objetivam debater, estudar e divulgar para as instituições/organizações e sociedade em geral os malefícios decorrentes da pirataria, contrafação, contrabando e demais delitos contra a propriedade intelectual, impactos para a economia, segurança pública e geração de empregos, e sugestões para o enfrentamento da questão.

Para isso, o Plano prevê ações de campanhas de conscientização, elaboração de cartilhas para a população sobre os malefícios do crime de pirataria e as consequências nos diversos setores da sociedade, realização de eventos acadêmicos, entre outros.

Com base nestas principais ações destacadas dos quatro eixos do Plano Nacional de Combate à pirataria, percebe-se que um dos objetivos principais é o aprofundamento do diálogo entre os diversos agentes públicos e privados que atuam neste campo, unindo forças para impulsionar as melhores práticas de combate aos crimes de violação de propriedade intelectual, formando uma massa crítica e gerando subsídios estatísticos para a melhoria da promoção ao combate à pirataria.

O futuro do CNCP, portanto, caminha para o fortalecimento de suas atividades, amadurecimento institucional e aperfeiçoamento de seu funcionamento, de forma a se tornar cada vez mais referência sobre o tema e ator fundamental para a redução da pirataria e dos delitos correlatos no país.

Não é possível ter eficiência na contenção dos danos oriundos da pirataria e comércio ilegal trabalhando de forma isolada. O Estado precisa cumprir o seu papel de garantidor da ordem social, atacando o problema em diversas frentes, através da repressão, da capacitação de agentes públicos, de campanhas educativas sobre os malefícios da aquisição de produtos e serviços pirateados, contrabandeados e abaixo de padrões mínimos de qualidade e segurança e, o mais importante, com a criação de um fluxo constante de informações entre órgãos públicos de todas as esferas, unindo esforços e trabalhando de forma integrada.

A iniciativa privada também desempenha importante papel neste cenário. É preciso munir o Estado de informações de inteligência sobre a origem de produtos lícitos, principais rotas e formas de distribuição, além de possíveis informações sobre as atividades ilegais que possam ter conhecimento e, assim, subsidiar e auxiliar na construção de operações de fiscalização ou policiais. É também de extrema importância dedicarem esforços na elaboração de campanhas de conscientização da população, bem como a busca no judiciário pela responsabilização civil pela prejuízos suportados com o mercado ilegal.

Merece aprofundamento a ideia de responsabilidade social tanto do consumidor, demonstrando o desestímulo a investimentos, os danos irreversíveis à indústria nacional e os riscos que os próprios estão expostos por produtos contrafeitos, quanto do governo e da indústria, que podem também contribuir com ações que visem a facilitação de acesso e consumo de produtos legítimos.

Referências

BUAINAIN, Antônio Márcio. **Propriedade intelectual e desenvolvimento no Brasil** / Antônio Márcio Buainain, Roney Fraga Souza – Rio de Janeiro: Ideia D; ABPI, 2019.

Guia: **Boas práticas e orientações às plataformas de comércio eletrônico para a implementação de medidas de combate à venda de produtos piratas, contrabandeados ou, de qualquer modo, em violação à propriedade intelectual**. Secretaria Nacional do Consumidor. 2020

REFERÊNCIAS BIBLIOGRÁFICAS

ABRÃO, Eliane Y. **Direitos de Autor e Direitos Conexos**. 2ª. Ed. revista e ampliada. São Paulo: Migalhas, 2014.

AMARAL, Antônio Carlos Rodrigues do. **Direito do Comércio Internacional**: Aspectos Fundamentais. São Paulo: Lex Editora, 2004.

ANDRADE, Gilberto Falcão de. **Produção de Obras Audiovisuais**. Manual do Direito do Entretenimento. Guia de Produção Cultural. FRANCEZ, Andréa. COSTA NETTO, José Carlos. E D'ANTINO, Sérgio Famá. São Paulo: SENAC, 2009.

ANDRADE, Gustavo Piva. O trade dress e a proteção da identidade visual de produtos e serviços. **Revista da ABPI**, São Paulo, n. 112, p. 3-26, maio/jun. 2011.

ARRUDA, Vinicius Cervantes G. **Big data, dados pessoais e propriedade intelectual**: limites e tutela jurídica das bases de dados. 2.ed. Curitiba: Editora CRV, 2021.

ASCARELLI, Túlio. **Teoria de la concurrencia y de los bienes inmateriales**. Barcelona: Bosch, 1970.

ASCENÇÃO, José de Oliveira. **Concorrência Desleal**, Coimbra: Almedina, 2002.

ASCENSÃO, José de Oliveira. **Direito Autoral**. 2ª. Ed. revista e ampliada. Rio de Janeiro: Renovar, 1997.

ASCENSÃO, José de Oliveira. **Estudos sobre direito da Internet e da Sociedade da Informação**, Coimbra: Almedina, 2001.

ASSAFIM, João Marcelo de Lima. **A transferência de tecnologia no Brasil**. Rio de Janeiro: Lumen Júris, 2005

ASSAFIM, João Marcelo de Lima. **Funções da propriedade intelectual**: abuso de direito de marca e sinais desprovidos de poder distintivo- notas sobre a ótica da livre concorrência. In: Encontro Internacional do Conpedi, 1., 2014, Barcelona. Anais. Barcelona, 2014.

BARBOSA, Cláudio R. **Propriedade Intelectual**: Uma introdução à propriedade intelectual como informação. Rio de Janeiro: Elsevier, 2009.

BARBOSA, Denis B. **Uma Introdução à Propriedade Intelectual**. Vol. 2. Rio de Janeiro: Lumen Juris, 1998.

BARBOSA, Denis B.; WACHOWICZ, Marcos (org). **Propriedade Intelectual: desenvolvimento na agricultura**. Curitiba: GEDAI/UFPR, 2016.

BARBOSA, Denis Borges, **Tratado da Propriedade Intelectual** – Tomo III – 2ª Ed. – 3ª Tiragem – 2022 – Rio de Janeiro: Lumen Juris, 2010.

BARBOSA, Pedro Marcos Nunes. **Curso de concorrência desleal**. Rio de Janeiro: Lumen Juris, 2022.

BARCELLOS, Milton Lucídio Leão. **Propriedade industrial & Constituição**: teorias preponderantes e suas interpretações na realidade brasileira. Porto Alegre: Livraria do Advogado, 2007.

BASSO, Maristela. **A proteção da propriedade intelectual e o direito internacional**. Revista de Informação Legislativa, Brasília a. 41 n 162 abr / jun. 2004

BASSO, Maristela. **O Direito Internacional da Propriedade Intelectual**. Porto Alegre: Livraria do Advogado, 2000.

BITTAR, Carlos Alberto. **Direito de Autor**. 3ª edição revista, ampliada e atualizada, conforme a Lei n. 9.610. Rio de Janeiro: Forense Universitária. 2001.

BITTAR, Carlos Alberto. **Teoria e prática da concorrência desleal**. São Paulo: Saraiva, 1989.

BRANCO, Gerson Luiz Carlos. **Função social dos contratos**: interpretação luz do Código Civil. São Paulo: Saraiva, 2009.

BRASIL. **Tribunal de Justiça de São Paulo**. Apelação Cível nº 0130935-08.2012.8.26.0100. 1ª Câmara Reservada de Direito Empresarial. Relator Francisco Loureiro. Diário de Justiça Eletrônico. 11 nov 2016.

BRASIL. **Tribunal de Justiça de São Paulo**. Apelação Cível nº 1093251-56.2017.8.26.0100. 2ª Câmara Reservada de Direito Empresarial. Relator Ricardo Negrão. Diário de Justiça Eletrônico. 10 set 2018.

BRASIL. **Tribunal de Justiça de São Paulo**. Apelação Cível nº 1015330-08.2015.8.26.0224. 1ª Câmara Reservada de Direito Empresarial. Relator Enio Zuliani. Diário de Justiça Eletrônico. 01 jun 2016.

BRASIL. **Tribunal de Justiça de São Paulo**. Apelação Cível nº 1031342-42.2019.8.26.0100. 1ª Câmara Reservada de Direito Empresarial. Relator Azuma Nishi. Diário de Justiça Eletrônico. 01 fev 2023.

BRASIL. **Tribunal de Justiça de São Paulo**. Apelação Cível nº 1090308-66.2017.8.26.0100. 1ª Câmara Reservada de Direito Empresarial. Relator J. B. Franco de Godoi. Diário de Justiça Eletrônico. 12 abr 2021.

BRASIL. **Tribunal de Justiça de São Paulo**. Apelação Cível nº 0043169-48.2010.8.26.0564. 3ª Câmara de Direito Privado. Relator Alexandre Marcondes. Diário de Justiça Eletrônico. 20 dez 2020.

BRASIL. **Tribunal de Justiça de São Paulo**. Apelação Cível nº 1029080-95.2014.8.26.0100. 1ª Câmara Reservada de Direito Empresarial. Relator Francisco Loureiro. Diário de Justiça Eletrônico. 01 jun 2017.

BRASIL. Superior Tribunal de Justiça. Recurso Especial nº 1.209.919/SC. Quarta Turma. Relator Ministro Lázaro Guimarães. Diário de Justiça Eletrônico. 19 mar 2018.

BRASIL. Ministério da Agricultura, Pecuária e Abastecimento. **Proteção de Cultivares no Brasil**. Brasília: MAPA/ACS, 2011.

BRASIL. Superior Tribunal de Justiça. Recurso Especial nº 1.376.264/RJ. Terceira Turma. Relator Ministro João Otávio de Noronha. Diário de Justiça Eletrônico. 04 fev 2015.

BRASIL. Superior Tribunal de Justiça. Recurso Especial nº 1.606.781/RJ. Terceira Turma. Relator Ministro Moura Ribeiro. Relator para acórdão Ministro Ricardo Villas Bôas Cueva. Diário de Justiça Eletrônico. 10 out 2016.

BRASIL. Superior Tribunal de Justiça. Recurso Especial nº. 1200677/ RJ, 3ª Turma, Relator Ministro Sidnei Benedti, DJe 12/03/2013

BRASIL. Superior Tribunal de Justiça. Rercurso Especial nº. 1190341 / RJ, 4ª Turma, Relator Ministro Luis Felipe Salomão, DJe 28/02/2014

BRASIL. Superior Tribunal de Justiça. Rercurso Especial nº. 1447352 / RJ, 3ª Turma, Relator Ministro João Otávio de Noronha, DJe 16/06/2016.

BUAINAIN, Antônio Márcio. **Propriedade intelectual e desenvolvimento no Brasil** / Antônio Márcio Buainain, Roney Fraga Souza – Rio de Janeiro: Ideia D; ABPI, 2019.

CAHALI, F. J.; CAHALI, C. E. S. Das normas fundamentais do processo civil (Art. 3). In: BUENO, Cassio Scarpinella (Coord). **Comentários ao Código de Processo Civil – volume 1 (Arts. 1 a 317)**, São Paulo: Saraiva, 2017.

CAMELIER DA SILVA, Alberto Luís. **Concorrência Desleal**: Atos de Confusão. São Paulo: Saraiva, 2013.

CARBONI, Guilherme e COELHO, Daniele Maia Teixeira. A proteção das expressões culturais tradicionais pela propriedade intelectual e sua transformação em mercadoria. Revista Eletrônica do IBPI – Nr. 7, 01 jan. 2013.

CARVALHO, Patrícia Luciane (coord.). **Propriedade Intelectual**: estudos em homenagem à Professora Maristela Basso. Curitiba: Juruá Editora, 2005.

CAVALHERI FILHO, Sergio. **Programa de Responsabilidade Civil**, 8ª. Ed. São Paulo: Atlas, 2008.

CERQUEIRA, João da Gama. **Tratado da Propriedade Industrial**. 2ª. Ed. São Paulo: Revista dos Tribunais, 1982.

CERQUEIRA, Tarcísio Queiroz. **Software: Direito Autoral e Contratos**. Rio de Janeiro: Fotomática-Polar, 1993.

CERQUEIRA. João da Gama. **Tratado da Propriedade Industrial.** 3 vols. 3ª. ed., ver. e atualizada por Newton Silveira e Denis Borges Barbosa. São Paulo: Lumen Juris, 2010.

CESÁRIO, Kone Prieto Furtunato. **As novas marcas visuais à luz dos princípios do direito comercial.** Curitiba: Editora Juruá, 2020.

CHAVES, Antonio. **Direitos Conexos.** Dos atores, compositores, locutores, músicos, técnicos, direito de arena, direito das empresas, direito à imagem, etc. São Paulo: LTr, 1999.

CHAVES, Antônio. **Transferência de Tecnologia**. Repositório Autorizado da Jurisprudência do Supremo Tribunal Federal. São Paulo: Legis Summa, 1985. Ano XIII.

CHINELLATO, Silmara Juny de Abreu. **Violações de Direito Autoral**: plágio, "autoplágio" e contrafação. In *Direito Autoral Atual*. Coord. José Carlos Costa Netto, Maria Luiza de Freitas Valle Egea, Larissa Andrea Carasso Kac, Anita Mates, Leonardo Machado Pontes. 1ª. ed. Rio de Janeiro: Elsevier, 2015.

COCURUTTO, Rafael Clementi. **Direitos Autorais***:* A Gestão Coletiva de Obras Musicais. 1ª ed. São Paulo: Leud, 2020.

COELHO, Fábio Ulhoa. **Curso de Direito Comercial** – Direito de Empresa. Volume 1. São Paulo: Saraiva, 2012.

CONFEDERAÇÃO NACIONAL DA INDUSTRIA – CNI. **Propriedade Industrial Aplicada: Reflexões para o magistrado**. Brasília: 2013.

CORDEIRO, Antônio Manuel da Rocha e Menezes. **Da Boa Fé no Direito Civil**. Coimbra, Edições Almeida. 2007.

CORREA, José Antonio B.L. Faria. **Considerações sobre o tratamento do segredo de negócio – os efeitos da nova Lei de Propriedade Industrial**. Revista da

ABPI – Associação Brasileira da Propriedade Intelectual, Rio de Janeiro, n. 27, p. 31-38, mar.-abr. 1997.

COSTA NETTO, José Carlos. **A gestão coletiva dos titulares de direitos autorais decorrentes da execução pública de obras musicais e fonogramas no Brasil**: os critérios e a legitimidade para a fixação do valor da remuneração. In Direito Autoral Atual. Coord. José Carlos Costa Netto, Maria Luiza de Freitas Valle Egea, Larissa Andrea Carasso Kac, Anita Mates, Leonardo Machado Pontes. 1ª. ed. Rio de Janeiro: Elsevier, 2015.

COSTA NETTO, José Carlos. **Direito Autoral no Brasil**. 3ª ed. São Paulo: Saraiva Educação, 2019.

CRIVELLI, Ivana Có Galdino. **Direitos Autorais na Obra Cinematográfica**. São Paulo: Letras Jurídicas, 2008.

CRUZ FILHO, Murillo F., MACULAN, Anne-Marie. **Propriedade Industrial e Transferência de Tecnologia**. Porto Alegre, EdiPUCRS, 2010. DINIZ, Maria Helena. Tratado teórico e prático dos contratos. 5.ed. São Paulo, Saraiva 2003.

CUNHA, Frederico Carlos da. **A Proteção Legal do Design – Propriedade Industrial**. Rio de Janeiro: Ed. Lucerna, 2000.

D'ANTINO, Sérgio Famá e KAC, Larissa Andrea Carasso. **Os direitos conexos dos autores de telenovelas e minisséries**. In Direito Autoral Atual. Coord. José Carlos Costa Netto, Maria Luiza de Freitas Valle Egea, Larissa Andrea Carasso Kac, Anita Mates, Leonardo Machado Pontes. 1ª. ed. Rio de Janeiro: Elsevier, 2015.

D'ELBOUX, S. M.; BAIRON, S. **A proteção legal às expressões culturais tradicionais no Brasil** – Mecanismos e iniciativas para a sua preservação e difusão. In: SOARES, I. V. P.; PRAGMÁCIO, M. (org.). Tutela jurídica e política de preservação do patrimônio cultural imaterial. Salvador: Editora JusPodivm, 2018. p. 121-144.

DANNEMAN, Siemensen Bigler & Ipanema Moreira. **Comentários à lei de propriedade industrial e correlatos**. Rio de Janeiro, São Paulo: Renovar, 2005.

DANNEMANN, Gert Egon; AHLERT, Ivan Bacelar; CÂMARA Jr. Eduardo da Gama. **Patentes: O que fazer? Por que fazer? Como fazer? Um guia prático e didático sobre o sistema de patente, direitos e obrigações**. In Séries Direitos de Propriedade Intelectual. Rio de Janeiro: IDS – Instituto Dannemann Siemsen/Sebrae, 2004.

DANNEMANN, Siemsen, Bigler & Ipanema Moreira. **Comentários à Lei da Propriedade Industrial e Correlatos**. Rio de Janeiro: Renovar, 2005.

DANNEMANN, SIEMSEN, BIGLER & IPANEMA MOREIRA. **Propriedade Intelectual no Brasil**. Rio de Janeiro: ODVI Design, 2000.

DELGADO, Luciano Oliveira. **A Efetividade da tutela dos art. 105 da Lei 9.60/1998**. In *Direito Autoral Atual*. Coord. José Carlos Costa Netto, Maria Luiza de Freitas Valle Egea, Larissa Andrea Carasso Kac, Anita Mates, Leonardo Machado Pontes. 1ª. ed. Rio de Janeiro: Elsevier, 2015.

DELMANTO, Celso. **Crimes de Concorrência Desleal**. São Paulo: Editora Universidade de São Paulo, 1975.

DI BLASI, Gabriel. **Tendências da proteção dos desenhos industriais nos países**. In Propriedade & ética. Rio da Janeiro: Estratagema Consultoria de Comunicação, 2008.

DIDIER JR, Fredie, Gustavo Osna e Marcelo Mazzola, Coord. **Processo Civil e Propriedade Industrial**. 1ª. Ed. São Paulo: Editora JusPodium, 2022.

DIEGUES, Antônio Carlos e ARRUDA, Rinaldo S.V. **Saberes tradicionais e biodiversidade no Brasil**. Ministério do Meio Ambiente, dos Recursos Hídricos e da Amazônia Legal. São Paulo: COBIO, NUPAUB, 2000.

DOMINGUES, Douglas Gabriel. **Segredo Industrial, segredo de Empresa, Trade secret, e know-how e os problemas de segurança nas empresas contemporâneas**. Revista Forense, Rio de Janeiro, 1989, vol. 308. FLORES, Cesar, Segredo Industrial e o Know- How – Aspectos Jurídicos Internacionais. Rio de Janeiro, Lumen Juris, 2008.

DONINNI, Rogério Ferraz. **Responsabilidade pós-contratual**: no novo código civil e no código de defesa do consumidor. São Paulo: Saraiva, 2004.

DRUCKER, Peter. **The Age of Discontinuity; Guidelines to Our Changing Society**. Nova Iorque: Harper and Row, 1969.

DRUMMOND, V. G. **A tutela jurídica das expressões culturais tradicionais**. São Paulo: Almedina, 2017.

DURVAL, Hermano. **Concorrência desleal**. São Paulo: Saraiva, 1976.

EDUARDO, Alexandra de Paula e TURCO, Renata de Arruda Botelho da Veiga. Televisão. **Manual do Direito do Entretenimento**. Guia de Produção Cultural. FRANCEZ, Andréa. COSTA NETTO, José Carlos. E D'ANTINO, Sérgio Famá. São Paulo: SENAC, 2009.

ENGEL, Matheus S. P., **A Proteção à Propriedade Intelectual das Topografias de Circuitos Integrados do Brasil**, Revista ABPI nº 150, ABPI, 2017.

ESTEVES, Luciana Batista. **A ICANN e a regulamentação dos nomes de domínio**. Revista da ABPI, nº 79, nov./dez. 2005

FEKETE, Elisabeth Kasznar. **O regime jurídico do segredo de indústria e comércio no direito brasileiro.** Rio de Janeiro: Forense, 2003.

FERNÁNDEZ-NÓVOA, Carlos et al. **Manual de la propriedad industrial.** Madrid: Marcial Pons, 2009.

FIDALGO, Vitor Palmela. **A Responsabilidade Civil e os Critérios de Indenização na Violação de Direitos Autorais.** In *Direito Autoral Atual*. Coord. José Carlos Costa Netto, Maria Luiza de Freitas Valle Egea, Larissa Andrea Carasso Kac, Anita Mates, Leonardo Machado Pontes. 1ª. ed. Rio de Janeiro: Elsevier, 2015.

FRANCISCO, Pedro Augusto Pereira; VALENTE, Mariana Giorgetti. **ECAD, Direito Autoral e Música no Brasil.** 1ª ed. Rio de Janeiro: Beco do Azougue, 2016

GAIARSA, Lucas Martins. **Registro de desenhos industriais** – esse desconhecido. Boletim ASPI, São Paulo, n 41 – Julho de 2013 a Fevereiro de 2014

GENRO, João Pedro Costa. **O Uso Indevido das Expressões Culturais Tradicionais**: a busca pela proteção nas relações entre o direito da propriedade intelectual e do patrimônio cultural. Orientador ODY, Lisiane Feiten Wingert. Trabalho de conclusão de graduação UFRGS, 2022.

GERVAIS, Daniel. **Collective Management of Copyrights and Related Rights.** 3ª ed. Baltimore: Wolters Kluwer, 2015.

GNOCCHI, Alexandre. **Transferência de Tecnologia Industrial**, São Paulo: Inventa, 1981.

GOMES, Orlando. **Contratos.** 26ª. Ed. Rio de Janeiro: Forense, 2008.

GONÇALVES, Carlos Roberto. **Direito Civil Brasileiro.** 10ª. Ed. revista e ampliada. São Paulo: Saraiva, 2008.

GRINOVER, A. P. Dos conciliadores e mediadores judiciais (Arts. 165 a 175). In:BUENO, Cassio Scarpinella (Coord). **Comentários ao Código de Processo Civil – volume 1 (Arts. 1 a 317)**, São Paulo: Saraiva, 2017.

SANT'ANNA, Guilherme Chaves. FRANCEZ, Andréa Cervi, artigo "Contrato de Cessão de direitos: tempo, prazo e institutos afins", publicado na coletânea **"Propriedade Imaterial – Direitos Autorais, Propriedade Industrial e Bens de Personalidade".** Eliane Abrão (organizadora). – São Paulo: Editora Senac São Paulo, 2006.

IDS, Instituto Dannemann Siemsen. **Comentários à Lei de Propriedade Industrial.** Rio de Janeiro: Renovar, 3ª edição, 2013.

INSTITUTO NACIONAL DA PROPRIEDADE INDUSTRIAL – INPI. **Manual de Marcas.** Brasil: 3ª edição (out/2019), 5ª revisão (fev/2022).

JABUR, Wilson Pinheiro. **Nome de Domínio**: Novo Sinal Distintivo?, *in* Propriedade Intelectual: sinais distintivos e tutela judicial e administrativa, Coord. Wilson Pinheiro Jabur e Manoel J. Pereira dos Santos. São Paulo: Saraiva, 2007.

KISHI, S. A. S. **Conhecimentos e povos tradicionais**: a valorização da dignidade humana pelo direito patrimonial cultural. In: SOARES, I. V. P.; CUREAU, S. (org.). Bens culturais e direitos humanos. 2. ed. São Paulo: Edições Sesc São Paulo, 2019. p. 215–235.

KOTLER, Philip; ARMSTRONG, Gary. **Princípios de marketing**. 5. ed. Rio de Janeiro: Prentice-Hall, 1993.

LABRUNIE, Jacques. **A proteção ao segredo de negócio**. In: SIMAO FILHO, Adalberto; LUCCA, Newton de (Coords.). Direito empresarial contemporâneo. São Paulo: Juarez de Oliveira, 2000.

LABRUNIE, Jacques. **Conflitos entre nomes de domínio e outros sinais distintivos**, Direito & Internet: aspectos jurídicos relevantes, Bauru: Edipro, 2000.

LEE, João Bosco. **O princípio da confidencialidade na Arbitragem Comercial Internacional**. O Direito Internacional e o Direito Brasileiro: homenagem a José Francisco Rezek/ Org. Wagner Menezes – Ijuí, Ed. Unijuí. 2004.

LEONARDOS, Gabriel Francisco e Lucas Ribeiro Viera Rezende. **Antecipação de tutela diante da violação do Trade dress**: Breves comentários a partir do pressuposto da probabilidade do direito (129-135). Processo Civil e Propriedade Industrial. São Paulo: Juspodivm, 2022.

LEONARDOS, Gabriel Francisco **Notas sobre o segredo de negócio**. Rio de Janeiro, Revista Forense, Vol. 337.

LEONARDOS, Gabriel Francisco. **Tributação da transferência de tecnologia**. Rio de Janeiro: Forense, 1997.

LEONARDOS, Luiz. **A proteção ao nome comercial no Direito Brasileiro**, in RT 450/25-31.

LEONARDOS, Luiz. **Apreciação do conflito entre marcas e nomes comerciais**, Revista da ABPI, São Paulo: vol. 41, jul./ago. 1999.

LICKS, Otto B. **Inter-relação entre desenhos industriais, marcas figurativas, tri-dimensionais e direitos autorais.** In: Revista da ABPI, Anais do XVIII Seminário Nacional de Propriedade Intelectual, 1998.

MACEDO, Maria Fernanda Gonçalves; BARBOSA, A.L. Figueira. **Patentes Pesquisa e Desenvolvimento** – um manual de propriedade intelectual. 2. ed, Rio de Janeiro: Fiocruz, 2000.

MACHADO, José Mauro Decoussau, **Aspectos da antecipação da tutela na propriedade industrial: patentes, desenhos industriais e marcas** – São Paulo: Editora Revista dos Tribunais, 2007.

Manoel Pereira J. Pereira dos Santos e Wilson Jabur. **Texto Base para a Disciplina Ambiente Legal**. São Paulo, FGV.

MARTINS-COSTA, Judith. **A Boa-fé no Direito Privado**. 1ed.2tr. São Paulo, Revista dos Tribunais, 2000.

MATTOS, Adherbal Meira, **Propriedade Intelectual, Estudos em Homenagem à Professora Maristela Basso**, Coodenadora Patríca Luciane de Carvalho. Curitiba, Editora Juruá, 2009.

MAZZOLA, M.; PINHO, H.D.B. **Manual de mediação e arbitragem**. 2ª. Ed. São Paulo: Saraiva, 2021.

MAZZONETTO, Nathalia. **Arbitragem e propriedade intelectual**: aspectos estratégicos e polêmicos. São Paulo: Saraiva, 2017.

MCCARTHY`S. J. Thomas. **Desk Encyclopedia of. Intelectual Property**. BNA Books. Washington, DC, 1991.

MENEZES, Paula Luciana de. **Impacto das espécies de responsabilidade civil sobre a liberdade de imprensa**. 2018. 205 f. Dissertação (Mestrado) – Faculdade de Direito, Universidade de São Paulo, São Paulo, 2018.

MERGES, Robert, MENELL, Peter e LEMLEY, Mark. **Intellectual Property in the New Technological Age**, 4ªth ed., Aspen Publishers, 2007.

MIRANDA, Pontes de. **Tratado de direito privado**. 4.ed. São Paulo: Editora Revista dos Tribunais, 1983.

MORAES, Rodrigo. A Função Punitiva da Responsabilidade Civil na Lei de Direitos Autorais (Lei 9.619/98) e na Lei de Programas de Computador (Lei 9.609/98), in *Estudos de Direito Autoral em homenagem a José Carlos Costa Netto*. Rodrigo Moraes (coordenador). Salvador: EDUFBA, 2017.

MORATO. Antonio Carlos. Aspectos Convergentes e divergentes entre a proteção ao consumidor e aos autores e titulares de direitos conexos. *In Direito Autoral Atual*. Coord. José Carlos Costa Netto, Maria Luiza de Freitas Valle Egea, Larissa Andrea Carasso Kac, Anita Mates, Leonardo Machado Pontes. 1ª. ed. Rio de Janeiro: Elsevier, 2015.

NEGREIROS, Teresa. **Teoria do Contrato**: novos paradigmas. 2.ed. Rio de Janeiro: Renovar, 2006.

NELSON HUNGRIA, **Comentários ao Código de Processo Penal**. v. VII. Rio de Janeiro, Forense, 1967.

PARANAGUÁ, Pedro. BRANCO, Sérgio. **Direitos autorais**. Rio de Janeiro: Editora FGV, 2009.

PEQUENO, Saulo, BARROS, Daniela e PEDERIVA, Patrícia Lima Martins. **Expressões Culturais Tradicionais e a Noção de Autoria**: Outros Modos de Vida e Criação. XV Encontro de Estudos Multidisciplinares em Cultura – ENECULT. 01 a 03 de agosto de 2019.

PEREIRA, Luiz Fernando C., **Tutela Jurisdicional da Propriedade Industrial**. Rio de Janeiro: Revista dos Tribunais, 2006.

PIMENTEL. Luiz Otávio (org.). **Manual Básico de Acordos de Parceria de PD&I**: aspectos jurídicos. Porto Alegre: EDIPUCRS, 2010.

PINHEIRO, Waldemar. **Do conflito entre nome comercial e marca**. Revista da ABPI, São Paulo, vol. 31, nov./dez. 1997

PONTES DE MIRANDA, **Tratado de Direito Privado**: parte especial. 4. T. XVI, São Paulo: Revista dos Tribunais, 1983.

POSNER, Richard A. e William M. Landes. **The Economic Structure of Intellectual Property Law**. Cambridge, Massachusetts, and London, England. The Belknap Press of Harvard University Press, 2003.

PRADO, Maurício Curvelo de Almeida. **Contrato internacional de Transferência de Tecnologia**. Porto Alegre: Riachuelo, 1997.

QUEIROZ, André Luiz Lamin Ribeiro de. **Marca como fonte de obrigações nas relações de consumo**. 2019. 254 páginas. Mestrado – Faculdade de Direito da Universidade de São Paulo, São Paulo, 2019.

REQUIÃO, Rubens. **Curso de Direito Comercial**, vol. 1, 28ª Ed, São Paulo: Saraiva, 2009.

RIZZARDO, Arnaldo. **Responsabilidade Civil**. 2ª. Ed. Rio de Janeiro: Forense, 2008.

ROCHA, Fabiano de Bem da. **As ações de propriedade industrial e a suspensão do processo em razão da questão prejudicial externa**. Revista da ABPI nº 90, set./out. 2007.

RODRIGUES, Silvio. **Direito Civil** – Dos Contratos e das Declarações Unilaterais da Vontade. 23ª ed. atualizada. São Paulo: Saraiva, 1995.

ROTONDI, Mario. ***Diritto Industriale***. IV ed., Milão: Casa Editrice Ambrosiana, 1942.

SALLES, C.A.; LORENCINI, M.A.G.L.; SILVA, P. E. A. (Coords). **Negociação, Mediação, Conciliação e Arbitragem**: curso de métodos adequados de solução de controvérsias. 4ª. Ed. Rio de Janeiro: Forense, 2021

SANTOS, Manoel J. Pereira dos, **A Nova Lei do Software:** Aspectos Controvertidos da Proteção Autoral, in Revista da ABPI, No. 29, Jul/Ago 1997.

SANTOS, Manoel J. Pereira dos, **A Proteção Autoral de Programas de Computador.** Rio de Janeiro: Lumen Juris, 2008.

SANTOS, Manoel J. Pereira e JABUR, Wilson Pinheiro (Coord.), **Criações Industriais, Segredos de Negócio e Concorrência Desleal.** Série GVlaw. São Paulo: Editora Saraiva.

SANTOS, Manoel J. Pereira e JABUR, Wilson Pinheiro, **Contratos de Propriedade Industrial e Novas Tecnologia.** Série GVlaw, São Paulo: Editora Saraiva.

SANTOS, Manoel J. Pereira. **Principais tópicos para uma revisão da Lei de Direitos Autorais brasileira.** Revista da ABPI – nº 100. Mai/Jun 2009.

SANTOS, Manoel J. Pereira dos; JABUR, Wilson Pinheiro e ASCENSÃO, José de Oliveira, **Direito Autoral**, 2a. Ed., São Paulo, Editora Saraiva, 2020.

SCHMIDT, Lélio Denicoli. **A distintividade das marcas:** *secondary meaning*, vulgarização, teoria da distância. São Paulo: Saraiva, 2013.

SCHMIDT, Lélio Denicoli. **Princípios aplicáveis aos sinais distintivos,** *in* Propriedade Intelectual: sinais distintivos e tutela judicial e administrativa, Coord. Wilson Pinheiro Jabur e Manoel J. Pereira dos Santos. São Paulo: Saraiva, 2007

SILVEIRA, Newton. **Direito de autor no desenho industrial.** São Paulo: Revista dos Tribunais, 1982.

SILVEIRA, Newton. **Licença de uso de marca e outros sinais distintivos.** São Paulo: Saraiva, 1984.

SILVEIRA, Newton. **A propriedade intelectual e a nova lei de propriedade industrial.** São Paulo: Saraiva, 1996.

SILVEIRA, Newton. **A propriedade intelectual e as novas leis autorais.** 2ª. Ed. São Paulo: Saraiva, 1998.

SILVEIRA, Newton. **A propriedade intelectual na Internet e a questão dos nomes de domínio**, Revista de Direito Mercantil, São Paulo: Revista dos Tribunais, ano 29, nº 119, jul./set. 2000.

SILVEIRA, Newton. **Curso de propriedade industrial.** São Paulo: Revista dos Tribunais, 1977.

SILVEIRA, Newton. **Os requisitos de novidade e originalidade para a proteção do desenho industrial.** In: DOS SANTOS, M. J. P; JABUR, W. P. (Coord). Criações industriais, segredos de negócio e concorrência desleal. São Paulo: Saraiva, 2007.

SILVEIRA, Newton. **Propriedade intelectual**: propriedade industrial, direito de autor, software, cultivares, nome empresarial, título de estabelecimento, abuso de patentes / Newton Silveira. 6ª. Ed. revista e ampliada. Barueri: Manole, 2018.

SOARES, José Carlos Tinoco. **Marca vs. nome comercial**: conflitos. São Paulo: Jurídica Brasileira, 2000.

SOARES, José Carlos Tinoco. **Processo civil nos crimes contra a propriedade industrial**. São Paulo: Jurídica Brasileira, 1998.

SOARES, José Carlos Tinoco. **Tratado da propriedade industrial**. 1ª. Ed. São Paulo: Resenha Tributária, 1988.

SOARES, José Carlos Tinoco. **Abuso de direito pelo uso de nomes de domínio na Internet**, Revista dos Tribunais, nº 786, abr. 2001.

SOARES, José Carlos Tinoco. **Comentários ao código da propriedade industrial**. São Paulo: Resenha Universitária, 1981.

SOARES, José Carlos Tinoco. **Concorrência desleal**: Trade Dress e/ou conjunto--imagem:(visual do objeto, do produto, de sua exteriorização e do estabelecimento). São Paulo: Editora José Carlos Tinoco Soares, 2004.

SOARES, José Carlos Tinoco. **Marcas Notoriamente Conhecidas – Marcas de Alto Renome vs. Diluição**. Rio de Janeiro: Ed. Lumen Juris, 2010.

SOARES, José Carlos Tinoco. **Novo Código Civil**: pessoas jurídicas, empresário, sociedade, estabelecimento, nome comercial e/ou empresarial, perdas e danos e prescrição. Revista da ABPI, nº 58, mai./jun. 2002.

SOUZA, Carlos Fernando Mathias de. **Considerações sobre Direitos Autorais relativos à execução pública de obras musicais**. *In Direito Autoral Atual*. Coord. José Carlos Costa Netto, Maria Luiza de Freitas Valle Egea, Larissa Andrea Carasso Kac, Anita Mates, Leonardo Machado Pontes. 1ª. ed. Rio de Janeiro: Elsevier, 2015.

SOUZA, Carlos Fernando Mathias de. **Direitos Conexos no Tratado WPPT e algumas considerações sobre o Acordo TRIPS**. In *Estudos de Direito Autoral em homenagem a José Carlos Costa Netto*. Rodrigo Moraes (coordenador). Salvador: EDUFBA, 2017.

SOUZA, Daniel Adensohn. **A proteção jurídica do nome de empresa no Brasil**. São Paulo: Saraiva, 2013.

VIEGAS, Juliana et all **Contratos de Propriedade Industrial e Novas Tecnologias**. Série GVLaw. São Paulo: Editora Saraiva, 2007.

VIEGAS, Juliana. **Considerações sobre Licenças Compulsórias**. "Propriedade Imaterial: Direitos Autorais, Propriedade Industrial e Bens de Personalidade". ABRÃO, Eliane Y.(organizadora), São Paulo: SENAC/OAB-SP, 2006.

VIEIRA, José Alberto, A **Proteção dos Programas de Computador pelo Direito de Autor**. Lisboa: Lex, 2005.

WACHOWICZ, Marcos, **Propriedade Intelectual do Software & Revolução da Tecnologia da Informação.** Curitiba: Juruá, 2004.

ZAITZ, Daniela. **Direito e Know-how**: uso, transmissão e proteção dos conhecimentos técnicos ou comerciais de valor econômico. Curitiba: Juruá, 2005.

REFERÊNCIAS DIGITAIS

ABPI. **Apresentação: Câmaras de Nome de Domínio**. Disponível em: < https://www.csd-abpi.org.br/casd-nd-abpi/o-que-e-a-casd-nd/ >. Acesso em 29 de janeiro de 2023.

ALMEIDA, Custódio Armando Lito de. **Direito de Precedência no Registro de Marcas (*)**. Jornal do Comércio do Rio Grande do Sul, 31/03/2009. Disponível em: http://www.abapi.org.br/abapi2014/artigofinal.asp?ativo=Sim&secao=Not%EDcias&subsecao=Artigos&noticia=5 . Acesso em: 12/01/2023

AUGUSTO, Eduardo Ribeiro. **O uso indevido de links patrocinados**, disponível em https://www.migalhas.com.br/depeso/122348/o-uso-indevido-dos-links--patrocinados, acessado em 25/01/2023.

BARBOSA, Denis Borges. **A especialidade das marcas**, 2002. Disponível em: https://www.dbba.com.br/wp-content/uploads/a-especialidade-das-marcas-2002.pdf . Acesso em: 09/01/2023.

BARBOSA, Denis Borges. **Contratos em Propriedade Intelectual**. https://www.dbba.com.br/wp-content/uploads/contratos_pi.pdf.

BARBOSA, Denis Borges. **Da Noção de Bens Imateriais**. 2002 disponível em http://www.denisbarbosa.addr.com/ Acesso em: 12/02/2023.

BARBOSA, Denis Borges. **Do direito de marca:** *Uma perspectiva semiológica*, 2007. Disponível em: https://www.dbba.com.br/wp-content/uploads/do-direito-das--marcas.pdf Acesso em: 09/01/2023.

BARBOSA, Denis Borges. **Do segredo industrial**. Disponível em http://denisbarbosa.addr.com/92.doc. Acesso em 1/7/2019.

BARBOSA, Denis Borges. **Tratado da Propriedade Industrial**, Tomo I. Rio de Janeiro. Lumen Juris, 2010.

BARBOSA, Denis Borges. **Uma introdução à Propriedade Intelectual**, 2010. Disponível em: https://www.dbba.com.br/wp-content/uploads/introducao_pi.pdf. Acesso em: 09/01/2023.

BARBOSA, Denis. **Da Noção de Bens Imateriais**. 2002 disponível em http://www.denisbarbosa.addr.com/ Acesso em: 12 de fevereiro de 2023.

BRASIL. Lei n. 9.279, de 14 de maio de 1996. **Regula direitos e obrigações relativos à propriedade industrial.** Diário Oficial da União, Brasília, DF, 14 mai 1996. Disponível em: http://www.planalto.gov.br/ccivil_03/Leis/L9279.htm. Acesso em 24.12.2018.

BRASIL. Portaria/INPI/PR nº 26, de 07 de Julho de 2023. Dispõe sobre o procedimento administrativo de averbação de licenças e cessões de direitos de propriedade industrial e de registro de contratos de transferência de tecnologia e de franquia. Rio de Janeiro, RJ, julho, 2023.

BRASIL. Portaria/INPI/PR nº 26, de 07 de Julho de 2023. Dispõe sobre o procedimento administrativo de averbação de licenças e cessões de direitos de propriedade industrial e de registro de contratos de transferência de tecnologia e de franquia. Rio de Janeiro, RJ, julho, 2023.

BOÇON, Mariana Schafhauser. **O exercício profissional dos artistas e dos técnicos em espetáculos.** Revista Jus Navigandi, ISSN 1518-4862, Teresina, ano 21, n. 4719, 2 jun. 2016. Disponível em: https://jus.com.br/artigos/34959. Acesso em: 17 jan. 2023.

CANALTECH. **O que é HTTP?** Disponível em: <https://canaltech.com.br/internet/o-que-e-http/>. Acesso em 29 de janeiro de 2023.

CGI.BR. **Sobre o CGI.BR**. Disponível em: <https://cgi.br/sobre/>. Acesso em 29 de janeiro de 2023.

DAHLMAN, Carl J. e AUBERT, Jean-Eric. **China and the knowledge Economy** – Seizing the 21st Century, diponível em https://elibrary.worldbank.org/doi/abs/10.1596/0-8213-5005-6

GOOGLE. **Noções básicas sobre nome de domínio.** Disponível em: <https://support.google.com/a/answer/2573637?hl=pt-BR>. Acesso em 29 de janeiro de 2023.

INSTITUTO NACIONAL DA PROPRIEDADE INDUSTRIAL – INPI. **Manual de Marcas.** Brasil: 3ª edição (out/2019), 5ª revisão (fev/2022). Disponível em: http://manualdemarcas.inpi.gov.br/ . Acesso em: 25/01/2023.

INSTITUTO NACIONAL DA PROPRIEDADE INDUSTRIAL – INPI. Modalidades de Contratos e Informações. Rio de Janeiro: ago 2022. Disponível em < https://

www.gov.br/inpi/pt-br/servicos/contratos-de-tecnologia-e-de-franquia/tipos--de-contratos>. Acessado em 23 de jan de 2023.

INSTITUTO NACIONAL DA PROPRIEDADE INDUSTRIAL – INPI. Revista de Propriedade Industrial. Jan 2023. Disponível em: https://www.gov.br/inpi/pt-br/central-de-conteudo/noticias/ata-de-reuniao-de-diretoria-em-28--12-sera-adotada-em-decisoes-sobre-contratos/Comunicados2716.pdf. Acessado em 27 de jan de 2023.

JUNTA COMERCIAL DO ESTADO DE SÃO PAULO – JUCESP. **Formação do Nome Empresarial: Manual básico.** 2018. Disponível em: http://www.institucional.jucesp.sp.gov.br/downloads/manual_jucesp_orienta.pdf . Acesso em 20/01/2023.

KASNAR LEONARDOS. **Novo regulamento do sistema administrativo de conflitos de internet relativos a nomes de domínios no brasil (SACI--Adm) entra em vigor no próximo dia 1º/10**. Disponível em: <https://www.kasznarleonardos.com/novo-regulamento-do-sistema-administrativo-de--conflitos-de-internet-relativos-a-nomes-de-dominios-no-brasil-saci-adm--entra-em-vigor-no-proximo-dia-1o-10/#:~:text=Em%201%C2%BA%20de%20agosto%20de,nomes%20de%20dom%C3%ADnio%20no%20Brasil>. Acesso em 29 de janeiro de 2023.

NIC.BR. **Sobre o NIC.BR**. Disponível em: <https://www.nic.br/quem-somos/>. Acesso em 29 de janeiro de 2023.

RAMELLA, Agustín. *Tratado de la Propriedad Industrial*, trad. Espanhola, t. II, 1913

Registro.Br. **Processo de liberação**. Disponível em: <https://registro.br/dominio/processo-de-liberacao/>. Acesso em 29 de janeiro de 2023.

Registro.Br. **Regulamento SACI-Adm**. Disponível em: <https://registro.br/dominio/saci-adm/regulamento/>. Acesso em 29 de janeiro de 2023.

WIPO **Intellectual Property Handbook**: Policy, Law and Use. Geneva: WIPO, 2004.https://www.wipo.int/edocs/pubdocs/pt/wipo_pub_tk_5.pdf. Acesso em: 31 jan. 2022.

WIPO, World Intellectual Property Organization. **Innovation and Intellectual Property.** Genebra. [s.d.]. Disponível em: https://www.wipo.int/ip-outreach/en/ipday/2017/innovation_and_intellectual_property.html#:~:text=An%20invention%20is%20a%20new,commercial%20use%20of%20their%20invention. Acesso em 30/01/2023.

WIPO. **Glossary of Key Terms Related to Intellectual Property and Genetic Resources, Traditional Knowledge and Traditional Cultural Expressions.**

Genebra: WIPO, 2018. Disponível em: https://www.wipo.int/edocs/mdocs/tk/en/wipo_grtkf_ic_37/wipo_grtkf_ic_37_inf_7.pdf. Acesso em: 18 maio 2021.

WIPO. **Intellectual Property and Genetic Resources, Traditional Knowledge and Traditional Cultural Expressions.** [Genebra]: WIPO, 2020. Disponível em: https://www.wipo.int/edocs/pubdocs/en/wipo_pub_933_2020.pdf. Acesso em: 15 abr. 2021.